昌乐年鉴

CHANGLE YEARBOOK 2017

昌乐县人民政府　　主办
昌乐县地方史志办公室　　编

方志出版社
Publishing House of Local Records

图书在版编目（CIP）数据

昌乐年鉴 . 2017 / 昌乐县地方史志办公室编 . -- 北京：方志出版社，2018. 8

ISBN 978-7-5144-3176-6

Ⅰ . ①昌…　Ⅱ . ① 昌…　Ⅲ . ①昌乐县—2017—年鉴　Ⅳ . ① Z525. 24

中国版本图书馆 CIP 数据核字（2018）第 178944 号

昌乐年鉴（2017）

编　　者：昌乐县地方史志办公室

责任编辑：罗　滔

出 版 人：冀祥德

出 版 者：方志出版社

地址 北京市朝阳区潘家园东里 9 号（国家方志馆 4 层）

邮编 100021

网址 http://www.fzph.org

发　　行：方志出版社图书经销中心

电话（010）67110500

经　　销：各地新华书店

印　　刷：山东星海彩印有限公司

版面设计：潍坊方志年鉴制作有限公司

开　　本：889×1194　　1/16

印　　张：22. 75

字　　数：609 千字

版　　次：2018 年 8 月第 1 版　　2018 年 8 月第 1 次印刷

印　　数：0001 ～ 1000 册

ISBN 978-7-5144-3176-6　　定价：380.00 元

昌乐县地方史志编纂委员会

名誉主任： 卞汉林

主　　任： 邱　旺

副 主 任： 李良华　贺玉洁　王　勇　张金涛　周晓玲　滕恩禄　赵世军　张继军

委　　员： 李玉军　张立军　赵中洋　鞠　良　刘培利　秦春军　王秀彬　任瑞成　肖学平　刘瑞刚　郑凯彬　黄金海　周广田　刘培臣　张大鹏　周晓伟　刘福祥

《昌乐年鉴（2017）》编审人员

主　审： 李良华

副主审： 张继军

主　编： 刘培利

副主编： 刘国强　侯晓华　刘　静

编　辑：（按姓氏笔画排列）

刘培利　刘国强　刘　静　刘　凯　刘海平　张广振　侯晓华

编辑说明

一、《昌乐年鉴（2017）》（以下简称《昌乐年鉴》）旨在全面、系统、客观地反映昌乐县政治、经济、文化、社会等各方面的发展变化，反映昌乐县地方特色，为各行各业提供咨询服务，为各级领导科学决策提供可靠依据，同时也为社会各界全面了解昌乐提供丰富、准确、实用的地情资料。

二、《昌乐年鉴》的编纂，坚持以马克思列宁主义、毛泽东思想、邓小平理论、“三个代表”重要思想、科学发展观、习近平新时代中国特色社会主义思想为指导，坚持辩证唯物主义和历史唯物主义的立场、观点和方法，实事求是地反映全县各行各业发展的历史进程。务求做到观点正确，内容翔实，分类科学，结构严谨，特点鲜明，语言精练，文图并茂，实用性强。

三、《昌乐年鉴》主要记述2016年全县政治、经济、政法、军事、科技、教育、文化、体育、社会、人物等方面的内容，力求多层次、多角度、全方位地反映出全县的总体面貌和特点。

四、《昌乐年鉴》设类目、分目、条目三个层次。条目为记述的基本单元。为查阅方便，条目标题采用黑体字并加【】表示。

五、《昌乐年鉴》刊用的稿件，由昌乐县各镇（街、区），县直各部门以及省、市驻昌各单位提供，由专人撰写，并经供稿单位主要负责人审核。所用数据，以县统计局正式公布的数字为准，统计局未列入的，以部门认定的数据为准。涉及的省、市、县内容，若未作特别说明，均指山东省、潍坊市、昌乐县。考虑到社会使用习惯，全书中亩不统一换算。

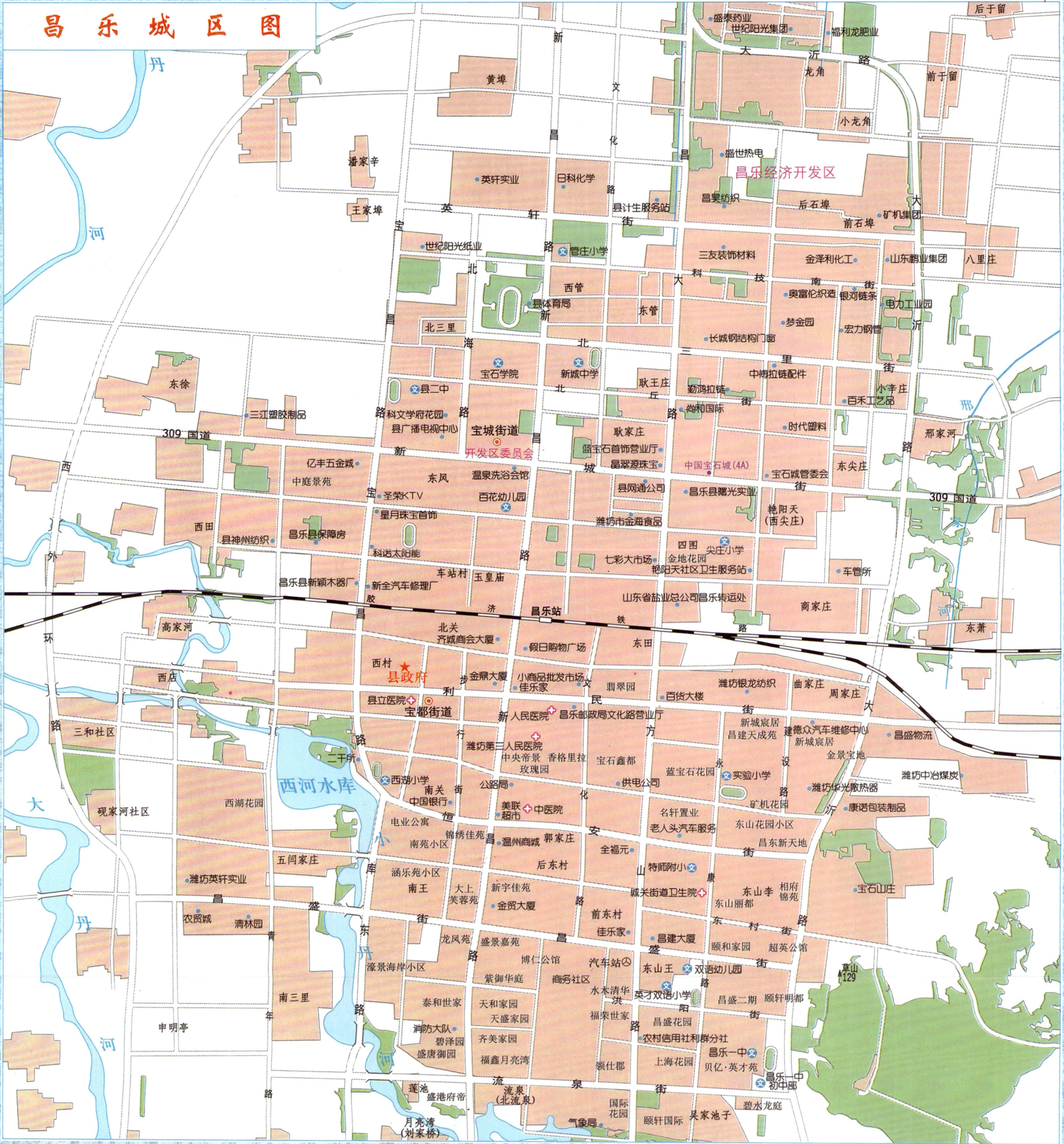

昌乐县国土资源局组编　山东省地图院编制

ISBN 978-7-5572-0033-6
鲁SG(2016)012号

昌乐名片

※ 全国文明县城

※ 全国绿化模范县

※ 全国食品工业强县

※ 全国科技进步先进县

※ 全国科普示范县

※ 全国农业标准化示范县

※ 国家园林县城

※ 国家级火山地质公园

※ 中国宝玉石首饰特色产业基地

※ 中国蓝宝石之都

※ 中国西瓜之乡

※ 全国义务教育发展基本均衡县

※ 全国平安建设先进县

※ 全国计划生育优质服务先进单位

※ 全国法治创建工作先进单位

※ 中国金融生态县

※ 山东省基层党建工作先进县

※ 山东省双拥模范县

数字昌乐 2017

◎全县总面积 1100.51 平方千米

◎全县户籍人口总数为 628645 人

◎地区生产总值 292.64 亿元

◎第一产业增加值 37.66 亿元

◎第二产业增加值 125.46 亿元

◎第三产业增加值 129.52 亿元

◎三次产业比重为 12.9 ：42.9 ：44.2

◎粮食作物总产量 283932 吨

◎全县完成固定资产投资 349.9 亿元

◎全县社会消费品零售总额 145.8 亿元

◎出口总额 50.2 亿元

◎进口总额 29.6 亿元

◎合同利用外资 6436 万元

◎城镇居民人均可支配收入 30529 元

◎农村居民人均可支配收入 15450 元

◎公共预算收入完成 235929 万元

◎公共预算支出完成 279521 万元

◎个人存款余额 213.8 亿元

◎省级科技创新平台 6 家，其中 4 家省级技术工程技术研究中心，2 家山东省院士工作站

◎中国驰名商标 12 件，山东省著名商标 23 件，国家地理标志证明商标 6 件

◎省级非物质文化遗产项目 2 项，市级 21 项

◎国家级生态镇：2 处

◎国家重点镇：2 处

◎省级示范镇：2 处

◎省级特色景观旅游名镇：1 处

◎省级特色小镇：1 处

◎特色景观旅游名村：1 处

◎城镇新增就业人数 7598 人，全县实现农村劳动力转移就业 12315 人

◎在校学生 81024 人；幼儿园 124 所，在园幼儿 14065 人；教职工 9138 人

◎各类医疗机构有床位 3526 张，医护人员 3227 名

▲ 2016 年 8 月 27 日，中宣部副部长孙志军（右一）到昌乐县调研文化建设情况，
省委常委、宣传部部长孙守刚（右二）陪同

▲ 2016年9月6日，副省长张务锋（左二）到昌乐县调研

▲ 2016年3月17日，召开昌乐县第十六届人民代表大会第五次会议

▲ 2016年3月16日， 召开中国人民政治协商会议第九届昌乐县委员会第五次会议

▲ 2016 年 1 月 13 日，召开全县扶贫开发工作会议

▲ 2016 年 2 月 23 日，召开全县经济工作会议

▲ 2016 年 3 月 10 日，2016 年全县重点项目集中开工仪式举行

▲ 2016 年 4 月 27 日，召开昌乐县“两学一做”学习教育工作座谈会

▲ 2016年6月29日，召开昌乐县庆祝中国共产党建党95周年大会

▲ 2016年9月6日，昌乐国际物流中心海关检验检疫监管场站开通仪式

▲ 2016 年 10 月 16 日，中国（昌乐）国际宝石博览会开幕

▲ 2016 年 12 月 29 日，召开全县企业家座谈会议

▲ 西湖公园

▲ 首阳山旅游度假区风光

▲ 仙月湖全景

目录
CONTENTS

特载
Important Note

大事记
Memorabilia

全县概况
Overview of Changle County

中国共产党昌乐县委员会
Changle County Committee of the Communist Party of China

昌乐县人民代表大会

Changle County People's Congress

昌乐县人民政府

Changle County People's Government

中国人民政治协商会议昌乐县委员会

Changle County Committee of the Chinese People's Political Consultative Conference

中国共产党昌乐县纪律检查委员会

Changle County Commission for Discipline Inspection of the Communist Party of China

社会团体

Social Groups

军　事

Military affairs

法　治

Rule of law

经济管理与监督

Economic management and supervision

农业和农村工作

Agricultural and rural cooperation

工　业

Industry

商贸服务

Business service

金 融
Finance

财政 税务
Finance Tax

交通 邮政 通信
Traffic Post Communication

城乡建设

Urban and rural construction

资源　环保
Resources　Environmental protection

教育　科技
Education　Technology

文化　旅游
Culture　Tourism

卫生　体育
Health　Sports

社会民生
Social livelihood

镇（街、区）

Town (Subdistrict, district)

人　物

Figures

附录

Appendixes

索引

Index

在全县经济工作会议上的讲话

昌乐县委书记　张新强

（2016 年 2 月 23 日）

今天这次会议，主要是深入贯彻落实党的十八大和十八届三中、四中、五中全会，以及中央和省、市经济工作会议精神，总结工作、部署任务，动员全县上下以更高的标准、更实的作风，振奋精神、拼搏实干，努力推动经济社会实现更高层次新发展。刚才，我们表彰先进单位，全县上下、各行各业要学先进、当先进，改革创新、攻坚克难，不断开创“三个昌乐”建设新局面。下面，根据研究的意见，我讲三个方面的问题：

一、要积极引领新常态，以中央和省、市部署要求统领发展大局

刚刚过去的 2015 年，面对经济下行的巨大压力和特大干旱的不利影响，我们创造性地贯彻落实中央和省、市决策部署，实现经济社会的新发展，全县经济总量持续增大，速度稳中有进，后劲不断增强，质量更加优化。从宏观层面看，主要体现在“五个转变”上：

一是经济发展由过去注重速度、规模向更加注重质量、效益转变。2015 年，全县完成地区生产总值 275 亿元、增长 8.3%，完成固定资产投资 298.4 亿元、增长 14.4%，实现一般公共预算收入 22.9 亿元、增长 13.1%。国地两税收入中，第三产业税收达 13.8 亿元、增长 19%。规模以上企业实现利税 53.1 亿元、增长 8.9%，实现利润 33 亿元、增长 10%。

二是产业结构由过去传统、单一的支撑模式向现代、多元的模式转变。坚持腾笼换鸟、凤凰涅槃，坚定不移推进转型升级，2121 工业主导产业逐步迈向中高端，智能制造、现代教育、健康养老、文化旅游、现代物流和总部经济六大新兴产业对经济的支撑推动作用开始显现。2015 年，高新技术产业占比达 28.1%，三次产业结构占比调整为 13.1:45.6:41.3，第三产业占比同比提高 2.4 个百分点。

三是城镇建设由过去的规模扩张向内涵提升、文明发展转变。特别是新型社区建设成效明显。经过几年的探索实践，已经形成相对完善的指导体系和运行模式。同时，坚持以系统思维推进城市建设，打通多条“断头路”，搭起发展“大框架”，功能更加完善、品位持续提升，先后获得全国文明县城、国家园林县城等称号，整个城市向着更有内涵、更加文明的方向发展。

四是生态文明建设由过去的被动治理向绿色引领、绿色发展转变。坚持把“绿色化”贯穿发展全过程，积极主动推进生态文明建设。“386”环保行动成果显著，区域生态环境明显改善。森林覆盖率提高1.5个百分点，成功创建全国绿化模范县。建设金丝达新能源和大型联户沼气沼电工程，生产生活垃圾实现无害化处理、资源化利用。特别是广大企业主动淘汰落后产能，腾出空间上新项目，实现经济效益、生态效益双促进、双提升。

五是民生保障由过去的粗放式向精准保障转变。坚持“三个第一”的理念不动摇，去年，财政对民生支出达82.3%，城乡居民人均可支配收入分别增长8%和9.6%。在全市率先建立特殊困难群体关爱救助体系，对2817名特困群体结对帮扶。扎实搞好精准扶贫，截至去年累计脱贫12327人。另外，围绕群众关心关注的问题，实施一批打基础、利长远的战略性工程。在全市率先完成农村饮水安全工程，完成引黄入昌工程，初步解决缺水问题。加快现代教育名城建设，实施中小学建设改造工程，县实验中学新校等建成投用，昌乐新二中·美加国际学校、昌乐一中·英才实验学校开工建设，顺利创建为全国义务教育发展基本均衡县。

在发展进入新常态、各方面挑战不断增多的情况下，取得这样的成绩，非常不容易。我们靠的是中央和省、市的正确领导，靠的是全县上下团结一心、拼搏实干，靠的是社会各界的大力支持。在此，我代表县委、县政府，向全县广大干部群众表示衷心的感谢！向所有关心支持昌乐发展的社会各界，表示崇高的敬意！

在肯定成绩的同时，也要清醒地看到存在的问题和不足，主要是经济下行压力仍然较大，发展的动力还不够强劲，推进结构性改革任务比较繁重，转型升级的力度还需要加大。尤其是，还有部分群众生活比较困难，脱贫攻坚任务十分艰巨。面对新常态，广大干部引领发展、推动发展的能力还需要进一步提升，等等。对这些问题，一定要高度重视，认真加以解决。

去年10月份以来，中央先后召开一系列重要会议，提出一系列新理念、新思路、新要求，为2016年乃至“十三五”工作指明方向。围绕做好经济工作，省里强调，要从加快工作指导转变、产业转型升级等七个方面来推进；市里强调，要坚持“四个有机统一”，抓好“六项具体工作”。希望全县上下认真学习领会中央和省、市的部署要求，全力抓好落实，奋力把昌乐的经济社会发展推向前进。

二、要准确把握工作重点，奋力开创经济发展新局面

2016年经济工作的总体要求是：全面贯彻党的十八大和十八届三中、四中、五中全会，以及中央、省、市经济工作会议精神，深入贯彻落实习近平总书记系列重要讲话精神，协调推进“五位一体”总体布局和“四个全面”战略布局，牢固树立和贯彻落实创新、协调、绿色、开放、共享发展理念，坚持“稳中求进、进中求好、好中求快”的工作基调，促进经济提质、提效、提速，推进城乡一体协调发展，巩固提升生态环境，加快民生改善，推动党的建设全面过硬，确保实现“十三五”良好开局。主要预期目标是：地区生产总值增长8%左右，一般公共预算收入增长9%，城镇和农村居民人均可支配收入分别增长8%以上和8.5%以上。

在落实中，要把握好“四个结合”：一是坚持中高速与中高端相结合。在转型发展中，既要保持一定的增速，又要突出质量和效益。二是坚持需求侧与供给侧相结合。推进需求侧向供给侧转变，抓好中央提出的“三去一降一补”五大任务，培育壮大“新动能”，改造提升“旧动能”，形成符合昌乐实际的新机制。三是坚持有为政府与有效市场相结合。优化服务改革，最大限度地提高资源配置效率、审批服务效率，更好地激发市场活力和社会创造力。四是坚持抓改革与守底线相结合。推进结构性改革，特别是淘汰落后产能、化解过剩产能一定会引发阵痛，这是结构性

问题长期积累必然付出的代价。我们既要坚定信心、保持定力，又要强化底线思维，高度重视和防范各种风险，确保经济社会更加健康、更加稳定的发展。

在把握“四个结合”的基础上，重点做好五个方面的工作：

（一）紧紧抓住转型升级这个关键，以转调创优化产业结构。

一要把“转”的重点放在传统产业升级上，加快向中高端发展。要继续壮大千亿级装备制造、千亿级黄金珠宝加工交易和500亿级新能源汽车产业，加快300亿级造纸包装、300亿级精细化工和100亿级食品加工产业转型升级。这是昌乐县的主导产业、优势产业，是经过长期实践理顺出的架构，要抓住国家实施中国制造2025、鼓励新能源汽车发展和全省开展化工行业三年综合整治行动等机遇，进一步做大、做优、做强。要牢牢抓住企业这个关键，切实发挥主体作用，降低企业运行成本，妥善处置“僵尸企业”。继续加大对潍焦、英轩、阳光、矿机、比德文等大企业的扶持力度，全力助推小微企业发展，着力培植起一批大型企业集团。要加快企业股份制改造，2016年50%的规模企业完成股份改造，推动更多的企业上市、挂牌。要加快开放型经济发展，鼓励企业走出去。像红河镇的鸣泽国际贸易公司，2009年注册时是一家小作坊式的纺织企业，这个企业坚持开放发展，成立中印集团，在新德里建立生产基地，不仅出口棉纺产品，而且还出口设备和技术，现在已经发展成为印度市场最大的棉纺织品供应商。前几天，我们组织召开部分企业家座谈会，广大企业家都表现出非常积极的态度，都对未来发展充满信心，也代表全县企业家的姿态。要保护好这份信心，建立“企业工作日”制度，开展“企业服务年”活动，营造最好的营商环境，帮助企业健康发展。要抓住项目这个主导因素，加快潍焦集团碳纤维、雷丁新能源汽车扩产、德福高档纸制品二期等重点项目建设，持续加大招商引资力度，深入开展集中招商月活动，努力在引进国内外500强企业、行业龙头企业上实现突破，力争到位资金65亿元。

二要把“调”的重点放在新兴产业培植上，持续增强发展动能。要狠抓六大新兴产业不放松，加快推进九龙湖片区综合开发、昌乐新二中·美加国际学校等“十个一”工程，搞好申易物流海关综合监管区、粮食物流园二期等重点项目建设，增强产业支撑力。要运用好新兴产业引导基金和PPP模式，撬动社会资金推动产业发展。要大力发展电子商务，实施“互联网+”行动计划，这方面，昌乐有良好的基础，要利用好宝石城产业平台，推广庵上湖的运营模式和阳光纸业集团、比德文控股集团、梦金园首饰有限公司、蓝天首饰有限公司等企业的运营理念，推进电子商务与传统产业、现代农业、新兴产业融合发展。在发展农村电商方面，我们有的村已经形成规模，朱刘街道都昌村就是一个很好的例子。这个村通过阿里巴巴、淘宝网、微商等平台进行菩提饰品交易，现在从业家庭超过60户，并带动周边村庄发展电商。去年，该村单户销售额最高的近千万元，全村网上销售额近亿元。

三要把“创”的重点放在改革创新上，不断激发发展活力。要把改革作为发展的“先手棋”，转变政府职能，提高行政审批制度化、规范化水平。要深入实施创新驱动战略，加快创新平台建设，引进和培育高层次专家人才，推进科技成果资本化、产业化。要全力推进大众创业、万众创新，搞好全民创业。前期，宝都街道专门召开全民创业大会，效果很好，其他镇（街、区）和部门也要引导做好这方面的工作，真正把群众的创业激情激发起来。2016年，打算把昌乐技工学校晋升为高级技工学校，成立潍坊创业大学昌乐分院，搭建更多的创业创新平台，在金融、财税、场所等方面给予创业者更多的服务和支持，营造良好的“双创”环境。抓经济必须抓金融。这里，特别强调一下金融的问题。一方面，要搭建好政银企平台，推进互利共赢发展。另一方面，金融部门要不断创新金融产品，在服务实体经济中发展自己。昌乐县金融环境是好的，不良贷款率在全市是最低的，有关部门要进一步搞好金融风险防控，对苗头性问题要早发现、早处理，确保不发生区域性金融风险问题。要加快农村集体“三资”管理改革，深化农村土地制度改革，深入推进集体资产股份权能改革，真正为面上推开趟出路子。要树立大农业理念，继续推行“党支部+合作社”模式，提升特色农业，发展“电商农业”，打造全国名优特农产品生产基地。

（二）坚持以新型社区建设为切入点，加快新型城镇化进程。

一要抓好社区建设运行。今年的重点要放在完善功能上，扎实开展农村社区服务中心建设三年行动计划，按照“一厅一校十室”的基本标准，推进社区服务中心建设，年内力争完成一半以上。要完善多村一社区组织架构，搞好社区居委会建设，推进干部力量下沉，深化“三四三”工作机制，落实好“三个清单”，提升实体化运行质量，打造一批在全省、全国有影响力的精品示范社区。在这里再强调一点，在推进社区建设中，坚决不搞大呼隆、一刀切，成熟一个、开工一个，决不能做“夹生饭”。要抓好城市社区建设，重点是增强服务功能，发挥出应有的作用。

二要抓好小城镇提升发展。要不断完善基础设施，增强城镇发展承载力。特别是要坚持产城融合发展，充分利用蓝色经济特色产业园这一载体，加快镇域产业发展，尤其是对现有的企业要全力扶持，让这些企业在吸纳就业、支撑经济上发挥重要作用。要推进镇（街、区）差异发展、特色发展，着力打造富有特色的工业强镇、商贸重镇和旅游名镇。

三要抓好城区内涵升级。要认真落实中央城市工作会议精神，围绕建设园林城市、“海绵城市”和智慧城市，统筹抓好水网、路网、管网、信息网、公共服务网建设。要抓好重要节点组团、重点项目建设。要结合城中村改造，积极探索货币化安置措施，鼓励居民购买商品房作为安置房，多渠道化解房地产库存。要围绕创建国家卫生县城，提高城市精细化管理水平，提升市民文明素质，打造整洁、有序、文明、和谐的城市环境。这是现阶段工作的重中之重，前期已经做大量准备，取得良好成效。特别是省、市有关部门给予大力支持，我们也进行全面发动，既然上报，就要确保创建成功。现在来看，这项工作已经到冲刺的关键阶段，有关部门要不等不靠，按照方案抓紧向前推进。分管的同志从下周开始，力争一周一调度，着力解决存在的突出问题，直至验收结束。

（三）强化绿水青山就是金山银山的理念，持续推进生态文明建设。

一要继续抓好环境治理。要推行按行业标准管理环境容量的新模式，倒逼淘汰落后产能，确保完成节能减排任务。要巩固“386”环保行动成果，抓好水生态建设保护，积极推进丹河、潍河重点流域治理，搞好丹河景观改造和汶河流域综合开发。要扎实搞好生态文明乡村建设，完善城乡垃圾处理机制，提升“三托管”和环卫一体化水平。

二要积极推进生态修复。继续加大植树造林力度，巩固全国绿化模范县成果。要抓好山体植被、矿产资源、水资源的管理和保护，最大限度地保存和维护原始生态，让山常青、水常绿。

三要增强集约节约意识。要强化“绿色就是福利”的理念，弘扬绿色文化，大力推行绿色建筑、绿色交通，积极应用节能减排新技术和新材料，促进形成绿色生产方式和消费方式。要搞好闲置土地处置，提高土地集约节约利用水平。要大力发展节水型经济，实施最严格的水资源管理制度，提高中水利用率。要提高全民节水意识，建设节水型社会。

（四）牢固树立“共享”发展的理念，着力保障和改善民生。

一要全面打响脱贫攻坚战。要坚持精准扶贫、精准脱贫，认真落实结对帮扶机制，确保完成今年确定的脱贫目标。要抓好特殊困难群体关爱救助，决不让一人掉队。

二要突出抓好教育发展。要加快推进中小学建设提升工程，对今明两年建设改造的28所学校，都要制定具体的措施和计划，确保按期完成。要结合中小学建设改造工程，有序化解城区大班额问题，提高教育教学质量，打响现代教育名城品牌。

三要全面推进社会事业建设。要加快建设“大交通”网络，积极做好潍日高速、青银高速拆迁工作，加快推进胶王路拓宽改建、国道309青兰线昌乐段、大沂路城区段改线等工程，推进市政道路建设。要完善水利设施，加强抗旱应急水源地建设，加快南寨水库扩容项目建设，为城区及周边供水提供保障。

（五）牢牢守住安全环保稳定三条底线，营造和谐发展环境。要牢固树立安全发展理念，持续加大安全生产监管力度，落实好隐患排查整改、定期调度等制度，坚决防止安全生产责任事故发生。要抓好道路交通、森林防火、消防等安全工作，切实保障人民群众生命财产安全。环保问题，要严防死守，确保不发生问题。要加强和创新社会治理，深入推进网格化管理，提升应急处置能力。要强化社会治安综合治理，完善调处化解矛盾纠纷机制，维护和谐稳定的发展环境。

三、要加强和改进党对经济工作的领导，以求真务实的作风保障目标任务实现

（一）围绕想干事，加快领导方式转变。要进一步解放思想、拓宽思路，推动发展理念、发展机制、发展模式实现大的创新。要转换思维方式，多做打基础、谋长远的工作，这是我们推动发展方式转变的出发点和落脚点。要增强法治意识，时刻以法治思维、法治理念和法治方式破解难题、推动发展。

（二）围绕能干事，提升引领发展能力。要统揽全局、协调各方，善于调动方方面面的积极性。要加强与上级部门的联系，及早了解新政策、新举措，争取更多的优惠政策和资金支持，确保路子走得对、走得好。要注重提升专业谋划能力，加强学习，不断强化专业思维、专业素养和专业方法，有的放矢地破解难题。

（三）围绕干成事，持续改进工作作风。完成各项任务目标，只能靠苦干实干。当前，全县主要工作的谋划基本就绪，关键是推进落实。各级领导干部要起好带头作用，自觉践行“三严三实”要求，带动全县上下形成一级带一级、层层抓落实的良好局面。对重大项目、重点部门和重要环节，包靠领导要全力靠上，发扬“钉钉子”精神，推动关键问题取得突破性进展。对县委、县政府部署的工作要马上就办，以快节奏、高效率推进经济社会的持续健康发展。

同志们，做好今年的经济工作，任务艰巨、责任重大。我们要紧密团结在以习近平为总书记的党中央周围，进一步解放思想、开拓创新，扎实做好“十三五”开局之年各项工作，为推动昌乐走上更加文明的发展道路、早日实现建设“三个昌乐”的目标做出应有的贡献！

在全省加强企业家队伍建设工作会议电视直播结束时的讲话

昌乐县人民政府县长　邱　旺

（2016年8月26日）

刚才，我们一起收听收看全省加强企业家队伍建设工作会议电视直播。这是多年以来我省召开的首次企业家队伍建设工作会议，对促进经济高质高效发展具有重要意义。下面，结合贯彻落实好这次会议精神，就进一步加强昌乐县企业家队伍建设，推动全县工业加快发展，强调以下几点。

一、要成立昌乐县企业家协会和行业协会。一是抓紧组建县企业家协会。如果没有一个好的企业家交流平台，企业家想要快速成长很难。各级党委、政府要努力做好这件事情，把企业家协会组建起来。企业家协会要真正发挥作用，形成企业家们“比学赶超”的良好氛围，促进企业家队伍加快建设。二是抓紧组建青年企业家协会。当前，昌乐县有一批比较优秀的年轻企业家，要抓紧把青年企业家协会成立起来，让优秀的年轻企业家通过比学赶超，解决好能力提升问题。三是组建几个行业协会。一要组建板材行业协会。昌乐县的板材企业主要分布在乔官镇，营丘镇也有几家，将来可能发展成为产业集群，成立板材行业协会很有必要。二要组建塑胶塑料行业协会。昌乐县塑料袋、塑料膜、塑胶桶、塑料管的生产规模，在全国来说都是比较大的，成立协会是实现更高层次发展的需要。三要组建新能源汽车行业协会。昌乐县的电动车生产企业，无论是电动自行车、三轮、低速电动汽车，还是高速电动汽车，主要集中在朱刘片区。比德文动力科技有限公司，预计到今年年底将成为全国最大的低速电动汽车生产企业。前期，省委、省政府安排省发改、经信等有关部门前来进行调研。我们要抓紧组建新能源汽车行业协会，把木兰、缘分等电动车生产企业组织到一起，需要配套的进行集中配套，在降低生产成本、形成产业集群的同时，避免形成恶性竞争。

二、要突出对重点企业和重点项目的扶持。前期，我们对县内大型企业和科技型、成长型企业及项目进行调研，准备从中筛选出20～30个好企业、好项目作为“靶企业、靶项目”。截至目前，除经济开发区、朱刘街道这两个地方，全华同志已经组织完成对镇（街、区）的实地调研。对于筛选出的“靶企业、靶项目”，我们将集中优势资源优先培植，特别是在土地、融资、手续办理、政策争取等方面，给予优先支持。此类企业和项目，将是我们昌乐未来几年发展的希望所在。

三、要加快管理体制和财税体制调整。首先，要将企业管理权下放到镇（街、区）。前几年，镇（街、区）管理企业的积极性不高，原因在于辖区内很多大型企业、骨干企业的管理权都在县里。我们将管理权下放后，镇（街、区）才能更有力地抓好辖区内企业的管理。其次，要进行财税体制调整。前期，县政府常务会议已经对这项工作作安排部署，县财政局正在测算相关数据，8月底前必须摸清底子。再次，要加快征税体制调整。昌乐县现在面上的税收都是由税务局直属分局直接征收，镇（街、区）对企业纳税情况不关注。下步，一方面，税务人员要沉下去；另一方面，税收完成情况要跟镇（街、区）考核挂钩。特别是这次“营改增”之后，如何保证税源不流失，镇（街、区）必须盯好。

四、要大力推进政银企合作。总体来看，我们政府与银行之间的合作关系非常融洽。前期，利用2～3个月的时间，县政府通过林权质押等多种渠道，给银行化解一批不良贷款。其中中国银行、潍坊银行、农商银行等都做大量工作。目前，昌乐县的金融生态环境非常好。下步，“靶企业、靶项目”列出来之后，要用产业引导基金引导银行贷款优先用于企业。目前，在全华同志的推动下，银企合作抓得很紧，已经给几家银行解决部分难题。另外，打击逃废银行债务行为、加快诚信体系建设等工作，要有条不紊地推进，有关部门要配合好。

五、要加大人才引进和企业家培训力度。对此项工作，省委组织部杨东奇部长提出明确要求。前期，潍坊市委组织部陈延爱副部长带领各县（市、区）分管副部长到昌乐县参观，对我们的一些做法给予充分肯定。但是，我们应该清醒地看到，昌乐县的企业人才工作仍然有较大差距。一是高端人才太少。这与昌乐县经济总量偏小、传统产业占比较大有关系。高端产业的研发队伍，像比德文、英轩实业、佳诚数码的研发中心和矿机无人机研发团队等，研发人员的数量仍然偏少。二是企业家“走出去”的少。县委组织部可以搞一期专门针对企业家的培训，组织骨干企业家，特别是新生代的年轻企业家“走出去”，到今天郭树清省长在会议中点到的几个企业去，如创业创新的、实干的，对照人家的标准，找出自身的差距，寻求与有关企业的合作。

六、要抓好股份制企业改造。这项工作即使市里不要求，我们也要搞好。目前，昌乐县规模以上工业企业仅有232家，企业管理还很不规范，必须出台相关政策进行推进。要运用倒逼手段，如果企业不参与股改，不推动规范化建设，可在有关手续办理方面采取限制措施，这既是激励也是倒逼。对于到新三板和场外市场挂牌的企业，要给予最好的政策扶持。

七、要搞好发展软环境建设。从下周开始，我们将对群众反映办事效率低的几个窗口单位进行一次检查。对于问题严重的部门，对有关负责人依纪依规进行严肃处理。在软环境建设方面，要组织到徐州市去考察学习，建立起管理长效机制，督促部门服务到位，为企业发展创造良好环境。

政府工作报告

——在昌乐县第十六届人民代表大会第五次会议上

昌乐县人民政府副县长　张建伟

（2016年3月17日）

一、“十二五”工作回顾

“十二五”时期是昌乐发展极不平凡的五年。面对宏观经济下行和各种矛盾错综复杂的严峻挑战，县政府在县委的坚强领导下，在县人大、县政协的监督支持下，团结带领全县人民，统筹做好稳增长、调结构、促改革、惠民生、防风险各项工作，开拓创新，务实进取，全面完成“十二五”规划目标任务。荣获全国文明县城、省级卫生县城等30多项省级以上荣誉称号，被确定为低丘缓坡开发利用、智慧城市建设等6项国家级试点县，在全市科学发展综合考核和群众满意度调查中连续位居前列。

坚持科学发展、转型升级，全力推进富强昌乐建设，经济实力跃上新台阶。2015年地区生产总值达275亿元，“十二五”期间年均增长10.5%；一般公共预算收入达22.9亿元，年均增长16.7%；固定资产投资达298.4亿元，年均增长15.5%；社会消费品零售总额达123.3亿元，年均增长13.1%；城镇和农村居民人均可支配收入分别达28253元、14297元。产业结构不断优化。工业主导产业、六大新兴产业、“一主多元”现代农业体系初具规模，三次产业结构由15.6∶51.7∶32.7调整为13.1∶45.6∶41.3。推动工业膨胀总量、提升质量、转型发展。重点培育壮大三大优势产业，推进三大传统产业向中高端升级，规模以上工业企业主营业务收入达957.6亿元，年均增长13%。完成国家知识产权强县工程试点任务，获专利授权1777件。建成院士工作站、博士后科研工作站、省技师工作站、市级以上工程技术研究中心和企业技术中心54家，168个项目列入省技术创新项目，高新技术企业达31家，智能制造产业园被确定为国家火炬特色产业基地，连续两次被评为全国科技进步先进县。建设9处蓝色经济特色产业园和昌乐滨海飞地工业园，落户项目372个。推动服务业上新创新、优化结构、提速发展。实施“十个一”工程，方山路贯通、城市综合体等建成投用。建成AAA级以上景区、省以上农业旅游示范点等30处，古火山群被确定为国家自然遗产和国家地质公园。“三区”建设物流园落户企业13家。引进银行机构4家，金融机构存贷款余额分别增加123亿元、103亿元，不良贷款率保持全市最低。服务业增加值占比提高8.6个百分点。推动农业标准化生产、规模化经营、品牌化发展。建成市级以上标准化示范园区70个、农民专业合作社56个，建设家庭农场193家，市级以上农业重点龙头企业达52家，“三品一标”达252个，西瓜种植面积达16万亩，农林牧渔业总产值由50.3亿元增长到72.5亿元。建成全国首个职业农民教育培训基地。无规定动物疫病区顺利通过农业部验收。城乡面貌日新月异。实施“北优南拓、西控东接”城市发展战略，推进旧城改造和首阳山旅游度假区建设，建成区由23.4平方千米扩大到28.4平方千米。新建改造城区道路40.9千米、雨污管网191.2千米。10万吨管道供水、引黄入昌等重大水利工程建成投用。建成2处集中供热工程和10处加气站，城区集中供热普及率达95%，管道燃气普及率达88.7%。启动国家卫生县城创建工作，建设“智慧昌乐”，城市管理水平进一步提高。小城镇建设完成投入140.9亿元，镇区道路硬化率、亮化率和有线电视入户率、自来水普及率均达100%；红河镇、鄌郚镇被评为全国重点镇和全省“百镇建设示范行动”示范镇。规划建设40个农村新型社区，17个实现搬迁入住；所有社区全部配齐“一厅两室”，落实“三四三”工作机制，实现实体化运行；宝都街道被评为全省城市社区建设示范街道，红河社区、鄌郚社区被评为全省农村新型示范社区。新建农房15077户，改造农村危房4747户。创新实施“三托管”，城乡环卫一体化通过省全覆盖验收。改革开放不断深化。完成新一轮政府机构改革，政府更加精简、高效。深化行政审批制度改革，建立项目一站式办理“快车道”，审批效率提高30%以上。推进商事制度改革，新增市场主体3.3万家。农村“三项改革”基本完成，发展农民股份合作赋予农民对集体资产股份权能改革国家级试点取得明显成效，中央改革办和有关部委给予高度评价，全省农村工作会议要求全省学习推广。县级公立医院综合改革试点稳步推进，基本药物制度全面实施。日科化学成功上市，信用社银行化改革全面完成，4个项目入选国家发改委PPP项目库，发行企业债券18.5亿元。完成进出口总额68.7亿美元，利用外资1.8亿美元，招商引资到位资金436.8亿元。成功举办2届宝石节、3届宝石博览会。

坚持绿色发展、铁腕治污，全力推进生态昌乐建设，生态文明建设开创新局面。大力推进造林绿化。实施荒山、水系、镇村（企业）绿化和绿色通道、生态林场建设五大绿化工程，成片造林15.2万亩，有林地面积增加到41万亩，被评为全国绿化模范县。推进城区绿化，新增园林绿地147万平方米，绿化覆盖率达41%，被评为国家园林县城。铁腕推进污染治理。实施“386”环保行动，四项减排目标全部完成，空气、水、土壤环境质量持续改善。关停拆除环保不达标项目152个，淘汰黄标车8037辆，禁燃区内10吨以下燃煤锅炉全部停用或拆除，建筑工地全部落实扬尘防控措施，重点涉气企业全部新上脱硫、脱硝、除尘设施。实施河流综合治理，绿化河道241千米，建设湿地6000余亩。排查整治自备井8793眼，关闭260眼。建成3处镇级污水处理厂，全县7处污水处理厂全部达一级A排放标准，城市污水处理率达99%。严控农药、化肥使用量，发展标准化生产和循环农业，农业面源污染得到有效防控。持续推进资源节约保护。实施5个循环经济重大项目，25家企业通过省市清洁生产审核验收，超额完成上级下达的节能降耗任务。3个镇被评为国家级生态镇，红河镇、鄌郚镇乡村连片治理试点分别获省、市考评第一名。城乡建设用地增减挂钩、工矿废弃地复垦利用等项目列入国土资源部试点，被评为全省国土资源节约集约模范县。积极应对有水文记录以来最严重干旱，保障城乡居民生产生活用水和农业丰收。

坚持和谐发展、民生优先，全力推进幸福昌乐建设，民生改善和社会事业取得新成果。民生保障水平不断提升。五年新增民生支出79.7亿元，占一般公共预算支出的67.3%。推进创业就业，成立大众创业指导服务中心，建成创业示范园区8处，新增城镇就业5.5万人、农村劳动力转移就业7.5万人，被评为全国农村劳动力转移就业工作示范县。强化社会保障，城乡居民养老保险基本实现户籍人口全覆盖，医疗保险实现整合并轨，城镇职工参加社会保险超过10万人；在全省率先开展民生综合保险试点；低保、五保供养标准大幅提高，集中供养五保对象全部实现到县养老中心供养；建立“大保障”机制和特殊困难群体关爱救助体系，救助困难群众近2万人、特殊困难群众2817人。推进扶贫开发，帮助1.3万人脱贫。社会事业全面发展。新修、改造各类道路1026.4千米，公路通车里程达1932.6千米。实验中学新校等15所学校建成投用，一中·英才实验学校等5所学校动工建设，新建、改建普惠性标准化幼儿园71所，普通中小学办学条件标准化建设任务圆满完成，被评为全国义务教育发展基本均衡县；宝石中专被评为全省首批规范化中等职业学校；教育品牌影响力显著增强，昌乐二中成为拥有9所学校的教育集团。县人民医院、中医院病房楼建成投用，大德国际医疗中心等项目加快推进。4个镇全部建成图书馆，村文化大院实现全覆盖。社区规模以上体育健身设施覆盖率达100%，成功承办第21届中日韩青少年运动会足球赛。推进声、屏、报、刊、网、客户端、官方微信等融合，建成全省首家新型主流全媒体矩阵。连续5年荣获全市人口责任目标考核第一名，被评为全国计划生育优质服务先进县。建成城市公共自行车系统，更新新能源公交车及客车202台、出租车257台。为济南军区国动委全体会议暨国防动员实战化建设会议提供观摩现场，国防动员实战化建设成果和经验得到肯定和推广，蝉联全省双拥模范县。社会大局和谐稳定。扎实开展“平安昌乐”建设，打防处突能力和公安大数据应用水平跃上新台阶，群众安全感满意度不断提升。加强矛盾纠纷排查化解，被评为全省信访工作先进县。强化安全隐患排查治理和安全生产法治化规范化信息化建设，安全生产形势持续稳定，被评为全省安全生产工作先进单位。加强农产品质量安全和食品药品监管，保障农产品质量和群众饮食用药安全。妇女儿童、老龄助残、慈善事业稳步发展，司法、外侨、史志、粮食、档案、气象等工作取得新成绩。

坚持创新管理、优化服务，全力加强政府自身建设，行政效能和服务水平实现新提升。政府作风持续改善。深入开展群众路线教育实践活动和“三严三实”专题教育，政府系统队伍纪律规矩意识明显增强，工作效能显著提升。自觉接受人大、政协监督，办理人大代表建议和政协提案1551件。开展“庸懒散浮”等违规违纪行为专项治理，对520名责任人进行纪律处分。推进政务公开，主动公开政府信息2.2万条。依法行政深入推进。推行重大决策合法性审查、政府法律顾问等制度，规范执法程序和自由裁量权，建立“四张清单”，政府权力运行更加规范。廉政建设全面加强。深入推进廉政建设和反腐败工作，廉洁从政贯彻到政府工作各个环节。组建公共资源交易服务平台，土地招拍挂、建设工程招投标等更加规范。行政监察和审计监督不断强化。公务接待、公务用车、办公用房等得到较好规范和治理。

各位代表，五年风雨兼程，成绩来之不易。这些成绩的取得，是市委、市政府和县委坚强领导的结果，是县人大、县政协和社会各界监督支持的结果，是全县广大干部群众努力拼搏的结果。在此，谨代表县人民政府，向所有关心、支持、参与昌乐改革发展的同志们和朋友们，致以崇高的敬意和衷心的感谢！

我们也清醒地认识到，全县经济社会发展还存在一些矛盾和问题，主要是：经济总量偏小，综合实力不强，平稳较快增长的基础还不够牢固；产业结构性矛盾比较突出，发展的质量和效益有待提高；环境保护、节能减排力度仍需强化；城镇发展与新型城镇化的要求还有较大差距；财政收支矛盾比较突出，民生保障水平需进一步提高；部分群众生活仍然困难，仍有7000多人生活在省定贫困线以下；社会管理需进一步创新、改进等。对此，我们将采取有力措施，认真加以解决。

二、“十三五”目标任务

“十三五”是全面建成小康社会的决胜阶段，昌乐县发展仍处于可以大有作为的重要战略机遇期，也面临诸多风险挑战。我们将以创新、协调、绿色、开放、共享的发展理念为引领，落实供给侧结构性改革要求，围绕建设更高水平富强、生态、幸福现代化新昌乐，以提高发展质量和效益为中心，统筹推进经济、政治、文化、社会和生态文明建设，保持经济中高速增长，不断增强综合实力，努力在全面建成小康社会进程中走在前列。主要预期目标是：提前实现经济总量和城乡居民人均收入比2010年翻一番，地区生产总值年均增长8%以上，一般公共预算收入年均增长9%左右，固定资产投资年均增长12%左右，社会消费品零售总额年均增长11%左右。

（一）坚持创新发展，不断增强发展动力活力。深入实施创新驱动发展战略，努力塑造更多依靠创新驱动的引领型发展。构建完善大众创业、万众创新体制机制，激发创业创新活力。大力推进技术创新，深化知识产权创造、运营和保护，提高科技对经济增长的贡献率，高新技术产业产值占比达32%以上，全社会研发经费占比提高到2.5%以上。坚持以“转”促“进”，更加注重发展质量和效益，做强做大三大优势产业，加快推进三大传统产业转型升级，大力发展六大新兴产业，优化提升现代农业，加快三次产业融合发展，努力构建以高效生态农业为基础、新型工业为主导、现代服务业为支撑的现代产业体系，三次产业结构调整为10∶42∶48。加快转变政府职能，全面深化行政审批制度、财政体制、投融资体制、企业、社会事业、农村等方面改革，不断增强发展活力。

（二）坚持协调发展，着力构建均衡发展格局。坚持区域协同、城乡一体、物质文明精神文明并重、经济建设国防建设融合，全面增强发展的协调性，基本形成均衡发展新格局。完善“两城、三带、四组团”的县域经济总体布局，推动人口、经济、资源、环境均衡协调发展。大力推进以人为核心的新型城镇化，提升县城功能和品质，建设特色小城镇，打造示范带动作用强的农村新型社区，大幅提高城镇化建设水平。均衡配置公共资源，进一步缩小城乡基础设施和公共服务差距。深化中国梦宣传教育，大力弘扬社会主义核心价值观和“一孝三实”新风尚，不断提高精神文明建设水平。推动军民融合深度发展，进一步提高民兵预备役建设质量和水平。

（三）坚持绿色发展，持续提高生态环境质量。大力推进生态文明建设和绿色发展，加大生态环境突出问题治理力度，形成节约资源与保护环境的空间格局、产业结构和生产生活方式，推动人与自然和谐共生。实行最严格的环境保护制度，持续加强污染防治，着力改善环境质量，完成污染物减排约束性目标。培育扩大森林资源，实施生态保护和修复工程，构建生态安全屏障，森林覆盖率提高2.5个百分点以上。强化资源节约保护，大力发展循环经济，推进绿色建筑行动，发展绿色交通，节约和高效利用资源，完成节能约束性目标。

（四）坚持开放发展，加速培育内外联动优势。实施更加主动的开放战略，坚持优进优出并重、引资引技引智并重，更好地利用国内国际两个市场、两种资源、两类规则，构建适应新常态的开放型经济体制。加快转变外贸发展方式，提高中高端产品出口比重，进出口总额年均增长5%左右。提高利用外资质量和水平，加强与国内外500强、行业龙头企业的战略合作，实际利用外资年均增长5%左右。深度融入国家“一带一路”倡议，在更宽领域、更高层次上参与国际交流合作。扩大招商范围，推动招商向产业、科技、文化、民生、生态环保、智慧城市等宽领域拓展。

（五）坚持共享发展，全力保障改善人民生活。不断加大公共财政投入，提高民生保障和社会事业发展水平，让更多福祉普惠民众。实施更加积极的就业政策，以创业带动就业，新增城镇就业3.3万人以上、农村劳动力转移就业6万人以上，城镇登记失业率控制在3.8%以内。健全覆盖城乡的社会保障、养老等服务体系，提高居民保障水平。完善再分配调节机制，增加低收入者收入，扩大中等收入群体。坚持精准扶贫、精准脱贫，打好扶贫攻坚战，力争两年基本完成省定贫困人口脱贫任务。完善“大保障”和特殊困难群体关爱救助体系，提高帮扶救助成效。推进现代教育名城建设，提升教育品牌影响力。增强卫生、文化、体育公共服务能力，提高公共服务均等化水平。

三、2016年主要工作

今年是全面建成小康社会决胜阶段的开局之年，是推进结构性改革的攻坚之年。我们将全面贯彻上级党委、政府和县委的决策部署，强化“五大发展理念”，落实供给侧结构性改革要求，坚持“稳中求进、进中求好、好中求快”的工作基调，努力推动经济社会稳定健康发展。主要预期目标是：地区生产总值增长8%左右，一般公共预算收入增长9%左右，固定资产投资增长13%左右，社会消费品零售总额增长11%左右，城镇和农村居民人均可支配收入分别增长8%以上和8.5%以上；完成安全生产、节能减排、生态环保等约束性目标。

（一）全力稳定经济增长。把稳增长作为经济工作的首要任务，着力增投资、优服务、防风险，努力推动经济平稳较快发展。

*扩大有效投资。*抓好“十个一”工程等重点项目建设，完成固定资产投资330亿元以上。发挥各类产业基金杠杆作用，引导社会资本更多地投向新兴产业、重大公共设施、民生和社会事业等领域。紧跟上级政策和投资动向，积极争取政策性扶持资金。创新强化金融服务，年末银行机构各项贷款余额力争达240亿元。大力开展产业招商、精准招商，努力在引进国内外500强、行业龙头企业上实现突破，力争到位资金65亿元以上。

*强化为企服务。*实施重点企业发展工程、中小微企业培育工程，重点支持20家骨干企业、30家成长型企业、50家小微企业做强做大。开展“企业服务年”活动，实施“企业工作日”制度，落实重点企业项目联系包靠、问题直报会商

等机制和支持企业发展各项政策，及时解决影响企业发展和项目建设的关键问题，帮助企业健康发展。鼓励企业搞好无效低效资产处置，挖掘企业内部潜能，保障企业正常运行。大力弘扬企业家精神，加强企业家培训，营造支持企业家干事创业的氛围。

加强风险防控。加强对企业融资问题监测预警，防范和打击恶意逃废债务等行为，落实主办银行制度，组建政策性担保公司，守住不发生系统性、区域性金融风险的底线。鼓励企业通过股权合作、资产重组、股权众筹等渠道筹资，降低债务率。

（二）着力提升发展质效。调整优化产业结构，培育特色优势产业，加快构建现代产业体系。

推动工业经济转型升级。坚定不移实施工业立县、工业强县战略，力争工业增加值增长8%左右。壮大千亿级装备制造、千亿级黄金珠宝加工交易、500亿级新能源汽车三大优势产业，加快300亿级造纸印刷包装、300亿级精细化工、100亿级食品加工三大传统产业向中高端升级，打造工程机械及零部件生产配套基地、黄金珠宝加工销售集散地、新能源电动汽车生产基地。组织实施47个工业导向计划项目，促进产品、装备、技术、工艺换代升级。加快“个转企、小升规、规改股、股上市”步伐，力争50%的规模以上企业完成规范化公司制改制，5家企业在场外市场挂牌，1家企业在国内主板上市。抢抓国家鼓励支持发展绿色节能建筑机遇，加快发展绿色房屋和新型建材产业。推进智能制造产业园建设，大力引进无人机开发制造、工业机器人、数控机床等项目。壮大昌乐滨海飞地工业园规模，力争新引进项目3个。

推动现代服务业加速崛起。加快现代教育、健康养老、文化旅游、现代物流、总部经济、电子商务等新兴产业发展，力争服务业增加值占比提高2个百分点左右。建成投用一中·英才实验学校，加快建设二中·美加实验学校等3所民校，支持社会力量办学，打造现代教育名城。加快大德国际医疗中心等医养结合型养老机构建设，发展社区养老，新增养老床位300张。编制首阳山旅游规划，加快九龙湖片区综合开发，完善火山地质公园基础设施，打造仙月湖乡村旅游品牌。加快“三区”建设物流园基础设施配套和昌乐国际物流中心、粮食物流园二期等项目建设。加快企业总部基地等总部载体建设，发挥国际商会平台作用，推进总部经济发展。支持利用存量房地产建设电商产业园，开发建设宝石城电商平台，实施农村淘宝项目，力争电商交易额达120亿元。

推动农业优质高效发展。贯彻落实“大农业、大食物”理念，推动种养加一体、一二三产业融合发展。推行规模化、标准化生产，优化提升西瓜产业，壮大区域特色农业，发展“电商农业”，新建、提升高标准示范园10处以上，发展家庭农场300家以上，打造全国名优特农产品生产基地。争创全国家禽屠宰监管模式示范县、畜禽屠宰兽医卫生检验制度示范县。鼓励发展节水农业，实施小农水重点县项目。培育新型高素质职业农民，培训农民5000人次以上。做好第三次全国农业普查工作。

（三）加快推进改革创新。坚持向改革要动力、向创新要活力，提升发展动能，积蓄发展后劲。

深入推进重点领域改革。深化行政管理体制改革，统筹推进公务用车制度、养老保险制度、事业单位去行政化改革。深化行政审批制度改革，全面推行“三证合一”登记制度和“一照一码”登记模式；加强政务服务规范化建设，完善公共资源交易平台，扩大网上审批范围，建立行政审批中介服务事项目录清单。深化经济体制改革，落实鼓励社会资本进入社会事业领域政策，支持民营企业参与教育、医疗、文化、养老等事业单位改革；深入实施“营改增”改革，落实好过渡期补助政策。深化财政体制改革，加强预算管理，强化政府性债务管控；大力推行政府向社会力量购买服务，提升公共服务质量和效率；推进政府和社会资本合作，建立完善项目库。扎实开展农村改革，加强农村集体“三资”管理，深入推进发展农民股份合作赋予农民对集体资产股份权能改革试点。

大力实施创新驱动战略。完善以企业为主体的产学研协同创新机制，新建院士工作站和市级以上工程技术研究中心、企业技术中心、重点实验室等9个，实施省级以上企业技术创新项目20个、市级以上科技计划项目6个。强化创新载体开放运行和资源共享，发挥好“六四一一”公共技术服务平台作用。大力发展高新技术产业，加强对创新型中小企业的扶持激励，新增高新技术企业4家，产业产值占比提高1个百分点以上。深入实施品牌战略，新创国家地理标志证明商标1件、著名商标2件。大力开展招才引智，积极培养产业领军人才，继续举办职业技能大赛，引进培养高层次高技能人才1200人以上。

着力提升对外开放水平。稳定扩大对外贸易，发挥昌乐国际物流中心平台作用，引进发展外贸企业。以“互联网+外贸”为载体，鼓励开展跨境电子商务进出口业务。积极融入国家“一带一路”倡议，支持企业进行境外资源开发、优势产能转移和海外营销网络建设。抓住中韩自贸区建设机遇，加快推进经济开发区转型创新发展。扩大利用外资规模，利用外资4000万美元以上。务实办好2016中国（昌乐）国际宝石博览会。

（四）统筹推进城乡发展。按照城乡统筹、整体提升理念，以人的城镇化为核心，推进县城区、小城镇、社区协调发展。

提高城市发展持续性和宜居性。加快城市总体规划修编，编制地下综合管廊建设规划，完成首阳山旅游度假区等控制性详细规划编制，完善功能布局，与潍坊中心城区相向对接发展。加快实施永福路贯通等14项城区道路建设改造工程，完成大沂路改线段绿化、孤山街路灯改造等11项绿化、亮化工程。加快旅游路等步行道改造，完善城市慢行系统。发展集雨型绿地，建设“海绵城市”。抢抓国家政策支持机遇，加大旧城改造和城中村改造力度，扩大货币化安置范围，鼓励居民自主购买商品房作为安置房，多渠道化解房地产库存。推进九龙湖片区、首阳山旅游度假区和方山路、永福路、丹河景观带两侧开发改造，加快重要节点组团和重点项目建设，提升城市品位。规范加强城市管理，加快“智慧昌乐”建设，创建国家卫生县城。

增强小城镇承载力和凝聚力。修订完善城镇化发展规划和镇（街、区）总体规划、控制性详细规划，构建布局合理、功能完备、分工有序的新型城镇体系。深化扩权强镇改革，推进县级公共服务功能向镇级延伸。加强城镇基础设施建设和公共服务配套，增强发展承载力。加快镇（街、区）蓝色经济特色产业园建设，培植壮大主导产业，提升镇域经济发展水平。支持红河镇、鄌郚镇建设全国重点镇、全省“百镇建设示范行动”示范镇并发挥引领作用，提升乔官镇、营丘镇综合实力，打造经济开发区、朱刘街道“工业粮仓”，推进各街区差异化发展、特色化发展。加快汶河流域综合开发，提升南部区域协调发展水平。

提升新型社区建设管理水平。按照城乡发展一体化、公共服务均等化、社区治理现代化的要求，加快建设示范社区，有序推进新社区建设。实施社区服务中心建设三年行动计划，年内力争50%以上的社区建成以“一厅一校十室”为基本标准的服务中心；完善“三四三”工作机制，落实社区服务“三个清单”，打造一批在全省乃至全国有影响力的精品示范社区。创新城市社区管理，推进配套建设，充实工作力量，完善“街道—社区—网格”三级社区服务管理体系。

（五）大力改善生态环境。顺应群众对清洁环境的热切期盼，更加注重绿色低碳发展，着力打造天蓝、地绿、水清的生态环境。

深化环境污染治理。巩固扩大“386”环保行动成果，启动新一轮环保集中行动。完成红河和城区3处污水处理厂提标改造，确保河流水质达五类标准。建成污泥无害化处理项目。加快城区和城东项目区排水管网排查改造，解决雨污分流不彻底问题。深入开展挥发性有机物治理，新建1处自动监测点。开展超低排放改造行动，两年内完成燃煤机组和10吨以上燃煤锅炉改造。强化农业面源污染防治，深化病死畜禽无害化集中处理。认真执行环境保护法律法规，严格落实环境污染责任追究机制。

加强生态文明建设。大力开展造林绿化，新增人工造林7200亩，完成退化林地修复7800亩。巩固提升河道生态修复和“两清一绿”治理成果，持续改善水生态环境。加快矿山生态环境恢复治理。加强仙月湖等饮用水源地生态保护，全面排查整治饮用水安全隐患。深入推进“三托管”，实行农村保洁市场化管理，提升城乡环卫一体化水平。争创省级生态县。

推进资源集约利用。加快实施低丘缓坡开发利用、工矿废弃地复垦利用、城乡建设用地增减挂钩、土地整治等项目，积极盘活闲置低效用地，严格矿产资源管理，争创全国国土资源节约集约模范县。加强耕地保护，争取轮作休耕试点。加快推进南寨水库扩容等水利工程建设，建立分质供水、循环用水、优水优用系统，严格落实水资源管理“三条红线”，保障居民生产生活用水安全。大力发展循环经济，重点实施好5个支撑项目和2项示范工程，规模以上企业清洁生产审核率达16%以上。规划建设充电站，购置新能源公交车100台以上。发挥金丝达新能源、大型联户沼气沼电项目作用，推进生产生活垃圾无害化处理、资源化利用。

（六）倾力保障改善民生。积极回应群众对民生事业的新期待、新要求，努力增进民生福祉，办好10件民生实事，让广大群众共享改革发展新成果。

加强就业创业服务。推进大众创业、万众创新，加强创业孵化载体建设，实施大学生创业引领计划、农村青年创业富民行动，成立潍坊创业大学昌乐分院，发展楼宇经济和“前有商店、后有网店”的平台经济，新注册民营企业500家、个体工商户1500户以上。加快高校毕业生就业见习基地建设，落实失业保险“援企稳岗”政策，实施农民工职业技能提升、权益保障、公共服务三项行动计划，新增城镇就业6500人、农村劳动力转移就业1.2万人。加强劳动保障监察，做好企业欠薪预防监控和化解工作。

提升社会保障水平。加快推进城乡社保体系建设，完善居民医保、职工医保和长期护理保险政策，实施建筑业工伤保险扩面“同舟计划”，推进补充工伤保险试点。提高城乡低保、五保供养和重度残疾人护理补贴标准。打好脱贫攻坚第一仗，脱贫人口4500人以上，脱贫村9个以上。加快实施高崖水库库区移民避险解困项目。围绕“四有”目标，提高特殊困难群体关爱救助实效。

加快发展社会事业。实施省道胶王路改建、大沂路城区段大中修等道路工程，配合做好青银高速扩容、潍日高速和榆横—潍坊1000千伏特高压变电站建设。建设改造24所农村中小学，促进城乡教育均衡发展；优化学校布局，两年内全面解决中小学大班额问题 规划建设特教中心；推动职业教育向更高层次发展，争取劳动技校晋升为高级技工学校。深化医药卫生体制改革，探索推行分级诊疗；深入实施基本和重大公共卫生服务项目，提升医疗卫生服务水平；加快“国医堂”建设，提升中医药服务能力；积极落实全面两孩政策，提高妇幼保健和计生服务水平。加快文化中心建设，建成县博物馆、图书馆新馆和各镇（街、区）历史文化展厅；加快传统媒体与新兴媒体融合发展。建设32处社区（村）体育健身工程，广泛开展群众性文化体育活动。推动妇女儿童、老龄、慈善事业健康发展。做好国防动员、民兵预备役、双拥、史志等工作。

全面加强社会治理。落实安全生产“五个责任”，坚持标本兼治，开展大排查快整治严执法集中行动，加快安全生产标准化规范化建设。加强农产品质量安全和食品药品监管，保障群众饮食用药安全。做好应急管理、防汛抗旱等工作，提高突发事件应急处置和防灾减灾救灾能力。持续强化校园周边环境整治。推进“平安昌乐”建设，建设视频监控专网、视频大数据应用联合实验室，完善打、防、巡、管、基、建“六位一体”防控体系。加强信访工作制度化和法治化建设，完善社会矛盾纠纷排查化解机制。开展“七五”普法，增强全社会法治意识；加快建设覆盖城乡的公共法律服务体系，为群众提供方便快捷的法律服务。

（七）加强政府自身建设。坚持依法行政、高效服务、廉洁从政，努力建设为民务实清廉、有限有效有为的现代政府。

深入推进依法行政。提升政府工作人员尊法学法守法用法意识和能力，自觉运用法治思维和法治方式推进改革发展。认真执行重大行政决策程序规定，保障决策的合法性、科学性和民主性。强化财政预算约束管理，规范政府投资行为。认真落实“四张清单”制度，严格依照法定权限和程序行使权力、履行职责。加强行政执法监督，做到严格规范公正文明执法。自觉接受人大、政协和社会各方面监督，做好人大代表建议和政协提案办理工作。健全政府信息公开制度，推进政务公开和各领域办事公开。

大力提升政府效能。积极作为，敢于担当，立说立行，狠抓落实，确保每项工作善始善终、善做善成。加强行政效能监察，严肃查处政令梗阻、推诿扯皮等问题。认真践行“一线工作法”，坚持到基层一线发现问题、研究问题、解决问题。充分发挥县长公开电话、民声网等平台作用，畅通与群众联系渠道。进一步精简会议文件，改进文风会风，提高行政效率。压减一般性支出，严控“三公”经费支出，把有限的资金更多地用在促进发展、改善民生上。

始终坚持廉洁从政。巩固群众路线教育实践活动成果，健全完善“三严三实”作风建设长效机制，强化“四种意识”，落实“四个自觉”要求，坚决把纪律和规矩挺在前面。深入推进廉政建设和反腐败斗争，严肃查处各种违法违纪行为。

各位代表，蓝图激发动力，实干成就梦想。让我们在县委的坚强领导下，在县人大、县政协的监督支持下，紧紧团结和依靠全县人民，以坚定不移的信念、昂扬向上的斗志、务实拼搏的作风，奋发有为，锐意进取，为推动昌乐走上更加文明的发展道路而努力奋斗！

大事记

dashiji

1月

3日 中央电视台财经频道主打栏目《一槌定音》对昌乐蓝宝石进行重磅推介。中国工艺美术协会常务理事王正义、国家珠宝玉石注册质检师李响、中国地质大学（北京）珠宝学院副院长郭颖等珠宝玉石业内的著名权威专家，都对昌乐蓝宝石给予高度评价。

同日，昌乐县新增3个省级旅游特色村。昌乐县五图街道庵上湖村、乔官镇响水崖村、高崖水库库区小白塔村顺利通过省旅游局验收，被评为山东省旅游特色村。

7日 县委常委班子召开“三严三实”专题民主生活会。县委书记张新强主持会议，代表县委常委班子作对照检查并作总结讲话；县委副书记、县长高立伯，县委副书记肖建华等县委常委参加；县人大常委会党组书记、第一副主任王备，县政协主席周保进列席。

11日 市委常委、副市长孙起生带领潍日高速拆迁建设调度会与会人员，到昌乐县现场检查潍日高速拆迁工作。县委副书记、县长高立伯，县委常委、副县长高登友陪同。

13日 由中国专家科技经济咨询中心、潍坊市人社局共同主办的潍坊市第三届海内外高新技术项目推介会在昌乐县召开。潍坊市各县（市、区）人社局负责人和相关企业负责人参加推介交流活动。

14日 省人社厅、省保密局、省公务员局联合表彰全省保密系统先进集体，昌乐县保密局获“全省保密系统先进集体”称号。该表彰活动每3年评选一次，这次共表彰先进集体20个，昌乐县保密局是潍坊市唯一获表彰单位。

15日 市委书记杜昌文到昌乐县调研督导扶贫开发工作。他强调，要按照中央和省委要求，认真贯彻落实全市扶贫开发工作会议精神，把精准扶贫做实做到位，坚决打赢脱贫攻坚这场硬仗。县委书记张新强，县委常委、办公室主任扈本溪，县委常委、组织部部长、统战部部长王勇分别陪同。

18日 县委书记张新强到红河镇参加指导镇领导班子专题民主生活会。县委常委、办公室主任扈本溪，县纪委、县委组织部有关负责人到会指导。

同日，县委副书记、县长高立伯到经济开发区（宝城街道）参加指导领导班子专题民主生活会。县纪委有关负责人到会指导。

19日 中共昌乐县委十三届六次全体会议在县委党校第一报告厅召开。县委委员、县委候补委员出席会议。

20日 县政协九届二十四次主席（扩大）会议在县级机关综合办公楼召开，县政协主席周保进主持会议并讲话，县政协副主席张宝峰、滕恩禄、王泳亮、滕建勋、刘树铭出席，县政协各委室主任列席会议。

24日 在2015年度全省广播电视宣传工作中，昌乐传媒集团在全省县市区台对省台广播、电视两项发稿工作中成绩突出，在全省县级台对省台广播发稿总分数位居第4位、电视发稿总分数位居第24位，分别荣获山东广播电视台2015年度山东广播宣传、电视宣传先进集体一等奖。

26日 济南海关副关长郑伟明一行到昌乐县调研。县委书记张新强，县委常委、办公室主任扈本溪，副县长李培进分别陪同。

29日 县财政局被山东省人力资源和社会保障厅、山东省财政厅授予“全省财政系统先进集体”称号。

2月

1日 副省长夏耕率领省慰问团到昌乐县走访慰问。市委常委、副市长孙起生，县领导张新强、高立伯、张建伟、丁进全等分别陪同。

2日 团县委被团省委表彰为“服务青年项目创新工程示范县（市、区）团委”，是潍坊市获此殊荣的唯一县级团委。

3日 县司法局被省人社厅、省司法厅和省公务员管理局联合表彰为“全省司法行政系统先进集体”。

4日 潍坊市发改委公布2015年市级工程实验室（工程研究中心）名单，昌乐县3家企业“榜上有名”，分别是潍坊英轩重工有限公司潍坊市工程机械工程研究中心、山东梅拉德能源动力科技有限公司潍坊市雷丁新能源汽车工程实验室、潍坊佳诚数码材料有限公司潍坊市彩色喷墨打印介质工程实验室。

5日 市委书记杜昌文到昌乐县走访慰问部分劳模、老党员、困难职工、困难群众及敬老院老人，代表市委、市政府向他们致以亲切问候和新春祝福。市领导孙明亮、吴建民，县领导张新强、高立伯等分别陪同。

同日，县领导张新强、王备、周保进、肖建华分别看望慰问春节期间仍然坚守岗位的一线职工，对他们为保障城乡居民生产生活所付出的辛勤劳动表示感谢，并向他们致以最美好的新春祝福。

17日 住房城乡建设部下发《关于2015年国家生态园林城市、园林城市、县城和城镇的通报》，公布2015年国家生态园林城市、园林城市、县城和城镇命名名单，昌乐县榜上有名。

22日 昌乐县第31届元宵节民间文艺表演大赛在电业公寓前拉开帷幕，来自各镇（街、区）近2000名演员参加演出。

同日，《昌乐非物质文化遗产》一书首发式在城关商务社区举行，县政协主席周保进出席并讲话。

23日 全县经济工作会议在县委党校召开。县委书记张新强出席并讲话。

24日 全县农村工作会议暨农村（社区）党组织书记培训班在潍坊市委党校举行。县委书记张新强出席并作党课辅导。

3月

1日 昌乐县在县委党校设立分会场，组织收看全市深化“三八六”环保行动实施“十大工程”加快绿色发展大会。县委书记张新强出席分会场会议。

3日 省政府公布2016年130个省重点建设项目名单，昌乐县海关综合监管区及配套物流项目位列其中。

6日 省食安办公布2016年全省35个食品安全先进县（市、区）创建单位名单，昌乐县成功入选。

7日 省政府公布2016年130个省重点建设项目名单。潍坊市13个项目列入，其中，涉及昌乐县的有榆横—潍坊1000千伏特高压交流输变电工程山东段、山东省潍城至日照公路、昌乐县海关综合监管区及配套物流三个项目。

22日 昌乐县开展世界水日主题宣传活动。联合国确定2016年的宣传主题是“水与就业”，水利部确定的宣传主题是“落实五大发展理念，推进最严格水资源管理”。

23日 市政协副主席王继怀带领调研组到昌乐县调研“节水型社会建设”情况，县政协主席周保进陪同活动。

27日 2015年“山东民营企业百强”“山东民营企业公益之星”“山东创新型民营企业”三项评选表彰活动结果揭晓。山东世纪阳光纸业集团有限公司获2015年“山东民营企业百强”荣誉称号。

29日 营丘镇申报的“乡村连片治理”试点项目获省财政厅批复，申请省、市财政奖补资金共计900万元。这是继2014年红河镇、2015年鄌郚镇入选省级“乡村连片治理”试点项目后，昌乐县又一个成功列入省级财政投资计划的项目。

4月

1日 STAR8和途豆新能源汽车产品发布会在昌乐县鸢飞大酒店会议厅举行。

3日 山东省再生资源协会废纸分会成立仪式在昌乐县举行。

4日 省政府正式公布第四批省级非物质文化遗产代表性项目名录58项和扩展项目名录59项，昌乐县申报的民间文学《姜太公传说》被列入其中。

8日 省委书记姜异康到昌乐县，围绕贯彻落实新发展理念，推动供给侧结构性改革，对当前经济社会发展情况进行调研。

10日 南澳州普雷福德市考察团一行4人到昌乐县考察学习，观看昌乐县教育发展以及昌乐一中“翻转课堂”教育模式专题片，详细了解昌乐县教育发展概况，并参观昌乐一中校园。

同日，昌乐县第五届姜太公文化节暨第26届桃花年会举行。欢快的秧歌，经典的国粹，民间的文艺，高雅的书画，吸引着各方宾朋的到来。

12日 省水利厅、省财政厅下发《关于公布山东省小型水库管理体制改革2016年新增试点县名单的通知》，昌乐县被确定为全省14个新增试点县之一，也是潍坊市第二家列入改革的试点县。

同日，县委书记张新强对全县2016年度重点项目建设情况进行现场调度。县人大常委会党组书记、第一副主任王备，县政协主席周保进，县委副书记肖建华参加。

14日 省环保厅厅长张波带领调研组一行到昌乐县金丝达新能源公司对垃圾资源化利用项目进行调研。市委常委、秘书长孙明亮，县委书记张新强等陪同。

16日 昌乐县新能源电动车战略合作项目和国际物流项目在第33届风筝会“商会商机·合作共赢”全国商会协会潍坊对接会上签约。

17日 山东省住房和城乡建设厅公布第三批“美丽宜居小镇、美丽宜居村庄”名单，鄌郚镇荣获“山东省美丽宜居小镇”称号，是昌乐县这次唯一获得该称号的乡镇。这也是该镇继获得“国家级生态镇”“全国重点镇”“省百镇建设示范行动示范镇”“互联网+特色产业强镇”后又一殊荣。

23日 昌乐县2016科级党员干部德廉知识学习集中测试在县实验中学举行。

23—24日 第33届潍坊国际风筝会主要活动之一——全国钓鱼邀请赛在马宋水库举行，来自全国各地的160名钓鱼爱好者一展身手。

25日 九龙湖综合开发、大德·国际医疗中心、雷丁新能源汽车二期等8个项目被列为2016年市重点建设项目。

27日 全县“两学一做”学习教育工作座谈会在县委党校第一报告厅召开。县委书记张新强出席并讲话。县委副书记肖建华主持。

29日 由昌乐县乡村旅游协会主办的2016山东昌乐首届乡村旅游节在庵上湖村文化广场正式启动，从4月底至10月的系列乡村旅游活动就此拉开帷幕。

5月

3日 中国台湾教育代表团—天主教磐石中学的师生、家长一行12人到昌乐一中进行为期

1 天的交流学习。

同日，昌乐县 160 辆纯电动公交车全部挂牌，并陆续投入运营。

4 日 共青团昌乐县第十八次代表大会在市委党校开幕。县委副书记肖建华出席并讲话。

6—8 日 在 2016 年度山东省县市报工作会议上，《中国蓝宝石之都 · 昌乐》报在全省 140 家县市报中脱颖而出，被评为山东省十强县市报。同时被评为 2015 年度山东省优秀县市报，推选为常务理事单位。

9 日 经山东省县市报新闻奖评委会层层筛选审议评定，《中国蓝宝石之都 · 昌乐》报有 6 件作品，获 2015 年度山东县市报新闻奖县市报纸专项奖。

12 日 全县各医院组织开展“5 · 12”护士节纪念活动。

17 日 全县创建国家卫生县城工作现场推进会议召开。县委书记张新强出席并讲话。县人大常委会党组书记、第一副主任王备，县政协主席周保进出席。县委副书记肖建华主持。副县长崔全华通报创卫工作情况。

18 日 最高人民检察院授予昌乐县人民检察院为第六届“全国先进基层检察院”荣誉称号。

19 日 山东省住房和城乡建设厅公布第三批美丽宜居小镇、美丽宜居村庄名单，鄌郚镇荣获“山东省美丽宜居小镇”称号，是昌乐县这次唯一获得该称号的乡镇。

21 日 昌乐县第六届全民健身运动会开幕式暨 2016 年全民健身月启动仪式在市民文化体育公园举行。

22 日 由梦金园自主设计制造的重达 82.20 公斤的足金戒指，成功挑战吉尼斯世界纪录，荣获“世界最大金戒指”称号。这款巨型戒指打破之前由迪拜保持长达 16 年的吉尼斯世界纪录。该金戒指直径约 80 厘米，戒体四周镶嵌有 76 颗昌乐精品蓝宝石，由梦金园 39 位工匠历经 99 天锤炼而成，制作成本近 3000 万元人民币。

23 日 由《中国医院院长》杂志社和中国医院院长网主办的第四届中国县市医院论坛在北京隆重召开，县人民医院获 2015—2016 年度星耀中华—最具成长力中国县市医院创新之星奖。

26 日 省检察院党组副书记、副检察长吕盛昌在潍坊市检察院检察长杨洪旭的陪同下，到昌乐县就基层检察院建设工作进行调研。县委书记张新强，县委常委、政法委书记徐玉山，县检察院检察长郑爱之分别陪同。

27 日 县委书记张新强到红河镇小阿陀村，走访慰问联系贫困户，与镇村干部一起议脱贫、谋致富、话发展。县委常委、办公室主任扈本溪，红河镇负责人陪同。

6 月

1 日 昌乐县首家新三板挂牌企业—潍坊中创文化用品股份有限公司挂牌仪式在北京金融街成功举行。县委常委、副县长张建伟出席挂牌仪式并致辞。

3 日 潍坊市人大常委会副主任李世光带领视察组到昌乐县对农产品质量安全工作情况进行视察，同时对《潍坊市剧毒高毒农药管理条例（草案）》开展立法调研。县人大常委会党组书记、第一副主任王备，县人大常委会副主任田本义，副县长魏林卿陪同活动。

6 日 中泰宝石学院学生获“第四十四届世界技能大赛”山东省选拔赛金牌。中泰宝石学院电气工程系学生闫中旭、周文波荣获机电一体化项目金牌，并代表山东省参加全国选拔赛。

8 日 昌乐县 6665 名学子参加高考。参加高考的考生分别分布在昌乐一中、昌乐二中、及第中学等 3 个考点、224 个考场。

同日，《昌乐大事记（2005—2015）》出版发行。该书由县档案局历时两年多编纂完成。

14 日 昌乐县遭受强降雨、大风、冰雹等恶劣天气袭击，其中冰雹最大直径 7 厘米，瞬时最大风力达 8 级，红河镇、鄌郚镇、高崖水库库区等地损失严重，农作物受灾面积达 6378.65

公顷，其中成灾面积4466.06公顷，绝收面积1912.59公顷，直接经济损失达10367万元，其中农业损失8407.52万元。风雹灾害天气导致昌乐县受灾人口107651人，123个村庄，1956户、7824间民房不同程度受损，严重受损房屋1476间，转移安置人口935人。县委、县政府立即召开专题会议，研究部署救灾工作，启动Ⅱ级应急响应。各级各部门把救灾工作作为当前的中心工作来抓，迅速组织力量防灾减灾，确保群众生活，最大限度减少灾害损失。

22日 县档案局通过潍坊市档案局与山东省档案局（馆）在省电子文件（档案）容灾备份中心签署电子档案容灾备份异地存放协议，完成昌乐县电子档案数据省内备份。

24日 根据潍坊市委常委参加“两学一做”学习教育工作安排，市委书记杜昌文到昌乐县调研，并到联系点红河镇埠南头村党支部讲党课，与基层党员一起过组织生活。

29日 全县庆祝中国共产党成立95周年大会在县委党校举行，张新强讲话，邱旺主持，周保进出席，张建伟宣读表彰决定。

7月

1日 144辆纯电动城乡客运公交正式投入使用。实现县域客运线路全覆盖。

3日 内蒙古巴彦淖尔市教育考察团到昌乐县考察学习。

13日 省委党校副校长袁永新率考察团一行90余人，到昌乐县参观考察。县委书记张新强，县委常委、组织部部长、统战部部长王勇陪同。

15日 山东省中小学校园足球邀请赛在昌乐县举行。来自全省5个地市33个单位共65支足球队参加此次邀请赛。比赛为期4天；在外国语学校、第二实验小学、五图街道小学等9个场地进行141场比赛。

18日 昌乐县重点民生工程永福路建成通车。

21日 昌乐农商银行被评为“中国农村金融品牌价值榜·十大品牌创新机构”。为全省唯一获此殊荣的金融机构。

22日 2016年两岸教育学术研讨会在昌乐县举行。此次研讨会由全国教育效能学术委员会和台湾南华大学联合主办、昌乐县教育局承办，在昌乐外国语学校举行。来自台湾的20余位专家学者以及全县中小学校长等350余人参加这次研讨会。

27日 县妇女第十四次代表大会在县委党校召开。县委书记张新强讲话。市妇联主席田素英致祝词。县领导邱旺、王备、周保进等出席。

同日，省关工委副主任王治水一行到昌乐县调研关工委工作，县委常委、组织部部长、统战部部长王勇陪同。

28日 梦金园获中国黄金行业“生产”“销售”双项全能大奖。

29日 昌乐县太极拳协会代表队参加国际武术邀请赛获21金。代表队参加24个单项、2个集体项目，最终获得单项21金、2银、1铜，集体项目传统杨式太极拳金奖，太极双扇银奖的好成绩。大会组委会选调昌乐县太极拳协会主席张秀萍担任国际武术邀请赛裁判，被评为优秀裁判员。

8月

3日 王金鉴先进事迹报告会在县传媒集团演播大厅举行。县委书记张新强、县政协主席周保进、县委副书记张建伟等出席。

5日 昌乐县昌城大酒店、宝城大酒店、国庆大酒店、鸢飞大酒店4家酒店，经潍坊市疾病预防控制中心、潍坊市饭店和烹饪协会现场考核验收，被命名为“潍坊市健康酒店（餐厅）”。

8日 第五届中国创新创业大赛（山东赛区）决赛在烟台高新区开幕，昌乐县的西水机器人科技有限公司荣获第二名。

12 日 昌乐县永新、华源两个奶牛养殖专业合作社奶牛标准化规模养殖场建设项目获 210 万元中央扶持资金。其中，永新奶牛养殖专业合作社奶牛标准化规模养殖场建设项目总投资 101 万元，获中央扶持资金 80 万元；华源奶牛养殖专业合作社奶牛标准化规模养殖场建设项目总投资 169 万元，获中央扶持资金 130 万元。

同日，昌乐县自主研发生产的首辆智慧微型电动汽车—雷丁小骑士8月12日在潍坊发布，系全省首辆。

13 日 昌乐县 2400 余名党员干部参加德廉知识测试。

15 日 昌乐二中参加“全球青年模拟联合国大会”获佳绩。昌乐二中代表队荣获团体荣誉奖—“最佳组织奖”（全球仅有 4 支表现优秀的队伍获得该奖项）；昌乐二中学子赵雨晴，在 GA Special Session（联合国大会特别会议）起草文件、组织谈判过程中表现突出，一举夺得本会场第一名，获得大会个人最高奖项。

17 日 昌乐县获“全省双拥模范县”殊荣。

19 日 省农业厅公布山东省休闲农业和乡村旅游示范创建名单，五图街道庵上湖村被评为山东省美丽休闲乡村。

23 日 在第十五次全省普法依法治理工作会议上，昌乐县被表彰为“2011—2015 年全省普法依法治理工作先进县（市、区）”。

24 日 省卫计委监察专员张丽艳带领省创卫考核考评组一行 6 人到昌乐县进行创建国家卫生县城工作省级技术评估。潍坊市直有关部门负责人，县委书记张新强，县委副书记、县长邱旺，县委副书记张建伟等分别陪同。

同日，省民政厅副厅长王建东一行，在市民政局主要负责同志陪同下，到昌乐县检查红河镇灾后恢复重建工作。县委副书记、县长邱旺，县直有关部门和红河镇主要负责人陪同活动。

26 日 省卫生和计划生育委员会党组成员、计生协会常务副会长杨心胜一行 3 人，在市卫生计生委主要负责人陪同下，到昌乐县考察中国计生协会“生育关怀携手行—计生家庭发展致富项目”，并就基层计生协会组织建设进行调研。县委副书记、县长邱旺陪同活动。

同日，昌乐县 2016 年工会“金秋助学”资金发放仪式举行，为 43 名受助对象发放 2000 ～ 3000 元不等的助学金，共计发放 10.1 万元。

27 日 中宣部副部长孙志军到昌乐县调研文化建设情况。省委常委、宣传部部长孙守刚；市委副书记、市长刘曙光，市委副书记王献玲；县领导张新强、邱旺、张建伟、贺玉洁分别陪同。

30 日 潍焦集团入围 2016 中国民企 500 强。由全国工商联主办，工业和信息化部、国家工商总局支持的 2016 中国民营企业 500 强发布会在京召开，会上揭晓2016中国民营企业500强榜单。山东潍焦集团有限公司成功入围，位列 493 位，是潍坊市上榜的四家企业之一。

同日，市发改委转发下达国家文化和自然遗产保护利用设施建设专项 2016 年中央预算内投资计划，昌乐火山国家地质公园保护利用设施建设项目获 360 万元中央预算内资金扶持。

9 月

1 日 第二届庵上湖合作社发展论坛举办。来自全省各地的 30 位优秀合作社理事长、驻村“第一书记”、支部书记到昌乐，参加由庵上湖瓜菜专业合作社理事长赵继斌发起的第二届庵上湖合作社发展论坛，探讨合作社在经济新常态下该如何挖掘内生动力、寻求新发展。

5 日 全省唯一一家智能化海关监管项目投运。潍坊申易现代物流项目由山东世纪阳光纸业集团投资 1.5 亿元建设，实现与潍坊海关，济南海关监管物流管理平台互通互联。

6 日 昌乐国际物流中心海关检验检疫监管场站开通仪式举行。市委书记杜昌文，市委常委、副市长孙起生，县委书记张新强以及潍坊市商务局、潍坊海关、潍坊检验检疫局负责人共同按下启动球、开通监管场站。

同日，副省长张务锋到昌乐县围绕加快推进供给侧结构性改革、推动新一轮经济发展，就环保产业和循环经济发展进行专题调研。市领导杜昌文、孙起生、孙明亮，县领导张新强、邱旺、扈本溪、崔全华陪同调研。

同日，市委书记杜昌文到昌乐县调研学校和社区建设工作。市委常委、秘书长孙明亮，县领导张新强、张建伟、扈本溪、王勇分别陪同。

8日 世界地质公园专家考察组一行3人，到昌乐县调研，并就火山国家地质公园揭牌开园、国家地质公园申报世界地质公园等工作进行现场指导。县委副书记、县长邱旺，县委常委、副县长高登友分别陪同。

14日 鄌郚镇、红河镇入选2016年全国重点镇。

同日，昌乐县失业保险金标准提至每人每月1000元。这是自2007年以来，昌乐县第十次提高失业保险金标准。

同日，联合国工业发展组织环境司司长斯蒂芬·西卡斯一行2人，到昌乐县调研环保产业和循环经济发展情况。县委副书记、县长邱旺，副县长李培进分别陪同。

18日 昌乐县首批机关公务用车拍卖会在昌乐鸢飞大酒店举办。共拍卖公车213辆，竞拍成交124辆，成交总价款435.5万元，高出起拍价75.2万元，溢价率20.9%。

20日 县委常委会开展"两学一做"学习教育专题研讨。县委书记张新强主持并讲话。县委副书记、县长邱旺，县委副书记张建伟等参加。县人大常委会党组书记、第一副主任王备，县政协主席周保进列席。

21日 省委统战部"省无党派人士重点课题调研组"一行9人，到昌乐县就《深化体制机制改革推进我省义务教育均衡发展的调研分析—加快推进解决"大班额"问题研究》开展考察调研。县委常委、组织部部长、统战部部长王勇陪同，副县长李培进作汇报发言。

25日 "高粱红了"高密国际半程马拉松赛在高密市文体公园举行，来自昌乐的年轻姑娘李文杰以1小时17分43秒的成绩获得女子组冠军。

26日 昌乐县红河镇埠南头村、宝都街道蔡辛村、高崖水库库区湖东新村、朱刘街道都昌村、五图街道庵上湖村5个村获批全国农村一二三产业融合发展"百县千乡万村"试点示范工程。

27日 省林业厅副厅长马福义到昌乐县调研农村集体林权股份权能改革和林业专业合作社建设情况。县委副书记、县长邱旺，副县长魏林卿分别陪同。

29日 潍坊市生产安全事故应急救援演练观摩会议在昌乐县召开。县委副书记、县长邱旺致辞，市安监局主要负责人讲话，各县（市、区）安监局、全市100家危化品生产企业负责人参加。

30日 胶王路安丘至青州段正式通车。

同日，在全国第三个"烈士纪念日"到来之际，昌乐县在烈士陵园隆重举行烈士公祭仪式。县委书记张新强出席并整理花篮缎带。县委副书记、县长邱旺主持。县人大常委会党组书记、第一副主任王备，县政协主席周保进，县委副书记张建伟等出席公祭活动。

10月

9日 2016中国（昌乐）国际宝石博览会新闻发布会在潍坊富华大酒店举行。中新社、凤凰网等26家媒体的40余名记者与会，市委宣传部有关负责人主持，县委副书记、县长邱旺介绍有关情况并回答记者提问，县领导贺玉洁、石汝祥出席发布会并回答记者提问。

10日 市发改委转发下达重点地区污染治理工程2016年中央预算内投资计划（第二批），昌乐县潍坊振兴焦化有限公司焦炉锅炉烟气脱硫脱硝升级改造项目获中央预算内扶持资金863万元。

14 日 省食品安全督导检查组一行 4 人，到昌乐县督导检查省食品安全先进县创建工作。县委副书记、县长邱旺，副县长李培进、丁进全分别陪同。

15 日 昌乐县第六届全民健身运动会自行车比赛暨“昌乐农商行杯”自行车方山爬坡赛开赛。

16 日 2016 中国（昌乐）国际宝石博览会在中国宝石城开幕。斯里兰卡驻华大使馆商务参赞汝婉缇，潍坊市委常委、副市长孙起生，中国珠宝玉石首饰行业协会副秘书长、彩宝分会秘书长沙拿利，县委书记、县人大常委会主任张新强分别致辞。商务部流通产业促进中心副主任周强宣布 2016 中国（昌乐）国际宝石博览会开幕。

19 日 昌乐县 8 个村被列入全国乡村旅游扶贫重点村，分别是沙埠沟村、大芦沟村、上皂户村、响水崖村、沙罗村、南申村、姬家庄村、邵家庄村。

21 日 中央电视台 13 套新闻频道《朝闻天下》，以《世界奇珍异宝亮相 2016 中国（昌乐）国际宝石博览会》为题，对为期 4 天的 2016 中国（昌乐）国际宝石博览会的开幕盛况、精彩瞬间进行主题报道。

26 日 省交通运输厅党组书记王玉君在市委常委、副市长孙起生陪同下，到昌乐县调研督导济青高速公路改扩建工程第三合同段建设情况。县委副书记、县长邱旺陪同活动。

11 月

2 日 县政协九届二十二次常委会议在县委党校召开。县政协主席周保进主持会议并讲话，县委常委、副县长高登友，县政协副主席张宝峰、王泳亮、滕建勋、刘树铭参加。

3 日 上海黄金交易所理事长焦瑾璞一行，到昌乐县考察黄金珠宝加工交易产业发展情况。县委副书记、县长邱旺陪同。

7 日 国务院农民工工作领导小组办公室表彰 1000 名“全国优秀农民工”和 100 个农民工工作先进集体，昌乐县英轩实业有限公司吕勇榜上有名，入选“全国优秀农民工”。

9 日 全省公共法律服务体系建设推进会议与会人员在市政府党组成员陈汝孝陪同下，到昌乐县现场观摩。县领导张新强、邱旺、徐玉山、石汝祥分别陪同。

10 日 昌乐县职业农民创业孵化管理服务中心运营的“昌乐县职业农民星创天地”成功通过审核，成为第一批在科技部备案的星创天地。

14 日 市委副书记、市长刘曙光带领市直有关部门负责同志，到昌乐县调研扶贫开发、乡村旅游、健康养老等工作。县委书记张新强，县委副书记、县长邱旺等分别陪同。

15 日 山东检验检疫局副局长石勇一行 4 人，到昌乐国际物流中心海关检验检疫监管场站检查指导工作。县委副书记、县长邱旺，副县长丁进全分别陪同活动。

同日，潍坊军分区司令员万伟锋到昌乐县进行年度工作调研。县领导张新强、高登友、包艳伦、石汝祥分别陪同。

18 日 昌乐县山东乐化漆业股份有限公司牵头申报的“涂料水性化用树脂的绿色合成技术及产业化”项目，获批山东省 2016 年度重点产业关键技术遴选计划项目，争取省财政专项资金 200 万元，是潍坊市唯一一个获批立项项目。

16—18 日 中国人生科学学会县区人生教育专业委员会第二届学术年会在昌乐县举行，来自全国 18 个省份 36 个地市 93 个县区 300 余所学校的校长、骨干教师 900 余人参加。

22 日 农业部农机化司副司长孔亮一行 3 人到昌乐县检查农机安全生产工作。县委副书记、县长邱旺，副县长魏林卿分别陪同有关活动。

25 日 省地税局副局长李亚一行 3 人到昌乐县调研，并到联系点山东世纪阳光纸业集团座谈征求对地税服务工作的意见建议。县委副书记、县长邱旺陪同活动。

26 日 在全省文化执法经验交流会议上，

昌乐县作为全省4个典型发言的县（市、区）之一。

12月

1日 潍坊市中级人民法院院长姜树政到昌乐县对法院执行工作进行调研。县委书记张新强，县委常委、政法委书记徐玉山，县人民法院院长韩昆亮分别陪同。

同日，上海市总工会考察团到昌乐县考察学习女职工工作，县政协主席周保进，县委常委、宣传部部长贺玉洁分别陪同。

同日，省政府第七督查组到昌乐县督查国务院安委办、省政府11月25日、27日安全生产会议贯彻落实情况。县政府党组成员、县公安局局长石汝祥陪同。

6日 由国际清洁能源论坛（澳门）联合中国经济发展研究会、中国能源报社共同举办的第五届国际清洁能源论坛在澳门开幕。会上发布“2016中国能源集团500强”榜单，潍焦控股集团以102.1777亿元营业额位列榜单第167名。

8日 由中国炼焦行业协会主办的第二届中国焦化行业科技大会“技术创新型焦化企业”“先进科技工作者”“焦化技术创新成果”评审结果公布，山东潍焦控股集团有限公司荣膺“技术创新型焦化企业”，该公司提报的“焦化废水深度处理回用技术”被评选为“焦化技术创新成果”一等奖。

10日 全县领导干部会议召开，宣布省委、市委关于昌乐县委主要领导同志职务调整的决定。中共潍坊市委常委、常务副市长邹庆忠宣布决定并讲话，张新强主持，卞汉林任中共昌乐县委书记并讲话，邱旺讲话。

11日 昌乐县通过申报、推荐、评审、公示等环节，成功获评2014—2016年全国计划生育优质服务先进单位。

15日 住房城乡建设部公布全国农村生活污水治理示范县（区、市）名单，昌乐县榜上有名，被确定为全国农村生活污水治理示范县。

20日 省旅游发展委员会公布2016年山东省乡村旅游创建单位名单，昌乐县五图街道响水崖子村获评山东省旅游特色村。

同日，“山东省企业品牌价值百强榜”出炉，昌乐县的山东日科化学股份有限公司位列榜单。

23日 在济南召开的山东省县级广播电视台发展实战论坛暨2016年县级广播电视台全体理事会上传来喜讯，县传媒集团被授予山东省县级广播电视系统“优秀广播电视台”荣誉称号。

28日 山东省旅游发展委员会下发《关于命名山东省旅游强乡镇、旅游特色村、工农业旅游示范点、精品采摘园、开心农场和好客人家星级农家乐的通知》，昌乐县5家单位榜上有名。

全县概况

quanxian gaikuang

自然环境

【位置面积】 昌乐县地处山东半岛内陆，位于潍坊市中部，地跨北纬36° 11′ 52″ ～ 36° 46′ 32″、东经118° 43′ 44″ ～ 119° 10′ 28″。东与潍城区、坊子区相连，南与安丘市毗邻，西靠临朐县、青州市，北与寿光市接壤。辖区东西最大距离40.9千米，南北最大距离59.3千米，总面积1101平方千米。县城地处县境北部，西至济南168千米，东至青岛180千米，距潍坊市区25千米，北至渤海70千米，是全县的政治、经济、文化中心。

【地质地貌】 境内地貌呈多样性形态，地势南高北低，西高东低，以胶济铁路线为界，北部为坦荡无垠的昌潍平原，南部为低缓绵延的丘陵区，海拔30～381米，平均海拔160米左右。全县山丘区约608平方千米，占总面积的58.85%，平原区410平方千米，占39.7%；涝洼区15平方千米，占1.45%。境内有孤山、方山、乔山、黄山、打鼓山、丛山等，属沂山山脉。地貌为低山、丘陵、平原相间，中西部、中北部多低山，东部多丘陵，南北两端系平原。

【河流】 昌乐县境内河流众多，现有5大水系6大河流34条支流。

小丹河 发源于昌乐县乔官镇刘家庄子村，河道讫点位于昌乐县宝都街道代家庄。小丹河河道总长23千米，流域面积58.2平方千米，干流平均比降0.00688米/米，干流上有1座中型水库，5座小型水库，小丹河流经乔官镇、五图街道、宝都街道。

大丹河 （昌乐境内）起始于昌乐县乔官镇吕家庄村，终止于昌乐县宝城街道西崔村北（北纬36° 44′ 15″、东经118° 48′ 02″）。大丹河河道总长91千米（昌乐段24千米），流域面积911.30平方千米（昌乐段227.4平方千米），干流平均比降0.00114米/米，干流上有1座中型水库，6座小型水库，大丹河昌乐境内流经乔官镇、五图街道、宝都街道、宝城街道。

圩河 发源于昌乐县乔官镇土埠沟村北流入潍城区境内。圩河河道总长44千米，流域面积278.8平方千米，其中昌乐县境内河道长9.15千米，流域面积64平方千米，流经昌乐县境内乔官镇、五图街道。河道最大宽度283米，最小宽度36米，干流上游有5座小型水库。

桂河 发源于昌乐县五图街道老官李村南，流经首阳山旅游度假区，于朱刘街道后牟村流入寿光市境内。桂河河道总长58千米，流域面积410.1平方千米，其中昌乐县境内河道长17千米，流域面积80平方千米，河道最大宽度256米，最小宽度9米，干流上有8座小型水库。

红河 发源于昌乐县鄌郚镇荣山官庄村村北，于昌乐县红河镇小菜园村进入安丘市境内。红河从上游向下游依次经过昌乐县鄌郚镇、临朐县九山镇、昌乐县鄌郚镇、昌乐县红河镇、安丘市凌河镇，河道最大宽度100米，最小宽度20

米。红河全长31.0千米，流域面积238平方千米，在昌乐县境内总长度长25千米，流域面积190.34平方千米，干流上有1座小型水库。

白浪河 发源于鄌郚镇打鼓山，流经鄌郚镇、红河镇、营丘镇，自营丘镇黎家村东入白浪河水库。有7条一级支流—孝妇河、大猪河、小猪河、龙丹河、金钗河、马宋河、彭家沟河，县境内干流长度29千米，流域面积301.5平方千米。干流上有1座中型水库，5座小型水库。

汶河 发源于临朐县沂山玉皇顶，在高崖水库库区洛村入境，流经鄌郚镇、红河镇，自红河镇大李平安村出境进入安丘并入潍河。在昌乐境内有7条一级支流—洋河、寺后河、红河、张朱河、螳螂河、阿陀前河、孟津河，9条二级支流魏家沟河、九曲河、龙旺河、元吉河、庄皋河、肖家河、王俊河、龙女河、崖头河，县境内干流长度30.8千米，流域面积417.8平方千米。干流上有大型水库1座（高崖水库）。

全县有水库127座，其中，1座大型水库，为高崖水库，3座中型水库，为荆山水库、马宋水库、南寨水库（在建），123座小型水库，其中小（一）型水库19座，小（二）型水库104座。

【气候】 2016年平均气温13.7℃，比历年平均气温偏高0.8℃。年降水量612.4毫米，较历年平均值偏多38.0毫米。年日照时数2547.0小时，比历年偏多143.6小时。年气候特点：气温偏高，降水偏多，光照充足。

自然资源

【土地资源】 全县土地总面积1100.51平方千米，其中农用地面积1305836.25亩（耕地941098.65亩、园地46598.1亩、林地137852.1亩），占总面积79.1%；建设用地面积1270072.75亩（建制镇69136.05亩、村庄150492.75亩、采矿用地7844.4亩），占总面积的16.36%；未利用地面积74858.1亩（其他草地38756.25亩、河流水面26374.35亩、裸地9883.5亩），占总面积的4.54%；人均耕地面积1.55亩。全县耕地保有量924870亩，基本农田817755亩，建设用地总规模260505亩。

【矿产资源】 到2016年年底，全县发现各类矿产26种（含亚矿种），探明储量的矿产21种，开发利用11种。主要矿产及分布情况：蓝宝石有矿面积达450平方千米，主要分布在五图街道、宝都街道、乔官镇境内；油页岩累计探明储量28202.7万吨，系五图褐煤的伴生矿，主要分布在五图街道境内；煤矿分为烟煤和褐煤，主要分布在朱刘街道、五图街道境内；地热资源热储面积约50平方千米，位于鲁北地热区、鲁西地热区和沂沭断裂带地热区的交汇地带；石棉主要分布在营丘镇汶河官庄一带；石灰岩主要分布在县城东部的孤山、牛山、马山、罗圈山，以及五图街办的驼山、鄌郚镇杏山子和大山、营丘镇蟠龙山、黄山地区，保有量为20亿吨；膨润土也称为膨土岩、斑脱岩，主要赋存在宝都街道南肖、五图街道亓家庄和官地。五图煤矿、杨家埠软质耐火黏土矿是胶东地区特色矿种。

【水资源】 昌乐县水资源总来源是大气降水。多年平均降雨量为608.99毫米，年内降水多集中在6—9月汛期，占全年降水总量的72%，其他月份占28%。昌乐县的降水有以下几个特点：地区分布不均，南部雨量大，北部雨量小；年内分布不均，汛期降水集中，其他季节降水较小；年际分布不均。

水资源总量 根据全县降雨延长系列推算，昌乐县多年平均地表水资源量为11651.10万立方米，地下水资源量为10665.85万立方米，重复计算水资源量为4354.46万立方米，昌乐县多年平均水资源总量为17962.49万立方米。人均占有水资源量为288立方米。昌乐县多年平均水资源可利用量为14576.04万立方米。

可供水分布情况 在北部平原区，地下水分布模数为 12.82 万立方米 / 平方千米，地表水分布模数为 1.58 万立方米 / 平方千米；在北部平原隐区，地下水分布模数为 8.95 万立方米 / 平方千米，地表水分布模数为 9.71 万立方米 / 平方千米；在中部低山区地下水分布模数为 1.11 万立方米 / 平方千米，地表水分布模数为 7.09 万立方米 / 平方千米；在东南部丘陵区地下水分布模数为 5.26 万立方米 / 平方千米，地表水分布模数为 14.13 万立方米 / 平方千米。

水质现状 根据近几年的水质监测情况看，地表水：高崖水库水质良好，常年在Ⅱ类到Ⅲ类之间；马宋水库水质一般，在Ⅲ类尚好和差之间；荆山水库水质可以，在Ⅲ类良好与尚好之间；汶、白、丹、汙、桂五系水系，除个别河段被污染外，其余河流水质尚好，均在Ⅲ类、Ⅳ类之间。昌乐县地下水除朱刘、城区、尧沟浅层水质较差外，其他均在Ⅲ类以上。

【动物资源】

县内动物资源有 700 余种。

野生兽类动物 主要有野兔、黄鼬、狐狸、黑狸、猪獾、刺猬、蝙蝠、鼹鼠、家鼠、田鼠等 10 余种，其中黄鼬、狐狸、黑狸、猪獾等为省级重点保护动物。

爬行类动物 主要有蛇、壁虎、蜥蜴、鳖。近年来，龟类在境内亦有发现，但数量极少。

两栖动物 主要有蛙、蟾蜍等，且有多个种属。

鸟类动物 鸟类在境内数量较大，留鸟、候鸟及旅鸟总计超过 140 种。主要有麻雀、大喜鹊、灰喜鹊、鸽、鹞鹰、隼、苍鹰、猫头鹰、燕子、山雀、云雀、啄木鸟、斑鸠、山鸡、鹌鹑、黄雀、玉鸟、雉鸡、杜鹃、野鸭、乌鸦、蜡嘴、白头翁、园丁鸟、和平鸟、绣眼、翠鸟、大白鹭、小白鹭、苍鹭、牛背鹭、小鸊鷉、黑水鸡、小苇鳽、苇莺、戴胜、棕头鸦雀、猫头鹰、 白鹡鸰、北红尾鸲、巴哥等。近年来，高崖水库库区东窝铺村刺槐林成为大批白鹭、苍鹭、牛背鹭等鹭鸟的繁殖地。棕头鸦雀增多，在绿化较好的居民小区亦常见。

水生动物 鱼类主要有鲤鱼、鲫鱼、鲢鱼、草鱼、黑鱼、镜鱼、鳝鱼、鲶鱼、泥鳅、青条、马口、麦穗等。其他水生动物有蚌、螺、虾、蟹、水蛭、水蚤等。

昆虫类 常见有 500 多种，主要有蚊、蝇、蜂、瓢虫、蜻蜓、蚂蚱、蝎子、蜗牛、蜘蛛、蚂蚁、土元、蟋蟀、蚜虫、螳螂、蝉、蝈蝈、蜣螂、蝴蝶、天牛、蚰蜒等。蚕、蜜蜂、蝎子、土元、面包虫等有人工养殖。

人工饲养动物 禽兽类近 30 种，除传统养殖的鸡、鸭、鹅、牛、羊、狗、猫、家兔等家禽家畜外，鹿、狐狸、貂、獭、火鸡、鸵鸟、鸽子、鹌鹑、玉鸟等其他珍稀动物均有养殖。鱼类除鲤、鲫、鲢、草外，黑鱼、鲶鱼、金鱼及各种热带鱼亦有不同规模养殖。

【植物资源】

境内野生和人工栽培的木本植物 83 科 130 余种，草本植物 500 余种，其中有经济价值的达 35 科 200 多种。

野生植物 灌木类主要有山荆、酸枣、柘桑、野柳、野蔷薇等。野生草本植物有山红草、茅草、艾、蒿、爬蔓草、莠草、翻白草、猫眼草、茜草（俗称屎坷垃蔓）、鬼针草、苍耳、蒺藜、醋浆草、芦苇等。可以食用的野生植物有仁菁菜、灰菜、荠菜、刺儿菜、苦菜、马齿苋、地丁、黄花菜、蓬子菜、扫帚菜、茵陈等。查明县内可入药植物 46 科 102 种，野生常见有柴胡、茵陈、蒲公英、大蓟、车前草、列当、丹参、黄芪、远志、半夏、射干、透骨草、元胡、徐长卿、刘寄奴、狼毒、夏枯草、牛蒡、益母草、枸杞、草决明、紫苏、荆芥、葛根、栝蒌、防风、香附等数十种。水生野生植物主要有芦苇、三棱草、河蒲、水荇、浮萍、水藓等。

人工栽培植物 分为农作物、林木、花卉、药材四类。农作物中的粮食作物有 20 余种，小麦、玉米、地瓜、谷子、大豆为主导作物，高粱、绿豆、黍子亦有种植。经济作物以烟、棉、花生种植最为普遍。瓜菜类种植较多，西瓜、南瓜、黄瓜、冬瓜、萝卜、白菜、胡萝卜、西红柿、姜、葱、韭菜、辣椒、甜椒、茄子、丝瓜、芋头、芦笋、莲藕、山药等大规模栽培，成为菜农的主要经济来源。菌类中，平菇、香菇、金针菇、杏鲍菇等有一定规模的种植。野生毒蘑菇不多见。林木全为人工栽培。绿化用材林以白杨、侧柏、马尾松、彬树、国槐、刺槐、白蜡、银杏、枫树、樱花、法桐、竹子居多，藤萝、蔷薇、紫薇、紫荆、黄杨、冬青等藤本和灌木普遍栽植。果树多为苹果、山楂、桃、樱桃、梨、杏、李子、葡萄等。大樱桃、葡萄有增多的趋势。花卉类，有菊、兰、月季、凤仙花、绿萝、榕树、杜鹃、平安树、发财树等。中草药类，金银花、杜仲有零星种植。

政区　人口　民族

【行政区划】　2016年，昌乐县辖宝城、宝都、朱刘、五图4个街道，红河、乔官、营丘、鄌郚4个镇， 1个省级经济开发区—昌乐经济开发区，1个省级旅游度假区—首阳山旅游度假区，1个水库管理区—高崖水库库区，全县有370个行政村。

【人口】　2016年，全县户籍人口总户数为198204户，户平均人数为3.17人，户籍人口总数为628645人，年人口增长率为6.97‰，比2015年人口增长率上升降4.27个千分点。其中年龄0至17周岁人数为115069人，占18.3%；18周岁至39周岁人数为147000人，占23.38%；35周岁至59周岁人数为237797人，占37.83%；60周岁及以上人数为128779人，占20.49%。全县人口男性318444人、女性310201人，性别比为102.7。出生落户9196人，其中男婴4756人，女婴4440人，性别比为107.1，人口出生率为14.68‰。死亡注销4118人，死亡率为6.57‰，人口自然增长率为8.11‰，比2015年上升4.71个千分点；迁入人口为3971人，迁入率为6.34‰。迁出人口为4889人，迁出率为6.90‰，机械增长率为—0.56‰，比2015年上升0.34个千分点；城镇户籍人口数为272153人，占总人口数的43.29%，比2015年上升0.05个百分点。

【民族】　全县人口以汉族为主。全县少数民族26个，常住少数民族549人，其中男性117人，女性432人；全县10个镇（街、区）都有分布，其中营丘镇少数人口最多，最少的是高崖水库库区。

人口最多的少数民族是满族，占全县少数民族人口总数的19.49%，其次是彝族；人口最少的是佤族、景颇族、羌族，都分别只有1人。全县少数民族大多来自于西南各省，其中以云南、贵州、四川为多，如白族、布依族、傣族、独龙族、哈尼族、景颇族、拉祜族、黎族、苗族、土家族、佤族、壮族、彝族等少数民族。

经济和社会发展

【概况】　2016年，全县上下在县委、县政府的正确领导下，全面贯彻党中共十八大和十八届三中、四中、五中全会精神，牢固树立和贯彻落实创新、协调、绿色、开放、共享的发展理念，科学把握经济发展新常态，紧紧围绕“稳中求进、进中求好、好中求快”的工作基调，以提高经济发展的质量和效益为目标，以改革创新为动力，统筹推进稳增长、促改革、调结构、惠民生、防风险各项工作，实现“十三五”良好开局。年内，全县实现地区生产总值292.6亿元，同比增长7.8%；三次产业比例调整为12.9∶42.9∶44.2；完成一般公共预算收入23.6亿元，同比增长9%；完成固定资产投资349.9亿元，同比增长13.4%；规模以上工业主营业务收入突破千亿元，工业增加值增长8%；实现社会消费品零售总额138.5亿元，同比增长12.3%；城镇、农村居民人均可支配收入分别达30529元、15450元，同比分别增长8.1%、8.1%。

【2016 年昌乐县经济社会发展主要指标统计表】

表 1

指标名称	单位	2016 年	同比增长（%）
昌乐县地区生产总值（GDP）	亿元	292.64	7.8
第一产业增加值	亿元	37.66	4.6
第二产业增加值	亿元	125.46	7.4
工业增加值	亿元	113.79	7.5
第三产业增加值	亿元	129.52	9.1
国地两税收入	亿元	29.21	-2.0
国税	亿元	15.37	14.4
地税	亿元	13.84	-15.5
第二产业提供税收	亿元	17.34	8.2
第三产业提供税收	亿元	11.84	-14.1
一般公共预算收入	亿元	23.59	9.0
粮食作物播种面积	公顷	41322	4.8
粮食作物总产量	吨	283932	-1.7
工业总产值	万元	10046648	5.7
主营业务收入	万元	10076831	5.4
利税总额	万元	562806	7.4
利润总额	万元	368141	10.9
固定资产投资	万元	3499009	13.4
全社会用电总计	万千瓦时	202787.63	7.0
社会消费品零总额	万元	1458000	12.3
进出口总额	万元	797930	2.0
出口总额	万元	501953	2.3
进口总额	万元	295977	1.5
合同利用外资	万元	6436	-71.3
实际到账外资	万元	14379	-51.5
金融机构各项存款人民币余额	万元	3252953	23.6
金融机构各项贷款人民币余额	万元	2425473	12.0
居民人均可支配收入	元	22628	9.0
城镇居民人均可支配收入	元	30560	8.2
农村居民人均可支配收入	元	15560	8.8

精神文明建设

【全国文明县城创建】 加强组织领导，成立县迎接文明县城测评工作办公室，下设综合组、材料准备组和现场督导组。收集学习宣传活动、制度化建设、未成年人思想道德建设等 95 大类材料。集中整治全国文明县城测评涉及的642家“四小”门店、973 家餐馆、220 多个居民小区、51 个城中村。对社会主义核心价值观、创建全国文明县城工作进行滚动宣传，在县城主要交通干道、重要部位点及路口设置大型户外宣传公益广告，在各单位、各学校教室、各社区宣传栏张贴公益宣传画 2 万余张，氛围营造取得初步成效。

【公益广告宣传】 加大媒体刊播力度，2016 年，《昌乐日报》刊登公益广告 170 余版；昌乐电台、电视台播放公益广告 2 万余条，播放时长 1 万余分钟。广泛发挥各类社会宣传平台和载体的公益宣传作用，在各类电子屏高频率刊播公益广告。在户外制作公益广告宣传设施 2500 余处，长效公益宣传广告 6000 余处，滚动刊播公益广告达 120 万余条次。

【未成年人思想道德建设】 广泛开展未成年人道德教育实践活动，全县中小学校重点开展“网上祭英烈”“童心向党”“美德少年”“做一个有道德的人”等系列活动；组织参加潍坊市“国学小名士”经典诵读电视选拔大赛活动，昌乐县一名学生入围省复赛（潍坊市有 3 名学生入围）；围绕培育和践行社会主义核心价值观的“三个倡导”24 个字，引导未成年人讲道德、尊道德、守道德，组织开展“文明在我身边”征文活动，选拔上报小学组 28 篇、中学组 23 篇优秀征文参加全市评选。对昌乐县乡村学校少年宫覆盖情况进行普查，截至 2016 年 12 月，全县有项目学校 7 个，其中中央财政扶持的乡村学校少年宫 4 个，省财政扶持的乡村学校少年宫 3 个，自筹自建乡村学校少年宫 21 个，省级以上项目实现乡镇全覆盖。

【志愿服务工作】 积极组织“志愿者服务月”活动，3 月 5 日，举行“学习弘扬雷锋精神·共建生态幸福昌乐”志愿活动月启动仪式，全县 200 余名志愿者走上街头，走进孤寡老人、贫困家庭中，开展义诊、打扫卫生、科普宣传等服务活动。广泛开展“关爱新生代农民工”“扶老助残”“我们节日”“宝博会”“文明县城创建”“关爱留守儿童老人”等志愿服务活动，在县营造“人人为我、我为人人”的浓厚志愿服务氛围。

【乡村文明行动】 强化督导检查，成立检查组，对 869 个自然村的环卫一体化工作进行 2 轮现场检查，列出问题清单，定出整改时限，编发通报 30 余期，整改问题 5000 余个。指导全县 370 个行政村村村成立红白理事会，制定村规民约，将红白理事会成员名单、工作职责、村规民约等在村内显著位置张榜公示。积极做好群众满意度工作，将 15 万份移风易俗内容的《致全县农村居民的一封信》印发至每家每户，充分征求广大群众的意见和建议 5000 余条次，全部进行整改，提高广大群众的满意度。

【四德工程】 大力加强社会公德、职业道德、家庭美德、个人品德建设，在全县 370 个行政村村村设立善行义举四德榜，实现全覆盖。组织全县各系统通过山东善行义举四德榜管理中心上传四德榜相关数据，上传 385 个村居四德榜，26 个企业四德榜，33 个学校四德榜，47 个机关四德榜。积极推树典型，先后组织开展“昌乐好人”评选活动，经过单位初评、评委集中评选，评出“昌乐好人”31 名。在假日广场设置四德广场大型宣传栏 4 个，分“学习身边典型 做有道德的人”和社会主义核心价值观两部分内容，大力宣传全县近年来涌现出的道德典型，在全县范围内营造人人学习模范、人人争当模范的浓厚社会氛围。

组织机构

中共昌乐县委员会

书　　记	张新强（11 月止）
	卞汉林（11 月起）
副 书 记	高立伯（1 月止）
	邱　旺（6 月起）
	肖建华（6 月止）

张建伟（6月起）
常　　委　孙振元（6月起）
高登友（12月止）
扈本溪
包艳伦
李良华（12月起）
徐玉山
贺玉洁（女）
王　勇
刘　超（12月起）

昌乐县人大常委会

主　　任　张新强（11月止）
第一副主任　王　备
副 主 任　王少鹏
周晓玲（女）
田本义
刘　坚（7月止）

昌乐县人民政府

县　　长　高立伯（1月止）
邱　旺（6月起）
副 县 长　高登友（12月止）
崔全华
石汝祥（12月止）
李培进（12月止）
丁进全
魏林卿（女，12月止）
李良华（12月起）
曹俊勇（12月起）
崔　欣（女，12月起）
曹建国（12月起）

政协昌乐县委员会

主　　席　周保进
副 主 席　张宝峰　滕恩禄
滕建勋　刘树铭

昌乐县纪律检查委员

书　　记　田元君（1月止）
孙振元（6月起）

昌乐县人民武装部

政　　委　包艳伦
部　　长　张立俊（5月止）
副部长兼军事科科长　李洪兵
高　原（5月止）

昌乐县人民法院

院　　长　韩昆亮

昌乐县人民检察院

检 察 长　郑爱之

党群口

纪　　委　田元君（1月止）
孙振元（6月起）
县 委 办　扈本溪（12月止）
张金涛（12月起）
组 织 部　王　勇
统 战 部　王　勇（12月止）
丁进全（12月起）
台　　办　刘贵德（主持工作）
机关工委　臧西光（12月止）
刘世鼎（12月起）
编　　办　段洪祥（12月止）
秦光兴（12月起）
信 访 局　秦维胜（7月止）
毕立新（7月起）
老干部局　赵华泉
党 史 室　李学涛（12月止）
赵中洋（12月起）
档 案 局　鞠　良
事 务 局　杜　鹏
人 大 办　刘东兴
政 协 办　孟庆峰

人武部　包艳伦
工　会　张桂荣（女，书记，常务副主席）
团　委　吴国宗（12月止）
　　　　刘　凯（12月起）
妇　联　吴传平（女）
科　协　王新会（女）
残　联　徐来义（12月止）
　　　　李前进（12月起）
工商联　张建伟（7月止）
　　　　张正民（12月起）
扶贫办　张海强

政府口

县府办　张继军
科技局　肖学平
民政局　刘瑞刚
财政局　汪立波
人社局　段洪祥（12月止）
　　　　张　彬（12月起）
国土局　钟　杰
规划局　孙洪亮（12月止）
　　　　崔爱江（12月起）
住建局　郭曙光
商务局　张君玉（12月止）
　　　　郑凯彬（12月起）
卫计局　崔永新（12月止）
　　　　张义增（12月起）
审计局　周广田
环保局　赵业民（7月止）
　　　　李　健（7月起）
人防办　张　雷
招商局　王秀彬
政务服务中心　李广顺
行政服务局　李广顺
地震局　李前进（12月止）
旅游局　王在山
知识产权局　闫继安（7月止）
　　　　赵铁军（7月起）
金融办　刘西强（书记）
　　　　李艳洁（女，主任）
房管办　张大鹏（主任）
　　　　赵维芳（女，书记，12月起）
投资公司　徐一潭（12月止）
国税局　郭宝贵
市场监管局　张　彬（12月止）
　　　　王永信（12月起）
地税局　韩昆国
园林局　杜海波
环卫局　吴进光
公积金　王卫东
三区物流　刘乐平
检测中心　刘贵明
智慧办　胡永忠
宝石城　崔永新（书记）
　　　　赵世军（主任）

计划口

发改局　张正民（12月止）
　　　　秦春军（12月起）
统计局　刘培臣
物价局　崔忠实

政法口

政法委　徐玉山（12月止）
　　　　刘　超（12月起）
法　院　韩昆亮
检察院　郑爱之
公安局　石汝祥（12月止）
　　　　曹俊勇（12月起）
司法局　刘贵学（12月止）
　　　　刘海清（12月起）

宣教口

宣传部　贺玉洁（女）
党　校　张新强（11月止）
　　　　卞汉林（11月起）

常务副校长　葛凤杰
教　育　局　赵长忠（12 月止）
　　　　　　任瑞成（12 月起）
潍坊技师学院昌乐分院　亓文诺（院长）
　　　　　　段洪祥（书记）
文广新局　朱英平（12 月止）
　　　　　　黄金海（12 月起）
文化执法局　江尔玉
传媒集团　任瑞成（12 月止）
　　　　　　李玉军（12 月起）
广电网络　吕　杰
体　育　局　王福强

农口

农　　办　李宪军（7 月止）
　　　　　　张同良（7 月起）
水　利　局　臧锡平（12 月止）
　　　　　　王龙之（12 月起）
农　业　局　刘　军
林　业　局　刘培升（7 月止）
　　　　　　秦维胜（7 月起）
畜　牧　局　安盛军
农　机　局　薛永亮（7 月起）
经　管　局　黄军清
农业综合开发办　滕继华
气　象　局　张爱玲（女）
烟草公司　袁　东
生态林场　张君玉（书记）
　　　　　　高立德（主任）
远古火山群　张卫昌（书记）
　　　　　　刘培升（主任）

经贸口

经　信　局　刘清涛（12 月止）
　　　　　　王秀彬（12 月起）
交　通　局　唐文宁（12 月止）
　　　　　　高明胜（12 月起）
安　监　局　崔德军
粮　食　局　田志贤
县供销社　赵玉刚
中小企业办　高维国
公　路　局　周阳忠
邮　政　局　于子华
盐　务　局　魏　波
移动公司　王永鹏
联通公司　杨保东
电信公司　刘志杰（女）
供电公司　陈　伟

金融口

人民银行　翟　波
工商银行　张坤鹏
农业银行　史洪春
中国银行　王若军
建设银行　辛令奎
潍坊银行　张丽红（女）
邮政银行　隋修珍（女）
中信银行　马莉莉（女）
交通银行　陈明明
农　发　行　党永胜
农　商　行　赵连东
人民财保　张红兵
人寿保险　赵清岗
人寿财产　刘建秀（女）

镇（街、区）

昌乐经济开发区

书　　记　张金涛（12 月止）
　　　　　黄省阶（12 月起）
主　　任　张金涛

首阳山开发区

书　　记　刘德利
主　　任　刘海龙（7 月止）
　　　　　吕增军（7 月起）

宝城街道

书　　记　高明胜（12 月止）

史志军（12 月起）
主　　任　史志军（12 月止）
杨建刚（12 月起）

朱刘街道

书　　记　王永信（12 月止）
赵中国（12 月起）
主　　任　郭雪梅（12 月止）
张永生（12 月起）

宝都街道

书　　记　黄省阶（12 月止）
王琪华（12 月起）
主　　任　赵中国（12 月止）
王建书（12 月起）

五图街道

书　　记　孔德奎（12 月止）
李富强（12 月起）
主　　任　李永金

乔官镇

书　　记　王龙之（12 月止）
刘衍斌（12 月起）
镇　　长　刘衍斌（12 月止）
孙国伟（12 月起）

营丘镇

书　　记　秦春军（12 月止）
刘　刚（12 月起）
镇　　长　崔爱江（12 月止）
吴国宗（12 月起）

红河镇

书　　记　刘莹有
镇　　长　王琪华（12 月止）
孟　红（12 月起）

鄌郚镇

书　　记　张义增（12 月止）
郭雪梅（女，12 月起）
镇　　长　刘　刚（12 月止）
李克鹏（12 月起）

高崖库区

书　　记　李富强（12 月止）
刘　鑫（12 月起）
主　　任　刘　鑫（12 月止）
张　鹏（12 月起）

中国共产党昌乐县委员会

zhongguogongchandang changlexian weiyuanhui

综　述

【改革开放】　为深入贯彻落实《中共中央办公厅、国务院办公厅关于加快构建现代公共文化服务体系的意见》和省、市关于深化文化体制改革有关要求，进一步推动全县传媒事业健康发展和文化事业全面繁荣，更好地服务经济社会发展，7月25日，印发《县委、县政府印发〈关于深化昌乐传媒事业体制机制改革的实施方案〉的通知》。主要是明确传媒事业体制机制改革的方向和目标，坚持新闻立媒、做好公共服务、加快融合发展、健全基层网络；进一步明确县传媒集团（县广播电视中心）的主要职责和机构设置，将县传媒集团（县广播电视中心）管理体制和经费类型调整为县政府直属公益二类事业单位，正科级规格；进一步加大扶持力度，全面推进产业运营，建立健全县级传媒基本运行、宣传报道、公共服务等核心主业的财政保障和政府购买服务机制；规范管理运行，强化队伍建设，完善管理考核，加大人才引进力度，加快人才培养步伐。

11月29日，印发《县委、县政府〈关于深化供销合作社综合改革的实施意见〉》以下简称《意见》。《意见》指出，要全面贯彻党的十八大和十八届三中、四中、五中、六中全会精神，认真落实中央和省、市关于全面深化农村改革的部署要求，按照“改造自我、服务农民”的总要求，围绕打造规模化经营主体和培育社会化服务实体，加快供销合作社组织创新、服务创新、经营创新。通过深化供销合作社综合改革，进一步激发其内生动力和发展活力，使供销合作社在加强农业、服务农民中发挥更大作用。到2020年，把全县供销合作社系统打造成规范高效的实体性合作经济组织体系，构建起适应农民生产生活需要，综合性、规模化、可持续的为农服务体系和社企分开、上下贯通、协调运转的运行机制，成为服务农民生产生活的生力军和综合平台，为转变农业生产经营和服务方式提供有力支撑。

【经济发展】　1月19日，县委印发《关于制定昌乐县国民经济和社会发展第十三个五年规划的建议》以下简称《建议》。《建议》指出，要高举中国特色社会主义伟大旗帜，全面贯彻党的十八大和十八届三中、四中、五中全会精神，以马克思列宁主义、毛泽东思想、邓小平理论、“三个代表”重要思想、科学发展观为指导，深入贯彻习近平总书记系列重要讲话精神，协调推进“四个全面”战略布局，坚持发展是第一要务，围绕建设更高水平富强生态幸福现代化新昌乐，以走在前列为战略定位，以创新、协调、绿色、开放、共享发展理念为引领，以提高发展质量和效益为中心，保持战略定力，坚持稳中求进，统筹推进经济建设、政治建设、文化建设、社会建设、生态文明建设和党的建设，打造区域发展新的增长极，努力在全面建成小康社会进程中走在前列。

9月22日，县委、县政府印发《关于加快建设人才强县的若干意见》以下简称《意见》。《意见》指出，要加快建设一支数量充足、结构合理、素质优良、适应创新发展需要的人才队伍，企业自主创新能力和经济发展核心竞争力显著提升。到2020年，全县人才资源总量达18万人左右，其中专业技术人才总量6万人，企业经营管理人才总量3万人，高技能人才总量4万人；引进培育并重点支持50名左右能突破关键技术、发展高新技术产业、带动新兴学科和新兴产业发展、取得显著效益的高端创新创业人才，300名左右产业转型升级、社会公共事业发展紧缺的重点人才。其中，力争引进培育“千人计划”“万人计划”、泰山产业领军人才（团队）、泰山学者、鸢都产业领军人才、鸢都学者等市级以上高端人才40名左右。建设一批集聚承载人才项目的平台。人才专利申请和授权量居全市中上游。

全面加强人才队伍建设。制定出台《关于加快建设人才强县的若干意见》，把人才工作纳入公共财政保障范围，每培育引进一名高层次创新创业人才，县财政奖励10—50万元的补助资金。不断强化高层次人才引进和培养，先后培养引进省级以上重点人才工程人选37人，培养市级重点人才工程人选81人。2016年推荐8家企业申报国家和省级平台，建成院士（专家）工作站1处。加强企业家队伍建设，成立企业家协会，潍坊佳诚数码公司董事长王冰心入选泰山企业领军人才。

▲2016年8月3日，县委书记张新强（左）看望王金鉴同志先进事迹报告会成员

【社会事业】 4月19日，县委、县政府印发《关于精准扶贫精准脱贫坚决打赢脱贫攻坚战的实施意见》以下简称《意见》。《意见》指出，认真贯彻党的十八大和十八届三中、四中、五中全会精神，坚持创新、协调、绿色、开放、共享发展理念，按照中央和省、市扶贫开发工作会议部署要求，以走在前列为目标，把扶贫开发与推进现代农业综合改革、社区建设、精神文明建设和基层服务型党组织建设有机结合，坚持精准扶贫、精准脱贫基本方略，完善政策措施，统筹资源力量，加大攻坚力度，确保提前完成脱贫攻坚任务、打赢脱贫攻坚战，为全面建成小康社会提供有力保障。2016—2017年基本完成贫困人口脱贫任务；省定贫困村全部摘帽。2018年贫困人口全部兜底脱贫。2019—2020年实现贫困群众生产生活条件进一步改善，扶贫对象自我发展能力显著增强；建档立卡脱贫对象人均纯收入增长速度高于全县平均水平，稳定实现脱贫，形成长效机制。

【党的建设】 2016年，昌乐县委严格履行管党治党主体责任，全面落实从严治党新要求。牢固树立抓好党建就是最大政绩的理念，认真履行从严治党政治责任，为推进改革发展提供坚强保障。

深入实施党员干部队伍素质提升工程。扎实开展“两学一做”学习教育活动，分类制定机关、农村、“两新”组织学习教育实施意见。实施党员全员进县级以上党校大轮训，2016年举办集中培训班次10期，培训4000多人。推进干部精准培训，举办产业转型升级、供给侧改革、精准扶贫等方面专题培训班8期，培训各级党员干部2000余人次。

下大气力抓好基层党建各项工作。健全完善党群服务体系，镇街层面，实行“一站式”综合服务；社区层面，70%以上的镇街干部下沉到社区一线，实行吃住、工作、服务“三在”社区，社区全部配套建成“一厅一校十室”；村级层面，按照“五有”标准建设村级党群服务站，落实村干部坐班制度。实施镇、社区、村三级“议事学习日”制度，实行“4+X”模式。打造“智慧党建”云平台，实现县、镇街、社区、村四级互联互通。

主要会议

【党（工）委会议】 1月12日召开。会议深入贯彻中央和省、市委党建工作会议精神，听取党（工）委书记抓基层党建述职，安排部署下步基层党建工作任务，以大抓特抓的力度推进基层党建全面进步、全面过硬。县委书记张新强出席会议并讲话。

【全县扶贫开发工作会议】 1月13日召开。会议全面贯彻落实中央和全省、全市扶贫开发工作会议精神，研究部署昌乐县的扶贫开发任务，动员全县上下以严的标准、实的作风坚决打赢精准扶贫、精准脱贫攻坚战，为推动昌乐走上更加文明的发展道路、率先实现全面建成小康社会的奋斗目标奠定坚实基础。县委书记张新强出席会议并讲话，县委副书记、县长高立伯主持。县领导王备、周保进、肖建华等出席。

【全县经济工作会议】 2月23日召开。会议深入贯彻落实党的十八大和十八届三中、四中、五中全会，以及中央和省、市经济工作会议精神，总结工作、部署任务，动员全县上下以更高的标准、更实的作风，振奋精神、拼搏实干，努力推动经济社会实现更高层次新发展。县委书记张新强出席会议并讲话，县委常委、副县长张建伟宣读县委、县政府《关于表彰2015年度科学发展综合考核先进单位的通报》。县领导王备、周保进等出席，县委副书记肖建华主持。

【县委常委（扩大）会议】 7月7日召开。会议深入学习贯彻习近平总书记在庆祝中国共产党成立95周年大会上的重要讲话精神，落实市委书记杜昌文到红河镇调研及讲党课精神，总结回顾过去一段时间的工作，安排部署当前和下步的任务，动员全县上下凝心聚力、拼搏实干，以奋发有为的姿态、立说立行的作风、决战决胜的魄力，开创各项工作新局面。县委书记张新强出席会议并讲话，县委副书记、县长邱旺对当前和最近一个时期的政府工作提出意见。县领导王备、周保进、张建伟等出席。

【全县县镇领导班子换届工作会议】 9月8日召开。会议对即将展开的县镇领导班子换届进行安排部署，要求扎实、稳妥做好这次换届工作，圆满完成各项换届任务。县委书记张新强出席会议并讲话，县委副书记张建伟，县委常委、组织

▲2016年12月29日，省委组织部领导到昌乐督导换届工作

部部长王勇分别传达换届有关精神。

【全县计划生育工作会议】 11月1日召开。会议贯彻落实全国和省、市会议精神，总结成绩，分析形势，部署任务，动员全县上下务实进取、奋力拼搏，推动计生工作转型提质，努力为经济社会发展营造良好的人口环境。县委书记张新强出席会议并讲话，县委副书记、县长邱旺主持。县委副书记张建伟宣读县委人口和计划生育领导小组《关于2015年度人口和计划生育目标管理责任制执行情况的通报》。县领导王备、周保进、李培进等出席。

重要活动

【市委书记杜昌文到昌乐调研】 1月15日，市委书记杜昌文到昌乐调研督导扶贫开发工作。要求按照中央和省委要求，认真贯彻落实全市扶贫开发工作会议精神，把精准扶贫做实做到位，坚决打赢脱贫攻坚这场硬仗。县委书记张新强，县委常委、办公室主任扈本溪，县委常委、组织部部长、统战部部长王勇分别陪同。

【副省长夏耕到昌乐走访慰问】 2月1日，副省长夏耕率领省慰问团到昌乐走访慰问。先后走访慰问部分城乡困难群众、职工、优抚对象和生活困难党员，深入困难企业了解企业生产经营情况，代表省委、省政府向他们致以新春祝福，并送去慰问金。市委常委、副市长孙起生，县领导张新强、高立伯、张建伟、丁进全等分别陪同。

【省委书记姜异康到昌乐调研】 4月8日，省委书记姜异康到昌乐围绕贯彻落实新发展理念，推动供给侧结构性改革，对当前经济社会发展情况进行调研。实地调研佳诚数码材料有限公司、金丝达新能源有限公司。省委常委、秘书长于晓明，市委书记杜昌文，市委副书记、市长刘曙光，市委常委、秘书长孙明亮，县委书记张新强，县委副书记肖建华分别陪同。

【中宣部副部长孙志军到昌乐调研】 8月27日，中宣部副部长孙志军到昌乐调研文化建设情况，在鄌郚镇潍坊苏诺乐器有限公司、潍坊旭秋乐器有限公司、大唐创客空间参观电声乐器、萨克斯生产流程及电商孵化平台。省委常委、宣传部部长孙守刚；市委副书记、市长刘曙光，市委副书记王献玲；县领导张新强、邱旺、张建伟、贺玉洁分别陪同。

【2016中国（昌乐）国际宝石博览会开幕】 10月16日，2016中国（昌乐）国际宝石博览会在中国宝石城开幕。斯里兰卡驻华大使馆商务参赞汝婉缇，潍坊市委常委、副市长孙起生，中国珠宝玉石首饰行业协会副秘书长、彩宝分会秘书长沙拿利，县委书记、县人大常委会主任张新强分别致辞。商务部流通产业促进中心副主任周强宣布2016中国（昌乐）国际宝石博览会开幕。潍坊市人大常委会党组副书记、副主任刘明珂，中国矿业联合会副会长、总工程师刘玉强，潍坊市政协副主席李传恒，县人大常委会党组书记、第一副主任王备，县政协主席周保进，县委副书记张建伟出席。县委副书记、县长邱旺主持。

县委办公室工作

【概况】 2016年，在县委的正确领导下，认真学习贯彻党的十八大、十八届三中、四中、五中、六中全会以及习近平总书记系列重要讲话精神，按照“五个坚持”的要求，全面加强干部队伍纪律、作风建设，持续提升“三服务”能力和水平，各项工作取得显著成效。县委办公室先后被评为“全省党委系统信息工作先进单位”“全市党委系统信息工作先进单位”“市级文明单位”。在《山东通讯》、省委《调查与研究》、《潍坊通讯》和《潍坊督查》等刊物发稿量居潍坊市前列。

【理论武装】 全面贯彻落实党的十八大和十八届三中、四中、五中、六中全会精神，深入学习习近平总书记系列重要讲话精神和治国理政新理念新思想新战略，更加自觉地用马克思主义中国化的最新理论成果武装头脑、指导实践。旗帜鲜明讲政治，牢固树立“四个意识”，坚定“四个自信”，始终在思想上政治上行动上同以习近平同志为核心的党中央保持高度一致。深入开展“两学一做”学习教育，紧盯“学”这个基础，狠抓“做”这个关键，进一步夯实立党为公、执政为民的思想基础，增强廉洁自律、干事创业的自觉性。健全完善日常学习制度，每周一晚上全体党员干部集中学习雷打不动，班子成员带头学习党的十八届六中全会和习近平总书记系列重要讲话精神、学习新修订的《中国共产党章程》《中国共产党廉洁自律准则》《中国共产党纪律处分条例》等一系列党规党纪，加强党性党风教育、理想信念教育和法纪条规教育， 党风廉政建设、政治思想建设持续推动，全体党员干部政治素养、党性修养、工作作风有很大提升。

【以文辅政】 紧紧围绕县委中心工作，充分发挥办公室的参谋助手作用。先后撰写领导各类讲话、发言致辞、文件等材料216篇，在《山东通讯》、省委《调查与研究》《山东农村工作》《潍坊通讯》等刊物发表《做好“加减乘除”文章加 快发展新经济培育壮大新动能》《实施“八个一批”工程，以供给侧结构性改革培育发展新动能》等文章23篇，发稿量居潍坊市各县市区第一位。围绕县委重大决策和重点工作、重点项目落实展开专项督查、跟踪督查。2016年督查事项630余件，开展大小督查活动800多次；承办县委、县政府领导批示件543件，撰写专报47期；转办人大代表建议、政协提案283件；起草各类会议纪要31期；迎接市重点项目等专项督查活动8次；积极上报创新做法和工作成果的专报材料，被市委督查室《潍坊督查》采用2篇，列全市第一名。围绕亮点、创新性工作，及时挖掘整理，结合工作实际把创新性做法和成效及时编发信息，编发《昌乐信息》58期；上报市信息1209条（篇），被采用138条（篇）；上报省以上信息410条（篇），被采用16篇。办理各类电报2600余份，在省委办公厅《山东机要工作》发稿1篇，《山东保密》发稿2篇。

【政务服务】 坚持“办公室工作无小事”理念，进一步健全完善工作机制，办文办会、公务接待、车辆管理、值班等工作全部制度化、规范化、流程化，保证各项工作不越位、不缺位、不错位。对县委安排的重大活动和领导日常活动，提前介入、超前运作，精心筹备、周密组织，保证各项活动协调有序、高效推进。同时，加强与领导之间、班子之间、部门之间、上下级之间的协调与沟通。与县人大办公室、县政府办公室、县政协办公室等部门通力协作，顺利完成宝石博览会、县党代会和“两会”等重大活动。2016年，先后成功组织各类会议、活动194次，牵头接待各级领导和国内外客商1900余人次。

【自身建设】 结合“两学一做”学习教育，强化自身建设，狠抓反腐倡廉，推动工作提质提效。以创建学习型机关为总抓手，有针对性地开展“四个意识”、责任担当等方面教育，把学习《中国共产党廉洁自律准则》和《中国共产党纪律处分条例》作为一项重要政治任务，活化学习教育形式，组织党员干部深入学习，通过参观廉政教育培训基地、观看警示教育片等方式，提高党员干部自律意识。认真落实中央和省、市、县委关于精文简会、厉行勤俭节约等各项规定。严格党内政治生活制度，严格执行党的组织生活和民主集中制。健全和完善工作纪律、请销假、签到考勤等制度和绩效考核办法，展现县委办硬朗的工作作风。强化班子建设，优化干部配置，提升干部队伍整体素质，营造同心同德、干事创业浓厚氛围。坚持从严选拔干部，严格落实干部选拔任用相关工作条例，2016年先后提拔重用干部10多名。

组织工作

【管理机构】 2016年，县委组织部设6个科室，分别为办公室、组织科、干部科、干审科（干部监督科）、调研室、人才工作科。设正科级内设机构3个，分别为县委组织员办公室（挂靠县委组织部）、县委党的建设领导小组办公室（与县委组织员办公室合署办公）、县党建研究会（与县委组织员办公室合署办公）；正科级事业单位（参公管理）1个，即县农村党员干部现代远程教育管理站（与县委党员电教中心合署办公）；副科级事业单位1个，即县委党员电化教育中心；股级事业单位1个，即县下派干部帮扶发展工作办公室。配备部长1名，常务副部长1名，副部长3名，另配兼职副部长2名（分别由县机构编制委员会办公室主任、县人力资源和社会保障局局长兼任）。

【"两学一做"学习教育】 领导干部带头立标杆。各级党员领导干部在学习教育中自觉做到“四个带头”，即带头到基层调研指导学习教育，带头参加所在支部学习讨论，带头谈体会、讲党课，带头参加组织生活会、民主评议，示范引领“两学一做”学习教育落实到党支部、落实到党员。县委书记卞汉林到任伊始，就要求县级领导干部到联系的镇街做好指导，第一时间带头深入镇街、社区、农村和企业一线搞调研、促工作，进一步推动形成领导带头、以上率下的浓厚氛围。严格落实“议事学习日”制度。把市委提出的“支部生活日”和“阳光议事日”结合起来，采取“4+X”模式，建立并全面推行议事学习日制度，常态化过好党的组织生活。在时间安排上，分镇街、社区、村三个层面，把镇街每周一、社区每周二、村级每月下旬第一个周三作为议事生活日，并报县委组织部备案，建立实名签到、请销假、补课等制度。在主要内容上，采取“4+X”模式统筹安排“三会一课”，“4”即4个规定动作：重温入党誓词，研读讨论党章党规和系列讲话，讨论决定本村事务，研究部署有关工作；“X”即从建设过硬支部、群众关心的热点问题中选取一个题目，组织开展党员论坛、合格党员大家谈等“自选动作”。在监督执行上，把推行议事学习日情况纳入党（工）委书记抓基层党建述职评议的重要内容，指导员全程列席指导，推动制度“落地”。启动实施党员全员进县级以上党校培训工程。针对基层普通党员学习不系统、不全面、不深入等问题，启动实施党员全员进市县党校培训工程，计划3年内分期分批将全县各领域党员拉到市、县党校全部轮训一遍。其中，农村党员到潍坊市委党校进行两天的封闭式培训，机关、“两新”组织等领域的党员到县委党校进行两天的“走读式”培训。2016年举办集中培训班次28期、培训7000多人。加强基层党校建设，在10个镇街、11个县直牵头党（工）委全部成立基层党校，对党员开展常态化教育培训，着力提升党员党性修养和能力素质。

【基层党建】 认真学习领会中央和省、市会议精神，把7项重点任务作为基层党建首要工作来抓，组

▲2016年4月27日，昌乐县“两学一做”学习教育工作座谈会召开

织专门力量深入开展摸底排查，集中相关人员进行专题业务培训，成立督导组及时跟进指导，推进基层党建7项重点任务取得明显成效。其中，党员组织关系排查工作，全县排查出失联党员268名，经查找取得联系265人，给予除名3人。党代表和党员违纪违法排查清理工作全部完成。基层党组织按期换届工作，未按期换届的129个党组织全部完成换届。党费补缴工作，制定《县管党费收缴、使用和管理办法》，所有党支部完成自查自改，补交党费374万元。集中推进非公有制企业和社会组织“两个覆盖”工作，建立党组织401个，覆盖744家“两新”组织，党的组织和工作覆盖均达100%。抓党建促脱贫攻坚工作，选派第一书记42名，实现对全县15个省定扶贫工作重点村和9个软弱涣散村全覆盖；2016年县财政安排专项扶贫资金使用计划759万元，推动贫困村产业发展；制定《扎实推进“党支部+合作社+贫困户”扶贫模式工作方案》，引导专业合作社参与精准扶贫，70%的贫困人口年内实现脱贫。

【党员发展教育管理】 从严做好发展党员工作。完善县委组织员谈话、入党积极分子备案管理、特殊群体入党报告、非公有制企业人员入党严格审查等制度，制定《组织员工作规范》，编印《组织员工作手册》，向全县组织员和党支部书记发放《致组织员的一封信》《致党支部书记的一封信》，促使严把标准条件和发展程序，确保新发展党员质量。2016年全县新发展党员441名，结构和质量进一步优化提升。抓好党员教育培训。在潍坊市委党校、山东农业大学等地举办村（社区）党组织书记、“两新”组织党组织书记培训班等班次，实现1200多名基层党组织书记教育培训“全覆盖”；镇街举办39期党员集中培训班，全面完成农村和城市社区党员集中培训工作。强化典型引领。以庆祝中国共产党建党95周年为契机，举办昌乐党史党建成果展，成为永久性党员教育基地，2016年组织4000多名党员参观学习，教育引导党员铭记历史、不忘初心。自主摄制的《旭日》《校长爸爸》两部电教片分别获得2016年度全省优秀党员教育电视片最佳作品奖、潍坊市第八届党员教育电视片观摩交流活动最佳作品奖，上传昌乐“智慧党建”云平台滚动播放，党员群众反响较好。评选表彰100名优秀共产党员、50名优秀党务工作者和50个先进基层党组织，在全社会营造学习先进、争当先进的浓厚氛围。

【基层党建工作责任制】 在全市率先制定实施《关于实行县党政领导班子成员“一岗双责”抓基层党建工作的实施办法》，县、镇党政领导班子成员和县直部门党组织书记全部建立抓基层党建工作“三个清单”，示范带动各级党组织书记履行好抓党建“第一责任人”职责。加强基层党建工作督查调度，分领域召开农村、机关、“两新”组织、城市社区等5个观摩调度会议。扎实开展镇街和县直部门党组织书记抓基层党建述职评议考核工作，对述职中排查、点评的问题，建立整改台账，跟踪督查调度，确保解决到位。加大投入力度，按不低于上年度农村居民人均可支配收入2倍的标准拨付村干部补贴报酬2035万元；按大、中、小村每年分别不少于4万元、3万元、2万元的标准，拨付村级办公经费1281万元；按照县、街道5∶5的比例，拨付城市社区党组织服务群众专项经费260万元，拨付城市社区工作经费270万元。

【农村党建】 健全党群服务体系建设，在镇、社区、村三个层面全部建立党群服务中心（站），实行“一站式”综合服务。将70%以上的镇街干部下沉到社区一线，建立一个发展计划、一套管理制度、一份信息档案、一本问题台账“四个一”制度，明确发展经济、治理社会、建设社区“三项职责”，梳理即时办理、代为办理、指导办理“三个清单”、53项公共服务，并拓展12项便民服务。按照有统一的标志牌、有规范的服务标准等“五有”标准建设村级党群服务站，落实村干部坐班服务制度，基本实现群众办事不出村。加强村“两委”班子和干部队伍建设，制定《昌乐县村（居）党组织书记备案管理暂行办法》，对农村党组织书记实行备案管理，370个行政村推行党组织书记“四诺制”。加强村级党组织书记后备队伍建设，培养493名村级后备人才。深化“党支部+合作社”模式，以服务群众、推动发展为主线，充分发挥党支部在引领、发动群众方面的优势，因村制宜领办创办各类合作社，构建党建强村富民新机制。全县发展合作社2000多家，其中国家级示范社3家、省级示范社25家，培育出庵上湖、蔡辛等一大批示范村，80%以上的村依托合作社实现“有钱办事”。高标准抓好村级审计督查工作，制定《昌乐县实施村级审计建立村级工作督查制度实施方案》，成立工作领导小组和办公室，抽调14名业务骨干，组建3个审计组，落实179万元专项经费，公开招标3家会计师事务所参与审计。每季度开展一次全方位党务督查，督查情况进行通报，实现村级党务工作的全面进步、全面过硬。积极做好大学生村干部工作，通过考试招聘的方式从在岗大学生村干部中招聘20名事业单位工作人员，促进大学生村干部有序流动。整顿转化软弱涣散村党组织。对全县10个软弱涣散村党组织全部落实县、镇领导班子成员和第一书记包靠，“一村一策”逐村落实整顿方案，10个软弱涣散村全部整顿转化。

【“两新”组织党建工作】 成立县委“两新”组织工委和非公有制企业、社会组织、个体私营企业3个党委，理顺领导体制；制定《关于集中推进非公有制经济组织和社会组织党的组织和工作覆盖的实施方案》《昌乐县“两新”组织党组织分类管理实施方案》，召开全县“两新”组织党建工作现场会，推动“两新”组织党建工作水平不断提升。新建“两新”组织党组织126个，其中单独组建73个，联合组建43个。全县“两新”组织党组织总数达401个，覆盖744家“两新”组织。对“两新”组织党组织按照示范型、标准型、一般型、后进型进行分类管理，对示范型党组织的经验进行认真总结、巩固提升、擦亮品牌，每月20日对每月晋位提升情况进行调度，分析问题原因，制定整改措施，有91个“两新”组织党组织实现晋位升级。培育27个“两新”组织党建示范点，山东比德文动力科技有限公司成功评选“潍坊市非公有制企业党建工作示范点”。举办全县“两新”组织党务干部培训班，全县两新组织党组织书记、部分党务工作者和党员业务骨干近400人参加培训。

【城市社区区域化和学校党建】 建成城市社区“大党委”13个、网格党支部69个以及珠宝产业园、全福元商圈、科技大厦创业孵化器、农贸城市场等区域性党组织4个；建立党组织领导下的社区成员代表大会、社区居委会、社区监督委员会“1+3”运行机制，社区协商民主机制有效运行。建立城市区域化党建联席会议制度，15个部门单位共同推进在职党员进社区报到工作，有2292名党员到社区报到、认领服务；组建17支党员志愿者队伍，630余名志愿者参与到爱心互助、生态建设、医疗卫生服务、法律咨询援助等活动中。确定基本公共服务进社区项目26项，实现党建工作区域化、社会治理网格化、服务群众精准化。扎实推进中小学校党建工作，率先成立县委教育工委，出台《关于实施“校园党旗红”引领行动全面提升中小学校党建工作水平的意见》等文件，以学校党组织、党员教师和全体学生为主体，实施“红色堡垒”“红烛先锋”“红心向党”三大工程，以党建工作统领、服务和保障教育事业发展。

【干部人事制度改革】 注重年龄搭配合理、知识经验互补、性格气质相容，根据镇街功能定位和工作重点配备不同专业的干部，注重从基层一线选拔工作经验丰富、能够应对突发事件、善于解决复杂矛盾的干部。每个镇街平均提拔重用5职班子成员以外干部，交流到县直部门任职的

19人，县直部门（单位）到镇街任职的18人。其中，从县直部门选拔9名1980年以后出生、具有全日制大学学历的优秀年轻干部充实到镇街领导班子。为加强干部平时考核，及时了解班子和干部表现情况，推行干部考核调研常态化，实施领导干部履行岗位职责情况“季报随访”制度，组织镇（街、区）、县直部门（单位）领导班子成员每季度填写《履行岗位职责亮点工作季报表》，报告履行本职岗位工作中领先性、创新性、实效性的亮点工作情况；根据季报情况，不定期派员与领导干部进行谈话，了解领导班子运行情况和领导干部完成季度工作任务、阶段工作目标等情况。全年收集季报表2000余份，与700余名干部开展谈话。

【干部档案专项审核工作】 严格按照相关要求，对每名干部的“三龄两历一身份”等信息逐一核实，对中组部列出的64项风险点，逐一对照排查，认真分析研判，确保信息认定准确。干部档案专项审核中，向752名干部反馈问题1000余项，收集材料3200余份。换届期间，审核干部档案316本，收集材料60余份。

【干部教育培训】 围绕提高全县干部德才素质和履职能力，以“精准培训、全面覆盖”为目标，精准定位、分级负责、全员覆盖，针对不同类型干部，安排不同学习内容，分类别分领域开展各类培训，制定出台《2016年全县干部精准培训实施方案》，全年设计主体班次、重点班次、专题班次3大类24期。围绕加强理想信念和党性教育，发挥党校培训主渠道作用，举办县委党校主体班次4期，培训科级干部、青年干部200人。围绕产业发展、农村社区建设、基层服务型党组织建设等重点工作，赴井冈山、复旦大学、市委党校等地举办重点班次4期，培训党员干部600余人。围绕中共十八届五中全会、现代农业、工业经济、扶贫脱贫等工作，以解决实际问题、提高能力为导向开展专题培训18期，培训各级干部1500余人次。

【党性教育基地】 把党性教育主题和党员培训需求作为出发点，针对党的建设工作和基层组织建设中遇到的热点问题，建设3处党性教育基地。根据党风廉政建设的要求，以警示教育为主题，建设检察院党性教育基地；根据发挥党员引领示范作用的要求，以“党支部+合作社”为主题，建设庵上湖村党性教育基地；根据继承发扬党的优良传统的要求，以“坚定理想信念，牢记入党誓词”为主题，建设烈士陵园党性教育基地。2016年，在党性教育基地参观培训达8500余人次。

【实施企业家素质提升工程】 围绕推进产业转型升级，加速新兴产业发展，不断加大企业经营管理人才培训力度。先后举办产业专题培训8期，培训企业家1000余人次。围绕加快推进昌乐县电子商务及相关产业发展，组织举办全县“互联网+”专题培训，邀请大连大米科技集团董事长、达沃斯论坛全球杰出青年杨健博士作专题授课，培训商业企业、服务业企业负责人150多人；为推动传统产业转型升级，组织培训班对全县60多家重点工业企业负责人进行专题培训；紧扣创新驱动发展要求，组织100名科技创新型企业家开展培训，举办科技金融专题培训班，对科技创新与经济转型、资本运作、互联网金融等内容进行专题讲解，提升企业家的素质能力和经营管理水平。

【干部监督管理】 严格落实干部选拔任用全程纪实、档案任前审核、个人有关事项报告和信访举报审查等制度，加大选人用人责任追究力度，不断提高选人用人公信度。认真落实《推进领导干部能上能下若干规定（试行）》《关于激励改革创新干事创业建立容错纠错尽职免责机制的实施意见（试行）》，为干事者担责，让有为者有位，营造能者上、庸者下、劣者汰的干事氛围。扎实做好换届风气监督工作。成立换届工作领导小组，印发《昌乐县换届风气监督“五大责任主体”责任清单》，成立专项查核组和换届风气巡回督查组，从严从实做好换届风气监督工作。强化日常监督管理，召开全县因私出国（境）管理工作会议，进一步做好国家工作人员的登记备案以及因私出国（境）审批管理工作。组织50名县级干部和76名镇街党政正职、县直部门（单位）负责人召开个人有关事项报告集中培训会议，做好个人有关事项报告的填报工作。

【招才引智】 研究出台《关于加快建设人才强县的若干意见》，对全县高层次人才培养引进和各类人才队伍建设提出详细具体的目标要求和扶持措施，形成全县高层次人才扶持政策基本框架。积极优化整合、创新突破各类人才政策，消除人才政策“碎片化”“低效化”问题，促进人才政策集中发力、效应叠加组织企业“走出去”，先后赴北京、上海、青岛、烟台等地，与清华大学、复旦大学、山东科技大学专家教授进行交流洽谈，联系专家130余人次；邀请美国华商会秘书长杨全国等20多名专家人才到昌乐考察洽谈，与昌乐县100多家企业进行对接，为人才“供需”信息交流提供便利，搭建起企业与人才交流合作的平台；开展国家“千人计划”“万人计划”、泰山产业领军人才、鸢都产业领军人才工程申报工作，潍坊佳诚数码材料有限公司王冰心成功入选泰山产业领军人才，潍坊英轩实业有限公司许菲、潍坊创科种苗有限公司焦自高入选鸢都产业领军人才。新建山东乐化漆业股份有限公司技术中心、山东梅拉德能源动力科技有限公司技术中心2处省级企业技术中心，山东瑞力生药业院士专家工作站、潍坊明星材料院士工作站等3处院士（专家）工作站，新建市级工程技术研究中心、重点实验室等市级平台载体14处。依托平台引进中国工程院院士夏咸柱，推动山东瑞力生药业与解放军军事医学科学院签订技术合作协议开展全方位合作，帮助西瓜产业园、梦金园筹划组建西瓜产业、黄金产业技术创新战略联盟。新扶持成立云众创客空间、青年创新创业孵化中心等一批创业孵化基地，金农科技企业孵化器新认定为市级科技企业孵化器，高新技术创业园众创空间备案为省级众创空间。全年引进院士1名、“千人计划”专家1名，入选泰山产业领军人才1名、鸢都产业领军人才2名，新建省级企业技术中心2处、院士（专家）工作站3处。

宣传工作

【概况】 2016年，全县宣传思想文化战线深入学习宣传贯彻党的十八大、十八届三中、四中、五中、六中全会以及习近平总书记系列重要讲话精神，紧紧围绕统筹推进“五位一体”总体布局和协调推进“四个全面”战略布局，认真落实中央和省市县委各项决策部署，强化“四个意识”，服务中心大局，把握正确导向，主流思想舆论巩固壮大，社会主义核心价值体系建设扎实推进，文化改革发展富有成效，各项工作在开拓中前进、在创新中发展，为全县经济社会发展提供强有力的思想保证、舆论支持、道德滋养和文化条件。

【学习系列重要讲话】 *理论学习有序推进*。强化中心组学习带动，建立健全中心组集体学习、调研宣讲、破解问题学习、检查督导等各项学习制度。全年县委理论学习中心组集体学习13次，集体听取辅导讲座4场，深入基层讲党课、作报告12场，撰写调研报告12篇。推进理论示范载体建设。全县建成市级学习型党组织示范点21处、市级理论大众化示范点25处，赠送理论展示栏46个，理论宣传画5000余张。加强理论人才队伍培养。建成60人的县级理论人才储备库，推荐9人参加全省理论惠民基层宣讲骨干培训班和全市学习习近平哲学社会科学座谈会精神专题培训班，全县有1人被评为“全省理论教育工作先进个人”、2人被评为“潍坊市百名理论人才”。

宣讲普及层层开展。加强宣讲队伍建设。成立“昌乐县学习贯彻党的十八届六中全会精神

宣讲团”重大主题宣讲队伍和“昌乐县百姓宣讲队务、村村宣讲队伍、微宣讲队伍、理论宣讲队伍”4支常规宣讲队伍，各类宣讲队伍达220人。加强宣讲阵地平台建设，在全县建立起市级理论宣教基地9处，风筝都大讲堂4处，规范县级讲堂51处。深入开展宣讲活动。开展学习贯彻党的十八届五中、六中全会精神和“两学一做”、习近平总书记系列重要讲话精神、中国梦等主题宣讲300余场次，听众2万余人次；积极选拔优秀人才参加全市“中国梦·小康情”主题百姓宣讲活动，选手表现优秀，获得二等奖。

社科理论研究和普及成果丰富。成功申报潍坊市社会科学普及教育基地1处；潍坊市第十三届社会科学普及周主题展在昌乐举办；“潍坊市社科理论面对面，专家服务进万家”家风家教养成专题讲座在昌乐县举行；积极申报“潍坊市社会科学优秀成果奖”，昌乐县推荐申报的两项成果获得“潍坊市社会科学优秀成果奖”三等奖。

【党委（党组）意识形态工作责任制落实工作】制定《昌乐县党委（党组）意识形态工作责任制实施方案》（乐办发〔2016〕15号），召开全县党委（党组）意识形态工作座谈会，县委常委会两次专题研究意识形态工作，县委十三届八次全体会议上把意识形态工作列为县委常委会向全委会报告工作的重要内容。县委宣传部会同有关部门组织力量，深入农村、社区、学校等基层单位开展调研，分片分行业召开意识形态工作调度会，指导和推动各级任务落实。

加强对各类媒体、研究机构、学校课堂、讲座论坛、出版物、研讨会等阵地的管理，严格申报审批制度，不给错误的思想观点提供传播渠道。县文广新局对县广播电视机构安全播出进行检查，加强重点部位、重大节日、重要时段、敏感时期安全播出管理，未发生任何安全播出事故。县网管办建立健全网上舆情分析、研判、引导、处置常态化机制，确保对网上敏感问题第一时间发现、研判和处置，《山东省网信办简报》刊发《昌乐县建立四项机制科学应对网络舆情》的创新做法。

建立健全定期研究、信息报告、联席会议等制度，督查考核、舆情分析研判等机制。建立全县各部门单位意识形态联系人制度，将意识形态工作责任制纳入党建工作责任制和领导班子、领导干部目标管理，纳入科学发展综合考核，纳入纪检部门监督检查，推动形成党委领导、分级负责、齐抓共管的格局。

【舆论宣传引导工作】 传媒引导力建设。作为全省试点单位，将县传媒集团由原先的自收自支事业单位调整为公益二类事业单位，正科级规格；加大财政扶持力度，建立健全基本运行、宣传报道、公共服务等核心主业的财政保障和政府购买服务机制；规范内部管理运营，建立健全竞争上岗、全员聘用制、劳动合同制、任期目标责任制等制度，形成完善的业务评价和绩效考核机制，改革取得明显成效。构建声、屏、报、刊、网、手机报、户外阅报栏、“两微一端”等多种传播形态的现代化全媒体矩阵，县级传媒的传播力、引导力、影响力和公信力显著提升。

主题宣传。依托全媒体矩阵，重点打造《昌乐新闻》《视点》《我们的家园》等精品新闻栏目，先后进行“辉煌十二五”“昌乐县2016年亮点工作巡礼系列报道”“扶贫攻坚我们同行”“两学一做学习教育”、创建国家卫生县城、创建国家食安城市、全国文明县城测评、学习贯彻党的十八届六中全会精神等重点专题报道，营造浓厚的宣传舆论氛围。全年，各镇（街、区）积极向《中国蓝宝石之都·昌乐报》、昌乐电视台、昌乐传媒网等媒体推送稿件7000余篇。

对外宣传。圆满完成2017年度全县重点党报党刊发行工作。2016年在市级以上媒体发稿1400余篇，其中，《人民日报》、新华社均有昌乐县重点稿件刊发；《大众日报》刊发昌乐县城镇化建设稿件，获得省长郭树清、常务副省长孙伟批示。2016年昌乐县在省人民广播电台发稿总分位居全省第二，在省市电视台发稿总分位列全市第一。

互联网宣传引导能力。网上正面宣传，先后在人民网、新华网等重点网站发稿转载1000余篇。积极推广“昌乐探索县级传媒改革”经验信息，先后在新华网、人民网等网站刊发40余条，中宣部《每日要情》也刊登昌乐县提报的信息。充分利用新媒体加大宣传力度，在“今日头条”“新锐大众”“山东24小时”等手机新闻客户端发稿960余篇；全力做好山东手机报新媒体的推广发行工作，现覆盖全部机关事业单位；通过政务微博“@昌乐发_布”及博览会微信公众号、今日昌乐、昌乐在线、昌乐头条等县内主要微信公众号在微信平台发布各项重大活动、重点信息及重要节会等内容，《山东宣传信息》刊发《昌乐县“四个规范”管好用好微信公众号》的创新性做法，形成强大的网上正面宣传阵势。加强对网络舆情的实时动态监看，全年上报《舆情专报》370期，撰写《舆情分析报告》6期，获主要领导批示50余条。组织开展“关键信息基础设施网络安全检查”，对排查出的关键信息基础设施进行备案登记。加强网上舆论引导，成立256人的网络舆情信息员队伍，建立网络舆情预警、互动交流、台账工作、协调处置“四项机制”，形成监看、管控的强大合力，先后处置30余起重要敏感网上舆情事件，应对30余家媒体记者到昌乐县监督采访。2016年10月，昌乐县在全市互联网宣传管理工作培训会议上作典型发言。

调研和舆情信息工作。积极开展各类专题调查研究，《关于昌乐县支持县级媒体改革发展的情况汇报》被中宣部办公厅《今日要情》及《新华社山东要情动态》《山东省文化体制改革和发展工作简报》采用。加强宣传信息编写上报力度，在《潍坊宣传工作简报》刊发信息数量位居全市前列，昌乐县连续3年获得全市部刊调研工作先进单位。作为全省和全市舆情信息工作直报点，建立起一支具有较高业务水平的舆情信息员队伍，不断加大对上报送力度，上报舆情信息6000余篇，被中宣部采用66篇，被省委宣传部采用350篇，探索实施的“三个四”舆情信息工作机制等做法被《山东宣传工作简报》《潍坊宣传信息》刊发，舆情信息成绩位列全省、全市前列。2016年11月，全市宣传思想调研暨舆情信息工作会议在昌乐县召开，舆情信息工作连续五年被省委宣传部、市委宣传部表彰为“舆情信息工作先进单位”。

【社会主义核心价值观建设】 核心价值观宣传教育。利用报纸、电视、网络等新闻媒体和建筑墙体、建筑围挡、公益阅报栏、电子显示屏等社会媒介，多角度、全方位、立体式宣传，达公益广告时时处处，可听可见可闻的效果。广泛开展建党主题晚会、文明之夏广场演出、绘画昌乐早期党史人物等庆祝中国共产党建党95周年系列主题教育活动，强化广大干部的党性教育、丰富群众文化生活。元旦、春节期间，持续运用贴春联、送年画等群众喜闻乐见的方式，推动核心价值观融入百姓日常生活。

四德工程建设。在全县370个村建立善行义举四德榜，实现100%全覆盖，企业、学校、机关四德榜设榜率高于全市平均水平，形成崇德向善、见贤思齐的良好氛围。突出重大典型、道德模范、身边好人等先进典型的选树和宣传工作，有31人入选昌乐好人榜、13人入选潍坊好人榜、1人入选中国好人榜。乔官、五图、鄌郚、红河等镇街好人推荐数量多、层次高。

文明创建。顺利通过中央文明办组织的全国文明县城测评。新申报省级文明单位2家、市级文明单位2家，全县省级文明单位达24家，市级文明单位达32家。以文明单位（村镇、社区）创建为核心，组织开展具有行业特色、职业特点的各类文明创建活动，党员干部和广大群众的道德素质和城市的文明程度显著提升。深入推进乡村文明行动，在山东省城乡环卫一体化和移风易俗测评工作中位列全市第三名。扎实开展未成年人思想道德建设，在全县中小学校重点开展“网上祭英烈”“童心向党”“美德少年”“我们的节日”和“做一个有道德的人”等系列活动，引导未成年人讲道德、尊道德、守道德。大力推进志愿服务活动，组织志愿者开展“关爱新生代农民工”“扶老助残”“关爱留守儿童”“宝博会”“文明县城测评”等各类志愿服务活动。

【文化改革发展工作】 公共文化服务体系。全县388个村（社区）按照山东省有关标准要求建成289个村（社区）综合文化服务中心，达标率为74%，圆满完成2016年度建设目标任务。创新“声屏报刊网”栏目设置，积极做好“村村响”社区广播工程的日常维护，建设200块大型高档公益阅报栏。在全省率先进行传媒体制机制改革试点，经验做法被省委常委、宣传部部长孙守刚签批推广并入选中宣部典型经验选编。文化市场管理取得显著成绩，KTV管理“联合执法、分类管理、差异处罚”的做法在全省推广。红河镇、五图街道、乔官镇等镇（街）公共文化服务体系建设总体情况较好。

文化活动。围绕中心，服务大局，开展各类演出、展览、比赛活动300多场次。庆祝中国共产党建党95周年大型文艺晚会、昌乐县首届“小戏、小品、曲艺”展演、黄金珠宝摄影展、中国名家书画展、2016“吉他小镇·魅力郚部”首届音乐节、昌乐县春节联欢晚会、“八会两院”庆新春汇报演出等精品活动，深受各界好评。幸福昌乐大家乐、我是昌乐小明星等成为群众满意的文化活动品牌。“八会两院”“五一”“十一”仙月湖文艺会演，成为高崖库区文化旅游一大看点。

文艺协会（院）建设。坚定不移抓协会正规化、规范化建设，成功打造“八会两院”，会员达1600多人，成为文化战线的旗帜。摄影推出国家级会员8人、省级会员67人、国家级获奖作品200多幅，位居全市第一。毕延长被评为全国十佳数码摄影师，《桂河湿地》等两幅作品入展联合国举办的自然中国摄影展，22幅作品编入国家级图书《乡愁·中国》。文学发展国家级会员2人、省级会员24人，为全省最多。张劲松当选市签约作家，吴汉宾的长篇小说《纸信时代的爱情》获省作协重点扶持。书法、美术省级以上会员发展到21人，跃居全市中游水平。张振华作品入选中国书协新人新作展，开创昌乐书法入选全国大展的先河。2人入选省书协临帖展，9人入选省美术新人新作展，13人入选中国画节展，3件作品在“2016中国画都·潍坊文化创意设计大赛”中获奖，入展、获奖数全市最多。音乐、舞蹈、曲艺、戏剧水平均跃居全市上游。全县有15人被评为昌乐首批文艺才子，122人被评为昌乐首批优秀文艺人才。

▲ 文明新风宣传栏

文化产业。2016年全县文化产业增加值占比位居全市第一，新建、续建投资过千万元的重点文化产业项目31个，为五图街道响水崖子村争取市级文化产业发展专项资金扶持，方山蓝宝石小镇成功入选省级特色小镇创建名单，营丘镇潍坊中创文化用品股份有限公司在新三板挂牌。2016年8月，中宣部副部长孙志军到郚部镇现场调研昌乐县文化产业发展情况并给予充分肯定；9月，昌乐县在山东省文化领域供给侧结构性改革调研座谈会上就乐器产业发展情况做典型发言。

统战工作

【概况】 2016年，昌乐县委统战部紧紧围绕县委、县政府的中心工作，以服务经济转型升级为主线，以加强党外代表人士队伍建设为核心，以维护民族宗教领域的和谐稳定为目标，积极整合发挥统战资源优势，为建设现代昌乐做出积极贡献。被评为潍坊市统战理论调研工作先进单位。

【县十届政协委员考察工作】 与县委组织部联合下发《关于县政协换届工作有关问题的意见》，与县委组织部、政协党组制定委员提名推荐分配方案，根据界别设置确定10个镇街区和22个县直部门为推荐单位，将250个名额分配到各推荐单位，与县委组织部和各推荐单位进行沟通，确定昌乐县第十届政协委员推荐人选，组织134人成立14个考察组对推荐人选进行考察。对政协委员推荐人选全部向信访、综治、法院、检察院、公安、人力资源社会保障、住建、计生、环保、安监、税务、工商、金融等部门单位书面征求意见，对人选为非公有制经济人士的，开展综合评价。完成全县230名政协委员的提名考察工作，为县政协按时换届奠定基础。

【拓展统战工作新领域】 认真贯彻落实中央和省市委统战工作会议精神，对网络意见人士、新媒体从业人员、留学归国人员、社会组织、中介组织的党外代表人士情况进行调查摸底，先后将全县8名新媒体从业人员、11名留学归国人员、8名律师、4名会计师、5名新社会组织及经济组织中层以上党外人士等纳入统战工作范畴。

【凝聚政治共识】 抓好中央、省市委统战工作会议精神的学习。撰写《昌乐县学习贯彻市委统战工作会议和民族工作会议精神》（领导参阅件），并呈报县委主要领导。1月13日，组织召开县委统战工作会议，制定印发《关于建立全县党外代表人士队伍建设工作联席会议制度的通知》《关于建立县级党政领导班子成员与党外代表人士联谊交友制度的意见》等文件3个。加强统战各领域教育培训。把党外代表人士培训纳入全县干部培训规划，全面提高党外代表人士的能力素质。2016年，完成党外代表人士培训1次，培训党外代表人士167人。着力抓好民宗干部和宗教界人士的教育培训，2016年举办宗教工作培训班1期，培训宗教界代表人士120人次。

【加强党外代表人士队伍建设】 建立定期联席会议制度。以县委办的名义印发《关于建立全县党外代表人士队伍建设工作联席会议制度的通知》，成立由县委副书记任组长，统战、组织、宣传、科教文卫体等20多个县直部门分管负责人共同参与的党外代表人士联席会议工作机制。坚持县级党政领导班子成员联系党外代表人士制度。下发《关于建立县级党政领导班子成员与党外代表人士联谊交友制度的意见》，全县县级领导班子成员每人联系2名党外代表人士，通过电话、微信、召开座谈会等方式，加强经常性培养及联系。做好党外干部的使用。2016年，有1名党外干部提拔为副县级，4名提拔为正科级，1人担任政府部门主要负责人，1名党外副科级干部得到重用，2人得到交流，有14名党外干部被推选为县政协委员，1人被推选为县人大代表。

【民族宗教工作】 全面推进民族团结进步创建活动。深入推进民族工作进乡镇、进社区、进机关、进学校、进企业、进宗教场所，打造一批具有鲜明特色的民族工作示范点。2016年，先后完成县实验小学、育才双语小学和首阳山旅游度假区贵和社区3个单位的创建工作。县及第中学被市委宣传部、市民宗局评为“潍坊市民族团结进步创建活动示范单位”。做好基督教活动场所安全工作。3月15日，组织昌乐县基督教三自爱国运动委员会开展“消防安全知识培训”活动，全县 80 多位基督教教职人员及宗教场所负责人参加培训。6 月 12—15 日，对全县 22 个开放的宗教活动场所进行拉网式安全消防大检查，下发《关于做好宗教活动场所安全工作的通知》，将全县 22 个宗教活动场所全部纳入县消防部门的管理范畴。努力做好少数民族服务工作。积极协调公安和各镇（街、区）建立流动少数民族基本情况登记制度；积极协调卫生、教育、工商等部门帮助少数民族群众解决务工、经商、生活、教育等方面遇到的困难，切实保障少数民族的合法权益。2016 年，帮助少数民族考生中考加分 1 人、高考加分 2 人，完成传道员审查备案 2 人。

对台工作

【人员编制】 中共昌乐县委台湾工作办公室（昌乐县人民政府台湾事务办公室）机关编制总额 5 名，其中：行政编制 4 名，工勤人员编制 1 名。配备主任 1 名，副主任 1 名。台商投资促进处为台办所属副科级事业单位，定编 4 人，配备主任 1 人。

【台胞与台属工作】 2016 年有驻昌乐台胞 11 人。昌乐台办将为台商台企台属服务作为工作重点之一，及时联系，了解情况，帮助解决存在的困难和问题。尤其是春节前后和鲁台会开幕前，集中走访潍坊中传拉链配件有限公司、潍坊华忠新型复合材料有限公司等域内 9 家台资企业和华东家具、金龙拉链等台属企业，与企业负责人进行联谊走访活动，增进感情，交流工作，了解企业生产经营状况，帮助协调解决困难问题。开通 24 小时服务热线，建立“一对一”企业联系人制度，确保台商台属有任何问题可以第一时间联系到台办。2016 年台资企业增资扩产积极性很高，中传拉链更新生产设备，华忠金属扩产增资，在第22届鲁台会上签约新型复合材料二期项目，总投资额 1000 万美元。在经济下行大环境下，彰显昌乐台资企业的发展势头和对昌乐发展环境的信心。

【台资与台属企业】 台资企业情况：昌乐县有 9 家台资企业，总投资额 7640 万美元，实际到位资金 7600 万美元，用工人数为 1183 人。2016 年实现利润 1930 万元人民币，纳税额 1499.6 万人民币。

台属企业情况昌乐有 11 家台属企业，总投资额 32300 万元人民币，从业人员 900 多人，2 名台属企业家被评为昌乐县“十大杰出青年”，5 名被推荐为昌乐人大代表和政协委员，1 名被评为昌乐县优秀共产党员。

【经贸文化交流】 台办积极推动昌乐台湾双向交流工作，既扎实组织县内团组赴台，又积极邀请台湾民众到昌乐，扩大相互交流范围，提升体验交流成效。2016 年组织县域内的宏远塑料、英轩、福利龙、乡村旅游带头人、原野蔬菜合作社、中传员工赴台培训等 6 个团组 20 人赴台，先后邀请接待台湾山水画家江明贤团组、海峡教育代表团、活水读书会、电视文化事业基金会、职业教育交流团等 6 个团组 69 人到昌乐交流。继昌乐二中与台湾玉井工商学校缔结为“姊妹学校”后，教育交流掀起热潮，双向交流频繁，逐渐成为昌乐的特色交流品牌。组织昌乐二中、昌乐外国语学校申报山东省海峡两岸交流示范点，提报相关材料。

4 月 18 日，由海峡两岸教育交流促进协会和磐石高中师生团组组成的海峡教育代表团一行 14 人到昌乐一中进行考察交流。7 月 21 日—22 日，两岸教育学术研讨会在山东昌乐县外国语学校举行。台湾校长协会荣誉理事长及台湾校长 31 人组成的活水读书会参加会议、考察昌乐教育行业。9 月 18—19 日，第九届鲁台职业教育交流与合作研讨会分会在昌乐高级技工学校举行，台湾教育界专家 17 人到昌乐参观考察并作发言。中传拉链组织员工分批赴台学习培训，为首批赴台团组4人办理赴台手续。现代农业和现代旅游业领域交流稳步推进，组织昌乐乡村旅游从业者7人赴台湾考察学习交流，协助办理相关手续，为昌乐县原野蔬菜种植专业合作社理事长孙国维和立德农业科技专业合作社理事长高成德办理赴台手续。

机构编制工作

【管理机构】 2016年8月，根据潍坊市机构编制委员会办公室《关于昌乐县机构编制电子政务中心升格的批复》（潍编办〔2016〕110号），昌乐县机构编制电子政务中心规格由股级调整为副科级，配备主任1名。2016年，获得"《机构与行政》宣传工作先进单位"荣誉称号。

【政府机构改革】 2016年4月，落实潍坊市机构编制委员会办公室《关于贯彻落实省政府办公厅〈关于加强乡村安全生产、建设工程质量安全、环境保护、道路交通安全监管工作的通知〉有关机构编制事项的通知》（潍编办〔2016〕42号），印发昌乐县机构编制委员会办公室《关于加强乡村安全生产、建设工程质量安全、环境保护、道路交通安全监管工作的通知》（乐编〔2016〕10号），将宝都街道、宝城街道、五图街道、朱刘街道、乔官镇、红河镇、鄌郚镇、营丘镇8个镇街安全生产监督管理所改建为镇街安全生产监督管理办公室，挂道路交通安全监管办公室牌子，为镇街行政工作机构；将宝都街道、宝城街道、五图街道3个社区建设管理办公室，朱刘街道、乔官镇、红河镇、鄌郚镇、营丘镇5个村镇规划建设办公室统一更名为镇街乡村规划建设监督管理办公室，为镇街行政工作机构；在宝都街道、宝城街道、五图街道、朱刘街道、乔官镇、红河镇、鄌郚镇、营丘镇8个农业综合服务中心加挂环境保护办公室牌子，调整理顺镇街安全生产、建设工程质量安全、环境保护、道路交通等领域的监管职责，增加领导职数8名，调整行政编制40名，配备工作人员114人。

【事业单位改革】 理顺传媒集团体制。2016年9月，根据省、市文化体制改革有关要求，经市编办批准，制定印发昌乐县机构编制委员会《关于印发昌乐传媒集团主要职责、内部机构和人员编制规定的通知》，昌乐传媒集团（挂昌乐县广播电视中心牌子）规格为正科级，县政府直属公益二类事业单位，在全市率先理顺传媒集团体制，得到中宣部、省、市领导的充分肯定及中宣部、新华社、《大众日报》《潍坊日报》等媒体的广泛宣传。

公立医院人员控制总量备案。根据《潍坊市公立医院人员控制总量备案管理办法》规定，结合昌乐县实际，确定昌乐县公立医院人员控制总量，昌乐县人员控制总量为1516名，昌乐县妇幼保健院人员控制总量为115名。

【机构编制管理】 2016年年底，全县党政群机关59个，其中，党委工作部门8个，部门管理机构2个，议事协调机构2个，依据上级文件成立的其他机构2个，政府序列部门24个，县政府派出机构2个，群众团体7个，按《中国共产党章程》《中华人民共和国宪法》规定设置机构4个，镇街8个。行政编制总计1843名，实有行政人员1736人；机关工勤人员122人。其中：县直党政群机关行政编制789名，实有行政人员798人；机关工勤人员74人。镇街行政编制423名，实有行政人员366人，机关工勤人员23人。政法系统政法专项编制631名，实有行政人员572人；机关工勤人员25人。其中：公安局行政编制380名，实有344人；机关工勤实有8人。法院行政编制125名，实有118人；机关工勤实有10人。检察院行政编制72名，实有67人；机关工勤实有7人。司法系统行政编制54名，实有43人。全县事业单位计392个（副县级5个、正科级65个、副科级77个、股级156个、不定规格89个）。事业编制总计10532名（全额拨款 8975 名、差额补贴 1521 名、自收自支 36 名）；实有 11476 人（全额拨款 9701 人、差额补贴 1736 人、自收自支 39 人）。其中：县直事业单位 351 个，定编 10167 名，全县事业单位中，参照公务员法管理的单位 22 个，定编 363 名。镇街事业单位 41 个，事业编制 365 名。

重新核定中小学教师编制。2016 年 8 月，根据潍坊市人民政府《关于下达全市中小学教职工编制的通知》（潍政字〔2016〕28 号），对中小学教师编制进行重新核定，核定中小学编制 4711 名，其中针对“大班额”问题突出的城区小学部分，核增教职工编制 397 名。2016 年事业单位人员招聘中，核准教育系统用编计划 140 名，重点补充城区新建学校和农村中小学校及幼儿园，为教师队伍建设提供编制保障。

机构编制实名制管理。2016 年，依托山东省机构编制综合管理信息系统，实现编制使用申请、人员调整等机构编制日常业务网上办理。将全县机关事业单位机构、职能及人员编制情况，每月在昌乐机构编制网进行实时更新公示，接受社会监督。

事业单位招聘。2016 年潍坊市批复昌乐县行政编制招考计划 91 名，使用 90 名；参照公务员法管理编制招考计划 4 名，使用 3 名；事业编制招考计划 265 名，使用 257 名。

【事业单位监管】 事业单位法人治理结构试点。出台《试点工作实施方案》，选取特师附小、人民医院和图书馆 3 家单位作为试点单位，组建理事会，为人民医院调整完善医管会人员组成，超额完成全市部署的工作任务。

事业单位绩效考评。2016 年，不断完善事业单位绩效考评体系，建立健全业务工作目标完成情况、公共责任目标完成情况、事业单位监督管理目标完成情况和主管部门评价的考核指标体系，采用平时考评、实地考评、主管部门评价和县级领导点评相结合的方式对纳入考评范围的 331 家事业单位划分考核类别，最终确定 A 级事业单位 49 家、B 级事业单位 274 家。

事业单位登记。成立审批服务科，在全市率先将事业单位法人登记业务纳入政务服务大厅，每年1—3月在政务服务中心综合窗口办理设立、变更、注销登记等业务，提高法人登记率。2016 年，事业单位法人登记率达 71%。2016 年，按照省、市要求，完成事业单位和党政群机关统一社会信用代码证书换领工作，党政群机关赋码 50 家、换发事业单位法人新版证书 281 家。

信访工作

【概况】 2016 年，在县委、县政府的正确领导和各级各部门的共同努力下，县信访局上下团结一致，突出工作重点，注重源头预防，强化机制建设，进一步畅通信访渠道，将大量信访问题解决在基层和萌芽阶段，没有发生大的影响稳定的问题，实现全县信访形势的持续稳定。

【信访工作机制】 落实县委、县政府领导班子成员及县人大、县政协主要领导工作日轮流接待群众来访制度，县委书记、县长带头，责任单位主要领导陪访，形成接访纪要，督促责任单位及时化解，使很大一部分疑难杂访得到化解。2016 年，县级领导接待群众来访 95 起 1962 人次。其中 89% 的案件均得到有效解决，群众满意指数较高。2016 年 12 月 30 日，全县通过出动宣传车悬挂横幅、发放明白纸等形式开展集中宣传活动，深入宣传贯彻《山东省信访条例》。为维护社会和谐稳定，筑牢最后一道防线。在省“两会”、全国“两会”、抗日战争胜利 70 周年大阅兵等重要时期，没有发生有影响的信访案件和进京上访人员滋事事件。健全完善检查考核制度，制定下发《昌乐县 2016 年信访工作考核办法》，对各镇（街、区）、县直有关部门信访事项受理率、办结率、重复率、越级率、满意率、复查复核率、听证等作出明确规定，加大推进力度，推进信访工作健康开展。

【来信来访处理】 全年，要求各镇（街、区）和县直各部门高度重视和加强初信初访的接待办理工作，切实加大初信初访工作力度，同时严格按程序登记录入，对通过来信、来访和网上信访提出的信访事项，都及时登记录入国家信访信息系统，做到来访必登、来信必登、应登尽登。对每一起来信、来访，严格落实“三见面两告知”制度，力求信访工作事项及时受理率和按期办结率达100%，群众满意率达90%以上。5月12日，县信访局成立网上信访科，在全县镇（街、区）和县直部门政府门户网站显要位置都设立网上信访链接，全县网上信访受理量占本级信访总量的比例超过54%，网上信访逐渐成为群众反映问题的主渠道。大力开展复查复核和信访听证工作，发挥复查复核三级终结作用，推动一些久拖不决、重复越级的信访案件得以化解。扩大听证范围，将所有符合条件的信访案件主动纳入信访听证，多举措使信访问题“案结事了”。定期对各镇（街、区）、县直部门各辖区内和主管范围内的不安定因素，进行全面深入细致的排查，按照“五个一”措施，一级抓一级，层层抓落实，做到“三到位一处理”（诉求合理的解决到位、诉求无理的思想教育到位、生活困难的帮扶救助到位，行为违法的依法处理），切实把矛盾和问题化解在当地。利用3个多月时间，在全县深入开展信访问题集中化解活动，按照“属地管理”和“谁主管、谁负责”的原则，落实“五个一”包靠措施，分类分析，重点整治，逐案突破，全力化解一批久拖不决的信访问题，推动案结事了，有效遏制上访群众信访不信法和越级访、非访高发势头。

县直机关党的工作

【机关基层组织建设】 加强基层党组织建设，组织基层党组织换届选举工作，结合县直机关党建工作实际，配齐配强机关党组织领导班子，2016年，县直机关72个部门（单位）机关党组织全部完成换届任务。全面做好党费收缴和党费补交工作，建立《党费收缴工作台账》632册，核准党员党费收缴基数和比例，每半年将县直机关党费收缴使用情况进行公示，确保准确无误。

【党员干部队伍建设】 按照县委部署，做好县党代会代表选举工作，组织召开县直机关工委党代表会议，采用分团差额预选、等额选举的办法，选举产生县直机关工委系统出席昌乐县第十四次党代会代表55名。做好“两代表一委员”候选人初步人选考察工作。根据县委组织部安排，先后考察“两代表一委员”候选人初步人选172名，到考察对象所在单位召开民主测评会议，进行谈话了解和身份核实，形成《考察报告》172份，圆满完成考察任务。扎实做好发展党员工作，严格发展党员工作流程，坚持“两推一公示”制度、发展党员票决制、上级党委派人列席接收预备党员会议等制度，组织举办2016年度县直机关入党积极分子培训班，对入党积极分子进行集中培训和闭卷考试，2016年新发展党员14人。做好党员组织关系排查工作，县直机关4029名党员全部建立《党员管理台账》。通过电话联系、微信QQ沟通、上门走访等方式联系查找失联党员，累计查找到失联党员231人。

【学习型党组织建设】 2016年对县直机关未参加过县级及县级以上党校培训的892名党员制定分批次培训计划，先后在市、县级党校组织培训班5期，培训党员251名。组织举办2016年度县直机关党组织书记培训班，邀请山东省委省直机关工委研究室主任、山东省机关党的建设研究专业委员会秘书长寇任农教授，作“回到党的‘原教旨’”专题辅导报告，县直机关党支部书记和党务干部130人参加培训。把各基层党组织作为“第二阵地”，及时向基层党组织和党员发放《学习习近平总书记系列重要讲话》《“两学一做”学习辅导百问》《党的十八届六中全会学习辅导百问》等辅导材料，组织指导党组织书记为党员上党课，保证每名党员集中培训不少于

24 个学时。

【反腐倡廉工作建设】 全面落实党风廉政建设责任制，不断创新完善党风廉政教育的内容和方式方法，落实《党内监督条例》和《廉政准则》，充分发挥党组织的提醒、监督作用，认真履行对党员干部严格教育、严格管理、严格监督的职责，及时做好处置不合格党员工作，教育引导机关党员干部遵纪守法、廉洁勤政。

【县直武装工作】 扎实做好民兵预备役工作，落实党管武装工作新要求，加强民兵组织建设，结合“国防日”教育活动和“征兵宣传日”宣传活动等工作，搞好国防知识宣传学习和队伍建设，组织开展民兵组织整顿、民兵应急连建设和专武民兵干部集训等工作，组织县直民兵应急队伍迎接军分区拉动点验。健全民兵信息员制度，加强信息员管理，及时做好隐患排查和防范工作，促进社会和谐稳定。开展兵役登记和征兵工作，2016 年圆满完成征兵任务。

【文明和谐机关建设】 参与组织举办“昌乐县庆祝中国共产党建党 95 周年暨‘三个昌乐’建设成果展”，收集实物 60 余件，照片 100 余幅，回顾昌乐地方党组织创立、发展的风雨历程，缅怀革命先烈的英勇事迹，回顾中华人民共和国成立以来党内开展的各项主题教育活动，宣传受过省级以上荣誉的先进典型，充分展现昌乐县各级党组织和党员干部不怕牺牲、无私奉献、锐意进取、顽强拼搏的精神风貌和“三个昌乐”建设的累累硕果，先后迎接山东高速集团、聊城市党建考察团、潍坊市党建考察团等单位的参观考察，并得到一致好评。组织举办 “庆祝中国共产党成立 95 周年暨昌乐县首届全国党建漫画邀请展”，收到全国各地参展作品 965 件，邀请中国美术家协会漫画艺术委员会副主任、山东省漫画协会主席黎青主持参赛作品评选，初选确定入选作品 206 件，并对 128 件优秀作品进行集中展览，山东省《党员干部之友》杂志 2016 年第七期用两个版面对评选出的优秀作品进行选登。

组织举办 “创全国卫生县城建幸福美丽昌乐”全民健身环城长跑暨“卫生从脚下起步文明自你我做起”万人签名活动，全县机关事业单位职工、企业职工、学生、社会群众计 4600 多人参加活动，中央和省市 32 家新闻媒体参与活动的宣传报道，全面宣传昌乐，激发广大党员干部干事创业的热情。组织举办昌乐县全民健身羽毛球比赛、昌乐县庆祝“五一国际劳动节”画展等文体活动，活跃机关业余文化生活。

党史工作

【编研工作】 开展《中共昌乐年鉴（2016）》征编工作。《中共昌乐年鉴（2016）》全面系统地记录全县各级党组织 2015 年度的工作成绩和创新经验。该书在以往的基础上，对栏目设置和收录内容进行适当调整，更加突出针对性和实用性，部类设置更为科学、更趋完整，语言文字精练，事实、数据准确。2016 年，在时间紧、人手少的情况下，加快进度，确保及时收集稿件，完成资料征集工作。启动《改革开放实录（昌乐卷）》征编工作。召开专门会议，下发征编工作方案，开展《改革开放实录（昌乐卷）》相关专题的研究编写，确定 65 个相关部门和单位承担撰稿任务。开展《社会主义建设时期县委书记口述史料（昌乐卷）》工作。根据省委党史研究室的安排部署，开展收集整理口述史资料工作。积极参加口述史工作培训，组织专门力量查找相关资料，编写 1949—1978 年昌乐县历任县委书记简历。完成《中共昌乐年鉴（2015）》的出版发行工作。

【宣传教育】 参与庆祝中国共产党建党 95 周年的党史党建展览活动。负责收集革命先烈文物、优秀党员荣誉证书、纪念章等，提供党史人物传记、图片等资料以及编写文物、图片的相关文字说明，工作得到有关领导的肯定和认可，受到广大党员群众的欢迎和支持。继续运用传统宣传方式方法，不断扩大党史宣传教育的广度。利用七一、清明节等重大节日，在县电视台、昌乐新闻等主流媒体设立党史专栏，宣传昌乐建党初期先进英模人物事迹，向广大群众进行革命传统和爱国主义教育；会同县教育局等部门在全县中小学生德育教育中，大力宣传昌乐地方党组织的创建史以及早期党员的英雄事迹。

【组稿工作】 完成《中共山东年鉴（2016）》的组稿报送任务。根据省委党史研究室的任务要求，积极与县委政策研究室沟通，由县委政策研究室安排专人负责组稿，按时完成省年鉴的组稿任务，保证稿件质量。完成《中共潍坊年鉴（2016）》的组稿报送任务。根据市委党史研究室的任务要求，安排专人负责组稿，并协调有关部门，按时保质完成组稿任务。完成《改革开放实录（潍坊卷）》的组稿报送任务。昌乐县确定《昌乐县改革开放历程综述》《昌乐县红河镇的小城镇建设经验》《昌乐县教育改革发展历程及经验启示》《昌乐县医疗卫生计划生育事业发展历程》等4个专题，分别由县委党史研究室、红河镇、县教育局和卫计局等4个相关部门完成撰稿任务。

党校工作

【概况】 在昌乐县委的正确领导下，在上级党校的关心指导下，全校上下坚持“党校姓党、从严治校、品牌立校、创新兴校、人才强校”的办学方针，开拓创新、创先争优，教学、科研、管理等各项工作不断迈上新台阶。全校现设4室3处：办公室、教研室、理论研究室、教务处、总务处、信息网络处、图书资料室；现在职员工40人，其中研究生学历3人、高级讲师14人。办学条件不断改善，校舍面积达6500平方米，其中可容纳500人的会议室1个、300人的报告厅1个、400人就餐的餐厅1个，多媒体教室3个。图书室藏书3万余册。先后获得“潍坊市党校系统先进党校”“潍坊市先进理论教育工作单位”“山东省党校系统先进党校”等多项荣誉称号。

【干部培训】 县委党校认真贯彻落实《中国共产党党校工作条例》《干部教育培训工作条例》，建好党的人才教育基地。充分发挥理论教育主阵地、干部培训主渠道作用，2016年举办科级干部进修班、青年干部培训班等主体班次4期，培训学员195人次。每期主体班次学制两个月，其中党校集中培训1个月，包括课堂学习、现场教学、异地培训；社会实践调研1个月。课程设置分三部分，由党校教师讲授马列主义理论、习近平总书记系列重要讲话精神、党性教育及昌乐县科学发展的重要实践探索；由县级领导干部、县直部门负责人、镇（街、区）党政主要负责人根据提报的授课专题授课；邀请知名专家授课。培训形式上，坚持以学员为本、按需施教的原则，把党性修养和党性锻炼贯穿培训全过程，通过专题辅导、研讨交流、实地调研、撰写调研报告、菜单式选学，推行研究式学习、增强研讨交流力度，发挥学员主体作用，有效提升全县党员干部队伍素质。选派优秀教师深入基层，及时宣讲党的中共十八大和十八届三中、四中、五中、六中全会，惠及群众1万多人次。被中共山东省委讲师团授予“中国特色社会主义理论宣教基地”。

【党员教育】 按照《中共潍坊市委关于加强和改进新形势下党校工作的实施意见》提出的“每名党员每年在同级党校至少集中培训2天”的明确要求，在县委的正确领导下，实施党员全覆盖教育工程，落实县委提出的“两个全部”的工作要求，即每年全县3.7万名党员全部到市、县党校和基层党校（县委党校分校）集中培训一次；全部党员每三年要到县级以上党校培训一次。推进党员教育培训全覆盖工作，制定《昌乐县党员教育培训全覆盖方案》，对全县党员教育培训全覆盖三年培训做详细规划。在市、县党校开办5期全覆盖培训班，培训基层党员1700余人。通过这5期培训班的实践，初步探索出体现昌乐县特色，符合昌乐县实际的党员教育培训全覆盖路子，实现在教育培训模式上的创新，干部教育培训规模上的突破，提升办学质量。

【业务指导】 根据《中国共产党党校工作条例》和《中共中央关于加强和改进新形势下党校工作的意见》《中共山东省委关于加强和改进新形势下党校工作的实施意见》《中共潍坊市委关于加强和改进新形势下党校工作的实施意见》精神，县委专门下文在镇（街、区）和县直各牵头党工委成立党校分校并公布基层党校相关领导配备。主要职责是强化对党员干部的理论武装，加强理想信念和党性教育，开展党章党规党纪教育，传承党的优良传统作风，全面提升党员干部的能力素质，锻造忠诚、干净、担当的高素质党员干部队伍。10个镇（街、区）党校分校和11个县直党校分校都挂牌，相关教学设施配备到位，并开展工作。为加强对镇（街、区）和县直牵头党（工）委党校的业务指导，县委党校制定《昌乐县委党校业务指导制度》，加强对各镇（街、区）和县直各牵头党（工）委党校的业务指导，指导设计教学课程，选拔及培训基层党校师资队伍，创新教育方式，将县委党校与各镇（街、区）和县直牵头党工委的教师队伍和教学资源进行整合，优化师资队伍，统筹协调使用。

【科研工作】 强化科研服务效能，积极加强“思想库”建设。重点在坚持科研有为意识，完善制度保障机制；坚持“问题”导向意识，努力加强应用性研究；坚持创新驱动意识，探索科研促进机制上做文章，促进科研的长足发展，全年完成市级以上科研成果20多项，在各类刊物、杂志上刊发论文30余篇。论文发表、成果获奖等均居全市各县（市、区）委党校的前列。

老干部工作

【概况】 2016年，昌乐县委老干部局按照市委老干部局有关要求和县委决策部署，围绕学习贯彻中央《关于进一步加强和改进离退休干部工作的意见》和省委《关于进一步加强和改进离退休干部工作的实施意见》精神，认真落实离退休干部待遇，扎实推进离退休干部党建，积极组织离退休干部“说昌乐好、对昌乐亲、为昌乐干事”，得到各级和老同志的充分肯定。

【政治生活待遇】 政治待遇方面。继续完善离退休干部通报情况、联系走访、节日慰问、参观考察、健康体检等制度。为老干部订阅《老干部之家》《老年教育》等杂志2500余份，订阅《老干部参考》《老年报》等报纸、杂志20余种。2月，组织召开2016年全县经济社会发展情况通报会，县级机关主要领导出席会议，县委主要领导通报2015年全县经济社会发展情况和2016年发展思路，现场征求老干部的意见和建议，受到老干部一致好评。组织对全县5000余名离退休干部进行一次普遍走访，发放春节慰问品和慰问信。开展离休干部大走访活动，利用3个月的时间分组对全县302名离休干部进行一次普遍走访，征求他们的意见建议，保存相关文字影像资料。

生活待遇方面。进一步完善离休干部“三个机制”，离休干部医疗统筹金基数达每人每年1.9万元，位居兄弟县市区前列，协调有关部门为离休干部异地就医报销费用近20万元。及时落实文件要求，对离休干部离休费、护理费、生活补贴等进行调整，补发相关款项，并上门向老同志解释政策调整情况。

【离退休干部党建】 创新形式内容，加强离退休干部思想政治教育。编印发放《十八届六中全会学习资料汇编》读本4900余册，要求各单位组织离退休干部原文学习。县公安局等单位的

27个老干部党支部利用党员学习日传达全会精神，并组织专题讨论，赵丰年等8名老同志的感言在老干部之家网站六中全会专题中发表。向全县2919名离退休干部党员发放《党章党规学习读本》等资料5600余册，为524名年龄较大、行动不便的老同志送去学习资料，组织观看“两优一先”专题片《榜样》，实现“两学一做”全覆盖。加强老干部之家网上党建平台建设，配备工作人员17名，组建包括21名老同志的骨干队伍；举办集中培训3期，培训150余人次；截至2016年12月，发布主题4100余篇，回帖21000余篇。

突出“三个规范化”，夯实离退休干部党建基础。狠抓组织设置规范化，制定《昌乐县离退休干部党组织换届工作方案》，根据各单位、社区、社团实际情况，本着“四就近”原则开展集中调整换届。全县51个支部全部完成调整换届工作，党组织的覆盖面和战斗力得到有效保障。狠抓制度建设规范化，从完善“三会一课”制度入手，制定全县离退休干部党支部工作制度汇编参考文本，要求各支部根据老同志身体状况、学习活动规模等实际情况参照执行，实现党组织工作制度的规范统一。狠抓教育培训规范化，把离退休干部党员纳入全县党员教育培训计划，为基层离退休干部党支部组织学习教育提供指导。把离退休干部党组织书记培训班列入全县党员教育重点班次。

统筹各方资源，推进离退休干部党建工作社区化。把在社区居住的离退休干部党员纳入社区党建工作体系，搭建19个社区离退休干部党建工作平台，全县有11名离退休干部自愿担任“联络员”。建立社区离退休干部党建工作示范点管理制度，形成较为科学的奖惩机制和竞争机制，先后向新昌、郡部等示范社区提供设备、经费支持9万余元，唐山、德州等地先后到昌乐县参观考察。

落实“党建+”工作模式。老干部社团发展走上“快车道”。全县有老年书画研究会等9个社团建立党支部或临时党支部，为253名社团老干部党员就近参加组织生活提供便利；在新昌社区试点建立综合性老干部社团党支部，吸收辖区内28名党员到社区参加党组织活动；向各社团选派党建指导员12名。

【文化养老】 将“文化养老”工作纳入全县文化工作“大盘子”，组织离退休干部积极参与“文明之夏”、“百姓大舞台”等全县大型文化活动，丰富群众文化生活。老年大学艺术团参与大型演出3场，举办专场1次，奉献节目40余个，结合“三严三实”、“两学一做”等编排的快板、小品等节目深受群众喜爱。老年书画研究会、曲艺家协会等围绕重大节庆日举办“百花迎春”新春演唱会、“庆七一”全县老干部书画展等活动。组织各级老年文体队伍进村进社区演出179场，开展“两学一做”志愿宣讲、创卫宣传等活动102场，受到党委和群众一致好评。

继续扩充老年大学专业数量和学员规模，着力抓好老年大学上档升级。县老年大学开设古筝、二胡、国画、书法及老干部之家网络培训班等班次15个，学员达1200余人的规模。在营丘镇建设老年大学教学点。

【活动开展】 引导离退休干部围绕中国共产党建党95周年发挥正能量。举办庆祝中国共产党建党95周年暨党建工作成果展，组织离退休干部围绕建党95周年创作书画、影像、回忆录等作品，提供有历史价值和纪念意义的实物，收集展出实物60余件、照片102张、书画作品108幅。

引导离退休干部围绕“两学一做”学习教育发挥正能量。开展“践行‘两学一做’—传递正能量”主题活动，组织老同志在“两学一做”学习教育中发挥正能量，先后有27名离退休干部受邀到机关事业单位、学校、企业讲主题党课或进行宣讲报告。县老年大学、乔官镇老干部活动中心组织50余名离退休干部“手抄党章”，并在老年大学、乔官镇图书馆展出，在年轻党员干部中引起较大反响。

引导离退休干部围绕关心下一代发挥正能量。组建“五老”志愿者关爱宣讲团，首批聘任宣讲骨干13人，举办“弘扬传统文化，倡办国学教育”“党史教育进校园”等活动，开展宣讲报告会67场，受教育师生2万余人。举办“关心下一代·携手创未来”专题文艺会演，为大病青少年募捐善款2万余元，走访看望8名大病青少年，为他们每人带去3000元救助金和祝福，鼓励他们建立信心，战胜疾病。

关心下一代工作

【概况】 2016年，昌乐县委、县政府高度重视和支持关心下一代工作，为县关代工作委员各项工作的开展提供有力的保障。制定《昌乐县关工委2016年工作要点》，经县委同意由县委办公室转发至全县各部门。3月23日，召开全县关心下一代工作会议。会上下发《关于印发〈昌乐县关注青少年健康成长十项活动实施方案〉的通知》。

【党史国史教育】 2016年，昌乐县把党史国史教育作为关心下一代工作的重点内容，与教育局、史志办等相关部门联合，全面推进昌乐党史国史教育水平。与教育局等部门多次召开党史国史教育专题办公会，结合工作实际，制定具体的推进计划和措施，联合下发《关于印发〈昌乐县中小学党史国史学习教育活动实施方案〉的通知》《中小学党史国史教育示范点建设方案》，切实开展好中小学生党史、国史学习教育活动，打造昌乐二中、昌乐外国语学校、昌乐县第二实验小学3处党史国史教育示范点。召开全县党史国史教育现场会，5月24日，昌乐县中小学党史国史教育现场交流会在昌乐县外国语学校召开，各镇（街、区）教管办主任，县直各学校、乡镇（街、区）中学、中心小学校长，团委书记、大队辅导员参加会议。

【关爱帮扶青少年工作】 积极发挥“四点半学校”在关爱帮扶困难留守儿童中的作用。4月20日，昌乐县委老干部局、县关工委及县财政局联合对昌乐县“四点半学校”示范点进行验收。其中包括市级“四点半学校”示范点乔官镇乔官社区、朱刘街道魏家庄社区、开发区宝石城社区和五图街道五图社区4处，县级“四点半学校”财政补助示范点红河镇朱汉社区、鄌郚镇鄌郚社区、营丘镇崖头社区和高崖库区东篱湖畔社区4处，8处新建“四点半学校”均验收合格并运行使用，全县投资96万元建成“希望乐园”和“四点半学校”28所。下半年，结合市五好“四点半学校”（希望乐园）的评选活动，县关工委对全县范围内的“四点半学校”（希望乐园）一一进行调度检查，并于11月17日召开全县四点半学校（希望乐园）工作调度会议，要求各单位对照调度检查中发现的问题进行认真整改完善，整改报告全部上报。

县关工委主动与团委、民政局、教育局等相关部门联系，动员社会各界力量，共同关注失学辍学儿童、留守儿童、残疾儿童、外来务工人员子女、失足青少年、流浪儿等特殊群体。5月30日，县关工委、县教育局对个别大病青少年进行走访和慰问，为他们每人送上3000元慰问金，带去“六一”儿童节的祝福，鼓励他们要建立信心，战胜疾病。7月5日，姜玉坤眼镜店爱心公益捐赠仪式在乔官镇中心小学举行，活动免费为乔官镇46名品学兼优、家庭困难的同学配眼镜。

开展“微心愿·校园行”微公益活动，关工委协同团委、教育局面向全县贫困在校学生（逐步扩展到农村留守儿童、进城务工人员子女、残疾儿童等特殊青少年群体）征集心愿，比如“我想要一个铅笔盒”“我想要一个新书包”等等微心愿，然后通过发动社会志愿者和爱心人士踊跃参与，采取“一帮一、一帮多、多帮一”等形式，帮助完成孩子们的“微心愿”。活动与志愿服务组合推进、持续开展、贯穿全年，既注重物质帮扶，又注重精神慰藉。

【青少年教育工作】 4月初，举办首届“品味书香，分享精彩”读书朗诵大赛，弘扬我国优秀传统文化，让青少年在比赛的同时提高自己对文化的理解和对读书朗诵的热爱，从而提高青少年学习意识，促进青少年健康成长。6月3日上午，县关工委联合县环保局、教育局、文明办等相关部门举行“改善环境质量推动绿色发展—争当环保小卫士”活动启动仪式。6月7—8日高考期间，县关工委联合昌乐县青年志愿者协会、昌乐县公益志愿者协会开展“情系高考，爱在路上”志愿服务活动，在考点附近搭建起“情系高考，爱在路上”青年志愿服务流动岗亭，为考生及家长、工作人员等提供纳凉休息圆凳、矿泉水、夏凉扇、防暑药品等物品和应急车辆，为广大考生及家长提供力所能及的便利服务。

创办国学教育，开发教育特色。昌乐县建成开发区小学梦圆班和外国语学校孔子学堂2处国学教育示范点。

开展“关爱明天，普法先行”活动，组织公安、检察、法院、司法、法律援助等部门的专业人士，结合“五老”志愿者宣讲团的宣讲活动，在全县中小学范围内，就当前校园犯罪的特点及成因进行巡讲，对昌乐县青少年预防校园犯罪的措施和做法进行宣传推广。

【“五老”志愿者队伍服务工作】 举办培训班。市“五老”志愿者培训班结束后，7月8日，昌乐县立即组织“五老”志愿者在县委党校召开培训会议，昌乐县“五老”志愿者宣讲团成员，各镇（街、区）关工委，县直各成员单位关工委常务副主任或副主任、“五老”志愿者骨干等100余人参加培训。会上还邀请潍坊市“五老”志愿者宣讲团骨干刘绍堂作题为“创新理念用心用力当好革命传统宣讲员”的培训报告，广大“五老”志愿者学有所思、学有所获，纷纷表示要把这次培训作为新的起点、新的动力，在推动关心下一代事业创新发展中各尽所能、各展所长。

积极开展网吧治理活动。深入贯彻实施《关于加强全市“五老”网吧义务监督工作的意见》，并根据意见出台《关于加强全县“五老”网吧义务监督工作的意见》（乐关工委联发〔2016〕4号），实行日常监督管理与假期集中治理的工作方式，7月22日，开展暑期“五老”网吧监督集中督查活动，在炎炎夏日中，昌乐县“五老”义务监督员队伍不定期地出入网吧，并两两一组实行定点包靠，加强假期的网吧管理和对未成年人的监管工作。

8月25日，对关爱宣讲团的骨干人员举行聘任仪式，颁发“一牌三卡”（一牌为宣讲团骨干聘任牌，三卡为自行车卡、公交车卡和志愿者胸卡），并发放相应的交通费、材料费、课时费，材料费包括在课时费当中，每次200元，交通费在办卡时交定金并定期充值，为他们的工作保驾护航。2016年“五老”宣讲团共作报告67场，从县直学校到乡镇基层，听报告人数达3万余人，发放相应的补贴1.5余元。

▲2016年10月10日，老少同乐庆重阳

机关事务工作

【综合管理】 做好城关商务社区1号楼、4号楼、会议中心、机关生活区物业服务监管工作，严格按标准要求，对巡查发现和服务对象反映的问题进行登

记维修，销号处理，定期不定期组织对物业托管项目进行监督、检查和考核，努力为各入驻单位提供优质高效的办公环境。全年处理报修事项8675次。通过对1号楼供水管网进行改造，年节约用水3万立方米。开展创卫工作，搞好宣传发动，对机关生活区储藏室供电线路进行规整，集中清理清运垃圾杂物40余车，粉刷楼梯墙面1.4万平方米，集中整治乱搭乱建、乱堆乱放现象。极配合腾出拆迁地块，将机关生活区4台变压器和热力分配站进行迁移改造。

【会议服务】 完善会议接待流程，确保会议顺利进行。严格按照《县委党校报告厅管理办法》规范操作，按照会议需求高标准布置会场，根据各部门的需求合理安排会议室，避免造成会议冲突，并注意做好相关登记，为会议组织方提供更好的服务，2016年234个大小会议在党校报告厅召开，完成县里交派的各项会议接待任务。

【生活管理】 确保职工餐饮安全，餐厅始终保持高标准，严格按程序对餐具、炊具等进行消毒，严抓就餐场所、后厨卫生；严格按照《商务社区食堂管理办法》规范操作，定期进行业务知识培训和消防安全培训；建立健全食品留样制度，由专人负责，专人操作，专人记录，使用专用工具对所有加工的主副食品做好食品留样，保障餐饮安全；餐厅卫生实行划片包干，责任到人，定期进行卫生大扫除；做好防蚊灭蝇工作，厨余垃圾每日一清，确保餐厅卫生安全。2016年，提供用餐服务94782人次，解决商务社区职工用餐问题。

【公共机构节能】 贯彻落实《公共机构节能条例》，开展全县公共机构节能专项检查和能耗大户重点督查，对高耗能公共机构提出整改意见，建立健全用水、用电、用油的统计分析报告制度。开展多种形式的节能宣传活动，组织开展“节能领跑，绿色发展”主题宣传活动，在城关商务社区张贴分发节能宣传画、倡议书120余份；6月14日“全国低碳日”当天以“绿色发展，低碳创新”为主题开展能源紧缺体验活动，商务社区空调停开一天。

【公车处置管理】 完成全县党政机关实物保障用车、机要通信和应急用车、调研接待用车保留数量核定工作。参照上级标准制定《昌乐县党政机关公务用车管理制度》，对全县党政机关保留车辆的编制核定、配备使用管理进行详细规定，全县党政机关保留有实物保障用车18辆、机要通信和应急用车86辆、调研接待用车3辆。根据全县统一安排，对各单位车况较差的车辆进行调剂分配。通过公开招标，拍卖除77辆警车、9辆报废车外的所有218辆公车，成交总价款561.324万元。对全县车改后保留的86辆机要通信和应急用车、3辆调研接待用车全部张贴公车标识，制定《昌乐县党政机关公务用车使用管理暂行办法》，保障全县党政机关公务用车改革顺利完成。

昌乐县人民代表大会

changlexian renmin daibiao dahui

综　述

【概况】 2016年，昌乐县人大常委会在县委的领导下，立足全县发展大局，突出工作重点，依法履行职责，有力推动全县经济社会持续健康发展，维护人民群众的根本利益，增强群众获得感、幸福感。聚焦全县经济、社会、民生事业发展和群众普遍关注、期盼解决的问题，扎实开展监督工作，推动县委重大决策部署的贯彻落实；加强社会主义民主法治建设，促进依法行政、公正司法、全民守法，营造良好的法治环境，加快全面依法治县进程；健全人大讨论、决定重大事项制度，依法做好重大事项决定和人事任免工作，确保党的主张经过法定程序上升为全县人民共同意志；扎实做好县镇人大代表选举工作，开好县人大会议，充分发挥代表作用；强化昌乐县人大常委会自身建设，履职能力和工作水平不断提高，各项工作取得新成效。

【推动经济转型发展】 推动传统产业改造提升、新兴产业发展壮大，听取审议科技创新、工业转型升级工作报告，视察工业经济运行情况，专题调研全县工业转型升级工作。提出大力扶持税收贡献大的骨干企业，加快发展高新技术产业，加大引资引智力度等20余件建议。

促进现代农业发展，推动完善基础设施建设，提高农业质效，视察现代农业提升工程，建议县政府加强政策支持和资金扶持，培育壮大农业合作组织，加快发展规模农业、高效农业，促进农业增效、农民增收。

持续关注服务业特别是现代服务业发展，提出加强规划引领，加大政策和资金扶持力度等20多件建议。支持县政府改造提升传统服务业，形成规模和品牌效应；加快培育和发展金融、旅游、养老、网络营销等现代服务业和生产性服务业，提高服务业比重，优化经济结构。

【推动生态环境建设】 顺应群众改善环境质量诉求，持续不断地推进绿色发展。听取审议环境保护工作、水资源保护和利用工作情况专项报告，组织对“三八六”环保行动推进工作开展视察，对《矿产资源法》贯彻实施情况进行执法检查，针对存在问题，提出20余件建议。支持县政府严把项目准入关口、加强源头控制，扎实推进节能减排、发展循环经济，努力解决重点区域和面源污染问题。同时，要求在企业工作的人大代表，带头落实环保决策、做好污染治理工作。对违反环保规定的人大代表进行约谈，支持执法主体依法处理。

围绕解决环保工作中的突出问题，积极动员人大代表依法履职、发挥带头作用，凝聚共识，汇聚力量，形成强大工作合力。推动县政府持续加强监管整治，实行重典治污，健全环境保护长效机制。支持媒体重点曝光，跟踪报道整改结果。在全市率先提出环保行政执法与刑事司法相衔接的工作机制，对在污染整治中失职渎职的工作人员，支持司法机关依法追责。决议的落实，在全县形成浓厚的绿色发展氛围。

【推动城乡统筹发展】 把实现公共服务均等化、提高整体社会效益作为着眼点，调研城市建设和管理、城区道路管网建设工作，视察城乡环卫一体化。针对停车、绿化、交通秩序、垃圾处理、水暖气管网建设等方面存在的问题，提出8件针对性建议。支持县政府加快城市建设详细规划，完善配套设施，推进精细化管理，着力解决存在的突出问题；推进公交、水暖气管道和环境卫生治理等公共服务逐步向城郊和农村社区延伸。专题视察全县农村新型社区建设和运行工作，提出社区规划要结合地域特点、尊重群众意愿和生产生活习惯，因地制宜、统筹推进等5条建议。

常委会班子成员还按照县委统一部署，认真包靠企业项目，对包靠的九龙湖扩容及周边综合开发、英轩实业、佳诚数码等多个项目，认真帮助解决问题，支持企业发展。积极参与全国卫生县城创建工作，及时协调解决存在的问题。大力开展招商引资，成功引进7个大项目，超额完成年度任务目标。

【推进依法治县】 加强司法工作监督，促进司法公正。专题调研全县行政审判、司法规范化建设、“六五”普法工作，听取专项报告，提出审议建议，作出关于“七五”普法依法治县的决议，通过《昌乐县2016—2020年依法治县规划》，为推动全县新一轮普法和依法治理提供法制保障。

加强法律实施监督，促进依法行政。重点对安全生产法、食品安全法2部法律开展执法检查，协助潍坊市人大常委会调研组对高毒农药管理条例和电梯安全条例开展立法调研。围绕法律普及宣传、执法能力提升、执法队伍建设，提出24件建议意见。对相关法律涉及的、群众广泛关注、事关民生大计的问题，持续跟进监督，促进法律有效实施，推动相关问题解决。加强预算决算审查监督，听取审议财政预算执行及审计工作报告。调查研究县政府提请审议的预算调整事项，依法按程序作出决议，推动落实全面规范、公开透明的预算制度，履行预算工作委员会职能，发挥专业咨询组作用，提高预算监督实效。

重要会议

【第十六届人民代表大会第五次会议】 3月16—18日在潍坊市委党校召开。会议听取和审议县人民政府工作报告、县人民代表大会常务委员会工作报告、县人民法院工作报告、县人民检察院工作报告；审查、批准昌乐县国民经济和社会发展第十三个五年规划纲要、昌乐县2015年国民经济和社会发展计划执行情况的报告与2016年国民经济和社会发展计划；审查昌乐县2015年财政预算执行情况和2016年财政预算（草案）的报告，批准昌乐县2015年县级财政预算执行情况的报告和2016年县级财政预算、表决通过关于设立昌乐县第十六届人民代表大会专门委员会的决定，研究其他有关事项。

【第十六届人民代表大会第六次会议】 于6月28日在昌乐县委党校召开。会议补选邱旺为昌乐县人民政府县长。

【常务委员会会议】 第十六届人民代表大会第三十次会议。11月18日上午在县级机关综合办公楼人大会议室召开，县人大常委会党组书记、第一副主任王备主持会议。县人大常委会领导和常委会委员出席会议。会议审议批准县公安局关于受潍坊市公安局潍城分局委托提请许可对昌乐县人大代表刘某深采取强制措施的请示。

第三十一次会议。2月26日上午在县委党校第一报告厅召开，县人大常委会党组书记、第一副主任王备主持会议。县人大常委会领导和常委会委员出席会议。会议审议通过县人大常委会在县十六届人大五次会议上的工作报告和《县人大常委会2016年工作计划》。

第三十二次会议。3月12日下午在县委党校第一报告厅召开，县人大常委会党组书记、第一副主任王备主持会议。县人大常委会领导和常委会委员出席会议。会议审议通过关于召开县十六届人大五次会议的决定、关于设立昌乐县人民代表大会专门委员会的决定（草案）、审议通过县十六届人大五次会议主席团和秘书长建议名单、常务主席建议名单、副秘书长建议名单和议案审查委员会建议名单、县十六届人大五次会议列席人员范围、县人大常委会代表资格审查委员会关于代表资格审查情况的报告。

第三十三次会议。4月28日上午在县委党校第一报告厅召开，县人大常委会党组书记、第一副主任王备，其他县人大常委会领导和常委会委员出席会议。县政府、县政协、县法院、县检察院有关领导列席会议。会议表彰优秀县人大代表、2015年度代表建议办理工作先进个人；听取审议县环境保护局关于环境保护工作情况的报告、县科学技术局关于科技创新工作情况的报告；组织对环境保护、科技创新两项专项工作进行评议；审查昌乐县人民政府关于申请将胶王线安丘至青州段改建工程等项目列入2016年政府投资工程的报告，并作出相关决议；表决通过有关人事任免事项；被任命人员作供职发言、集体向宪法宣誓。

第三十四次会议。6月24日上午在县委党校第一报告厅召开，县人大常委会党组书记、第一副主任王备，其他县人大常委会领导和常委会委员出席会议。县政府、县政协、县法院、县检察院有关领导列席会议。会议表决通过有关人事任命事项；听取审议县法院关于行政审判工作情况的报告、县水利局关于水资源保护和利用工作情况的报告；组织对行政审判、水资源保护和利用两项专项工作进行评议；审议通过关于召开县十六届人大六次会议的决定，县十六届人大六次会议主席团和秘书长建议名单、常务主席建议名单、副秘书长建议名单，县十六届人大六次会议列席人员范围，县人大常委会代表资格审查委员会关于代表资格审查情况的报告；被任命人员作供职发言。

第三十五次会议。6月27日上午在县级机关综合办公楼县委常委会议室召开，县人大常委会党组书记、第一副主任王备主持会议。会议表决通过关于接受县政府有关人员辞职的决定、关于代表变动情况的说明；建议调整县十六届人大六次会议主席团和秘书长名单、常务主席名单。

第三十六次会议。7月19日上午在县级机关综合办公楼县委常委会议室召开，县人大常委会党组书记、第一副主任王备主持会议。会议听取审议昌乐县人民政府关于申请将山东宝城旅游发展有限公司2016年潍坊银行贷款还本付息资金列入财政预算的报告、关于山东宝昌水务有限公司向中国银行昌乐支行融资项目有关情况的报告、关于昌乐县益民热力有限公司向国药控股（中国）融资租赁有限公司融资情况的报告。

第三十七次会议。7月28日上午在县级机关综合办公楼县委常委会会议室召开，县人大常委会党组书记、第一副主任王备，其他县人大常委会领导和常委会委员出席会议。会议表决通过关于接受有关县人大代表辞职的决定。

第三十八次会议。8月30日上午在县委党校第一报告厅召开，县人大常委会党组书记、第一副主任王备，其他县人大常委会领导和常委会委员出席会议。县政府、县政协、县法院、县检察院有关领导列席会议。会议听取审议县政府关于县十六届人大五次会议代表建议办理情况的报告、县发改局关于昌乐县2016年上半年国民经济和社会发展计划执行情况的报告、县财政局关于昌乐县2015年财政决算和2016年上半年财政预算执行情况的报告，审查、批准昌乐县2015年县级财政决算、县审计局关于昌乐县2015年县级预算执行和其他财政收支情况的审计工作报告；组织对上述四项专项工作进行评议；表决通过有关人事任免事项。

第三十九次会议。10月28日上午在县委党校第一报告厅召开，县人大常委会党组书记、第一副主任王备，其他县人大常委会领导和常委会委员出席会议。县政府、县政协、县法院、县检察院有关领导列席会议。会议审查昌乐县人民政府关于申请将昌乐县龙湖水务有限公司华夏银行贷款还本付息资金列入财政预算的报告，并作出相关决定；听取审议县检察院关于司法规范化建设工作情况的报告、县经信局关于全县工业经济转型升级工作情况的报告；组织对上述两项专项工作进行评议；听取审议县司法局关于昌乐县“六五”普法简要情况和“七五”普法依法治县两个规划（草案）的说明，书面印发关于在全县公民中开展法治宣传教育的第七个五年规划（草案）和昌乐县2016—2020年依法治县规划（草案）；表决通过关于在全县公民中开展第七个五年法治宣传教育的决议、关于《昌乐县2016—2020年依法治县规划》的决议；审议通过关于县镇两级人大换届选举工作的有关事项。

第四十次常委会。12月29日上午在县委党校第一报告厅召开。县政府县长邱旺到会提请县政府有关人事任免事项。县人大常委会党组书记、第一副主任王备，县人大常委会党组副书记、副主任王少鹏分别主持会议。县人大常委会领导刘保泽、周晓玲、田本义和常委会委员出席会议。县政府副县长丁进全、县法院院长韩昆亮、县检察院检察长郑爱之、县政协副主席张宝峰列席会议。会议表决通过县政府有关人事任免事项，决定任命李良华、曹俊勇、崔欣、曹建国为县政府副县长。会议表决通过县政府有关融资事项，审议2016年县级预算调整方案（草案）的报告，并作出有关决议；审议通过昌乐县第十七届人民代表大会第一次会议有关建议名单、县十七届人大专门委员会组成人员建议名单、县十七届人大一次会议列席人员范围；讨论通过县十七届人大代表资格审查报告和县人大常委会向十七届人大一次会议提出的工作报告。

重要活动

【调研视察】 3月3日 县人大常委会组织部分常委会委员、县人大代表，通过实地查看、听取专题汇报、座谈讨论等方式，组织对全县环境保护工作开展调研。对调研中发现的问题，提出加大环保宣传、加大执法力度、重视规划引领等针对性建议意见。

3月4日 县人大常委会组织部分常委会委员、县人大代表，对科技创新工作情况进行调研。调研组通过实地查看、听取专题汇报、座谈讨论，充分了解相关工作开展情况，并提出加大科技创新政策的宣传力度、加大高端创新人才、专业技术人才的引进和培养力度、完善政府服务职能等建议。

4月21日 县人大常委会组织部分常委会委员和县人大代表，对全县城区道路交通管理工作情况进行调研。调研组实地查看美联超市路口、移动公司路段、县医院路段、劳务市场路口、西湖小学路段、昌盛街等道路及公安局参观展区和指挥大厅，听取相关部门的工作汇报，并进行座谈讨论。针对调研中发现的问题，提出整改建议。

5月26日 县人大常委会组织部分常委会委员和县人大代表，对县法院行政审判工作情况进行调研。调研组现场旁听不服工伤认定行政争议纠纷案件的庭审，听取关于行政审判工作的汇报，进行座谈讨论，针对调研中发现的问题，提出加大行政审判工作宣传、完善司法与行政的良性互动机制、协调化解行政争邀请行政机关主要负责人、行政执法人员旁听典型行政案件审判等建议。

5月27日 县人大常委会副主任田本义带领部分常委会委员、县人大代表，对全县现代农业提升发展工作进行视察。视察组实地查看宝城西瓜专业合作社、昌乐西瓜科技示范园、庵上湖瓜菜示范园，召开座谈会，听取县农业局工作情况汇报。针对视察中发现的问题，提出狠抓农产品质量安全、大力培育农业品牌、强化农业推广服务等建议。

6月7日　县人大常委会副主任田本义带领部分常委会委员、县人大代表、专业人士咨询组成员，对全县水资源保护和利用工作进行调研，通过实地查看、召开座谈会，听取有关报告，提出加强宣传引导、提升全社会节水意识，强化措施、加大中水回用力度，积极争取上级支持、加强昌乐县水利设施建设等建议。

8月19日　县人大常委会副主任田本义带领部分常委会委员、县人大代表、专业人士咨询组成员，对全县上半年国民经济和社会发展计划执行、2015年财政决算（草案）和2016年上半年财政预算执行、2015年度县级预算执行和其他财政收支审计工作情况进行调研。

8月24日　县人大常委会调研组对医疗保险基金运行情况进行调研，部分县人大常委会委员，市、县人大代表参加调研。调研组实地查看县中医院康乐园老年护理院，召开座谈会听取有关工作情况汇报，提出创新工作方法、加强宣传教育、加强基金管理三个方面的建议。

9月7日　县人大常委会副主任周晓玲带领部分常委会委员和县人大代表，对全县农村社区规范化建设和运行情况进行视察。查看首阳山旅游度假区首阳山社区、红河镇宅科社区、高崖水库白塔社区，召开座谈会，听取有关部门工作情况汇报，进行座谈讨论。针对视察中发现的问题，提出充分利用上级有关政策、积极吸引社会资本、大力发展非农产业、完善社区管理和服务等建议。

9月22日　县人大常委会副主任田本义带领调研组，对检察院司法规范化建设工作进行调研，部分县人大常委会委员、县人大代表，县人大常委会专业人士咨询组部分成员，以及县人大常委会机关有关委室的负责人参加调研。调研组先后到检察院电子证据实验室、检察文化展厅、警示教育展厅、检察宣告庭、视频会议室、办案工作区、案件管理大厅、控申接访大厅等地进行实地查看，随后召开座谈会，听取县检察院关于司法规范化建设工作情况汇报，进行座谈讨论。提出进一步加强制度建设，细化制度规范；加强内部监督，建立健全规范司法行为长效机制；加强技术培训，强化干警对信息化技术的掌握和运用，提高干警的职业素养和规范司法水平等建议。

10月18日　县人大常委会副主任田本义带领部分常委会委员、人大代表和专业人士咨询组成员，对全县工业经济转型升级工作情况进行调研。调研组实地查看佳诚数码、矿机无人机及发动机、金丝达新能源、比德文雷丁电动车等项目，召开座谈会，听取县经信局相关工作报告。提出积极培植壮大现有企业、健全支持工业转型升级的投资政策、帮助企业争取上级政策及资金扶持等建议。

10月19日　县人大常委会副主任田本义带领部分常委会委员、人大代表对全县“三八六”环保行动推进工作情况进行视察。视察组实地查看丹河后北郝村养殖厂拆除取缔、丹河生态湿地建设、城北污水处理厂提标改造、元利高科锅炉超低排放、孤山废石坑固废处置场所、新能源公交车推广及充电桩建设等项目现场，召开座谈会，听取有关工作汇报，提出突出工作重点、加大执法力度、加大宣传力度三方面的工作建议。

11月1日　县人大常委会副主任周晓玲带领部分常委会委员、人大代表，对昌乐县国家食品安全城市创建工作情况进行视察。视察组实地查看昌乐一中食堂、土状元土菜馆、翰林幼儿园食堂、洁新餐具消毒中心、昌乐农贸城、西瓜科技示范园开发有限公司、潍坊睿鑫食品有限公司，召开座谈会，听取有关工作情况汇报，并进行座谈讨论。针对下步工作，提出加大宣传力度、加大监管力度、强化样板点打造等建议。

11月3日　县人大常委会副主任周晓玲带领部分常委会委员、人大代表，对学校周边环境治理和学校食堂饮食安全工作情况进行视察。查看昌乐二中、实验幼儿园、外国语学校、及第中学、实验中学周边环境治理和学校食堂饮食安全情况，召开座谈会，听取有关部门的工作汇报。针对下步工作，提出加强部门间的协同配合，定期开展联合执法或专项整治行动；加大食品安全监管力度，落实监管责任；严格执行食品安全通报制度，及时通报有关部门查处等建议。

【执法检查】 9月6日，县人大常委会副主任周晓玲带领检查组对《食品安全法》贯彻实施情况进行执法检查，部分县人大常委会委员、县人大代表及专业人士咨询组成员参加。检查组实地查看潍坊市第三人民医院食堂、宝都市场监管所、平原公社饭店、农贸城食品检测中心，随后召开座谈会，听取县市场监管局的工作情况汇报，进行座谈讨论。针对下步工作，检查组建议，要全力推进智慧监管工作，加强监控、互联网等新技术手段在食品生产、加工、经营等环节的应用，实现对食品安全的实时远程监控。要进一步加大对食品安全违法犯罪行为的打击力度，做到严厉整治、严厉打击、严厉问责。各相关部门要明确分工，加强沟通、协作和信息共享，减少监管交叉，防止监管空白，切实发挥好食品安全委员会各成员单位的作用，真正把食品安全抓好抓实。9月23日，县人大常委会组织部分常委会委员、县人大代表和专业人士咨询组成员，对全县贯彻实施《安全生产法》工作情况进行执法检查。部分县人大常委会委员、县人大代表及专业人士咨询组成员参加检查。

【决议决定】 健全人大讨论、决定重大事项制度，不断增强依法执政观念，把重大决策部署通过人大法定程序转化为全县人民共同意志，以听取审议“一府两院”工作报告、审查批准计划和预算为重点，依法认真作出决议决定9项，任免国家机关工作人员45名。

【人大信访】 重视人大信访工作，探索将涉法涉诉信访案件先交检察机关审核、再依法督办的做法，提高办理质量和效率。共受理处结群众来信来访50余件次，督促正当信访诉求及时有效解决。对事关全局和具有普遍约束力的规范性文件，进行备案审查，保证文件合法、规范和统一。全市人大规范性文件备案审查现场会在我县召开。

【换届选举】 2016年10月至12月底，根据省、市统一部署，充分发扬民主，依法做好人大代表换届选举工作。县人大常委会会同有关部门，广泛动员选民行使民主权利，依法按程序选出综合素质高、群众基础好的县人大代表241名，镇人大代表415名，实现人大代表整体结构的明显优化，为县人大行使管理地方国家事务的权力，加强全县民主政治建设奠定坚实基础。

代表工作

【代表履职】 尊重代表主体地位，充分发挥代表作用。注重增强代表职务意识，提升履职能力，举办全县人大代表学习培训班，就代表法及履职有关问题进行专题培训。严格按照《代表依法履职意见》，规范履职行为。加强代表小组建设，对各级人大代表交叉混合编排 34 个小组，方便代表组织活动。切实加强代表活动室建设，改善小组活动条件，促进代表活动深入开展。依法作出表彰优秀县人大代表相关决议，对依法履职、工作突出的优秀县人大代表进行表彰，激励更好地发挥作用。认真执行《代表辞职暂行办法》，完善不称职代表退出制度，引导代表遵纪守法、积极履职。

扎实开展集中联系活动，组织召开座谈会10余次，联系代表300余人次，广泛听取意见。代表集中反映的40余项具体问题，有的现场协调解决，有的转交县政府及有关部门研究办理。制定工作计划、开展监督工作过程中，积极听取代表建议，努力使人大工作接地气、顺民意。利用短信平台，发送信息2000余条，及时向代表通报常委会工作，征求履职意见。扩大代表对常委会工作参与度，共邀请代表参加调研、视察和执法检查活动600余人次，列席常委会会议、参加工作评议 70 余人次。

【代表建议督办】 不断加强代表建议审查工作，改进建议审查办法，安排专人负责建议审查，县十六届人大五次会议期间，审查整理代表建议意见共 133 件。其中涉及经济建设方面 15 件，占 11.2%；政治建设方面 16 件，占 12%；文化建设方面 13 件，占 9.8%；社会发展和民生方面 61 件，占 45.9%；生态文明建设方面 28 件，占 21.1%。

不断完善建议督办机制，坚持常委会领导成员分工抓督办、相关工作机构分头抓落实的工作格局，积极组织专项督查和现场督查；定期听取审议县政府建议办理工作报告，对未办理完毕的，要求明确具体措施和时限；对因条件限制、难以落实的建议，向有关代表做好解释工作，取得代表理解。

落实满意度电话回访和量化考核制度，将办理效果列入全县科学发展综合考核事项。评选建议办理工作先进单位和个人，在常委会上予以表彰，充分调动承办单位和个人的积极性和主动性。县十六届人大五次会议上，代表提出的 133 件建议，均已办理完毕，办理工作质量和代表满意度较往年有很大提高。关于推动中小企业发展、东部新城开发、城区站北街改造、医疗卫生保障、城乡教育均衡发展、农村环境整治等一大批事关发展大局和民生事业的重点建议，都得到较好落实。

基层人大工作

【组织建设】 昌乐县 4 个镇，设专职人大主席 4 名，人大副主席 4 名；开发区和 4 个街道分别设立人大工作室，专职配备主任 1 名，经济开发区配备副主任 1 名，主任和副主任都接受人大常委会任命。镇街人大都配备专职工作人员。

【依法履职】 严格按照法定程序，召开乡镇人代会，依法行使乡镇人大重大事项决定权、监督权和选举权。各镇均举行 2 次人民代表大会，听取审议镇政府工作报告、财政预算和执行情况报告，听取审议镇人大主席团工作报告，选举本乡镇人大主席和政府领导人员，审议并决定本乡镇经济和社会发展等各方面的重大事项，会期 1 天。

【代表工作】 各镇人大把本镇人大代表合理划分，组建为若干代表小组，指定综合素质高、组织能力好、代表意识强的代表担任组长。各镇人大通过紧密联系选民、深入调研，制定年度活动计划，指导代表小组开展活动，把征集意见建议、代表宣传群众、联系选民、开展视察调查等活动落到实处。加强对有关法律实施情况和政府工作的监督，开展执法检查活动，促进依法行政，依法管理，维护人民群众的合法权益。

【其他重要工作】 5 月 9 日 潍坊市人大常委会执法检查组到昌乐县检查《旅游法》和《山东省旅游条例》贯彻实施情况。县人大常委会副主任周晓玲，副县长丁进全陪同活动。检查组实地查看高崖水库库区南山农场、乔官镇响水崖村、五图街道响水崖子村，听取相关镇街区情况介绍。随后召开座谈会，听取县政府及有关部门的工作汇报。

6 月 2 日 潍坊市人大常委会调研组到昌乐县对潍坊市养犬管理立法项目进行调研。县公安局、城管执法局、卫计局、市场监管局、畜牧局、法制办等部门负责同志及部分县人大代表和社区负责人参加座谈。座谈会上，各部门和人大代表表示，通过立法对养犬行为进行规范和管理非常必要和及时，并分别围绕各自职责，在犬只登记管理、强制免疫、活动区域划分、每户饲养犬只数量、流浪狗管理等方面提出建议意见。市人大调研组表示，与会人员准备充分，提出很多具有启发性的思路和良好的建议，下步市人大将认真梳理相关建议和意见，并结合实际情况予以吸纳。

6 月 3 日 潍坊市人大常委会副主任李世光带领视察组来我县对农产品质量安全工作情况进

行视察，同时对《潍坊市剧毒高毒农药管理条例（草案）》开展立法调研。县人大常委会党组书记、第一副主任王备，副主任田本义，副县长魏林卿陪同活动。

7月12日　潍坊市人大常委会副主任、内司委主任委员王卫东带领调研组到昌乐县对法院行政审判工作情况进行调研。县人大常委会党组书记、第一副主任王备，县领导石汝祥、韩昆亮、郑爱之陪同活动。

7月22日　潍坊市人大常委会立法调研组到昌乐县，对《潍坊市剧毒高毒农药管理条例（草案）》和《潍坊市电梯安全条例（草案）》进行立法调研。县人大常委会党组书记、第一副主任王备陪同活动。

9月21日　潍坊市人大常委会视察组到昌乐县视察会展经济发展情况。县人大常委会副主任田本义、副县长丁进全陪同活动。视察组到中国宝石城进行实地查看，在鸢飞大酒店会议厅召开座谈会，听取县政府有关情况汇报，相关部门参加座谈。

9月28日　潍坊市人大常委会副主任、城建环资委主任委员毛秀凤一行到昌乐县，对《矿产资源法》贯彻实施情况进行执法检查。县人大常委会党组书记、第一副主任王备，县委常委、副县长高登友，县人大常委会副主任周晓玲陪同活动。

10月12日　山东省人大常委会委员、农委副主任委员侯英民一行到昌乐县视察水利改革发展情况。县人大常委会党组书记、第一副主任王备，县委常委、副县长高登友陪同活动。视察组实地查看高崖水库水厂、水库溢洪闸、库区移民避险解困试点项目，听取相关情况介绍。视察组对昌乐县在农村饮水安全集中供水工程、水利设施建设、水库移民避险解困项目等方面所做的工作给予充分肯定。

昌乐县人民政府

changlexian renmin zhengfu

综　述

2016年，在县委的正确领导下，在县人大的监督支持下，全县上下深入学习贯彻党的十八大和十八届三中、四中、五中、六中全会精神，认真落实中央和省、市部署要求，团结拼搏，锐意进取，全县经济社会持续健康发展。实现地区生产总值292.64亿元，同比增长7.8%；完成一般公共预算收入23.59亿元，同口径增长9%；完成固定资产投资350亿元，同比增长13.4%。

【供给侧结构性改革】　产业供给水平不断提高，工业销售产值达1000.7亿元，同比增长6.3%，工业产销率达99.6%。房地产库存压力有效缓解，商品房销售面积达40.4万平方米。金融服务体系不断完善，金融机构本外币各项存贷款余额分别达330亿元、243.7亿元，较年初分别增加60.1亿元、21.5亿元，2家企业挂牌新三板，10家企业登陆齐鲁股权交易中心等区域性股权交易市场。昌乐国际物流中心海关监管场所顺利开通，企业通关成本显著降低。创新创业活力增强，新增市级以上企业科技创新平台10家、科技企业孵化器1处，高新技术产业产值占比达26.1%；新增市场主体7521家；成立潍坊创业大学昌乐学院，新认定省级创业园区1处，新增市级创业孵化示范园区1处、大学生创业孵化基地1处。

【产业转型升级】　三次产业结构调整为13：43.3：43.7。工业发展质量提升。装备制造、黄金珠宝加工交易、新能源汽车等产业规模不断扩大，雷丁新能源汽车二期等一批重点项目竣工投产，233家规模以上工业企业实现主营业务收入1008亿元、利润36.8亿元、利税56.3亿元，同比分别增长5.4%、10.9%、7.4%。全县开工技改项目42个，完成投资27.7亿元。现代农业稳步推进。全县西瓜产值达16亿元，昌乐西瓜被评为全国名特优新农产品、省十大知名农产品区域公用品牌，西瓜科技示范园被评为国家级设施蔬菜标准园、省级科技示范园。新建现代农业示范园区12处，新增农业规模经营主体139家。畜牧业及相关产业实现产值120亿元，肉蛋奶总产量达32万吨，新认定市级以上畜牧示范园区7个。服务业加快发展。实现服务业增加值129.52亿元，同比增长9.1%。社会消费品零售总额达138.5亿元，同比增长12.3%；全县旅游接待人次及旅游综合收入同比分别增长7.9%、13.4%，新创建市级以上乡村旅游品牌10个。

【城乡统筹协调】　城市综合功能进一步提升，完成城建投资20.4亿元，胶王路昌乐段拓宽改建、大沂路昌乐段大中修、旅游路等道路工程建成投用，硬化背街小巷5万多平方米，新增园林绿地面积19.1万平方米，铺设天然气管道1万米，城区集中供热率和管道燃气普及率分别达96%和88.7%，成功创建国家卫生县城。“智慧城市”建设稳步推进，初步建成智慧应急等10个项目。

小城镇建设完成投资25亿元，红河镇、鄌郚镇入选全国重点镇。新增村庄公共绿地60万平方米，硬化村内道路216.4万平方米，改造农村危房155户，完成农村无害化厕所改造5000户。17个农村社区服务中心完成改造提升。

【生态环境】 深化“386”环保行动，关停石料开采加工企业41家、异味类企业45家，大气质量不断改善。城西污水处理厂一期、城北污水处理厂完成提标改造，城市生活污水处理率达99%，河流湿地生态保护工程基本完成。“两河”综合开发顺利推进，完成汶河治理险工险段1300米。扎实推进节能降耗，规模以上企业清洁生产审核率达14.5%。加强养殖污染治理，新建畜禽粪污处理设施示范工程2个、生物技术试点场4处，粪污无害化处理率达65%。大力开展植树造林，新增人工造林7200亩。

【改革开放】 推进农村产权制度改革，50%的村完成权能改革试点。土地综合整治加快实施，新开工实施增减挂钩项目167亩，工矿废弃地复垦利用验收建设用地指标470亩，依法处置闲置土地722亩。“放管服”改革不断深化，实施“五证合一”登记制度，省市县三级政务服务平台互联互通先行试点顺利推进。传媒事业体制机制改革走在全省前列。扎实推进医药卫生体制改革，启动分级诊疗工作，县级公立医院综合改革试点稳步推进。加快社会信用体系建设，明确3219项行政许可和行政处罚事项。大力推进开放发展，进出口保持平稳增长，利用外资2135万美元。

【社会事业】 就业形势保持稳定，新增城镇就业7598人，城镇失业登记率控制在1.85%。居民收入持续增加，城镇、农村居民人均可支配收入分别达30529元、15450元。精准扶贫取得实效，5627人达脱贫标准。社会保险综合覆盖率达97%，60周岁以上居民基础养老金、城镇职工失业金分别提高到每人每月100元、1100元。优化整合教育资源，建成朱刘街道万山小学等5所学校，新建、改扩建普惠性幼儿园27处，县劳动技工学校晋升为高级技工学校。强化住房保障，首批公租房投入使用。医疗卫生服务能力全面提升，县人民医院成功创建三级综合医院，人均基本公共卫生服务经费提高到45元。计生服务持续优化，被评为全国计划生育优质服务先进县。公共文化服务日益完善，县文化馆达国家二级馆标准，建成基层综合性文化服务中心289处。广泛开展全民健身活动，建设农民体育健身工程52处、社区体育健身工程10处。安全生产和社会治安形势持续稳定。

重要会议

【全县安全生产工作会议】 4月6日上午，在县委党校第一报告厅召开，县委常委、副县长张建伟出席会议并讲话。会议要求，要牢固树立红线意识、底线思维，突出重点行业领域，把安全隐患真正整改到位，不断提升安全生产法治化、规范化、信息化水平。

【全县深化“三八六”环保行动实施“十大工程”加快绿色发展大会】 4月7日上午，在县委党校第一报告厅召开，县委常委、副县长张建伟出席会议并讲话。会议要求，要以改善全县环境质量为核心，瞄准更高目标，着力补齐短板，扎实实施好产业提升绿色发展、清洁能源替代改造等“十大工程”，推动生态昌乐建设迈向更高层次。

【创建国家卫生县城工作推进会议】 6月18日上午，在县委党校第一报告厅召开。会议邀请临沂市、潍坊市爱卫办负责同志作辅导报告。县委副书记邱旺主持并讲话，县委常委、副县长张建伟对当前工作进行安排部署。邱旺要求，要全员动员、扑到一线，注意方法、把握重点，改进作风、典型引领，领导带头、率先垂范，确保成功创建国家卫生县城。

【昌乐县政府和社会资本合作（PPP）模式培训会议】 7月23日上午，在县委党校第一报告厅召开。会议邀请省财政厅金融与国际合作处处长李学春、青岛习远咨询有限公司PPP事业部主任周坤作报告。县级领导班子成员，县法院院长、县检察院检察长出席。县委副书记、县长邱旺主持第一阶段培训会议。他要求，要切实抓好PPP工作推进，加强政策学习应用，搞好项目筛选实施，提高公共产品和服务供给效率，降低财政支出压力。

常务会议

【县政府第三十次常务会议】 5月4日上午召开，研究21所农村中小学建设改造项目、整治违规发放津贴补贴和开展财政资金专项检查工作、禁毒工作、镇（街、区）缴纳五保集中供养对象供养费和定期探视慰问供养对象问题、《昌乐县科技计划项目管理办法》（讨论稿）和《昌乐县科学技术奖励办法》（讨论稿）、昌乐县汇金融资担保有限公司组建运营工作、全省省级食品安全城市和食品安全先进县创建工作培训会议精神贯彻落实意见。

【县政府第三十一次常务会议】 5月24日上午召开，研究昌乐县城市周边永久基本农田划定方案、“三区”建设物流园排水主管道木材市场段工程投资问题、给予县公安消防大队宝城中队记集体三等功和张永刚等7人记个人三等功问题。

【县政府第三十二次常务会议】 6月21日上午召开，研究创建国家卫生县城工作、迎接创建国家食品安全城市巡回观摩检查准备工作、调整人民警察警衔津贴标准问题、《昌乐县小型水库管理体制改革实施方案》（讨论稿）和《昌乐县小型水库管理办法》（讨论稿）。

【县政府第三十三次常务会议】 7月5日下午召开，研究《关于深化昌乐传媒事业体制机制改革的实施方案》（讨论稿），小型垃圾压缩中转站建设问题，省、市降低企业成本有关文件精神的贯彻落实意见，全市深化“三八六”环保行动实施“十大工程”加快绿色发展工作调度会议精神贯彻落实意见，教育工作，小型水库管理体制改革工作，新型农村合作金融试点工作。

【县政府第三十四次常务会议】 7月25日下午召开，研究安全生产工作、《昌乐县社会信用体系建设工作方案》（讨论稿）和《昌乐县社会信用体系建设2016年重点工作计划及责任分工》（讨论稿）、《关于化解房地产库存促进房地产业持续健康发展的意见》（讨论稿）、《2016年度科学技术发展计划》（讨论稿）、全县林地保护利用规划修编工作、2014—2015年度科学技术奖评审工作。

【县政府第三十五次常务会议】 8月11日上午召开，研究《关于防范和化解企业金融风险确保经济平稳运行的意见》（讨论稿）、创建国家食品安全城市工作、市政消火栓建设工作、审计机关人财物管理改革试点工作、污水处理费收费标准调整问题。

【县政府第三十六次常务会议】 8月29日下午召开，研究智慧式用电安全隐患监管服务系统推广应用工作、深化投融资体制改革工作、外经贸工作、用于支持扶贫开发的新增债券资金分配工作、《关于进一步加强医疗保险基金使用监督管理的通知》（讨论稿）、《重点产业投资扶持政策》（讨论稿）、创建国家卫生县城省级技术评估专家组反馈问题整改责任分工、乔官水厂供水有关问题。

【县政府第三十七次常务会议】 10月8日上午召开，研究环保、国家食品安全城市创建、安全生产工作。

【县政府第三十八次常务会议】 11月23日召开，研究《昌乐县域乡村建设规划（2016—2030年）》（草案）、《昌乐县第三轮矿产资源规划（2016—2020年）》（草案）、全市“购物返现”平台倒闭引发问题调度会议精神贯彻落实意见、规模企业规范化公司制改制工作、全省环保专项行动检查通报问题昌乐县整改工作、《关于强化金融服务解决企业融资难问题的意见》（讨论稿）、《关于全面治理拖欠农民工工资问题的实施意见》（讨论稿）、《关于深化供销合作社综合改革的实施意见》（讨论稿）、《首阳山国家森林公园残次林提升改造及裸露山体绿化方案》（讨论稿）、对国防公路建设工役制人员发放生活补助问题、县汽车运输总公司破产清算和县交通机动车辆综合性能检测站改制问题、提高城乡低保标准问题。

重大决策

【经济发展】 5月3日，县政府印发《关于下达昌乐县2016年国民经济和社会发展计划的通知》，要求全面贯彻中共十八大和十八届三中、四中、五中全会精神，强化创新、协调、绿色、开放、共享“五大发展理念”，落实供给侧结构性改革要求，坚持“稳中求进、进中求好、好中求快”的工作基调，努力推动经济社会稳定健康发展。

8月11日，县政府办公室印发《昌乐县房地产领域易发问题专项治理工作方案》，坚持“统筹协调、标本兼治、建章立制、惩防并举”，重点治理烂尾楼盘难处置、房屋交付不合规、交易监管不到位和国有土地上房屋征收程序不规范等房地产领域易发问题，进一步规范市场、强化管理、防范风险，切实维护群众合法权益，促进社会和谐稳定。

11月25日，县政府办公室印发《昌乐县防范和处置非法集资工作方案》，遏制非法集资发展势头，及时化解存量风险，逐步减少增量风险，依法、稳妥处置大案要案；进一步完善政策法规，处置工作纳入法治化轨道；提高广大群众法律意识和风险防范能力，逐步形成买者自负、风险自担意识氛围；进一步提升金融服务水平，进一步完善投融资体系，使非法集资生存土壤逐步消除。

【城镇化建设】 3月1日，县政府办公室印发《昌乐县城镇空闲土地核查处置工作方案》，贯彻落实中央节约优先战略，摸清全县城镇空闲土地底数，按照“政府领导、部门联动、法律保障、综合治理”的要求，推进闲置土地处置利用，盘活存量低效用地，不断提高节约集约用地水平。

5月31日，县政府印发《关于公布城市社区布局规划的通知》，以县城街、路、巷、河为界，按照服务半径2千米左右规模和网格化管理的原则，在城区规划13个城市社区，其中宝都街道9个、宝城街道4个。

【改革开放】 12月20日，县政府办公室印发《昌乐县加强“先照后证”改革后事中事后监管工作实施方案》，坚持“职责法定、信用约束、协同监管、社会共治”的基本原则，深化商事制度改革，转变市场监管理念，明确监管职责，创新监管方式，健全监管机制，努力构建以信用监管为核心的新型市场监管体系，推动形成“市场主体自治、行业自律、社会监督、政府监管”的社会共治格局。

7月13日，县政府办公室印发《昌乐县小型水库管理体制改革实施方案》，通过深化改革，全面理顺小型水库管护机制，落实水库专职管理人员，建立稳定投入的管护经费保障机制，逐步构建起体制顺畅、管理科学、运行规范、灵活实用的小型水库管理体制和运行机制，确保小型水库管护到位和工程安全。

【社会事业】 11月15日，县政府办公室印发《昌乐县乡村教师支教计划（2015—2020年）实施方案》，把加强乡村教师队伍建设摆在优先发展的战略地位，计划到2017年，乡村学校优质教师队伍得到多渠道补充，教育教学能力水平稳步提升，各项合理待遇依法得到良好保障，职业吸引力明显增强，逐步形成“下得去、留得住、教得好”的良好局面。计划到2020年，努力造就一支数量适当、结构合理、素质优良、甘于奉献的乡村教师队伍，为培育乡村教育独特优势，打造城乡学校各具特色、均衡发展的昌乐教育，提供坚强有力的师资保障。

12月30日，县政府办公室印发《昌乐县推进基层综合性文化服务中心建设实施方案》。计划到2018年，全县各镇（街、区）和社区（村）普遍建成集文化宣传、党员教育、科学普及、普法教育、体育健身、文化遗产保护等功能于一体，资源充足、设备齐全、服务规范、保障有力、群众满意度较高的基层综合性公共文化设施和场所，建立一套符合实际、运行良好的管理体制和运行机制，打造一支扎根基层、专兼职结合、综合素质高的基层文化队伍，形成常年开展、群众喜闻乐见、有一定影响力的品牌文化活动，使基层综合性文化服务中心成为现代公共文化服务体系建设的重要阵地和提供公共服务的综合平台。

重要活动

【重点项目集中开工】 3月10日，2016年昌乐县重点项目集中开工仪式举行，主会场设在宝都街道北大公学昌乐国际双语学校项目现场，县领导张新强、王备、周保进、肖建华出席；分会场设在经济开发区年产9万件石油机械配件项目、五图街道合本食品加工项目现场。此次集中开工项目有20个，总投资43.9亿元，涉及工业、农业、服务业、基础设施、社会事业等多个方面。

【昌乐国际物流中心海关检验检疫监管场站开通】 9月6日上午，在昌乐国际物流中心海关检验检疫监管场站举行，市委书记杜昌文，市委常委、副市长孙起生出席；县委书记张新强致辞；县委副书记、县长邱旺主持。由山东世纪阳光纸业集团承建的昌乐国际物流中心海关检验检疫监管场站，于8月底顺利通过济南海关和山东出入境检验检疫局验收，是济南关区智能化、信息化程度最高、管理最规范的监管场站，可为昌乐县及周边县市区进出口企业提供订舱、报关、报检、熏蒸、查验、集装箱运输、进口保税、出口退税、跨境电子商务等全程物流服务。

【世界地质公园专家考察组到昌乐调研】 9月8日下午，世界地质公园专家考察组到昌乐县调研，并就火山国家地质公园揭牌开园、国家地质公园申报世界地质公园等工作进行现场指导。县委副书记、县长邱旺，县委常委、副县长高登友分别陪同。考察组一行到山东昌乐火山国家地质公园和火山国家地质公园博物馆等地进行实地查看，听取有关情况汇报，对昌乐县推进火山地质公园建设取得的成绩给予充分肯定。

▲ 2016年9月6日，昌乐国际物流中心海关检验检疫监管场站开通仪式举行

▲ 2016年9月8日下午，世界地质公园专家考察组来我县调研，并就火山国家地质公园揭牌开园、国家地质公园申报世界地质公园等工作进行现场指导。

【联合国工业发展组织官员到昌乐调研】 9月14日上午，联合国工业发展组织环境司司长斯蒂芬·西卡斯一行2人，在市外侨办主要负责同志陪同下，到昌乐县调研环保产业和循环经济发展情况。县委副书记、县长邱旺，副县长李培进陪同活动。斯蒂芬·西卡斯表示，联合国工业发展组织环境司愿意成为昌乐的合作伙伴，与昌乐共同推进生态建设、绿色发展。

【潍坊市生产安全事故应急救援演练观摩会在昌乐举行】 9月29日下午，潍坊市生产安全事故应急救援演练观摩会议在昌乐召开。县委副书记、县长邱旺致辞，市安监局主要负责同志讲话，各县（市、区）安监局、全市100家危化品生产企业负责人参加。会上，潍焦集团模拟苯加氢装置发生苯泄漏事故，与县公安、安监、消防、环保、卫生等部门协调配合，在人员搜救、疏散、抢救，装置抢险、抢修，消防灭火以及周边环境污染监测控制等方面进行现场演练。

【2016中国（昌乐）国际宝石博览会】 10月16—19日成功举办。此届宝石博览会秉承“创新·发展·合作·共赢”的宗旨，积极融入创新、活力、联动、包容的发展理念，有来自美国、韩国、波兰、斯里兰卡等国内外460多家珠宝企业参展，举办国际彩色宝石发展高峰论坛、“吉他小镇·鄌郚乐土”首届音乐节等丰富多彩的分项活动。4天时间接待采购商及参观游客2.21万人，实现交易额2.53亿元，与美国、韩国等17个国家的投资商进行深入对接，签约总投资27.3亿元的黄金珠宝加工产业园等17个重点项目。

【全省公共法律服务体系建设推进会议与会人员到昌乐观摩】 11月9日，全省公共法律服务体系建设推进会议与会人员在市政府党组成员陈汝孝陪同下，到昌乐县现场观摩。县领导张新强、邱旺、徐玉山、石汝祥分别陪同。与会人员先后到宝都街道公共法律服务中心办事大厅、法律服务所、老干部调解室，县公共法律服务中心社区矫正中心、矛盾纠纷指导中心、“12348”热线平台进行现场观摩，听取有关情况汇报，对昌乐县公共法律服务体系建设工作给予高度评价。

【2016年10件民生实事】 1. 改善城乡交通条件。实施省道胶王路改建、大沂路城区段大中修工程53.6千米，永福路贯通、汶河堤顶路建设等城乡道路工程75千米；对县乡道路全部按国省道标准落实安全防护措施；整修、硬化洪阳街西段等城区背街小巷100千米；整修、铺装文化路两侧等城区商业通道9.9万平方米。

2. 大力改善农村学校办学条件。投资4.9亿元，按《山东省普通中小学基本办学条件标准》建设、改造24所农村中小学，其中新建3所、重建10所、迁建5所、扩建6所。

3. 提高供水、供电、供气保障能力。加快南寨水库扩容等水利工程建设，建立分质供水、循环用水、优水优用系统，搞好供水工程运行维护，全面排查整改水源地用水安全隐患，保障正常供水和水质安全；实施农村电网改造升级工程，新建、改造16条10千伏配电线路，新增、更换配电变压器328台，完成23个中低压电网建设项目和335个村电网改造；新建首阳山旅游度假区、郚部—红河等供气管网15公里以上，“气化乡镇”普及率达50%以上。

4. 改善城区卫生和便民设施。在城区主干道及人流密集的商业设施周边建设13座公厕，对98处小型垃圾中转站进行密闭式改造提升，新增垃圾压缩转运车20辆、餐厨垃圾转运车2辆、垃圾桶2000个；增设10处便民粘贴栏。

5. 改善农村居住生活条件。落实财政补助资金，改造农村危房200户，实施无害化卫生厕所改造5000户。

6. 实施文化惠民工程。建成10个镇（街、区）历史文化展厅、50个社区综合性文化服务中心，送戏下乡100场，每村每月放映1场公益电影。

7. 完善全民健身设施，开展全民健身活动。建设2处社区体育健身工程、30处行政村体育健身工程；举办第6届全民健身运动会，举行大型群众性体育活动10次以上。

8. 加强创业培训。设立政策性创业引导基金，实施大学生创业引领计划、农村青年创业富民行动；加强创业孵化载体建设，创办1处市级大学生创业孵化基地；成立潍坊创业大学昌乐分院（昌乐创业大学），开展创业培训1200人次以上，其中培训小微企业经营者200人以上。

9. 实施卫生计生免费服务项目。继续为符合生育政策、计划怀孕的夫妇每孩次免费提供1次孕前优生健康检查；为35～64岁农村妇女免费进行乳腺癌、宫颈癌筛查；为全县65岁及以上老人免费进行1次健康查体；为全县中小学在校生免费进行1次健康体检，为全县小学二年级学生免费进行预防龋齿牙齿窝沟封闭。

10. 开展残疾人及其子女救助补助。对重度残疾人，给予每人每月不低于80元的护理补贴；对纳入低保的残疾人，给予每人每月不低于80元的生活补贴。向残疾学生和贫困残疾人子女发放助学金，其中残疾学生小学、初中阶段每人每年600元，高中、中专阶段每人每年1500元，大学阶段每人每年4000元；贫困残疾人子女小学、初中阶段每人每年300元，高中、中专阶段每人每年750元，大学阶段每人每年2000元。

县政府办公室工作

【概况】 2016年，在县委、县政府的坚强领导下，县政府办公室围绕中心，服务大局，积极进取，创新实干，各项工作实现新突破，较好地发挥联络中枢、协调纽带、参谋助手作用，有力地保障县政府工作高效运转和决策部署高效落实，在全市市长公开电话、打击走私综合治理工作考核中被评为先进单位并位居全市前列。

【调查研究】 围绕领导关注、群众关心的热点难点问题，及时主动进行调查研究，组织撰写调研报告20篇，调研成果大部分纳入县委、县政府决策，有力发挥参谋助手作用。其中《关于推动昌乐县新型钢结构建筑产业发展的思考和建议》《关于高中阶段学校考试招生制度改革有关情况的调研报告》获全市政府系统优秀调研成果奖，《关于对孤山文化旅游资源进行保护性开发的建议》《关于当前西瓜市场价格有关情况的调研》等4篇调研报告获县委、县政府主要领导签批。

【文稿起草】 牢牢把握政府工作的特点和要求，把工作重点放在搞好政务服务上，努力出大主意、当大参谋，全力做好服务中心、服务大局、服务发展工作，辅助决策水平不断提高。组织撰写各类综合材料300余篇，形成会议纪要170多个，印发文件130多个。

政府信息与政务公开

【政务信息上报】 及时采编昌乐县创新性举措和亮点工作信息。重点针对昌乐县产业结构转型升级、“双创”、扶贫开发、生态建设等方面信息，及时采编、上报。全年上报市府办信息1900余篇，被市级以上信息刊物采用350余篇。按时高质完成上级约稿和外埠动态信息搜集。围绕青岛、杭州等先进地市，搜集上报一大批经验和动态信息，为各级领导决策提供有益借鉴。全年完成《昌乐县推动制造业与互联网深度融合进展情况、存在问题及建议》《昌乐县推进农业结构调整进展情况、存在问题及建议》等大篇幅、有深度的调研类信息约稿30余篇。

【政务信息下发】 及时采编带有导向作用的专题信息。全年编发创建国家卫生城市、深化“三八六”环保行动、安全生产、创建国家食品安全城市等专题信息12期。及时采编基层和部门亮点工作和典型做法。主要是针对重点项目建设、现代农业、招商引资、乡村旅游等方面编发一大批有价值的信息，全年编写下发《昌乐政务》62期。下发政务信息报送要点，对每季度政务信息采用情况进行通报，督促镇（街、区）和县直部门（单位）增加信息报送数量，提高信息采编水平。

【政务公开工作】 完善信息公开载体。对县政府信息公开专栏进行规范完善，对重点公开领域等栏目进行细化。按照市政务公开考评指标要求，完善四级公开指标，并协调、督促、指导责任单位及时、主动公开有关信息，全年在县政府门户网站政府信息公开专栏主动公开政府信息2000余条。发挥好政府公报作用，编发《昌乐县人民政府公报》9期。加强内容审核调度。每天登陆专栏平台查看、审核各单位公开信息情况，特别是对重点领域信息公开涉及的单位进行多次调度，确保公开内容全面、规范。做好依申请公开工作。全年接到政府信息公开申请21件，均依法依规按时进行公开。以考核促提升。按照市考核指标要求，对全县政务公开工作进行全面梳理、整改，确保全面达标。坚持公平、公正、公开的原则，对镇（街、区）和县直部门（单位）进行考评，通过考核促进全县政务公开工作水平的提升。

【电子政务】 加大政府网站建设维护资金投入，购置网站服务器，组建政府网站技术服务团队，升级改版中国昌乐门户网站，完善网站板块和栏目设置，优化版面设计。加强网站安全防护系统建设，增加网页防篡改系统和网站监控预警，建立值班、预警和应急机制，及时发现、处置突发事件。做好网站日常监测维护，定时巡检门户网站系统、网络及相关设备信息安全监测平台等工作，确保网站安全运行。加强全县政府网站监管工作，通过定时监测、网站自查和综合监测等步骤，在全县开展政府网站监测和考核评价工作，顺利通过全国政府网站普查。

对外交流

【民间友好交流合作】 民间机构的对外友好交流日趋活跃，昌乐一中和昌乐外国语学校在分别与澳大利亚标准中文学校缔结友好校际关系的基础上，2016年又多次进行互访和交流。4月12日，二七一教育集团与美国安娜堡教育学区缔结友好关系，双方共同开发推动合作项目，包括但不限于学生交流项目、教师交流计划、网络课程项目、业务学习和语言课程项目等。昌乐二中与韩国亚洲大学签订友好交流协议。12月19日，昌乐外国语学校和韩国仁川市沙里亏中学缔结友好学校关系，搭建教育资源共享平台。

【企业间国际交流】 积极鼓励引导县域范围内企业“走出去”，加强国际交流与合作。其中，2016年，山东矿机集团与孟加拉国SAS集团在孟加拉国合资建设建材机械制造厂，形成以进口配件组装为支撑，本地组装、销售、服务的一体化产业。2016年，昌乐县先后与2家世界500强及全球行业领军企业50强企业达成合作；审查转报邀请外国人来华工作、参加国际宝石博览会、商务洽谈、产品采购、检验产品和设备、技术指导手续189人次。为企业走出去服务，为5人办理APEC商务旅行卡。

【扩大教育领域交流合作】 1. 建设华文教育基地，推动海外师生到华交流。昌乐外国语学校被省侨办确定为“山东省华文教育基地”。9月24日，国务院侨办主办、山东省侨办组织的“海外红烛故乡行—2016齐鲁文化之旅考察团”到学校进行交流活动。10月19日由国务院侨办组织，山东省侨办承办的华文教育示范校和华教机构负责人华夏行活动进驻昌乐华文教育基地，来自美国、加拿大、澳大利亚等27个国家226位来宾参加活动。2016年，华文教育基地还接待来自美国、加拿大、韩国、中国香港等国家和中国地区的200多位外宾学习交流活动，进一步提升昌乐县教育国际化水平。2. 开展合作办学，不断提高教育国际化水平。经山东省教育厅批准，昌乐二中与加拿大联合办学，开办中加高中双文凭班。学生同时在山东省教育厅和加拿大阿尔伯塔省教育厅注册学籍，兼修山东省教学大纲要求的高中课程和加拿大学分课程，可同时取得山东省高中文凭和加拿大高中文凭。潍坊美加实验学校顺利建成投入使用，2016年秋季开始面向社会招生。3. 用好学校平台，加强学校对外合作。2016年，山东二七一教育集团和美国安娜堡教育学区缔结友好合作关系，昌乐二中和韩国亚洲大学签订友好交流合作协议。昌乐一中和昌乐外国语学校分别与澳大利亚标准中文学校举行签约仪式，缔结友好学校关系，双方选派优秀教师到双方学校任教。2016年，昌乐一中、昌乐二中、昌乐外国语学校和昌乐双语学校的教师和学生分别到美国、加拿大、澳大利亚、中国台湾等国家和中国地区进行友好交流和游学等活动。

【外事侨务基础工作】 加大《中华人民共和国侨侨眷权益保护法》宣传力度，积极维护归侨侨眷权益。妥善处理昌乐景茂小学撤并问题。对昌乐景茂小学在高崖水库库区学校撤并的情况进行调研，指导高崖水库库区管委会进行整改，将昌乐景茂小学合并到高崖库区中心小学。整改情况报市侨联，并征得李秀珍女士及家属的同意。设立中英文标识，提高昌乐国际化水平。2016年自开展双语标识建设以来，昌乐县城区主干道的交通标识得到不断改善。截至8月底，主干道双语标识建设全部完成。1. 国道309线新设、更换街（路）牌4块。2. 省道224线大沂路新设、更换街（路）牌5块。3. 青银高速昌乐出口处新设中国宝石城景区指示牌1块。4. 在城区主干道新设公共卫生间名称牌33块，指路标识牌330块。县城重点公共服务和旅游场所新设（或更换）名称牌数316块，其他各类牌数682块。其中包括AAA（包括AAA级）级以上景区、国际化学校、国际化医院、星级饭店、车站、大中型超市等。

政府法制工作

【概况】 2016年，全面贯彻落实中共十八大精神和中共中央、国务院《法治政府建设实施纲要（2015—2020年）》和《山东省法制政府建设实施纲要（2016—2020年）》文件精神，制定《昌乐县重大行政决策程序规定》，严格落实公众参与、专家论证、风险评估、合法性审查、集体讨论决定等法定程序。严格按照法治政府建设的工作部署，坚持把法治政府建设作为贯穿政府工作的主线，不断完善工作机制，规范行政行为，增强政府公信力和执行力，有效促进全县经济社会持续快速健康发展。

【规范性文件管理】 2016年5月下发《昌乐县人民政府办公室关于做好规范性文件“三统一”工作的通知》，按照上级要求对全县规范性文件管理进一步规范化。县政府法制办严格按照《山东省行政程序规定》的有关规定，对规范性文件进行统一登记，统一编制登记号，并按照规定时限通过政府公报、政府网站统一公布。2016年制定出台县政府规范性文件4件，部门规范性文件1件，全部符合国家、省、市有关法律政策和规范性文件“三统一”要求。对2012年以前的政府规范性文件进行再次清理，同时对2012年以后有效期届满的文件一并进行清理，保留并重新公布38件，拟修订3件，废止78件，宣布失效的暂行（试行）类文件43件。

【规范行政执法】 加强行政执法队伍建设。严格执行执法人员持证上岗和资格管理制度，全面提高执法人员素质。建立完善行政执法主体和行政执法队伍清理、公布制度，未经确认和公布的，不得实施行政执法活动。对各行政执法单位的执法主体资格进行认真审查、清理，以县政府文件形式公布县级行政执法主体，确认63个县级行政执法单位具有行政执法主体资格，其中法定行政机关27个、法律法规授权的单位29个、依法受行政机关委托的单位7个。加强行政执法人员资格管理，2016年清理注销行政执法证件91个，办理执法证年审106个，新办执法证382个，办理行政执法听证主持人证和行政复议应诉资格证284个。

【行政执法监督】 依法接受司法监督。认真办理行政应诉案件。下发《昌乐县人民政府办公室关于做好行政机关行政诉讼行政应诉工作的通知》，明确行政机关负责人出庭应诉的范围，切实提高行政机关负责人出庭应诉的质量，充分发挥行政审判对依法行政工作的助推作用，严格落实行政诉讼案件备案制度。2016年县政府应诉案件12件，负责人出庭3件，占比25%；乡镇政府和部门31件，负责人出庭9件，占比29%。同时，加强政府内部监督，切实提高办理行政复议案件水平。畅通行政复议渠道，简化申请手续，方便当事人提出申请。严格依照法律法规规定的范围、程序受理行政复议申请。2016年办理行政复议案件30件，审结26件，其中维持原具体行政行为的11件，责令履行3件，确认违法2件，驳回行政复议申请4件，撤销1件，撤回5件，综合纠错率42%。

史志工作

【供稿工作】 2016年完成省市年鉴、志书供稿等任务。按照省市年鉴、志书编纂方案要求和任务分工，及时完成《中国军事地理志》《山东年鉴》《山东史志志》《山东地方史志年鉴》和《潍坊年鉴》的供稿任务。

【基础志书业务指导】 加强对乡村镇志的编纂指导。充分发挥职能作用，安排专人对《营丘镇志》《白塔志》《红河村志》《梁家官庄村志》的编纂进行指导，帮助优化志书框架，对资料征集和稿件修改提出具体指导意见，《营丘镇志》将于2017年出版发行。

【方志馆工作】 通过与全国十几个县市区交换志书等方式，进一步充实方志馆馆藏，为社会各界读志用志提供更为便捷的服务。

【地情网站（昌乐县情网）更新维护】 按照省、潍坊市史志办的要求，对昌乐县情网进行更新维护，热点新闻及时上传更新。同时，建立健全管理制度，并安排专人负责昌乐县情网站的日常管理与维护。

县长公开电话

【群众诉求事项受理】 以群众满意为目标，不断完善工作机制，全面提高工作标准，努力提升服务质量。2016年，受理群众各类诉求事项13357件次，按时办结率100%，群众满意率89.03%。县长公开电话受理中心被表彰为潍坊市政务服务热线工作先进单位。

【受理事项分析研判】 建立健全群众来电诉求电子台账，及时对受理的群众诉求事项进行分类汇总，从中找出规律性、苗头性、倾向性等敏感问题，通过情况专报、月分析、季通报等方式呈报县领导，更好地为领导科学决策提供准确参考。2016 年，上报情况专报 112 期，月分析 12 期，季通报 4 期。

【重点事项协调督办】 采用网上转办、电话催办、微信通报、定期督查、协调督办等方式，对受理的事项，办理的过程和办理的结果及时进行督办、督查，发现问题，及时督促整改。特别是对受理的重大问题或涉及多个单位的问题，及时组织相关单位召开联席会，根据工作职能分工确定牵头单位和配合单位，并跟踪督办、协调处理，确保群众满意。2016 年对城乡居民基本医疗保险收费、潍（坊）—日（照）高速征地拆迁补偿款问题等24件群众投诉事项进行重点督查。

应急管理

【组织领导体系建设】 县委、县政府高度重视应急管理工作，制定下发《2016 年全县应急管理和值班工作要点》，根据工作需要和人员变动对县突发事件应急管理委员会进行调整，先后召开突发事件风险分析会商会议、应急联动部门协调会议和应急办主任座谈会。健全完善县应急委成员单位应急联动机制、应急响应流程、信息直报制度、应急资源统一调配协调机制和财政保障制度。参照潍坊市做法，将应急管理工作列入 2016 年度全县科学发展综合考核减分项目，以此为抓手推动应急管理各项工作再上新台阶。全县形成“党政主导、属地管理、部门联动、社会参与”的应急管理工作格局。

【应急管理体系建设】 完善应急队伍体系。加大县应急救援大队人员、装备配备和基础设施建设力度。2016 年以来，县政府出资近 3000 万元，优化消防装备和公共消防设施建设，新购置 5 部消防车及 1184 件配套消防器材，新建 258 具市政消防栓，投资 1000 万元的朱刘消防站全部完工，近期投入使用，新招 25 名政府专职消防队员。聘用 30 名森林防火协管员，组建成立县级森林消防专业队，配齐配全森林扑火器具，所需资金全部纳入县级财政预算。县财政配套资金 145.79 万元。购置森林泡沫消防车 1 辆、防火指挥车、运兵车各 1 辆，新购置 100 台灭火水枪等灭火设备，安装 2 处林火远程视频监控体系完成安装。在充分发挥现有应急专家作用的同时，县财政出资 100 万元聘请 3 家专业公司的专家作为县应急专家组的补充，平时“把脉预防”，遇突“急诊急救”，专家作用得到充分发挥。

深入推进应急预案体系建设。扎实推进各级各类应急预案体系建设和备案工作，完成昌乐县总体应急预案的修订工作，先后制定、修订《昌乐县突发环境事件应急预案》《昌乐县重污染天气应急预案》等县级专项应急预案 5 个，审核部门应急预案 20 个。县应急预案体系有县级总体预案 1 个、应急体系建设规划 2 个、预案管理办法 1 个、专项预案 43 个、部门应急预案 70 个、重大活动预案 2 个、镇级总体预案 10 个、各级各类基层预案 1600 余个，应急预案体系实现全覆盖。

强化应急演练。制定《关于进一步加强应急演练工作的通知》和年度应急演练规划。1 月 23 日，组织开展地震消防应急疏散演练；6 月“安全生产月”期间，组织所有生产经营单位开展 1 次综合性应急演练；6 月 30 日，举行全县处置电网大面积停电事件政企联合应急演练；9 月 29 日，根据市地震系统统一要求，开展地震应急演练；9 月 29 日，全市的危险化学品事故应急救援演练在昌乐县潍坊振兴日升化工有限公司举办。2016 年先后组织开展地震疏散、灭火救援、防空防灾警报鸣放、反恐处突等各类应急演练活动 1000 余次。

【应急避难场所建设和物资储备】 深入推进应急避难场所建设，按照就近就地应急疏散避难的原则，在城区建成应急避难场所 21 处，面积达

102 万平方米，配备相应设施，为应急避险提供开阔空间。按照国家一类地震应急避难场所要求，对市民文化体育公园进行设备完善，充实指示牌、应急电源、应急厕所、应急通道等建设项目，通过潍坊市地震局验收。加强应急物资储备力度，完善《昌乐县应急物资储备规划》，采取定点储存、委托企业代储等多种形式，加大储备力度。设立昌乐县自然灾害物资储备库、应急物资配送和储运中心，明确食用油脂应急加工企业。

【应急管理示范点建设】 结合实际，因地制宜，继续深化应急管理示范点建设，充分发挥已有示范点的示范引领作用。积极做好新示范点的申报认定工作，宝都街道艳阳天社区和红河镇宅科社区被省减灾委、省民政厅确定为第五批“全省综合减灾示范社区”，宝都街道月亮湾社区被国家减灾委员会、民政部授予 2015 年度“全国综合减灾示范社区”荣誉称号。红河镇被中国气象局认定为“全国标准化气象灾害防御乡镇”。昌乐县地震台网中心被省地震局认定为“省级防震减灾科普宣教基地”。

应急平台建设工作。结合智慧城市建设，投资 3000 万元建设昌乐县应急管理指挥中心，建成昌乐县社会治安综合信息系统，实施视频监控专网工程，将县、镇、村 2.3 万个监控探头全部纳入应急指挥平台，基本形成城区全覆盖、全县全封闭的治安防控视频监控网络。根据市政府办公室《关于进一步完善信息联络员制度暨升级应急管理通信终端的通知》要求，进一步调整充实应急信息联络员队伍，新配发移动 4G 应急单兵通信终端 131 部，实现领导指挥、信息报送、现场图像视频传输一体化，为处置突发事件提供可靠、高效的信息平台。

预报预警监测发布体系。设立县应急资源中心，依托警务云模块实战平台，整合 46 个党政机关、企事业单位、社会团体动态信息 1.1 亿条，利用“大数据”做好预警监测工作，抢占先机、把握主动。建立昌乐气象预警信息一键式发布平台，实现对全县范围内的电子显示屏、预警大喇叭、手机短信、电子邮箱等发布渠道的一键式快捷发布，全年发布预警信息 100 余条。

【开展应急科普宣教活动】 年初制定下发《2016 年全县应急管理宣教意见》《关于做好 2016 年防灾减灾日有关工作的通知》，昌乐电视台新闻综合频道、农村社区频道以流动字幕的形式，宣传《中华人民共和国突发事件应对法》等应急管理法律法规；《昌乐新闻》就“防灾减灾日”展开报道。5 月 12 日，开展以“减少灾害风险、建设安全城市”为主题的集中宣传活动，组织民政、地震、水利、气象、人防等部门，在城区主要路段和社区摆放宣传展台、设立咨询台，发放宣传材料 10 余万份。组织“防灾减灾”知识宣传进农村进社区活动，开展农村民居防震抗震知识宣传。

5 月 13 日县地震局、教育局、昌乐县部分中小学校领导、昌乐县综合实践创新实验学校全体师生在昌乐县综合实践创新实验学校，举行潍坊市 2016 年“平安中国”防灾宣导活动（昌乐站）启动仪式，并开展“地震科普漂流”、“地震科普百题问答”活动。县公安局开展“平安行”巡回宣讲活动，开展专场宣传 24 场，接受培训群众万余人。组建 15 个宣传小分队，采取点对点，上门培训的方式，培训社会单位 880 家次，培训九小场所 6240 家次，受训员工 10 万余人，实地指导开展灭火演练和人员疏散演练 1530 家次。

人事工作

【概况】 2016 年，昌乐县积极做好公务员招考、录用、登记、培训、考核、表彰奖励、处分备案、任免、调配、退出、年报以及中央、省市公务员遴选、交通补贴发放审核、公务员系统维护等工作。严格按照《事业单位人事管理条例》《事业单位公开招聘人员暂行规定》《山东省事业单位公开招聘工作规程》等政策规定，扎实做好股级干部队伍管理、工作人员年度考核、事业单位公开招聘、聘用合同管理、工作人员调配等方面的人事管理工作。

【干部来源】 公务员招考：公务员计划招考61人，其中县直部门16人、乡镇（街道）42人、参公3人，网上报名审核通过2300人，招考计划因报名人数未达招考比例取消1人。经笔试、面试、体检、考察等程序，最终录用60人，其中县直部门15人、镇（街）42人、参照管理3人。事业单位公开招聘：2016年4月，组织公开招聘全县事业单位工作人员，有3607名考生通过网上报名资格审核，经报名、笔试、面试、体检、考察、公示六关，确定招聘228名事业单位工作人员；2016年12月，面向大学生村官考核招聘事业单位工作人员，经笔试、面试、体检、考察、公示，招聘23名事业单位工作人员。

【任免调配】 公务员调配：2016年办理调动手续32件，其中调出县外6件、县内调动26件。事业编制人员调配：2016年，因职能整合、人员调整、工作需要等情况，为74名事业编制工作人员办理调动手续，其中调出县外25人、调入县内5人、县内调动44人。

政务服务

【概况】 2016年，昌乐县有48个部门（单位）进驻政务服务中心，共设置服务窗口106个，窗口工作人员218名，共553项行政许可事项和公共服务事项进驻中心集中办理。通过系统构建“三个体系”，打造“一个平台”（政务服务平台），推进昌乐县政务服务体系规范化建设。2016年度潍坊市政务服务工作考核中，昌乐县综合得分位列潍坊市15个县市区第1名。

链接资料

“三个体系”：投资创业服务体系、便民利民服务体系、监督评价考核体系

【政务服务平台互联互通试点】 2016年，昌乐县作为潍坊市省、市、县三级政务服务平台互联互通先行试点单位，组织部门窗口做好事项录入、流程梳理、软件培训等工作，于2016年10月24日试运行，实现全省政务服务“一网通”，完成试点任务。

【重点投资项目审批代办】 昌乐县根据《潍坊市人民政府办公室关于印发潍坊市推行重点投资项目审批代办制实施意见的通知》（潍政办字〔2015〕80号）要求，建立起“中心领办、部门专办、镇级代办、企业配办”的立体化服务网络，共有中心领办员10名、部门专办员50名、镇级代办员22名。重点发挥镇级代办作用，为企业节省审批人力成本和时间成本，切实服务企业发展。

【规范化建设】 昌乐县政务服务中心系统构建“三个体系”，该做法被潍坊市人民政府办公室作为典型经验在《情况交流》第008期刊发，在全市推广，被中共潍坊市委市直机关工作委员会评为2016年度县（市、区）直机关“优质服务项目”。

建立机制创新、规范高效的投资创业服务体系。畅通投资建设项目审批绿色通道。依托政务服务中心一站式办理“快车道”，畅通投资项目审批绿色通道，设立预登记窗口，将昌乐县82个重点投资项目全部纳入绿色通道，限时办结，实现“一口受理、内部运行、限期办结、实时监测”运行机制。2016年，投资建设项目预登记470件，按期办结率100%。创新项目审批制度。推行“模块化”审批、并联审批、告知承诺等制度，以联办机制、会审机制、代办机制为核心，通过梳理审批链条，精简审批环节，压缩审批时限，实现全流程高效审批。

建立领域宽泛、功能完善的便民利民服务体系。打造标准化服务平台。在严格落实“两集

中、两到位”基础上，组织窗口梳理规范进厅事项审批条件、申报材料、办理程序、承诺事项等，使服务各环节、各领域都有标准可依、按标准实施，逐步构建“一个窗口对外、一个领导分管、一个公章审批、全程网上公开”的标准化服务平台。推行网上审批。依托政务服务网站，推进实体政务大厅与网上服务平台融合，进一步加大“互联网＋政务服务”覆盖面，加快网上政务服务向镇（街、区）及社区延伸，实现“让数据多跑路，让群众少跑腿”。2016 年，实现办件网上申报 5805 件。优化服务模式。为方便群众办事，昌乐县政务服务中心统一在每个窗口摆放服务承诺工作台牌、一次性告知单、示范文本、服务指南等；工作人员实行 AB 岗工作制度，统一按照“三声两立一伸手”服务标准为群众提供服务，建立预约服务制度和上门服务特殊人员制度，设立咨询引导岗、政府信息公开查阅中心，为办事群众提供规范高效服务。

建立科学合理、以人为本的监督评价考核体系。严把进人标准。对进驻政务服务中心窗口工作人员，严格选派条件。选派服务意识强、服务态度好、能胜任窗口工作的优秀人才进驻政务服务中心。在政务服务中心工作期间，窗口工作人员的组织管理和工作管理全部纳入政务服务中心，单独管理、单独考核。加强党的建设。通过开展“两学一做”学习教育和“争创党员服务示范岗”“政务服务质量再提升”等优质服务活动，强化队伍纪律作风建设，增强广大党员干部纪律观念和规矩意识，提高服务意识，规范行政行为，增强团队凝聚力。同时把党建与中心工作紧密结合，结合日常业务，找准切入点，有重点、有计划地部署党建工作，形成抓好党建促工作、围绕工作抓党建的工作格局，达到双赢效果。强化业务监督。严格执行岗位责任制、首问负责制、一次性告知制、否定报备制、限时办结制等审批服务制度，加强电话回访、短信评议工作，以制度落实促服务质量提升。畅通投诉举报渠道，健全完善投诉处理运行机制，推进阳光政务建设。四是创新考核管理机制。细化完善《昌乐县政务服务中心进驻部门窗口及工作人员管理考核奖惩办法》，严格落实考勤、请销假等制度，建立以考核管理办法为主要内容，以考核、评议为手段，以考核服务质量和工作效率为重点的客观评价体系，加大考核通报力度，以制度约束规范服务行为，提升政务服务形象。

【镇（街、区）及社区便民服务工作规范化建设】 昌乐县选取红河镇便民服务中心和宅科社区便民服务厅为试点，探索镇街及社区便民服务工作规范化建设，配备专职工作人员，建立健全岗位责任、服务承诺、首问负责、限时办结等规章制度，加强业务指导，完善运行机制，推动镇街便民服务中心和社区便民服务厅实体化运行。2016 年，昌乐县 11 个镇（街、区）全部建立便民服务中心，53 个社区全部建立便民服务厅，对相关工作人员进行培训，宅科社区率先实现政务外网联通，在便民服务厅就能办理老年证等事项，顺利完成试点工作任务。

【编印《建设工程项目审批流程指南》《便民服务手册》】 昌乐县政务服务中心管理办公室组织昌乐县住建局、昌乐县规划局、昌乐县国土局等部门，对投资建设项目审批涉及的 35 项行政许可事项和 94 项便民服务事项进行梳理公示，编印《建设工程项目审批流程指南》《便民服务手册》，方便企业和群众办事。《建设工程项目审批流程指南》通过五色图的形式将项目立项、供地规划、工程规划、施工许可、竣工验收五个模块，系统化、流程化展现给办事企业，并列明 35 项行政许可事项办理所需材料、收费标准、办理时限、办理人员等要素；《便民服务手册》内容涵盖户籍办理、婚姻登记、社会保险、不动产登记、住房公积金、强农惠农等 15 类 94 项便民服务事项。

公共资源交易

【概况】 2016年12月20日，昌乐县机构编制委员会下发《关于调整县公共资源交易管理体制有关问题的通知》，明确昌乐县公共资源交易管理职责，调整机构设置。昌乐县发改局负责全县公共资源交易工作的综合管理、协调，负责法律法规尚未明确监管部门的公共资源交易事项管理，负责公共资源交易方面相关数据信息的收集、上报等；昌乐县公共资源交易管理办公室负责制定并实施县级公共资源交易管理制度、交易目录、服务流程和标准；昌乐县发改局和公共资源交易管理办公室要按照职责分工严格履行相关职责，建立信息数据共享机制，推进公共资源交易法治化、规范化、透明化。昌乐县公共资源交易中心更名为潍坊市公共资源交易中心昌乐分中心（昌乐分中心），使用潍坊市统一的交易信息系统，接受潍坊市公共资源交易中心业务指导，将工程建设、政府采购、土地使用权及矿业权出让转让、产权交易、药械采购等八大类交易事项全部纳入昌乐分中心办理。

【公共资源交易工作】 2016年12月，昌乐分中心与潍坊市公共资源交易平台完成对接，昌乐县公共资源交易平台正式运行，公共资源交易实现招标、投标、开标、评标等环节全流程网络化办理。2016年，完成政府采购项目159个，概算金额88022.91万元，中标金额81184.72万元，节约资金6838.19万元，节约率7.8%；完成土地使用权出让项目63个，成交金额42329.71万元；完成国有产权交易项目3个，成交金额224.45万元；完成农村产权交易项目1个，成交金额93.81万元。

【完善公共资源交易平台】 昌乐分中心完善交易平台硬件设施，开标评标区设有开标室、评标室各3套，均配有电脑、音响、投影仪等多媒体设备，可同时开展3个项目的开、评标工作。规范开、评标场所使用，对开、评标区实施封闭式管理，安装摄像头、拾音器、屏蔽仪等电子设备，声音图像同步监控、录制。提高交易平台信息共享水平，昌乐分中心将交易信息及时在相关媒体公布，形成统一开放、阳光透明交易市场。

【规范公共资源交易秩序】 昌乐分中心提高电子化监管水平，开、评标时同步开启手机信号干扰、指纹门禁等设备，收缴进入封闭评标区人员通讯工具，确保评标过程公平、公正。健全规范业务流程，制定《昌乐县公共资源交易流程图》，明确交易环节和办理时限。规范评标秩序，制定《开标（谈判）流程》《开标、评标纪律》等文件，要求评标活动在严格保密情况下进行，任何单位和个人不得非法干预或影响评标过程及结果，公开《昌乐县政府采购质疑、投诉和举报程序》，规范交易秩序。

中国人民政治协商会议昌乐县委员会

zhongguo renmin zhengzhi xieshang huiyi changlexian weiyuanhui

综　述

2016年，县政协在上级政协的关心指导下，在中共昌乐县委的坚强领导下，牢牢把握团结和民主两大主题，积极履行政协职能，圆满完成各项工作任务，为昌乐经济社会发展做出积极贡献。

讲政治，始终坚持正确方向。深入学习贯彻中共十八大，十八届三中、四中、五中、六中全会和习近平总书记系列重要讲话精神，坚决维护党中央权威与习近平总书记的核心地位，不断增进对中国特色社会主义的政治认同和思想认同，始终保持政协工作的正确方向。

谋大局，积极助推改革发展。紧紧围绕县委、县政府工作部署，从解决热点、难点和突出问题入手，自觉服务中心工作，深入开展议政建言活动，努力为全县经济社会持续发展献计出力。主动参与全县中心工作，努力做到与县委中心工作同频共振、目标一致，在改革发展中担当奉献。

惠民生，着力促进社会和谐。始终把关注和改善民生作为履职工作的出发点和落脚点，力求使政协工作符合群众心愿、切合群众期盼。加强提案督办，推行县政协领导班子成员牵头督办重点提案制度。精选议题，深入调查研究，大力推进专题协商，注重在“说得对、议得准”上下功夫。充分发挥政协广泛联系群众的优势，为群众办实事、解难题，当好党委政府和群众之间的润滑剂。

促团结，广泛凝聚智慧力量。始终坚持把团结民主贯穿于政协履职全过程，发挥优势、凝聚人心，推动各项工作与全县中心工作步调一致。始终坚持把团结联谊作为拓展政协工作的着力点，在推进团结联谊中增进感情。

抓创新，全面提升委员素质。按照“懂政协、会协商、善议政”要求，强化委员队伍建设，完善委员管理服务机制，创新委员履职活动载体。加强政协组织与政协委员的联络沟通，及时收集委员对政协工作的意见和建议，为委员搭建更加便捷有效的桥梁和服务平台。

夯基础，努力加强自身建设。加强常委会建设，把履行职能与对接全县工作重点结合起来，更好地协调关系、汇聚力量、建言献策、服务大局。加强机关作风建设，深入开展“两学一做”学习教育，积极开展专题研讨和交流，把学习教育中凝聚起来的正能量，转化为推动政协各项工作的强大动力。着力提高政协机关综合协调能力，不断强化大局意识和服务观念，机关工作的总体水平和服务质量不断提高。

重要会议

【中国人民政治协商会议第九届昌乐县委员会第五次会议】 3月15日至17日，中国人民政治协商会议第九届昌乐县委员会第五次会议在潍坊市委党校召开。会议听取并讨论中共昌乐县委书记张新强的讲话；听取并审议批准周保进主席代表政协第九届昌乐县委员会常务委员会所作的工作报告和刘树铭副主席所作的提案工作报告；列席昌乐县第十六届人民代表大会第五次会议，听取并讨论政府工作报告及其他有关报告，协商讨论《昌乐县国民经济和社会发展第十三个五年规划纲要》（草案）；审议并批准政协昌乐县委员会2016年度协商工作计划；审议并批准政协第九届昌乐县委员会提案委员会关于县政协九届五次会议提案审查情况的报告；经过民主协商，补选政协第九届昌乐县委员会常务委员；表彰优秀政协委员。会议审议通过中国人民政治协商会议第九届昌乐县委员会第五次会议决议。

【县政协九届十九次常委会议】 3月13日，在县委党校第二报告厅召开。县政协主席周保进、副主席张宝峰分别主持会议。会议审议通过有关人事事项；审议通过拟增补九届县政协委员名单（草案）；审议通过《县政协2016年度工作要点（草案）》；审议通过《关于表彰昌乐县优秀政协委员的决定（草案）》；审议通过县政协九届五次会议有关事项。

【县政协九届二十次常委会议】 3月15日，在潍坊市委党校多功能厅召开。县政协主席周保进主持会议。会议听取县政协九届五次会议筹备工作报告；审议通过县政协九届五次会议执行常委名单（草案）；审议通过县政协九届五次会议秘书长、副秘书长名单（草案）；审议通过县政协九届五次会议日程（草案）。

【县政协九届二十一次常委会议】 7月28日，在县委党校第二报告厅召开。县政协主席周保进、副主席张宝峰分别主持会议。会议听取并讨论全县上半年经济社会发展情况通报；听取并民主评议县规划局和市场监督管理局工作情况汇报；审议通过《关于昌乐县农民合作社发展情况的调研报告》。

【县政协九届二十二次常委会议】 11月2日，在县委党校第二报告厅召开。县政协主席周保进、副主席张宝峰分别主持会议。会议传达学习中共十八届六中全会精神；听取并讨论县政协九届五次会议提案办理情况通报；听取并民主评议县卫计局和城管执法局工作。

【县政协九届二十三次主席会议】 1月8日，在县政协七楼会议室召开。县政协主席周保进主持会议。会议传达市委政协工作会议精神；研究九届县政协优秀委员推荐名单（草案）。

【县政协九届二十四次主席会议】 1月20日，在县政协七楼会议室召开。县政协主席周保进主持会议。会议审议县政协九届五次会议日程（草案）；讨论九届县政协常委会工作报告（讨论稿）；讨论九届县政协提案工作报告（讨论稿）。

【县政协九届二十五次主席会议】 3月12日，在县政协七楼会议室召开。县政协主席周保进主持会议。会议研究县政协九届五次会议有关事宜，审议关于召开县政协九届五次会议的决定（草案）、会议日程（草案）、九届县政协常委会工作报告和提案工作报告报告人名单（草案），审议九届县政协常委会工作报告（征求意见稿），审议九届县政协提案工作报告（征求意见稿），审议县政协九届五次会议列席人员范围（草案）、讨论组召集人名单（草案）等；研究县政协九届十九次常委会议有关事宜；研究有关人事事项和委员变动情况；讨论审议县政协2016年度协商工作计划（征求意见稿）；讨论审议县政协2016年度工作要点（征求意见稿）。

【县政协九届二十六次主席会议】 7月25日，在县政协七楼会议室召开。县政协主席周保进主持会议。会议传达学习市政协十二届二十四次常委会议精神；研究县政协九届二十一次常委会议有关事宜；研究重点提案督办分工；讨论《关于昌乐县农民专业合作社发展情况的调研报告》。

【县政协九届二十七次主席会议】 10月31日，在县政协七楼会议室召开。县政协主席周保进主持会议。会议传达学习中共十八届六中全会精神；传达学习市政协十二届二十五次常委会议精神；研究县政协九届二十二次常委会议有关事宜。

【县政协九届二十八次主席会议】 12月30日，在县政协七楼会议室召开。县政协主席周保进主持会议。会议研究县政协九届二十三次常委会议有关事宜；研究县政协十届一次会议有关事宜，研究县政协十届一次会议日程细则，讨论九届县政协常委会工作报告（讨论稿），讨论九届县政协常委会提案工作报告（讨论稿），研究列席人员范围等；听取九届县政协各专委会工作总结。

重要工作

【协商监督】 3月11日，在城关商务社区1号楼1080会议室召开“节水型社会建设”专题协商座谈会。县政协周保进主席出席并讲话，副县长魏林卿、县政协副主席滕建勋参加，县政协副主席王泳亮主持会议。会前，县政协副主席王泳亮、滕建勋分别带队，组织县经信、规划、住建、水利、农业、环保等部门和部分政协委员，围绕昌乐县节水型社会建设情况进行专题调研。

3月17日，县政协九届五次会议第二次全体会议审议通过《政协昌乐县委员会2016年度协商工作计划》（草案）。该协商工作计划依据省、市委《关于加强人民政协协商民主建设的实施意见》精神和县委、县政府中心工作制定，安排2个专题议政性常委会议协商，2个专题研讨会协商，4个对口协商，6个界别协商，4个提案办理协商。

10月26日，在城关商务社区1号楼1080会议室召开“创建省食品安全先进县”专题协商座谈会。县政协主席周保进，副县长丁进全，县政协副主席张宝峰、滕恩禄、王泳亮、刘树铭出席会议，县政协副主席滕建勋主持会议，部分政协委员和县食安委组成单位的负责人参加会议。

【调研视察】 3月23日，潍坊市政协副主席王继怀一行13人到昌乐县调研节水型社会建设情况。县政协主席周保进，县政府副县长李培进，县政协副主席王泳亮陪同活动。调研组先到潍焦集团、世纪阳光等公司进行节水工作实地查看，而后在鸢飞大酒店召开座谈会，听取县政府有关工作汇报。

3月24日，县政协经济界委员赴青州卷烟厂考察学习企业文化和先进管理经验。县政协主席周保进，县政协副主席滕建勋参加活动。

4月6日，潍坊市政协副主席李传恒一行11人到昌乐县调研山丘地区经济社会协调发展情况。县政协主席周保进，县政府副县长丁进全，县政协副主席张宝峰陪同活动。调研组实地察看乔官镇火山花海林带、万亩火山杂粮基地、黑山生态园、响水崖旅游古村落，结束后在鸢飞大酒店召开座谈会，听取县政府有关情况汇报。

4月19日—26日，县政协副主席张宝峰带队，县政协经济委组织县经管、农业、畜牧、供销社等部门及部分政协委员，对全县农业合作社发展情况进行调研，并到高密、安丘进行考察学习。

5月10日—12日，县政协副主席王泳亮带队，县政协文史委组织县文广新局、县旅游局及部分政协委员，对全县文化旅游品牌发展情况进行专题调研，并到安丘、青州进行考察学习。

5月17日—20日，县政协副主席滕建勋带队，县政协科教文卫体委组织部分政协委员和相关部门，围绕打造现代教育名城专题开展调研。调研组深入县内相关单位、学校实地查看，召开座谈会，听取有关情况汇报，并到淄博市张店区进行考察学习。

5月26日，潍坊市政协副主席王继怀陪同德州市政协副主席杨光来一行13人，到昌乐县考察循环经济发展情况。县政府副县长崔全华，县政协副主席张宝峰参加活动。考察组先后到潍焦集团、金丝达新能源有限公司、阳光纸业等现场进行实地查看，结束后在鸢飞大酒店召开座谈会，听取潍坊市发展循环经济创建示范市的情况汇报和县政府有关情况汇报。

7月1日下午，县政协组织部分政协委员对县行政服务中心工作进行专题视察。县政协主席周保进，县政协副主席张宝峰、滕恩禄参加活动。委员们围绕“推进行政审批制度改革，提升政务服务水平，打造优质政务服务平台”提出意见和建议。

7月3日，内蒙古巴彦淖尔市政协副主席徐康宁一行15人，在潍坊市政协副主席李士来的陪同下，到昌乐县考察学习加强中小学教师队伍建设情况。县政协主席周保进，县政府副县长崔全华，县政协副主席刘树铭陪同活动。考察团一行先后到昌乐一中、昌乐二中进行实地参观考察，并详细听取有关工作汇报，对昌乐县打造现代教育产业、教育教学管理和改革等方面的做法和取得的成就给予高度评价。

7月12日—15日，县政协办公室、经济委对红河、鄌郚、营丘、朱刘、乔官、五图、宝都、开发区部分中小企业发展情况进行调研，了解昌乐县中小企业发展现状，剖析存在的问题和面临的困难，提出促进中小企业发展的意见和建议。

10月26日，河南范县政协到昌乐县考察学习环卫一体化工作。县政协副主席滕建勋陪同活动。

【提案工作】 3月15日至17日，县政协九届五次会议召开，县政协委员、县政协各参加单位围绕县委、县政府中心工作，聚焦“十三五”规划实施，提交提案176件，经审查立案150件。其中，经济建设方面36件，占24%；政治建设方面13件，占8.7%；文化建设方面17件，占11.3%；社会发展和民生方面57件，占38%；生态文明建设方面27件，占18%。

5月10日，县人大代表建议、政协委员提案转办会召开，研究安排县政协九届五次会议提案办理工作。县政协副主席刘树铭参加活动。

8月31日至9月7日，县政协主席、副主席分别带队，对分工的重点提案进行督办，推动一批事关发展大局、群众关注度高的重点提案的办理落实。

9月7日，县政协主席周保进召开提案办理协商会，对科技界提出的“关于进一步加强科技金融合作助推经济转型发展的建议”的提案办理情况开展视察和座谈。

11月2日，县政协九届二十二次常委会议召开。县委常委、县政府副县长高登友到会通报县政府关于县政协九届五次会议以来提案办理情况。150件提案全部答复完毕，解决和基本解决的123件，占82%；正在解决或列入规划逐步解决的24件，占16%；暂不能解决的3件，占2%。

【文史工作】 文史资料工作是政协独具特色的一项工作。县政协坚持弘扬主旋律，传播正能量，保持政协特色，积极务实作为，不断丰富文史工作内容，取得新的成绩，赢得社会赞誉，真正发挥“存史、资政、团结、育人”的功能和作用。

1月24日至30日，县政协主办的“翰墨传承 朴素写真—迎新春王珂、毕德瑞师生中国画作品展”御园美术馆开展。县政协主席周保进，县委常委、宣传部部长贺玉洁，县政协副主席张宝峰、滕恩禄、王泳亮、滕建勋、刘树铭参加活动。作品展旨在满足人民群众精神文化需求，营造欢乐、祥和、喜庆的节日文化氛围，展出王珂、毕德瑞师生中国画作品39幅。

2月23日，在城关商务社区1号楼1080会议室召开《昌乐非物质文化遗产》首发式。县政协主席周保进参加仪式，县政协副主席王泳亮主持仪式。首发式上，县政协文史委主任肖广德介绍《昌乐非物质文化遗产》的编辑情况；编辑代表郭建华和作者代表马进分别发言；县政协主席周保进讲话；举行赠书仪式。《昌乐非物质文化遗产》由县政协组织编撰，中国文史出版社出版发行，全书收录非物质文化遗产项目102项。其中收录省级非物质文化遗产代表性项目2项，市级非物质文化遗产代表性项目 19 项，县级非物质文化遗产代表性项目 76 项和部分正在挖掘整理的非物质文化遗产项目。

9 月 12 日—18 日，县政协主办的“清风雅韵—省政协常委刘春宏书画作品巡回展”在御园美术馆开展。山东省委统战部原副部长王晓炜，山东省委统战部副巡视员王传洲，县政协主席周保进，县政协副主席滕恩禄参加活动。作品展旨在搭建助推文化强县建设，丰富全县人民群众的精神文化生活。

11 月 9 日，县政协纪念孙中山先生诞辰 150 周年书画摄影展在城关商务社区 1 号楼举行。县政协主席周保进，县委副书记张建伟，县人大常委会副主任田本义，县政府副县长李培进，县政协副主席张宝峰、滕恩禄、王泳亮、滕建勋、刘树铭参加活动。作品展旨在学习、继承和发扬孙中山先生的爱国思想、革命意志和进取精神，助推全面建设小康社会的伟大事业，展出各类作品 176 幅。

12 月 26 日，县政协迎新春国画作品展在御园美术馆开展。县政协主席周保进，县委常委、宣传部部长贺玉洁，县政协副主席张宝峰出席活动。作品展旨在学习宣传贯彻中共十八届六中全会精神，丰富全县人民节日文化生活，弘扬昌乐精神，凝聚全县人民决胜全面小康、建设现代昌乐的智慧和力量，展出张煜、王毅、祁博辰书画作品 60 余幅。

【团结联谊】 人民政协是最广泛的爱国统一战线组织，“大团结”“大联合”“一盘棋”是基本的工作理念，坚持上下配合、左右联合，整体联动，形成合力，共同做好团结联谊工作。加强与党政涉外部门和有关人民团体的联合。保持与统战、台办、工商联等部门和团体的经常联系，加强不同系统之间的资源整合与信息沟通共享，实现优势互补、信息共享、资源共用，合拍共振地做好对外联谊工作。加强政协系统内部之间的配合。加强上下政协之间的联系与指导，实现信息互通、资源共享，联动做好联谊交往工作；加强与外地政协的联合与协作，通过外地政协引资引智，联合开展相关工作；加强专委会之间的联动配合，齐心协力做好团结联谊工作。

【服务群众】 全力参与昌乐县扶贫攻坚工作，安排县政协副科级干部担任“第一书记”包靠朱刘街道北圈村，机关干部全员参与精准扶贫，结对帮扶农户 30 余户，协调争取发展项目和资金共计 50 余万元，帮扶包靠村的面貌得到极大改善。充分利用委员“四进”和“双建争优”活动平台，扎实开展委员活动组活动，号召委员深入基层为群众解难题、办实事，广大委员参加各类公益活动 400 多人次，捐款捐物折合人民币 500 余万元。组织县人民医院、县中医院的部分委员、专家于 11 月 9 日和 11 月 11 日，由县政协副主席滕建勋带队，到营丘镇和高崖库区开展义诊活动，活动现场为 400 余名村民进行免费的义诊和相关检查服务，累计发放药品价值 8000 余元。

【参与一线】 积极投身发展主战场，围绕县委、县政府工作中心，发挥优势，积极参与，为改革发展做出积极贡献。领导班子成员包靠远古火山口群文化旅游景区“十个一”工程、荣和·泉印名门、昌盛三期、天鹅湾二期、德隆花园、太阳城、帝都国际二期 6 个重点城建项目和山东世纪阳光纸业集团有限公司（包括昌乐盛世热电有限责任公司）1 个重点企业，真包实靠、一线办公，推动所包靠的各项工作和重点项目顺利进展。注重发挥“资源多、人脉广”的特点，动员广大政协委员积极引进大项目、好项目。实施领导班子成员包靠委员企业制度，坚持每季度走访企业委员，为企业发展鼓劲打气，帮助协调解决土地、资金等方面存在的困难和问题 50 多个，多数委员企业发展势头良好。

【宣传和社情民意信息】 加强政协工作经验和委员履职典型的宣传，在《人民政协报》《联合日报》等重点新闻媒体发表稿件100余篇，被省、市政协评为宣传工作先进集体。充分利用省政协信息直报点“特快专递”优势，加强与省、市政协沟通联络，准确把握报送重点和方向，狠抓信息采纳落实率，全年向全国、省、市政协报送信息300余篇，采纳150余篇，被省、市政协评为信息工作先进集体。

中国共产党昌乐县纪律检查委员会

zhongguo gongchandang changlexian jilv jiancha weiyuanhui

【管理机构】 2016年，昌乐县纪委监察局进行内设机构改革，将办公室、监察综合室整合为办公室；撤销纪检干部管理室，设立组织部；撤销教育研究室，设立宣传部；撤销党风廉政建设室、执法监察室，设立党风政风监督室（挂县政府纠正行业不正之风办公室牌子）；增设第三纪检监察室；设立案件监督管理室。调整后，县纪委监察局机关设办公室、组织部、宣传部、党风政风监督室（挂县政府纠正行业不正之风办公室牌子）、信访室（挂昌乐县国家行政机关工作人员违法违纪举报中心牌子）、案件监督管理室、第一至第三纪检监察室、案件审理室（挂案件申诉复查室牌子）10个职能部室。同时，对下属事业单位进行调整，撤销昌乐县纪检监察宣传教育培训中心，成立昌乐县廉政舆情信息中心；撤销昌乐县机关效能监察中心，成立昌乐县廉政教育中心。

【队伍建设】 持续深化“三转”，配齐配强纪检监察干部队伍，2016年，县纪委监察局新进干部11人，提拔交流干部5人，考选到潍坊市纪委1人。出台《县纪委委员更好履行职责发挥作用的意见（试行）》，加强和规范对县纪委委员履职的指导，更好发挥纪委委员作用。按照“打铁还需自身硬”要求，7月开设“学思践悟大讲堂”，每个工作日上班后集中学习一刻钟，讲课103次。下发《纪检监察干部“负面清单”》提醒本，列举出纪检监察干部平时容易忽视的细节、小节问题6大类52项，对全体纪检监察干部监督提醒。加强表彰考核和鼓励激励，制定《县纪委监察局机关和派驻纪检组工作人员量化绩效考核工作实施办法（试行）》和《工作鼓励激励办法（试行）》。年内报送的创新性工作“昌乐县纪委健全内控机制强化相互制约，提升纪检监察机关监督水平”被市纪委表彰为十大创新项目。

【协助党委落实主体责任】 认真做好党风廉政建设责任书落实工作。制定并下发2016年度党风廉政建设责任书，督导各镇（街、区）、县直各部门层层签订党风廉政建设责任书。建立落实全面从严治党主体责任提醒建议书制度，抓住重要节点，针对领导干部关键少数，及时对领导干部进行提醒和提出建议，发放提醒建议书81份，提醒党员干部注意的纪律规矩问题22个。开展专项整治活动，协助县委搞好省委巡视“回头看”反馈问题整改，会同有关部门开展整治违规发放津贴补贴工作和财政资金专项检查工作等。

【纠正“四风”】 开展常态化明察暗访。完善《全县机关工作作风明察暗访工作方案》，进一步优化15个暗访工作组，采取灵活方式，确定督查时间和内容，开展明察暗访活动。加强对节假日的明察暗访工作力度，年内组织开展169次，发现违反中央八项规定精神、违反工作纪律等问题26个，全部按照“四种形态”进行处理。从严查处违反中央八项规定精神的行为，把违反中央八项规定精神问题列入执纪审查重点，对巡察、信访、执纪审查发现的“四风”问题线索深挖细查、决不放过，全县查处违规配备使用公车、违规发放津贴补贴或福利等问题5个，给予党纪政纪处分16人，批评教育、诫勉谈话14人。加大公开曝光力度，对查处的“四风”问题，本着查处一起通报一起的原则，进行点名道姓通报曝光，年内下发通报37次，涉及207起案件249人，持续释放违纪必究、执纪必严的信号。

【问责工作】 强化责任追究，对党风廉政建设责任落实情况半年检查一次，发现落实不到位、纠正“四风”不力等问题5个，责令相关单位制定整改措施12条，对落实不力的4名镇街党（工）委书记进行约谈，运用“一案双查”对5名相关领导实施责任追究。

【信访工作】 建立线索分析研判机制，规范线索筛选，集中受理和处理好对党员、党组织和监察对象违反党纪政纪行为的检举控告，对不属于业务受理范围的信访事项，积极引导群众向有处理权的部门反映。畅通投诉举报渠道，通过报纸、电视、网络等对纪检监察机关受理信访举报的渠道进行广泛宣传。开通纪委举报微信平台，设立投诉举报“一键通”，更加方便群众反映问题。完善信访举报件管理制度，制定下发《信访举报件集中管理办法》，对举报件“一口收纳”、统一管理；建立信访举报件电子台账，动态监控举报件处理进度和结果；建立信访问题详单全程督办制度，直办督办举报件，提高信访件办理质量。年内受理信访举报208件次，同比下降11.9%。昌乐县被山东省纪委授予“2016年度无越级集体访创建工作先进县”荣誉称号。2月，“创新违纪问题线索筛选机制，为纪律审查工作提供有力保障”项目被潍坊市纪委评为“十佳创新性工作项目”。

【纪律审查工作】 实行纪律审查案件主办人制度，从委局机关挑选20余名办案经验丰富、能力强的工作人员组成纪律审查主办人才库，每起案件挑选一人担任案件主办人全面负责，带领一名协助人员组成一个办案单元，锻炼培养新的纪律审查力量，有效解决纪律审查力量不足的问题。建立协作配合办案机制，将全县镇（街、区）划分为3个协作区，每个镇（街、区）纪（工）委确定2名办案人员，由县纪委办案人员带领，实行交叉办案，既解决镇（街、区）基层纪委办案力量薄弱、知识能力不足等问题，也避免抹不开脸面、办人情案等问题。制定初核案件了结审核监督暂行办法，初核完毕后，认为符合了结条件的，提出了结建议，对照审核监督的六项重点内容逐级审核通过后，送信访室审核备案，信访室根据提供的案卷材料，结合分管纪律审查工作副书记或委主要领导的审核意见，符合了结条件的初核案件作了结处理，存档备查；不符合条件的，退卷补充材料。全年立查党员干部违纪违法案件180起，处分党员和行政监察对象180人，移送司法机关9人。

【执纪审理工作】 严格依规依纪审理案件，坚持实体审查和程序审查并重，强化对办案程序和内容的监督，强化对自办案件、责任追究（问责）案件的规范和审核处理工作。严格执行《监督执纪工作规则》规定，保证案件的每个环节都做到统一和规范。制定《昌乐县纪委监察局案件审理工作流程图》，规范案件审理程序。制定《县纪委案件会审制度（试行）》，成立会审小组，为案件的定性量纪把关。编写《昌乐县纪检监察常用法律法规政策汇编》，为全县纪检干部提供政策理论服务。认真履行处分决定的送达、宣布、入档等规定，在规定时限内全部执行到位，并完成入档整档。年内受理党员干部违纪案件182起，审结182起，处分党员干部182人。其中，开除党籍51人，撤销党内职务6人，留党察看17人，党内严重警告39人，党内警告57人，免予党纪处分10人，开除公职6人，行政降级2人，降低岗位等级3人。

【加强遵章守纪情况监督】 狠抓换届纪律监督。联合下发《关于加强县镇换届风气监督的实施方案》《关于严肃换届期间有关纪律的通知》《关于违反换届纪律问题快查快办工作方案》等，转发市纪委《关于严肃查处诬告陷害信访举报典型问题的通报》。组成换届风气巡回督查组、专门核查组和15个明察暗访组，重点对换届纪律执行情况进行监督。针对遵守换届纪律等情况专门下发通知，并会同有关部门组成9个专项巡察组，对照纪律要求开展专项巡察。

【派驻机构监督】 深化派驻监督，发挥派驻监督“探头”作用。落实派驻机构列席会议、重大事项报告、定期沟通、谈话函询、落实主体责任检查等制度，加强对单位领导班子及其成员的日常监督。加强对各驻在部门政治生态情况的排查摸底和分析研判，摸清“树木”与“森林”的情况，加大监督执纪问责力度，科学把握运用“四种形态”，全年共派驻纪检组运用“四种形态”处理159人。

【廉政教育】 认真抓好《中国共产党廉洁自律准则》和《中国共产党纪律处分条例》的学习宣传，在电视台、报纸和网络、微信公众号等媒体设立“清风宝都”专栏，宣传好上级部署要求、纪律条规权威解读、本地的好做法等，营造风清气正的良好氛围。组织全县科级和一般党员干部3000余人开展德廉知识测试活动，严抓考风考纪，督促党员干部认真学习党规党纪。加强与行政执法机关的沟通协作，将受到行政处罚的党员和行政监察对象全面列入纪律审查范围。坚持抓早抓小，正确把握运用监督执纪“四种形态”，年内对有倾向性、苗头性问题的党员干部764人开展提醒谈话、谈话函询、批评教育等。

【廉政文化】 开展家风家训征文活动，收到征文120余件，评选出优秀作品15件上报市纪委评选，对优秀作品通过微信公众号进行展示，进一步宣传优良家风家训。新建农商行警示教育基地，规范提升县检察院廉政文化示范点，积极开展党的优良传统、党性教育活动，累计教育1.6万余人次，营造崇廉尚洁的良好氛围。

社会团体

shehuituanti

昌乐县总工会

【组织建设】 2016年，深化“四个规范·夯实基础”工作品牌，实现“精细化建会”。年内新增基层工会组织25家、发展会员5189人。推行基层工会主席公推直选，建立需求调查和诉求反馈制度，深化“四亮三比双创”“双述双评”、会员“四权”等活动。开展实地实体型单位工会组织状况专项普查，“3+3”模式配齐、配强专项普查队伍，聘任社会化工会工作者8名，发展工会志愿者队伍140名。建立和谐联创、工会联合、维权联手、活动联办、服务联动“五联”工作机制，让每一个工会真正建起来、转起来、活起来。

【“查保促”群众性安全生产活动】 把“查保促”活动作为工会工作的“一号工程”，县委与各责任单位签订工作目标责任书。县政府常务会议、县长办公会议作为重要议题进行安排部署，县政府安委会下发《2016年“查保促”群众性安全生产活动实施方案》。配套出台一系列相关工作制度，建立三级安全生产领导小组和三级包靠机制。探索出“宣、教、论、查、改、存”六字法工作模式，免费发放安全生产挂图和读本3000册；开展安全生产培训198次，参加职工8260人；组织安全知识竞答、“我与安全”大讨论和安全生产“金点子”合理化建议征集等活动，参与企业22家，职工15000人；“两查”活动查出安全隐患343项，整改287项；解剖12家典型企业经验做法汇编成册。

【推进厂务公开民主管理工作】 在非公有制企业中推行阳光纸业民主公开全方位、多层次、多渠道、多形式的“一全三多”做法；在事业单位中参照二中“透明化办学、项目化管理”经验；在国有企业中创新拓展供电公司“双路径”模式；在行业、区域内建立“日常职工代表联系人制度”，构建三级网络。县委、县政府召开工会重点工作推进会议，签订厂务公开民主管理工作责任书。6月22日，《山东工人报》头版头条报道昌乐县做法。

【工资协商】 继续推广“三八十八”工作模式，探索实施“抓基准、高对标”做法。优化工资集体协商指导员队伍，聘任县级专职指导员3人。昌乐在山东省工会法律工作暨EAP工作会议上作典型发言，成功推荐昌乐中国宝石城工资集体协商为全省典型案例。10月20日，《山东工人报》头版头条报道昌乐做法。

【维护女工权益】 按照女职工学历和职业资格等级不同，因材施教实施素质提升工程；按照女职工岗位、行业不同，实施同行业、同工种的岗位建功行动；按照女职工年龄结构，分类服务，增强关爱针对性。建立“爱心妈妈小屋”26个，组织女职工培训35场次，特色服务惠及女职工800人。昌乐在山东省总工会女职委会议上作典型发言。11月，上海市总工会到昌乐考察学习女职工工作。

【职工精准帮扶普惠化】 职工服务（站、点）、职工之家进驻镇（街区）公共服务大厅、村（社区）服务中心和企业，共建立职工服务（站、点）、职工之家25个，推行错时上下班、周末值班和职工预约制，开展多项目服务企业、惠及职工。“四季帮扶”拓宽服务面，“五送五扶”分类帮扶送岗位，举办大型招聘会3场，组织200家企业参加，提供8000个就业岗位；“送清凉”慰问一线环卫工1500人；“金秋助学”资助困难学生43人，发放助学金10.1万元；“送温暖”救助困难职工227名，发放救助金21.2万元；扎实开展职工互助保障工作，昌乐参保会员单位64个，发展会员14476人，收缴保费60万元。赔付互助会会员732人次，发放赔付金46万元，“二次救助”为71名会员发放救助金9.6万元。联合人社局开展农民工工资支付专项行动，增设“环卫工人爱心驿站”18处。组织优秀一线职工赴烟台进行疗养活动，开展“关爱眼健康·昌乐职工爱心光明康复行动”，惠及职工1500人。

【职工建功立业活动】 联合举办全县第三届职工职业技能竞赛。比赛设置5个赛场，800名职工参与决赛，各工种第一名授予“富民兴昌”劳动奖章。广泛开展社会主义核心价值观宣传教育，重点抓好“四大文化”创建活动。总结选树阳光纸业“让劳动者幸福”、比德文“文化二十事”、英轩“孝文化”等一批企业文化先进典型和职工文化精品项目。深入开展“万众创新促发展”活动。以推进“十百千万”工程为载体，组织昌乐职工开展技能培训、技术革新、技术攻关、发明创造，参与职工5000人，提出合理化建议1800条，企业采纳落实920条。

中国共产主义青年团昌乐县委员会

【概况】 2016年，团县委内设办公室、组织部、农村部、城市部、学少部、宣传部、志工部、统战部、权益部、希望工程办公室，在编人员5人。全县建有团委48个、团总支61个、团支部1019个；有团员37896人。共青团昌乐县委被团省委表彰为“服务青年项目创新工程示范县（市、区）团委”，昌乐是潍坊市获此殊荣的唯一县级团委。近年来，昌乐团县委在团市委的正确指导下，深入贯彻落实中共十八大、十八届历次全会精神，按照县第十八次团代会确定的任务目标要求，紧扣昌乐共青团工作，全面推进“五项行动、两项工程”，不断深化团的各项工作，为经济社会更好更快发展做出积极贡献。

【共青团昌乐县第十八次代表大会】 5月4日，在潍坊市委党校召开。参会代表164人，共青团潍坊市委副书记陈珊珊，各群团组织负责人以及部分担任过团县委副书记以上职务、现在昌乐工作的老团干部、青年先模人物代表出席大会开幕式，县委副书记肖建华到会讲话。会议总结第十七次团代会以来的工作，研究安排工作任务，选举产生新一届委员会。会议号召全市团员青年坚定理想信念，坚持青年为本，融入发展大局，始终求真务实，锐意改革创新，不断提高共青团工作科学化水平。会议选举吴国宗为书记，王秀臻为副书记。

【团组织建设】 2016年，扎实有效学习贯彻各级党的群团工作精神，组织团县委机关、各乡镇街道、学校和部分县直部门的分管领导和团委书记多次举办读书座谈会，学习传达讨论会议精神，并组织5次共青团改革宣讲会，覆盖青少年320余人。

开展“走近青年，转变作风，改进工作”大调研行动。以“做青年友，解青年忧”为主题，积极为基层青年办实事、解难事。各基层团组织骨干成员积极开展基层团建调研、政策宣讲等系列活动，与28名基层青年结成帮扶对子，为青年办实事15件，组织开展建言献策活动16次，撰写专题调研报告3篇。结对帮扶团员青年，将精准扶贫工作与联系青年（“1+100”）工作的结合开展，在全县县、镇两级团干部中开展直接联系100名普通青年工作，通过“结对帮扶、面对面交流、为民办实事”等方式，全面掌握记录青年基本情况，了解基层团组织建设现状，积极反映青年诉求。

推进“青年之家”建设。打造服务青年平台，整合共青团工作各种资源，在社区、学校等青年密集区域建设“青年之家”19处。特别是从服务青少年工作出发，整合社区服务中心各类资源，打造建设功能完善、内容丰富的“青年之家”示范点2处。

推动互联网转型工作。建立共青团网站、微博、微信，实现在线建团，组建3000多人的青年网络文明志愿者队伍，组织开展“清明网上祭英烈”“魅力昌乐、踏春骑行”等志愿活动，在共青团员中开展“阳光跟帖行动”，努力营造清朗网络舆论。不断推进“青年之声”工作开展，动员各行业团（工）委书记、青年优秀代表积极入驻“青年之声”平台，帮助青年规划自己的职业，增强就业创业能力，实现“专帮青”，“青年之声”在线专家4300余人，位居全市首位。

【主要活动】 开展环保系列活动。垃圾分类减量活动、禁燃烟花爆竹活动、绿色出行活动、低碳生活活动、发布节约用水保护环境倡议书等及小手拉大手、共筑碧水蓝天活动，通过少年儿童带动家庭、家庭影响社会的方式，提高全民绿色环保意识。开展青春扶贫行动。开展职业技能培训贫困人口1800多人，开展农村电商培训5次，为132名农村贫困青年提供电子商务免费技能培训，通过微信、微博、广播等媒体积极宣传鲁青基准贷政策，助推青年创业发展，申请贷款600多万元。联合昌乐公益志愿者协会、春雨义工协会成立青年志愿帮扶队，组织青年扶贫志愿者参与精准扶贫工作。

【关注青少年健康成长】 包含“微心愿·校园行”微公益活动、“共筑中国梦，好书伴我行”读书朗诵大赛、“文采飞扬”征文大赛、“舞动青春”舞蹈大赛、“昌乐美德少年”评选表彰、“奔跑吧少年”校园行、青少年暑期军事夏令营、十佳环保小卫士评选、“孝心伴我行”微电影大赛、“提高法律意识，预防校园犯罪”校园巡讲等十项活动。开展“圆梦校园”、特殊青少年帮扶活动，暑期通过圆梦行动帮扶困难学生110人，帮扶金额5万余元。对农村留守儿童、进城务工人员子女、身体残疾或患重大疾病青少年、孤儿、突遇自然或人为灾害等原因造成家庭经济极度困难等极特殊青少年，建立精准帮扶工作机制，动员社会力量通过心理疏导、亲情关怀、物质帮扶等形式全力帮助。

昌乐县妇女联合会

【概况】 2016年，昌乐县妇联在县委、县政府的正确领导下，紧紧围绕党的中心工作，坚持服务大局、服务基层、服务妇女的工作宗旨，创新开拓，积极作为，全力推进妇女工作发展，维护妇女儿童合法权益，努力为妇女儿童办好事、做实事、解难事。2016年获山东省第三届儿童少年书画摄影大赛优秀组织奖、潍坊市第二届巾帼家政技能大赛优秀组织奖、昌乐县第三届职业技能竞赛先进单位，被县委、县政府表彰为2016年度县直部门（单位）工作实绩综合考核先进单位。

【创业就业】 引导妇女岗位建功立业。搭建资金扶持平台，助力妇女创业就业。协调争取邮政银行、人社局等部门支持，用足用活政策，破解妇女创业资金难题，保障妇女创业发展。182名城乡妇女申请到巾帼创业贷2980万元，2家巾帼创业公司获得2016年度省财政巾帼创业贴息资金7.31万元，带动各类城乡妇女创业、以创业带动就业。强化培训提升创业本领，精准发力助推居家就业。开展新农村（社区）新生活培训、电商妇女创业就业专项培训等，探索推行“互联网＋妇女创业”模式。联合县人社局、农业局等部门，举办电商创业、巾帼家政、女大学生创业就业技能等各类技术和技能培训班7期，培训妇女1310余人次。大力实施“女企业家成长”计划，先后组织创业女性和女企业家56人次参加北大、清华等举办的EMBA论坛、电商创业培训等高端培训6场。发展市女企协会员19名，新发展省女企协会员2名。开展“巾帼电商·居家创业”行动。组织开展寻找“最美女创客”活动，李欣等2名电商创业妇女被评为市“最美女创客”，菩提子项目被市妇联、市人社局联合在全市推广。王爱芹被评为省十大巾帼增收标兵，隋姑山蛋鸡养殖专业合作社等7家企业（商户）被省妇联授予山东省巾帼居家创业就业脱贫行动“大姐工坊”。上级妇联对昌乐县女企业家依托优势产业做大做强，带动妇女实现创业、组织妇女就近就业的做法给予高度评价。积极引领妇女立足岗位建功争先。开展以“争创巾帼文明岗、争当巾帼建功标兵”为主题的巾帼建功竞赛活动，引领广大妇女立足岗位、建功争先。县国税局收入核算科和县人民医院被授予省级“巾帼文明岗”荣誉称号，县卫计局被表彰为省城乡妇女岗位建功先进集体，昌乐美文艺术教育培训学校等5个单位被授予市级巾帼文明岗荣誉称号，王长庚等5人被评为“巾帼建功标兵”。同时，发挥各类技能大赛平台作用，动员昌乐县广大女职工积极参与各类职业技能竞赛活动，拓展素质，提升水平。李晓剑、吴秀英等6位女选手在昌乐县第三届职业技能竞赛中获得较好名次，好潍姐佳益家政昌乐分公司获市第二届巾帼家政技能大赛团体赛二等奖，1人获家政技能个人赛二等奖，2人获三等奖，2名选手获十佳标兵提名奖，县妇联获优秀组织奖。

【妇女儿童维权】 联合县卫计局、县财政局，继续扎实推进“两癌”免费筛查工作，2016年免费筛查35—64岁农村妇女16088人。三年来，累计为47257名农村适龄妇女进行“两癌”免费筛查。充分发挥“联”字作用，借助新媒体应用平台，联合春雨义工、阳光义工等社会组织，持续做好“春蕾计划”结对帮扶活动，达成结对帮扶207人，筹集春蕾助学金22万余元。引进北京仁爱慈善基金会“仁爱助学”项目，完成对5个镇（区）的26户孤儿、类孤儿家庭的实地家访，全县26名困境儿童接受该项目提供的3.79万元的资助金及物品。强化法治思维，引导妇女儿童依法维护自身权益。持续开展好“三八”维权周活动，组织开展“建设法治昌乐·巾帼在行动”和《中华人民共和国反家庭暴力法》普及宣传活动。联合民政局成立县反家庭暴力庇护中心，在公安局挂牌“昌乐县反家庭暴力伤情鉴定中心”，同时联合综治办制定《关于全面推进预防和制止家庭暴力工作的意见》，充分发挥“12338”妇女维权热线作用，妥善做好群众的来访、来电、来信的接待处理工作，2016年以来接到来信来访48件，均得到及时、有效处理，处结率达98%以上。加强妇女儿童家园建设，充分利用“家园”组织实现基层妇联服务与妇女儿童需求的良好对接，在红河镇宅科社区新建省级妇女儿童家园1处，争取项目资金7万元。截至2016年，昌乐县落实建成10处市级妇女儿童家园和3处省级妇女儿童家园。组织开展“六一”儿童节看望慰问少年儿童活动。“六一”儿童节期间协调县妇儿工委各成员单位看望慰问昌乐县6处小学和幼儿园，并为他们送去8万多元的教学设施及学习用品。

【家庭文明建设】 开展寻找“最美家庭”活动，深入挖掘、选树和宣传群众身边的“最美家庭”及感人故事，卢清芳家庭和惠俊清家庭被省文明委表彰为全省第一届文明家庭。推进巾帼志愿服务工作，针对突陷困境妇女、贫困母亲等困难群体，组织开展“冬日送暖关爱困境”、关爱贫困母亲行动等扶贫帮困类巾帼志愿服务活动11次，筹集到爱心救助金及物资计 8 万余元。深入推进中华民族传统家庭美德教育。组织开展潍坊市家庭教育大讲堂走进昌乐、未成年人思想道德测评、0～3 岁儿童早期家庭教育调查研究等未成年人思想道德建设活动。组织参加全省儿童少年书画摄影大赛、“乡村少年秀”征文、“感恩母亲”征文等形式各样的未成年人素质拓展活动。昌乐县 291 人在省第三届儿童少年书画摄影大赛中获奖，其中一等奖 27 人，二等奖 43 人，三等奖 67 人，最佳表现奖 23 人，最佳形式奖 70 人，优秀指导教师奖 61 人，县妇联、县教育局、育才双语学校荣获优秀组织奖。

【妇女组织建设】 7 月 27 日召开昌乐县妇女第十四次代表大会，235 名代表参会。大会选举产生 25 名昌乐县妇联第十四届执委会委员，县妇联第十四届执行委员会首次选举产生兼职副主席 1 名，并进入县妇联领导班子。兼职妇联干部占执委总数的 24%，新一届执委会结构更加合理，更具广泛性、代表性及年轻化。扩大基层妇联组织力量。全县 10 个镇、街区妇联，370 个村妇代会开展有序高效的选聘和补选兼职妇女干部工作，5 名优秀妇女进入县妇联兼职妇女干部行列。全县选聘县镇两级兼职妇联干部 88 名，村妇代会成员 691 人，基层组织活力不断提升。

昌乐县科学技术协会

【概况】 2016 年，在县委、县政府的领导和上级科协的指导下，昌乐县科协紧紧围绕中心工作，主动适应经济发展新常态，坚持“三服务一加强”的工作方针，各项工作取得新进展。2016 年，昌乐县瓜菜协会被中国科协、财政部授予“基层科普行动计划”先进单位。3 个农技协、4 个农村科普示范基地、3 个科普社区、2 个农村科普带头人入选第五批市科普项目库。

【农村科普】 2016 年，组织开展科技咨询 40 余次，举办各类培训班 20 场次，开展现场技术指导 10 余次，发放各类科技资料 1.5 万余册，直接受益群众达 2 万人。以基层科普行动计划项目为抓手，对全县先进农技协、科普基地、科普带头人、科普示范社区进行评选，带动科普工作大提升、大提高。为全面真实掌握基地、农技协、社区的情况，实行领导带队的方式，对推荐申报的单位和个人逐个进行实地调研和考察，扎扎实实做好培育和创建工作，带动全县农技协和示范基地的发展壮大。

【青少年科普】 县科协与县教育局合作，在全县未成年人中开展科技活动和素质教育，每年组织 2 次以上大规模青少年科技传播行动或科技竞赛等活动，在校中、小学生参与率 90% 以上。定期开展青少年科技创新大赛、电脑制作活动、发明专利、计算机表演赛、科学家进校园等一系列科技活动。充分利用校园流动科技馆在县内流动的优势，积极开展青少年科普活动，培养广大青少年的创新意识和实践能力，提高青少年的科学文化素质，活动中展出“运动与力”“视觉体验”“材料科学”“电磁现象”等 31 余件展品。通过“校园流动科技馆”活动的开展，学生学习在课堂上、书本里学不到的知识，感受科技的魅力，增强学科学、用科学的意识。2016 年，参观体验人数达 2 万多人次。

【科普宣传】 加强科普组织建设。昌乐县高度重视科普组织建设，在原来县、镇（街、区）科普组织的基础上，将科普组织扩展到社区，建立科普志愿者队伍，由大学生村干部兼任科普宣传员，形成县有专家讲师团，镇（街、区）有科普宣传队，社区有科普带头人的科普组织体系。

活化传统媒介。依托全县 3120 个“村村响，户户通”大喇叭、昌乐人民广播电台 FM92.0、公益阅报栏开展科普宣传。广播节目在形式上追求生动活泼、通俗易懂。内容上有昌乐新闻、健康生活、信息服务、农广天地、科技教育、人文昌乐、歌曲娱乐、社区新鲜事儿等。公益阅报栏内容时效性强、贴近生活实际，成为满足群众阅报需求、拓展舆论宣传的主阵地，让群众尽享文化大餐。

打造“1+1 > 2”科普模式。联合职业农民讲习所、基层科协组织建立科普讲师团、科普讲学点、科普服务点、科普实训基地，在各镇（街区）、社区（村）开展科普大讲堂。活动通过组织农业技术专家深入农村、深入田间、深入农户，推广应用适合本地区的贴近农村、贴近农业、贴近农民的技术指导服务形式，针对性地对农民进行实用技术培训。2016 年，举办培训班 20 期，培训人员 2150 人次，深入田间实地指导 10 多次，解决实际生产问题 25 项。

【科技交流与创新】 培育海智基地，打造海智示范区。依托海智基地建设，征求园区企业对人才和项目的需求，筹建海智人才和项目需求库，按照企业需求，实施精准对接，推动园区和企业科技创新发展和引才引智工作。2016 年，向上级科协推荐梅拉德、喜威、英轩、开元电子 4 家企业入选海智基地，推荐 4 人入选山东省智库。

借助专家工作站，探索转型升级新平台。走访调研多家高新技术企业，调查企业与科研院所合作运行情况、研发平台建立情况和建立院士专家工作站的条件情况。通过走访企业，掌握大量的基础资料，切实摸清企业在技术和人才方面的需求情况。对符合建立院士专家工作站的企业，积极与专家、院士联系筹备院士专家工作站的建设。2016 年，帮助山东瑞力生药业有限公司联系到了解放军军事医学科学院的院士夏咸柱，签订合作协议，建立昌乐首家院士专家工作站，帮助企业开展技术攻关。

搞好对接服务，助推地方经济发展。坚持联合协作的工作方式，加强产学研结合。继续促进山东省汽车学会与昌乐电动车产业集群的合作，搭建专家平台，为企业发展献计献策，解决实际生产中的问题。2016 年，昌乐县新能源电动汽车企业通过省汽车学会先后邀请多名专家到企业实地解决技术难题 16 项。

昌乐县工商业联合会

【概况】 2016 年，县工商联深入贯彻中共十八大和十八届五中、六中全会精神，紧紧围绕促进企业转调创和促进大众创业、万众创新这一县委、县政府的中心工作，通过实施建设综合性商会和开展信用贷款活动服务于会员企业，努力实现“让县委县政府满意、让会员企业满意”的工作目标。在全市科学发展观考核民营企业满意度调查中获得第二名。

【非公有制企业党建工作】 10 月，县委决定依托县工商联成立县非公有制企业党委，加强对非公有制企业党建工作的指导力度。

在创建“五星级”党组织的非公有制企业发放信用贷款。县委组织部、县非公有制经济组织党工委、潍坊银行昌乐客服中心联合下发《关于在创建“五星级”党组织的非公有制企业中实行信用贷款的通知》。县非公有制企业党委通过实地查看、综合评价等进行验收，每季度评选一次“五星级”非公有制企业党组织。创评以来，先后有 70 多家非公有制企业进行申请，评选出佳诚数码等 13 家“五星级”组织。潍坊银行对企业进行评估授信，凭“五星级”党组织信誉发放贷款，不需抵押担保，累计发放信用贷款 1200 万元。

向部分企业派驻党建指导员。向部分企业派驻 2 名党建指导员，把搞好生产经营、促进企业健康发展作为开展党的活动的出发点和落脚点，号召党员干部和全体职工积极投身于企业的经营和发展中，扩大党在非公有制企业中的号召力和影响力，进一步发挥党组织在非公有制企业当中的作用，打造市、县级党建示范点。

面向部分企业开展党建培训工作。结合成立非公有制企业党委的有利契机，在市委党校举办全县非公有制企业党务干部培训班。组织全县各镇（街、区）党（工）委组织委员、部分非公有制企业党务干部等参加培训，采取集中授课、参观考察与交流互动相结合的方式进行，既有党校教授讲座，又实地观摩党建示范点，为全县非公有制企业党务干部提供一个学习提高和交流互动的平台。

【服务会员企业】 组织企业参加评比活动。山东潍焦集团有限公司被全国工商联评为“中国民营企业500强”，实现昌乐县民营企业在全国工商联评比中零的突破，另有5家企业被评为“中国民营企业制造业500强”。

搭建融资平台。组建山东乐融资本管理有限公司，充分发挥资金的最大使用效益，先后为12家会员企业解决周转资金20多次，总额5000多万，不同程度地破解会员企业的融资瓶颈，减轻会员企业的资金压力。

搭建贸易平台。组建成立山东乐强国贸有限公司，依托山东乐化集团有限公司在全国设置的200多个销售网点和办事处及覆盖全国的物流系统，在全国与几百家原材料厂家开展业务合作，在国外与十多个国家发展贸易业务往来。会员企业根据各自业务需求，自愿委托贸易实体销售货物或者采购原材料，依托其大规模采购降低进货成本，借助其销售网点拓展产品销售业务，利用其物流系统及时快速配送货物。

【引导企业感恩回馈社会】 发放扶贫倡议书，走访部分会员企业，发动会员企业参与到扶贫工作中来。联系发动5家会员企业对口帮扶5个省定贫困村，发动部分会员企业实地走访部分省定贫困村，了解所帮扶村具体情况，制定切实可行的帮扶计划。8月，与昌乐潍昌集成房屋有限公司负责人走访乔官镇邵家庄村，昌乐世纪美联百货有限公司负责人走访乔官镇响水崖村，企业负责人根据所帮扶村实际情况提出初步打算。

【自身建设】 走访会员企业80多家，重点走访思想政治强、行业代表性强、参政议政能力强、社会信誉好、能自觉履行社会责任的企业，了解企业经营情况，向他们介绍工商联换届情况，考察换届人选，为换届工作做准备。建立内部网站和微信平台，出版商会会刊，为会员企业提供及时高效、专业有效的信息服务。设立“会员法律服务中心”，保障会员企业的合法权益。

昌乐县残疾人联合会

【概况】 2016年县残联深入贯彻落实党的十八大和十八届三中、四中、五中、六中全会精神，全面实施《国务院关于加快推进残疾人小康进程的意见》，以残疾人需求为根本出发点和落脚点，紧紧围绕残疾人“两个体系”建设目标，认真履行“代表、服务、管理”职能，加强残疾人就业、扶贫、康复、组联等各项工作，使全县残疾人事业更上一个新台阶。

【残疾人社会保障工作】 切实加大残疾人社会保障力度。贯彻《国务院关于全面建立困难残疾人生活补贴和重度残疾人护理补贴制度的意见》（国发〔2015〕52号）文件精神，认真做好困难残疾人生活补贴和重度残疾人护理补贴政策，确保符合条件的残疾人实现应保尽保，并逐步做到提高补贴标准。配合协调有关单位全面推动落实重度残疾人加入社会养老保险、医疗保险政府代缴费的工作。

做好残疾学生和贫困残疾人子女助学工作。继续落实残疾人学生和贫困残疾人家庭子女助学补贴政策，为符合条件的学生发放助学补助金，并积极做好“共享阳光—山东省残疾大学生励志助学”项目申报和奖学金发放工作，鼓励和帮助残疾人接受不同层次教育。

开展残疾人实用技术培训工作。贯彻《关于2016年农村贫困残疾人实用技术培训项目和残疾人青壮年文盲扫盲行动转移支付绩效目标建议的通知》（潍残字〔2016〕57号）文件精神，组织实施农村残疾人实用技术培训班，培训60名残疾人，提升他们生产劳动的技能，更好地参与到日常生产生活中。

做好残疾人就业扶贫工作。切实做好精准识别建档立卡工作，确保将符合条件的贫困残疾人家庭纳入政府年度脱贫计划，帮扶50名贫困残疾人进行脱贫，精准帮扶。

依法促进残疾人就业创业。落实市委组织部等六部门《关于促进残疾人就业按比例就业的实施意见》文件精神，实施“百千万残疾人就业创业扶贫工程”，帮扶20名残疾人实现自主创业，扶持建设1个残疾人就业扶贫基地，辐射带动10名农村贫困残疾人脱贫致富。

实施“阳光家园计划”。建立健全以托养服务机构为骨干、社区日间照料为主体和居家托养为基础的残疾人托养服务体系，为100名残疾人提供托养服务。

【残疾人康复工作】 残疾人精准康复服务行动。贯彻《山东省残疾人精准康复服务行动实施方案(2016—2020年)》文件精神，根据昌乐县实际情况制定实施方案，开展细致的康复服务调研行动，组织人员对全县1.5万残疾人家庭进行入户调查，对有康复需求的残疾人进行初步评估，接受评估后对符合精准康复需求的发放“残疾人精准康复服务卡”，实施精准康复服务，努力实现残疾人“人人享有康复服务”的目标。

康复中心建设。投资360万元，争取上级专项资金支持，采取与县级公办医疗单位合作共建方式建设。近期重点做好专业设计、方案优化工作，后续加快对康复中心无障碍改造、内部装修和康复设备采购安装，10月底投入使用，发挥社会效益。

完善社区康复工作。贯彻《关于加快推进残疾人社区康复建设工作的通知》（潍残字〔2016〕8号）文件精神，重点推动农村示范社区建设，2016年在宝都街道三和社区建立一处市级示范社区康复指导站。

完善重点康复救助项目。切实做好国家、省、市贫困残疾人康复救助项目，为23例白内障患者做复明手术，为15名肢体残疾人免费安装假肢，为4名聋人配发成人助听器，并建立康复台账、档案。

0～7岁残疾人康复救助工作。把20名0～7岁残疾人儿童免费抢救性康复作为康复工作重点。除国家、省、市救助外，积极争取县财政投入，将残疾儿童康复救助经费列入同级财政预算，并逐步实现将残疾儿童康复救助从项目救助向制度化保障转变。

【依法保护残疾人合法权益】 基层组织建设。落实《关于开展基层残疾人组织示范县、乡创建活动的实施方案》文件精神，开展基层残疾人组织示范县、镇街创建活动，探索建立残疾人专职干事工作津贴基本保障制度。积极参加全省残疾人事业发展专题培训班，办好全县残疾人工作者培训班，抓好残疾人专职干事在线学习，提高残疾人工作者素质。

残疾人法律维权工作。积极推动各级、人大、政协执法检查、视察和调研活动，加大《中华人民共和国残疾人保障法》及山东省实施办法等法律法规的落实力度。开展残疾人权益保护立法工作，依法保护残疾人合法权益。

推进无障碍改造建设。严格按照国家规范建设无障碍设施，对25名肢体残疾人家庭实施无障碍改造，为30户聋人家庭配备闪光门铃，为40名盲人配备多功能智能盲杖。

【宣传文体活动】 组织残疾人开展形式多样、健康有益的群众性文化娱乐活动，鼓励扶持残疾人参加工艺美术、书画、文学、摄影等艺术活动和创作。组织选拔残疾人运动员参加潍坊市第九届残疾人运动会，并取得优异成绩，在全县普通学校、特殊教育学校推荐、选拔艺体特长生，进行重点培养，建立昌乐县优秀残疾人体育人才基础数据库，输送优秀运动员。

军事

junshi

中国人民解放军山东省昌乐县人民武装部

【概况】 2016年，中国人民解放军山东省昌乐县人民武部（简称县人武部）在潍坊军分区党委和县委、县政府的双重领导下，认真贯彻学习中共十八届六中全会精神，全面落实科学发展观，紧紧围绕新形势下强军目标，坚持依法治军、从严治军，不断深化国防和军队建设改革，按照“抓根本、强素质、严管理、促保障”的工作思路，锐意进取，着眼军事工作抓训练重点，政治工作抓文化亮点，安全工作抓管理难点，后勤工作抓保障要点，狠抓应急应战的指挥部、地方党委的军事部、后备力量的建设部、同级政府的兵役部、军民融合的协调部“五部”建设，人武部全面建设取得新成绩。县人武部党委被山东省军区表彰为抓基层先进“一线指挥部”，被潍坊军分区党委评为先进基层党组织；被潍坊市委、市政府、潍坊军分区表彰为“拥政爱民模范单位”，县人武部政治委员包艳伦被中共潍坊市委、潍坊市人民政府、潍坊军分区表彰为双拥工作先进个人。部队战备训练、正规化建设，民兵预备役建设和征兵等工作受到上级表彰，为国防和民兵预备役建设做出积极贡献。

▲ 昌乐县人民武装部

【军事工作】 昌乐县人武部隶属于中国人民解放军山东省潍坊军分区，接受潍坊军分区和昌乐县委、县政府双重领导，正团职建制。设军事科、政工科、后勤科。辖两个地方副科级事业单位（昌乐县民兵预备役训练基地、昌乐县民兵武器装备仓库）。

民兵组织整顿工作规范化。根据上级指示要求，结合昌乐县民兵组织建设实际，按照编组出战斗力的原则，加强组织领导，调整编组布局，优化组织结构，突出建设重点，整合军地资源，规范整组秩序，狠抓工作落实，实现了人员编组由农村向社区、企业、政府机关的转移，形成以主要交通干线、重点目标、大中型水库为重点，以“应急、支援、储备”三支队伍为骨干的民兵组织新格局。结合本地实际，对“三支队伍”的编组单位进行了调整，将应急队伍人员向政府部门、机关单位转移，注重编实编强队伍，提高战斗力，确保民兵预备役队伍的可靠性和实用性。

军事训练贴近实战化。坚持党委议训，始终紧紧抓住军事训练这项中心工作，坚持科学计划，按纲施训，持续用力，狠抓落实，圆满完成了专武干部业务培训、民兵应急分队集训和双37高炮连训练以及参加省军区组织的基层新任职武装部长集训、双37高炮骨干集训。领导干部国防观念和支持武装工作的热情进一步增强。

兵员征集工作实效化。认真落实国防部“兵员征集主体向应届高校毕业生转移”的目标和“扩大征集大学生士兵比例”要求，加强组织领导，科学筹划部署，积极开展兵员征集工作。

【政治工作】 2016年昌乐县人武部干部转业人员多，党委班子成员人员少，为有效履行党委班子职能，确保人武部建设在军队改革过程中平稳运转，有效维护党委班子权威和凝聚力，坚决贯彻执行党委统一领导下的首长分工负责制，凡属重大问题，必须经党委集体讨论决定。议事决策坚持“集体领导、民主集中、个别酝酿、会议决定”的原则，坚持科学决策、民主决策、依法决策，对事关干部、重点工程建设、民兵预备役建设等重大问题，加强调查研究，掌握政策规定，把握实际情况，对问题作出定性、定量的科学分析；对专业、技术性较强的问题，组织有关业务部门和军地专家进行咨询论证；对涉及全局性工作和官兵切身利益的问题，充分听取干部职工的意见；对与地方联系紧密、政策性强的问题，加强沟通协调，确保决策科学正确。班子成员自觉以大局为重、事业为重，倍加珍惜和维护党委班子团结，做到了思想多沟通、遇事多商量、相互多包容，互相支持、互相信任、互相谅解，团结一致干事业，依靠集体创业绩。班子成员之间每年至少谈一次心，党委委员按照分工每季至少与部属谈一次心，有效维护班子的团结和统一。

【后勤工作】 2016年，昌乐县人武部后勤工作坚持认真贯彻上级后勤工作指示，以强军目标为统揽，严格落实两级军区和军分区决策部署，着力提升后勤保障能力，服务部队战备训练和现代化建设，积极拓展深化后勤保障效能，进一步强化服务意识和综合保障能力，结合新形势下军队编制体制改革需求，全面适应和做好遂行多样化后勤保障任务准备工作。

【军事编研工作】 2016年，昌乐县人武部始终坚持把做好军事编研工作视为修志编史的基础性工作，认真抓好落实。根据全军统一部署和济南、山东两级军区、潍坊军分区军事编研工作指示要求，昌乐县人武部圆满完成《昌乐县军事大事记（2006—2014）》的编纂出版任务，全书共录入文字资料43万字，图片资料288幅。于2016年8月第一次印刷出版。

【拥政爱民】 无论是在革命战争年代，还是社会主义建设时期，驻昌部队始终保持和发扬人民军队优良传统，牢记人民军队性质和宗旨，视人民如亲人，把驻地当故乡。昌乐驻军部队，在完成战备训练任务的同时，积极参加抢险救灾、承担急难险重任务、支援地方经济建设、扶贫帮困、保护人民群众生命财产安全和维护昌乐社会和谐稳定做出积极贡献。2016年7月，山东省双拥模范城（县）命名暨双拥先进单位和先进个人表彰大会在济南举行，昌乐县继2012年后再次被评为“山东省双拥模范县”，创城考评成绩在全市名列前茅。

人民防空

【概况】 2016年，在县委、县政府的正确领导下，昌乐县人民防空办公室坚持以邓小平理论、“三个代表”重要思想、科学发展观为指导，深入学习贯彻习近平总书记系列重要讲话精神，全面贯彻全国第七次人民防空会议精神，聚焦“能打仗、打胜仗”核心要求，紧紧围绕县委、县政府“三个昌乐”建设目标，深入开展“两学一做”学习教育，大力加强和改进作风建设，解放思想，积极进取，忠实履行“战时防空、平时服务、应急支援”使命任务，推进人防工程建设，拓展人防宣传教育层面，优化人防行政审批，提升人防信息化水平，推进战时防空与平时防灾减灾“两防一体化”建设，促进人防建设与城市建设同步协调发展，为建设“三个昌乐”做出积极贡献。

【管理机构】 2016年，昌乐县人民防空办公室实有编制人数11人，其中主任1人、副书记1人（12月离职）、副主任1人，研究生学历1人、本科学历6人，专业技术人员1人。内设综合科、业务科、审批服务科、安全科（与综合科合署办公）等4个科室。

【工程建设】 坚持把人防工程作为人防工作生命线，积极落实“以建为主、应建必建”的原则，严格贯彻国家和省市相关政策，严格控制易地建设审批，切实推进人防工程建设。抓好在建人防工程的建设。积极开展上门服务、一线工作，健全完善联系服务机制，建立领导干部包靠工作机制，定期到在建人防工程实地勘察，定期与建设单位座谈交流，协调解决存在的困难和问题，推进在建人防工程建设进度。加强安全生产监管。强化红线意识，落实安全生产主体责任，推进依法治安，强化对人防工程的安全生产监管，建立健全风险管控和隐患排查双重预防机制，层层落实安全责任，扎实开展安全生产隐患大排查快整治严执法集中行动，定期到人防工程进行隐患排查，坚决杜绝生产安全事故，确保人防领域安全生产形势持续稳定。开展人防工程质量检查。以人民防空法律、法规和规范标准为依据，以落实人防工程全过程管理和加强事中事后监管为目的，认真总结人防工程建设管理的经验，对全县人防工程行政审批、实体建设质量、维护管理和参建各方从业行为质量等情况进行专项检查，查找存在的问题和薄弱环节，督促整改，规范人防工程参建各方质量行为。

【宣传教育】 坚持将人防宣传教育作为搞好人防建设的基础性工作来抓，充分发挥舆论导向作用，深化与宣传、教育、媒体的沟通交流，结合防灾减灾日、警报鸣放等重要活动，通过多种形式，开展人防专题宣传教育，积极推进人防宣传教育“进机关、进社区、进学校、进企业、进网络”，不断扩大宣传教育层次和范围。积极开展人防知识宣传。结合每年6月15日开展的防空防灾警报试鸣活动，开展人防知识宣传周活动，通过在报纸上刊登人防专版、设立宣传站点、发放手机短信、发放宣传手册等方式，积极宣传防空防灾知识。大力开展防灾减灾宣传。围绕“减少灾害风险、建设安全城市”主题，5月开展防灾减灾宣传周活动，5月12日参加全县“防灾减灾日”宣传活动，设立宣传站点，悬挂宣传标语，摆放宣传版面，向过往市民发放《市民防空防灾应急手册》100余册，受到群众的欢迎。积极开展网络宣传。依托部门网站，开设“人防知识”和“民防知识”两个专栏，定期更新人防、民防知识，全年刊载防空、防灾和军事类知识200余篇（条）。

【行政审批】 2016年人防行政审批项目按时办结率保持100%。积极衔接落实国务院、省政府和市政府取消下放行政审批事项。国务院、省政府和市政府取消的事项全部落实到位。优化和规范行政审批流程，行政审批事项的审批流程严格按照国家法律规定设置，均纳入政务服务中心网上审批平台办理，确保行政审批时限“零超时”。落实行政审批事项业务手册和服务指南制度，办件网上预受理、预审查的消息及时告知经常办理业务及前来咨询业务办理的服务对象。强化事中事后监管，严格按照上级要求建立健全“双随机”抽查、信息公示、异常名录、失信惩戒、风险监测等制度措施，结合权力清单和责任清单，制定《推广随机抽查工作实施方案》，确定随机抽查事项 5 项，2016 年随机抽查三类人防监管对象 5 家企业，抽查比例为 10%。开展企业资产证照专项治理。根据市人防办《关于企业资产证照专项治理涉及人防行政许可有关问题的通知》，开展调查摸底，对涉及的 15 个项目，安排专门工作人员积极开展上门服务，详细了解项目的情况，摸清企业资产证照未能及时办理的原因，提出解决方案，推进相关企业资产证照办理进度。

法治

fazhi

政法委及综治

【概况】 2016年，昌乐县委政法委围绕“求实、创新、担当、有为”的工作思路，立足昌乐县实际加强网格化建设、治安防范检查评估、铁路护路联防、矛盾纠纷排查化解、依法治理进京非访等，完善社会治安综合治理；推进司法责任体制改革措施落实、涉法涉诉信访积案化解，通过司法救助做好涉案困难群众帮扶工作；加强对政法综治和平安建设工作的宣传、政法干部培训、政法宣传队伍培训，加强政法队伍建设。一年来，政法综治维稳各项工作取得显著成绩，昌乐县委政法委（县综治办）荣登“山东政法群英榜”，成为全市唯一的入榜单位；昌乐县综治办被潍坊市治安保险工作联席会议评为潍坊市治安保险工作先进单位（一等奖），12月底被推荐为“全省社会治安综合治理先进单位”。

【政法队伍建设】 加强政法干部培训，制定下发《政法干部参训学习制度》，积极组织政法干部参加学习讲座；县综治办组织全县有关县直部门分管负责同志、业务骨干参加市委政法委对全市政法综治干部进行的专题讲座培训；对各镇（街、区）、重点涉稳部门相关人员采取分片研讨的方式，对视频监控专网建设、网格化、矛盾纠纷排查化解、信访积案化解、进京非访处置等综治维稳工作进行培训，年内组织4次；采取以会代训等形式组织培训20余次。高度重视政法宣传工作，组织开展“政法系统政策方针知识问答”“平安建设书画展”等一系列宣传活动；组织宣传队伍开展政法综治新闻宣传和舆论引导能力培训，累计培训宣传人员260余人次。与昌乐县本地媒体共同开展法治宣传工作，开展“平安行”犯罪预防教育暨“消防安全明白人”培训演练活动，分别在建设银行、人民银行、卫计局、民政局、教育局、文化执法局、旅游局、交通局、房管办等部门和各镇（街、区）开展宣传24场，接受培训群众万余人；开创昌乐公安第一个完全自主“脱口秀”栏目《跟您说点事》，为丰富节目的内容和趣味性，在《跟您说点事》栏目开播的基础上改版为《宝都007》，2016年该档节目播出37期，每期节目观看量均超千次。认真落实新闻发布会制度，政法委及政法四部门全部建立新闻发言人和工作联络员，2016年召开2次新闻发布会，公布失信被执行人名单；运用主流媒体、政法媒体及新媒体开展宣传，昌乐县在潍坊长安网发表宣传稿件1572篇，在参与排名的16个县（市、区）中位列第一，在中央、省级主流媒体发表文章226篇，市级主流媒体发表文章215篇，在政法媒体发表文章18篇；创新宣传手段，政法部门“两微一端”平台建设应用稳步推进，截至2016年年底“昌乐公安”微信公众平台拥有总用户数19790人，“昌乐公安”微博拥有粉丝数125260人，“昌乐法院”官方微博粉丝数2198人，发布工作动态10444条，直播庭审案件18件，解答群众法律咨询123次，回复群众评论308条，“昌乐检察”“两微一端”

发布信息1000余条，在线受理举报、情况反映60余件，引导网友依法维权11起，网上回复咨询700余次，成为良好的检民直联直通互动平台。2016年4月，开通“昌乐公安”头条号新闻客户端，截至2016年年底，今日头条昌乐公安累计阅读量87765次，推荐量达1805517次。“昌乐公安”头条号在山东数说政务新媒体“端政”大会上被评为“山东最具影响力平安头条号”。《昌乐县打造政法工作新媒体矩阵》的典型经验做法在《山东政法简报》第14期全文刊发。

【社会治安综合治理】 开展居民小区治安防范检查评估，把居民小区治安防范工作作为平安建设的重要抓手，由综治办牵头组成安防评估专业小组，围绕保安配备、出入管理、视频监控、小区发案、消防安全、群防群治和居民评价等七个方面，对全县104个居民小区进行“拉网式”“会诊化”安防检查评估，对前十名的小区授予“平安社区建设示范小区”，对检查评估发现的问题，通过小区业主“微信群”向居民推送，实现群防群治预警和群众监督整改的“双赢”。结合“智慧昌乐”加强全县视频监控专网建设，进一步优化县、镇、村三级管理应用平台，实现对前端探头的远程监控、实时预览、图像回放等功能，截至2016年年底，全县安装监控探头2.3万个，其中3000余个监控探头、30处治安卡口、55处电子警察、1000余处高清监控点、55处高空球全部接入全县视频监控专网。稳步推进综治网格化工作，确立“试点先行、梯次推进、全面铺开”的工作思路，县、镇、社区和基本单元格“四级网格”搭建完成，全县划分网格1062个；充分利用网格理念和现代化信息技术，引进“9+X”信息化软件系统，建立以“人、地、事、物、组织”为核心的基础数据库，截至2016年年底，全县录入人口信息56万条、房屋信息17万条，上传各类诉求5000余件，流转、办理4800余件，办结率达96%以上，网格化管理工作模式成效初步显现。提高铁路护路联防水平，通过GPS地图定期对巡线员的巡线情况进行跟踪检查与回放；把护路工作纳入全县综治网格化管理，通过卫星实况地图进行标点定位；实施铁路护路视频监控建设全覆盖的延伸工程，铁路沿线共安装摄像头92个、高空摄像头2个，5处护路房内外各安装摄像头3个。加强矛盾纠纷排查化解，进一步深化“4+2”依法化解社会矛盾机制建设；开展矛盾纠纷排查化解专项行动，将各类矛盾纠纷预防化解在基层。2016年以来，排查各类矛盾纠纷2200余起，化解2120起，化解率达96%以上。开展排查整治工作，着力解决突出的人员密集场所治安问题，全面推行辖区民警专职化、组织民警深入基层，率先在全市全面落实警民联调机制。全县13处派出所全部建成警民联调室，进驻专职人民调解员70人，兼职人民调解员133人，排查化解矛盾纠纷1800余起，提供案件线索160余条。依法治理进京非访，加大县级领导接访力度，领导接访时间全部在昌乐电视台、《昌乐日报》、昌乐传媒网公开。

【司法体制改革】 严格落实司法体制改革措施，顺利完成入额法官、检察官的遴选工作；打造高水准诉讼服务中心，昌乐县诉讼服务中心于2015年6月新建投入使用，占地900平方米，配备8名法官、6名书记员和2名专职调解员，分为休息等待区、窗口服务区、自助服务区、信访服务区、诉调对接区和综合服务区6个功能区，各项设施齐全；构建多元化纠纷解决机制，加强诉调对接中心建设，出台《诉调对接工作流程管理规定》等文件，落实好“诊、调、裁、审”四步走工作流程，积极推动完善专业性、行业性调解组织建设，充分发挥律师调解员作用，并建立律师调解员名册制度，方便当事人选择.2016年，全县诉前调解收案612件，达成调解协议257件，依法予以司法确认136件，当事人撤诉45件，全县民商事案件收案数下降8.9%；提升案件繁简分流机制作用，认真梳理案件流程，抓好诉前、立案、排期开庭和庭审等阶段的案件分流，进一步明确工作标准、阶段限时和卷宗交接制度，成立速裁团队，2016年6月，成立独立建制的速裁法庭，受理各类民商事案件595件，审结386件，平均审结期限56天；推动公共法律服务体系建设，昌乐县委、县政府制定下发《关于加快推进公共法律服务体系建设的实施意见》和《关于建立社区法律顾问制度的实施意见》，县司法局会同县综治办联合出台《全县三级公共法律服务平台建设指导意见》，加强县公共法律服务中心、镇（街、区）公共法律服务工作站、社区法律服务室三级实体平台建设，强化“12348”热线平台建设，推进网上公共法律服务大厅建设，11月9日，全省公共法律服务体系建设推进会议在潍坊召开，昌乐县代表潍坊市为此次会议提供现场，得到与会人员的一致肯定与高度评价；在县司法局加挂社区矫正管理局牌子，成立昌乐县社区矫正重大执法事项审议领导小组及委员会。制定《昌乐县社区矫正执法监督制度（试行）》《昌乐县社区矫正工作联席会议制度》等，提升社区矫正执法规范化、标准建设水平；建立健全法律援助质量监督评价体系，提高法律援助专项资金、办案补贴标准并建立动态增长机制；推进人民监督员制度改革，加强与司法行政机关的协作配合，协助选任人民监督员7名，建立健全职务犯罪案件台账、人民监督员监督事项告知等履职保障制度，积极邀请人民监督员参加检察开放日活动，征求人民监督员意见建议，增强监督公信和实效。开展涉法涉诉信访积案化解活动，根据昌乐县涉法涉诉进京非访情况和2016年中央巡视组交办案件情况，集中梳理34起涉法涉诉信访重点案件，按照“谁主管、谁负责”的原则，逐一落实包靠领导、化解责任单位、化解责任人、稳控责任单位、稳控责任人及化解措施、化解时限。同时，从法院、检察院、司法局、县委防范和处理邪教问题领导小组办公室抽调人员组成5个督查组，每周督查2次，并在全县范围内通报。《昌乐县成功化解一起涉法涉诉信访重点案件》在市委政法委《政法动态》刊发。加强司法救助，做好涉案困难群众帮扶工作，按照《昌乐县关于建立完善国家司法救助制度的实施办法》，县财政列支20万元救助资金，对生活确有困难的刑事案件被害人和涉法涉诉信访人进行救助和帮扶。2016年全县累计救助23人，发放救助资金41万元，其中使用县级救助资金20万元，使用市级转移支付的司法救助资金11万元、专案资金10万元，涉案信访人全部息访。

公　安

【概况】 2016年，昌乐县公安局围绕县委县政府和市局党委的部署要求，以“四项建设”为总抓手，着力抓队伍、抓重点、抓基础、抓创新，不断深化“九大机制”建设，实现“六个严防发生”总目标。在特色亮点工作方面，研发应用基于移动终端的警情实时处理系统（即移动接处警系统）。升级移动接处警系统及终端APP功能模块，为一线民警配备移动终端，将接警反馈终端搬上街面、装进口袋，民警出警过程中即可完成警情反馈工作，推动接处警模式的升级换代，提升指挥调度的智能化、扁平化、可视化水平。该项目被省厅推荐参加全国公安机关改革创新大赛。深化“平安指数”运行机制。联合县综治办印发《关于创新推行“平安指数”评估及应用工作的意见》，每月对全县各镇（街、区）、居民小区、村庄的平安指数进行科学分析量化，评估结果报县委、县政府主要领导、分管领导，通报各镇（街、区）、有关部门主要负责同志，并向社会公布，搭建起凝聚各方力量、共享大数据资源、辅助领导决策的社会治理防控机制。完善公共安全监管机制。深化县、镇、单位三级消防管理体系，狠抓区域性火灾隐患排查整治，检查单位、九小场所10350家，行政处罚557家，临时查封、责令“三停”67家，拘留30人。围绕“人”“车”“路”“环境”“管理”五要素，聚焦大数据分析，健全完善视频巡控与道路交通安全管理的一体化常态联动运作模式，现场查处各类道路交通违法行为78366起，采取刑事强制措施119人，治安拘留107人。开展大培训、大练兵、大比武。组织中层干部和骨干民警113人赴浙江大学参加综合素质提升培训班；先后组织15个考察组、170余人次赴上海、浙江、江苏等13个省市学习考察无人机、智慧城市、PGIS、移动警务等项目；举办6期“轮训轮值，战训合一”培训班，培训一线民警280余人，在市局组织的“大练兵、大比武”活动中，15个项目在全市17县市区中进入前6名。构建公安大宣传格局。联合县委宣传部、县综治办举办“平安行”犯罪预防教育暨“消防安全明白人”培训演练活动，组织交通安全、消防安全以及防范电信网络诈骗、禁毒、食药环、经济犯罪等专题培训和集中宣传，培训各行各业1.3万余人次；整合78个公安微信群、民警参与的451个社交微信群以及全县25个微信公众号管理员组成的“大V管理员群”，充分发挥集群效应，在处置昌乐西湖公园“抢孩子”舆情中，通过公安微信集群发布的新闻通稿阅读量短时间内即达110253次、转发10887次，迅速“扑灭”引起群众恐慌的“抢孩子”舆情。

【重点工作】 *综治维稳机制建设方面*。圆满完成敏感时期和重大活动安保任务，将摸排的重点人员，纳入一体化管控平台动态管控；行政拘留非访人员23名、34人次，刑事拘留1人，查处网上散布谣言违法嫌疑人78名。

应急处置和反恐处突机制建设方面。在城区6部巡控车、2个PTU战斗单元常态化巡控备勤的基础上，组建“交巡联勤机动队”，配备12台特警专用摩托车，屯警街面、联勤联动，有效提升城区应急处置快速反应能力。组织400余人、39辆车举行反恐法宣传周暨立体化合成化巡防启动仪式。坚持反恐处突常态化，强化体能技能训练、武器警械使用以及常见突发、暴力警情模拟演练，不断提升单兵素质和综合实战能力。

执法规范化建设运行机制方面。县公安局执法办案中心投入使用，并与全县13个派出所的50个审讯室互联互通，执法保障水平有效提升。投资200万元，新购置293部执法记录仪、28台信息采集站和8台服务器，在全市率先将执法记录仪配发至一线民警。同时，深化执法办案闭环管理系统应用，执法办案实现全流程管控。

管理服务机制建设方面。深化文明窗口创建，大服务体系受理办理各类证照、审批事项13.5万余件，日均400余件，公安综合服务窗口被评为全县星级服务窗口。创新“互联网+”管理服务模式，通过微信公众平台开设“实时路况”功能，城区7个主要路口交通状况免费实时查看；昌乐公安“双微”平台在线答复群众咨询530余次，让数据多跑路、群众少跑腿。

队伍管理长效机制建设方面。以“两学一做”学习教育为载体，组织先锋模范警队、先锋模范警员评选，举办“高举旗帜跟党走、创先争优做表率”歌咏比赛；落实从优待警措施，执行新警衔补贴标准；强化民警维权，办理侵害民警权益案件8起，打击查处10人；开展警务辅助人员纪律作风集中教育整顿活动，提升警辅队伍正规化建设水平。

和谐警民关系建设机制方面。坚持走访常态化，向群众发放20万封《致全县人民群众一封信》和9000份创满意专刊，征集意见建议4600余条。探索警民互动“双微”化，微博拥有粉丝数12.5万，发布博文12831条，微信公众平台关注数1.8万，推送微信图文咨询267期；开创“脱口秀”栏目，播出35期，每期观看量均超千次，进一步深化创满意工作。

【治安“打防控”体系建设】 深化技防体系建设，更好支撑服务打防实战。深化“四侦联动”破案机制，坚持多警种同步上案、多战法合成作战、多手段并联推进。2016年查破刑事治安案件2289起，其中破获侵财刑事现案294起，同比上升68.97%；8起命案全破。抓获各类违法犯罪嫌疑人2400余名，其中刑事拘留572人、治安拘留574人。深化视频监控建设应用，积极推进“平安昌乐”“智慧交通”项目建设，建设安装高空球组50个、高清卡口20处、电子警察52处，在城区重点部位安装高清智能监控点1400个，连同3000余家重点单位、部位、场所的监控探头，一并接入县公安局视频监控平台。依托视频大数据应用联合实验室，研发视频大数据警务云实战平台并投入使用，提炼固化“视频+”十四战法，有效服务公安实战。构建立体化合成化巡防体系，创新推行“1+2+6+2+X”城区巡控机制和交巡联勤机制，动态布警、屯警街面、联勤联动，“压发案、压事故、保平安、保畅通”。创新建立派出所合成作战室、视频巡逻侦查大队、视频监控指挥中心“三级”视频巡控机制，天眼制导、空地联动。开展小区安防检查评估，印发《全县居民小区安防状况评估办法》，联合县综治部门集中对全县各居民小区的保安配备、出入管控、视频监控、小区发案、居民评价等6大项15个小项进行实地检查评分，并公开通报、挂牌整改，有效推动群防群治，夯实社会治安防控基础。

【“110”服务】 规范工作流程。提升接出警满意率。牢固树立“群众利益无小事”责任意识，及时妥善处理群众报警和求助。认真学习公安部和省厅《110接处警工作规则》，从接警、指挥、出警、处警、反馈、视频监控等各个流程入手，进行规范化管理。特别是对接受报警、警情录入、指挥调度、警情回访等方面进行明确和规范。在接处警工作中，注重公安礼仪规范，做到语言文明、态度诚恳、内容简明，要素齐全。对不属职责范围内的警情，立即启动“110”社会服务联动机制，坚决杜绝冷硬横推等现象发生。2016年，昌乐“110”共接处警31489起，接警反馈率达100%，回访满意率达99%以上。

规范扁平化指挥。坚持有警必接、统一指挥、快速反应、协同作战的原则。依托视频监控系统、4G执法记录仪、350兆集群等平台，根据警情地点，运用指挥调度平台快速高效调度就近警力处置，有效减少指挥调度的中间环节。做到接警快、出警快、处警快、信息反馈快、围追堵截快，实现点对点指挥调度。2016年，为群众提供咨询、查询服务6472次，未发生因服务质量问题而被群众投诉的情况。

规范信息化运用。坚持“信息主导警务”理念，大胆探索创新，狠抓信息化运用，全力挖掘便民、利民新举措。充分利用视频监控资源，建立视频查询制度，主动为群众服务，为有查询、调阅视频监控需求的单位和个人，提供视频查询服务。不断深化“互联网+公安政务服务”建设，将群众求助、咨询事项落户互联网，依托“昌乐警方”微信、微博等宣传平台，与群众积极开展互动，耐心解答群众提出的相关问题。2016年，累计向群众和相关部门提供视频查询服务230余人次，为群众挽回财物累计价值50万余元，找回失踪儿童、老人20余人。

规范“110”宣传。坚持传统方式与网上宣传相结合，通过“110”宣传日，上街咨询、展板展示、发放宣传手册等传统形式，同时充分利用电视、网络、移动通信设备等现代新闻资讯渠道，精心策划宣传专题，大力开展“110”宣传活动，让广大群众了解“110”。

【安保】 2016年，昌乐县公安局共组织安全保卫活动29次。较大的安全保卫任务有：4月29日，山东昌乐首届旅游节启动仪式在五图街办庵上湖村举行，旅游节共10项活动。县公安局部署警力140余人次，圆满完成安全保卫任务。6月20至9月6日，2016年“文明之夏”广场文艺演出活动在市民文化体育公园举办，共安排30场演出。县公安局部署警力350余人次，圆满完成安全保卫任务。10月16日至19日，2016中国（昌乐）国际宝石博览会在中国宝石城举行，期间共安排活动项目12项，参会人员达2万人。县公安局部署警力1000余人次圆满完成安全保卫任务。

【重要案件侦破】 1. 谭某华、祝某忠系列诈骗案。1月7日，县公安局抓获两名涉嫌诈骗犯罪嫌疑人谭某华（上网逃犯）、祝某忠。经审讯，自2015年11月以来，该两名犯罪嫌疑人多次窜至昌乐、诸城等地采取伪造提款单的方式实施诈骗7次。

2. “12·30”陈某智抢劫案。2月29日，县公安局抓获涉嫌抢劫犯罪嫌疑人陈某智。经审讯，2015年12月30日，犯罪嫌疑人陈某智伙同他人窜至昌乐县乔官镇南岩北村的王某全家实施盗窃时被发现后，犯罪嫌疑人陈某智持刀将被害人王某全砍伤，并抢走现金3万元。

3. 王某宁系列抢劫案。3月2日，县公安局将涉嫌抢劫的犯罪嫌疑人王某宁抓获。经审讯，犯罪嫌疑人王江宁对2016年1月份以来，多次窜至昌乐县城“君悦阁”“金足堂”“温馨”“足下生辉”等足疗店内，采取持刀威胁、恐吓的手段抢劫现金、首饰的犯罪事实供认不讳。

4. 岳某平故意杀人案。3月7日，县公安局抓获涉嫌故意杀人犯罪嫌疑人岳某平。经审讯，犯罪嫌疑人岳某平于3月6日窜至昌乐县城郭家庄路口南、文化路路东罗某美经营的按摩店内，采取双手掐脖子、拖把杆击打和刀子捅脖子等手段将罗某美杀死。

5. 欧某某布等人系列爬窗入室盗窃案。3月18日，县公安局将涉嫌盗窃的犯罪嫌疑人欧某某布、额某某布、吉某某前抓获。经审讯，该三名犯罪嫌疑人于3月10日至18日间在昌乐县相府锦苑、昌盛一期、昌东新天地、矿机花园小区采取爬窗户入室方式盗窃5起，依法扣押手机、电脑、手表等物品14件，涉案价值1万余元。

6. “1·28”周某龙抢劫案。3月19日，县公安局将涉嫌抢劫犯罪嫌疑人周某龙抓获。经审讯，犯罪嫌疑人周某龙于1月28日，窜至杜某萌停放在昌乐县方山路利达商店门口处公路上的车内，采取持刀威胁的手段抢劫杜某萌。

7. 吉某某呷系列爬楼入室盗窃案。4月30日，县公安局将涉嫌盗窃犯罪嫌疑人吉某某呷、阿某某吉抓获。经审讯，2016年4月以来，犯罪嫌疑人吉某某呷伙同阿某某吉先后窜至昌乐县南苑小区、电业公寓、盛港府第、温泉公寓、阳光嘉园等居民小区爬楼盗窃现金、手机、照相机和笔记本电脑等物品，价值2万余元。

8. 吕某宝非法治造、买卖、邮寄枪支案。6月3日，县公安局将涉嫌非法治造、买卖、邮寄枪支上网逃犯吕某宝抓获，并在其家中搜查出5支嫌疑枪支，六四手枪子弹177发，五四手枪子弹9发，步枪子弹18发，以及枪支零部件等物品一宗。经审讯，犯罪嫌疑人吕某宝涉嫌非法治造、买卖、邮寄枪支。该案被公安部列为部督案件。后陆续将同案犯梁某尔、梁某宇成功抓获。

9. “6·15”重大爆炸杀人案。2016年6月15日14时许，一辆车牌号码为鲁V9K*70的汉兰达越野车行驶至昌乐县郿郚镇郿郚北村菜市街时发生爆炸，车内刘某君被炸身亡，刘某臣被炸伤。6月19日，县公安局抓获四名涉嫌故意杀人犯罪嫌疑人刘某、王某清、潘某、刘某科。经审讯，刘某科、王某清等人通过制造爆炸装置，事先安装在鲁V9K*70的驾驶座底下实施爆炸。该案被评为“全省十佳命案卷宗”“全省利用刑事技术手段破案十大典型案例”。

10. 吴某涛等人系列抢劫盗窃案。7月6日，县公安局抓获涉嫌抢劫盗窃犯罪嫌疑人吴某涛、阎某祥、赵某鹏、张某林。经审讯，2016年4月以来，犯罪嫌疑人吴某涛伙同阎某祥等人采取喷辣椒水的手段多次在昌乐县城、昌乐县五图街道、昌乐县乔官镇等地的私营超市内实施抢劫、盗窃。

11. 捌某某呷等人系列技术开锁盗窃案。8月4日，县公安局抓获4名涉嫌盗窃犯罪嫌疑人捌某某呷、保某某发、日某某作、石某某洛。经查，6月29日以来，犯罪嫌疑人石某某洛伙同捌某某呷、保某某发等人窜至盛港府第、温泉公寓等小区采取技术开锁的方式入室盗窃，共计涉案价值24万余元。

12. 葛某伟故意杀人案。8月25日，刑警大队将涉嫌故意杀人犯罪嫌疑人葛某伟抓获。经审讯，8月17日下午，犯罪嫌疑人葛某伟窜至昌乐县乔官镇段家沟村，翻墙进入郝某新家，向其索要钱财，并多次对其进行威胁、殴打，后采取掐脖子的方式将郝某新杀死。

13. 孙某福故意伤害致人死亡案。8月29日，县公安局抓获涉嫌故意伤害（致死）犯罪嫌疑人孙某福。经审讯，8月28日上午，犯罪嫌疑人孙某福在昌乐县珠宝一街与昌明街交岔路口东50米处郭某的猪肉摊处，因琐事与李某录发生打斗，孙某福持刀将李某录捅倒在地，后经抢救无效死亡。

14. 阿某某体等人系列爬楼入室盗窃案。9月15日，县公安局将涉嫌盗窃犯罪嫌疑人阿某某体、沙某某洛、阿某某合、尔某某里、沙某某衣抓获。经审讯，自2016年8月以来，犯罪嫌疑人阿某某体、沙某某洛等人到昌乐县多个居民小区爬楼入室实施盗窃。

15. 刘某宝故意杀人案。9月15日，县公安局将涉嫌故意杀人犯罪嫌疑人刘某宝抓获。经审讯，2016年9月12日，犯罪嫌疑人刘某宝用木棍持续对同村居民王某德进行殴打。王某德经抢救无效死亡。

16. 李某兴拐卖儿童案。9月29日，县公安局将涉嫌拐卖儿童的犯罪嫌疑人李某兴、涉嫌收买被拐卖儿童的犯罪嫌疑人刘某兰抓获。2016年8月，县公安局民警在工作中发现犯罪嫌疑人李某兴等有拐卖儿童嫌疑。经审讯，2014年8月22日，犯罪嫌疑人李某兴以出卖为目的，将娄某于8月21日晚生产的女婴以5万元的价格卖给刘某兰。

17. 张某等人故意杀人案。10月7日，县公安局将涉嫌故意杀人犯罪嫌疑人周某智、周某鹏抓获。10月10日，抓获同案犯张某洋。10月30日，抓获涉嫌故意杀人罪上网逃犯张某。经审讯：2016年9月26日，犯罪嫌疑人张某伙同周某鹏等人在昌乐县内高崖水库坝东树林子处一条土路上，用砍刀将陈某砍伤，后犯罪嫌疑人张某等人驾车逃跑，被害人陈某因失血性休克死亡。

18. 殷某强故意杀人案。12月5日，县公安局抓获涉嫌故意杀人犯罪嫌疑人殷某强。经审讯，2016年12月4日，犯罪嫌疑人殷某强为抢劫钱财，窜至同村邓某霞家中用刀子将其杀害，后将同村刘某燕骗至邓某霞家中，将其捂死。

19. 姚某龙等人系列抢劫案。12月11日，县公安局抓获涉嫌抢劫上网逃犯姚某龙。经审讯，2015年10月9日，犯罪嫌疑人姚某龙伙同他人窜至昌乐县宝都街道南关村“足疗拔罐”店内采取持刀威胁、胶带捆绑的手段抢劫手机2部、现金500余元、笔记本电脑1部及金项链1条，涉案价值共7500余元。

【户籍制度改革】 按照《潍坊市人民政府关于进一步推进户籍制度改革的意见》要求，在城区和其他镇（街、区）范围内有合法稳定住所或合法稳定就业的人员，本人及其共同居住生活的配偶、未婚子女、父母可以申请到县公安局办理登记落户手续。推进城区社区管理户口制度。为昌乐县规划建立的13个城区社区居委会办理立户手续，并培训人口管理员，解决外来人员进城“落户难”问题。全面开展居民身份证“三项制度”建设工作。在城区确定开发区派出所户籍窗口为身份证跨省异地办理先行单位，7月4日成功受理户籍地为安徽省的第一张跨省异地居民身份证。自11月30日，全面开展身份证跨省异地办理工作，至12月31日，共审核、签发省外异地办理二代证49件，受理省外异地办理二代证47件，办理挂失申报2249件。切实做好无户口人员户口登记工作。按照省公安厅、市公安局部署要求，全县公安机关深入单位、村庄入户走访调查，摸排并办理无户口人员户口登记108人。

【出入境管理】 2016年，县公安局出入境管理部门共办理护照证件3619人次，加注146人次；办理港澳通行证1593人次，签注3247次，大陆居民往来通行证631人次，签注476次。录入法定不准出境99人，截获法定不准出境人员1人，境外人员签证43人次，临时入境人员626人次，国家机关工作人员备案9815人，法定不住出境人员99人。

【消防】 2016年，按照“党政同责、一岗双责、失职追责”的要求，严格落实消防安全工作的单位主体责任、镇街属地责任、部门监管责任；制定下发《关于对生产经营单位安全生产实行实名制监管的意见》，将具体责任单位、责任人名单挂牌上墙、接受监督，做到实人、实名、实管；依托社会综治平台，建立健全“镇街区、社区（村）、单位（场所）”三级消防网格化管理体系，确保工作时时有人抓、事事有人管，实现基层消防职责全覆盖。加大投入力度，全面提升火灾防控能力。在县级层面，建成使用宝城一级消防站和鄌郚二级消防站，成立现役消防队1支、31人，政府专职消防队2支、33人；2016年，先后投资3000万元购置消防车、消防器材，消防执勤车达15辆、配套器材1184件；新建258具市政消火栓，完成全年总数的130%，其中城区新建193具，除城区外的7个乡镇分别建设10具，消防供水能力显著增强；同时，针对朱刘街道化工较多的实际，建成朱刘二级消防站，新招录25名专职消防员。在镇级层面，组建镇级专职消防队，每队配备1名民警、2名专职消防员、2名专职消防文员以及1辆载水1.5吨的消防水罐车和1辆消防监督执法电动车，实现“一镇一队一车”目标。镇级专职消防队独立或参与扑救大小火灾90余起，成为扑救边、远、散地区火灾的重要力量。在企业和社区层面，在潍焦集团、阳光纸业、英轩集团等7家大型企业建立消防站，配备消防车，纳入“119”调度体系；在202家重点单位、64个社区建立微型消防站，每个微型消防站配备由管理人员、保安、志愿者等组成的6名专（兼）职消防员，负责消防巡查、火灾培训、初期火灾扑救等工作，有力推动消防群防群治，成为正规消防力量的良好补充。深入开展消防安全隐患排查整治，针对城中村、城乡接合部、“三合一”建筑、“九小场所”等消防乱点和监管难点，实施动态预警监管，强化综合治理，始终保持对火灾隐患严查严打的高压态势。共安装独立式感烟火灾探测报警器1199个，对1022家单位进行电气检查，整改不合格电气线路5.1万余米。2016年，共检查单位11882家次，督促整改火灾隐患19817处，责令“三停”单位23家，临时查封单位50家，拘留16人。推进“智慧消防”建设。将“智慧用电”项目建设纳入全县安全生产总体规划，依托县公安局指挥中心建立监控平台，实现对社会单位电气火灾进行宏观监管、重点监管和精确监管。至12月，有58家社会单位安装206套智慧式用电安全隐患监管服务系统，推送报报警信息378条，消除电气火灾隐患297处。加强消防安全教育培训，县委宣传部、综治办、公安等部门联合印发《昌乐县“消防安全明白人”培训演练活动实施方案》，开展社会单位点对点上门集中培训。从消防大队、公安派出所等部门抽调人员组建15个宣传小分队，采取点对点，上门培训的方式，培训社会单位880家次，培训“九小场所”6240家，实地指导开展灭火演练和人员疏散演练1530家次，并建立完整培训档案7024份。建成昌乐县中小学消防科普教育基地建成并使用，丰富消防体验场所，参与体验学生达5200人次。

【交通管理】 2016年，建立交通安全隐患排查治理长效机制，坚持“交通安全隐患排查治理永远在路上”的工作理念，建立“随时排查、汇总分析、即时整改”的隐患排查治理机制，定期召开交通事故分析会，每周、月、季度、半年形成事故分析报告，指导路面勤务警力加强事故多发路段的隐患排查和路面巡查，确保排查出的交通安全隐患得到及时整改。强化车驾管源头管理，2016年办理车管业务25617个、驾管业务20631个，处理非现场道路交通违法行为127251起；进一步加强机动车检测机构的监管检查，严格重点车辆及驾驶人的年检年审，杜绝不合格车辆及驾驶人上路行驶。加强交通秩序整治，一方面深入推进“双七”整治，将酒后驾驶、涉牌涉证、超载超员等重点交通违法行为整治纳入中队考核，实现重点交通违法行为整治的常态化。查处酒后驾驶623起，涉牌涉证1782起，超员108起，超载397起，刑事拘留、取保候审119人，治安拘留107人。另一方面与交通局、行政执法局加强联勤联动、联合整治，开展崔家庄、宝通街运砂石大型机动车专项整治、运输垃圾车辆专项整治、联合治超专项行动等活动，加强超载大货车的治理，通过缉查布控查处违法行为为99起。交通智能建设，依托昌乐县智慧城市建设，新建电子警察43处、视频卡口及简易卡口45处（其中测速卡口8处、区间测速2处）、流量检测20处、高空球50处、交通诱导6处，建成智能交通管控平台，并通过省市专家评审。新增电子警察52处，电子卡口20处，完成58处信号灯智能改造、52个路口黄灯改造，施划标线16万平方米。交通安全宣传教育，联合县委宣传部、教育局、交通局、传媒集团等部门，通过在中小学、幼儿园设立宣传栏、展板，在公交车车载屏幕、出租车LED显示屏公益广告播放等多种措施开展交通安全宣传；到企业和学校上交通安全课170余场次，发放交通安全宣传材料45万余份。

【监所管理】 2016年，县看守所、拘留所共办理收押（拘）1112人次，出所1093人次，提审1400余人次，谈话教育3000余人次；救治各类患病危重被监管人员2人，医护巡诊760余次，出所就医30人次，投送监狱112人。深入推进执法规范化建设。认真落实规章制度，加强监管民警的业务培训，使每名民警熟练掌握执法标准、执法流程、执法规范，从在押人员收押入所、会见、提审、留所服刑犯管理，直到在押人员出所，做到环环相扣、步步有招，切实把措施落到实处。开展医疗卫生专业化建设。实现“公安监管部门负责监管安全、卫生计生部门负责医疗卫生”的专业化运作模式。确定昌乐县人民医院为合作医院，给予配齐医疗设备，由医院派驻5名医护人员到监所卫生所内工作。

【森林公安】 2016年，集中开展非法侵占林地清理整顿、保护鸟类等野生动物资源、野外违规用火等专项行动，严厉打击破坏森林资源和野生动物违法犯罪行为，有力保护全县森林资源安全。办理涉林案件23起，其中刑事案件2起、治安案件1起、林业行政案件20起；刑事拘留2人、行政处罚28人。与森保部门成功救助国家二级保护动物红隼1只。

检　察

【概况】 昌乐县人民检察院设有20个内设机构，派驻红河镇、营丘镇、乔官镇、朱刘街道、城郊5个检察室。在职在编干警84人，干警平均年龄为45岁，男女比例为76%和24%。全院有法律专业人员62人，2016年研究生学历12人，本科学历为56人，入额检察官25人。在2016年度全市检察工作科学发展绩效考核中名列第二名，被最高人民检察院表彰为“全国先进基层检察院”，成功跻身全国先进行列，实现历史性的突破。

【刑事检察】 坚持“严打”方针，严厉打击各种严重刑事犯罪活动，始终把黑恶势力犯罪、暴力犯罪、多发性侵财犯罪等严重刑事犯罪作为打击重点。对重大刑事案件和群众反映强烈、社会影响大的案件，适时提前介入侦查活动，依法从快批捕。受理审查逮捕案件188件254人，依法批准逮捕120件177人，无捕后撤案、判无罪及错捕案件发生。受理审查起诉各类刑事案件385件592人，依法提起公诉303件421人，出席法庭700余次，法院依法判决342件487人。深入贯彻宽严相济刑事政策，积极参与社会治理创新，坚持把化解社会矛盾、促进社会和谐贯穿于执法办案全过程，对过失犯罪、民事纠纷等引发的轻微刑事案件，加大调解力度，促进刑事和解，增进社会和谐，不批准逮捕68件77人，不起诉9件9人。在敢于监督、善于监督上下功夫，充分发掘审查逮捕工作中的监督线索来源渠道，运用各种监督手段，切实增强监督的力度和实效，监督立案15人，监督撤案6件，纠正漏捕3人。不断强化刑事审判监督，共追诉漏犯被法院作出有罪判决的20人，提请抗诉案件5件，潍坊市中级人民法院改判3件。侦监、公诉部门牢固树立“案件质量是生命线”的意识，严格按照有关证据规定审查、判断、运用证据，加强对非法证据的排除审查，严防冤假错案的发生，保证案件质量。加强对弱势群体的司法保护，成立“雏鹰未检工作室”，不断完善未成年人司法保护一体化工作机制，被表彰为山东省老年人公益维权示范站。

【职务犯罪检察】 始终保持惩治腐败犯罪高压态势，坚持早部署、早安排、抓开局、抓主动，职务犯罪侦查部门主动开展工作，立查贪污贿赂等职务犯罪案件11件14人，立查渎职侵权等职务犯罪案件4件5人，两项工作均圆满完成年度目标任务，并做到当年案件当年审结，有罪判决率为100%。其中，立查的渎职侵权案件有80%为科级干部，立查的管某强等人玩忽职守案被评为“全省反渎部门精品案件”。积极开展警示教育宣传活动，组织警示教育宣讲团，开展预防宣讲6次；对县医院、县国土局、县公安局、全县1400余名村会计进行法治宣讲12次；参加市院警示教育宣讲团，在全市扶贫领域开展巡回宣讲4次；根据市院安排到峡山区开展警示教育活动1次。重点联系省院挂牌督办的潍坊申易现代物流项目等，为源头治理腐败发挥积极作用，在全省优秀预防警示教育讲稿评选和全省优秀预防检察建议评选中均获一等奖。

【刑事执行检察】 开展刑事执行检察监督，向社区矫正部门提出书面纠正违法6件，向昌乐县看守所提出书面纠正违法5件，办理羁押必要性审查案件24件，办理审查逮捕案件3件3人，办理公诉案件3件12人，办理纠正减假暂违法案件3件。集中清理判处实刑罪犯未执行刑罚专项活动，监督执行机关将11名未羁押实刑犯依法交付监狱或看守所执行刑罚，极大地维护法律的严肃性与公正性。着力保障在押人员的合法权益，畅通在押人员维权通道，实时掌握在押人员羁押时间变动情况，及时进行羁押期限预警提示。深化监管场所检务公开，向在押人员发放《在押人员权利义务告知书》《检务公开手册》600余份，在看守所收押室、会见室、被监管人进出通道、监区南北走廊布置检务公开宣传标牌8块。制定《关于在昌乐县看守所设立立人学校的实施意见》，在看守所内建立“立人学校”，师资主要由12名资深检察官、法官、律师和心理辅导专家组成，通过组织开展文化教育、法治培训、心理辅导、主题活动等，加强对在押人员的教育改造。

【民事行政检察】 开展民事行政诉讼监督，受理抗诉类案件1件，共协助市院办理二审案件6件，向法院发出检察建议2件。推进行政执法检察监督，以环境保护、国土保护和食品药品安全、国资保护行政执法检察监督专项活动为载体，加大办案力度，综合运用检察建议、支持起诉等手段，着力监督纠正行政不作为、乱作为的问题，办理行政违法检察监督案件7件。全力打击虚假诉讼，根据虚假诉讼案件易发领域和案件特点，对容易调解的大额借贷纠纷，执行程序中新增债权人，诉讼过程、执行过程异常顺利等“疑似”虚假诉讼案件的甄别能力，及时发现并办理虚假诉讼案件。开展公益诉讼，从环境资源保护领域入手，扎实推进案件摸排办理，成功办理全省首例国土资源领域行政公益诉讼案件。

【控告申诉检察】 建成并投入检察服务大厅，

包括控申接待窗口、律师服务室、远程视频接访室、情绪疏导室，配置安检门、手持金属探测器、电子触摸屏，安装高清视频监控系统，做到规章制度上墙、值班检察官上墙，确保接访环境规范、安全、有序。建立律师参与化解和代理涉法涉诉信访工作机制，依托律师协会和法律援助中心，挑选政治素质高、责任心强、业务好的律师到律师服务室内，轮流值班或预约接访，直接面向群众开展涉法涉诉信访案件化解和代理工作，引导信访人依法有序信访，有效地维护信访人的合法权益、促进社会和谐稳定。做好日常信访工作，共接收各类信访案件150件，其中来访72件，来信53件、来电网络25件；提高办案质量和效率，共办理各类案件24件，市院交办案件1件，初核案件1件，不立案线索审查3件，司法救助9件，刑事申诉5件，提请市院抗诉1件，市院采纳并向潍坊市人民法院提出抗诉。顺利通过全国文明接待室创建验收，全面开展律师参与化解和代理涉法涉诉信访工作，实现无涉检赴省进京访、无信访责任事故。

【检察信息化建设】 2016年，以检务云建设为平台，以电子证据实验室项目为引领，案件质量评查系统、涉案物证管理系统、廉政风险防控系统和侦查情报信息系统等一批信息化应用全面运行。以应用整合、数据共享为重点，以安全保密、运维管理为保障，深入实施电子检务工程，认真开展侦查信息网安全体系和检视通视频资源整合建设，全面加固网络安全防御体系。建成直通高检院的全省第一家技术案件远程会商系统，搭建起“面对面”技术交流协作平台。研发的“掌上检察OA”正式上线运行，实现政务管理无纸化、智能化、信息化，将检察工作接入“互联网+”时代。案管部门依托电子卷宗系统，制作电子卷宗433件1078册，提高办案效率和服务实效。

【派驻检察室建设】 高标准高起点建成派驻朱刘、红河、乔官、营丘、城郊5个检察室，围绕辖区特点打造“一室一品”。红河、乔官、营丘、朱刘、城郊5个派驻检察室以打造全市检察机关样板派驻检察室为目标，按照标准要求，扎实开展工作，顺利完成5个一级规范化检察室的等级复核。完善内部无缝对接、外部顺畅衔接的职能发挥机制，检察室法律监督职能得到履行，共办理轻微刑事案件62件，开展社区矫正监督21次，化解矛盾纠纷56起，为群众办实事25件，在基层治理法治化中注入充足的检察元素。乔官检察室建设的网上民生服务平台得到群众广泛赞誉，红河检察室被省院评为“全省优秀派驻基层检察室”，派驻检察室工作进入发展快车道。

法　院

【概况】 昌乐县人民法院坚持司法为民、公正司法，依法履行司法职责，为维护社会和谐稳定、促进经济社会科学发展发挥应有的作用。2016年，受理各类诉讼、执行案件6057件，与2015年同比下降4.8%；审、执结6730件，与2015年同比上升3.2%。被授予“2016年度县直部门工作实绩综合考核先进单位”称号；社会治安群众安全感满意度获得全市法院系统前三名。

【刑事审判】 始终坚持严打方针，认真贯彻宽严相济的刑事政策，依法惩处刑事犯罪354件503人。严厉打击严重危害社会治安和人民群众生命财产安全的犯罪，审结“两抢一盗”案件65件110人，维护良好治安环境。突出审理大案要案，依法判处犯贩卖毒品罪的毛某某有期徒刑十五年，有效打击毒品犯罪；严厉打击破坏金融管理秩序犯罪，依法判处犯合同诈骗罪的刘某某有期徒刑十年并处罚金。

【民商事审判】 充分发挥疏导、调节的司法职能，审结民商事案件4122件。依法审理朱刘煤矿清算案，中央帝景、皮鞋厂等6家企业破产案。始终坚持快立案、快审判和快执行的“三快”原则，妥善快速处结影响全县经济发展的重大项目建设纠纷和企业合同纠纷835件。派出干警远赴全国20多个省市，为全县骨干企业挽回经济损失8000余万元。充分发挥五处人民法庭维护基层稳定的前沿阵地作用，处结婚姻家庭、民间借贷等案件1540件。快速审结道路交通事故损害赔偿案件705件，及时过付赔偿款4221万元。加大对弱势群体和困难群众的司法救助力度，开辟维权的“绿色通道”，为困难群众减缓免诉讼费6.71万元、发放司法救助金6.8万元。

【行政审判】 审执结行政诉讼和非诉行政案209件，依法征收各种行政规费和罚款1139万元，既保护行政相对人的合法权益，又支持行政机关依法行政。同时，加大行政诉讼法宣传力度，积极推进行政机关负责人出庭应诉规范化和常态化，行政机关负责人出庭应诉率明显上升。

【执行】 围绕“两到三年基本解决执行难”的目标，通过加强信息技术应用、强化执行规范化建设等措施和开展涉民生案件集中执行活动，有效提升执行结案率，共执结案件2067件，标的额8.3亿元。不断完善执行征信机制建设，向社会公布1502名拒不履行义务的失信被执行人信息，联动惩戒失信行为 353人次，促使88名被执行人自动履行法定义务。加强与检察、公安机关的协调配合，共同出台实施意见，联合开展集中打击拒不执行判决、裁定等犯罪行为的专项行动，两名被执行人被依法追究刑事责任，有力维护法律权威和尊严。

【立案信访工作】 按照上级法院建设“四化”诉讼服务中心的要求，将诉讼服务中心分为休息等待区、窗口服务区、自助服务区、诉调对接区、信访服务区和综合服务区六大功能区，并科学划分各功能区的职能，为群众提供更加优质高效的司法服务。认真落实立案登记制，切实做到有案必接、有案必立。深化完善多元化纠纷解决机制，在诉讼服务中心和五处人民法庭分别设立人民调解工作室，邀请、委托人民调解员参与化解案件254件。强化院领导定期接访等措施，落实办案人员一岗双责，实现涉诉信访工作稳步发展。

【调研宣传工作】 围绕反映法院工作动态，及时编写工作信息，被上级法院和党委采用16篇，其中，被省高院采用1篇。围绕总结审判经验，组织10多次调研活动并形成调研报告。全力做好《潍坊日报·法院特刊》的投稿工作，在《山东法治报》等各级新闻媒体发表稿件152篇。做好法院两个外部网站、一个内部网站和官方微博微信的建设和维护，及时发布司法动态上万条。

【司法警察】 不断加强法警技能训练，全面履行法警“八项职能”，有2名招聘法警代表省法院参加全国司法警察汇报演练，赢得省法院通报表扬。法警大队执行刑事押解、看管任务611人，为449件刑事案件和46件民商、行政案件完成值庭工作。执行案件335件，协助执行案件36件，协助中院执行死刑2次。

【司法技术】 严格落实《对外委托鉴定、评估、拍卖等工作管理规定》，为审判执行工作提供优质高效的服务。全年对外委托办理法医鉴定、文证鉴定以及审计、评估、拍卖等981件。在委托案件过程中，严格落实“五个严禁”和委托评估、拍卖和变卖工作的实施细则，维护当事人的合法权益。

【司法公开】 不断深化审判流程公开平台建设，健全诉讼短信自动发布机制，保障当事人的知情权和监督权。全面推进庭审公开，案件公开开庭率达99%，旁听群众近1万人次。深入推进司法公开工作，裁判文书上网5708件。认真抓好案件庭审直播工作，向上级法院报送直播案件112件。组织开展“法院开放日”活动2次，邀请昌乐县外国语学校师生和社会群众进行庭审旁听，满足群众对司法的新需求。充分发挥人民陪审员在扩大司法民主、促进司法公正方面的积极作用，人民陪审员案件陪审率达100%。

【司法责任制改革】 出台规定逐步下放裁判文书签批权，做到真正让审理者裁判，让裁判者负责。落实院、庭长带头办案制度，专门出台实施办法，院、庭长承办或参与案件审理2797件。完善案件繁简分流机制，成立速裁法庭，实行“2+1+1”的速裁团队模式，快速审理简易民商事案件。受理各类民商事案件626件，审结463件，取得良好的效果。按照上级法院的统一部署，紧锣密鼓地推进改革任务的落实，选任员额法官42名。

司法行政

【概况】 2016年，全县司法行政工作在县委、县政府的正确领导和上级业务部门的指导下，坚持以建设法治昌乐为目标，以推进公共法律服务体系建设为切入点，创新举措，优化服务，为经济社会发展创造优良法治环境。昌乐县被授予“2011—2015年全省普法依法治理工作先进县”称号，昌乐县司法局被评为“全省司法行政系统先进集体”“全省司法行政系统信息化先进集体”。公共法律服务体系建设成效显著，被授予“山东省公共法律服务示范中心”称号，三大平台建设被评为潍坊市优质服务项目。11月9日，全省公共法律服务体系建设推进会议在潍坊市召开，与会人员现场观摩宝都街道公共法律服务中心、县公共法律服务中心。司法部、山东省厅、潍坊市局领导检查调研16次，山东省内外30余个考察团到昌乐交流学习。扎实推进干部队伍素质提升，在全市政法队伍建设工作会议上，昌乐县司法局作典型发言。

【公共法律服务体系建设】 县委、县政府制定下发《关于加快推进公共法律服务体系建设的实施意见》和《关于建立社区法律顾问制度的实施意见》，县司法局会同县综治办联合出台《全县三级公共法律服务平台建设指导意见》，为县、镇（街、区）、社区（村）三级公共法律服务体系建设工作明确人员组成、工作场所、工作职责、工作制度等。加强实体平台建设，在县级，有效整合法律服务、法律援助、法治宣传、人民调解、司法鉴定等资源，采取窗口化、综合性、一站式服务模式，建设县公共法律服务中心。在镇街，10个镇（街、区）基本建立起公共法律服务工作站，在社区，建立社区法律服务室。加强热线平台建设，整合“12348”热线和法律援助热线，建成集法律咨询、法律援助、法治宣传、舆情收集为一体的公共法律服务热线平台。加强网络平台建设，打造一站式网上公共法律服务大厅，设置找律师、办公证、求法援、寻鉴定、要调解、学法律和法律地图等栏目。年内办理各类公证事项2340件、法律援助案件380件。

【普法依法治理工作】 围绕全面落实“谁执法谁普法”责任制，强化组织保障和督查考核。充分发挥手机短信、微信微博公众号、LED显示屏、无纸化考试等新传媒普法阵地的作用，增强法治教育的关注度和趣味性。办好《今日说法》社区广播栏目，通过以案释法等形式，将法律知识传播到村。实施校园“四个一”工程，加强青少年法治教育。编制“七五”普法规划，高标准启动“七五”普法依法治理工作。建成法治文化广场，增添法治名言警句竖碑、法治人物、法治宣传碑等法治元素。

【人民调解】 积极引导政府法律顾问、社区法律顾问参与纠纷调解；加强流动调解室、品牌调解室建设，优化行业性、专业性人民调解功能，建立人民调解与诉讼、公安110、检察、信访四个对接机制。推行“互联网+人民调解”，探索运用大数据助力人民调解工作，着力完善矛盾纠纷“红黄绿”三色研判分析功能，对不同等级的矛盾纠纷进行分类排队、优化整合，有效指导各级调解组织和调解员。认真贯彻落实《律师参与化解和代理涉法涉诉信访案件工作暂行办法》，在县检察院服务中心设立律师接访室。全县建立县、镇、村、组四级人民调解组织，其中县人民调解工作指导委员会1个，镇（街、区）调委会10个，村级调委会369个，有人民调解员4760人，并在镇（街、区）、村人民调解委员会设立调解庭（室），构筑多层次、多形式、全方位，遍布城乡、厂矿企业的人民调解组织网络，形成“大调解”的工作格局。人民调解委员会基本实现“六统一”（标牌、印章、人民调解标识、程序、制度、文书）和“五有”（有标识牌、有办公场所、有印章、有调解回访记录、有统计台账）。建立健全目标管理、纠纷登记、统计、文书档案管理等十多项管理制度；加强联络互访机制、矛盾纠纷预防排查调处机制、人民调解工作保障机制、人民调解工作督办机制等矛盾纠纷排查调处长效机制。2016年，全县各级调解组织化解矛盾纠纷10034起，调处成功率达98.5%。

【公证服务】 县公证处有7名公证员。对公证处加强日常监管和内部自律管理，以制度治处，以办证质量促效益，以贯彻落实《中华人民共和国公证法》为立处之本，规范执业，诚信服务。广招证源，2016年与银行系统合作开展“赋强”公证业务。在全市范围内率先启用电子印章和二维码验证系统，实现网上办证咨询、预约、受理。推行公证“三零”制度和节假日办证制度，为老弱病残等行动不便当事人提供预约上门服务，为规模以上企业开通免费咨询热线。全年办理公证事项2340件。

【律师工作】 2016年，昌乐县有3家律师事务所，分别是山东宝都律师事务所、山东昌明重光律师事务所、山东联合诚信律师事务所。执业律师32名，实习人员6名。全年律师受理各类案件225起，其中民事194起，刑事31起；为企事业担任常年法律顾问97家；避免和挽回经济损失6650万元。解答法律咨询1053人次；调处化解矛盾纠纷160起；诉讼代理及辩护62起；为村（社区）治理提供法律建议和意见94条。

【司法鉴定】 2016年，潍坊昌乐法医司法鉴定所登记司法鉴定人8名，2月进行鉴定机构和鉴定人延续登记；从4月初开始到年底，在全县司法鉴定行业开展“诚信规范为民”活动，提升司法鉴定质量和社会公信力。6月建立司法鉴定机构和鉴定人诚信档案。10月鉴定人分两期参加省司法厅组织的“人体损伤致残程度分级”培训班，提高业务水平。11月该所通过司法部司法鉴定技术管理局组织的法医临床学伤残程度、损伤程度、视觉功能和听觉功能鉴定能力验证；全年鉴定案件279件，无一例有效投诉。

【法律援助】 按照《山东省法律援助便民服务示范窗口》的标准，在县公共法律服务中心大厅建立法律援助便民服务示范窗口，实行一站式服务，集中办理法律援助咨询、受理和指派等工作，开通2部法律援助咨询专用电话。值班律师在该窗口轮流值班，负责法律援助的接待、咨询、指派等工作。建立来人来电业务台账，实现“接待、咨询、受理、审批、指派、回访”一站式服务。健全完善法律援助网络体系，构建横向到边、纵向到底、立体交叉、全面覆盖的法律援助网络体系。纵向上，建立县、街道、村（社区）三级法律援助网络，打造方便快捷的法律援助通道。全县10个镇（街、区）均设立法律援助工作站，在村（社区）配备法律援助联络员，方便群众就近咨询和申请法律服务；横向上，县法律援助中心在县属各律师事务所、法律服务所、公证处设立法律援助联络站；在民政、妇联、工会、残联、看守所、老龄委、武装部等多个部门和组织建立法律援助工作站，及时沟通特殊群体对法律援助的需求状况，互通信息、共享资源，在全县形成以法律援助机构为指导，以律师、公证员、法律工作者为主体，各部门通力合作的法律援助网络体系。2016年，办理法律援助案件380件，结案352件，受援人380人，解答法律咨询2000余人次，避免或挽回经济损失525万元。

【“12348”法律服务热线】 始终坚持以人民群众满意为标准秉承“把法律交给群众，送服务走进万家”的宗旨，认真践行文明接诉、有问必答、依法调解、服务到家的承诺。“12348”热线全年接听解答各类法律咨询1000人次，提供上门服务80余次，接待来访咨询120次，为群众避免或挽回经济损失160余万元，在促进社会和谐稳定方面发挥应有作用。

【社区矫正】 2016年，县社区矫正办围绕社区矫正规范化标准化建设，不断夯实工作基础，严格监督管理，创新教育帮扶举措，全县社区矫正管理水平不断提高，到2016年年底，昌乐县接收社区服刑3315人，解除2818人，年均管理900余人。

建章立制。制定下发《昌乐县社区矫正执法监督办法（试行）》，增强对各司法所的监督管理。成立综治办和公检法司同参与的县社区矫正工作联席会议，制定《昌乐县社区矫正工作联席会议制度》，2016年昌乐县召开社区矫正工作联席会议1次、召开联络员会议4次。推动县公安局针对社区服刑人员脱离监管的行为出台专门的治安处罚机制。成立县社区矫正重大执法事项审议领导小组及委员会，制定《社区矫正重大执法事项审议制度》。召开社区矫正重大事项审议会议23次，审议社区矫正重大事项61项，其中拟提出撤销缓刑建议1人，拟提出调查评估意见48人，拟变更居住地5人。承担潍坊市社区矫正档案标准化试点任务，与县市场监督管理局、县档案局共同印发《昌乐县社区矫正档案管理标准化试点工作实施方案》，在全县推进档案管理标准化工作。

强化监管。依托县社区矫正指挥中心，在全县各司法所架设10条司法专线，配备面部识别报到系统、远程监控系统、执法记录仪等现代化信息设备，提高监管的信息化水平。严格审批审查，监督管理。严格请销假制度和居住地变更审批程序，对于违反规定的，严格落实警告、治安处罚、撤销缓刑等相关处罚措施。2016年，给予警告处罚17人次，治安处罚2人次，撤销缓刑1人。

个性化教育帮扶机制。县社区矫正办建立以人性化教育为主体，心理矫正、职业技能培训为补充的帮扶教育体系。一是通过对社区服刑人员矫正个案书的完善，严格落实切实有效的帮教小组，在日常监督管理过程中，充分发挥帮教小组的协助管理作用。落实定期走访制度。二是充分发挥心理矫正作用。2016年县司法局有三级心理咨询师19人，并与潍坊医学院合作开发心理测试平台，整合近百个量表，可进行网上心理测试。对有较严重心理问题的人员，将相关数据提交潍坊医学院心理咨询机构，由专业人员提供心理矫正方案。三是提高社区服刑人员的谋生技能。2016年，对社区服刑人员组织职业技能培训，考试合格后发放技能证书，全年培训1628人次，为其更好地融入社会提供有力保障。

安置帮教。昌乐县安置帮教工作按照“帮教社会化、就业市场化、管理信息化、职责法治化”的要求，采取分工协作、齐抓共管等有力措施，以管控有违法犯罪倾向人员为重点，不断创新帮教机制，加强衔接、帮教、安置工作，有力推动安置帮教工作的深入开展。2016年转入安置帮教人员466人，解除125人，截至12月底有1760人，其中监狱刑满释放人员549人、社区矫正人员解除矫正后转入1211人。

2016 年昌乐县律师事务所一览表

表 2

名称	电话	办公地址
山东宝都律师事务所	（0536）6250209	昌乐县新昌路 333 号锦绣佳苑广场 8 号商业楼 301 号
山东昌明重光律师事务所	（0536）6227119	昌乐县方山路爱伦堡小区东门南侧
山东联合诚信律师事务所	（0536）6279909	昌乐县商务社区 5 号楼 13 楼

2016 年昌乐县法律服务所一览表

表 3

名称	办公地址
众维仁和法律服务所	昌乐县新佳乐家西 100 米
蓝光法律服务所	昌乐县汽车站北门对过
安信法律服务所	昌乐县原交警大队路口西 50 米
五图法律服务所	昌乐县五图街道 21 号
乔官法律服务所	乔官镇政府驻地
营丘法律服务所	营丘镇政府驻地
红河法律服务所	红河镇政府驻地
亿铭法律服务所	昌乐县城金鼎大厦 16 楼

经济管理与监督

jingji guanli yu jiandu

发展改革

【概况】 昌乐县发改局全面贯彻中共十八大和十八届三中、四中、五中全会精神，牢固树立和贯彻落实创新、协调、绿色、开放、共享的发展理念，科学把握经济发展新常态。2016年，全县实现地区生产总值292.6亿元，同比增长7.8%；三次产业比例调整为12.9∶42.9∶44.2；完成一般公共预算收入23.6亿元，同比增长9%；完成固定资产投资349.9亿元，同比增长13.4%；规模以上工业主营业务收入突破千亿元，工业增加值增长8%；实现社会消费品零售总额138.5亿元，同比增长12.3%；城镇、农村居民人均可支配收入分别达30560元、15560元，同比分别增长8.2%、8.8%。

【经济结构】 2016年，全县实现地区生产总值292.64亿元，按可比价格计算，同比增长7.8%。其中，第一产业增加值37.66亿元，增长4.6%；第二产业增加值125.46亿元，增长7.4%，其中，工业增加值113.79亿元，同比增长7.5%；第三产业增加值129.52亿元，增长9.1%。国地两税占二、三产业增加值比重为11.5%。人均地区生产总值46089元，比2015年增加2845元。产业结构进一步调整，三次产业比例由2015年的13.1∶45.6∶41.3调整为12.9∶42.9∶44.2。

【产业转型升级】 2016年，昌乐县产业转型升级又上新台阶。工业高端高质高效发展。坚定不移实施工业立县、工业强县战略，壮大千亿级装备制造、千亿级黄金珠宝加工交易、500亿级新能源汽车三大优势产业，加快300亿级造纸印刷包装、300亿级精细化工、100亿级食品加工三大传统产业向中高端升级，雷丁新能源汽车二期等一批重点项目竣工投产，233家规模以上工业企业实现主营业务收入1008亿元、利润36.8亿元、利税56.3亿元，同比分别增长5.4%、10.9%、7.4%。全县开工技改项目42个，完成投资27.7亿元。

现代农业。贯彻落实“大农业、大食物”理念，推动种养加一体、一二三产业融合发展，农业总产值和农业增加值分别达76.5亿元、39.8亿元，同比分别增长4.8%、4.8%。粮食作物总产量28.4万吨。西瓜产值达16亿元，昌乐西瓜被评为全国名特优新农产品、省十大知名农产品区域公用品牌，西瓜科技示范园被评为国家级设施蔬菜标准园、省级科技示范园。农业规模经营主体、标准化示范园区、优质农产品品牌分别达1867个、73个和232个。畜牧业及相关产业实现产值120亿元，肉蛋奶总产量达32万吨，新认定市级以上畜牧示范园区7个。

服务业。深入实施服务业发展提速计划，加快培育现代教育、健康养老、现代物流、文化旅游、总部经济和电子商务等现代服务业，全县实现服务业增加值129.5亿元，同比增长9.1%；社会消费品零售总额达149亿元，同比增长12%；全县旅游接待人次及旅游综合收入同比分别增长7.9%、13.4%；新创建市级以上乡村旅游品牌10个。金融服务体系不断完善，金融机构本外币各项存贷款余额分别达330亿元、243.7亿元，较年初分别增加60.1亿元、21.5亿元，2家企业挂牌新三板，10家企业登陆齐鲁股权交易中心等区域性股权交易市场。昌乐国际物流中心海关监管场所顺利开通，企业通关成本显著降低。

【固定资产投资】 2016年，全县完成固定资产投资349.9亿元，同比增长13.4%。完成固定资产投资总量占潍坊市投资总量的6.8%，位居全市8县市区第6位；增长速度高于全市0.2个百分点，位居全市8县市区第6位。其中，第一产业完成投资12.2亿元，同比增长25.9%；第二产业完成投资231.5亿元，同比增长29.8%；第三产业完成投资106.2亿元，同比下降3.8%，其中房地产完成投资25.5亿元，同比下降1.7%。

【重点项目】 2016年，潍坊申易现代物流项目列入省重点建设项目，争取省土地指标130亩。项目总投资5亿元，2016年计划完成投资3亿元，实际完成投资3.09亿元，占年度计划的103%。列入市重点建设项目有总投资10亿元的雷丁新能源汽车二期项目、总投资6亿元的兰天纺织高档服装面料项目、总投资5亿元的美加国际学校项目、总投资160亿元的九龙湖综合开发、总投资140亿元的昌乐县农村新型社区等8个项目，项目总投资347亿元，2016年计划完成投资39.4亿元，实际完成投资40.4亿元，占年度计划的102.5%。列入全县重点建设项目101个，总投资582.5亿元，2016年计划完成投资133.8亿元，实际完成投资139.7亿元，完成年度计划的104.4%。

【现代服务业】 2016年，现代服务业实现较高速发展，现代服务业增加值占服务业比重为60.9%。结合昌乐县实际，重点推进现代物流、现代教育、医养健康、文化旅游等产业发展，不断提升服务业发展层次，着力构建现代服务业产业体系。

现代物流。2016年，昌乐县在工商部门注册的从事物流业务的企业有40家，其中注册资金500万元以上的13家，从业人员6000多人，年吞吐量2000多万吨，物流增加值占全县国内生产总值的6%。拥有各类载货汽车5519辆，年运输能力50360吨，铁路物流年运载能力800多万吨，基本能够满足全县物流业发展对运输能力的需要。立足昌乐县物流产业现状，重点围绕加快推进现有物流园区基础设施及现有项目建设，以良好的区位交通优势为依托，重点打造沿潍昌路的“三区”建设物流园和309国道的昌潍物流园以及产业支撑的物流企业。

▲东南庄社区：光伏发电项目

现代教育。根据《昌乐县破解大班额工作实施方案》，规划新建和改扩建公办、民办学校29所，新增加学位约2万个。投入资金约9.2亿元，建成潍坊美加实验学校、昌乐一中·英才实验学校、昌乐行知双语实验学校、朱刘街道万山小学、朱刘街道魏家庄小学等5所学校，完成新增学位约13600个。积极推进普惠性幼儿园扩优工程。2016年昌乐县计划新建、改扩建幼儿园25处，其中新建3处，改扩建22处。全县年内新增幼儿园学位数2130个。坚持以课堂改革为突破口，大胆探索新的教育理念和教学模式，涌现出一批在省内外具有较强影响力的品牌学校和品牌项目。昌乐二中的“271”教育模式、昌乐一中的“翻转课堂”、外国语学校的“三效课堂”、育才双语学校的“能本教育”、西湖小学的“趣·乐·情”习作教学等教育创新经验先后在全国和省、市推广。大力推进教育信息化深度融合工程，全力打造“智慧教育”。以创建市级“互联网+教育”示范校为抓手，加快推进“互联网+”变革课堂教学，昌乐一中创建的以“二段四式十环节”为主要内容的翻转课堂，实现全校9000名学生利用“阳光微课”数字化学习平台在线学习。加强“网校”建设，昌乐特师附小与泰山网校合作办学，建设“网络云课堂”，采用主教室+分教室的模式，将主教室的名师授课过程直播到各分教室，初步形成数字资源同步共享大课堂。

医养健康。2016年，有10家卫生院先后投资2800余万元，新建改建业务用房1.4万平方米，新上医疗设备56台，购置服务用车8辆，全县基层卫生服务能力全面提升。积极鼓励基层医疗机构多渠道引进人才，2016年，基层医疗机构新引进大中专院校毕业生59人。全面开展基本公共卫生和重大公共卫生服务项目，稳步提升基本公共卫生服务均等化水平，老年人健康查体3.9万人。基本建成以居家为基础、社区为依托、机构为补充、医养相结合的养老服务体系，医疗卫生和养老服务资源实现有序共享，覆盖城乡、规模适宜、功能合理的医养结合服务网络基本形成，医养结合机构建设基本满足本地失能老年人入住需求。

文化旅游。编制五图街道庵上湖、响水崖子和乔官镇土埠沟、姬家庄子、响水崖等5村乡村旅游发展规划，打造响水崖子省级旅游特色村，成为全市2016年单体投资最多、效果最靓的乡村旅游点。庵上湖村投资新建千米葡萄沟、150米观光长廊和民俗文化馆，成功申报为“山东省美丽休闲乡村”。推进方山九龙湖、仙月湖乡村旅游综合体、金宝莲花山等重点涉旅项目完成投入12.76亿元。举办首届乡村旅游节，掀起全县乡村旅游发展的热潮，实现乡村旅游人次、收入的成倍增长。创建官方微信公众平台，发布旅游宣传信息125篇，通过各级公众平台和大众网、新华网等新媒体转发40余篇，总阅读量突破35万人次。在2016新疆国际旅游商品交易会上，昌乐县蓝宝石被评为“到山东最想买的特色旅游商品之一”。

【改革创新】 推进农村产权制度改革，50%的村完成权能改革试点。土地综合整治加快实施，新开工实施增减挂钩项目167亩，工矿废弃地复垦利用验收建设用地指标470亩，依法处置闲置土地722亩。“放管服”改革不断深化，实施“五证合一”登记制度，省市县三级政务服务平台互联互通先行试点顺利推进。传媒事业体制机制改革走在全省前列。扎实推进医药卫生体制改革，启动分级诊疗工作，县级公立医院综合改革试点稳步推进。加快社会信用体系建设，明确3219项行政许可和行政处罚事项。大力推进开放发展，进出口保持平稳增长，扩大对外贸易，加强利用外资工作，完成进出口总额79.8亿元，其中出口额50.2亿元；利用外资到账1.4亿元。创新创业活力增强，新增市级以上企业科技创新平台10家、科技企业孵化器1处，高新技术产业产值占比达26.1%；新增市场主体7521家；成立潍坊创业大学昌乐学院，新认定省级创业园区1处，新增市级创业示范园区1处、大学生创业孵化基地1处。

市场监管

【概况】 2015年2月，昌乐县市场监督管理局正式组建成立。根据“三定”方案，结合原工商、食药、质监三局职能，合理调整机关科室机构设置和人员配备，将8个镇（街）的工商所、食药监所进行合并，设立8个市场监督管理所；同时，针对昌乐县农贸城批发市场和宝石城国家AAAA级旅游景区市场监管压力大的实际情况，争取县编办支持，新设立农贸城市场管理所和宝石城市场管理所，全面负责农贸城市场和宝石城市场市场监管工作，并配备6名以上工作人员，初步具备基层监管能力，完善监管网络。同时，确定各职能科室、队和直属机构的职责分工，制定印发《昌乐县市场监督管理局内部机构主要职责分工情况》，厘清各基层所执法监管的辖区范围和职责权限。整合之后，设立食品生产监管科、食品流通监管科、餐饮监管科、保化监管科、药品监管科、医疗器械监管科、应急办、安全科、审批服务科。在原来中队的基础上，增设尧沟中队、首阳山中队、高崖库区中队三个中队。到4月上旬，机构整合全部到位，调整涉及人员107名，全部到岗到位。完成35名科室、队所主要负责同志的轮岗交流，52名中层副职和一般干部的调整交流，充实10名年轻干部到基层所锻炼。

【市场主体登记】 登记各类市场主体7521户，注册资本(金)72.19亿元，其中私营企业1677户，内资企业12户，农民专业合作社94户，个体工商户5738户。全面实施“五证合一”“两证整合”登记制度，发放“五证合一”营业执照347份，其中私营企业329户，农民专业合作社18户。全面实施个体工商户营业执照和税务登记证“两证整合”登记制度，核发“两证整合”的个体工商户营业执照148份。助推市场主体做大做强，帮扶具有一定实力的个体工商户转型升级，对手续齐全且符合法定条件的，随到随办，着力提高登记效率，指导协助332户个体工商户升级为企业。落实规模以上企业股份制改革政策措施，帮助2家有限公司转型升级为股份有限公司。

【市场合同监督管理】 开展“守合同重信用”活动，增强企业信誉度和竞争力。组织国家级、省级“守合同重信用”企业公示工作，根据企业自愿原则，做好培训、函询等工作，培育申报省级“守合同重信用”公示企业21家，国家级“守合同重信用”公示企业2家。配合省、市工商局对中石化、中石油等加油站进行抽检，对社会加油站油品质量检测实现100%全覆盖，抽检82个样品，对不合格16家加油站全部立案，将抽检不合格加油站全部曝光。制定农资打假专项行动实施方案，采取招标方式确定承检机构，按15%的比例随机抽取确定被检业户，抽检农资样品49份，3份检测不合格农资全部进行查处。建立顺畅高效网络市场监管机制，形成线上线下一体化监管格局。对全县651户涉网业户进行研判建档，对涉嫌使用极限广告用语、虚假宣传“守合同重信用”企业的27家企业和网店予以规范。受理网络维权投诉30起,受理异地转办案件5起,为消费者挽回经济损失2800元。积极探索拍卖监管工作，创新监管模式，采取邮寄受理的方式办理拍卖备案手续，受理拍卖备案25起。

【商标广告监督管理】 开展涉嫌非法集资广告专项整治、驰名商标违法宣传整治、房地产广告等内容的多项活动，处理投诉举报8起，对商标侵权和虚假违法广告严肃查处。对珠宝企业、金融企业的互联网广告进行专项检查，对涉嫌虚假宣传的2家企业进行立案查处。

【消费者权益保护】 受理各类投诉举报560起，受理率100%，查处侵害消费者权益违法案件24起。扎实落实红盾维权质量行动，开展服装及床上用品、汽车用品专项整治及抽检行动，抽检服装82批次，对38批次不合格产品进行处罚并予以公示。强化不合格商品的跟踪监测和案件查办，严厉打击制售假冒伪劣商品行为。扎实推进重点领域消费侵权行为专项整治，查处消费者集中反映较为强烈的汽车销售服务行业案件2起，对10余家汽车服务业、维修行业开展专项检查整顿。对快递邮寄行业集中开展寄递安全清理，约谈相关企业19家，下达责令整改通知书6份。开展网络购物平台专项规范，受理网络购物投诉11件，成功调解并退换货9起，查处利用淘宝网、京东商城虚假宣传侵害消费者权益案件2起。扎实开展消费维权活动，处理各类消费投诉案件442件，为消费者挽回经济损失18.5万元。精心组织开展“3·15”活动，开展消费维权知识宣传、真假商品对比和现场受理投诉等活动，接受咨询300多人次，发放宣传材料1000余份。组织消费维权义务监督员、“3·15”志愿者、投诉和解联系单位人员参加市消协的培训学习，在各大商场设立消费投诉箱，在各镇（街区）建立消协分会12个，建立消费者投诉站点36个，开展进社区、进社会、进学校、进单位、进大型商场等“五进”宣传活动，增强消费者自我保护意识和法律意识。

【食品安全监督管理】 食品安全监管工作紧紧围绕潍坊国家食品安全城市、国家卫生县城及省级食品安全先进县等“三城同创”工作为契机，强化日常监督检查力度，深入开展专项整治，切实将食品安全各项工作落到实处。开展执法监管行动，不断提高监管实效。全员参与、全域彻查，开展地毯式监管整治。将城区划分为16个片区，抽调工作人员143名，组成16个检查工作组，全面负责包片区域内经营户监管整治工作。突出重点问题整治，切实解决经营户底数不清、证照不全、证照未悬挂等问题；针对食品经营业户要求标准较高、存在问题较多的实际，解决公示牌张贴、量化分级、一店一档、索证索票、一本通使用、问题食品、从业人员健康证明等方面的问题。同时，突出重点区域的集中整治，扎实推进农贸城规范提升工程，完成屠宰间建设、一号大厅划行归市、板房建设等工程，把市场190个摊位全部建立经营档案，免费发放入市经营公示牌；对8000多生产经营业户全部进行一次地毯式监管，取缔无证照经营1200余户，整改各类食品安全隐患750多个。开展桶（瓶）装饮用水、速冻肉制品、豆制品、蜂蜜制品、白酒产品、学校食堂及周边、“六小”、无证生产和生产环境脏乱差食品摊贩、禽类食品、病死猪肉、进口食品、农村食品等30多项专项行动，出动执法人员3600余人次，检查食品经营户3700余家，查扣问题食品60公斤，对存在的违法行为进行严肃处理。狠抓抽样检测，在完成国家、省市安排的抽样检测任务的同时，全面开展自主性抽样检测。制定《2016年食品安全抽检计划》，建立“检验机构库”“抽检人员库”“食品生产经营单位库”3个名录库，抽检中对检验机构、抽检人员、被抽检单位进行随机抽取，完成自主抽检701批次，省级食品安全先进县专项抽检330批次，检测信息全部在局网站公示，检测不合格食品全部依法处理。对有条件的大型超市、农贸批发市场全部建立快检室，运作促成昌乐农贸城和3家超市与第三方检测快检托管，快检结果即时传到监管部门检测平台。与195家餐饮单位（学校食堂）签订安装协议，将40家餐饮单位、20家学校食堂的后厨加工过程、快检室操作监控联网到监控平台，实时监督加工制作过程。

【保健食品化妆品监管】 紧紧围绕“日常监管与专项整治相结合”的工作思路，克服人员少、底子弱、工作量大等困难，保健食品和化妆品监管工作顺利推进。

*加强执法规范管理。*严把保健食品经营许可关，严格执行相关政策标准规定、办事程序，对保健食品经营企业现场进行严格核查，经营资质进行认真审查；以保健食品、化妆品日常监管为契机，对全县保健食品、化妆品经营单位进行全面摸底并建档，实行档案动态化管理。办理保健食品经营许可证203家，完成保健食品抽检任务10个批次，化妆品抽检任务11个批次，监督检查在省备案的化妆品委托企业2家，全县大型保化品经营企业均纳入监管范围，做到监管工作“底数清、情况明”。突出监管重点，对保健食品经营企业、药店、专卖店、化妆品经营企业等

重点单位进行监管；以改善记忆类、增强免疫力、改善睡眠类、辅助降糖类、减肥类、抗疲劳类保健食品和美白祛斑类、防晒类、染发类等特殊化妆品为重点品种进行监管，对出现问题的保健食品、化妆品经营单位实施约谈。强化日常监管，紧紧围绕产品的标签、说明书与批准证明文件的相关内容是否一致、建立健全保健食品化妆品经营管理制度、执行保健食品化妆品经营企业索证索票和台账管理规定、落实保健食品经营场所产品分类管理等情况进行检查。

强化经营单位责任意识。为切实加强保健食品、化妆品经营监管工作，增强经营单位法律意识，强化主体责任意识，采取多种形式开展保健食品、化妆品宣传教育工作。

严厉打击假冒伪劣行为。开展保健食品、配制酒、玛咖制品、化妆品安全等专项整治行动，重点整治大中型零售药店、保化品批发企业、大型超市及保化品代理经销企业，进行拉网式排查，深入产品柜台区和库存区，核查企业索证索票情况及购销记录，查验产品标识标签，审核产品广告宣传，对涉嫌假冒伪劣的产品，做好现场检查记录和先行登记保存记录，通过对照文件核查、网上系统核查等方式，辨别真伪，检查保健食品经营企业145家，检查化妆品经营企业27家。

【药品及医疗器械监督管理】 突出工作重点，强化药械市场监管。加强疫苗流通使用环节监管，对医疗机构疫苗使用情况进行全面检查。济南疫苗案发之际，对县内药品使用单位疫苗使用进行摸底，摸清疫苗接种点18家，疾控中心1家，二级以上医疗机构2家，预防接种门诊15家。抽调精干力量组成9个疫苗专项检查小组，对18家疫苗接种点的二类疫苗库存情况，通过扫中国药品电子监管码等手段摸清现有库存底数。与县卫计局联合成立3个检查小组，对辖区内18处接种点，深入清理整顿疫苗的购进、储存、使用等情况，就疫苗使用单位存在的问题向县卫计局发函2份，切实督促问题整改到位。加强药品经营、使用企业监管，按照检查单位与监管人员双随机的原则，对辖区内4家药品连锁总部及门店进行飞行检查，同时，对县内140余家药品经营使用单位进行突击检查，对发现的问题依法处理。开展药品（包材）生产企业、药品经营企业连锁总部监督检查，检查企业60余家次，限期整改34家，企业现场检查情况及时上传食药总局系统。开展内体外诊断试剂、装饰性彩色平光隐形眼镜、体验式经营行为、中药饮片等专项整治和小药店、小诊所摸底工作，检查药械单位300余家。昌乐县药品不良反应报告任务738例，实际完成812例，医疗器械不良事件任务369例，实际完成393例，化妆品不良反应任务44例，实际完成56例，药械化安全性监测工作均超额完成市局下达的年度任务。药品监督抽检任务40批次，实际抽样送检42批次，合格率100%，协助市药品监督抽检3次20批次，抽验任务全部完成。培训药品经营企业从业人员5期，参训人员达420余人次。

【质量强县（名牌战略）】 2016年，省名牌战略推广委员会把山东名牌产品评价目录进行大幅度地缩减，由原192类产品缩减为46种。昌乐县优势企业产品“数控机床”列进2016年山东名牌产品目录，帮助1家企业申报山东名牌，2家企业申报省长质量奖。为提高全社会的创牌意识，起草并印发《关于推荐优势企业开展品牌创建工作的通知》，要求各镇街推荐优势企业，调动各镇街参与品牌创建工作的积极性，建立品牌培育库，为品牌创建工作打下良好基础。

【质量管理】 综合质量监督工作。组织开展全县工业企业调查摸底工作。制定《产品质量不合格后处理规定》，接到各级工业产品不合格后处理文件8份，全部转相关科、所处理，及时将后处理工作情况上报市质监局。组织召开全县工业产品和食品相关产品许可证企业工作会议，40家相关企业的负责人参加，对生产许可证年度自查报告公示工作和新的监管要求进行培训宣贯，讲解年度报告网上填报的流程，确保2016年度的网上公示填报工作按时完成。工业产品质量监管工作全部下放基层所，为提高监管能力，保证工业产品质量安全，先后组织召开3次培训会议，重点对工业产品生产许可证、食品相关产品生产许可证、强制性认证企业的建档、日常监管及山东省工业产品监管系统的使用和录入、普通工业产品生产企业的摸底调查等工作进行部署和培训。开展好县级监督抽查工作，制定《昌乐县市场监管局关于下达2016年产品质量监督抽查任务的通知》，委托市质检所开展2016年产品质量监督抽查工作，对生产领域复混肥料、有机（无机）复混肥料、有机肥料、生物有机肥、卫生纸、纸巾纸、纸尿裤、卫生巾、农业用聚乙烯吹塑棚膜、聚氯乙烯无滴防雾棚膜等10类产品进行抽查，经检验，合格率为100%。牵头组织开展成品油、重点消费品、危险化学品、消防产品、食品相关产品、纤维产品等专项监督检查，及时将检查情况上报市质监局。另外，配合市质监局完成对水泥企业、食品相关产品的监督检查工作，督促企业完成后续整改工作。

行政许可工作。派出观察员对20家企业进行现场审查，包括工业、食品相关产品及相关实验室，及时上传观察记录。及时联系市质监局，给每个所备案2名符合要求的观察员，起草《观察员工作注意事项》，指导基层所做好行政许可实地核查观察员工作，保证不出问题。

认证认可工作。加强资质认定实验室监管，采取实验室自查和监管部门监督检查相结合的方式，年初要求通过资质认定的10家实验室认真进行自查，并提交自查报告，同时上、下半年各开展一次监督检查。开展机动车检验检测机构监督检查，6月，接到市质监局、市公安局联合通知后，按照要求与县公安局联合对全县3家机动车检验检测机构进行专项检查。常规监督检查每年至少开展2次，检查情况与企业整改情况均放入档案。组织开展管理体系认证检查，抽取4家企业进行检查，重点检查获证企业质量体系文件内容与企业实际是否一致、企业是否在有效运行质量管理体系。开展食品农产品认证监管工作，从相关获证企业中抽取2家有机产品认证企业进行检查。

【计量管理】 做好制造计量器具行政许可审批工作，及时发放“制造计量器具许可证”2份。以“一机二器四表”计量专项检查活动为主线，开展计量类的执法监督检查。开展加油机、出租车计价器、衡器和民用四表的专项检查；开展制造计量器具许可证获证企业、水表专项计量授权机构、机动车安检机构计量器具监督检查；开展寄递物流行业专项检查和新闻出版、广播电视领域使用法定计量单位专项监督检查，检查寄递物流企业8家；对7家市抽定量包装商品净含量不合格企业依法进行处理；与县卫计局联系、协调，对医疗机构进行分类、梳理，开展全县医疗机构专项计量监督检查，检查医疗机构9家。专门印制“昌乐县强制检定计量器具备案表”，同步开展强制检定计量器具备案工作，备案8000件。为企业计量器具开展检定、校准工作，检定计量器具13530台件，其中强检计量器具8692台件，强检计量器具受检率98%以上，加油机、燃气表受检率、合格率达100%，确保不合格的计量器具不安装、不使用。加大对超市销售的定量包装商品及塑料管生产企业的定量包装产品检验，检验产（商）品118批次，合格率在98%以上，对不合格产品进行现场整改。组织人员深入加油站、学校、医院等场所开展计量活动，潍坊百货大楼、世纪美联等10家单位实现诚信计量自我承诺，为实验中学、新城中学、昌盛花园等5个单位和社区提供免费计量检定服务，检定各类计量器具78台件，宝石节期间免费检定珠宝首饰经营单位电子天平119台，“3·15”和“5·20”世界计量日期间开展现场宣传与免费检测活动。

【标准化工作】 扎实推进标准化战略实施。接受企业关于产品标准自我声明业务咨询30余次，为企业搞好业务服务和指导；组织企业参加省、市质监局举办的产品标准自我声明公开公益性培训和企业标准化工作实践交流暨企业标准体系创建培训。116家企业通过企业标准信息公共服务平台上报613项标准，涵盖1365种产品；组织山东蓝天首饰有限公司、昌乐农村商业银行等企业申报山东省先进制造业团体标准建设试点项目和国家第四批社会管理和公共服务综合标准化试点项目；由蓝天首饰公司参与起草山东地方标准、由梦金园珠宝首饰公司主持起草团体标准发布实施，昌乐县团体标准实现零的突破。

【特种设备安全监察】 8月对内部监管体制进行调整，将特种设备安全监察工作下放到基层所，将原来8到10人抓调整为全局全面抓的工作格局，监管成效不断提升。全年办理特种设备登记1084台次，办理特种设备停用注销315台次，开工告知530台次。全年共检查特种设备使用单位300余家，立案查处8起。开展锅炉安全与节能集中排查整治攻坚战。加快推进燃煤锅炉节能环保综合提升工程，确保产品质量和特种设备安全，切实推动全县节能减排工作全面开展，排查锅炉使用单位139家，排查锅炉216台，下达特种设备安全监察指令书16份。开展电梯安全专项整治及攻坚战。对商场、学校、医院等人员密集重点监控单位的电梯进行巡查，强化住宅小区和曾被举报投诉单位电梯的巡查。开展电梯安全大检查和企业安全生产监管活动，保障电梯安全正常运行。进一步完善电梯安全管理制度，狠抓电梯安全主体责任和相关责任落实。加大对维保单位的检查力度，对不按照技术规范要求进行维保的逐步清出昌乐市场。及时处理举报投诉，处结39起。加大执法力度，对违法行为和安全隐患进行有效查处，检查电梯174台，下发安全监察指令书59份，整改各类隐患200余起。开展特种设备单位摸底排查。充分发挥市场监管所属地作用，对照辖区内企业名单，根据企业性质分行业分区域对在用特种设备进行仔细排查，进一步摸清特种设备使用单位底数，查处特种设备违法案件9起，签订特种设备承诺书、告知书各51份，下达安全监察指令书40余份。抓好重点企业安全隐患整改。潍坊乐港食品股份有限公司在用的电站锅炉、压力容器、压力管道多年未登记、未检验，通过联系红河镇党委政府、协调有关部门、约谈公司法人代表，使企业充分认识到安全隐患的严重性，公司在用电站锅炉、压力容器、压力管道完成检验和注册登记。对办理特种设备开工告知而未办理注册登记手续的企业进行摸底，要求未登记的特种设备限期改正，不能改正的立案查处。逐台落实好超期未检特种设备情况，对违法使用单位下达安全监察指令书，对拒不整改的予以立案查处。

【公平交易执法】 立案597起，办结580起，有力遏制各类违法经营行为，市场秩序明显好转。一是保持高压态势打击传销。充分利用周末、端午节、“五一”等时间段，与公安部门开展打击传销联合行动，端掉传销窝点10余个，驱散、遣返外来传销人员300余人，移送公安部门传销案件2起。开展“无传销城市”创建活动，由于措施得力，准备充分，受到上级领导好评。利用“3·15”国际消费者权益日、“5·15”打击和防范经济犯罪宣传日、6月12日防范和处置非法集资现场宣传等活动，进行现场宣传、警示，发放宣传材料1000余份。二是深化反不正当竞争执法工作。对市场竞争状况开展摸排，确定以教育和医疗两个领域为专项执法重点，选择1家医院进行切入，通过外调函询等方式，核实相关证件合法有效。对虚假宣传等不正当竞争行为进行重点查处，办结虚假宣传案件3起。政企联合打假，对销售假冒“牛栏山酒”“军马酒”违法业户进行立案查处，结案2起。探索新的执法渠道，对标签含有虚假内容的食品添加剂违法行为进行批量集中处理，查结案件8起，其他食品案件4起。查处使用未依法注册的医疗器械案件1

起，查结无证经营烟草案件49起。三是强化“消费返利”店铺监管。对“消费返利”模式店铺进行实地摸排的同时，对其证照、字号、经营模式等进行调查，对108家消费返利类商店进行全面摸底检查，及时进行风险警示，责令、监督拆除与营业执照字号不符牌匾字号40余家。配合公安部门查处消费返利类商店涉嫌金融违法犯罪案件，对摸排中发现的2户无许可证经营食品业户进行立案查处。草拟《致广大消费者远离“购物返现”等违法犯罪陷阱的一封公开信》，联合公安、经信、商务、金融等五部门，印发7000份，广泛发放、张贴。

检验检测

【机构】 昌乐县检验检测中心成立于2014年3月，整合全县药品、质监、农业、畜牧4部门的检验检测资源，为县政府直属事业单位，主要承担全县食品和农产品质量安全检测工作。中心机关下设办公室、财务科、业务室、检测室4个科室。

【检测资质】 在2015年取得省质监局计量认证资格基础上，2016年初启动省农业厅农产品质量安全检测机构考核工作。经认真筹备，中心于10月份通过省农业厅现场考核评审，具备省质监局计量认证和省农业厅考核“双认证”资格，检测项目主要包括16类无公害瓜果蔬菜农产品中的52种农药参数。

【产品检验检测】 2016年，中心共计完成农产品、食品畜产品等产品质量安全检测2357批次。

农残定量检测。全年完成农残定量检测843批次，超额完成720批次年度工作目标。

农残速测。圆满完成县市场监管局、农业局等单位委托的农残速测任务，全年完成农残速测1514批次。

专项检测

（1）西瓜专项检测。在2016年“昌乐县职业农民创业孵化基地杯”西瓜擂台赛期间，中心派出检测工作组，现场提供西瓜药残快速检测服务，检测西瓜样品77批次。

（2）中高考和大型活动专项检测。2016年，在昌乐县中高考和宝石节、大型会议期间，中心累计为党校、宾馆、酒店及学校餐厅等单位检测蔬菜、水果样品93批次。

【检验检测技术服务】 2016年，中心充分发挥检测技术职能优势，加大对昌乐县各级检测网络体系建设技术指导力度，深入一线为镇（街、区）、企业、合作社等检测站（室）提供仪器维护、试剂购置、实验室建设指导服务6次；举办各类检验检测技术人员专业培训班8批。

物价管理

【价格改革】 7月16日，昌乐县决定在引进黄河水期间，调整居民和非居民用水价格。调引客水期间，参照潍坊市的做法，对居民用水、非居民用水、特种用水实行应急水价，每立方水在现价基础上均上调0.39元，其中，居民用水水费上调部分由县财政承担。调整后非居民用水、特种用水分别执行4.425元/立方米、6.79元/立方米；调引客水结束后，居民用水恢复原价，非居民用水、特种用水继续执行应急水价，直至调引客水成本费用全部收回；上调水费由山东昌乐实康水业有限公司代为征收，自2016年8月1日起执行。

城市污水处理费改革。对城市污水处理费进行调整。2016年年底前对昌乐县污水处理调整到位。居民生活污水处理费由每吨0.70元调整为0.85元，非居民用水污水处理费由每立方米0.80元调整为1.20元。

推进天然气价格改革。进一步促进天然气市场的可持续发展，确保居民基本用气需求，引导居民合理用气、节约用气，根据国家发展改革委和省、市物价局关于建立健全居民生活用气阶梯价格制度要求，出台乐价字〔2015〕21号文件建立居民生活阶梯气价制度，于2016年1月1日起执行。

推进公立医院改革。一是继续落实2012年12月31日全部取消药品加成政策，所有药品按进价销售，通过调整医疗服务价格补偿80%，财政专项补助补偿10%，医院自行消化10%的原则进行补偿。二是根据省、市文件精神，昌乐县以乐价字〔2016〕10号文件出台《关于降低大型设备检查检验项目价格调整部分医疗服务价格的通知》，降低昌乐县公立医院大型设备检查检验项目及调整部分医疗服务价格。此次调整的大型设备检查检验项目价格调整部分医疗服务价格为二级公立医院执行价格；一级公立医院和其他公立医疗机构按此价格90%执行；实行基本药物制度的公立医疗机构仍按原规定执行;取消挂号费，将挂号费并入诊察费，不再单设挂号费。对单纯购药及慢性病病人定期检查等不需提供新的治疗方案的，设立便民门诊；大型设备检查检验项目价格调整部分医疗服务价格为最高价格，公立医院可根据具体情况适当下浮；对体现医务人员技术劳务价值的手术服务项目，可以此价格为基础在上下不超过10%的幅度内浮动。

【价格监督】 加强行政事业性收费事中事后监管。贯彻落实省物价局、省财政厅《关于贯彻发改价格〔2015〕36号文件加强行政事业性收费事中事后监管的通知》精神，按照《潍坊市行政事业性收费单位情况和收支状况报告办法》及《潍坊市行政事业性收费政策及执行情况评估办法》规定，搞好行政事业单位收费公示，制定出台昌乐县县级政府定价政府指导价涉企经营服务性收费目录清单。

物价检查积极探索“柔性”执法，树立教育为先、防范为主的执法理念。通过召开提醒会、告诫会、约谈等方式，加强对经营者的提醒与劝诫，增强其价格法治意识，变事后处罚为事前防范，有效预防和减少价格违法行为的发生。2016年，先后对涉企收费单位、中小学、医院等召开政策提醒会，发放提醒告诫函若干份。分时段开展价格监管，扎实做好节日市场价格检查。组织开展元旦、春节、“五一”市场价格检查，加强对生活必需品、食品、餐饮、停车场以及交通运输价格的监管，采取告诫、约谈等方式，查处经营者的一些价格违法行为，维护节日市场价格秩序。

积极研判舆情导向，重视网络问政办理。价格举报中心建立网络舆情信息监测制度，明确专人负责舆情，及时受理咨询和投诉，确保群众合理诉求件件有回复、事事有结果。2016年，受理价格投诉市县长公开电话案件105件，民声140件，全部办结，满意率100%。充分发挥“12358”价格举报管理信息系统的作用，鼓动消费者和经营者共同参与价格监督。

【价格检查】 药品价格检查。开展零售药店药品价格检查活动。 对全县40多家零售药店药品价格执行情况进行检查。从7月开始至10月结束，此次检查县物价局出动检查组2个，对全县8家医院和24个药店的价格政策执行情况进行检查，各医院及药店价格执行情况良好，无违规现象。检查结束后，县物价局针对医院、药店的不同情况对其提出整改意见。

涉企收费专项检查。2016年对县交通局、国土局、水利局、建设局、规划局、市场监督管理局等部门的企业收费工作进行检查。各涉企部门接到通知后高度重视。检查组查阅有关文件、票据资料，通过检查，各行政职能部门或单位都能按照物价部门核定的内容和标准收费，收费严格实行“收支两条线”管理，没有发现违规收费项目和超标准收费现象。

商品房销售明码标价专项检查。于2016年11月中旬对全县开盘的房地产开发企业商品房销售明码标价工作落实情况进行专项检查，组织工作人员分成2个组，对32家房地产开发企业进行拉网式检查，确保每个新开发的居民住宅小区、每个正对外公开发售的楼盘、每套出售的新建商品房都检查到位，无一遗漏，不留空白。同时，把“一套一标”政策讲深讲透，告之违反规定将受到从重处罚。

【价格鉴证与服务】 严格按照规定的标准程序开展工作，坚持“客观、公平、公正、科学、及时”的原则，保证价格鉴定结论的准确性和科学性。2016年度办理涉案案件130件，鉴证标的额276万元，办理认证案件9件（行政执法机关涉案物品），认证标的额6.78万元。在全县9个乡镇、街办司法所分别设立价格争议调解室。

【收费管理】 继续清费治乱，加强收费管理。完善收费目录清单。2016年加强收费项目管理工作，将收费管理与物价检查工作相结合，利用检查手段促进收费项目清理规范工作的开展，并出台《昌乐县政府定价或政府指导价经营服务性收费目录（2016版）》和《昌乐县县级政府定价政府指导价涉企收费目录清单（2016版）》，清费治乱工作取得良好效果。认真做好普通住宅前期物业服务收费备案工作。严格按照《关于昌乐县普通住宅前期物业服务收费基准价格的通知》文件要求，对同圆·领仕郡、颐轩国际、碧泽园、奥运城市花园、大世界商城5个小区的普通住宅前期物业服务收费标准进行备案。

统 计

【专业统计】 2016年，围绕地区生产总值核算，全面抓好农业、工业、能源、投资、贸易、服务业、社会等各项常规统计，做好各类报表的审核汇总和上报，确保各项指标数据准确、逻辑严谨、上报及时。2016年全县429家“四上”企业，按照国家局联网直报要求，通过网络顺利向国家报送月报、季报和年报等原始数据，上报率达100%。深入基层调研企业生产经营状况，及时将达规模的企业纳入联网直报范围，力求应统尽统。认真做好规模以下工业、粮食产量、工业产品价格、商品零售价格、农业生产资料价格、城镇化监测等统计调查。

【投资统计】 国家投资统计制度进行改革，提高统计起点，项目统计对象由计划总投资50万元提高到500万元。凡达500万元及以上的项目，作为投资统计起报对象，一个单位（企业）有多个项目的分别单独填报，项目计划分期建设的按分期项目上报；项目入库分级审批，5亿元以下由市统计局审批入库，5亿元至10亿元由省统计局审批入库，10亿元以上由国家统计局审批入库。国家投资统计制度进行改革试点，固定资产投资调查对象由投资项目转变为法人单位；固定资产投资额的计算方法由形象进度法转变为财务支出法；固定资产投资统计扩大为非金融资产投资统计，包括固定资产和无形资产的统计；数据报送方式由基层单位上报纸介质变为网上直报。

【建筑业统计】 昌乐县有资质的所有独立核算建筑业企业（包括没有工作量的建筑业企业）及所属产业活动单位按照法人单位注册地原则进行统计。建筑业企业资质执行住房和城乡建设部新的资质管理办法。2016年末，资质以内建筑业企业达18家。

【房地产统计】 对昌乐县全部房地产开发经营业法人单位及所属的产业活动单位按照法人单位注册地原则进行统计。2016年年末，全市房地产开发经营企业达33家。

【农作物对地调查】 农作物对地调查是综合运用抽样技术和现代空间信息技术，创新方法、完善制度、再造系统，探索建立天、地、人多源信息采集方式一体化的新型农作物调查监测系统。该调查自2015年10月启动，原山东省县级粮食产量抽样调查停止运行。调查按类型分为面积调查和产量调查，面积调查又分为两次意向面积调查（全年播意向、秋冬播意向）、三次实际面积调查（春播实际、夏播实际、秋冬播实际）；产量调查分为夏粮预产、实产调查，秋粮预产、实产调查。2016年年末，农作物对地调查抽中全市20个村，主要分布在中部和北部的7个镇（街道、区）。

【基层基础工作】 以保障源头数据质量为根本，规范基层基础建设。全面落实上级统计部门对统计基层基础的工作意见，健全完善统计基层组织和统计基础工作，持之以恒抓好基本单位名录库和企业星级管理等工作，推动统计基层基础工作向纵深发展，源头数据质量不断提高。围绕基层统计基础实际解决存在问题。对全县基层统计工作情况进行摸底调查发现，昌乐县统计机构从业人员配备和设备配置上符合基本要求。

【统计服务】 以科学分析预警为着力点，提高服务决策水平。适应新常态对统计工作的新要求，建立以GDP核算为龙头的预警机制，每月收集与GDP核算相关的基础指标，与相邻月度及季度数据进行对比，对变动较大的数据进行分析，及时与相关企业或部门联系，对存在问题的数据及时改正，做到对经济发展走势心中有数，统计服务的精准度有所提高。打造优质统计服务产品。根据统计报表、调查资料，采取统计公报、定期资料、统计信息、统计内参等多种形式，向县委、县政府和社会各界提供经济和社会发展情况的信息资料，为宏观决策、制定计划、指导工作提供咨询服务。每月编发一期《昌乐统计月报》，发布上月全县经济运行和社会发展情况。编写《2016年昌乐统计年鉴》，内容包括县委县政府主要领导讲话、统计公报、综合平衡、各专业年报、交通邮电电力、财政金融、社会事业、物价、人民生活等内容，是了解县情、正确决策、科学规划、指导工作的重要资料和依据。撰写统计分析，反映经济运行动态与社会发展现状，提供及时的统计信息服务。

【统计改革】 以创新思维为指导，推进重点领域统计改革。（1）全力衔接GDP核算制度。以数据质量为中心，加强对基层基础数据的审核评估，保证数据的可靠性和严肃性；积极推进专业统计与GDP核算制度方法的协调，着力提高GDP核算数据与专业统计数据的匹配性。（2）全力推进投资统计改革。以投资项目单位入库为重点，加强与主管部门的沟通和联系，全面获取投资项目单位信息，做好5000万元及以上项目法人单位和项目双入库的审核管理，确保500万元及以上开工项目100%纳入统计。

【统计监督】 防范和遏制弄虚作假为目的，切实提高统计法治水平。坚定不移地贯彻落实中央领导重要批示精神，从讲政治的高度，强化在提高数据质量、反对统计造假上的主体责任，增强担当意识、风险意识、底线意识，坚持抓源头、强法治、严规程、建机制，坚决防范数据造假、弄虚作假，推动统计数据质量不断提高。将统计法律知识培训贯彻农业普查全过程，利用统计开放日、宪法宣传日等节点开展普法宣传活动。

审计监督

【概况】 2016年，县审计局在县委、县政府的领导下，积极适应审计发展新形势、新常态，按照“依法审计、服务大局、围绕中心、突出重点、求真务实”的工作方针，创新审计工作思路理念，深入推进审计工作科学转型，继续保持 “省级文明单位”荣誉称号，被中国审计报社、中国时代经济出版社表彰为“通联宣传工作先进集体”。昌乐县审计局下设4个职能科室，包括办公室（挂信息化建设科牌子），法治科（挂政策研究室牌子），财政金融审计科，行政事业审计科（挂政策跟踪审计科牌子）；下设2个部门，包括昌乐县经济责任审计办公室，副科级规格，昌乐县政府性投资审计中心，股级规格。

【财政审计】 根据计划安排，对昌乐县财政局具体组织的县级预算执行、县地税局税收征管质量情况、县房管办、县委党校等10个部门单位预算执行和其他财政收支情况进行审计，审计查出问题金额17.1亿元，督促补缴税款387.21万元，向县国资办移送国有资产对外投资管理不规范等审计移送2起，提出审计建议30多条。

【经济责任审计】 紧扣权力运行和责任落实，以领导干部守法、守纪、守规、尽责情况为重点，认真分析并客观评价领导干部的经济责任履行情况，全年开展审计项目14个，发现问题21个，提出审计建议26条，查出问题金额288万元，年底又收到组织部委托的审计项目40个，相关工作正在准备中；根据省委、省政府办公厅下发的《关于开展领导干部自然资源资产离任审计试点工作的实施意见》，开展对营丘镇党政主要领导任期自然资源资产管理和生态环境保护责任履行情况试点审计，从国土资源方面、矿产资源方面、林业资源方面、水资源资产方面进行审计，审计发现存在违法开采、违规收取违法开采矿产保证金、造林奖补资金拨付不及时等问题，向营丘镇和国土、林业等有关部门提出意见建议12条。

【政府投资审计】 完成新城中学结算审计项目，审计工程结算价款总额1.48亿元，审计核减工程款3260.96万元，审减率为21.94%。流泉街下穿立交桥、实验中学新校工程结算审计等2个项目正在审计过程中。根据2015年完成的第二实验小学、实验幼儿园等6项工程的结算审计情况，县审计局汇总情况形成《关于规范政府投资项目相关程序的报告》，向县政府提出审计意见建议4条，县领导批示行政主管部门或业务主管单位抓紧整改完善相关手续。

【政策落实跟踪审计】 按照上级审计机关的安排部署，积极开展重大决策部署贯彻落实情况审计。根据省审计厅要求，由政策审计组对昌乐县2015年度精准扶贫政策落实情况进行跟踪审计调查，重点对鄌郚、红河、乔官、营丘等4个乡镇的40余户进行调查走访，审计发现2015年有12个扶贫项目未能及时完工、完工的7个项目也未能及时组织验收，部分人员不符合低保标准未及时进行清理等6项问题，提出审计建议3条。

安全生产监督

【概况】 2016年，全县发生生产安全事故7起，死亡2人，未发生较大及以上生产安全事故，事故起数和死亡人数两项指标分别比2015年下降12.5%和50%，事故起数和死亡人数两项指标实现十五年“双下降”，未发生较大及以上生产安全事故，完成了市政府下达昌乐县的控制指标。昌乐县安全生产监督管理局被省安委会评为“2016年度全省安全生产工作先进单位”。

【安全生产监管与整治】 严把安全准入关口。严格高危行业企业安全生产许可，狠抓新建、改建、扩建项目安全设施“三同时”落实，对新上项目，严格审批条件、标准和程序，对达不到规定条件的，一律不予审批，确保新上项目“三同时”率达100%。对安全许可的企业，凡发现安全生产条件下降的，一律责令整改，整改验收不合格的，吊销许可，依法关闭。对现有项目，原设计不规范、相关安全设施不完备的，督促企业选择有资质的单位进行设计改造，实现本质安全。对历史形成的个别“先上车、后买票”的建设项目，主动帮助企业完善手续，实现生产经营合法化。全县168家高危企业全部取得了安全许可，重点建设项目“三同时”率达100%。

安全生产监管体系。2016年，共成立124个检查组，检查各类生产经营单位1865家，排查各类安全隐患3191项，已整改2489项，整改率78%，702项隐患正在整改中。为确保大快严行动取得实效，县政府安委会办公室抽调专门人员成立工作巡查组，对各镇（街、区）、县直有关部门（单位）日常监管情况进行巡查，验证镇（街、区）属地责任、部门监管责任、企业主体责任落实情况。

重点领域专项整治。在“两会”、风筝节、宝石博览会、国庆节等敏感时段，发挥县政府安委会办公室综合协调作用，督促各镇（街、区）、县直有关部门根据条块结合和分级负责的原则，按照“专家查隐患，企业抓落实，政府抓监管”的隐患排查整改机制，对危险化学品、人员密集场所、烟花爆竹、交通运输、建筑施工、油气管道等高危行业企业开展12次专项整治。通过政府购买服务的方式，聘请3家专业公司的安全专家，对全县67家危化品、涉氨制冷、粉尘企业逐一进行“诊断式”检查。共排查各类安全隐患2150项，根据排查出的隐患下发了《关于对全县重点企业安全生产隐患整改责任进行分解落实的通知》，将未整改完成的隐患逐一落实到主管部门、配合部门和属地镇（街、区）。要求各镇（街、区）、县直有关部门督促各企业限期整改到位，对拒不整改的，按上限处罚；对整改无望的，果断采取强制措施，责令立即停产停业；对不具备安全生产条件的，依法关闭。2016年，已对14家存在安全生产违法行为的企业实行经济处罚，共罚款160多万元。

链接资料

“三同时”：生产经营单位新建、改建、扩建工程项目（以下简称建设项目）的安全设施，必须与主体工程同时设计、同时施工、同时投入使用

【安全生产基层基础】 宣传教育。以6月份的“安全生产月”活动为平台，通过开展安全生产知识竞赛、安全咨询日等活动，加大宣传力度。采取发放标语、编印小册子、张贴横幅等多种方式宣贯《中华人民共和国安全生产法》《山东省生产经营单位安全生产主体责任规定》等，共发放各类宣传材料2万余份，营造了浓厚氛围。进一步完善“菜单式”培训方式，按照“教育抓普及、培训抓规模、高危抓全员”的思路，分层面、分区域、大范围开展安全教育培训活动，提升从业人员安全素质。2016年，共举办各类安全生产培训班24期，培训人员3100余人，全员培训企业29家，培训人员1.4万余人。

应急救援。开展“应急预案演练周”活动，先后组织日科化学、潍焦集团、英轩实业、乐化油漆等260多家企业和人员密集场所开展应急救援演练。编印6000本《昌乐县安全生产应急救援手册》，免费发放至各级各部门各单位，为应急救援工作提供指导。建立安全生产信息平台，将全县10个镇（街、区）、56个安委会成员单位、168家高危行业企业主要负责人、安全管理人员纳入受信范围，通过信息平台不定时发布自然灾害天气预报、安全事故信息，做到早预防、早应对。

职业健康监管。加大职业健康执法力度，登记摸底和执法监察同步推进，力求规范。印发了职业危害申报程序说明，指导帮助企业开展职业危害申报工作。2016年，760余家企业通过了职业危害审查，20余家企业进行了职业危害因素检测，1400余人进行了职业健康查体。

【双重预防体系建设】 制定下发《全县安全生产风险分级管控与隐患排查治理两个体系建设工作方案》，成立由分管副县长任组长，各镇（街、区）、县直有关部门（单位）主要负责人为成员的两个体系建设推进工作领导小组。县政府安委会办公室按照“分片包靠”的方式，将全县划分为6个网格，每个网格落实1名科级干部包靠，具体负责网格内的双重预防体系建设工作；抽调3名业务骨干，先后4次参加省市举办的双重预防体系建设骨干培训班；完善“菜单式”培训方式，先后举办了针对非煤矿山、工贸行业、化工行业、职业健康的两个体系建设工作培训班，分层面、分区域、大范围开展专题教育培训；组织专家编制《安全风险分级管控和隐患排查治理体系建设学习资料汇编》，免费发放了2000本。

国有资产管理

【国有资产清查】 2016年，根据财政部统一部署和省、市财政局要求，5月至8月，对全县188户行政事业单位国有资产进行全面清查，并通过公开招标方式确定6家社会中介机构对单位资产清查报表进行专项审计。截至清查基准日2015年12月31日，全县行政事业单位资产清查金额51.84亿元，负债清查金额7.93亿元，净资产44.03亿元。

【信息化管理】 投资75.5万元，为全县126家行政事业单位配备条码管理专用设备，对行政事业单位国有资产实行条码化管理，真正实现固定资产“一物一卡一条码”的资产精细化管理目标，进一步完善行政事业单位资产管理信息系统，促进资产管理与预算管理的相互结合。对全县149家行政事业单位的资产报表严格审核，及时准确地完成2015年国有资产信息的年报统计、产权登记工作。

【国有资产购置处置】 加强对全县行政事业单位购置办公设备家具的审核，切实把好资产“入口关”，全年受理批复107家单位的资产购置申请。严把资产处置关。依托资产管理信息平台，严格资产处置程序，按照“单位申请、主管部门审核、财政审批”的流程办理，对单位申报的资产经现场查看、中介机构评估、拍卖后出具审核意见7宗，处置收入17.8万元全部上缴国库，纳入公共预算管理。严把车辆购置、处置关。严把执法用车购置关，严格购置审核，2016年以来出具审核意见8宗。严把车辆处置关，在处置过程中，严把现场审核、中介评估、公开拍卖三道关口，确保资产处置的公开公平、合法有效，维护国有资产的安全和完整。全县行政事业单位公务用车及公车改革处置车辆228辆，拍卖收入625.37万元；报废车辆32辆，报废收入1.49万元，全部上缴国库，纳入公共预算管理。

农村经济管理

【概况】 2016年，县农村经济管理局以全国农村集体资产股份权能改革试点为契机，加强组织协调和调度督促，创造性开展各项工作，形成主题清晰、责任明确，一级抓一级、层层抓落实的工作推进机制，圆满完成全年工作任务目标。7月，被省农业厅授予“全省农业宣传暨科学技术普及工作先进集体”荣誉称号；12月，被农业部认定为“全国农村集体‘三资’管理示范县”。

【农村集体资产股份权能改革】 昌乐县作为全国首批29个“积极发展农民股份合作赋予农民对集体资产股份权能”改革试点县之一，是山东省唯一的试点县，为期三年。从2015年5月起，在上级部门的领导指导下，立足县域实际，深入调研，精心组织，改革试点工作扎实推进，进展顺利。根据改革三年部署，制定《昌乐县2016年度农村集体资产股份权能改革工作计划》，进一步细化年度工作任务目标。

不断扩大改革范围。集体资产股份制改革方面，在2015年完成47个首批试点村基础上，2016年确定408个村进行集体资产股份占有、收益权改革试点，改革试点村数量达全县自然村总数的50%，15个省定扶贫村均在改革范围之内；土地股份合作制改革方面，2016年完成20个村的农民土地（林地）股份合作制改革试点任务，试点村总数达41个。

逐步深化改革内容。在广泛征求意见的基础上，研究制定《昌乐县农村集体资产股份有偿退出实施办法》《昌乐县农村集体资产股份继承办法》《昌乐县农村集体资产股权质押贷款实施办法》等文件，并初步在宝都街道、朱刘街道完成占有、收益权改革的试点村中确定试点，有序探索开展有偿退出、继承和抵押、担保权改革。

加快完善制度体系和信息化管理平台建设。

先后制定出台改革规范性文件和农村集体资产管理、农村产权交易等方面的制度性规定 16 个，落实六项权能的制度性设计全部完成，其中 8 个文件在省委农工办《山东农村工作》予以刊发。改革试点村的集体资产、集体经济组织成员、股权情况等信息全部录入数据库，依托权能改革管理系统，打印并发放股权证书 7 万余本。

强化考核督导。将改革试点任务完成情况纳入镇（街、区）年度科学发展综合考核重要内容，对完不成年度改革试点任务，通不过阶段验收的镇（街、区），不能评定为优秀等次；评选表彰农村基层党组织、优秀农村党支部书记，只能从完成试点任务的村中产生；改革资金、涉农项目及资金，重点向推进快、工作质量高的村倾斜，夯实责任，传递压力，推动改革工作扎实开展。制定改革试点工作《检查验收标准》，对完成试点任务的村组织进行检查验收，对存在问题逐项落实整改措施，增强镇、村工作责任感和积极性。

2016 年 1 月，山东省委副书记龚正在全省农村工作会议上对昌乐县改革工作给予充分肯定，并要求各地学习借鉴；6 月，农业部举办全国农村集体资产股份权能改革试点工作培训会议，安排昌乐县作典型发言；12 月，《人民日报》《朝闻天下》及《新闻 30 分》相继刊发、报道昌乐县改革相关工作。

【农村集体“三资”管理】 制度建设。县委、县政府先后出台《关于进一步规范农村集体“三资”管理工作的意见》《昌乐县农村集体资金资产资源管理暂行办法》《昌乐县农村集体资产清产核资工作指导意见》等一系列制度文件及指导材料，健全完善资金资产资源管理、合同档案管理、村级债务管理等多方面制度，逐步形成用制度管人、管权、管事的制度体系。

规范建设。推行农村集体资金“双印鉴”管理，代理中心和村分别保管一套银行印鉴，须两套印鉴齐全，方可办理银行结算业务；加强农村集体经济民主管理，严格执行村级集体财务“先理财、后审批、再入账”的工作流程，对财务收支定期民主理财，资产、资源采购处置，承包租赁等重大经济事项实行民主决策，关系村民切身利益的重点事项进行民主评议考核；严格村级财务公开制度，每月 8 日为全县统一的“财务公开日”，对财务活动情况及有关账目全方位公开，接受群众监督；加强农村集体“三资”审计，落实“月审月结月公开”制度，在落实好财务收支等日常审计的基础上，聘请第三方审计机构对重点村、复杂村进行社会化审计。

平台建设。积极推动农村会计电算化管理，从 2015 年开始，先后投入资金 100 余万元，为县镇两级经管部门配备电脑、打印机、高拍仪等办公设备，建成昌乐县农村集体资产管理信息化平台，平台包含农村“三资”管理系统、农村财务公开、村级审计等 9 大模块。对审计合格的原始单据，用高拍仪录入信息化平台，连同记账凭证、财务公开榜及时进行网上公开，实现原始凭证、记账凭证、财务公开榜、网络公开“四统一”，使村级财务状况得到立体化呈现。

业务培训。对农村集体财务会计管理人员、村级会计委托代理服务人员进行业务培训，详细讲解农村集体“三资”管理相关规定及国家、省、市有关制度，不断提高政策水平和业务能力。2016 年举办培训班 3 期、培训 1300 余人次。

【农村承包合同管理】 做好农村土地承包经营权确权登记颁证收尾工作，完成 784 个村的农村土地确权登记颁证工作，顺利通过省级验收。做好农村土地确权登记数据库建设和完善档案管理，及时将档案移交县档案馆，针对数据库存在的个别错误，积极协调测绘公司制定修改计划，修正错误数据，确保数据库规范准确。建立健全以农村土地承包经营纠纷为主的农村产权调解仲裁体系，选调专门人员，注重教育培训，积极开展农村土地承包经营纠纷仲裁，妥善化解农村土地承包经营纠纷，维护农村社会稳定。加快规范土地流转，大力宣传法律法规及土地流转政策，积极鼓励农户进行土地流转，促进流转工作的有序进行；健全土地流转程序，依法签订土地流转合同，推进土地流转规范化管理；依托齐鲁产权交易平台，积极引导土地流转进入流转平台交易，并依托农村产权交易平台，为全县土地流转提供信息发布、组织交易、农村产权抵押登记等服务，拓展土地经营权抵押、担保等权能，为土地流转双方提供全面服务。

农业和农村工作

nongye he nongcun gongzuo

【生态文明乡村（美丽乡村）建设】 2016年，以“农业强、农村美、农民富”为目标，以“社区统领、产业支撑、创新治理”为路径，全面推动昌乐县生态文明乡村（美丽乡村）建设工作上档次、上水平。全县规划40个农村新型社区，开工建设27个，其中东篱湖畔、朱刘店等17个社区实现搬迁入住。所有新建社区，全部配齐“一站式”便民服务大厅、卫生室、警务室，“一厅一校十室”全覆盖，社区居民生活更加方便。积极推进社区、园区“两区”共建，不断深化农村改革，大力发展合作经济，全县注册农民专业合作社1321家，其中市级58家、省级22家、国家级3家；五图街道庵上湖村党支部带领党员群众创建的华安瓜菜合作社，打响庵上湖瓜菜品牌，并向休闲农业、电商农业和餐饮服务延伸，带动周边8个村260户群众入社，庵上湖村也被评为全国文明村。创新发展旅游经济，充分挖掘乡村旅游资源，打造城郊休闲、火山探宝、齐国文化、电声乐器等“一镇一业”旅游产业发展格局，打造五图响水崖、鄌郚沙埠沟、乔官响水崖子、高崖库区小白塔等一批乡村旅游特色村，先后创建国家农业旅游示范点1处、省级农业和乡村旅游示范点10处。不断健全完善以党组织为核心、自治组织为主体、群团组织为纽带、经济社会组织为补充的新型社区组织体系，大力推动机关干部下沉，落实“三四三”社区工作机制，全县70%以上的镇（街、区）干部吃住、工作、服务在社区，53项服务事项实现社区“一站式”办理。大力加强“四德工程”建设，深入开展文明创建，17个村镇和社区被评为省级文明村镇（社区），8个镇（社区）被评为市级文明村镇（社区）。在2016年11月的全市农村美丽乡村标准化建设和社区建设现场会上，提供贵和社区、九龙湖社区、响水崖子等3个观摩现场会，市领导对昌乐县的美丽乡村建设工作给予充分肯定。

【农村集体资产股份权能改革】 2016年完成455个（占比50%）自然村的改革任务；在5月农业部举办的改革试点工作会议上，昌乐县做专题发言，改革工作受到中央部委和省市领导的充分肯定。

【汶河流域综合开发】 2016年投资750万元，开工红河镇平原村至鄌郚镇丁家庄全长8.6千米的堤顶公路建设，工程于11月底完工。充分利用上级关于“两河”流域新型农村社区建设工地专项指标政策，加快推进红河镇宅科社区、鄌郚镇龙海花园社区、高崖水库库区白塔社区等新型农村社区建设，同步配套完善服务中心，为社区群众提供便捷、高效的公共服务。大力发展农村经济。工业方面，红河镇先后开工建设投资3亿元的德福8万吨高档纸制品加工项目，投资17.7亿元的榆横—潍坊1000千伏特高压交流输变电项目，投资4000万元建设红河镇天然气建设项目；现代农业方面，红河镇组织实施现代农业“双百”工程，开工建设19处现代农业示范园区，注册农产品品牌36个；鄌郚镇狠抓岭地增效，引入“资金众筹”模式，打造马驹岭生态农业综合开发项目，建成千头椿苗木基地、精品黄桃园等特色园区6处；高崖水库库区继续提升和发展南山农场，带动辖区内现代农业快速发展。乡村旅游方面，先后打造小白塔民俗村、南山农场、沙埠沟等一批乡村旅游特色景点，实现美丽乡村建设、农村经济发展双赢。

种植业

【概况】 昌乐县农业耕地面积79.1万亩，农作物常年种植面积122万亩，其中粮食作物和经济作物面积分别在60万亩左右，粮经作物比例为1∶1。瓜菜是昌乐县农业的主导产业，主要采取设施栽培，包括拱棚30万亩、高温棚12万亩；种植品种以西瓜、甜瓜、辣椒、西红柿、西葫芦、大姜、芋头等为主，年产量超过160万吨，是昌乐县农村经济的重要来源之一。昌乐西瓜常年种植面积16万亩以上，年产量60万吨以上，年产值超过16亿元。昌乐西瓜被评为山东省十大农产品区域公用品牌，品牌价值达35.82亿元，位居全国西瓜品牌价值第一名。

【惠农政策】 2016年，昌乐县全面落实耕地地力保护补贴、政策性农业保险等国家支农惠农政策。其中，耕地地力保护补贴：全县补贴小麦19.1万亩，涉及全县种麦农户5.4万户，实现补贴全覆盖；积极做好政策性农业保险工作。另外，积极实施耕地地力保护工作试点项目，在乔官、营丘两镇免费为省级粮食高产创建示范方内播种小麦的农户开展“土地深翻＋整地镇压”服务7万余亩。

【产业结构】 2016年，按照“主导产业区域化、特色产业规模化”的思路，加快农业产业结构调整，着力培植区域特色明显、产业聚集度高、经济效益好的优势产业带。重点培育壮大昌乐西瓜产业，发展以宝都街道和五图街道为中心的15万亩设施西瓜蔬菜、以鄌郚镇为中心的2万亩无籽西瓜、以红河镇为中心的12万亩花生和5万亩大姜、以高崖水库库区为中心的2万亩芋头、以营丘镇和乔官镇为中心的12万亩小麦玉米、以五图街道和乔官镇为中心的1万亩杂粮7处优势特色生产区。全县粮食、经济作物比例保持在1∶1左右，培育宝都（原尧沟）西瓜、鄌郚无籽西瓜、乔官火山小米、红河花生、白塔芋头、营丘草莓、朱汉苹果、昌乐大樱桃等一批特色农业产业。

【粮食作物】 2016年，全县粮食作物总面积62万亩，总产量28.4万吨，主要包括小麦、玉米、地瓜、谷子等作物，其中，小麦面积22.42万亩，平均单产447公斤／亩，总产量10.04万吨；玉米面积36.31万亩，平均单产471.1公斤／亩，总产量17.1万吨；地瓜面积1.52万亩，折粮单产542公斤／亩，总产量0.83万吨；谷子面积1.035万亩，单产229.4公斤／亩，总产量0.237万吨。

【经济作物】 2016年，全县经济作物总面积60.7万亩，主要包括花生、西甜瓜、蔬菜、黄烟、草莓等作物，其中，花生面积9.82万亩，单产386.6公斤／亩，总产量3.86万吨；西甜瓜总面积17.76万亩，单产约3.8吨／亩，总产67.4万吨；蔬菜总面积30.2万亩，平均单产3.8吨／亩，总产115万吨；黄烟总面积1.1万亩，单产186公斤／亩，总产约0.19万吨；草莓1.15万亩，单产2.2吨／亩，总产2.53万吨。瓜菜是昌乐县农业的支柱产业，是农村经济的主要来源之一，种植面积47万多亩，其中设施种植面积40万亩，主要种植西瓜、辣椒、大姜、番茄、大葱、马铃薯、茄子、甜瓜、黄瓜、芋头、圆葱、芦笋、草莓等品种，年产值40亿元以上。

【农业产业化经营】 2016年，全县统计在册的农业龙头企业52家，其中国家级1家（乐港食品）、省级3家（亚兴食品、亚太中慧、盛泰药业）、市级48家、其他10家；具备进出口经营权的企业有潍坊乐港食品股份有限公司、潍坊英轩实业有限公司、潍坊盛泰药业有限公司、潍坊四季丰食品有限公司等7家，其中亚太中慧销售收入过百亿元，出口创汇2.7亿美元，带动农户50万户以上。

山东亚太中慧集团 成立于2004年，是一家集饲料、养殖、食品、生物及投资为一体的省级农业产业化重点龙头企业。集团先后被授予全国食品工业优秀龙头企业、中国白羽肉鸡企业二十强、全国饲料十强、山东省饲料及猪料企业双十强、潍坊市农业产业化重点龙头企业十强、潍坊百强工业企业、潍坊市诚信示范企业等荣誉称号。公司拥有中慧农牧、中慧食品、根源生物、众慧投资等4家事业平台，在全国建成合资合作企业、规模农场170多家。中慧产品畅销北京、上海、广州等大中城市，且以优良品质赢得肯德基、麦当劳等国际快餐巨头的肯定，成为国内各快餐企业的首选原料。饲料产业位居全国十强，规模农场数量全国第一。2016年集团销售收入110亿元，资产总额达25.6亿元。

潍坊四季丰食品有限公司 港商独资企业，总投资220万美元，注册资本210万美元，占地面积180亩，建筑面积1万多平方米，是一家集基地、加工、销售（出口）、服务于一体的高科技食品生产企业。公司主要加工销售速冻、保鲜、烘烤、低温脱水（FD）等各类蔬菜水果产品。拥有先进的蔬菜清洗、漂烫、冷却、切割、单冻生产流水线，烘烤生产线，冻干（FD）生产线。公司化验室有先进检测化验设备，对原料购进、生产加工、产品包装全过程进行农残、微生物检测控制，另外公司还建有1.65万多亩蔬菜、水果生产基地，实现种植、加工等全过程的质量控制。

昌乐县华安瓜菜专业合作社 成立于2007年，现有生产基地1200余亩，主要种植西瓜、韭菜、西红柿、大樱桃等30多个品种。2016年，合作社生产优质蔬菜600多万公斤，产值1200多万元。合作社被评为国家级示范社，理事长赵继斌被推选为全国“食品安全、诚实守信”候选人。合作社基地先后被评为国家设施蔬菜标准园、山东省标准化生产基地、潍坊市农产品质量安全示范园、潍坊市农村实用人才示范基地等。合作社精心打造“庵上湖”品牌，生产上严格实行“五统一”管理，采用农业物联网技术，发展智慧农业；销售上，设立直营店，创建“庵上湖 优厨房”农产品电子商务平台，积极发展农产品电子商务。合作社规划建成农产品加工包装车间、庵上湖民俗文化馆、葡萄沟、生态休闲餐厅等，正积极打造集瓜菜种植、循环农业、休闲采摘、农事体验等功能于一体的万亩田园综合体。另外，在扶贫工作中，采取土地分红、股份分红、吸纳贫困户基地就业、资金互助等形式，带动全村贫困户实现整体脱贫。

【农业科技推广】 2016年，扎实开展农业科技推广服务，全年引进、试验、示范、推广小麦、玉米、甘薯和蔬菜等良种35个、新技术19项，推广应用面积达95万亩以上，全年农作物良种良法覆盖率达100%。

农作物良种化。小麦品种主要是济麦22、鲁原502、山农27、山农28、泰山22、烟农21等，其中，济麦22播种面积最大，占全县小麦播种面积70%以上；玉米品种主要是登海605、登海3622、登海618、郑单958、金海5号、先玉335、先行1658、隆平206、宇玉30、先玉045等，其中，登海605播种面积最大，占全县玉米播种面积60%以上；甘薯主要是龙薯9号、红香蕉、海南等。蔬菜品种：黄瓜主要是津冬656；长茄主要是布利塔、765；西红柿主要是齐达利、千禧；辣（甜）椒主要是喜洋洋、凯丽2号、方大、美满、华甜等。

农业生产新技术。小麦重点推广测土配方施肥、规范化播种、宽幅精播、播后镇压、氮肥后移、一喷三防等技术；玉米重点推广“一增四改”、一防双减、适期晚收等技术；花生重点推广“四大关键八大改进”技术；蔬菜重点推广保健栽培技术和水肥一体化技术。

【农产品质量安全监管】 把保障农产品质量安全作为推动农业供给侧改革、实现现代农业转型发展的一项根本任务。按照“产前、产中、产后”全过程监管思路，初步构建起县—镇—村三级联动的农产品质量安全监管体系，突出“面上宣传引导、农药源头治理、田间用药巡查、农产品上市检测”四个重点，组织开展宣传培训、农资打假、联合执法、监督抽检等活动，全面加强农产品质量安全监管，农产品质量安全形势稳步向好，未发生农产品质量安全事件。2016年，组织各镇（街、区）与全县8万多名瓜菜种植户签订《农产品质量安全承诺书》、与每家农药经营门店签订《农药经营责任书》；累计出动执法人员2000余人次，检查农资门店900余家次，监督抽检农产品2万余批次；举办各类培训班20余期，培训人员3000余人次。

【品牌创建】 把培育农产品品牌作为推动现代农业发展的重要手段，从标准化生产、“三品一标”认证、品牌宣传推介等方面，加大品牌培育力度，进一步提升昌乐西瓜、庵上湖瓜菜、白塔芋头、昌乐大樱桃等农产品品牌的知名度和影响力。2016年，国家蔬菜技术研究中心在昌乐县举办中国西瓜产业“五方谈”，筹办第二届昌乐西瓜节，昌乐西瓜入选全国名特优新农产品目录、山东省首批十大知名农产品区域公用品牌、2016年全国名优果品区域公用品牌，昌乐西瓜品牌价值达35.82亿元，位居全国西瓜品牌价值第一名。

畜牧业

【概况】 2016年，县畜牧兽医局紧紧围绕“发展现代畜牧业，建设畜牧经济强县”的总体思路，以转方式、调结构、促创新为主线，以发展安全、生态、品牌、高端畜牧业为目标，全力推进现代畜牧业发展。全县出栏肉鸡4200万只、肉鸭5100万只、生猪80万头，奶牛存栏近1万头，肉蛋奶总产量32万吨，畜牧产业链销售收入实现120亿元，畜牧业成为当地农民增收和农村经济增长的支柱产业。

【惠农政策】 畜牧标准化规模养殖支持政策。2016年国家继续支持奶牛、肉牛和肉羊的标准化规模养殖，支持资金主要用于养殖场（小区）水电路改造、粪污处理、防疫、挤奶、质量检测等配套设施建设等。按照符合城乡规划、符合环境保护要求，遵循自愿、公开、公平、公正原则，提报昌乐县华源奶牛养殖专业合作社、昌乐县永新奶牛养殖专业合作社为昌乐县2016年奶牛标准化规模养殖场（小区）建设储备项目，并获上级批复，两个项目总投资270万元，其中申请中央资金210万元。

基层农技推广体系改革与建设补助政策。中央财政继续安排资金支持各地加强基层农技推广体系改革与建设，财政资金主要用于农业科技示范基地建设、基层农技人员培训、科技示范户培育、农技人员推广服务补助等。2016年昌乐县基层畜牧兽医技术推广体系改革与建设项目获上级支持资金30万元。

畜牧良种补贴政策。2016年国家继续实施畜牧良种补贴政策，昌乐县获财政补贴35万元，其中财政补贴15万元的1万支奶牛精管发放到各奶牛场；财政补贴20万元的1000支猪精液、158头种猪也补贴到户。

“粮改饲”支持政策。2016年，国家继续实施粮改饲试点项目，并进一步增加资金投入，扩大实施范围。昌乐县积极发展食草畜牧业，争取及早开展“粮改饲”。

农业保险支持政策。中央财政提供畜牧业政策保险，补贴品种有能繁母猪、生猪、奶牛3种，项目由中华联合财产保险股份有限公司承办，2016年能繁母猪承保数量约1万头，生猪承保数量约15万头，奶牛承保数量约0.15万头。

病死畜禽无害化处理补贴。根据潍坊市畜

牧兽医局、潍坊市财政局《关于做好生猪规模化养殖场无害化处理补助相关工作的通知》（潍牧计财字〔2012〕19号）每无害化处理1头病死猪，给予80元补贴（其中中央财政补助40元，省财政补助10元，其余资金由县财政负责）要求，每无害化处理1头病死猪，给予养殖场（户）30元补贴，给予县病死畜禽无害化处理中心40元补贴，给予回收站10元补贴。截至2016年2月29日，中央拨款1992160元，省里拨款49.81万元用于病死猪无害化处理补助，县财政配套病死畜禽无害化处理补助资金2374087元，并于12份拨付2016年3—10月牛、羊、禽及狐貂无害化处理补贴1220427.4元。截至2016年12月底，昌乐县财政拨付病死畜禽无害化处理补助资金3594514.4元。

【规模养殖】 肉鸡肉鸭生猪养殖主要分布在红河、鄌郚、乔官、马宋4镇，高崖库区奶牛养殖比较多；宝都、朱刘、开发区街道、首阳山旅游度假区因禁养区划定，养殖量下降较快。

全县畜禽存栏1790万只（头），饲养场户1.5万个，规模养殖存栏1600万只（头），占饲养总量的89.3%。根据省市有关养殖场（小区）、养殖专业户标准统计，全县有规模畜禽养殖场（小区）181处，存栏955万只（头），占饲养总量的53.3%；饲养量最多的为肉鸭，有53家存栏540万只；肉鸡有34家存栏380万只，生猪有70家存栏14.5万头，良种奶牛有9家存栏0.45万头，蛋鸡有10户存栏21万只。

全县有规模养殖专业户2296户，存栏646万只（头），占饲养总量的36%，饲养量最多的为肉鸭，有770户存栏408万只；肉鸡有291户存栏175万只，生猪有918户存栏9.4万头，肉牛有66户存栏0.225万头，蛋鸡有95户存栏39万只。

【标准化生产】 推行园区新模式，实施标准化生产。以发展无公害和绿色畜产品为重点，大力推进畜牧业示范园区建设。对新建养殖场合理进行布局，高起点规划、高标准建设，做到无害化处理设施与畜禽养殖设施同时设计、同步建设、同时投产。积极开展畜牧示范园区创建活动，加强标准化生产，提高规范化程度。全县市级以上畜牧示范园区达41处，其中乔新牧业、宝利牧业、中慧牧业通过国家级标准化示范场认证，晨晖牧业、本吉奶牛场等15处养殖场通过省级标准化示范场认证。积极开展“三品一标”认证，全县无公害畜产品认证49个，有机食品认证1个，五福黑猪获地理标志产品认证。

加强技术培训，开展指导服务。通过举办培训班、发放明白纸、到养殖场现场服务等多种方式，积极开展标准化生产的技术指导，重点推广养殖“一控两分三防两配套一基本”废弃物源头控制技术，“畜—沼—粮”“畜—沼—果”等生态养殖模式，鼓励大型养殖场建设小型污水处理厂与沼气发电工程，沼液沼渣加工有机肥或者还田。指导中小型养殖场建设与规模相适应的防渗防雨防溢流堆积发酵平台和三级污水过滤沉淀池，粪污堆积发酵后还田利用，污水过滤沉淀后循环利用，最大限度提高畜禽养殖废弃物利用率。同时推广实施肉鸡笼养场户5家、建设奶牛高标准牛舍2家、改造生猪现代化喂养线4家。

【疾病防治】 认真落实上级春秋防控精神。每年上级防控会议后，及时召开春季、秋季防疫工作会议，按照“政府保密度，畜牧部门保质量”的要求，作好防疫工作部署，并积极做好防疫员培训等各项准备工作。

保证防控物资供应使用。2016年购进动物免疫疫苗2417.25万毫升（头份）（其中：禽流感疫苗1284.75万毫升、禽新二联疫苗216万毫升、猪口蹄疫疫苗180万毫升、牛羊口蹄疫疫苗38.2万毫升、奶牛口蹄疫疫苗8万毫升、猪瘟疫苗90万头份、猪蓝耳病疫苗180万毫升、小反刍兽疫疫苗7.8万头份），以及消毒药品20吨、免疫耳标48万套、免疫卡40万份等防控物资，印发各种免疫档案5万多张。

加强村级防疫员培训工作。2016年，结合春秋两季防疫，以镇（街、区）为单位分片分区对防疫员进行培训，培训1960人次。

切实做好强制免疫工作。2016年免疫猪口蹄疫、猪蓝耳病、猪瘟90万头、牛口蹄疫8万头、羊口蹄疫22.2万只、羊小反刍兽疫7.8万只、高致病性禽流感1900.8万只。

【畜牧科技推广】 畜禽粪污无害化处理技术及生态养殖模式示范与推广。全面推行粪污处理基础设施标准化改造，即“一控两分三防两配套一基本”（12321）建设。“一控”，控制用水量，压减污水产生量；“两分”，雨污分流、干湿分离；“三防”，设施符合防渗、防雨、防溢流要求；“两配套”，配套粪便、污水贮存设施；“一基本”，即粪污基本实现无害化处理、资源化利用。分类推行无害化处理资源化利用模式：(1)自然发酵主要适用于各类中小型畜禽养殖场和散养户，全县大多数场户采用此方法。(2)垫料发酵床适用于中小型生猪养殖场、肉鸭养殖场等。(3)沼气工程适用于有能源需要的大型规模养殖场或区域性处理中心，昌乐县乔新沼气发电站被推举为全市样板。

奶牛精细化养殖技术示范与推广。包括选种选配技术、奶牛分阶段测料配方技术、DHI测定饲养管理应用技术、疫病防控技术、信息化设施化管理技术。宝利牧业在这方面是全省的典范。

生猪健康养殖与高效繁育技术示范与推广。围绕品种改良、后备猪培育、配种管理、母猪管理、仔猪培育等环节开展高效生产技术推广，母猪年提供断奶仔猪数从16头/年提高到18头/年，但与国际水平25头差距还较大。

肉鸡标准化健康养殖技术示范与推广。包括肉鸡多层笼养模式及关键技术，饲养环境控制综合技术，肉鸡清洁生产技术，疫病防控技术。刘瑞田养鸡场是这方面典型。

肉鸭标准化健康养殖技术示范与推广。主要包括雏鸭、成鸭新型饲料配方技术与标准化养殖配套技术，科学免疫、疫病快速诊断检测技术等。

农作物秸秆饲料化利用及混合日粮配制关键技术示范与推广。主要有规模化全株玉米青贮技术，减少青贮料霉变，提高青贮料品质，大幅度提高农作物秸秆饲料化利用比重。全混合日粮配制与饲喂技术，按照不同生长阶段营养需求、合理搭配精粗料、并均匀混合制成TMR全混合日粮的配套技术，达日粮营养的均衡供应，提高饲料资源的最佳利用和效益的最大化。全县年全株玉米青贮5万多吨，各奶牛场均采用TMR全混合日粮，牛奶质量大幅提高。

种畜禽场疫病净化技术示范与推广。主要是种猪场猪瘟、猪伪狂犬病等主要动物疫病净化技术示范与推广；种鸡场禽白血病、鸡白痢等垂直传播疫病净化技术示范与推广；种鸭场鸭病毒性肝炎、禽霍乱等主要动物疫病净化技术示范与推广。种牛羊场布病、结核病等主要动物疫病净化技术示范与推广。

【饲料生产企业和兽药市场监管】 2016年，全县有24家饲料生产企业、9家兽药生产企业、34家兽药经营企业。建立和完善日常巡查检查制度，实施网格化监管，将辖区内所有饲料、兽药生产和经营企业落实监管责任制及分片管理，对监管企业明确到人，明确对监管企业每月监管一次，及时做好巡查检查工作记录。加大监管力度，明确监管内容。加强畜牧投入品监管，从源头上确保畜牧投入品质量安全。

【龙头企业】 2016年，全县有市级以上畜牧龙头企业23家，涌现出乐港、铭基中慧、乔新、富利特、大北农、兴安等省内知名品牌，带动形成养殖专业村72个，养殖专业大户776户，户均增收6万元。其中，潍坊乐港食品股份有限公司是全国首批151家“农业产业化国家重点龙头企业”，集肉鸭和生猪养加销于一条龙，总资产

20亿元，员工2000人，下设12处种鸭场、1处大型孵化场、3处饲料场、4处加工冷藏厂，形成年宰杀肉鸭4000万只、生猪100万头的生产能力，乐港肉鸭和猪肉产品销往欧盟、美国、新加坡、日本、韩国等国家和地区。山东铭基中慧食品有限公司是省级重点农业龙头企业，公司以肉鸡养加销于一体，是肯德基和麦当劳在国内的重要原料供应商。2016年辖种鸡场5处，饲料加工厂1处，冷藏厂2处，职工1000人，年宰杀肉鸡1500万只，加工肉鸡产品4万吨，实现销售收入4亿元，带动养殖农户3000户，年可增加农民收入2500万元。潍坊乔新农业发展有限公司为新加坡独资企业，投资3200万元，总占地550亩，现存栏种猪2000头，年产仔猪4万头，年可向社会提供纯种种猪5000头，二元母猪1万头，洋三元商品猪2.5万头，产品辐射全国各地。

【畜牧业品牌】 截至2016年年底，昌乐县有1家“食安山东”畜牧业示范品牌企业，48家企业获得无公害畜产品产地认定和产品认证，无公害畜产品年产量11.31万吨。其中奶牛11家，生鲜牛乳年产量17510吨；生猪16家，年产量16315吨；活鸡17家，年产量27720吨；活鹅1家，年产量1000吨；蛋鸡1家，年产量650吨；猪肉产品1个，年产量3000吨；鸭产品1个，年产量4.7万吨。

【畜牧业面源污染防治】 2016年，全县组织开展整治违法排污企业保障群众健康环保专项行动，县畜牧兽医局成立10个包靠小组包靠10个镇（街、区），发现问题立即督促整改，促进工作全面开展，确保完成“三八六”环保整治任务。依法全面实行规模畜禽养殖场区建设审批制度和登记备案管理制度，加强规模畜禽养殖场区畜禽粪便等污染物处理设施配套建设，最大限度地减少畜禽养殖对环境可能造成的污染。2016年畜牧行业新建畜禽粪污处理设施示范工程6个，分别是昌乐县高彦锋蛋鸡养殖场与昌乐县刘瑞田养鸡场集粪处理系统、昌乐县马庆仁养鸡场堆积发酵平台、乐港苗埠鸭场三级过滤池、山东五福农业科技有限公司自然养殖法猪舍、山东中慧牧业有限公司沼气系统，超额完成全年任务。新建、改造标准化饲养场7个，分别是昌乐县高彦锋蛋鸡养殖场、昌乐县刘瑞田养鸡场、昌乐县马庆仁养鸡场、高军明养鸡场、山东中慧牧业有限公司、茂园奶牛专业合作社、昌乐县王海斌蛋鸡场改扩建项目，超额完成全年任务。完成“三品一标”认证养殖场5家，其中无公害认证4家分别是昌乐县泉子崖养殖有限公司、昌乐贝隆杜仲种植开发有限公司、昌乐县马庆仁养鸡场、潍坊乐港食品股份有限公司；有机食品认证1家是昌乐博轩生猪专业合作社。养殖规模化程度达80%以上，畜禽粪污无害化处理利用的比例达50%，病死畜禽无害化处理100%，均完成上级要求。规模化畜禽养殖场（小区）粪污处理设施建设快、运行良好。

【病死畜禽无害化处理】 昌乐县病死畜禽无害化处理中心，日处理病死畜禽30吨，采用高温化制法进行无害化处理。根据昌乐县畜禽养殖数量和分布，建设收集暂存点2个，配备收集车7辆，对全县辖区内所有病死畜禽进行收集并处理，按照当天接报、当天收集、当天处理的原则，进行集中处理，建立病死畜禽的入厂、处理、产品出厂台账。县畜牧兽医局派出监管人员驻无害化处理中心，对病死畜禽无害化处理全过程进行无缝隙监管。县病死畜禽无害化处理中心与不具备无害化处理条件的养殖场（户）、屠宰场全部签订处理协议。2016年1—12月收集处理病死猪162937头，羊13723只，牛333头，禽859910.5公斤。

【动物检疫】 动物产地检疫工作。一是饲养场监管。严格落实官方兽医对饲养场的监管制度，及时掌握饲养场（户）的用料、用药、防疫、消毒、死淘及无害化处理等情况。按创国家食品安全城市的要求，昌乐县对符合标准的各类饲养场，合理确定监管兽医，落实好到场巡查制度，健全各项管理制度，规范填写畜禽养殖档案。二是产地检疫申报。全县13处检疫申报点，都严格落实检疫申报制度，严格按产地检疫规程和国家有关文件，依法出具动物检疫合格证明。按照属地管理的原则，动物出栏前申报人凭养殖档案或饲养日志、免疫卡、无害化处理单等材料到检疫申报点进行检疫申报。2016年，昌乐县检疫肉鸡2722.1451万只、肉鸭5173.5086万只、生猪18.3657万头。

动物屠宰检疫工作。规模屠宰场严格落实官方兽医派驻制度和屠宰检疫申报制度，严防不合格动物进入屠宰场。做好同步检疫监管，未经检疫或检疫不合格的动物产品不得出厂（场）。严把宰前、宰中、宰后各个关口，发现病害动物和病害动物产品，依法出具《动物检疫处理通知单》，并监督厂（场）方做好无害化处理工作。严格落实屠宰场自检制度，要求企业待宰生猪批批自检。2017年检疫动物产品6.6431万吨。

动物卫生监督检查站工作。北岩动物卫生监督检查站（指定通道）认真履行24小时值班制度，对进入和流出昌乐县的动物及动物产品进行严格消毒、检查，发现异常情况及时上报并依法处置，充分发挥检查站内防外堵的作用，有效预防与控制疫病的传播。2016年检查车辆 244车次，畜禽32万头（只），指定通道正式运行后接受报检车辆71次，猪35头，禽产品516.840吨。

水 利

【概况】 2016年，昌乐县水利局内设办公室（挂政工科）、计划财务科、水资源科、水政科4个科室。直属事业单位6个，其中正科级事业单位1个，为水资源办公室；副科级事业单位1个，为水政监察大队；股级事业单位4个，分别是工程建设管理站、农田水利站（与水土保持站合署）、水利工程规划站、水利移民办公室。下属副科级事业单位4个，分别为荆山水库管理局、马宋水库管理局、农村供水管理办公室（加挂昌乐县南水北调工程管理局）、南寨水库工作办公室。2016年核定水利局编制142人其中行政编制12人，事业编制130人；实有145人，其中：行政14人，事业131人。

【防汛与抗旱】 2013—2016年，昌乐县遭遇连年干旱，年降水量均少于常年。2016年，全县累计平均降雨595毫米，比2015年同期多21.2%，比多年同期少3%，其中汛期降雨量399.32毫米，较多年平均少31.29毫米。年末水利工程总蓄水1450万立方米，比兴利蓄水量少1548.06万立方米。全县40条河流全部断流，125座小型水库大部分干涸。

抗旱服务。充分利用水利工程设施为抗旱服务。针对旱情，新建一批应急水源工程，对现有水利工程设施进行全面的检修、改造，提高标准，充分发挥各类水利工程在抗旱中的作用，进行合理的农业灌溉。对一些贫水区和重点干旱区，利用建的调供水工程实施远距离调水，解决用水问题。引黄入昌应急供水工程2015年12月建设完成投入使用，可日供水5万立方米，2016年调引黄河水996万方。利用上级下达的15万元抗旱资金，根据全县旱情情况，分别在乔官镇邵家庄村、营丘镇沙罗村、高崖库区白塔村各新打机井1眼并建设配套泵房及配套设施。

防汛工作。调整并公布防汛责任人（包含行政责任人和技术责任人），签订防汛责任书，落实防汛责任。修订完善《昌乐县防汛应急预案》《昌乐县抗旱预案》《昌乐县防台风应急预案》《荆山水库大坝安全管理应急预案》《马宋水库大坝安全管理应急预案》和汶、白、丹、圩、桂、红6条河道防洪应急预案等防洪抢险预案。落实人防、物防、技防措施，组织防汛检查督查，成立5个检查组，分片包靠，强化督导。严格防汛值班，及时统计发布雨水情信息。

山洪灾害防治补充完善项目。完成投资 47 万元，主要建设内容包括 19 个自动雨量站、1 个自动水位站、1 个自动水位雨量站和 14 个自动雨量水位图像监测站，改造升级自动雨量站和自动雨量水位图像监测站，完善山洪灾害应急保障系统和群测群防体系。

【现代水网建设】 采取上级项目扶持、政府财政投入、民营资本参与等多种形式加大直接投入力度，重点实施 4 项工程，扩大水源利用空间。

南寨水库扩建工程。为省雨洪资源利用项目和山东省利用亚洲开发银行贷款地下水漏斗区域综合治理示范项目，总投资 3.56 亿元，其中省级专项资金 8084 万元、利用亚行贷款 1955 万美元。于 2015 年 12 开工建设，2016 年度累计完成投资 2.36 亿元，完成大坝填筑、防渗墙、放水洞、溢洪闸、生产桥和泵站等土建工程和 1017 亩永久占地、650 亩临时占地拆迁补偿及岳家河村 52 户移民搬迁，按时完成省水利厅要求的节点任务。

乔官水厂并网山东浩博高崖供水分公司工程。投资 70 万元，建设由高崖供水分公司管网乔官镇北展村西铺设 φ160PVC 管道 6600 米，跨大沂路桥底向西至猪河渡槽，经猪河渡槽向北至南水北调工程渠堤，沿南水北调工程渠堤向北途经孟家淳于、王家庄、陶家庄、黄家洼、梁家庄接入乔官水厂南蓄水池，再向北延伸接入水厂院内蓄水池，实现与乔官水厂并网对接。解决乔官镇和营丘镇 94 村 5.02 万人的供水紧缺状况，保证覆盖范围内农村居民的饮水安全。

昌乐县 2016 年贫困村饮水工程省级补助资金项目。由省财政投资 60 万元建设，挖填土石方 9007 立方米，砌筑水表井、阀门井 13 座，DN20 智能卡式水表 486 块，铺设各类供水管道 29775 米，解决红河镇大芦沟村、营邱镇后张次村 2 村 1350 人的饮水安全问题。

昌乐县 2016 年第一批、第二批农村饮水安全村级工程巩固提升项目。投资 135.86 万元，其中申请市级奖补资金 51.48 万元，项目村自筹 84.38 万元。铺设 PE 主管道 7206 米，PE 支管道 99105 米，入户管道 106106 米，修建水表井 292 座，挖填土石方 37888 立方米，解决鄌郚镇伦家埠坡，红河镇张家下坡，宝城街道东管村、西尖庄村、八里庄村，乔官镇罗家庄子村、房家庄村、孟家淳于村、王家庄村、辛管村、大埠村、丁家山村，五图街道姜家洼子村 13 个村 7732 人的饮水安全问题。

【农业水利设施建设】 2016 年小型农田水利重点县项目。投资 2694.98 万元，在鄌郚、红河两个镇，建设完成高效节水灌溉工程 2.8 万亩，其中鄌郚镇 1.8 万亩，红河镇 1 万亩。新打机井 194 眼，维修机井 30 眼，新建提水泵站 9 座，方塘 6 座，蓄水池 1 座，大口井 1 座，拦河坝 3 座，铺设 PE 管道 165.83 千米，设置出水口 2180 个，新建变压器 10 座。完成土石方 16.9 万立方米，浆砌石 0.39 万立方米，砼 0.05 万立方米，PE 灌溉管道 165.83 千米。

2016 年度农田水利设施维修养护项目。投资 113.5 万元，一是对昌乐县 2014 年度小农水重点县项目及结余资金项目区内的工程进行维修养护，维修机井 30 眼、井口地下控制室 30 处、供水管道 5.0 千米、出水口 300 处、出水口保护墩 300 处，整修排水沟 2.1 千米，维修过路管涵 15 处。二是组织基层水利服务机构能力建设，为乔官镇水利站改善办公场所、配备设备工具，提升其服务能力。

移民项目。昌乐县移民后期扶持项目。2016 年度发放移民直补资金 651.48 万元。实施 2015 年度移民结余资金扶持项目和 2014 年度小型水库移民扶助基金项目 14 个，完成投资 850 万元。在红河、乔官、鄌郚、营丘镇和高崖库区建设扬水站、交通道路、产业示范园等项目。完成 2016 年度移民结余资金扶持项目、2015 年度小型水库移民扶助基金项目和 2016 年扶贫项目总投资 865 万元、19 个单体项目的捆绑招标。

第二批大中型水库移民避险解困试点项目。高崖水库库区第二批大中型水库移民避险解困试点项目规划建设东篱湖畔和白塔两个社区及桃花源里一个安置点，主要内容包括移民安置楼39座住房640套及配套公共服务基础设施。2016年，完成东篱湖畔社区安置楼6座住房128套，交付使用120套；开工在建白塔社区安置楼9座，其中完成主体封顶7座；完成桃花源里安置点选址和地上附属物清理；同步配套建设东篱湖畔社和白塔两个社区服务中心，完成投资6000多万元。

昌乐县大中型水库贫困移民扶贫项目。2016年，完成省级水库移民扶贫专项资金80万元，实现纳入省扶贫办建档立卡的197名贫困移民中193人脱贫。利用省小型水库移民扶助基金，完成唐吾镇东山旺村道路硬化项目，完成投资22万元。

抗旱应急项目。实施昌乐县2016年度抗旱应急水源工程项目（昌乐县五图街道引提水工程）。投资564万元，建设包含进水口、引水管、集水竖井、泵房等的提水泵站工程，总长15.68千米的供水管道工程，以及3座设计容量为200立方米的高位蓄水池作为配套设施。工程于2016年12月9日完工，取水泵站设计提水流量510立方米/小时，年供水能力达91万立方米，辐射昌乐县五图街道5个自然村2600亩耕地。

水土保持项目。水土流失综合治理。完成面上水土保持综合治理面积8.1平方千米，其中营造水保林5.6平方千米、生态修复2.5平方千米。

【小型水库管理体制改革】 3月，昌乐县被列为山东省小型水库管理体制改革2016年新增试点县。围绕实现“管理有人员、维修有队伍、经费有保障”的总体目标，全面开展小型水库管理体制改革工作。4月，全县小型水库管理体制改革试点工作开始，涉及9个镇（街、区）125座小型水库，其中小（一）型水库20座，小（二）型水库105座。

落实专职管理人员。按照小（一）型水库每座2人、小（二）型水库每座1人的标准，选聘145名身体健康、责任心强、具有初中以上文化程度、工作时间有保证、热心水利事业、能熟悉工程情况和识别基本险情的专职管理人员，对专职管理人员进行培训，签订合同及责任书，为他们购买保险、服装，组织人员到岗到位，开展日常巡查、观测、保洁等工作。

落实年度管护经费。按照小（一）型水库不低于3万元/年·座、小（二）型水库不低于1.5万元/年·座的标准落实年度管护经费。落实维修养护经费152.5万元，其中省级80万元、市级72.5万元，落实专职管理员经费72.5万元（县级）。

创新小型水库信息化管理方式。投资21.9万元建设昌乐县水库巡检管理系统，杜绝影响巡检质量的现象发生，实现巡检结果的快速传输、保存、统计和分析测评，便于管理者及时、准确、全面了解现场的实际情况，以便做出科学的决策，有效地帮助管理部门向管理的标准化、信息化、科学化跨越，实现“以标准促发展、向管理要效益”的目标。

【水政管理】 水事秩序维护。加大水政执法力度，积极推进水利综合执法，认真落实三项制度，实施执法治度和执法网络体系建设，开展河道、水库、水土保持、水资源和供水工程执法活动，对破坏河道、损毁水利工程、擅自开源、拖欠拒缴水利规费的违法行为，进行严厉查处，维护水事秩序。2016年，查处各类水事违法案件1起，罚款0.5万元。同步做好水行政执法文书制作和执法案卷管理工作，提报的水行政许可案卷荣获2016年全省水行政许可案件评审二等奖。水法宣传。结合“3·22世界水日”和“中国水周”进行集中宣传，联合县气象局进行水法宣传。3月22日，县水利局与县气象局联合在县城主要路段人口密集处悬挂宣传横幅6条，设立宣传点，向群众分发宣传资料，现场解答水事咨询。3月22日至28日“中国水周”期间，县水利局出动宣传车深入到乡镇、企业开展巡回宣传，广泛宣传节水理念、节水效果和节水措施，发放宣传材料6000余份；同时利用各类新闻媒体，发挥网络、微信、微博等平台的作用，进行宣传，并在《中国蓝宝石之都·昌乐》发表分管县长纪念“世界水日”“中国水周”有关问题答记者问，在县电视台集中播放节水护水公益广告片，在县水利局网站开展“世界水日”“中国水周”专题宣传。与昌乐县邮政局沟通，利用其站点便利优势，派送到各企业、学校、单位水法宣传折页5000余份、水周特刊200余份、水周宣传海报60余套。同时，按上级要求做好“世界水日”“中国水周”“12•4”国家宪法日暨全国法治宣传日等水法宣传工作，推动水利系统“七五”普法依法治理工作全面开展。

【水资源管理】 严格落实新建、改建、扩建建设项目水资源论证制度、取水许可审批制度、水资源有偿使用制度和超计划用水累进加价征收水资源费制度。全年办理取水许可证89件，征收水资源费1100万元，为2015年的1.6倍，对6家超计划用水取水户累进加价征收水资源费4706元。

根据国家实行最严格水资源管理制度情况考核工作要求，昌乐县3月代表潍坊市迎接省政府对潍坊市2015年度落实最严格水资源管理制度情况的考核；5月代表山东省迎接国家对山东省2015年度落实最严格水资源管理制度情况的考核，并被评为全国五个实行最严格水资源管理制度情况优秀等次且排名第一，山东省政府受到国务院办公厅书面通报表彰；8月迎接潍坊市对昌乐县2015年度落实最严格水资源管理制度情况的考核，并被评为优秀等次。

开展化工企业“四评级一评价”工作用水和特种饮用水排查摸底工作。经排查，全县117家化工企业，使用自来水企业36家，使用自备水源企业56家，停产、倒闭企业25家。对56家使用自备水源取水户中12家未纳入管理的取水户办理取水许可手续，并纳入规范管理。8月下旬在全县进行特种饮用水生产经营企业普查，普查登记生产经营企业19家，对10家需要办理取水许可证的经营企业办理取水许可证，并纳入规范管理。

对全县取用水户取用水计划下达工作。依据《昌乐县用水总量控制管理办法》和潍坊市水利局下达的用水总量控制指标，将指标分解并下达各取用水户、供水企业和各镇（街、区）。以《关于下达2016年度取用水计划的通知》，对全县562个非农业取水户和507个公共供水管网用水户分水源下达2016年度取用水计划；以《昌乐县水利局关于下达2016年度水资源管理控制目标并严格做好考核工作的通知》把县级农业用水总控控制目标分解下达至各镇（街、区）。

林　业

【概况】 2016年，县林业局内设办公室、林政科（加挂安全科牌子）、林改办、财务科、重点项目办、审批服务科（派驻行政服务大厅），局机关定编16人。下属单位有：县森林公安局1个，副科级行政单位，定编9人；国有孤山林场1个，副科级事业单位，定编30人；林业站、森保站两个，股级事业单位，分别定编7人、4人。

【林政管理】 突出加强森林公安正规化建设，强化林政专项执法行动，先后集中开展非法侵占林地清理整顿、保护野生动物资源等专项行动。2016年，破获涉林刑事案件2起，处理犯罪嫌疑人2人；行政案件15起，行政处理21人、单位1个；治安案件1起，治安处罚1人。查获、销毁各种捕鸟工具86只，各种夹子、套子11只，放飞蜡嘴、斑鸠等各种鸟类活体190余只，对涉及非法猎捕行为的人员进行批评教育，行政处罚1人。林政管理更加规范化，所有涉林审批办件全部纳入昌乐县市民服务中心，实行“一站式”

办结服务。2016年，依法办理审批办件2295件。其中，办理林业用地3225.65亩，林木蓄积量33139.38立方米；非林业用地面积1909.95亩，林木蓄积量19423.96立方米。对生产、经营、运输林业植物及其制品的单位和个人都进行严格检查。种苗产地检疫率达100%。

【育苗造林】 全县有苗圃55处，育苗总面积8487亩，其中新育苗600亩，苗木产量1800万株，实际用苗量1200万株。绿化苗木主要以培育白蜡、悬铃木、樱花、银杏、海棠、国槐、紫薇等为主；用材林种苗主要培育杂交杨、柳树等；经济林种苗以桃苗、核桃苗、苹果苗等为主。苗木合格率达95%以上，良种使用率达100%，出圃种苗合格率达96%以上。

全县完成新增人工造林面积7200亩，退化林分修复面积7800亩；新建成市级绿化模范村7个，县级绿化模范村50个；新建农田林网2000亩，完善1.5万亩；新建绿色通道18千米，完善32千米；绿化镇村道路100千米；完成中幼林抚育1.2万亩；完成义务植树70万株。

【林业科技推广】 组织实施杨树超高产栽培关键技术推广。项目利用山东省林科院成果“杨树超高产栽培关键技术研究”，核心内容主要有合理配置技术、平衡施肥技术、覆膜技术、树冠调控技术等。项目实施过程中在红河镇建设示范基地两处：在红河镇清泉村、梁家官庄村、埠南头村、崖下店子村建设500亩的示范林；在红河镇小下坡村建设占地100亩的苗木繁育基地。9月2日，在昌城宾馆举办专题培训班，培训人员101人。通过科普大集的形式发放技术资料8000余份。

【孤山林场】 为昌乐县唯一的国有林场，2016年为公益一类事业单位，定编30人，自1月开始，实行县财政全额拨款，在职职工工资、社会保险，离退休职工住房补贴、遗属补助金全部纳入县财政预算。

在孤山、谢家山、方山林区建设蓄水池9座，总蓄水450立方米；在谢家山林区安装80千伏安变压器1组，钻深水机井1眼；在孤山林区、方山林区铺设消防管道9000米，预留消防栓75处。购置高压串联式水泵10组、高压细水雾灭火装置10台，蓄水胶囊20个、灭火水枪100台，实现每个林区引水上山的目标。森林火灾防范能力不断提升。筹集265万元，在孤山林场重点火险区建设机械围栏25.2千米。2016年在全市组织召开的森林防火工作现场会议上，国有孤山林场作典型发言。

开展荒山造林。重点对孤山3号石坑、方山妖精山开山口处的树木进行补植，对森林防火物资储备库周边进行绿化，栽植黑松、黄栌、红叶李、美人梅、五角枫等苗木8970株。认真实施与省林科院合作的平衡根系轻基质容器育苗关键技术示范与推广项目，繁育轻基质无纺布营养黑松苗木8万株，在方山妖精山西坡栽植轻基质无纺布营养钵黑松50亩。

开展林业有害生物防控。认真履行好国家森防总站美国白蛾监测点工作，落实专人负责测报，开展双条杉天牛、侧柏毛虫、法桐方翅网蝽、美国白蛾等森林病虫害测报，测报准确率达90%。做好周氏啮小蜂繁育工作，完成市林业局下达的5亿头周氏啮小蜂繁育任务。组织开展侧柏双条杉天牛和核桃卷叶螟等虫害防治工作，在方山、谢家山、孤山、李家山林区释放管氏肿腿蜂80万头，并配合喷洒绿色威雷、高效氯氰菊酯、甲维盐等药物，防治面积4000亩，林区内双条杉天牛疫情危害得到有效遏制。

【森林防火】 森林防火宣传教育深入开展，全县下发森林防火专项通知7次，张贴宣传标语、发放宣传材料5.5万份，在林区周围和进山入口处增设防火警示碑、牌180余块。森林消防专业队伍建设迈上新台阶，以政府购买社会服务的形式，招聘30名森林消防协管员，专职从事森林防火工作。在国有孤山林场建设森林防火营地，森林防火期内，森林消防协管员集中食宿、培训、演练。

【古树名木】 2016年，昌乐县所有登记在册的古树名木，涉及18个科、21个属、23个树种，树种主要以国槐、楸树、侧柏、栾树、白蜡、麻栎、榆树、元宝枫等为主。其中，树龄在500年以上的国家一级古树名木75株；300年以上的国家二级古树名木93株；100年以上的国家三级古树名木748株。

【林业有害生物防控】 制定《昌乐县2016年重大林业有害生物防控方案》，为全面做好林业有害生物防控工作提供科学依据。林业有害生物监测体系不断完善。在国有孤山林场建设市级林业有害生物监测点1处，配备专职监测员3名；在镇（街、区）建设县级监测点7处，每个监测点都有3名监测员。昌乐县林业局承担建设的潍坊市林业有害生物疫情监测站工程项目，全面动工建设。根据疫情监测情况，适时组织实施飞机施药防治林业有害生物工作，飞防作业面积46万亩。

【林权改革】 2016年，全县确定408个村进行农村集体资产股份权能改革，试点村达全县自然村总数的50%，15个省定扶贫村均在改革范围之内。截至9月，全县有206个村的改革任务通过验收，其他村的验收工作正在进行中。2016年10月，省林业厅副厅长马福义专程到昌乐县，就股份权能改革试点工作进行调研。

【林业产业】 2016年，全县林业年产值达60.29亿元。先后建成红河镇大湖田黄桃基地；鄌郚镇马驹岭千头椿基地、金山紫薇繁育推广基地、杜仲种植基地；五图街道大解召黄桃基地、梅花鹿养殖基地；营丘镇葛沟崖苹果密植栽培技术推广基地等一批创森重点工程。加大林业合作组织培育，昌乐鹿明园梅花鹿养殖专业合作社成功申报为省市级示范社，积极推荐昌乐县绿韵园艺苗木专业合作社，申报省“十佳”林业专业合作组织和昌乐县优秀农村实用人才创新创业示范点。组织推荐昌乐鹿明园梅花鹿养殖专业合作社、潍坊绿金杜仲开发有限公司申报昌乐县宝都乡村之星评选。积极培植壮大林业龙头企业，在第十三届中国（菏泽）林产品交易博览会上，潍坊绿金杜仲开发有限公司的“中国红”杜仲雄花茶被中国林产品交易组委会评为“金奖”。

农业机械

【概况】 2016年，全县农机总动力68.2万千瓦，农机总值达4.98亿元，平均每万亩耕地拥有8740千瓦，农机从业人员2.3万人，农机经营总收入1.9亿元。主要粮食作物机耕作业面积34万亩，机播作业面积30万亩，机收作业面积28万亩，小麦、玉米等主要粮食作物全程生产实现机械化，经济作物和设施农业机械化水平也有长足发展，花生、大姜、黄烟、瓜菜及设施农业中的部分环节实现机械化，主要农作物综合机械化水平达91.5%。

【农机装备结构】 2016年，全县拥有各种链轨及轮式农用拖拉机6726台80328千瓦，手扶拖拉机10731台38539千瓦，手扶变形运输机1277台23551千瓦，自走式小麦联合收割机594台32658千瓦，玉米联合收获机340台26914千瓦，花生收获机9台304千瓦，播种机2760台，农副产品加工机械12800台21240千瓦，田园管理机2100台，电动卷帘机4.3万台，旋耕机1804台，深松机2327台，节水灌溉机械925台，各种农田基本建设机械298台17179千瓦，农用飞机5架，与拖拉机配套的农机具12906台（套）。

【农机服务体系建设】 县农业机械管理局是全县农业机械化行政主管部门，局机关内设办公室、财务科、政工科3个科室，下设农机管理服务站、农机技术推广站2个股级事业单位，有在编干部职工48人，其中专业技术人员30人。

镇级设立农业综合服务中心，全县8个，镇农业综合服务中心下设农机站，编制3人，在职3人。其职能是负责本镇的农机推广、农机培训、安全监理、农机管理等工作，县级农机主管部门对其实行业务指导。

村级服务组织为农机大户和农机专业合作社。2016年，全县固定资产在50万元以上的农机大户13个，固定资产20万元～50万元的农机大户103个，农机大户拥有大型拖拉机280台，联合收获机110台，配套机具1750台（套），年作业总收入1500万元。

【农机科技推广】 重点开展农机新机具、新技术的示范推广工作，加大科技创新力度，大力发展各种新型、复合型、低碳型、环保型农机装备，降低农机污染排放总量。2016年召开农机科技下乡和新技术现场会4次，参加人员600余人次，培训新技术300余人次，推广新型联合收获、秸秆综合利用、保护性耕作、设施农业等新型机具280台（套）。

【农机合作社】 2016年，全县经工商注册的农机专业合作社达44个，注册资金550万元，入社社员1500人，入社机械2200台套，资产总额达3580万元。全年完成耕、耙、播、植保、收获等作业面积30万亩，其中跨区作业面积1.2万亩，合作社作业面积占全县农机作业面积的70%以上，实现服务总收入960万元。农机合作社为社员增加收入，提高机械的利用率，同时也提高农业和农村经济的专业化、组织化程度，实现经济效益和社会效益双赢。

【农机培训与农机管理】 2016年培训各类人员3299人，在对农机经营门市部、维修点继续进行审验的同时，开始对农机修配人员进行职业技能鉴定发证工作，审验维修网点180处，核发操作证210份。

农机登记挂牌430台、年度检验610台、发放驾驶证180本。“三夏”“三秋”期间，部分农机大户和农机合作社组织180台小麦联合收割机、100台玉米联合收获机、120台大型拖拉机开展跨区订单作业，增加机械作业收入。

【农机生产制造】 昌乐县辖区拥有山东英轩重工有限公司、潍坊恒源拖拉机有限公司、潍坊奥利达拖拉机有限公司、潍坊沃沃农业装备有限公司、潍坊沃富田农业装备有限公司等农机生产企业，可生产25马力到300马力的轮式拖拉机，年生产能力达1万台。拥有潍坊沃林机械有限公司、潍坊金亮机械有限公司生产的植保机械企业，可生产动力喷雾机、烟雾机、弥雾机等。拥有昌乐景农农具厂，主要开发生产花生、玉米、小麦播种机，以及打沟、起垄、收获机械产品。

【农机购置补贴】 2016年中央财政农机购置补贴政策资金落实1150万元。享受农机购置补贴农户574户，补贴机具634台，使用补贴资金1145.781万元，购机总额4024.791万元。全县落实购置大中型轮式拖拉机543台，补贴金额1004.385万元；小麦联合收获机9台，补贴金额28.8万元；玉米联合收获机27台，补贴金额92.556万元；花生联合收获机1台，补贴金额1.96万元；深松联合整地机24台，补贴金额5.76万元；翻转犁25台，补贴金额8.08万元；秸秆打捆机2台，补贴金额1.58万元；茶叶加工机械2台，补贴金额0.46万元；粮食色选机1台，补贴金额2.2万元。农机购置补贴政策的实施，提高农民购买使用农业机械的积极性，带动全县农业机械化综合水平的提升。

农业综合开发

【概况】 2016年，农业综合开发以小流域治理、高标准农田建设和扶持农业产业化龙头企业为重点，向保护改善生态环境和优质粮食生产倾斜，着力培植优势产业，推动农业产业转型升级。全县完成农业综合开发项目总投资2721万元，其中潍坊市级以上财政资金投入达1589万元。小流域治理0.8万亩，建设高标准农田0.2万亩，扶持农业龙头企业和农民专业合作社7家。

【土地治理】 2016年，完成土地治理项目2个，其中小流域治理项目1个，高标准农田建设项目1个。项目总投资1055万元，其中潍坊市级以上财政资金952万元，自筹资金103万元。完成2个土地治理项目招投标工作，2个项目总投资1037万元，其中财政资金1037万元。

五图街道小流域治理项目。该项目区位于五图街道东部，东至五图街道地界，西至朱红路，北至郝家庄，南至逯家庄村。开发面积0.8万亩。主要建设内容为：新建扬水站12座；新打及修复机井28眼；埋设地下管道15千米；建设输变电线路14千米（其中变压器2台）；新修建筑物240座；溪流护岸5.6千米；新植树木3.7万株；新修及复修机耕路34千米。项目下达计划总投资772万元，其中财政资金720万元（中央514万元、省185万元、潍坊21万元），街道办自筹资金52万元。

昌乐火山口杂粮专业合作社联合社高标准农田建设项目。该项目区位于乔官镇西部，东距孙家沟村894米，西至响水崖村，北距223省道786米，南距黑山子村740米，开发面积0.2万亩。主要建设内容为：新建拦河坝5座；新建扬水站8座；新打机井7眼输变电线路配套6.5千米；开挖疏浚渠道5.33千米；埋设地下管道8.9千米；新修建筑物40座；新建大口井2座；新建及复修塘坝5座；改良土壤1000亩；新修机耕路5.33千米；新栽树木0.15万株。项目下达计划总投资304万元，其中财政资金253万元（中央180万元、省65万元、潍坊8万元），联合社自筹资金51万元。

土地治理招标项目。年内完成2个土地治理项目的招标工作：红河镇0.6万亩小流域治理项目，计划投资726万元，其中财政资金726万元；乔官镇0.21万亩高标准农田建设项目，计划投资311万元，其中财政资金311万元。

【产业化经营】 2016年重点扶持项目。创科种苗有限公司2000吨种子加工仓储扩建项目。总投资438万元。其中中央100万元，省级36万元，潍坊4万元，自筹资金298万元。建设加工车间1860平方米，建设仓库1446平方米，购买设备6台套。项目完成后，年可实现销售收入1050万元，年利润138万元，带动农户1.6万户，收入2160万元。潍坊全鹏农贸市场有限公司6万吨果蔬储藏保鲜恒温库新建项目。总投资428万元，其中中央100万元，省级36万元，潍坊4万元，自筹资金288万元。建设保鲜恒温库1280平方米，配置箱式变压器一台。项目建成后，年实现营业收入206.4万元，税后利润103.7万元，直接带动农户6400户，收入420万元。昌乐县方山土地股份合作社100万株西瓜种苗繁育种植基地新建项目。总投资130万元。其中中央50万元，省级18万元，潍坊2万元，自筹资金60万元。建设西瓜育苗大棚2400平方米，建管理房180平方米，建交易市场150平方米。项目建成后，新增销售收入120万元，年直接受益农户100户，年直接受益农民增加总额150万元，年新增就业人员20人。

工业

gongye

综　述

【概况】　2016年，全县规模以上工业企业主营业务收入突破千亿元，达1007.7亿元，其中潍焦集团主营业务收入突破百亿元。全县万元GDP能耗下降4.1%，规模以上企业清洁生产审核率达16.6%，开元电子的Y—S10产品被列入到山东省高效节能半导体照明产品推广目录。新增市级以上企业技术中心和工业设计中心6个，城关医药电子产业园被评为2016年“潍坊市新型工业化产业示范基地”。郿郚乐器产业园被列为省智慧园区建设试点，并与“好品山东”正式启动战略合作计划。五图煤矿关闭退出工作顺利通过验收，争取国家、省淘汰落后奖补资金1034万元。2016年，全县开工工业技改项目42个，实际完成投资27.7亿元，26个项目列入山东省技术创新项目，雷丁新能源电动汽车二期、德福纸业高档面巾纸等一大批项目陆续竣工投产，工业经济发展后劲充足。

【经济运行】　2016年，全县认真贯彻落实“产业兴县、工业强县”战略部署，促进经济提质、提效、提速，主要经济指标完成，经济发展质量和效益明显提升，转方式调结构进展顺利，产业结构不断优化，创新驱动作用逐步增强，经济发展活力不断显现。工业生产保持稳定增长，用电量同步增长。1—12月，全县规模以上工业企业累计完成工业总产值1004.7亿元，同比增长5.7%。1—12月份累计全社会用电量202788万千瓦时，工业用电量144585万千瓦时，同比分别增长7.04%、5.65%。1—12月份，企业效益指标稳步增长，骨干企业支撑作用明显。全县规模以上工业企业累计实现主营业务收入1007.7亿元，实现利润36.8亿元，实现利税56.3亿元，同比分别增长5.4%、10.9%、7.4%。1—12月全县20家行业重点企业完成工业总产值611.3亿元，实现主营业务收入613.7亿元，实现利润25.2亿元，实现利税37.8亿元，同比分别增长4.6%、4.4%、13.1%、10.1%，分别占县规模以上工业企业的60.8%、60.9%、68.5%、67.1%。转型升级步伐加快，技改投资平稳增长。到12月底，全县开工工业技改项目42个，其中：续建项目12个、新建项目30个，实际完成投资27.7亿元。潍坊佳诚数码的汽车改色膜项目、兰天纺织的高档服装面料项目、比德文雷丁新能源扩产项目等一大批项目将陆续竣工投产，为传统产业转型升级和全县工业经济的发展注入强劲动力。

【去产能】　做好“加减法”，减掉低效产能，新上高效产能。比德文控股集团将市场趋于饱和、利润率较低的电动二轮生产线整体外迁，腾出空间新上20万辆/年低速电动车项目，成为国内最大的低速电动汽车生产基地。矿机集团大幅压减煤机生产规模，利用腾出的车间建设智能制造产业园，发展工业机器人、切码运自动化系统等智能制造产业。同时，公司抓住军民融合发展的有利形势，积极向“民参军”领域靠拢，做大无人机产业。用好“替代法”，盘活闲置资源，新上产业项目。对海之星、亿利机械、齐荣纺织等7家土地厂房常年闲置的企业进行盘活，新上电动汽车、臭氧发生器等产业项目。

【技术创新】 积极组织企业申报省级技术创新项目，加强新产品、新技术的研发，加快技术创新成果转化。2016年，昌乐县有西水机器人四轴高速机器人、潍焦集团焦炉烟气双氧法脱硫氨法脱硝等17个项目列入山东省技术创新项目计划。矿机集团年产140架低空无人机、微型涡喷发动机项目等5个项目列入省重点技术改造项目导向计划。到2016年，昌乐县有市级及以上企业技术中心24家，市级工业设计中心8家。2016年，成功为比德文公司、乐化漆业有限公司等企业申报省级企业技术中心。加大对创新典型的宣传推广。总结提炼、宣传推广企业创新的典型经验，构建以典型带动企业创新发展的工作推进机制。阳光纸业集团从单独的制浆造纸，发展到现在从造纸、创意设计、印刷、生产制造到物流配送的一站式、个性化包装整体解决方案一体化的现代产业体系。8月底投入运营的世纪阳光集团海关监管直通场站，每年将为公司节省资金3000万元。潍坊佳诚数码材料股份有限公司从早期的制造传统相纸、PVC材料等传统产品，转型生产数码喷印材料、无PVC数码喷绘介质等高端产品，并与世界500强美国惠普公司联手，逐步将品牌推向国际，成为国内最高端、最专业的数码喷印耗材生产企业。矿机集团大力实施“机器换人”、潍焦集团延长产业链发展精细化工等转型创新的典型，也为全县工业企业的转型升级和创新发展树立标杆，创新理念。

【两化融合】 实施“两化”融合行动计划，突出试点示范引领作用。积极引导企业利用“中国制造2025”“互联网+”等新的发展理念和模式，创新生产和营销方式。郚部乐器产业集群与“好品山东”正式启动战略合作计划，郚部乐器创业园被列为山东省智慧园区建设试点，阳光纸业被列为省级两化融合管理体系贯标试点企业。同时，加快推动智能制造产业发展，山东长空雁无人机、西水机器人、弘祥机床和万仞科技等智能制造企业运转良好。2016年，昌乐县成功引进一家生产并联机器人的潍坊亿林数控科技公司，通过抓好现有的智能制造企业和优质项目引进，力争使智能制造产业成为昌乐县新的经济增长点。

【节能降耗】 加强源头控制。认真落实潍坊市固定资产投资项目单位增加值能耗控制指标，严格执行能评审查制度，严控新上“两高一资”项目。1—12月份，对167个项目进行能评审查，拒批高耗能项目6个，高耗能和低水平重复建设项目得到有效遏制。抓好节能环保产业发展。充分利用好国家、省、市发展节能环保产业的政策导向和资金扶持，结合昌乐县实际，逐步形成以资源综合利用、新能源电动车、节能环保建材、LED照明为主导的节能环保产业。针对昌乐县织带企业多而小，节能环保压力大的现状，支持以松江印染公司为依托，建成织带印染集中生产园区。同时，为松江印染公司争取到省太阳能集热系统项目财政奖励资金72万元，用于新建日产120吨热水能力的太阳能集热工程项目，集中对园区织带生产企业提供蒸汽，并对园区生产废水进行集中处理，大大提高能源利用效率，减少环境污染。节能管理进一步加强。加强重点领域清洁生产审核和资源综合利用认定，积极组织重点耗能企业开展能源管理体系建设。全县有10家企业通过资源综合利用产品认定，37家企业通过清洁生产审核验收。

【工业转型升级】 培育壮大“2121”产业，加快企业转型升级。新能源汽车产业，重点抓好比德文集团等龙头企业培育、核心零部件企业引进配套、品牌建设和市场营销等，昌乐县新能源电动汽车在全国影响力不断扩大。在工信部2015年12月9日第82号公告中，比德文

▲ 海关监管场站

控股集团列入《道路机动车辆生产企业及产品》（第279批）目录，使其具备摩托车生产资质。梅拉德公司具备新能源汽车冲压、焊装、涂装、总装四大生产工艺，居国内行业先进水平，其二期项目于2016年8月正式投产运营，新增产能20万辆，形成年产35万辆新能源汽车的能力，成为全国最大的低速电动车生产企业。昌乐县建成新能源汽车整车生产企业6家，配套企业17家。化工产业，昌乐县化工企业117家，企业参差不齐，转型升级压力大。2016年，昌乐县抓住全省开展化工产业转型升级专项行动的机遇，积极申报昌乐县朱刘化工项目集中区，通过开展“打非治违”“四评级一评价”和退城进园等工作，发展壮大一批、规范提升一批、关闭淘汰一批。有序开展摸底排查、实名制监管、“四评级一评价”和村庄企业搬迁等工作，取缔小化工企业3家，关停、停产整顿26家。朱刘街道万庄村和万庄小学整体搬迁至朱刘南部，被列为全市的典型。化工企业搬迁方面，昌乐石大昌盛化工有限公司整体搬迁至滨海临港化工园区，厂区搬迁完成85%。

【工业电子商务】 重点推动工业电子商务人才培养、服务平台搭建、产业园区建设。组织工业企业（含中小微企业）约800人次参加电商理念培训；促成“好品山东”与昌乐乐器产业集群签约，昌乐乐器产业正式上线“好品山东”；举办“山东省工业电商百县行昌乐专场”活动。全县200多家规模以上企业建立企业网站并应用电子商务开展采购、销售，乐化集团、开元电子、梦金园等50多家公司通过运用电商平台，大大增加产品销量。

【工业园区、智慧园区、示范工程建设】 以推动重点行业和骨干企业信息化应用为切入点，积极组织开展工业园区、智慧园区等国家级、省级试点建设和“两化”融合示范工程建设，打造数字化园区。其中，朱刘工业园、城关循环经济产业园相继被列为市级“两化”融合试验园区。年内，昌乐县鄌郚乐器创业园被确定为第二批“省级智慧园区试点”。

【清洁生产宣传和审核】 积极开展清洁生产宣传、教育和培训，使企业全面掌握清洁生产基础知识，了解国家清洁生产方面新的政策、措施，进一步提高企业经营管理者和公众对清洁生产的认识，积极鼓励、引导和支持包括农业生产企业、宾馆、酒店、医院、学校等在内的企事业单位，自愿开展清洁生产审核，真正从源头上减少污染，减少浪费。昌乐县有37家企业通过清洁生产审核验收，规模以上企业清洁生产审核率达16.3%。

【节能环保产业发展】 昌乐县逐步形成以装备制造、新能源汽车、节能环保建材、LED照明、太阳能光伏、垃圾处理为主导的节能环保产业基地，并在节能与环保装备、新能源、节能环保材料三大领域形成新的优势。山东开元电子有限公司的Y—S10产品被列入到山东省高效节能半导体照明产品推广目录。6月，国家住房和城乡建设部向山东巴夫利化学建材有限公司颁发“工程建设节能环保创新产品推荐证书”。企业计划在全国范围内建立五个产品营销推广中心，不断提升产品的技术含量、质量以及品牌效应。

产业发展

【概况】 贯彻市委、市政府总体工作部署，不断加快现代产业体系构建，突出抓好重点产业培育，转进狠抓优势产业集群发展，逐步形成机械装备制造、黄金珠宝加工、新能源汽车、造纸包装、精细化工、食品加工等六大优势产业。特色产业方面，重点围绕电子散热器、板材加工、电声乐器、塑胶、机械制造等特色产业，加大扶持、培育和招商力度，完善上下游配套产业链，搭建起“一镇一业、各具特色”的特色产业园区，集聚规模不断扩大，逐步形成以专业园区引领特色经济集聚发展的良好势头。

【装备制造产业】 以矿机集团、英轩重工、中铁华盛为龙头企业，规模以上企业43家。主导产品为煤矿井下机械化采煤成套设备、装载机、输变电铁塔、数控机床、机器人等。2016年，实现主营业务收入76.9亿元，利润2.1亿元，利税4.1亿元，实缴税金4706万元（不含英轩重工）。英轩重工装载机年产能达2万台，自主研发的液化天然气、耐高寒装载机达行业领先水平；矿机集团与中科院合作的涡喷发动机研发成功，与西北工业大学合作研发的激光制造成套设备，开始在油缸表面熔覆等制造领域应用。一是工程机械。以英轩重工为重点，依托总投资50亿元的英轩重工工程机械项目形成工程机械产业集群，重点发展装载机、挖掘机等工程机械，形成年产装载机4万台、挖掘机3万台的生产规模，努力打造机械零部件配套基地。二是矿山机械。以矿机集团为重点，围绕形成批量生产能力的成套矿用装备，重点完善高产高效工作面开采成套设备、薄煤层开采成套设备和煤矸石利用成套设备、小型航空发动机等产品，使产品水平达国际先进水平，实现重大设备本地化。三是钢结构产业。以亨利达、信丰、万力达等规模较大的钢结构企业为依托，初步形成一个以原材料供应、钢结构设计、生产加工、科研开发、安装销售为链条的产业集群，提高产品的技术含量，扩大生产规模，创建自主的钢结构品牌。四是电力设备。以亿阳电工、中铁华盛、赛普电气等企业为重点，大力发展以节能降耗为主的电力设备，提高电力设备生产技术水平。

【新能源汽车产业】 以比德文控股集团为龙头企业，现有产业链企业50家，规模以上企业5家。主导产品为电动自行车、三轮车、低速汽车、观光车、微卡等，有自主品牌12个。2016年销售低速电动汽车15万辆、三轮车15万辆、自行车100万辆，实现主营业务收入88.4亿元，利润3.8亿元，利税4.8亿元，实缴税金1.2亿元。龙头企业比德文控股集团集冲压、焊接、涂装、总装四大工艺于一身，投资12亿元的雷丁新能源汽车项目，产品达欧盟汽车法和美国运输部的

▲ 英轩重工车间一角

标准要求，产量突破6万辆，逐步实现由电动自行车向新能源汽车转型。在工信部2015年12月9日公布的2015年第82号公告中，比德文控股集团列入《道路机动车辆生产企业及产品》（第279批）目录，使其具备摩托车生产资质。一是依托园区聚集发展。按照“错位发展，集约提升，重点突破”的原则，依托产业基础优势，抓好园区建设。二是突出龙头企业示范带动。集中资源培强优势企业，引进国内外龙头企业，突破一批产业关键核心技术，实现企业智能制造、绿色制造和智能化服务，带动动力电池、电机、汽车电子等生产企业快速发展，提升企业核心竞争力。三是优化产业生态环境。强化政策引导，加大资金扶持，建立企业问题解决机制，实施协调调度服务，优化新能源汽车发展环境。

▲ 雷丁电动汽车生产车间

【食品加工产业】 以英轩实业、盛泰药业、乐港食品、恒泰食品、铭基中慧为龙头企业，规模以上企业19家。主导产品为柠檬酸系列、酒精、肉鸡肉鸭、玉米淀粉、葡萄糖、焦糖色、啤酒麦芽等。2016年，实现主营业务收入133.2亿元，利润12.5亿元，利税16.6亿元。昌乐县形成年加工肉鸡、肉鸭1亿多只，生猪100万头的能力。铭基中慧与麦当劳行业巨头建立长期合作关系，投资5亿美元的熟食加工项目正在试生产。项目投产后，产品由生冷制品升级为高档终端熟制品，平均附加值提升20%，年可新增主营业务收入3亿元。乐港食品投资4亿元的熟食加工项目全部建成投产，年产火腿、罐头等常温、低温肉制品3万吨。一是强化集群引领。以畜禽加工和食品添加剂产业为主体，大力推进食品加工产业向国际化、品牌化转型，全力打造100亿级产业集群。二是强化园区承载。充分发挥食品产业优势，规划建设红河出口食品特色产业园，入驻25家企业。三是强化政策支持保障。一方面，引导企业充分用足用好财税优惠政策，降低企业运行成本。另一方面，加大对食品企业技术改造和生产经营流动资金的支持力度，有效缓解企业融资难问题。加大食品产业技术改造投资力度，不断提高全县食品产业的整体生产技术和装备水平。2016年完成技改项目3个，技改投入资金4.5亿元。

【精细化工产业】 以潍焦集团、万山集团、元利科技、日科化学、乐化集团为龙头企业，全县注册化工企业117家，现正常生产经营企业62家，规模以上企业 37家。主导产品为焦炭、炭黑油、工业萘、油漆、涂料、高沸点溶剂、增塑剂、抗冲改性剂、减水剂等。2016年，实现主营业务收入357.8亿元，利润9.3亿元，利税15亿元，实缴税金4.9亿元。近年来，按照“腾笼换鸟”要求，潍焦集团关停3万吨对甲酚项目，拆除40万吨湿法熄焦项目，新上苯加氢、PBT工程塑料等项目，实现减产减耗不减效；万山集团拆除20万吨硅酸钠项目，新上10万吨/年葡萄糖酸钠项目，是国内生产规模最大、自动化程度最高的单套生产装置，由煤化工向生物化工转型。元利化工10万吨苯精制联产6万吨顺酐等一列大项目、好项目陆续竣工投产，大大提高昌乐县化工行业的整体项目质量，推动昌乐县化工行业的转型升级。一是支持潍焦集团利用其焦化和焦油深加工方面技术优势，收购兼并上游焦化企业，在做大煤焦油深加工产业的同时，重点向碳纤维、生物可降解塑料、特种塑料改性剂、锂电池电极材料等化工新材料产业发展。二是打造生物基绿色新材料、新能源产业基地，加快实施新材料新能源基地项目。三是抓住全省开展化工行业转型升级专项行动的机遇，结合市委、市政府有关要求，及时启动“四评级一评价”工作，通过加强化工企业节能环保安全节水管理，倒逼企业转型升级。

【造纸包装产业】 以阳光集团、含羞草、科苑纸业为龙头企业，规模以上企业13家。主导产品为白面牛卡纸、涂布白面牛卡纸、纸管原纸、概念包装纸箱、护理用品、生活用纸、湿巾、育果袋纸等。2016年，实现主营业务收入78.8亿元，利润1.9亿元，利税4.6亿元，实缴税金1.9亿元。按照“控制总产能、提升附加值”的转型导向，依托阳光纸业集团，投资30亿元建设阳光概念包装产业园，与德国合作新上5条GPS芯片定位预印生产线，在全国设立50家协作工厂，为客户提供创意设计方案，实现企业由卖原纸、卖产品向卖创意、卖服务的转型。该项目投产运营，年产各类包装产品1.25亿平方米，年产值由80亿元增加到280亿元。德福纸业投资6亿元的年产4万吨高档航空用纸项目正在建设当中，实现企业由生产低端产品向生产高端、高附加值产品的转型。一是积极培育产业龙头企业，抓好项目建设。重点抓好阳光概念包装产业园、世纪阳光海关综合监管区、科苑纸业金聪纸系列产品、永新纸业三明治纸、马桶坐垫纸、德福纸制品4万吨高档航空用纸等项目建设，通过优质项目建设带动产业转型升级。二是着力提高世纪阳光产业园区建设水平，延伸下游产业链。计划纵向上整合造纸、印刷、包装上中下游产业链，横向上与200家包装企业组建产业联盟。

【黄金珠宝加工产业】 以梦金园、蓝天首饰为龙头企业，规模以上企业3家。主导产品为黄金饰品。2016年，实现主营业务收入120.6亿元，利润7791.2万元，利税1.3亿元，实缴税金1.1亿元。

【智能制造产业】 以矿机集团、西水机器人、赛普电气等企业为龙头，以智能制造产业园区为载体，重点发展引进工业机器人、数控机床、新能源汽车核心零部件等项目。矿机集团的航空发动机和无人机项目、激光增材制造（3D打印）成套设备、工业机器人系列化研究开发与应用和西水机器人的SR16铸锻造机器人等项目竣工投产，赛普电气投资8000万元的新能源汽车控制器项目正在试生产阶段。昌乐县积极赴广东、烟台等地针对智能装备产业进行定向招商，与烟台华中数控机床基本确定入驻智能制造产业园区，珠海英博尔控制器和广东合浦动力洽谈。一是资金政策方面。县财政连续三年设立1000万元的智能制造产业发展专项资金，综合运用无偿补助、贴息、股权投资等方式，支持产业发展。县财政筹备成立担保公司，为企业提供增信服务和融资性担保支持。二是创业政策方面。最大限度减轻企业初期的投资压力，对购买厂房的，按购房款的10%进行补助；对租赁厂房的，按年租赁费的50%进行补助。三是生产过程政策方面。研发支持，对开展研发创新的，根据研发成果转化情况给予一定补助。鼓励企业挂牌、上市，对完成股改，到齐鲁股权交易中心及同级别市场、“新三板”挂牌和主板上市的企业，分别给予30万元、100万元和150万元的补助。

【医药电子产业】 医药产业，以盛泰药业、普康药业、富利特、瑞力生为龙头企业，规模以上企业7家。主导产品为葡萄糖类、动物药品、保健品等。2016年，实现主营业务收入27.6亿元，利润9143万元，实缴税金3400万元。

电子散热器产业，以华光散热器、开元电

子、新兴电源、华鹏电子为龙头企业，全县电子散热器企业数量50余家，规模以上企业7家。主导产品为电子散热器、变频散热器、汽车散热器、LED光源散热器等，年可生产各类散热器6亿件。2016年，实现主营业务收入12.3亿元，利润4827.2万元，实缴税金1190万元。

【塑胶产业】 以前卫塑料、现代塑胶、利发塑料为龙头企业，全县塑胶企业130余家，其中规模以上企业32家。主导产品为塑料管、塑料袋、水带、农膜等。2016年，实现主营业务收入22.15亿元，利润9097万元，实缴税金4940万元。

【板材产业】 以江泉木业、万利木业、云升木业为龙头企业，全县板材加工及配套企业160余家，均为规模以下企业。主导产品为建筑模板、装饰板、细木工板等，年产各类板材3000余万张。2016年，实现主营业务收入12亿元，利润1.2亿元，实缴税金82.4万元。

【乐器产业】 以百灵乐器、明宇乐器、圣韵乐器等为龙头企业，全县乐器生产及配套企业83家，规模以上企业8家。主导产品为吉他、电吉他、贝斯、音箱及乐器配件等。2016年，实现主营业务收入11亿元，利润1.05亿元，实缴税金200万元。

【装配式建筑产业】 以国创节能科技（巴夫利建材）、潍昌房屋、金伟达钢构、华宏钢构为龙头企业，全县装配式建筑企业50余家，规模以上企业6家。主导产品为保温材料、集成房屋、彩钢板、钢结构等。2016年，实现主营业务收入4.6亿元，利润4900万元，实缴税金1300万元。

【纺织服装、织带产业】 纺织服装产业，以中传拉链、神州纺织、牵手娃服饰、兰天纺织为龙头企业，规模以上企业28家。主导产品为拉链头、纯棉服饰、高档服装面料等。2016年，实现主营业务收入32亿元，利润7264.7万元，实缴税金4900万元。以东方织带、德韵织带为龙头企业，全县织带企业有23家，规模以上企业3家。主导产品为尼龙缎带、雪纱带等各类织带制品。2016年，实现主营业务收入3.6亿元，利润4200万元，实缴税金1900万元。

龙头企业

【英轩控股集团有限公司】 位于宝都街道，成立于1996年，占地2800亩，2016年有职工2900人，总资产45亿元，全球著名的柠檬酸生产企业和国内最大的特级酒精生产企业。主要产品柠檬酸系列产品包括一水柠檬酸、无水柠檬酸、柠檬酸盐，酒精系列产品，年柠檬酸生产能力50万吨，占全世界市场份额的35%。2016年，实现主营业务收入65.29亿元，实缴税金1.93亿元。

【山东世纪阳光纸业集团有限公司】 位于县经济开发区，成立于2000年，占地970亩，总资产77亿元，2016年拥有职工1600余人，下设新迈纸业、山东阳光概念包装、申易物流等8个子公司，是全球最先进的预印产品基地，中国民营企业500强、全国造纸15强。主要生产白面牛卡纸、涂布白面牛卡纸及纸管原纸，年造纸产能130万吨。主导产品涂布白面牛卡纸，占国内市场份额60%。2007年在香港联合证券交易所主板挂牌上市。2016年，实现主营业务收入61.1亿元，实缴税金1.69亿元。

【山东梦金园珠宝首饰有限公司】 位于县经济开发区，成立于2004年，占地100亩，总资产13.6亿元，2016年有职工1200余人，是集研发、设计、加工、销售于一体的黄金饰品加工企业。2016年，梦金园加工黄金首饰54.90吨，约占全国总加工量的6.5%，实现主营业收入98.23

亿元，实缴税金 1.05 亿元。

【山东元利科技股份有限公司】 位于朱刘街道，成立于 2003 年，占地 150 亩，2016 年有员工 600 人，总资产 120 亿元。公司主导产品有高沸点溶剂系列、增塑剂系列、芳烃系列、仲辛醇、2—辛酮及噻吩等，拥有 3 万吨 / 年生产能力的 DBE 装置，是中国最大的 DBE 制造商，生产的精制仲辛醇及其酯类产品占国际国内 80% 的市场份额。2016 年，实现主营业务收入 9.3 亿元，实缴税金 9386 万元。

【山东潍焦控股集团有限公司】 位于朱刘街道，成立于 1971 年，占地 4000 多亩，职工 4000 余名，总资产 102.6 亿元，下辖潍坊振兴焦化有限公司等 3 个全资子公司、潍坊振兴日升化工有限公司等 7 个控股子公司、山东杰富意振兴化工有限公司等 5 个参股子公司，拥有潍坊昌乐、枣庄薛城两大产业基地。主要产品有焦炭、炭黑油、工业萘、改质沥青、苯酐、PBT 合成树脂、锂电池负极材料等 40 余种。2016 年，实现主营业务收入 105 亿元，实缴税金 9208 万元。

【山东乐化集团有限公司】 位于红河镇，成立于 1987 年，2016 年有员工 700 余人，总资产 11.11 亿元，下设山东乐化漆业股份有限公司、青岛乐化科技有限公司等 5 家子公司，是一家以化工、房地产、国际贸易为支柱的跨地区、跨行业大型企业集团。“乐化”牌油漆、涂料先后获得“山东省著名商标”“山东名牌产品”“国家免检产品”“中国驰名商标”等荣誉称号。主导产品油漆、涂料达 18 大类 2000 多个花色品种，年产能达 20 万吨，销量全国最大。2016 年，实现主营业务收入 18.14 亿元，实缴税金 8134 万元。

【比德文控股集团有限公司】 位于朱刘街道，成立于 2001 年，占地 1500 亩，拥有员工 3000 余人，总资产 30 亿元，下辖雷丁汽车、比德文动力科技等 5 家全资子公司和天津、无锡、台州三大外埠生产基地。主要产品有电动汽车、电动两轮车、电动三轮车，年产各类电动车 200 万辆，电动汽车占市场份额 20% 左右。2016 年，实现主营业务收入 69.7 亿元，实缴税金 7317 万元。

【山东日科化学股份有限公司】 位于昌乐经济开发区，成立于 2003 年，占地 430 亩，2016 年拥有职工 500 余人，总资产 14 亿元，下设山东日科新材料有限公司（潍坊市高新区）、山东日科橡塑科技有限公司（滨州市沾化县）两个全资子公司。主要产品包括 ACR 抗冲改性剂、AMB 抗冲改性剂、ACM 抗冲改性剂三大类，约占国内市场份额的 30% ～ 40%。2011 年在深圳创业板上市。2016 年，实现主营业务收入 15 亿元，实缴税金 7210 万元。

【山东万山集团有限公司】 位于朱刘街道，始建于 2004 年，占地 380 亩，2016 年有职工 1769 人，总资产 13.2 亿元，下辖山东万山化工有限公司等 4 个子公司，“万山”品牌被认定为中国驰名商标。主要生产 FDN 萘系高效减水剂系列产品，年产能 60 万吨（粉体），在国内高效减水剂市场，销售份额达 30% 以上。2016 年，实现主营业务收入 75.2 亿元，实缴税金 6584 万元。

【山东杰富意振兴化工有限公司】 位于朱刘街道，成立于 2005 年，由 JFE 化工株式会社和山东潍焦集团有限公司合资组建而成，占地 308 亩，现有职工 283 人，总资产 35 亿元。生产经营炭黑油、改质沥青、工业萘、轻油、脱酚酚油、粗酚、洗油等煤化工产品，公司产品销售遍布全国各地及海内外。公司煤焦油蒸馏能力达 50 万吨 / 年，是世界单套装置加工能力最大的企业。2016 年，实现主营业务收入 10.4 亿元，实缴税金 4041 万元。

【山东矿机集团股份有限公司】 位于昌乐经济开发区，成立于 1955 年，占地 1000 亩，2016

年有职工1500余人，总资产29.5亿元，下设山东矿机迈科建材机械有限公司、昌乐洁源金属表面处理有限公司、山东长空雁航空科技有限责任公司等14个控股子公司。主要产品为煤矿井下机械化采煤成套设备、避难系统、煤矸石处理设备和印刷包装机械、航空装备等。2010年在深圳证券交易所挂牌上市。2016年实现主营业务收入8.3亿元，实缴税金3369万元。

【昌乐盛世热电有限责任公司】 位于昌乐经济开发区，成立于2003年，占地338亩，现有员工400人，总资产11.18亿元，是山东世纪阳光纸业集团有限公司控股子公司，主要承担阳光纸业与盛泰药业电力供应、经济开发区工业企业生产用汽、县城区居民冬季取暖等。2016年，实现主营业务收入4.96亿元，实缴税金3207万元。

【潍坊盛泰药业有限公司】 位于昌乐经济开发区，成立于1999年，占地500亩，2016年有职工860人，总资产18.62亿元，下设山东盛泰生物科技有限公司、潍坊森瑞特生物科技有限公司、潍坊家友油脂有限公司等3个子公司。主要产品包括玉米淀粉、结晶葡萄糖、糖浆、变性淀粉、胚芽油等，其中药用葡萄糖国内市场占有率60%以上。2007年5月在美国上市。2016年主营业务收入25亿元（含各子公司），实缴税金4080万元。

【中慧农牧股份有限公司】 位于五图街道，成立于2006年，占地58亩，2016年有员工115人，总资产22.19亿元，是山东亚太中慧集团旗下的专业化饲料事业平台。主要产品包括鸡料、鸭料、猪料、牛料及水产料等配方饲料、预混料六大系60多个品种，核心市场占有率70%以上。2016年，中慧农牧饲料销量突破320万吨，实现主营业务收入12.8亿元，实缴税金2183万元。

【潍坊龙海民爆有限公司】 位于鄌郚镇，由原潍坊市八四六厂改制建立的民营企业，成立于1973年，占地1890亩，2016年有职工500多人，总资产6亿元，拥有潍坊龙海民爆有限公司招远分公司1家，是国家民用爆破器材定点生产企业，2000年改制为股份制企业。主要产品有改性铵油炸药、膨化硝铵炸药、2号岩石乳化炸药、二级煤矿许用乳化炸药，“龙威”商标荣获山东省著名商标。2016年，实现主营业务收入1.2亿元，实缴税金1820万元。

【昌乐山水水泥有限公司】 位于朱刘街道，成立于2005年，占地200亩，2016年有职工200余人，总资产66.33亿元，是山东山水水泥集团有限公司下属子公司之一。主导产品为“山水东岳”牌52.5R、42.5R、42.5普通硅酸盐水泥和32.5矿渣硅酸盐水泥、32.5复合硅酸盐水泥。2016年，实现主营业务收入2.1亿元，实缴税金1873万元。

【潍坊大明生物科技有限公司】 位于朱刘街道，成立于 2003年，占地50亩，拥有职工180人，总资产2亿元。主要从事植物油脚和废弃油脂深加工，设计年处理植物油脚和废弃油脂4万吨，年生产各类脂肪酸、生物柴油等产品2.7万吨，脂肪酸占国内市场份额的30%。2016年，实现主营业务收入12.4亿元，实缴税金1228万元。

【潍坊恒泰食品有限公司】 位于朱刘街道，成立于2001年，占地30亩，2016年有职工78人，总资产3亿元，是四川千禾味业食品股份有限公司的全资子公司。主要产品为食品添加剂焦糖色，主要用于酱油、醋等调味品的主原料，市场占有率达50%以上。2016年，实现主营业务收入1.6亿元，实缴税金1116万元。潍坊恒泰食品有限公司作为千禾味业的全资子公司一起列入上市范围。

【永顺泰（昌乐）麦芽有限公司】 位于乔官镇，成立于2005年，占地106亩，2016年有职工153人，总资产1.96亿元，为广东粤海控股集团有限公司（简称：GDH）全资拥有的外商独资企业。主要生产经营啤酒麦芽，总产能100万吨，国内销量占国内麦芽总销量的25%左右，出口量占中国麦芽出口量的60%左右。2016年，实现主营业务收入2.5亿元，实缴税金1116万元。

【潍坊中传拉链配件有限公司】 位于昌乐经济开发区，成立于1992年，占地130亩，2016年有职工350人，总资产1.6亿元。主要产品为锌合金制拉链头（属服装辅料拉链配件），年生产能力5000吨以上，国内市场份额占有率30%。2016年，实现主营业务收入1.47亿元，实缴税金1099万元。

【山东大北农农牧科技有限责任公司】 位于昌乐经济开发区，成立于2007年，占地66亩，2016年有员工800余人，总资产1.7亿元。主要产品为配合饲料、浓缩饲料及添加剂预混合饲料等，其中，教槽料、保育料、母猪料占山东市场2%～3%。2016年，实现主营业务收入3.5亿元，实缴税金1033万元。

电　力

【概况】 国网山东省电力公司昌乐县供电公司是国网山东省电力公司分公司担负着全县10个镇街（区）、902个自然村的供电服务工作。2016年1月，公司内设办公室、发展建设部、财务资产部、人力资源部、党群工作部（工会、纪委办公室、团委）、安全监察质量部（保卫部）、乡镇供电所管理部、电力调度控制分中心等8个职能部门，设运维检修部［检修（建设）工区］、营销部（客户服务中心）2个业务支撑及实施机构。下辖11个乡镇供电所，分别为开发区、城关、城南、宝城、五图、朱刘、乔官、唐吾、高崖、营丘、红河供电所；设17个班组。

【电力设施】 2016年，完成1000千伏榆横—潍坊特高压线路民事协调任务，中低压电网建设全年累计完成电网建设投资2.81亿元，3月25日，官山110千伏输变电工程建成投运，新增变电容量100兆伏安，新架设线路16.24千米。8月25日，杨庄110千伏变电站整体改造工程建成投运，新增变电容量126兆伏安，新架设线路24.6千米。110千伏官山站、杨庄站先后顺利投产，有效解决昌乐东部和南部负荷增长需求，110千伏官山变电站工程荣获省公司“项目管理流动红旗”。投资9385万元、完成农网改造升级工程项目23个，新建改造10千伏线路16条、改造用电村335个，解决过负荷、低电压等突出问题198项。配电线路联络率达61.5%，户均容量提高到2.07千伏安。完成中心村和机井通电工程项目227个，改造用电台区26个、低压线路291千米，新增配变台区223个，完成2031眼机井用电设施改造，惠民工程有效落地。

2016年年底，境内拥有220千伏变电站2座、

2016年昌乐县电价调整价格汇总表

表4　　　　单位：元/千瓦时

用电分类		电压等级	电价
居民生活用电	一户一表	第一档	0.5469
		第二档	0.5969
		第三档	0.8469
	合表	不满1千伏	0.5550
		1千伏及以上	0.5010
一般工商业用电		不满1千伏	0.7639
		1～10千伏	0.7489
		35～110千伏	0.7339
大工业用电		1～10千伏	0.6474
		35～110千伏以下	0.6324
		110～220千伏以下	0.6174
农业生产用电		不满1千伏	0.5600
		1～10千伏	0.5450
农业排灌用电		不满1千伏	0.5400
		1～10千伏	0.5250

110千伏变电站10座、35千伏变电站10座，主变总容量167.7万千伏安，10千伏及以上输配电线路2599.2千米。形成以220千伏变电站为枢纽、110千伏变电站为中心、35千伏变电站为供电电源的网架结构。

【供用电管理】 2016年昌乐县全社会用电量20.28亿千瓦时，较2015年（18.94亿千瓦时）增长7.04%。公司供电量完成16.18亿千瓦时，同比增长6.66%；售电量完成15.38亿千瓦时，同比增长5.67%；综合线损率完成4.95%，同比增长0.9个百分点。2016年全县电费收取112084.15万元，同比增加2841万元，主要为电量增幅导致电费增收。

【电力副业】 2016年，国网昌乐县供电公司有集体企业7家，分别是昌乐县伟业电力工程有限公司及物业分公司、设计分公司，山东亿阳电工有限公司及变压器分公司、昌乐分公司，昌乐县光明电力服务有限责任公司。主营业务涵盖电力工程施工、电工电气设备制造、农电服务、勘察设计、物业服务等业务。拥有建筑业输变电专业承包三级资质证书和三级承装（承修、承试）电力设施许可证、五级承装承修承试电力设施许可证。2016年，落实集体企业改革改制要求，顺利通过省公司实地核查。2016年，集体企业实现销售收入2.34亿元，利润754万元。

中小企业

【概况】 2016年，全县规模以上中小企业发展到225家，实现主营业务收入629.19亿元，同比增长4.91%，增加值累计同比增长6.78%，出口交货值45.18亿元，同比下降1.94%，实现利润20.37亿元、利税30.03亿元，分别同比增长5.10%和1.54%。非公有（民营）经济方面，全县非公有（民营）经济单位数发展到45378户，同比增长14.2%，实现纳税额21.27亿元，同比下降8.1%，进出口总额797930万美元，同比增长2.0%。

【镇域经济】 紧紧围绕"中小企业特色产业集群发展、特色产业镇提升和特色产业园区建设"三位一体发展思路，依托昌乐县6处市级以上中小企业产业集群、9处特色产业园区和7个市级以上特色产业镇，大力培育发展珠宝、乐器、塑胶等11处特色产业，2016年，成功申报朱刘街道（新能源产业）为潍坊市特色产业镇。加快乐器产业提升，聘请青岛博金管理咨询有限公司对鄌郚器乐产业进行系统地专业诊断，出具《昌乐县发展乐器产业诊断咨询项目报告》，为该产业后续发展提升指明方向，潍坊市政府、县政府也将此项工作列入政府重点工作进行调度。

【创业创新】 2016年，新成立云众创客空间1处，通过采取"终端销售+公共服务+创业辅导+资金对接"服务模式，为创客提供从0到1的创业孵化支持。积极为创新型中小企业提供服务支持，先后成功申报山东元利精馏技术研发中心、潍坊瀚星叶绿素产品研发中心2家研发中心为山东省"一企一技术"研发中心，申报昌乐金丝达新能源研发中心、金泽利能源研发中心、亿阳技改创新研发中心3家研发中心为潍坊市"一企一技术"研发中心，发展弘祥机床、金伟达钢结构2家市级中小企业"一企一技术"创新企业。推荐开元电子、现代塑胶、金伟达钢结构、蓝天首饰4家为省级"专精特新"中小企业，推荐中创文化、好友油脂、英轩重工等9家为市级"专精特新"中小企业。

【公共服务】 昌乐县中小企业办公室依托县中小企业公共服务中心，不断完善中小企业信用评价、电子商务、管理咨询、创业辅导、融资服务、会计事务代理等公共服务项目，提升服务质量，协助53家珠宝、乐器等小微企业入驻山东省易商平台开展业务，2016年，昌乐县中小企业公共服务中心、山东开元电子有限公司被认定为“山东省中小企业公共服务示范平台”。先后争取市级特色产业镇资金扶持和潍坊市中小企业创业补助创新奖励专项资金供给114万元。围绕“接地气、摸实情、拿对策”，积极开展政策宣传和调研，对国家、省、市、县支持中小微企业发展的扶持政策进行集中梳理，编印600册《中小微企业创新创业发展政策摘要汇编》向企业免费发放，引导企业用好、用活政策。获“昌乐县科学技术奖（软科学奖）二等奖”“2016年第十三届中国国际中小企业博览会优秀组织奖”、潍坊市中小企业公共服务三级平台体系先进单位，昌乐县中小企业公共服务中心、昌乐乐器产业发展中心被评为潍坊市中小企业公共服务三级平台体系先进平台，正方会计事务所等5家服务机构被评为潍坊市中小企业公共服务三级平台体系先进服务机构。

【人才培训与交流合作】 昌乐县中小企业办公室先后组织开展“2016山东省中小微企业巡回大讲堂（昌乐班）”、移动电商培训班、首届大学生互联网创业大赛产品样品征集、企业经营管理者素质提升培训班、潍坊市中小企业工业云平台体验中心（昌乐）体验周活动，并组织企业参加山东省中小微企业巡回大讲堂潍坊班、2016年香港国际中小企业博览及赴港培训、第十三届全国中小企业博览会、赴德国“工业4.0”学习活动、山东省创业创富项目博览会、山东省互联网大会、国际电子商务服务产业博览会、山东网络商品博览会、潍坊市中小企业创新与发展论坛等活动，参加人员达400多人次。组织全县10家民营企业43名专业技术人员和医药行业29名专业人员参加专业技术人员继续教育。

商贸服务

shangmao fuwu

商贸流通

【概况】 2016年，全县社会消费品零售总额138.5亿元，同比增长12.3%，其中：批发、零售业124.8亿元，同比增长12.0%；住宿、餐饮业13.6亿元，同比增长14.7%。全县限额以上社会消费品零售额30.1亿元，同比增长9.4%。

【市场体系建设】 合理布局城乡市场。近年以来，昌乐县商贸服务业不断优化市场环境，商品流通规模不断扩大，城乡市场繁荣活跃，商贸网点建设步伐加快，县、镇（街、区）、社区三级商业流通网络完善。以城市商业中心为高端聚集区、特色商业街区为品牌的城市商业服务体系逐步完善，重点引进全福元城市综合体、中百商厦等大型商贸流通项目，并相继投入运营，大型商场超市的营业面积超过10万平方米。城市周边立足于整合黄金珠宝、生活消费品、建材等市场资源，重点推进宝石城、农贸城、亿丰五金机电城、七彩大市场等专业化市场建设，提升市场环境和企业档次。依托丰富的特色农产品资源和分布布局，昌乐县各乡镇农副产品田头市场逐步发展壮大，比如红河大姜、果蔬，白塔红薯、芋头，鄌郚瓜菜，营丘草莓、芦笋，乔官杂粮、瓜菜，宝都、宝城瓜菜，五图竹木、瓜菜等田头市场，就近方便农户，同时吸引大批客商前来集中采购，树立昌乐县特色农产品品牌，有效破解农产品销售难题。有序改善市场环境。2016年，县政府加大财政投入，强化市场的基础设施建设，完成对农贸城、东山里农贸市场、站前街泰和农贸市场和珠宝二街农贸市场的提质改造工程。联合建设局、卫计局、市场监管局等有关单位对各市场内存在的店外经营、环境卫生、证照不全等问题进行联合清理整顿，彻底改善农贸市场存在的“脏、乱、差”等现象，为广大老百姓营造一个便利、卫生、放心的消费环境。

【商贸服务业】 2016年5月根据《关于做好第二批“潍坊餐饮老店”、“潍坊名吃”评定工作的通知》，经过积极参与、申报，最终昌乐县“昌乐县三八全鸡店”被评为“潍坊餐饮老店”；2016年6月昌乐县政府办公室举办昌乐县第三届职业技能竞赛，积极组织参与中式烹调师、中式面点师、客房服务员、商品收银员、理货员、家政服务员（月嫂）等6个工种的比赛，并取得优异成绩。11月组织参加潍坊市商务系统第七届职工职业技能大赛，取得较好的成绩，荣获优秀组织奖。

【电子商务】 农产品交易。潍坊金鹏农贸市场有限公司（市级农业产业化重点龙头企业）成立昌乐金鹏农产品商务信息有限公司，自主创建“金鹏农产品商城（www.jpncp.com）”网络交易平台。金鹏农产品商城依托昌乐县特色农产品优势，通过“农业生产基地+农民专业合作社（合作社一条街）+农产品电子商务”的方式，联合潍坊市从事优质农产品生产的5000多家农民专业合作社共同参与经营，连接基地10万亩，现有实体店铺1100余间、摊位500多个，有果蔬物流大棚3万平方米，有仓库、冷库1.2万平方米，实现从农业生产资料供应、农产品生产，到农产品包装销售“一条龙”服务，将原产地优质农产品直供百姓餐桌。该商城是集货源、生产基地、质量检测中心、仓库、冷库、实体店、网上商城等多重优势的实体企业，经营产品范围包括52个品牌的1000多个品种，主要有果蔬、干果糖果、粮油粮食、水产肉类、干货调料等门类。公司与韵达、顺丰、EMS等快递公司签订合同，网上交易地域范围遍及福建、新疆等全国大部分省（市、区）。在朱刘街道都昌村兴起一个新行业——通过淘宝等网上平台经销金刚菩提、白玉菩提等文玩物件，2016年实现年销售额近亿元，百余人成功创业就业。**工业电子商务**。昌乐县有300多家规模以上企业应用电子商务开展采购和销售业务，乐化集团、开元电子、梦金园、牵手娃等20多家公司通过电子平台，赢得较好的产品销售量。其中，山东牵手娃服饰股份有限公司是集设计、研发、生产、销售于一体的企业，以0～3岁可洗天然棉花儿童棉衣、纯棉服饰、用品为主导，以0～3岁安全、健康、环保的牵手娃品牌系列产品的集团化公司为发展目标，拥有独立的进出口权。2016年公司拥有员工176人，其中技术研发人员58人。公司资产6622万元，年产值5800万元，公司产品销往全国各地。恒源丝有限公司2016年通过电子商务系统销售蚕丝、丝绵被等达1000余万元。鄌郚镇成立昌乐县电声乐器电子商务产业园。产业园以电子商务部为中心，以各个企业电子商务站点为骨干，依托山东省中小企业公共服务平台、阿里巴巴、慧聪网等网络平台，为企业提供美工设计、电子销售、电子售后、网络宣传等方面的服务。**服务业电子商务**。黄金珠宝产业是昌乐县的特色产业，主要集中在中国宝石城，是国家工商总局批准命名的国内唯一冠“中国”名称的大型宝玉石首饰专业交易批发市场。2016年交易额100多亿元，市场先后被评为全国竞争力百强市场、山东省规范化文明诚信市场等荣誉。在中国宝石城开店的450家商铺中，约有200家同时经营网店，此外，还有小部分企业和个人通过58同城、慧聪网、中国制造等其他分类信息网站和第三方综合网络商品交易平台进行营销交易。

【现代物流】 2016年，昌乐县在工商部门注册的从事物流业务的企业有40家，其中注册资金500万元以上的13家，从业人员6000多人，年吞吐量2000多万吨，物流增加值占全县国内生产总值的6%。昌乐县拥有各类载货汽车5519辆，年运输能力50360吨，铁路物流年运载能力800多万吨。“三区”建设物流园和昌潍物流园以及重点物流企业。位于昌乐县城大沂路以东，朱红路以西，首阳山以北，胶济铁路线以南，区域总面积9400亩，总投资49.79亿元。园区按照“一园七区”的功能布局，规划建设有物流信息交易形象区、粮食物流区、煤炭物流区、商贸物流区、钢铁物流区、物流配套加工区及配套居住区。项目建成后年吞吐

▲2016年12月12日，县委书记卞汉林到梦金园珠宝公司调研

量可达 3000 万吨，届时将形成以制造业原材料为主、城市商贸及加工配套物流为辅的中转型及城市配送型物流区。该项目已被列为“十三五”期间省服务业载体项目、山东半岛蓝色经济区重点建设项目。2016 年，园区入驻企业 13 家，其中在建 1 家，铁路专用线 9.64 公里，到发线 6 条（含正线 2 条），货场 4 处，年吞吐量约 400 万吨。昌潍物流园。潍坊联运昌潍物流园，总投资 10.2 亿元，总建筑面积 40 万平方米，该项目分三期建设：一期总投资 5.2 亿元，工程用地约 300 亩，建筑面积 20 万平方米，主要建设营业用房、仓储库房、商务用房、交易大厅、物流信息服务平台；二期总投资 2.6 亿元，工程用地约 160 亩，建筑面积 13 万平方米，主要建设办公写字楼、驾乘人员公寓、商业配套用房；三期总投资 2.4 亿元，建筑面积 7 万平方米，主要建设货运停车场、车辆检修等设施以及客运站、二手车交易市场。建成运营后，将形成集经营与吃、住、行、娱于一体的大型综合性园区，年可实现营业收入 20 亿元，打造全省最大的第三方物流基地。昌潍物流园依托自身的节点优势和项目本身的设施及技术优势，主要提供基础服务、配套服务、增值服务三大功能，着力打造服务理念前卫、综合设施完善，配套功能强大的综合性、现代化服务产业园。重点物流企业：（1）潍坊申易物流有限公司。潍坊申易物流有限公司总资产 3000 多万元，拥有一汽解放车 33 辆，取得三级运输资质，是昌乐县大型国际、国内集装箱运输企业。下游主要客户为山东世纪阳光纸业集团有限公司，业务量约占山东世纪阳光纸业集团有限公司运输量的 90%。公司现有员工 102 人，财务管理制度健全，财务人员专业能力强，财务管理遵循规范化、制度化现代化管理理念，执行 2006 年企业会计准则；按权责发生制核算；固定资产采用平均年限法，运输车辆折旧年限 5 年，运输车辆残值率 15%；存货计价采用加权平均法；低值易耗品摊销采用五五摊销法。（2）山东万山物流有限公司。山东万山物流有限公司地处昌乐县城以东 6 千米，北依 309 国道和济青高速公路，南邻胶济铁路。成立于 2004 年 9 月，是山东万山集团有限公司子公司之一，是一家民营股份制大型运输企业，通过 ISO 9001：2000 国际质量体系认证。投资 4 亿元在友谊街以南、万山路以西，建设集仓储、汽车维修检测、餐饮、物流信息平台于一体的万山物流园，该园区总占地面积 160 亩。公司拥有职工 300 多人，解放半挂、斯太尔半挂等大型运载车辆 100 多部，大型自卸车和装载机 50 多部，融运输、装载、维修、加油于一体，运输能力和规模在本地区占据首位，运输总量达 5000 吨，年营业额突破 3 亿元。

昌乐县商品交易市场基本情况一览表

表 5

市场名称	法人代表	注册资金（万元）	营业额
中国宝石城	刘文涛	41.2 万	300 亿
昌乐亿丰五金机电建材城	魏志刚	100 万	142 万元
昌乐七彩大市场	刘新平	1000 万	97.6 万元
昌乐农贸城	童小鹏	3000 万	17711 万元

对外经济贸易

【概况】 2016年，昌乐县实际到账外资14379万元；全县完成进出口总额79.8亿元，位居全市十二县市区第四位，同比增长2%。其中，出口50.2亿元，位居全市十二县市区第五位，同比增长2.3%；进口29.6亿元，同比增长1.5%。

【对外贸易】 2016年全县完成进出口总额79.8亿元。主要是传统优势产业和重点骨干企业贡献突出。塑料产业出口增长幅度最大，达12.9%，拉动出口增长，以前卫塑料公司为龙头的塑料管及其加工机械产业出口显出较大潜力。以英轩实业、世纪阳光、元利科技、盛泰药业等重点出口企业，平稳发展，起到中流砥柱的作用。以佳诚数码为龙头的新技术、新材料产业实现出口翻倍的增长，成为新的增长亮点。

加快转型升级，创新外贸发展方式。着力优化对外贸易结构，调整产品出口结构，推动对外贸易从规模速度型向质量效益型转变；调整进口贸易结构，重点扩大德润化工、中冶煤炭公司的燃料油、铁矿石等资源类商品进口；支持矿机集团、阳光纸业公司进口转型发展所需设备和大宗资源类产品；大力发展“互联网+外贸”，深化与阿里巴巴济南“一达通”服务平台的合作，扩大出口，全年出口达1.52亿元；抓外贸新的增长点。邀请潍坊进出口联合商会到昌乐县进行外贸业务培训，带动中小微和“未开壶”企业出口；推动塑料产业进行升级改造，改善出口产品结构，扩大出口规模；鼓励企业“走出去”，深化与“一带一路”沿线国家的合作，推动企业由单体闯市场向捆绑营销联合发展转变，引导企业加入潍坊市的美国、葡萄牙、阿联酋、乌干达4个潍坊商品海外捆绑营销中心，加快培育外贸综合服务企业，打造特色型、专业化的外贸综合服务平台。

【对外经济技术合作】 昌乐县有正常经营的在境外投资的企业6家，分别是昌乐蓝底珠宝有限公司在马达加斯加成立的苏赞纳哈公司，投资总额3300万美元；阳光纸业在美国成立的美国世纪阳光贸易有限公司和美国阳光概念包装服务有限公司，投资总额160万美元；昌乐亚非贸易有限公司在莫桑比克成立的（莫桑比克）贸易有限公司，投资总额33万美元；昌乐亚非贸易有限公司在加纳成立的昌乐亚非（加纳）贸易有限公司，投资总额34万美元；昌乐三联家电有限公司在美国成立的东方高峰有限责任公司，投资总额80万美元。

【利用外资】 2016年，昌乐县实际到账外资14379万元。创新利用外资方式，构建利用外资新思路、新方法。积极适应新形势的发展变化，确立“推动对外招商由政策优惠型转向环境优化型、政府主导型转向资本运作型‘两个转型’，构建股权并购、境外上市、绿地投资、增资扩股‘四位一体’利用外资新格局”的工作思路。一方面，不断丰富外资引资形式。继续鼓励、引导外资通过并购、参股、股权置换等形式进行投资，改变以往直接投资为主的引资方式，利用与提升原有生产能力，有利于企业节约投资成本，促进资源合理有效配置，提高资源利用效率。另一方面，积极探索吸引多元化外商投资，鼓励现有企业增资扩股，实现“零土地”引资；鼓励外商通过并购等方式进行投资；鼓励有条件的企业对外发行股票，境外上市，投资方式更加多样化。对制造业项目的引进要特别注重高新技术产业，鼓励外资企业本土化研发，以达引进技术的目的，实现产业升级。加大招商引资力度。开展对重点国家地区的精准招商。重点组织参加美国、欧盟、日韩、新加坡、马来西亚及北京、上海、深圳、青岛、香港、台湾和风筝会、鲁台会、中日韩产业博览会期间招商活动等精准招商活动。加快建立专业化招商促进新体系，进一步深化与战略投资者的对接合作，全方位开展活动招商、登门招商、委托招商、网上招商。突出以商招商。引导企业发挥招商主体作用，利用现有的外商投资企业资源，积极宣传推介，让更多投资者了解昌乐、投资昌乐，利用业务关系，引进有业务往来的企业到昌乐县投资兴业，围绕企业发展，引进上下游配套企业，延伸产业链条，壮大产业规模。加大对世界500强的知名跨国公司的招商力度，将外商内招、点对点招商对接的内外联动引资方式相结合。完善招引世界500强和行业领军企业的体制机制，搜集世界500强投资信息，深入挖掘昌乐县外资企业潜力，加强与世界500强与行业领军企业的对接合作。

【审批与宝石博览会】 审批加工贸易批准证861件、变更批准件117件；进口合同总值1.57亿美元，出口合同总值2.13亿美元。帮助62家企业新办自营进出口权，165家企业变更自营进出口权登记表信息。经积极争取，昌乐县宝石博览会被列为潍坊市、山东省的重点节会，并得到商务部的批准。2016年成功举办中国（昌乐）国际宝石博览会，邀请商务部、省厅领导出席博览会。

供　销

【概况】 县供销社为正科级事业单位，参照公务员法管理。事业编制25人，内设5个职能科室（办公室、政工科、财务科、企管科、流通科）加挂“昌乐县农民合作社联合社”牌子。全系统有3个独立核算企业，6处镇级农民合作社联合社（五图、乔官、鄌郚、红河、阿陀、南郝）。城乡经营网点120个。

【综合改革工作】 县委、县政府出台印发《关于深化供销合作社综合改革的实施意见》，根据改革要求，县社加挂县农民合作社联合社牌子，成立6处镇级区域性农民合作社联合社，注册成立县供销社资产管理有限公司。县委、县政府设立每年100万元的供销社改革发展资金。对职业农民讲习所进行改造升级，新设立6个教学板块，继续承担山东省职业农民培训示范县项目，中标潍坊市创新与创业培训五年规划项目，组织开展培训180场次，培训人员6000人次，1200人获得农艺工职业资格证书，被确定为潍坊市星火培训基地、市人社局定点培训机构、中华全国供销合作总社潍坊培训基地。建设职业农民创业孵化基地、加强职业农民创业培训的做法被供销总社全面深化改革领导小组试点简报刊发。

【农服务中心建设】 对“十三五”期间全县10处为农服务中心进行建设规划。依托齐城供销公司开展土地托管2万亩，购买测土设备5套、配肥机3台、无人植保飞机3架，开展精准施肥1万亩，统防统治1万亩。开展甜瓜全程托管服务3000亩，为群众增收300万元。指导乐通电商公司设立农产品、农资板块，搞好平台运营，协助京东公司昌乐运营中心招聘乡村推广员307名。指导系统内两处农民合作社开展信用互助业务，融资额600万元。

【服务规模化工作】 拓宽服务领域，探索经济作物生产托管模式，提供全托管、半托管服务。在对小麦、玉米等粮食作物开展“保姆式”“菜单式”托管服务的同时，重点向经济作物领域拓展，对土豆、大姜、花生、棉花等作物分别制定托管服务规程，提供土壤熏蒸、小型农机具、生物菌肥、技术指导等“套餐式”服务。重点抓好甜瓜全产业链条服务模式探索，拓展与河北双星种业有限公司的合作，提供种子供应、技术指导、农产品供应、产品销售、品牌培育等全方位服务。发展土地托管面积10万亩，带动发展各类新型农业经营主体20个。

【流通现代化工作】 实施“放心农资”工程，发展连锁经营，开设连锁店、加盟店75处，业务覆盖潍城、青州、寿光等县市区；实施“沃土工程”，安排系统内齐城供销公司推广测土配方、精准施肥，检测土壤面积5000亩，精准施肥面积10万亩。实施“土壤修复”工程，氯化苦熏蒸土地1万亩。发展“网上供销社”，借助总社“供销e家”、省社京东供销公司、市社电商公司上线运行平台，新建2家运营网店，做好农产品上线销售、社区网点布局服务工作。

【村社共建工作】 基层供销社和龙头企业，利用网络、经营优势，建设为农服务中心、打造服务社、联合开展职业农民培训，实施“村社共建”。为农民代购农药、化肥、农膜、种子等各类农业生产资料，减少流通环节，保证质量，让利于农。开展免费技术培训、现场技术指导、推广测土配方施肥技术，免费测土配方，保证农产品安全。为农户提供代耕、代种、代管、代收、农药喷洒、化肥代施等托管服务，农户可根据需要自由选择服务项目。与20个村开展共建工作，新成立合作社8个，设立职业农民培训点11个，改造提升农产品交易市场2处，建设农产品生产基地6处，免费为共建村发放玉米良种4000公斤。

【高毒农药储备管理】 设立储备库，落实人防、物防、技防措施，从农业局移交收缴的高毒农药1600公斤。对县城区、县驾驶员培训中心绿化苗木的虫害进行统一作业，使用高毒农药涕灭威1887公斤。加强监管，召开联席会议2次，会同农业局及有关部门，对系统内农资经营网点逐一排查，与各经营网点签订《农药经营责任书》，抓好高毒农药市场集中整治工作。

【社有企业】 潍坊昌供农业生产资料有限公司。成立于2013年3月，注册资金1200万元，员工50多人，承担昌乐县高毒农药储备管理任务。销售产品20多种。其经营范围包括农药、化肥、农膜、种子、农机具及配件、土产杂品及销售；废旧物品收购；农业技术推广服务等。

山东金福利农业发展有限公司 成立于2012年3月，注册资金910万元。2012年被县政府评为“支持经济发展单位”，2013年12月被潍坊市政府评为“潍坊市2013年市级农业产业化重点龙头企业”。公司与山东省土壤肥料总站、潍坊学院、青岛农业大学、山东省农业科学院农业资源与环境研究所开展农技服务与产品推广，累计开展大田土地托管1.5万余亩、大棚托管3000余亩，推广测土配方肥3万余吨，受益面积达10万亩，在全县建立50处服务站。2016年公司实现主营业务收入634万元，利润42.7万元。

昌乐齐城供销农业科技有限公司。成立于2014年9月，注册资金5000万元。经营范围：化肥、不再分装的包装种子、苗木、农机具及配件、农副产品销售、废旧物资回收、农业技术推广服务、农田基础设施建设。2016年，实现主营业收入3000万元，实现利税200万元。

粮　食

【概况】 县粮食局是主管全县粮食流通的职能部门，主要承担昌乐县粮食流通、宏观调控、市场监管、粮油储备、产业发展等职能。至2016年年底，县粮食局机关下设办公室、财务科、业务科（加挂监督检查科）3个科室，股级事业单位粮食局结算中心1个，在职在编干部职工21人。粮食系统下辖县粮食收储公司、山东省昌乐粮食储备库2家国有粮食企业，员工24人。

【粮食执法】 2016年，县粮食局监督检查科开展全国粮食库存检查、粮食流通统计制度检查、夏粮收购专项检查、秋粮收购专项检查、粮食质量监督检查等五项检查活动。工作中坚持把定期检查与随机检查、全面检查与专项检查、独立检查与联合检查相结合。出动执法车辆24台次，执法人员96人次，先后对16家涉粮企业，22户个体粮商进行检查。检查中，对“转圈粮”“五要五不准”、政策性粮食出库、政策性粮食库存等重点内容进行详细检查。同时将2月修订后的《粮食流通管理条例》制作成《粮食收购告知书》，对无证收购的粮食经营者进行书面通知，下达13份责令整改通知书，并在局机关网站和上级机关网站进行公开，提高透明度和社会认知度，有效维护市场稳定。

【安全生产】 建立健全安全生产风险管控机制。安全科积极深入企业各个生产环节，与企业安全生产人员及相关操作人员进行密切交流，摸清企业风险点，督促企业建立风险点安全生产管控体系，做到风险清晰、预案得当、责任到人，并形成备案材料，做到未雨绸缪提前防范。

不断加大安全生产检查力度，落实大快严活动。2016年，安全科采用“四不两直”方法，对6家安全生产监管企业进行4次综合检查和2次专项检查，下达责令整改8次，有效落实大快严活动，督促企业落实主体责任，消除安全生产隐患。

认真帮扶企业开展安全生产演练活动。11月组织山东省昌乐粮食储备库开展磷化氢熏蒸泄露模拟演练，现场准备充分，应对合理，处置得当，迅速高效，得到参观企业的一致好评，县电视台予以报道。

【地方储备粮管理】 昌乐县粮食局协同昌乐县粮食储备库抓住6月小麦收获的有利时机，积极协调、合理调度，于6月20日全面完成2016年地方储备粮轮换入库任务，在整个地方储备小麦收购过程中没有出现“打白条”“压级压价”等坑害农民利益现象，有效地保障种粮农民的合法权益。地方储备粮日常管理严格按照《山东省地方储备粮管理办法》和《潍坊市地方储备粮管理办法》进行操作，实行五日一小查，十日一大查，风、雪、雨后随时查的原则，发现问题及时解决，确保地方储备粮食安全。

【粮食调控管理】 调控基础有力有序，1月，组织全县涉粮企业统计人员和企业分管领导参加培训《国家粮油统计网上直报系统》《山东省粮食管理云平台》《山东省粮食流通统计制度》，开展社会粮油平衡调查及2016年度乡村居民存粮专项调查工作。社会粮食平衡调查调查涉粮企业19个，中小学校3所，餐饮行业19个，乡村居民40户，城镇居民30户；组织涉粮企业完成夏粮收购五日报、秋粮收购五日报、价格周报、粮食流通月报、产业报、各类年报等数据的上报工作；对全县的粮食应急供应网点重新进行考察和确定，完成对8家应急供应网点、3家应急储备企业、2家应急配送企业的协议签订和挂牌工作，顺利展开昌乐好友油脂有限责任公司应急小包装灌装项目建设。昌乐县粮食应急体系的逐步建立和完善，保障了粮油应急物资在自然灾害及突发情况下的供应及应对措施。

【粮食安全责任制考核】 2016年“昌乐县粮食安全责任制考核小组办公室”首次设在昌乐县粮食局，县粮食局组织协调县发展和改革局、农业局、财政局、国土局、水利局、环保局7个牵头部门和县农发行、市场监督管理局、供销社等10个配合部门，顺利完成全县在粮食安全责任制考核的自评、审核、汇总上报工作，经潍坊市粮食安全责任制考核小组办公室考核认定，昌乐县2016年粮食安全责任制考核在全市获得“优秀”等次。

专　卖

【烟叶生产】 2016年，全县种植烤烟0.95万亩，分布在47个植烟村，110个植烟户，户均植烟面积86.5亩。优化生产布局，全县发展100亩以上的方片23个，面积6952亩，占总面积的73.02%。优化品种布局，优良品种种植率达100%。推行精益生产，全县烤烟100%应用先进的漂浮育苗模式；井窖式移栽面积达5395亩，占总面积的56.67%；推广滴灌烟田面积7187

亩，其中水肥一体化面积1026亩，初步实现以水调肥。完善专业服务，进一步健全“两头工场化、中间专业化”的专业化服务体系，烟叶生产基本实现“种植在户、服务在社”；2016年，在全县推广“1+N”专业化烘烤服务面积8382亩，覆盖率达88.05%。严格收购管理，全年收购烟叶135万公斤，投放收购资金2634.7万元，公斤均价19.52元，上等烟比例23.02%，烟农亩收入达3040元，实现烟叶税580万元，亩均创税609元。

【烟草生产基础设施】 2016年投入资金202.20万元，建设烟叶生产基础设施项目77项，包括机井15眼、水利管网13条（全长8930米）、滴灌网49条，涉及4个乡镇，40个植烟村，受益烟农70户，占烟农总户数的63.64%，全县烟区综合生产条件得到进一步改善。

【卷烟销售】 全年销售卷烟1.99万箱，实现单箱值2.36万元，销售额4.71亿元。实施“精品终端提升工程”，全年打造“一站一线”精品线路4条，在潍坊市局（公司）考核验收中排名全市第三。强化重点品牌培育，制定落实重点品牌培育轮次专项考核、全员引导消费鲁产细支卷烟、鲁产品牌销售大比武等措施，狠抓层级督导，加大奖惩力度，强化目标达成，全年销售鲁产百元及以上品牌卷烟5086箱，“泰山”卷烟实现销售额1.91亿元；辖区卷烟整体销售结构同比增加1246元，其中鲁产卷烟单箱值实现2.1万元，同比增加497元，增幅2.43%，排名全市第一位。加大重点市场开发力度，全年销售细支卷烟892箱，同比增幅126%，排名全市第一位；累计引导2004对结婚新人使用推介品牌卷烟9.5万条，户均用烟47条，排名全市第一位，婚庆用烟单箱值达2.6万元。

【专卖管理】 加强与公安、交通、工商等执法部门的协作联动，深入开展“齐鲁之盾”卷烟市场集中治理行动，对辖区物流快递中心、客货运输站点、卷烟零售大户等重点目标加强监督检查，严厉打击假冒、走私及非法卷烟经营行为，卷烟市场得到有效净化。全年查获涉烟案件111起，查扣各类违规违法卷烟370.42万支，案值85.76万元。移交工商涉烟案件42起，工商罚款总额3.87万元；移送公安立案涉烟刑事案件3起，拘留涉烟违法犯罪分子11人，逮捕8人，判刑11人。破获符合公安部、国家烟草专卖局标准的网络案件2起，破获县标网络案件6起。

【盐业】 充分利用市公安局、市盐务局《关于严厉打击涉盐违法犯罪行为保障食盐安全的通告》和省公安厅、省盐务局《关于严厉打击涉盐违法犯罪行为确保食盐安全的通告》加强正面引导，消除负面影响。利用“3·15”保护消费者权益日和“5·15”消除碘缺乏病日，联合市场监督管理局，县疾控中心进行宣传。利用新闻媒体进行宣传。关于盐业法律、法规，食盐零售许可证的换发、审验，依法规范食盐市场经营秩序和推广普及“食用低钠盐、防控高血压”等，先后在昌乐新闻中播出，还制作播放4次专题节目。加大宣传资金投入。利用昌乐电视台五个频道的底游字幕，对“食盐专营政策”进行宣传。在《蓝宝石之都·昌乐报》开辟宣传版面，对盐业法律、法规食盐专营政策和健康用盐小知识进行宣传。在“五小业户”张贴通告及2015年全省涉盐违法犯罪案例选编及奎文法院判处的孙桂田利用工业盐加工猪头肉的案件进行宣传，发放宣传材料2万余份，张贴通告2000余张。

【盐政执法】 不定期开展对盐业市场拉网式大检查。采取主要领导带队，统一指挥，集中稽查中队，后勤人员齐上阵进行检查。全年进行四次集中市场稽查，主要查处假冒海晶盐和海藻盐，及部分假冒一品海晶盐和弱碱性盐的私盐冲击问题。堵源头，挖窝点，清理私盐贩销窝点3个。采取弹性工作法，打破固定上下班时间限制，取得显著成效。加强同公安机关的联合。2016 年县盐务局与县公安局食药环侦大队召开联席会议 2 次，互相配合，联勤联动。移交公安 1 起盐业违法案件。加强管理。按照国家发改委、工信部《关于加强改革过渡期食盐监管有关工作的通知精神》，对违法涉盐案件坚决查处，决不手软，继续争取公安、市场监管、卫生等部门配合，形成联合执法合力，提高执法的力度。全面围剿私盐，特别是假冒小包装食盐，全力维护盐业市场稳定，保住市场销售份额。

截至 11 月底，全县查获涉盐违法案件 354 起，其中一般案件 170 起；没收盐产品 12.7 吨；罚款 101095 元；查获电、机动三轮车、面包车 27 辆；端掉售假窝点 3 个，移送公安机关立案侦查 1 起，取保候审 1 人。

【石油】 2016 年，根据潍坊市经信委《关于做好 2016 年度石油经营企业经营资格年度检查工作的通知》要求，组织取得省经信委核发的“成品油零售经营批准证书”，并在工商行政管理部门登记注册，从事成品油零售经营的企业（个人）开展年度检查工作，昌乐县 92 座加油站完成年检。2016 年完成成品油零售经营批准证书变更法人、地址 20 余个，到期换证约 40 余个。2016 年新增 1 座加油站。昌乐县有 101 座加油站，按性质划分中石化 22 座，中石油 5 座，中海油 4 座，中化 1 座，其他国有 8 座，民营 61 座；按位置划分，省道国道 50 座，县乡道 16 座，城区 20 座，农村 15 座；按销售量划分，5000～10000 吨 4 座，3000～5000 吨 6 座，3000 吨以下 83 座。2016 年销售汽油 4.8 万吨，柴油 4.5 万吨。

招商引资

【概况】 昌乐县招商引资工作主要由县招商局负责。县招商局下设办公室、招商一科、招商二科、综合科、安全科，有成员 13 人。

2016 年，全力推动项目进展，扎实做好招商引资工作。全县招商引资到位资金 87.71 亿元，其中市认定项目 31 个，到位资金 51.1 亿元；限额项目 155 个，到位资金 36.61 亿元。

【编印投资指南和招商项目库】 2016 年，县招商局认真研究昌乐县产业发展特色，科学论证编印高质量的投资指南和重点招商项目库，利用网络、电视、报纸等灵活有效的宣传途径，通过寄送宣传光盘、招商项目册等方式，大力宣传推介昌乐县的区位优势、资源优势、产业优势、投资环境、重点招商项目等，全方位宣传、推介昌乐，全面提高项目投资吸引力。

【集中招商】 组织开展集中招商活动，引导各级各部门加强与投资客商联系，广泛搜集项目信息，有针对性地制定外出招商计划，做到有的放矢，提高项目洽谈成功率，广泛邀请有合作意向的客商来昌乐县考察投资环境，让更多客商了解昌乐县发展优势和潜力，为下一步开展合作奠定基础。5 月“集中招商月”期间，全县共有 10 个镇街区、17 个部门组建 49 支招商小分队，有针对性地赴京、津、沪、粤等地区开展招商活动，共洽谈项目 51 个，达成投资合作意向 13 个。10 月“集中招商月”期间，昌乐县各级各部门充分利用昌乐国际宝石博览会节会影响，积极联系客商，搜集项目信息，组建 31 支招商小分队，赴上海、北京、重庆、深圳等 30 多个城市和地区开展招商活动，广泛邀请客商到昌乐考察洽谈项目，共洽谈项目 47 个，25 个项目签订合同或合作协议，总投资 31.6 亿元，其中，17 个项目在宝石博览会重点合作项目签约仪式上签约，总投资 27.3 亿元。

【节会招商】 充分利用市组织开展的鲁台经贸洽谈会、中日韩产业博览会、汽车装备制造产业招商对接会等节会影响，深入开展节会招商，广泛邀请客商参会，联系洽谈项目。4 月，总投资 2500 万美元的新能源电动车生产项目在第 33 届潍坊国际风筝会上签约。9月，总投资1000万美元的华忠新型复合材料二期项目在第22届鲁台经贸洽谈会上签约；投资1.9亿元的生物热电联产项目在中日韩产业博览会上签约。10月，昌乐县举办中国（昌乐）国际宝石博览会，邀请30多名投资商到昌乐参会、考察洽谈项目，投资6亿元的黄金珠宝加工产业园、投资3.5亿元的尧沟社区改造等17个大项目在重点招商项目签约仪式上签约。

【精准招商】 根据县委要求，各镇街区和县直部门充分把握自身资源、人才优势，不断搜集对口项目信息，组建招商小分队，围绕投资意向明显项目有的放矢地走出去对接、走出去推进，推动精准招商。根据市招商部门安排，结合昌乐县特点，制定昌乐县2016年招商活动计划，有目的、有计划地赴京津、长三角、珠三角等经济发达地区开展精准招商。潍坊（上海）先进制造业合作对接会期间，与台湾忠联公司签订新型精密耐火材料项目合同。深圳专题招商对接活动期间，与基斯顿亚洲区总裁黄拔健就麦当劳熟食扩大投资项目和深圳台商协会招商合作事项等进行详细洽谈，并达成合作意向。参加潍坊市北京招商项目对接洽谈会，与华阳集团、美国华人商会、亿利集团、中圣集团、中关村智慧环境联盟等客商进行了深入对接。

【产业招商】 重点突出装备制造、黄金珠宝加工交易2个千亿级和新能源汽车1个500亿级产业，造纸包装、精细化工2个300亿级和食品加工1个100亿级产业，围绕发展智能制造、现代教育、健康养老、文化旅游、现代物流和总部经济六大新兴产业，依托绿色建材特色产业园、朱刘新能源特色产业园、昌乐（滨海）飞地工业园等园区平台，充分利用低丘缓坡、废旧矿坑等未利用地招商资源，紧盯世界500强企业、行业龙头企业，广泛搜集信息、联络客商，通过洽谈引进项目推动产业转型升级，加快培育新的经济增长点。

积极对接世界500强、行业龙头企业、知名院所等，引进大项目、好项目。其中，与国家电网公司合作，引进1000千伏特高压变电站项目；与巴夫瑞·基斯顿公司合作，引进铭基食品项目；与北大公学合作，建设北大公学昌乐国际双语学校。

金融

jinrong

银行业

【概况】 截至2016年年末，昌乐县有中国人民银行昌乐县支行和中国农业发展银行昌乐县支行、中国工商银行昌乐支行、中国农业银行昌乐支行、中国银行昌乐支行、中国建设银行昌乐支行、邮储银行昌乐支行、交通银行昌乐支行、中信银行昌乐支行、昌乐农村商业银行、潍坊银行昌乐支行、昌乐乐安镇银行11家银行业金融机构，62处营业网点。

【货币发行与流通管理】 2016年，第四、五套人民币混合流通，人民币主币有1元、2元、5元、10元、20元、50元和100元6种，辅币有1角、2角和5角3种，主辅币9种。2015年11月12日，国家发行第五套人民币2015版100元纸币，2015年12月开始流通该券别人民币。2012—2016年，人民银行昌乐县支行未设立专门的货币发行工作部门，在综合业务部设立货币管理岗位，负责人民币管理、反假人民币等业务。辖区内工、农、中、建等国有商业银行的现金调拨、券别调剂、损伤券上解由其管辖行统一管理，村镇银行现金业务通过昌乐农村商业银行办理。

2016年，人行昌乐支行积极组织商业银行开展“迎新春·换新钱·送温暖”活动，累计发出新票（币）31254900元，回收旧、残币票（币）4716911元，收缴假票（币）1220元，激活零票（币）1800520元，净化人民币流通市场，提高人民币整洁度。也进一步促进银行业自觉为公众服务的意识，受到广大人民群众的赞许，取得良好的社会效果。收缴银行机构缴来假币2598张、金额19.33万元。

【存款】 2016年年末，全县本外币各项存款余额330亿元，较年初增加60亿元，增长22.62%，同比多增32.90亿元。其中，单位存款余额86.40亿元，比年初增加30.6亿元，增长54.9%；个人存款余额213.8亿元，比年初增加24.6亿元，增长12.9%。

【贷款】 2016年年末，全县金融机构本外币各项贷款余额243.7亿元，比年初增加21.5亿元，增长9.7%，同比多增11.3亿元。其中，单位贷款余额158.3亿元，较年初增加20.2亿万元，增幅14.62%；个人贷款余额85.4亿元，较年初增加1.3亿元，增幅1.5%。

【结算】 昌乐县结算方式有银行汇票、商业银行汇票、银行本票、支票、汇兑和委托收款6种；企业间资金往来以支票、汇兑为主。昌乐县银行机构认真贯彻党中央关于建设社会主义新农村的方针、政策，以加强电子银行建设，创新结算方式为切入点，推行非现金支付结算方式、先后推出个人网上银行、企业网上银行、银联POS机、ATM机等结算品种和机具，在城乡设立自助银行、助农取款点等便民服务设施，向宝石城珠宝经营者、尧沟农产品批发市场、蔬菜加工企业、从事蔬菜经营的个体工商户推介先进的电子业务产品，传统的大额现金交易做法发生变化。至2016年年末，4家涉农银行业机构设立助农取款点445处，银行机构布放POS机2964台、ATM机275台、转账电话562部、农民自助终端309个，注册网上银行66.03万个、手机银行55.17万个、发行银行卡110.10万张，人均持卡量达1.73张。

【外汇】 2016年，积极用活用足外汇政策，多措并举优化服务，强化外汇、跨境人民币宣传培训，进一步提高监管效率和水平，有效支持外向型经济的发展。积极推进跨国公司外汇资金集中运营管理试点工作。积极深入企业进行政策宣传，推进跨国公司外汇资金集中运营管理试点工作的开展，其中潍坊英轩实业有限公司获省外管局审批备案，让涉外企业及早享受外汇政策的红利；继续提升直接投资便利化水平，全面落实总局汇发〔2015〕19号文、汇发〔2015〕13号文件要求，将直接投资外汇登记下放银行办理，简化直接投资项下外国投资者出资管理。全面推广外汇资本金意愿结汇政策。通过深入到银行、企业进行政策执行、材料审核、系统操作辅导，做好政策的传导与落实，为银行企业节省人力、物力、财力，促进投资便利化，嫁接外管局、银行、企业三方桥梁，更好地服务于地方涉外经济；推动辖区企业跨境融资。扎实做好外债、跨境担保外汇管理，完善短期外债指标管理，不断提升指标使用效率，便利企业充分借助国内外两个市场资源，弥补融资需求，服务实体经济发展。积极推动山东世纪阳光纸业有限公司、潍坊英轩实业有限公司、山东杰富意化工有限公司等企业跨境融资；强化外汇宣传培训与服务。加大外汇政策法规培训力度。围绕外汇管理政策法规、总分局、市局内控制度开展法规培训。7月，中旬组织辖内7家银行、5家涉外企业举办资本项目外汇政策改革培训，重点对汇发〔2015〕19号文、汇发〔2015〕13号文进行解读。深入推进简政放权。在保证业务真实性、合法性的基础上，充分简化各类业务办理所需材料和工作流程，努力提高服务效率。采取向上请示、集体审议等形式，妥善处理法规空白、规定不明确、客户特殊需求等非常规业务事项。积极推进跨境人民币工作，认真学习跨境人民币业务知识，提高人员业务素质，组织外汇指定银行、涉外企业进行跨境人民币业务培训，为增强外汇从业人员业务素质，提高跨

2016年昌乐县银行一览表

表6

机构名称	网点数量(个)	存款余额(万元)	贷款余额(万元)
中国工商银行股份有限公司昌乐支行	4	299239	337525
中国农业银行股份有限公司昌乐县支行	9	416194	236627
中国银行股份有限公司昌乐支行	3	268420	214262
中国建设银行股份有限公司昌乐支行	3	276444	305616
中国农业发展银行昌乐县支行	1	131620	223004
山东昌乐农村商业银行股份有限公司	33	1263746	779400
中国邮政储蓄银行股份有限公司昌乐县支行	3	242821	57068
中信银行股份有限公司潍坊昌乐支行	1	104278	99248
潍坊银行股份有限公司昌乐支行	2	153951	144434
交通银行股份有限公司潍坊昌乐支行	1	80397	27228
昌乐乐安村镇银行股份有限公司	2	15168	11950

境人民币结算份额，按照上级局的工作要求，对辖内7家外汇指定银行、40家涉外企业外汇从业人员进行外汇政策、跨境人民币业务培训。通过培训，督促外汇从业人员加强学习，提升素质，以适应不断变化的外汇工作要求，降低银行、企业经营风险。

保险业

【概况】 2016年，全县有保险机构28家。其中，纳入潍坊市保险行业协会统计的20家保险机构2016年实现保费收入6.4亿元，比上年增长26.98%；其中财产险保费收入1.97亿元，比上年增长3.58%；寿险保费收入4.43亿元，比上年增长40.94%。赔付合计1.16亿元，其中财险1.05亿元，同比增长9.91%，寿险0.41亿元，同比增长85.36%。

证券业

【概况】 中泰证券股份有限公司潍坊昌乐新昌路营业部成立于2011年6月，是经中国证监会

【2016年昌乐县保险公司基本情况一览表】

表7　　单位：万元

公司名称	成立时间	保费收入	支出赔付	上缴税额
中国人民财产保险股份有限公司昌乐支公司	1984年1月	5235	3183	777
中国人寿保险股份有限公司昌乐支公司	1996年9月	18807	8903	220
中国人寿财产保险股份有限公司昌乐支公司	2012年5月	1905	1354	734.6
中国太平洋人寿保险股份有限公司昌乐支公司	2003年1月	11304	241	—
中国太平洋财产保险股份有限公司昌乐支公司	2005年7月	1100	546	180
中华联合财产保险股份有限公司昌乐支公司	2004年3月	2100	980	313.75
中国平安财产保险股份有限公司昌乐支公司	2004年4月	1942	—	210
中国平安人寿保险股份有限公司潍坊市昌乐支公司	2003年4月	—	—	—
天安财产保险股份有限公司昌乐营销服务部	2002年10月	1300	200	159
太平财产保险有限公司潍坊市昌乐支公司	2005年11月	950	—	150
阳光财产保险股份有限公司潍坊中心支公司昌乐营销服务部	2007年7月	—	—	—
新华人寿保险股份有限公司潍坊市昌乐支公司	2005年11月	—	—	—
中国大地财产保险股份有限公司昌乐营销服务部	2003年5月	850	—	200
安华农业保险潍坊市昌乐支公司	2013年2月	2948	1170	645.76
泰山财产保险股份有限公司昌乐支公司	2014年12月	737.77	365	56
长安责任保险股份有限公司昌乐支公司	2011年3月	830	279	80.14
泰康人寿保险股份有限公司山东潍坊昌乐支公司	2002年12月	2249	45	19.11

批准、依法设立的证券营业部。经营范围：证券经纪，证券投资咨询，融资融券，证券投资基金代销，代销金融产品。为投资者提供电话委托、网上委托、手机炒股等多种交易方式。营业部设有大户室及散户厅。2016年年底，有存量客户1万余人，全年证券交易量（含A股、B股、基金、债券融券回购交易）91亿元，资产规模15亿元。

【融资服务】 积极与昌乐县4家上市公司联系、协调，建立起密切的沟通机制，通过开展各项工作，对大小股东进行梳理，保持良好的关系，获得上市公司的信任和支持，并以此为基础，2016年为当地企业融资2.4亿元，为当地企业实体经营融资做出贡献。

【金融合作】 积极与当地政府、金融办联系，取得政策支持。积极推动企业改制和多层次资本市场建设，为昌乐县多家企业改制提供上市辅导。成功将山东精科智能传动设备股份有限公司新三板挂牌企业所有自然人股东及一个有限合伙企业股东在营业部开立账户，股本总额3000多万元。山东国创节能科技股份有限公司新三板挂牌企业所有自然人股东及两个有限合伙企业股东在营业部开立账户，股本总额3300万元。积极推动元利化工IPO上市发行进程。

地方新型金融组织

【昌乐县裕丰小额贷款有限公司】 成立于2011年3月，注册资本金1亿元人民币。主要经营范围是：在昌乐县区域内办理各项小额贷款；开展小企业发展、管理、财务等咨询业务（在国家法律法规规定范围内开展业务）。截至2016年年末，公司累计发放贷款金额12721万元，贷款余额9572.11万元。

【昌乐县汇金融资担保有限公司】 成立于2016年3月，注册资本金3亿元人民币。主要经营范围是：贷款担保，票据承兑担保，贸易融资担保，项目融资担保，信用证担保；诉讼保全担保，投标担保、预付款担保、工程履约担保、尾付款如约偿付担保等履约担保业务，与担保业务有关的融资咨询、财务顾问等中介服务；以自有资产进行投资。不得从事吸收存款、发放贷款、受托发放贷款、受托投资等活动。截至2016年年末，公司在保责任余额2100万元，在保户数3户。

【山东汇康融资担保有限公司】 成立于2005年9月，注册资本金10150万元人民币。主要经营范围是：开展贷款担保，票据承兑担保，贸易融资担保，项目融资担保，信用证担保；诉讼保全担保，投标担保、预付款担保、工程履约担保、尾付款如约偿付担保等履约担保，与担保业务有关的融资咨询、财务顾问等中介服务；以自有资产进行投资。不得从事吸收存款、发放贷款、受托发放贷款、受托投资等活动。截至2016年年末，公司在保责任余额21880万元，在保户数709户。

【昌乐县乐融民间资本管理有限公司】 成立于2015年12月，注册资本金3260万元人民币。主要经营范围是：针对当地实体经济项目开展股权投资、债权投资、资本投资咨询、短期财务性投资及受托资产管理等（仅限于在金融监管部门批复的可行性评估报告的业务范围内开展经营活动）。截至2016年年末，公司投资余额3550万元。

财政 税务

caizheng shuiwu

财 政

【概况】 2016年，昌乐县一般公共预算收入完成235929万元，占调整预算的100%，同口径增长9%；一般公共预算支出完成279521万元，占调整预算的96.6%，下降0.2%。荣获全县“服务经济社会发展十佳单位”第一名，顺利通过“省级文明单位”复审。

【财政收支】 2016年，昌乐县一般公共预算收入完成235929万元，占调整预算的100%，同口径增长9%。其中税收收入完成175402万元，同口径增长3.2%，占一般公共预算收入的74.3%，非税收入完成60527万元，增长30.2%，占一般公共预算收入的25.7%。反映经济运行情况的增值税、营业税、企业所得税、个人所得税四大主体税种收入92333万元，占税收收入的52.6%。一般公共预算支出完成279521万元，下降0.2%，其中，教育、文化体育与传媒、社会保障和就业、医疗卫生等民生支出完成229617万元，占一般公共财政预算支出的82.1%。一般公共预算收入中，县本级收入完成136110万元，占调整预算的100%。宝都、宝城、朱刘、五图4个街办完成83810万元，占调整预算的119.1%，增长19.1%。一般公共预算支出中，县本级完成259469万元，占预算的96.3%，增长0.4%；宝都、宝城、朱刘、五图4个街办完成9349万元。

【财政管理】 深入推进预决算公开。根据新《中华人民共和国预算法》要求，除个别涉密部门外，财政总预决算、“三公”经费总预决算、部门预决算和部门“三公经费”预决算等全部公开，在政府门户网站设立公开专栏，方便社会公众监督查询，打造“阳光财政”。全面加强国有资产管理。通过公开招标，引入6家社会中介机构，对全县188个行政事业单位资产清查报表进行专项审计，摸清资产“家底”；为全县126家行政事业单位配备条码管理专用设备，实现固定资产“一物一卡一条码”的资产精细化管理目标。加强通用办公资产配置管理，依法公开处置国有资产，处置收入645万元全部上缴国库。加强政府采购及财政评审全过程管理。制定下发《关于进一步加强政府采购有关问题的通知》，对县直各部门、各镇（街区）的政府采购工作提出指导性意见，进一步强化全县采购监督管理工作。办理政府采购项目250个，节约资金4700万元，节约率8.9%；深化政府采购公开工作，实现采购信息“六公开”。实施财政评审关口前移，审减预算资金10556万元，审减率达18%。加强结算项目评审，累计完成72个结算项目，审减资金3600万元，审减率达15.2%。推进财政资金绩效评价管理。对涉及民生、影响重大的44个项目进行绩效评价，采取中介机构第三方独立评价为主、部门和财政自评复评为辅的评价方式，评价金额27184万元，其中市以上转移支付项目12个，评价金额8000万元；县级预算安排32个，评价金额19184万元。强化财政监督。建立健全财政内部控制制度，有效防控廉政风险和其他风险；组织开展违规发放津贴补贴、落实中央八项规定、会计信息质量、非税收入收缴等专项整治工作，严肃财经纪律。对全县的8户企业、1家行政事业单位进行会计信息质量检查，计查补各项税款971万元。严格落实政府债务预算管理。实行政府债务限额管理，规范举债程序和举债方式。2016年置换存量政府债务147783万元，降低利息成本，优化债务结构。积极推进党政机关公务用车制度改革工作。认真做好一般公务用车的封存、公开拍卖等工作，及时发放公务交通补贴，从2016年7月正式开始发放。启用财政客户端安全监控管理系统，实现对非授权用户违规接入网络的监控和阻断、用户违规外联的监控和阻断、杀毒软件的统一管理，规范财政内网操作行为，实现财政内网用户的可管可控，保障整个财政网络的安全稳定运行。

【财源建设】 加强税收分析，做好参谋助手。撰写《“营改增”对昌乐县财政收入及相关行业影响情况的分析报告》，得到县委主要领导的签批和肯定。成立政策性担保机构。由县财政出资3亿元设立昌乐县汇金融资担保有限公司，加入潍坊市担保联盟体系，依托潍坊市再担保股份有限公司的准入资质和担保能力联合开展工作，提供担保资金4500万元，缓解中小企业融资难问题。落实结构性减税清费政策。稳步推进营改增全面试点工作，积极落实小微企业减免税政策，减轻企业负担12198万元；办理出口退税及石化企业消费税退税，减轻企业负担34524万元；落实国务院和省政府清理收费项目政策，取消、停征收费项目9个，减轻企业负担311万元。落实产业扶持政策，拨付资金10246万元，落实全县出台的各项产业扶持政策，支持产业转型升级，淘汰落后产能。

【增收节支管理】 落实收入责任。围绕全年收入目标，细化分解收入任务，将收入任务落实到各征收部门、各镇（街、区），提高其组织收入的积极性。主动与国税、地税部门搞好协调，加强税收增长与经济相关度分析，深化税收源头控制和动态监管；强化重点行业、重点税种和重点纳税大户税收征管，确保税收收入应收尽收。进一步规范非税收入管理。加强行政事业单位国有资产处置、国有资源有偿使用等收入的征收管理，大力挖掘非税收入潜力，确保非税收入及时足额入库。不断优化支出结构，切实保障民生等重点支出。统筹调度资金，在保证人员工资发放、机构运转和民生保障类支出的基础上，确保全县重点项目的顺利实施。严控一般性支出增长，全县压减一般性项目支出2483万元，集中财力优先保障重点民生工程项目等支出需要；进一步降低行政运行成本，大力压缩“三公”经费支出，2016年支出下降7.8%。

【国库集中支付改革】 深化国库集中支付改革。制定并印发《昌乐县乡镇国库集中支付制度改革实施方案》，将乡镇所有财政性资金全部纳入国库集中支付制度改革范围，实现县、镇（街、区）国库集中支付改革单位、资金全覆盖。大力推行公务卡结算力度。制定《昌乐县财政局关于进一步规范现金使用管理的意见》，建立预算单位大额提现备案核准制度，严控超额提取现金，引导应用公务卡结算，将银行转账和公务卡结算作为单位公务消费的主要结算方式，进一步提高公务消费透明度。

【保障和改善民生】 支持教育优质均衡发展。拨付资金5630万元，全面落实生均公用经费政策，惠及学生近7万人。安排资金962万元对城乡贫困学生进行救助，促进教育公平。投入资金1272万元，用于落实退养民师、原民办代课教师等待遇发放，完善中小学班级管理团队激励机制。争取资金2138万元，用于义务教育全面改革、解决大班额和学前教育补助，落实各项教育民生政策。完善计划生育政策保障机制。投入资金439万元，用于计生家庭奖励扶助和特别扶助；拨付资金260万元，落实免费婚检、免费孕检、免费唐筛等政策，提高出生人口质量。全面落实社会保障政策。提高城乡居民基础养老金标准，累计为10.6万名60周岁以上老年人发放基础养老金11735万元；做好城乡低保、农村五保保障，累计发放3617万元，有效地保障贫困家庭基本生活需求；投入资金303万元，资助17254名困难群众参保；为2307名老年人发放高龄津贴和护理补贴211万元；为7621名困难残疾人和重度残疾人发放生活补贴和护理补贴703万元，保障残疾人基本生活权益；投入资金165万元，继续实施“民生综合保险工程”，落实潍坊市政府确定的民生实事；投入资金4507万元，做好优抚安置及双拥保障工作。继续深化医药卫生体制改革。拨付资金4866万元，实施国家基本药物制度，促进城乡公共卫生服务均等化；深化居民医保制度，累计报销医药费31378万元，受益群众达67.5万人次；投入资金600万元，推进公立医院改革向纵深推进。推进保障性安居工程建设。投入资金989万元，用于廉租房建设和补贴发放；争取新增债券5100万元，用于经济适用房建设，保障困难群众的基本住房权益。加大“三农”投入，推动城乡统筹发展。筹集资金2046万元，在营丘镇实施“乡村连片治理”工程，推进农村生态文明建设。该工程项目包括马宋、古城、河头、李家河岔、康家庄、唐家老庄、寺后、和睦官庄8个自然村。7月份，省财政厅到昌乐县调研农村综合改革工作，对县财政支持新农村建设“昌乐模式”提出肯定。大力支持现代农业发展。争取资金5392万元，用于支持新型农业经营主体，促进现代农业发展。争取资金185万元，支持农村土地承包经营权确权，推进土地流转。筹集资金755万元，用于病死畜禽无害化处理等农产品质量安全体系建设。支持农村公共事业发展。投入资金4554万元，用于移民安置区基础设施建设和经济发展，支持南寨水库扩建工程建设。筹集资金772万元，争取新增债券1800万元，帮助贫困村完善基础设施，落实金融扶贫和产业扶贫。积极推进文化惠民工程。投入资金323万元，用于农村公益电影放映、农家书屋、“送戏下乡”等公共文化事业，完善公共文化服务体系建设。落实各项惠农补贴政策。发放农业支持保护补贴资金2405万元，支持耕地地力保护和支持粮食适度规模经营，受益农户53304户。拨付资金1797万元，用于落实大中型水库移民补贴和农机购置补贴。

【融资工作】 开展资产运营和城市经营，统筹安排资金，支持道路、水利、市政等重点项目建设，提升基础设施对区域协调发展的支撑力。加强融资工作，使昌乐县首支非公开发行公司债券在中泰证券股份有限公司成功发行，募集资金2亿元。新增债券额度18308万元，用于实验中学新校等教育项目、经济适用住房建设项目、扶贫开发项目、潍日高速昌乐段购买耕地占补平衡指标项目建设。落实新能源汽车补贴，拨付资金320万元，购置新能源公共交通车辆160辆，支持新能源汽车推广和应用，构建“绿色公交”。邀请省财政厅领导到昌乐县“宝都半月大课堂”授课，专题培训PPP课题，增强全县上下各级各部门对政府和社会资本合作（PPP）模式的认识理解、政策把握，明确责任意识，推动PPP项目的落地实施。积极推荐干部，向县委组织部推荐1名正科级干部、4名副科级干部人选，为财政工作提供有力的人才支撑。

政府采购

【概况】 2016年，积极做好政府采购监管，及时审核批复各单位政府采购计划，做好政府采购项目备案工作。全年办理政府采购项目250个，节约资金4700万元，节约率8.9%。

【信息公开】 制定下发《关于进一步加强政府采购有关问题的通知》，对县直各部门、各镇（街、区）的政府采购工作提出指导性意见，进一步强化全县政府采购监督管理工作。全县政府采购项目的采购需求、采购文件（含采购预算）、采购公告、采购结果、采购合同和验收报告等内容全部在山东省政府采购网、潍坊市政府采购网公开公示，全年发布公开信息930次。对未达公开招标数额标准的项目，采用竞争性谈判（磋商）政府采购方式，确保政府采购任务按时完成。对达公开招标数额标准的项目，依法提出意见建议，由县政府予以审批，全年对10个项目提出合理化建议。

【自行采购】 对于部门单项或批量采购预算金额在10万元以下的货物、5万元以下的服务和20万元以下的工程项目，推行部门自行采购，告知相关采购单位自行采购操作规程，指导部门采购及采购档案整理工作。

国家税务

【概况】 2016年，昌乐县国税局有在职干部职工140人，内设11个科室、1个直属机构、1个事业单位、7个税务分局，担负着全县10389户纳税人的税收征管工作，其中增值税一般纳税人2112户。先后荣获“省级文明单位”“潍坊市学习型党组织”“潍坊市十佳理论宣教基地”“文明建设先进单位”“文明建设先进局”等荣誉称号。

【税收收入】 2016年，根据各基层征收单位的税源情况以及政策调整、堵漏增收、减少流失等目标任务要求，将2016年税收计划在基层税源管理单位和有关业务科室之间进行分解，形成纵向横向联动齐抓、责任共担的组织收入格局。在全局开展为期三个月的“落实风险应对，促进税收收入”专项活动，认真查找税收征管漏洞，强化税收征管风险应对，提高税收管理质效。进一步强化收入调度和考核，定期开展经济税收、政策效应、管理效应分析，统筹运用稽查、评估、调库等资源，以查促管、以评促管、堵漏增收，将管理成果反映到收入增长上来。2016年累计完成各项税收收入153679万元，同比增收19393万元，增长14.44%。其中，完成县级收入60339万元，同比增收22759万元，增长60.56%。县级收入增幅位列全市第三名。

【税收征管】 2016年协作完成2805户营改增纳税人的户管确认工作，协作完成1684户营改增纳税人个体定额工作；做好委托地税代征销售取得的不动产及其他个人出租不动产工作，代征1333笔，税款415.8万元；国地税稽查联合，对昌乐县43户成品油生产销售企业开展专项检查；联合做好非正常户和注销户的核查、清理工作，双方传递非正常户认定信息752户；认真落实“三证合一”“两证整合”改革，累计办理“三证合一”登记信息932户，与地税联合办理注销登记、出具《清税证明》111户。强化征管基础指标监控。借助BI报表平台，切实做好“征管三率”指标情况的监控和督导，全县税务登记信息准确率达100%、财务报表采集率达100%、登记信息实现零差错。按照省局“互联网+税务”计划，建设完成监控指挥中心，共安装调试球形摄像机、枪机、叫号机、交换机17台，窗口屏、综合屏20块，并在机房部署硬盘录像机与AR2240路由器交换机防火墙一体机，专门承载视频监控的传输，有效缓解网络压力，提高工作效率。

【税务稽查】 2016年通过纳税评估、大企业风险自查、大企业税务审计、税务稽查等风险管理，合计入库税款、罚款、滞纳金3682万元，抵顶留抵623万元，弥补亏损2547万元，有效堵塞税收漏洞，整顿和优化全县经济税收发展环境，被市局推荐为全省法治国税机关示范点。2016年实际入库企业所得税37802万元，同比增幅30.46%。对2746户纳税人开展汇算清缴，汇算清缴企业所得税1965万元，预缴企业所得税25625万元，汇算清缴面和数据准确率均达100%；圆满完成非居民企业所得税和反避税任务，组织非居民企业所得税入库334.69万元，占2016年任务的139.5%，同比增长32%；反避税入库税款和加收利息219.13万元，占2016年任务的136.96%。

【税收服务】 加强税银互动助推出口退税企业发展。与昌乐农村商业银行成功启动“税贷通”税银互动、助推出口退税企业发展融资项目仪式，为昌乐县360多家外贸企业发展搭建起良好的融资平台。强化纳税服务创新。在成功研发“出口退税综合服务平台”的基础上，2016年又承接并成功研发“手机版”出口退税移动办税平台，既简化办税程序，又提高工作效率，该项目在全省国税系统推广。成功研发综合短信服务平台项目，强化纳税申报提醒服务。增加叫号系统远程预约叫号服务功能，方便纳税人办税。全县设立16个普通发票代开点，方便纳税人开票。开设24小时自助办理专区，利用6台自助开票机方便纳税人自助开票。深入开展便民办税春风行动。以落实纳税服务规范、简政确权、服务发展为重点，推行税收业务工作规范、税收执法权力清单、落实税收优惠等14类46项服务举措。利用行风在线、昌乐民生等载体，积极宣传小微企业税收优惠政策、“营改增”政策和纳税服务规范推行及相关服务措施，全力做好对税收政策的辅导解析。开展“聚焦改革，共享发展”在线访谈答疑和纳税人需求满意度调查活动，根据纳税人需求，相继推出特色服务、预约服务、延时服务等一系列方便纳税人办税的新举措，赢得纳税人好评。

【营改增试点】 在全面推开营改增试点过程中，2805户原本由昌乐县地税局管理的纳税人转由昌乐县国税局管理，涉及纳税人数据交接、系统及数据准备、税务系统内外培训、税控器具安装、发票发放和申报管理等十几个环节，征管准备工作繁重而艰巨。全体干部职工发扬“5+2”“白+黑”只争朝夕的精神，积极应对营改增试点“开好票、报好税、分析好、改进好”等各场战役的考验，确保营改增工作扎实推进。2016年确认接收建筑业、房地产业、金融业、生活服务业四大行业营改增试点纳税人2805户，其中办理一般纳税人资格登记325户，分类、分级开展纳税人开票、申报培训5800户次，为413户发行安装升级版税控设备，为2583户纳税人发放增值税发票，为743户办理税库银三方协议签署手续，为993户办理按季申报增值税手续，全县试点纳税人户数确认率、增值税发票发放率、试点纳税人培训面、办税厅首日成功开票率、营改增纳税人首月申报率、营改增纳税人纳税服务满意率等各项指标均达100%。其做法得到昌乐县委、县政府、县人大、县政协主要领导的肯定、批示和点赞。

2016年昌乐县国税局税收收入完成情况表

表8　　单位：万元

项　目	税收收入
一、税收收入合计	153679
（一）国内税收收入合计	153679
1. 国内增值税收入	110582
2. 国内消费税收入	1000
3. 企业所得税	37495
4. 个人利息所得税	1
5. 车辆购置税	4601
（二）海关代征收入	0
二、出口退免税	-31579

地方税务

【概况】 2016年，县地税局在县委、县政府的坚强领导下，坚持以依法组织收入为中心，求真务实、积极创新，各项工作实现新的发展，得到县委、县政府和省、市地税局主要领导的肯定表扬，先后被授予全市地税系统绩效管理优秀单位、昌乐县服务经济社会发展“十佳单位”等荣誉称号，并顺利通过山东省文明单位、山东省青年文明号复审。

【税收收入】 2016年，组织地税收入138391万元，同口径相比增长21.61%，增收24596万元。其中地方级收入128473万元，同口径相比增长20.35%，增收21725万元，增幅位居全市第四位。

【税收征管】 强化收入预测分析，抓牢组织收入主动权。依托“金税三期”系统数据资源优势，进一步完善月、季、年税收收入分析预测机制，及时掌握影响税收收入的主要经济参数和企业财务指标变化情况，认真分析和评估重大税收政策调整对税收产生的影响，真正掌握全县税源状况底数，牢牢把握组织收入主动权。

强化税源管控，努力实现管理增收。开展分行业、分类型、分税种的全方位税源普查，确保真正摸清税源底数；集中精力抓好年纳税100万元以上重点税源企业和房地产、建筑、金融保险业等重点行业税收征管，进一步扩大纳税评估范围，提高重点行业的税收贡献率。

夯实征管基础，推进税收征管水平再上新台阶。利用税收风险防控平台，对内实行税收风险防控一体化、征管基础管理标准化、税收治理联动化；对外不断推进涉税信息聚合共享、涉税联合惩戒机制建设、国地税深度合作、重点领域税收控管，严格抓好税务登记、纳税申报、税款征收各项流程，2016年，税款按期纳税申报率、税款按期征收率均达98%以上。

强化督查问责，保障组织收入工作顺利推进。坚持把组织收入工作作为全年督查督办工作的重中之重，坚持“周调度、月分析”，并严格落实责任追究办法，通过对组织收入过程的跟踪督导、调度把控和追究问责，确保各单位有力有效地推进组织收入工作和完成全年收入目标。

【税务稽查】 牢固树立法治理念，严格规范执法行为。在内部，切实加强宪法法律、税收法规等的学习，努力提高运用法治思维和法治方式推动工作开展、防范执法风险的能力；在外部，利用税收宣传月、宝石博览会等有利时机，大力开展税收法律法规宣传与普及，进一步提高纳税人政策知晓度、税法遵从度。进一步规范执法程序和执法文书，探索实施税收执法权责清单制度，认真清理税收执法依据，分类编制并公开税务行政权力清单、纳税人权责清单、纳税人报送资料清单和权力运行流程图，进一步厘清征纳权责。

积极开展税收专项检查，有力维护税收执法刚性。充分发挥税务稽查的打击震慑作用，切实查处偷税、漏税和逃骗税等违法行为，坚持查案必查票，对被查单位发票取得、开具、票据报销、税前扣除等列为专项检查重点内容，大力整顿和规范税收秩序，营造公平公正的税收法治环境。2016年，对231户企业进行检查，查补入库税款6489万元。针对发票违法犯罪情况，先后检查房地产、建筑安装、金融保险、餐饮娱乐、电信业、药品与医疗器械、交通运输业、营利性的教育培训、中介机构等相关企业73户，查处违法企业户数46户、查处违法发票份数3086份，涉及金额9591万元，查补入库税款、滞纳金、罚款789万元。

推进信息聚合共享，有效提高稽查证据准确性。制定《昌乐县地税局涉税第三方信息采集利用管理办法》，明确第三方信息的采集方式、采集单位及利用方式，与县公安局、国土局、国税局等单位建立涉税信息交换制度，定期取得涉税信息。2016年，获取工商股权转让信息205条、公安局涉税违法线索7条、国税局免抵信息106条、国土局土地登记信息1832条等，对稽查查前分析、稽查资料辅证等起到重要作用。

【税收服务】 认真履行部门职责，丰富纳税服务内涵。一是积极开展“地税局长服务日”活动，每月9日，分管领导在办税服务厅采取现场接待和接听热线电话等形式，“零距离”“面对面”为纳税人排忧解难、解疑释惑，促进征纳关系和谐发展。二是深入开展“纳税人税法培训”工作。县地税局选调6名业务骨干作为师资力量，为纳税人提供免费培训服务。2016年，举办纳税人培训 10 次，累计培训人员达 400 余人，发放调查问卷 400 余份。三是加大税收宣传力度。利用税收宣传月、十一届宝石博览会开幕等活动为契机，采取入社区、进校园、下企业等多种宣传渠道，加大对纳税人权利与义务、车船税相关规定等关系民生内容宣传力度。全年发放税收宣传资料 5000 余份，进一步提升地税部门形象，增强纳税人税法遵从意识。四是积极开展信用等级评定工作。加强同国税部门协调与合作，督导主管分局为符合条件的纳税人开展信用等级评定工作。评定 A 级企业 20 户、B 级企业 2329 户、C 级企业 17 户、D 级企业 52 户，有效提升纳税人遵纪守法、诚信经营的理念。

拓展办税服务方式，提升纳税服务质效。一是开展以纳税人需求为导向，以全业务、全流程一次性无条件告知服务为基础的“一揽子”告知服务，切实解决纳税人办理多部门业务事项时流程不清、资料不明，分头找、多方向的问题。二是全面推行“一站式”服务方式。对到前台办理涉税事项的纳税人，设置全职能综合窗口，实行一站式税收服务，提升服务质效。2016 年，受理办件 115500 件，按期办结率 100%。三是认真落实首问责任制、办税公开、限时服务、预约服务、延时服务、提醒服务、同城通办等便民服务举措，全年为纳税人提供 33 种服务指南，发送短信提醒 6000 余条，累计享受预约服务对象 60 余户，累计公开事项 100 余件，便利纳税人办税，减轻纳税人负担。

积极开展工作创新，落实税收优惠政策。依托“互联网 +”，探索建立以“定向辅导、动态监控、量化考核、智能管理”为主要内容的税收优惠政策跟踪问效闭环管理机制，研究开发税收优惠政策跟踪问效信息管理系统，实现对税务机关和纳税人的双向动态跟踪问效和智能化一体式管理，确保各项税收优惠政策不折不扣贯彻落地，服务转型升级，促进民生改善。2016 年，为 621 户纳税人办理税收优惠事项审批（备案）手续，税收优惠享受面达 100%，纳税人满意度达 98% 以上。

地税税收收入一览表

表 9　　　　单位：万元

项　目	税收收入
一、税收收入合计	127714
增值税收入	480
营业税	28180
企业所得税	6752
个人所得税	9330
资源税	1
城市维护建设税	8835
房产税	7185
印花税	2362
城镇土地使用税	31535
土地增值税	10817
车船税	2395
烟叶税	580
耕地占用税	11397
契税	7865
二、非税收入合计	10677
教育费附加收入	5110
地方教育附加	3403
税务部门罚没收入	6
残疾人就业保障基金	400
水利基金	1758

交通 邮政 通信

jiaotong youzheng tongxin

交通运输

【概况】 2016年全县完成农村公路改造项目56个、111.6千米，完成投资7641万元，公路通车里程达2034.4千米，密度184.7千米/百平方千米。昌五路改线工程10月底建成通车，潍昌路改造工程基本完成路基。交通运输行业管理提档升级，交通运输监察执法向科技化信息化迈进。144台客运班车实现城乡公交一体化改造，昌乐县成为潍坊市第一个率先将城乡客运全部更新为纯电动车辆的县市（区）。全县运营城市公交车219台，城乡公交车144台，出租车257台。安全监管常抓不懈，2016年未发生安全生产责任事故。自2006年起连续10年保持“省级交通运输文明行业”荣誉称号，自2015年起连续2年保持“省级文明单位”荣誉称号。

【公路建设】 2016年完成农村公路改造项目56个、111.6千米，投资7641万元。重点项目：昌五路改线工程全线通车，连接起朱孔路和大沂路两条重要通道。安全生命防护工程治理隐患里程176.3千米。潍日高速昌乐段项目拆迁工作基本完成。两河流域综合治理完成7.6千米堤顶路建设。扶贫道路建设完成22.9千米，15个扶贫村的交通基础设施均达脱贫条件。潍日高速昌乐段项目拆迁工作基本完成。

截至2016年年底，公路总里程达2034.4千米，二级及以上公路里程达 281.5千米、密度达184.7千米/百平方千米，分别比2010年增加259.7千米、25.7千米、23.7千米/百平方千米。全县行政村通油路率达100%，村级公路网化示范县工程顺利通过省交通运输厅验收。

潍昌路改造工程：工程西起原潍昌路与朱孔路交叉口，沿原潍昌路南侧的旧水泥路径直向东前进，横穿朱刘西村、朱刘东村，在水泥路东

2016年昌乐县公路技术等级一览表

表10 单位：千米

路别	总计	高速公路	一级公路	二级公路	三级公路	四级公路	等外公路
合计	2034.352	10.6	90.5	191	143.8	1598.5	—
国道	38.8	10.6	28.2	—	—	—	—
省道	120.4	—	49.6	70.8	—	—	—
县道	170	—	—	110.1	50.4	9.5	—
乡道	235.6	—	—	1.6	66.6	167.4	—
村道	1469.6	—	12.7	8.5	26.8	1421.6	—
专用道	—	—	—	—	—	—	—

头处路线向北微偏，向东北方向前行，横穿山水水泥厂后，斜交于原潍昌路上，全长1889米，其中主线工程1674千米，连接线工程215米，工程采用二级公路并参考城市道路标准设计，设计速度60千米／小时，双向4车道，路基宽度25米，路面宽度20米，两侧人行道宽2.5米，两侧雨水管道，一侧污水管道，雨污分流。工程建设资金2106万元，由潍坊市财政承担，昌乐县负责拆迁。截至2016年12月30日，完成大部分拆迁，道路完成全线二灰碎石铺筑。

昌五路改线工程：昌五路改线工程，起于昌五路与朱孔路交叉口，向西终于大沂路交叉口，全长5.1千米；工程施工分东段、西段两个标段，工程估算总资金约5800万元，采用一级公路标准，路基横断面结构形式为：8米绿化带+24米路面+8米绿化带，路基全宽40米。路面结构为：8厘米沥青混凝土+2层17厘米二灰碎石+17厘米石灰土，结构层总厚度59厘米。2015年完成西段建设，2016年完成东段工程，道路全线通车，连接朱孔路和大沂路两条重要通道，对经济交流和群众出行具有重要作用。

两河流域综合治理：涉及昌乐县的河流为汶河，汶河为昌乐县与安丘市的分界河，昌乐县负责建设汶河北岸堤顶路，西起高崖库区滨湖西路，沿汶河北岸，东至吴家楼东南方向，全长22千米。2016年完成7.6千米堤顶路建设，该工程西起鄌郚镇丁家庄大桥，沿汶河北岸，东至红河镇平原大桥，总投资780万元，按四级公路标准设计，路面采用沥青铺筑，路面宽5米，路基宽6米，路面结构为：5厘米AC-13细粒式沥青混凝土+下封层、透层+18厘米二灰碎石（8∶17∶75）+18厘米水泥风化砂（5%）+20厘米水泥风化砂（4%），总厚度61厘米。全线路肩设平路缘石。

全县贫困村道路扶贫：昌乐县省定贫困村涉及4个乡镇15个村庄，分别是乔官镇：响水崖村、姬家庄子村、王家槐林村、邵家庄村、宗家山村；红河镇：刘家岭村、大芦沟村、上皂户村；鄌郚镇：沙埠沟村、西官庄村、东山旺村；营丘镇：南申村、毕家官庄村、沙罗村、后张次村。截至2016年年底，建设道路22.9千米，完成投资916万元，15个扶贫村的交通基础设施均达脱贫条件。

潍日高速昌乐段项目：全长27千米，涉及39个自然村，占地3000余亩，线长量大，拆迁任务重，经多方协调，2016拆迁工作基本完成，涉及196条“三线”线路的迁改工作基本完成，850亩取土场按时移交给山东高速集团。

【公路养护管理】　在日常养护方面，全县县乡道路405.6千米全部纳入日常养护范围，截至2016年底，县道优良率94.53%，乡道优良率85.84%，村道优良率73.11%。2016年县道小修养护工程完成投资621万元，完成简易灌缝8000米、挖补基层4000平方米、铺油81000平方米，完善护坡3000平方米，整修路肩4000平方米。绿化美化公路两侧，朱孔路两侧更新行道树4000棵，玄马路、埠五路两侧种植绿化树8000棵，对其他虫病害进行防治。加强农村公路桥梁管理，2016年10月，委托山东恒建工程检测有限公司对全县所有县乡道路的桥梁进行专业检测，新增危桥11座，列入全国危桥数据库。加强危桥管理，设置危桥标志和养护责任人标牌42套，粉刷桥梁反光漆6000平方米。

【公路路政管理】　完成公路巡查11万余千米，查处路政事案5件，收取路赔费2.2万余元，事案查处率、路赔回收率均达100%，无一例“公路三乱”。严格涉路工程及非公路标志的审批，对涉及公路安全方面的涉路工程要求提供安全评价报告，同时加强事中和事后监管力度；对所有的施工场地联合质监站下达安全告知书，加强安全管理力度。以“行车舒适、高效畅通”为目标，清理固定、流动非公路标志1200块。以“公路路政宣传日”为契机，加强农村公路路政宣传，制作宣传横幅65条，利用广播、电视、网站、出租汽车和车站显示屏等平台加强宣传力度。成立由20人、5辆宣传车组成的专项治理队伍，与城管、交警、工商等其他职能部门联合执法，遏制公路打场晒粮现象；清理摆摊设点5处。对全县县乡道路进行安全隐患排查，查出393处隐患点，制作治理台账，每个隐患点设置治理期限、治理措施和整改时限。对公路建筑区和公路用地范围内乱搭乱建、集市贸易等违法行为进行打击，清理违法建筑185处，占用公路的33个集市全部退出公路路面。

【安全生命防护工程】 昌乐县于2015年4月正式启动农村公路安全生命防护工程。县政府成立由交通、公安、安监、公路、财政、审计等职能部门组成的农村公路安全生命防护工程领导小组，对安防工程进行细化，建设单位落实整治责任人及施工单位，同时按照辖区落实到乡，镇(街、区）各个镇街专人负责辖区内的沟通协调，形成整体联动、分别落实、合力攻坚的工作格局。针对全县隐患道路，制作昌乐县农村公路安防工程示意图，并挂图上墙。排查上报交通部数据库项目49个，治理隐患里程176.3千米、420余处，投资3000余万元，施工、设计、监理全部通过公开招标确定。截至2016年底，设置波形护栏34000米，桥梁防撞墙1600米，道路指示牌、标志牌4000余个，穿村路村庄牌74个，高标准热熔标线75000平方米，减速带34000平方米，太阳能爆闪灯1800座，示警桩1.3万个。

【公路货运】 货运市场：2016年，全县有货运车辆4310台（含牵引车865台）、47080吨，其中8吨以上重型货车2144台、41530吨，危险品运输车辆124台、872吨。全年完成货运量1355.48万吨。严格货运车辆运营管理。认真审核车辆燃料消耗情况和北斗卫星定位装置安装使用情况，对总质量大于3.5吨、燃料消耗不达标的车辆，不予办理道路运输证；对未安装北斗卫星定位装置或不实时在线、总质量12吨及以上的重型货运车辆和牵引车，不予办理和审验道路运输证。狠抓节能减排。继续清理黄标车，积极推广新能源运输车辆，截至2016年底，全县LNG和CNG货运汽车达71台。

全县货运企业43家，普通货运企业38家，危险品运输企业5家；其中2016年新增货运企业11家。加强货运企业监管。加强日常监督检查；接受投诉和举报；发挥社会信用体系的奖惩作用。搭建网上公示平台，通过信息公示、信息共享、信用约束和大数据等措施，对道路运输企业实行信用等级管理。对守信企业减少检查频次或免检，对发现问题的企业，视不同违法程度亮出“黄灯”“红灯”，列入异常名录或黑名单。2016年货运企业质量信誉考核，评定AAA级企业16家，AA级企业16家，A级企业1家，B级企业1家。

汽修市场：2016年全县有机动车维修企业67家，其中一类机动车维修企业2家，二类机动车维修企业7家，三类机动车维修企业58家。组织开展汽修市场整顿及汽修企业信誉考核，完成二级维护上线检测车辆6065台次，考核维修厂家67家。

【公路客运】 汽车站：昌乐联运有限公司昌乐汽车站隶属于昌乐联运有限公司，是山东省交通厅批准的昌乐县境内唯一功能完善、服务设施齐全的二级客运站，下设红河、马宋、鄌郚3个三级站。2008年12月，昌乐汽车站由昌乐县城恒安街45号搬迁至昌乐县城昌盛街66号，占地30亩，总投资7600万元，总建筑面积1.3万平方米。站房、候车厅、售票厅建筑面积4400平方米，发车位30个，下设办公室、财务科、安全科等10个科室，有干部职工83人。是全县流动人口最大的集散中心和社会公益事业的窗口。

旅客运输：2016年初全县有39条营运线路，包括省际班线1条、市际班线5条、县际班线13条、县内线路20条，其中进昌乐汽车站经营线路34条。高、中档客运班车171台，日发班次327个左右，日均发送旅客4000人次以上。

2016年7月1日起，19条县内客运班线及2条县际客运班线整合改为17条城乡公交线路，139辆班线客车退出营运市场。整合后，全县有营运线路35条，包括省际班线1条、市际班线5条、县际班线11条、县内班车线路1条，县内城乡公交线路17条，其中进昌乐汽车站经营线路30条。175台高、中档客运班车及新能源纯电动公交车，日发班次233个左右，日均发送旅客4300人次以上。

【公共交通】县内公共交通主要由城市公交车、城乡公交车和出租车组成，通过建立完善城市公交、城乡公交、出租车等多元化公共交通网络，市民出行顺畅便捷。

城市公交：昌乐县城市公交由昌乐县宝城公共交通有限公司经营，公司成立于2007年11月，拥有公交车50辆，结合县城客流规划1、2、3、环1和环2等5条线路，运营线路达94.5千米，公交站牌262个，候车亭44个，年客运量达300万人次。2016年，公司投资3000余万元分两批购进新能源纯电动公交车160辆。新能源公交车使用纯电能驱动，主电机功率120千瓦；车辆采用无级变速技术，驾驶员操控便捷、灵活，安全性能更好。按照新能源公交车的用电需求，在公司停车场建设充电基础设施，新安装变压器3台（其中250千伏2台、1250千伏1台），配套直流充电桩40台，总功率2400千瓦，每台充电桩可供4辆公交车充电，车辆充电1.5小时即可达满负荷电容量，公交运营状态续航里程150千米以上，能源消耗同比降低60%。截至2016年底，公司运营车辆219辆，其中，新能源纯电动公交车160辆，CNG公交车50辆，燃油公交车9辆；运营线路9条，运营里程215千米，公交站牌418个，公交候车亭127个，覆盖宝都、宝城、朱刘、五图、首阳山旅游度假区和经济开发区，年客运量700万人次。

城乡公交：2015年10月10日，由自然人和昌乐联运有限公司共同出资成立昌乐县宝都公共交通有限公司，公司法定代表人丁光全，注册资金800万元，注册地址为昌乐县昌盛街66号昌乐汽车客运站1号楼6层。公司成立后逐步淘汰老旧车辆，截至2016年6月底，投资2628万元，购置新能源纯电动公交车144辆，开通城乡公交线路17条，建设候车亭及站牌420余个，总运营里程650余千米，年客运量315万人次，全县行政建制村实现村村通公交车的城乡公交一体化运输网络。昌乐县成为潍坊市第一个率先将城乡客运全部更新为纯电动车辆的县市（区）。

出租车：昌乐县有“运通”“捷运”两家出租车企业，257辆出租车，全部实现油气双燃料。其中，昌乐县运通出租汽车有限公司成立于2001年9月，股份制企业，276名驾驶员，157辆现代牌出租车，经营权和所有权归个人所有，挂靠“运通”公司经营，“十二五”期间更新出租车156辆。昌乐县捷运出租车有限公司成立于2010年5月，国有企业，183名驾驶员，新上100辆帕萨特出租车，成为潍坊市首批新上豪华型出租车的公司。强化出租车市场监管，2016年查处非法违法从事道路运输车辆74台次，其中“黑出租”27台次，正规出租车9台次，“黑三轮车”38台次，严查不打表、拒载、乱收费等违章行为，出租车市场秩序明显好转。

【安全管理】狠抓安全基础工作，定期组织道路运输企业开展安全生产大检查，突出安全组织体系的建立和安全生产责任制的落实。联合多部门，对危险品运输企业及旅行社雇用旅游包车进行重点检查，落实整改安全隐患79条。加强对“两客一危”车辆的途中管理，通过GPS和车载视频监控设备实行动态监管，及时掌握车辆运行轨迹和运行动态，避免车辆超载、超员、闯红灯等违章行为发生。开展2次危货运输应急救援演练，40家道路运输相关企业完成安全标准化达标工作。2016年未发生安全责任事故。

【交通运输监察】依托乔官治超检测站以及宝

通街执勤点，把交通运输监察大队六个中队进行分组，形成一套运转灵活、搭配合理、昼夜交替、优质高效的路面执勤管理体系。重视联合执法，与青州、临朐交通运输监察大队开展跨区域联动执法3次、多中队联合执法5次，对打击抗拒检查、暴力抗法行为和日常难以管理车辆有明显效果。以昌乐县智慧城市建设为契机，在昌乐县重要路段、桥梁、路口考察设置23处高清视频监控探头，在电脑、手机等网络终端安装应用软件，实时监控路面车辆运行情况，推进执法工作信息化。更新配备26部执法对讲机；投资6万余元，绿化改造乔官治超检测站。2016年，交通运输监察大队出动执法人员8000余人次、执法车辆1600余辆次，查处违章车辆1700辆次，其中查处超限超载车辆637辆次，卸货1.2万吨；查处危险品非法运输车辆155辆次，有效维护路产路权和道路运输市场秩序。

公　路

【概况】　昌乐县公路局为正科级事业单位，隶属潍坊市公路管理局。设有工程养护科、路政科、办公室、组织人事科、财审科、安保科6个科室和1个公路养护中心，下设邢家河、乔官、鄌郚、马宋4处公路站。主要负责全县境内国、省道公路的规划、建设、养护和路政管理工作。管养全县境内1条国道（309国道）和3条省道（大沂路、胶王路、潍九路）共计149.626公里，其中一级路75.847公里，占总里程的51%。连续19年保持省级文明单位荣誉称号。

昌乐县公路局党委被授予“潍坊市直交通运输系统先进基层党组织”和“潍坊市公路系统先进基层党组织”，养护路政党支部被授予“潍坊市先进基层党组织”称号。被县委、县政府授予2016年度县直部门（单位）绩效考核突出贡献奖，被评为全市公路系统2016年度绩效考评先进单位。

【公路建设】　*省道胶王路昌乐段改建工程。*全长41.5公里（其中，龙泉院至歇头仓段4.95公里为大沂路重合利用段，已于2015年度新修，实际建设里程36.6公里），按一级公路标准设计，双向4车道，设计速度60公里/小时。全线沿老路中心线向两侧加宽改建，一般路段路基宽度23米，沥青路面宽22米；朱红路口至大沂路乔官镇龙泉院路口段维持原状，路基宽25.5米，沥青路面宽24米。工程总投资约4.5亿元，其中路基小桥涵由县政府投资，约1.2亿元；路面大中桥由省财政投资，约3.3亿元。

*S224大沂线昌乐孙家庄至南寨段大中修工程。*起于昌乐与寿光交界（K42+340），终点为大沂线与新昌路交叉口（K59+380），长17.04公里，一级公路，路面宽24米。工程共计投资8000万元，其中路基小桥涵、设计费、路基小桥涵监理费等投资约2000万元，由县财政投资；路面部分约计投资6000万元，由省财政投资。

*济青高速改扩建工程。*完成昌乐互通立交用地清点、评估、征地、拆迁、清表工作。沿线征地补偿款、地面附着物和青苗补偿款全部拨付到位，地面附着物清理完毕，施工便道全线打通。沿线7家23条管线，迁改完成14条。签订完成50万立方米土方协议，并开始取土作业。

【公路养护管理】　以公路日常养护为重点，加大管养力度、强化公路与桥梁巡查频度，及时清洗护栏及反光设施。路面病害随时处治，确保安全畅行。对宝通街昌乐城区4公里进行罩面，施划标线3200平方米。国省道路面灌缝18万米、路面挖补1万平方米、贴压缝条3万米、抹油1.5万平方米、桥梁刷漆3000米、路基水毁修复500立方米。做好日常统计、交通量调查工作，制定了《2016年昌乐县公路局防汛抢险工作预案》《昌乐县公路局国省干线公路除雪防滑保畅通工作预案》，组建抢险救援队伍，做好防汛机械、物资储备，成立了防汛抢险检查小组，对管养的施工路段、公路、桥涵，进行了全面细致的技术检查。全力配合，严格监管，县域内安全生命防护工程年度任务全面完成。2016 年累计完成养护投资 903 万元，公路优良路率 97%。

【公路路政管理】 组织路政执法人员进行业务考核和军事化培训，提升执法人员的整体素质。以全国“路政宣传月”活动为载体，在辖区中心路段、城区进出口和公路沿线的乡镇、厂矿、企业、校园、社区等位置悬挂标语 40 余幅；出动宣传车 25 台次，在县境内干线公路上循环播放《中华人民共和国公路法》《公路安全保护条例》和《山东省公路路政条例》等法律法规知识。依托青银高速12号口设立了宣传点和咨询服务台，路政执法人员向过往车辆发放宣传材料 8000 余份，认真接受群众咨询问题 200 余条。

配合沿线镇街把集市贸易、摆摊设点、占道经营等违法行为治理作为全年的工作重点。在全县印发《严禁在公路打场晒粮的通告》，并利用当地电视、报纸等媒体，大力宣传公路打场晒粮的危害。抽出专车专人进行全面清理整顿。对大沂路高崖库区的寺后集、河野集和潍九路昌乐临朐界的卖瓜果等现象，实行错时上下班、蹲点靠上等举措进行重点整治，保持了良好的交通秩序。县政府加大绿化亮化力度，2016 年累计完成路域投资 2010 万元。

县政府在国省道新安装电子警察、治安卡口、视频监控近百处。与县公安、交通、城管等执法部门组成治超队伍，加大“双超”治理力度，全年共查处违法车辆 39 辆，罚没收入 18.3 万元。加大公路巡查和事案查处，巡查 7.7 万千米，查处事案 26 件，路政许可 32 件，收取路赔费 107 万余元，清理非公路标志 1239 块。

【ETC 应用推广】 加大 ETC 业务，克服昌乐县人口少、车辆少、充值网点多的不利因素，积极“走出去”进行 ETC 宣传推介，并注重服务理念，全年共办理鲁通卡 562 张，安装电子标签 456 部，预收取通行费 2661 万元，在全市名列前茅。

铁 路

【胶济铁路】 胶济铁路于 1902 年修至昌乐，横穿县境北部，自 186 千米 +100 米处至 207 千米 +400 米处，全长 21 千米 +300 米。2005 年 4 月至 2010 年 9 月进行电气化改造，并新增胶济客运专线。

【火车站】 胶济铁路昌乐县境内原有昌乐、朱刘店、尧沟 3 个火车站。2005 年 7 月，朱刘店、尧沟两站被撤销。昌乐站始建设于 1903 年，隶属济南铁路局青岛西车务段管辖，为客运三等站，货运二等站。站址位于新昌路 2 号。

现用火车站为新站，于 2010 年 9 月建成，当年 10 月投入使用。建筑面积 4866 平方米，分地上、地下两层，建有出站口、售票厅、候车厅、行包用房、餐厅等设施，日均发送旅客约 500 人次。新站正面采用大型铝合金框架、蓝色玻璃幕墙，整个建筑宛如镶嵌在胶济铁路上的一颗璀璨的蓝宝石，与“蓝宝石之都—昌乐”相得益彰。

昌乐县火车时刻表

表 11

车次类型	发站 到站	出发 到达时间	耗时 / 里程
G184	昌乐	10:58	3 小时 20 分钟
	北京南	14:18	612 千米
G185	昌乐	15:52	1 小时 28 分钟
	青岛	17:20	207 千米
G476	昌乐	12:02	3 小时 16 分钟
	北京南	15:18	612 千米
D6008	昌乐	14:58	1 小时 17 分钟
	济南	16:15	186 千米
D6083	昌乐	10:20	3 小时 19 分钟
	荣成	13:39	451 千米
G452/G453	昌乐	09:33	1 小时 11 分钟
	青岛北	10:44	192 千米

【专用线】

孤山专用线。始建于1978年，1981年开通使用。全线总长5439米，分为4道。专1道为卸车线，有平货位28个，年卸煤1200车7.2万吨。专2道有1.1米高站台货位60个。专2道、专3道均为石渣装运线，年装320车1.92万吨。专3道于2001年停止使用。专4道为石油专用线，年卸260车1.3万吨。2002年，县石油公司撤销专4道。

乐化专用线。始建于1998年，全长763米，库区325米，1.1米高站台货位187个，平货位202个，终端卸油长度为72米。年装820车4.92万吨，年卸1450车8.7万吨。

中冶公司专用线。始建于2005年1月，在原石油专用线1条线路的基础上增改为3条线路，均为装卸线。其中中1道线路全长508米，两侧有平货位46个；中2道线路全长830米，北侧有平货位43个；中3道线路全长488米，南侧有平货位36个、高货位8个。年装1820车7.92万吨，年卸10500车6.84万吨。

昌盛物流专用线。建于2005年9月。设昌1、昌2两条线路，均为装卸线。其中昌1道线路全长544米，南侧有平货位49个，北侧有平货位23个、高货位26个，线路终端设有起重能力50吨的龙门吊1台；昌2道线路全长536米，两侧有平货位48个。年装2100车1.26万吨，年卸7100车4.26万吨。

邮　政

【概况】　中国邮政集团公司山东省昌乐县分公司位于昌乐县城文化路北首61号，1997年4月根据邮电分营成立昌乐县邮政局，2015年7月根据体制改革政企分开的要求改制为昌乐县邮政分公司，依法经营邮政专营业务，承担邮政普遍服务义务，受政府委托提供邮政特殊服务，对竞争性邮政业务实行商业化运营。经营的主要业务包括：国内和国际邮件寄递业务；报刊、图书等出版物发行业务；邮票发行业务；邮政汇兑业务；机要通信业务；邮政金融业务；邮政速递业务；邮政物流业务；电子商务业务；各类邮政代理业务和国家规定开办的其他业务。

【邮政基础设施】　截至2016年，昌乐县邮政有营业网点17处，汽车邮路4条、城区投递段13条、农村投递线路34条，服务面积1100平方千米；寄递业务全国联网，通达世界200多个国家和地区；邮政绿卡通达全国，15处金融网点完成国内邮政储蓄活期存款通存通兑；报刊发行实现全省微机联网，对全县党政机关、村庄、党员进行党报党刊、党政刊物等实行普遍服务，城区建设便民服务报刊亭4个。

【普遍服务】　2016年全县平函进出口业务量达20万余件；普通包裹、快递包裹、标准快递等包裹类进出口业务量51万余件；同城业务累计近5万件；报刊发行实现全省微机联网，对全县党政机关、村庄、党员进行党报党刊、党政刊物等同步发放，报刊起发分数达5万余份。

【新型业务】　邮政金融。包括邮政储蓄、中邮保险、中邮基金、证券，代发养老金、代发工资、代理国债、代收代付各种资费等，业务呈现多元化发展态势，为满足城乡居民日益增长的金融服务需求做出贡献。

农村电商。昌乐邮政通过邮政14个农村支局、3个城区网点、290个便民站、23辆邮运汽车、61名投递员，有效对便民站网络进行连通，基本达村村通、全覆盖，为老百姓提供代收代缴、助农取款、代办票务、代理车险等“一站式”服务。加快邮政末端网络设施开放共享，对接电商进村，参与电商示范创建活动，建设电商县级运营中心、镇级服务中心和村级服务站，完善仓配一体化服务，解决农村电商“最初一千米”和“最后一千米”问题，助力农村电商发展。开设农村电商平台“买卖惠”系统，业务自上线以来，逐渐形成一定的规模，在全县建设290余处邮政便民服务站基础上，截至2016年12月，农村电商买卖惠平台累计注册供货商46家，注册零售商招商150家，单品累计交易额1010万元。上线白塔芋头、地瓜，崔家庄黄桃、阿陀粉皮、乔官小米等农产品，2016年针对营丘镇崔家庄黄桃价格低廉且市场不景气滞销情况，运用电商线上营销端，在黄桃盛产期助农销售1万余公斤，解决农户的燃眉之急；同年7月邮政策划农产品进城“关注葱农 助销洋葱 公益行”活动，以潍坊邮政微商城为平台助销洋葱，销售洋葱1.5万余公斤。同时引起市内“潍坊晚报”、潍坊电视台等主流媒体的关注，发动社会力量爱心助农。

▲ 智慧昌乐建设项目

服务三农。结合农村电商的开展，先后试点开展“万亩示范田”“邮政鸿雁合作社”“送科技下乡”的项目建设，建成乔官唐家店子村五棵松、尧沟南楼村、尧沟东埠郭村等3处示范田，并在乔官唐家店子建设“五棵松鸿雁合作社”，由农技师对农产品从育苗开始进行全程指导，有效避免病虫害等，产品在平台销售，取得良好效果，达邮政增收、农业增产、农民受益目的。

通 信

【移动公司】 2016年，中国移动通信集团山东有限公司昌乐分公司内设综合部、业务运营部、建设维护部、集团客户服务中心等4个办事机构，在县城设孤山街、方山路、美联、新昌北、新昌南、方山北6个城区营业厅，乡镇设朱刘、尧沟、南郝、乔官、唐吾、红河、五图、马宋、阿陀9个乡镇经营部，村级移动业务代办点1200余处。2016年业务收入2多亿元，年缴税金600多万元。先后荣获“县直部门工作实绩综合考核先进单位”“流量经营十优县公司”“先进部门工会”“文明诚信窗口”“巾帼文明岗”等荣誉称号。

主要提供语音、数据、高速光宽带、高清和TV等信息业务及服务，涵盖134、135、136、137、138、139、150、151、152、157、158、159、182、183、184、187、188、178、147等19个号段，全县基站总数539余处。2016年，根据4G网络建设计划，按期完成4G网络第四期工程建设目标计划。全县投资1850万元，新建4G网络基站50个，铺设传输管道30余千米，4G网络信号覆盖全县95%以上行政村，进一步改善全县4G网络信号覆盖，基本实现城区、乡镇街道区域4G网络覆盖，奠定公司在4G时代的领先优势，全方位提升网络综合实力。累计建设光宽带热点800多个，设置光端口15万个，互联网宽带接入用户达5万户。

建设“智慧昌乐”城市项目。积极向省公司争取“智慧昌乐”网络基础建设专项资金5000余万元，对昌乐县内主要传输网络进行升级，城区新建综合业务区二级光交180余处，4G基站开通600余处，为智慧城市网络奠定坚实的基础和满足4G无线应用的需要，同时通过对县财政专网、卫计专网、社保专网、法院、司法、信访、气象、水利专网的建设，在每个行政事业单位部署光纤资源和核心设备，初步建立智慧城市所需的骨干网络，为当前网络建设节省大量时间。

2016年省公司批复专项建设资金1200余万元，相关投资的设备、材料全部到位，同时委托通信设计院对整体网络进行详细部署设计，确保智慧昌乐专网运行的长期、稳定、可靠、冗余，全力保障昌乐县智慧城市建设的进度。当前完成“科技矿管视频监控”“移动接处警4G应用”“城市高空球视频监控”“公安监控卡口”等项目的建设投入使用。

建设完成住建局绿化监控项目。投资150万元，建设完成住建局绿化监控项目，新建监控专线110处，对城区的绿化带全覆盖监控。2016年，随着胶王路、潍昌路、昌五路等道路改建工程竣工通车，昌乐移动公司投资150多万，分别在胶王路营丘段、潍昌路朱刘段、昌五路姜家坊子段30余千米的线路入地工程。优化新建道路两侧的环境，提高移动网络线路和过往车辆的安全。

2016年，昌乐移动通信公司投资320万元，新建传输节点机房3处，优化全县移动传输网络，缩短传输距离，增大传输承载力。

落实手机实名认证工作。根据中华人民共和国工业和信息化部第25号令关于《电话用户真实身份信息登记规定》的规定，昌乐移动积极落实手机实名认证工作，到2016年12月底，昌乐县手机实名认证率达100%，不但有利于抑制通信犯罪，让受侵害用户通过法律手段维护自身权益，同时能保障通信安全，让金融、移动支付能安全开展。

【联通公司】 2016年，昌乐联通有员工230人，其中合同制员工97人，外包员工133人，县公司设综合部、自有渠道中心、社会渠道中心、政企客户中心1部3中心和维护中心，辖3个城区营业部、2个城区营业厅、12个乡镇营业部。

建设维护工作。固网建设。一是做好光改工作。利用市公司2015年二期光改投资进行线路改造，提升网络质量。完成新建小区进线区域48处，在全市未进线小区百日竞赛中完成进度和比例列全市前三名，在KPI考核中获得多次加分。本地网主干建设对城区和县乡间36段光缆进行新建和扩容，新建光缆92.79皮长千米，提高主干光缆网的承载能力。

移网建设。完成开通2015年FDD三期51个4G站收尾，建成开通2016年FDD一期54个4G站，同时同址开通39个2G站，完成开通FDD室分18个4G站、3个3G站。2016年W一期3G站4个，3G优化站1个，2016年广覆盖36站于11月15日全部开通站。电信竞合站点23处9月15日前开通。W网二批3个站，在9月23日开通。2016年，广覆盖二批增加板卡25站。

维护工作。新开光路1325条，修改光路路由467条，录入分光器631台，修改不符数据11076条，修改光缆段纤芯上架3164芯。管线资源核查，完成杆路约716杆千米，光缆约1907皮长千米，管道约30.9沟千米。基站覆盖站点BBU安装5处，配合4G基站GL改造开通2G基站15处。

【电信公司】 2016年，中国电信股份有限公司昌乐分公司（以下简称昌乐电信）拥有员工70余人，下设公司领导、综合财务、支撑中心、网络部、8个支局和30余处营业厅。

“互联网+”业务。2016年，围绕“大众创业、万众创新”，因地制宜推进全光网建设，涵盖城市和农村，实质推动提速降费，推进宽带普及，为落实“宽带中国”战略打下扎实基础。依托“翼支付”产品，与中百、全福元合作，率先实现在线支付，惠民利民，造福昌乐百姓。

“宽带中国”业务。2011年始，开展宽带光纤化改造、光纤入户建设和骨干网扩容升级工作。同时，积极探索宽带领域与民间资本的合作共建，推进混合所有制经济发展。2016年，在原有提速降费的基础之上，认真落实国家宽带“提速降费”政策，通过实施“提速不提价、流量不清零、逐步取消国内长途和漫游费”等措施，不断降低宽带网络的单位资费，惠及昌乐数万宽带用户。昌乐电信4G网络有效覆盖境域90%以上。

同时，根据市场和用户流量情况，将适时部署速率更快的 4G+ 网络，将上网速率提高至百兆。

先后为 20 多个行业和广大企业提供针对性的信息化解决方案，服务领域从基础通信拓展到系统集成、网络安全、视频会议、视频监控、数据中心托管、呼叫中心及网络维护、网络管理、综合信息咨询等方面。

城乡建设

chengxiang jianshe

城乡规划

【概况】 2016年，县规划局坚持“北优南拓、西控东接”的城市发展思路，通过深化规划服务、强化规划管理，严格规划执法，全面均衡提升全县城乡规划水平。核发建设用地规划许可证82件，总用地规模160.05万平方米；核发建设工程规划许可证279件，总建筑面积161.22万平方米；核发建设工程竣工规划验收合格证242件，总验收面积144.72万平方米；完成招商引资1500万元。

【专项规划】 海绵城市专项规划。2016年6月，县政府组织《潍坊市昌乐县海绵城市专项规划》的编制工作。该规划研究范围为昌乐县县域范围，总用地面积1100.6平方千米。该专项规划基准年为2016年，规划期限与总体规划相衔接，近期为2017至2020年，远期2021至2030年。

城市地下综合管廊专项规划。2016年7月，县政府组织编制完成地下综合管廊建设规划。该规划与《昌乐县城市总体规划（2015—2030）》划定的中心城区范围一致，总面积130平方千米，包括：北部经济开发区、中部老城区、南部城南新区、东部朱刘工业区、东南部寿阳山旅游度假区。2016年12月完成规划初稿。

昌乐县公共体育设施布局规划。2016年，县政府组织编制《昌乐县公共体育设施布局规划（2015—2020年）》。规划范围分为中心城区和县域两个层面。规划至“十三五”期末，昌乐县人均公共体育场地面积不小于2.2平方米，人均公共体育设施用地面积不小于0.9平方米/人。按标准规划并建设“五个一工程”，在城市社区建设“15分钟健身圈”，每个镇（街）规划建设一个中型或小型的市民健身活动中心，中心村设立户外体育运动场地，行政村公共体育健身设施覆盖率100%，单位附属体育设施开放率达70%以上。

【重点项目规划】 商务社区项目城市设计。2011年6月，编制《商务社区项目城市设计》，该项目基地位于昌乐县中心城区南部，昌盛街以南、文化东路以西、文化西路以东、小丹河以北，用地面积50.37公顷，是昌乐城市向南发展的核心地段。本项目规划结构为“一轴、二心、三区”。“一轴”指项目基地内南北向的中轴线。项目基地内的中轴线是城市轴线的延续，其在空间结构及景观系统中的作用重大。次规划不仅于中轴线北部、中部及南部设置重要建筑物，还通过广场的铺地形式、绿化景观与小品的设置的手段来突出中轴线，强调其在项目基地中的作用。“二心”指项目基地北部以商务区内庭院式绿化景观空间为主的结构中心和项目基地南部以文化艺术中心为主的结构中心。“三区”指商务区、市民广场区和文化艺术交流区，2016年完成最终规划设计。

文化中心设计规划。2013年7月，组织编制昌乐文化中心的建筑方案。文化中心北邻流泉街，南至弧形文化路，位于城关商务社区南侧，与北侧城关商务社区的市民广场相对，南侧与企业总部基地公园相临。文化中心总用地面积88994.32平方米，总建筑面积41573平方米，其中地上建筑面积29525平方米，地下建筑面积12048平方米。

首阳山旅游度假区总体规划。2014年5月，组织编制首阳山旅游度假区总体规划。该规划范围覆盖区域位于昌乐县城东南及南部，距县城中心6千米，距潍坊市浮烟山景区4千米，总用地42.17平方千米。整个基地东西长8千米，南北宽6千米，规划区域内南北向主要道路有大沂路、朱红路；东西向主要道路有潍昌路、宝通街、昌五路，2016年12月完成规划初步方案。

低丘缓坡未利用地开发利用项目总体规划。2014年9月，山建大建筑规划设计研究院中标，组织编制《低丘缓坡未利用地开发利用项目总体规划及控制性详细规划》，对低丘缓坡用地现状情况、土地开发利用、生态环境保护等方面进行综合分析研究。该规划区域位于昌乐县东部和南部，总用地面积14167亩，其中可建设用地11319亩。2016年10月，该规划方案批准实施。

企业总部滨水景观规划。规划范围新昌路以东、方山路以西、宝通街以北、流泉街以南，与邻近城市生态绿地一起组成昌乐绿地系统，该规划地块分为三块，分别位于文化中心南侧、企业总部东北侧和方山路西侧，均隶属于市政公共绿地范围。该方案设计于2016年6月审批通过。

【批后管理】 修订完善《昌乐县规划设计市场管理办法》《昌乐县修建性详细规划管理办法》《昌乐县建设工程规划验收办法》等文件，推进规划审批提速，严格审批流程，压缩审批时限，提速30%；开放规划设计市场，邀请同济建筑设计研究院、北京科城规划设计院等全国知名设计公司参与红河镇《宅科社区》、鄌郚镇《青上社区》等农村新型示范社区、大德医疗、蓝宝石小镇等重点项目规划设计。

【服务民生】 做好群众来信来访维护稳定工作，推行公开接访日活动，建立和完善信访接待、来访登记等制度，坚持实地走访、现场踏勘，将不稳定因素消灭在萌芽状态。2016年，完成上级交办信访案8件，自办信访案6件，接待来电、来访群众20人次，所有问题圆满解决。认真办理人大、政协提案议案。承办县人大代表建议和县政协委员提案6件，与代表、委员见面率、满意率100%。

城区建设

【创建国家卫生县城】 2016年，建设局精心安排、周密部署，积极推进创卫各项工作任务，由局主要领导任组长，抽调路灯所、工程科、执法局等部门精干人员组成建设局创卫工作办公室，负责创卫工作调度和措施落实。专门印发《昌乐县建设领域创建国家卫生县城工作实施方案》和《昌乐县建设局创卫区域艳阳天社区网格包靠责任制实施方案》等文件。对包靠的艳阳天社区划分为10个网格，落实10名领导干部分工包靠，清理规范艳阳天社区小广告4000余处，清运垃圾6000多立方米，七彩大市场等重难点部位环境面貌极大改善。督促各在建工地覆盖物料、裸露地面200余处，硬化出入口、道路3000余米，整改围挡1000余米，拆除整改旱厕、食堂、宿舍、垃圾池42处。刨铣、修补城区破损路面12万平方米，维修更换人行道砖1万多平方米，调整更换路沿石、镶边石1.8万米，维修更换树池6000米，挡车柱460个、落水篦子680个，铺装商业通道6万多平方米，硬化道路出入口180个，约2万平方米、背街小巷5万多平方米。规范沿街门店2500多个，取缔流动摊点、乱堆乱放杂物等违法行为3000多件，拆除违法建设1000多处、2万多平方米，清理僵尸车50多辆，在商业门店前路沿石上施划停车位5800多个，市容环境显著提升，顺利通过上级考核。

【城区道路】 2016年，昌乐县继续完善城区市政道路，扎实开展道路新建、翻建和续建工作，不断提升城区道路承载能力。截至2016年，全县城市道路74条，总长度286千米，道路总面积572万平方米，人均城市道路面积22.66平方米，建成区路网密度10.8千米/平方千米，建成区道路面积率21.6%，配套雨水管道196.15千米，污水管道155.85千米，建成区排水管道密度13.28千米/平方千米。

【城区照明】 2016年，城区道路新安装路灯主要采用高效节能的LED光源。其中，永福路安装路灯201盏，变压器1台；流泉街安装路灯102盏，变压器1台；旅游路安装路灯176盏，变压器2台；旅游中路安装路灯48盏，变压器1台；市委党校路安装路灯59盏；一中街安装路灯14盏。结合城区主要路口特点，安装高杆射灯38盏，县城区域主、次干道路灯实现基本全覆盖，城区道路照明路灯达1.7万盏。

【城建档案】 加强城建档案管理，将“两书一证”（山东省建设工程档案移交合同书、山东省建设工程档案预验收意见书、山东省建设工程档案合格证）纳入工程基本建设程序管理，进一步明确各相关单位在工程资料报送中的责任。2016年，签订《山东省建设工程档案移交合同》213份，楼房1086栋；签发《市政工程档案审核意见书》33份。从2016年下半年开始，与山东泰华智慧产业集团股份有限公司联合研发城建档案信息管理系统，该系统于当年投入使用。

【房屋征迁】 在征迁工作中，严格按照公平、公正、公平的原则，依法征收，结果公开，公平补偿。同时，严把审批关，确保补偿款专款专用，被征收人得到足额补偿，切实维护被征收人的合法权益。2016年完成全福元、福乐苑、中心城、潍昌路、齐都名郡、中医院消毒中心、南萧北街、颐轩国际、世纪花园等9个项目36户滞留户的征迁任务；完成九龙湖、金海文化城、南寨水库扩容、盛唐南路、潍日高速、济青高速拓宽、胶王路改造、潍昌路拓宽等51个项目的评估，其中，公益类项目43个、商业开发类项目8个。

【房地产业】 2016年，全县注册房地产开发企业89家，其中二级资质开发企业4家、三级资质开发企业9家、外地入昌开发企业21家。2016年房地产开发面积382.23万平方米，其中新开工面积68.64万平方米，竣工83.97万平方米。完成房地产开发投资26.4亿元。办理房地产开发经营权证21件、66万平方米。

【建筑市场管理】 2016年，全县在册建筑业企业40家，其中建筑施工总承包企业14家（一级资质1家、二级资质7家、三级资质6家），专业承包企业26家，主要集中在商品混凝土生产、钢结构安装、建筑装饰装修工程施工等方面。全行业年均从业人数2万人。完成企业总收入29亿元，建筑业总产值 27亿元，合同额26亿元，实现利税2亿元，建筑施工面积230万平方米。收缴养老保障金1900万元，劳务工资保证金450万元。印发实施《关于进一步规范施工企业市场行为的通知》《关于开展2016年春季建筑市场执法检查的通知》《关于开展2016年夏季建筑市场执法检查的通知》《2016年昌乐县建筑市场管理实施方案》《关于改进和加强建筑业农民工工资支付管理的意见》《昌乐县建筑市场违法行为专项整治行动工作方案》等文件。积极组织开展建筑市场综合执法检查，检查工程800余个（次），提出整改意见1200余条。开展十二大员继续教育及技术工人培训500余人。

【建筑质量与安全管理】 2016年，昌乐县狠抓建筑工程质量与安全，紧紧围绕全县重点项目，结合春节复工、6月安全月、汛期、冬季施工等安全节点，先后开展起重机械、施工用电等专项检查，及时发现和消除各类安全隐患50余条。

全年监督工程210个，建筑面积68.9万平方米，竣工工程48个，建筑面积52万平方米。大力开展工程创优活动，申报市优质结构工程2个，优良工程8个，市级标准化示范工地4个。

【渣土扬尘管理】 2016年，结合全县创卫工作制定建筑扬尘防控管理措施，将工程施工现场扬尘治理工作列入建筑工程“创建国家卫生县城”和绿色施工的重要工作内容，严格督促施工企业加强施工现场围挡、物料堆放、洒水降尘、车辆冲洗和现场保洁等各项扬尘控制措施，在全市的每次扬尘防控季度考核中均居前列。严格落实商砼企业扬尘防控措施，全县8家商砼生产企业全部通过市级扬尘治理考核，其中5家企业在市级考核中达满分，被确定为扬尘免检企业。对渣土运输实行统管统运，2016年，有渣土运输车70辆，全部进行密闭改装，加装专用挡板和GPS定位装置，全县建筑渣土运输基本实现按指定线路密闭运输，没有乱拉乱倒、沿途撒漏、扬尘污染等行为。

【招投标管理】 2016年，全县公开招标、备案发包项目38个，造价10.89亿元。组织全县评标专家审报工作，初审相关原件后通过省网端口上报完成初步审定等工作，初审通过8人，并组织初审通过人员参加统一考试。

【建筑勘察设计】 2016年，昌乐县有昌乐县建筑设计研究院1家专业从事建筑勘察设计的企业，房屋建筑工程设计资质等级为乙级，市政道路工程设计等级为丙级，地基基础勘察等级为乙级。全年完成建筑设计约11万平方米，地基基础勘察完成面积约25万平方米。

【建筑节能管理】 2016年，严格执行公共建筑65%居住建筑75%的节能标准，新建建筑节能设计阶段标准执行率达100%，施工阶段节能标准执行率达98%以上。严格建设工程节能产品备案认定管理，全年共完成节能产品备案542份，节能产品备案率达98%以上。全年征收墙材基金160万元，返还墙材基金310万元。2016年度发展新型墙材企业1家，全县有蒸压加气混凝土砌块生产企业7家，膨胀聚苯板生产企业2家，岩棉保温材料生产企业3家，均取得山东省节能产品认定证书。

【民工工资清欠】 充分发挥建设领域农民工维权中心的平台作用，会同信访、人社、公安等部门开展联合办案，处理欠薪投诉案件150余起，涉及农民工700余人，解决欠薪2500万元。处理市（县）长公开电话、省市县信访部门及市清欠部门转办民工清欠案件210余起。

【建筑产业现代化】 2016年，全县拥有较大规模的装配式建筑构件生产企业两家（潍坊金伟达钢结构工程有限公司、潍坊亨利达钢结构有限公司），生产线9条，年生产能力2.5万吨。其中，潍坊金伟达钢结构工程有限公司被确定为山东省建筑产业化生产基地，该公司园区占地面积13万平方米，建筑面积10万平方米，是国内拥有研发、生产、加工、销售为一体的全能型轻、重钢生产加工企业之一，是山东省内最大的轻钢集成房屋生产企业，2016年产值达2亿元，产品远销到南非、俄罗斯、澳大利亚、东南亚、中东等国家和地区，在昌乐县先后开工建设戴家庄社区、乔官社区服务中心等装配式建筑项目。潍坊亨利达钢结构有限公司主要生产轻钢集成房屋和钢结构建筑，在北京奥运会、青岛新机场等项目中大量应用，并出口东南亚、非洲等地区，轻钢房屋、别墅等年产能150万平方，2016年产值达2.2亿元。

城市管理

【城管行政执法】 2016年春节后，开展为期一个月的市容环境综合整治行动，清除门店橱窗乱贴乱画1万余处，查处店外经营5000余次，清理规范流动商贩4000多人次。将城区的3800个沿街户和1800个无固定场所经营户逐户建立台账，纳入规范管理。科学设置18个便民摊点群、3处季节性临时疏导点。对东山商城、西湖公园周边进行重点整治，及时取缔占道摊点。联合公安部门对“僵尸车”进行专项整治，清理“僵尸车”50多辆。对占道流动摊点开展专项整治，并实行引摊入市，改善道路通行环境。对户外广告进行专项整治，拆除违规广告2000多块，落地灯箱300多个，更换果皮箱、道路牌300多块，清除违章悬挂的条幅、横幅1000余条。在路沿石以上施划机动车停车位5800余个，协调22家重点单位带头参与停车管理，拿出专门力量引导市民有序停车，规范机动车、非机动车1万多辆次。针对露天烧烤顽疾，结合“创建国家卫生县城”和“三八六”环保行动要求，制定下发禁止露天烧烤工作方案，明确烧烤管理要求。从3月初开始，每天组织60名执法队员进行夜间巡查，对露天烧烤发现一起、查处一起，始终保持高压态势，基本实现全城区无露天烧烤。牵头成立拆违治乱工作组，对钢材市场、珠宝二街、新昌路南段、文化路北段等重点区域进行专项整治，坚持24小时巡查管控，以零容忍的态度，对违法建设发现一起、查处一起、拆除一起，全年拆除违法建设1000余处，2万多平方米。组织开展商业步行街综合整治，拆除50余处乱搭乱建和200多块破旧广告牌，修复路面1000平方米，粉刷建筑外墙2万余平方米，并对停车秩序、店外经营等进行全面规范。配合相关单位，对温州商城、七彩大市场、文化路果品市场等进行综合整治，拆除不符合规定的广告牌匾，规范店外经营秩序，全部达国家卫生县城标准。2016年度，查处各类违法行为1.5万人次，做出行政处罚案件1400余件。

【市政设施养护管理】 修补城区道路路面约12万平方米，维修城区商业通道约6万平方米，硬化背街小巷约5万平方米，硬化道路出入口约2万平方米，改造公厕8处移交环卫局并向市民开放。维修喷漆桥梁护栏900米，维修、封堵道路临时出入口62个。为切实方便群众出行，缓解交通压力，进一步优化城区公共自行车系统，城区设置公共自行车站点80个、公共自行车2300辆，市民办理借车卡1.9万张，日均骑行量达4000人次以上。通过以上措施，进一步改善城区交通状况，保障市民出行安全。

【供热】 2016年，昌乐县有2家供热企业，其中昌乐盛源热力有限公司为热电联产企业，昌乐源丰热力有限公司为区域锅炉房供热企业。昌乐盛源热力有限公司供热面积369.7万平方米，供热入网面积770.2万平方米，采用盛世热电及英轩实业的热源，电厂采用13台循环硫化床锅炉（盛世5台75吨循环硫化床锅炉、3台240吨循环硫化床锅炉，英轩5台75吨循环硫化床锅炉），热水管网138千米，供热区域为济青高速以南、任疃路以西、宝通街以北、丹河桥以东及首阳山规划区。昌乐源丰热力有限公司供热入网面积56万平方米，供热面积30万平方米，锅炉2台（1台29兆瓦高温热水锅炉，1台58兆瓦高温热水锅炉），热水管网16千米，供热区域为流泉街以南、五图街道区域。截至2016年年底，供热季全县集中供热入网面积826.2万平方米，集中供热普及率82%，全县供热主管网154千米。

【燃气】 2016年，山东鲁鸿天然气公司建设完成中石油天然气昌乐支线及加气母站。为保证九龙湖社区居民用气，从鲁鸿门站至九龙湖社区，铺设燃气管道约9千米。昌乐新一中中压管线铺设完成，燃气供热锅炉正常供热。潍坊天泰盛唐能源有限公司铺设完成鄌郚镇至红河镇天然气管网10千米。针对新奥燃气公司原有门站供气量不足问题，投资1000余万元在昌乐县北环路与宝昌路交叉口西南侧建成新门站，日供气由原来日供气能力10万立方米提升至日供气能力30万立方米。城区民用管道燃气用户开户户数（安装用户）7.49万户，运行户数（点火户数）5.9万户，城市居民管道燃气普及率达88.6%。

【城市防汛】 2016年，严格按照全县城区防汛统一部署，制定科学合理的应对措施，落实指挥调度、信息发布和汛期值班等各项措施，实施24小时值班制度，汛前清理疏通落水口6500余个、排水管网4500米。及时成立防汛抢险队伍，合理配备防汛物资，城区安全顺利度汛。

【污水处理】 2016年，全县有山东昌乐实康水业有限公司污水处理厂、国电银河水务（昌乐）有限公司污水处理厂、昌乐蓝宝石水务发展有限公司污水处理厂等3处城区污水处理厂，设计日处理污水12万吨，3处城区污水处理厂全部达《城镇污水处理厂污染物排放标准》（GB18918—2002）一级A排放标准，污水处理率在全市名列前茅。积极开展全县农村污水治理规划编制，加大村镇污水处理设施运行监管力度，加快污水管配套网建设进度，提高污水管网覆盖率及污水收集率，实现村镇污水应收尽收。全县有4处镇级污水处理厂、16处社区污水处理设施，全部实现正常运行、达标排放。2016年12月，昌乐县被住房城乡建设部办公厅评为全国农村生活污水治理示范县，为全市唯一。

【城市节水】 积极推进城市节水工作，同圆•领仕郡被评为“潍坊市节水型小区”，昌乐县实验中学、昌乐县新城中学、昌乐县外国语学校、昌乐县开发区小学、昌乐县第二实验小学被评为“潍坊市节水型学校”。扎实推进城市污水处理费征收管理工作，县级污水处理费征缴金额实现连年增长，征收达957万元，为城市排水治污工作提供有力支撑。

【智慧城市】 2016年，昌乐县建设局主要参与建设智慧市政、智慧城管、智慧照明等智慧城市建设项目。智慧市政项目主要建设智慧市政运行管理平台、基于GIS的排水防涝综合管控系统、SCADA远程监测管理子系统、市政设施综合养护管理子系统、市政桥梁在线检测子系统、排水管网GPS移动巡查管理子系统、供热燃气综合管理系统、智能井盖管理系统，完成与国土局、气象局、环保局等单位的相关数据对接和共享。该项目于7月完成招标并开始建设，2016年年底完成总工程量的90%。

市容环卫

【概况】 2016年，县环卫局领导班子团结带领全局干部职工以“五城同创”为总抓手，坚持高点定位，迎难而上，锐意进取，积极作为，全力推动工作上档升级，被县委、县政府授予“部门实绩考核先进单位”。

【创新保洁工作机制】 全力破解工作运行机制难题。针对环卫工作面广量大、职责混杂的老大难问题，2016年县环卫局面向全国公开招标引进深圳玉禾田、湖南仁仁洁、昌邑康洁三家实力雄厚、管理严格、理念先进的环卫专业保洁公司，承担全县的环卫保洁工作，大大提升全县环卫的保洁质量。一是保洁范围大大拓展。在农村，由原先的只保洁村（居）主干道拓展到村庄小巷，外缘200米范围，连村道路、过境河流、政府驻地、村外飞地等，保洁总面积比2015年增长40%；城区范围更加注重背街小巷、城乡接合部、城中村，真正实现城乡一体，全域覆盖。二是工作职责进一步明晰。镇村之间、村居之间、属地与保洁公司之间界限更加明晰。日常工作全部由保洁公司负责，环境综合整治则以属地为主，实现环卫工作的各个节点均有人负责、有人管理，避免职责不清，相互扯皮。三是工作运行更加协调顺畅。实现在镇（街区）党委政府与县环卫局统一领导下，职责分明、目标一致、相互协作、共同促进的工作格局，凸显更加严格的政府监管与灵活的运行模式的有机结合，该项经验多次在市内外介绍推广。

【环卫监管】 一是日常保洁抓精细。在城区重要路段推行“深度保洁”试点，落实 “以克论净法”。结合创建国家卫生县城，主次干道全部实现机扫 + 机洗 + 快速捡拾，城区保洁质量不断提升。镇村重点抓边角，将“三边三线三界三底”全部纳入日常保洁，真正实现无缝隙无空挡。二是集中整治抓节点。针对农业生产季节性影响村内外环境的情况，提出环境综合整治“2+2”模式。秋冬季节实行全员发动，集中攻坚；春夏季节部分动员，突击重点，既解决农业生产垃圾和混合垃圾累积难点，又避免长期作战，疲劳应付问题。2016 年全年出动人工 5 万余人次，动用机械 6000 余台次，清理各类垃圾 8 万余吨，实现预期的整治目标。三是督查考核抓精准。环卫工作点多面广，随机性强，注重日常考核现场化与智能化的有机结合，推行累进式处罚法，使得考核精准、奖罚有力、整改及时。

【打造昌乐环卫品牌】 2016 年把品牌创建作为突出工作，一方面继续强筋壮骨练内功，在探索长效运行管理机制上不断探索，下足功夫，在上级工作考核上争取好成绩，增加自身品牌的底气；另一方面高姿态抓好外宣工作，充分利用现代媒体、经验交流会、推介会、争办现场会等输出“昌乐环卫”经验，高调叫响“昌乐环卫”品牌。为品牌昌乐建设做出贡献。2016 年，在创建国家卫生县城、国家食品安全城、全国文明县城复审等工作中，全力以赴持续奋战，为“创卫”工作当年申请、当年授牌及高分通过全国文明县城复审增添浓重一笔，得到上级领导和全县干部群众的广泛好评。

园林绿化

【概况】 2016 年，县园林管理局抓住县委、县政府确立的国家卫生城、国家食品安全城“双城联创”的契机，坚持以城区园林绿化项目建设为中心，以提升园林绿化管理档次为重点，积极推进城区绿化，全力巩固国家园林县城创建成果，基本形成了以公共绿地为“点”，道路绿化、防护绿地为“线”，居住区绿化、单位庭院绿地为“面”的三位一体绿地系统。2016 年，建成区绿化覆盖率达 41.85%、绿地率达 36.98%。

【绿化工程建设】 2016 年，县园林管理局把城区道路绿化工程作为工作重点，确立了“新建道路与绿化同步，筑一路、绿一线”的总体思路，精心打造道路景观，让绿色与道路同步延伸。在具体实施中，对县委、县政府确定的大沂路改线、旅游路改造、永福路宝通街至流泉街段等六条道路绿化工程早谋划、早介入，根据城区总体规划和道路绿化设计，在制定施工方案上，各道路绿化种植在综合考虑整体道路绿化风格的基础上，结合各节点实际情况，以乔、灌、草、花相结合，通过微地形改造，植物层次搭配，景观小品点缀等，打造“成绿、成荫、成景”的精品道路景观。在城区绿化工程建设中，创新工作方法，将城区道路绿地中栽植较密的背景树、花灌木等，按照隔二去一或隔一去一的方法，移植到新建绿化工程中，有效降低绿化工程成本，增加绿化苗木的生长空间，提升绿化观赏效果。2016 年，完成大沂路改线、劳教所北道路、青年路（西湖公园桥头至站北街）等 6 条道路绿化工程建设，栽植雪松、玉兰等乔木 9310 株，木槿、紫薇等灌木 1.2 万株，冬青球、龙伯球等球类 1260 余株，蔷薇、爬山虎等攀缘植物 4200 余株，小龙柏、红叶小檗等灌木 31 万余株，鸢尾、二月兰等地被植物 9.7 万平方米，新增绿化面积 20 多万平方米。同时，对城区道路、公园、游园等公共绿地内的裸露土地、缺失苗木、行道树等进行绿化、补植等，以提高城区整体绿化景观效果。2016 年，栽植法桐、樱花等乔木约 3000 棵，紫荆、丁香等灌木约 250 棵，冬青球等球类约 250 棵，攀缘植物约

2200棵，小龙柏、红叶小檗等模纹5000平方米，鸢尾、萱草等宿根花卉约8100平方米，铺种草坪约1200平方米。

【开展“双城联创”工作】 2016年，县园林管理局把国家级卫生城、国家级食品安全城“双城联创”作为中心工作，认真按照县委、县政府对“双城联创”的部署要求，结合园林绿化实际，以精品化、生态化为建设理念，组织力量对城区绿化工作进行了无缝隙摸底排查，全面系统掌握需要整改达标的事项，科学制定了提升实施方案，构建了“纵向到底、横向到边”的网格体系，明确每一项具体任务的完成时限、包保领导和负责人，倒排工期，挂图作战，确保各项任务按期保质保量完成。特别是在城区绿地提升上，按照“市民出行300米见园、500米见绿”的标准要求，结合旧城改造、棚户区改造项目，科学规划设计，精心施工，通过拆迁建绿、拆违还绿、破硬增绿等形式，对城区道路、公园、游园等公共绿地内的缺失苗木、行道树等进行了绿化、补植，建设提升了一批绿地游园，提高了城区整体绿化景观效果。2016年，共栽植补植雪松、法桐等乔木和樱花、紫薇等花乔木1万多棵，红叶小檗、金叶女贞等灌木10万多株，小龙柏、红叶小檗等模纹8000多平方米，鸢尾、萱草等宿根花卉1多万平方米，铺种草坪约1200平方米。同时，积极治理裸露土地。为进一步完善绿地系统，改善空气质量，按照“裸不见土、空要见绿”的原则，坚持因地制宜，突出工作重点，全力推进以裸露土地绿化补植补种为重点的防控扬尘污染工作，对广场、游园、街头绿地等公共绿地中的裸露地，采用多年生宿根花卉补植补种，做到黄土无裸露，绿化无死角。2016年，绿化裸露土地1.7万平方米，补植绿化苗木35万棵。开展小区侵绿占绿综合治理工作，主要治理小区内侵绿种菜、毁绿晾晒、占绿放置杂物、占绿硬化等行为。2016年，出动执法车辆300多车次、执法人员1000余人次，治理小区侵绿占绿行为50余处，治理工作取得了良好效果。

【实施精细化管理】 为巩固国家园林县城创建成果，县园林管理局在园林管护上本着“三分建、七分管”的原则，始终坚持节约型、精品化的理念，积极推行“精细化管理”，园林绿化养护管理水平全面提升。一是层层落实责任。每周一召开中层以上干部例会，各科室负责人汇报上周工作进展情况，对未完成的工作说明原因，对下周工作作出安排。局主要负责人同各分管负责人、分管负责人同科室负责人、科室负责人同重点岗位责任人层层签订《岗位目标责任书》《安全责任书》，将岗位目标和责任层层分解，落实到人。对绿化养护进行分片管理，采取定路段、定标准、定人员的“三定”方法，按照每人1.5万平方米左右的数量，对绿地养护进行分片管理，绿化工人各自负责个人养护范围内绿地的垃圾、杂草清理、浇水等日常养护工作，提升了绿化养护水平。二是加快城区绿化提升。自开春以来，组织对城区内部分路段进行绿化提升改造，栽植乔木1000余棵、灌木29万余棵，并将大沂路、东山游园、新城街东段、新昌路等绿化带内老化的草坪进行更换，栽植麦冬1.5万平方米；及时对树木涂白、保温。进入冬季以后，对容易感染病虫害的百日红、石榴等绿化树木进行树木涂白，涂白7.5万余棵。对耐寒性较差的大叶女贞、玉兰、百日红等树木进行保温，确保苗木安全越冬，保温23万余棵；开展树木病虫害防治。根据不同季节及路段发生的虫害情况，及时喷洒杀虫药剂对草履蚧、国槐尺蠖、蚜虫等虫害进行了有效防治；对昌盛街1400余株国槐行道树的树池进行打孔安装PVC透气管2800余根，对宝通街、昌盛街花坛及各路口分流岛的黑松进行造型修剪，提升绿化景观效果。三是加强公园管理。对公园进行动态管理。针对西湖公园、丹河公园、市民文化体育公园、桂河湿地公园是开放式公园，管理难度大、部分设施和绿化存在破坏现象的情况，组织了10多人的管理小组，100多人的保安、保洁人员，实行动态管理；对公园内水系进行清理，两次组织保安、保洁人员约70人，利用约10天时间，对河面水体进行彻底清理，清理浮萍水藻100多吨；对河边垃圾进行横到边，竖到底的彻底清扫，做到不留死角；对公园内苗木进行病虫害防治。所有柳树上的天牛进行了药物防治，挂钻无忧吊袋1300多袋，并对树杆喷洒透翠、钻龙、飞扫等药物进行病虫害防治；及时对裸露土地进行苗木补植，共补植草坪1600多平方米，麦冬2700平方米，栽植金叶女贞、迎春、扶芳藤等灌木850平方米，海棠、紫叶李、玉兰等乔木230棵；对部分设施进行了维修。对景观灯、草坪灯、树影灯线路以及西湖公园的平湖秋月彩绘、我心相印亭彩绘、百画廊横柱等进行维修和更换。

村镇建设

【概况】 2016年，全县10个镇街区中，红河镇和鄌郚镇为国家重点镇、省级示范镇，乔官镇为省级特色景观旅游名镇，五图街道方山蓝宝石小镇为省级特色小镇，营丘镇古城村为特色景观旅游名村。2016年，全年完成小城镇建设投资25.22亿元，村内硬化道路面积216.42万平方米，村庄公共绿地面积241.51万平方米。结合农村新型社区建设，引导农村适度集中建设住房，年内建成农房2400户，完成危房改造175户，对80个村庄村容村貌进行整治，农村无害化卫生厕所改造完成5000户，完成红河、鄌郚、乔官、营丘镇古城村等特色镇、特色村的32个项目建设。

【农村危房改造】 按照2016年度农村危房改造计划，建立农村危房改造精准台账，完成“十三五”期间昌乐县农村危房改造行业精准扶贫工作，涉及鄌郚镇沙埠沟村、东山旺村等15个省定贫困村、94户，155户危房改造试点任务全部完成。

【农村社区建设】 科学规划40个农村新型社区，并按照“一厅一校十室”标准，同步建设、提升、改造40处农村社区服务中心。14处农村新型社区实现搬迁入住，增强社区吸纳能力，推动集中居住的社区居民纳入城镇化管理。17处农村社区服务中心完成建设提升改造、投入使用，实行“一站式”服务，极大推动服务职能下沉，把与农民群众生产生活密切相关的公共服务与管理事项延伸到社区，初步形成空间布局合理、功能分工有序、资源配置优化、公共服务均等、环境优美舒适的城乡统筹发展新局面，提高全县城镇化水平。

【重点工程】 永福路工程。北起濠景海岸，南至宝通街，于2015年8月开工建设，至2016年10月竣工，由潍坊市路通工程建设有限公司中标承建，潍坊市工程建设监理有限公司负责监理，工程投资1800万元，全长约2080米，红线宽25米，路宽12米，跨小丹河架宽18米总跨30米景观桥梁一座，设置雨水管道2810米，污水管道1470米。

劳教所北路工程。西起中冶物流，东至至潍昌路，于2016年3月开工建设，至2016年12月竣工，由山东宝达公路工程有限公司施工，青岛商业建设监理有限公司负责监理，道路全长约1300米，工程投资1600万元，路面宽16米，设置雨水管道712米，污水管道174米，铺装宽3米彩砖人行道。

凤凰街工程。西起永福路，东至新昌路，于2015年9月开工建设，2016年11月竣工，由潍坊东盛市政公路工程有限公司中标承建，潍坊誉祥市政工程监理有限公司负责监理，道路全长约820米，规划红线宽40米，路面宽16米，工程总投资830万元，主路两侧安装花岗岩路沿石，铺装2.5米荷兰砖人行道。按照雨污分流要求，道路两侧分别下设雨水管道1174米，污水管道1170米。

昌盛街人行道工程。西起青年路，东至方山

路，于2015年11月开工建设，2016年11月竣工，由潍坊隆通市政工程有限公司中标承建，潍坊北海工程监理有限公司负责监理，结合昌盛街提升改造方案，在人行道内的行道树移植后，铺装4米宽水泥透水砖人行道，该工程总投资351万元。分两个标段组织实施，第一标段方山路至新昌路段，长约1.05千米；第二标段新昌路至青年路段，长约1.4千米。

【小区管理】 2016年，按照《关于推进全省老旧住宅小区整治改造和物业管理的意见》（鲁建发〔2015〕5号）、《关于认真做好全省老旧住宅小区专业经营设施设备改造升级及相关工作的通知》（鲁建发〔2016〕4号）等文件要求，经过多轮实地调研、征集群众意见，制定《度假村小区改造整治提升实施方案》，首先以度假村小区为试点，逐步开展老旧小区改造工作。度假村小区改造面积2.4万平方米，涉及11栋楼296户，总投资额约1200万元。围护结构方面：改造外墙保温面积15796平方米，整修屋顶防水6359平方米，楼道内墙及顶棚涂料粉刷9108平方米，更换公共部位的楼梯间窗户120扇；基础设施方面：对小区道路全部重新硬化，硬化面积4700平方米，维修、增设路灯11盏、楼道灯69盏，疏通污水管道980米，更换检查井盖117个；新建设配套小区内供暖、供气管网，居民首次实现集中供暖、供天然气；对小区内原有的供水管道、供电变压器及线路等进行重新敷设更新；对通信、有线电视等弱电线路进行重新铺设、整理入地。2016年年底全部改造完成，改善居民的居住条件。

【污水处理厂】 2016年，根据“三八六”环保行动要求及昌乐县委、县政府统一安排部署，开始对山东昌乐实康水业有限公司污水处理厂、昌乐蓝宝石水务发展有限公司污水处理厂开展一级A+提标改造，改造完成后排水水质稳定达《城镇污水处理厂污染物排放标准》（GB18918—2002）一级A标准，其中，主要污染物指标满足化学耗氧量≤40毫克/升、氨氮≤2毫克/升。

山东昌乐实康水业有限公司污水处理厂。提标改造项目总投资约2400万元，提标改造完成后处理规模为4万吨/日，采用仿酶催化工艺对二沉池出水进行深度处理。该项目新建配药加药间、污泥储池、储罐棚区、废酸储罐区等构筑物，将原有水解酸化池、曝气生物滤池改造为催化反应池、絮凝沉淀池、V型滤池，改造后总容积6448立方米。对原有一二期氧化沟进行大修，更换曝气盘5512个、水下推流器8个。配套建设加药管沟、排泥管网、储泥罐、输送机、自控及电气设备等。2016年12月完成提标改造，开始进水调试。

昌乐蓝宝石水务发展有限公司污水处理厂。提标改造规模6万吨，总投资3000余万元，分两期进行，其中一期工程于2016年4月16日开工建设。提标改造方式为：絮凝沉淀池前端增加生物脱氮工艺，好氧池内增加5道导流墙，悬浮曝气改为底部曝气，增建污泥浓缩池2500余立方米，新建一座建筑面积460多平方米、高13.4米的板框压滤机车间，单台过滤面积450平方米、总功率16.9千瓦的高压压滤机2台套，更换大功率推进器12台套。2016年9月18日完成提标改造，并进行综合调试，运行良好。

智慧昌乐建设

【概况】 昌乐县智慧城市建设办公室，成立于2014年12月，为县政府直属的全额拨款的一类公益事业单位，2016年编制为7人，2个内设科室：综合科、数据运营管理科。其主要职责是：承担全县电子政务的建设、推动；承担党政信息网络的建设管理和维护；承担全县信息化建设工作的推广和管理；承担昌乐县指导和推进智慧城市建设工作。2016年基本建设完成平安昌乐、智慧应急、应急指挥中心建筑智能化、智慧照明、科技矿管系统5个大项。其中，平安昌乐包括昌乐县公安局高空球系统、昌乐公安移动接处警系统、昌乐县监控系统、昌乐县国省道及重点县乡道路智能交通安全系统、昌乐县公安局340兆无线图传、350兆数字集群、派出所数字审讯系统、昌乐县应急指挥中心装饰装修工程、昌乐县公安局办公楼综合布线系统、昌乐县应急指挥中心建筑智能化、智慧应急、数字审讯系统8个子项。

【城市安防体系建设】 昌乐县公安局高空球系统项目：该项目于2016年5月建设完成，建设昌乐县城区制高点视频监控点50处，公安部门利用该系统侦破大量复杂刑事和治安案件，对违法犯罪行为形成精准打击和有效遏制，昌乐公安移动接处警系统项目：该项目于2016年8月建设完成，结合昌乐公安实战需求，深度开发昌乐公安移动警情推送系统，解决接处警现场录入、现场反馈问题。该系统与市局接警指挥调度系统对接，接报警情自动通知街面巡控战斗单元，系统利用空间定位功能，对案件高发区域、时段自动分析、预警，实现案件区域分析可视化，打造全省第一移动警情实时处理系统，系统2015年9月上线后，10月报审省科技课题，通过省公安科技成果鉴定，获得二等奖；自系统上线以来，迎接山东省公安厅、潍坊市局及其他各省市30多次到昌乐县考察学习。昌乐县应急指挥中心建筑智能化、综合布线、智慧应急、数字审讯系统项目：该项目于2016年5月建设完成，内容包括大屏幕显示系统、综合布线系统、计算机网络及安全系统、桌面云系统、数字审讯系统、多媒体会议系统、可视会商系统、信息发布系统、视频监控系统、防盗报警系统等，本项目的建成为公安局按期迁入新办公楼、为公安局正常办公及各种业务的开展提供基础保障。昌乐县监控系统项目：该项目于2016年11月份建设完成，内容包括昌乐县道路监控、乡镇监控、公交站点监控系统，以及其他配套设备等，对全县治安防控形成全覆盖、县域全封闭的格局。昌乐县公安局340兆无线图传、350兆数字集群、派出所数字审讯系统：该项目于2016年12月建设完成，满足无线指挥调度通信数字化、调度高效化、手段先进化的实战需求，对公安原系统基站进行扩容和升级，全城建设完成2个图传基站，可覆盖主城区及大部分县区；2套图传车载前端系统，可在基站覆盖范围内实现图像的实时传输；前端分别配备1套单兵、1套密拍图传系统，用于前端视频采集；配置1套六旋翼无人机，最大限度的发挥系统效能，全面提升昌乐县公安无线通信保障和快速反应能力，打造成昌乐县公安统一指挥、全警联动、多部门共享的新型扁平化指挥调度体系。昌乐县国省道及重点县乡道路智能交通安全系统项目：该项目于2016年11月份建设完成，内容包括中心系统建设、高清卡口系统建设、高清电子警察系统、移动测速系统、执法记录仪系统、4G智能视频存储采集系统、信号机控制系统、诱导发布系统，借助大数据、云计算等领先技术，积极构建覆盖全县国省道和重点县乡道路的智能交通安全防控体系，建成通过监控系统发现取证、通过指挥平台调度指挥、通过执法服务站检查执法的“三位一体”的勤务运行机制，实现昌乐全县国省道、重点县乡道路智能交通安全系统全覆盖。

【科技矿管系统】 该项目于2016年5月建设完成。该系统创新采用风电、太阳能发电互补的发电系统供电（太阳能电池板发电为主，风力发电机发电为辅，蓄电池储能）和无线网桥传输图像信号的形式，建成矿坑监控点16个、道路监控点24个，由国土局、交通局等11个单位，111个终端共享共用，实现对全县主要矿坑和主要道路24小时无死角监控，为矿坑整治、道路超限超载整治发挥重要作用。

“三区”建设物流园

【概况】 昌乐县“三区”建设物流园管委会为正科级规格，县政府直属事业单位。事业编制11人，内设办公室、业务科、招商科3个职能科室。

昌乐县“三区”建设物流园位于昌乐县城大沂路以东，朱红路以西，寿阳山以北，胶济线以南，区域总面积9400亩，总投资49.79亿元。园区按照“一园七区”的功能布局，建设物流信息交易形象区、粮食物流区、煤炭物流区、商贸物流区、钢铁物流区、物流配套加工区及配套居住区，总建筑面积达285万平方米。项目建成后年吞吐量可达3000万吨，届时将形成以制造业原材料为主，以城市商贸及加工配套物流为辅的中转型及城市配送型物流区，成为辐射山东半岛乃至环渤海地区，服务于三区建设的大型现代化物流中心。该项目被列为“十二五”期间省服务业载体项目、山东半岛蓝色经济区重点建设项目。

【基础设施建设】 基础设施建设不断完善。基础设施建设主要包括园区雨污管道项目和燃气（潍坊港华）入园项目。雨污管道项目位于园区北侧，全长3260米，总投资1200万元。其中，东段长1878.4米，主要位于朱刘街道辖区内，西段长1119.8米，主要位于开发区辖区内，雨污管道主要负责疏通园区企业直排的雨水、污水，实现雨水、污水分离，确保整个园区不发生内涝灾害。燃气入园项目。是完善园区基础设施，实现园区“七通一平”关键，项目由潍坊港华燃气公司投资建设，主要为园区企业提供清洁优质的燃料能源，实现园区企业的可持续发展。

【重点项目建设】 山东省粮食物流中心项目。该项目由山东省粮油收储有限公司投资3亿元建设，总占地560亩，主要承担国有粮食仓储任务，企业现隶属于重新整合后的省属企业—鲁粮集团。该项目一期粮食仓储区12栋平房仓，6栋浅圆仓及办公配套设施，于2016年年初全部建成并投入使用。

潍坊申易物流有限公司海关监管场站项目。该项目由潍坊申易物流有限公司投资1.5亿元建设，总占地180亩。场站于2016年9月6日投入试运营，成为全省首个智能化监管场站，可实现进口保税、出口退税、口岸通关、集装箱堆场等功能。

昌乐好友油脂10万吨/年花生仁综合深加工项目。项目由昌乐好友油脂有限公司投资建设，总占地80亩，一期主要建设：10万吨/年花生仁预处理、压榨生产浓香花生油生产线一条、120吨/日浓香花生油冷滤生产线一条、200吨/日预榨饼浸出生产线一条、60吨/日花生油精炼生产线一条、100吨/日成品油小包装灌装生产线两条、2万吨浓香花生油库、功能性油脂生产线一条。二期主要建设：花生蛋白生产线一条、花生食品生产线一条、花生酱生产线一条。同时配套建设水、电、汽、消防、污水处理、环保及检测、厂区工程。该项目的落户，进一步拉长园区粮食物流区的产业链条，促进粮食物流产业的集聚化发展。

煤炭物流企业。主要包括昌乐昌盛物流有限公司、山东恒坤煤焦有限公司、潍坊中冶煤炭有限公司3家煤炭企业。根据昌乐县发展规划，对3家煤炭企业限制扩大规模，实现封闭式经营，杜绝粉尘污染，并引导企业转型升级。

山东三洲物流有限公司项目。项目总占地360亩，主要经营粮食的收购、销售、储存等业务。4栋粮库、2栋糖库投入使用，粮食物流年中转量达100万吨。

资源 环保

ziyuan huanbao

国土资源

【概况】 昌乐县国土资源局内设7个科室，分别是办公室（挂组织人事科牌子）、耕地保护科（挂征地管理科牌子）、地籍管理科、土地利用科（挂集体土地管理科牌子）、地质矿产管理科、测绘管理科、不动产登记科。行政编制16人，实有16人。下设事业单位7个，分别是昌乐县土地开发整理中心、昌乐县矿产资源管理中心、昌乐县土地储备交易中心、昌乐县国土资源执法监察大队、昌乐县测绘大队、昌乐县地理信息中心、昌乐县不动产登记中心。国土资源分局7个，分别是城区分局、朱刘分局、乔官分局、鄌郚分局、红河分局、营丘分局、高崖水库库区分局。编制191人，实有210人。

2016年，认真学习贯彻中共十八大和十八届三中、四中、五中、六中全会精神，紧紧围绕市局“一四九五”思路举措和全县国土资源工作会议确定的任务目标，锐意进取，依法行政，各项工作取得明显成效。2个项目获2016年中国地理信息产业优秀工程银奖，1个项目获山东省国土资源科学技术三等奖，荣获全省第五届“地科杯”优秀组织单位；被市国土资源局表彰为2016年度全市“国土资源工作优秀单位”“政务信息工作先进单位”，被县委、县政府表彰为“2016年度工作实绩综合考核先进单位”。

【土地管理利用】 组织申报各类建设用地1773亩，省政府批复865亩，保障全县重点项目用地需求；严格执行国家供地政策，完成土地供应1389亩，其中“招拍挂”出让1069亩，成交价款4.49亿元。争取4个单独选址项目用地规模787亩，有序开展土地利用总体规划调整完善工作。为全县21处中小学解决大班额问题，优先利用存量建设用地538亩，调整土地规划76亩，批复新增建设用地115亩。

*推进节约集约用地。*完成2016年度经济开发区和区域建设用地集约利用评价更新，开展中心城区建设用地集约利用评价和2016年度城镇基准地价更新工作。积极开展闲置土地调查，对18宗1140亩闲置土地，向县政府提出处置意见。全面完成2016年棚户区改造672套保障房用地供应任务。

*做好用地挖潜“三项试点”。*完成工矿废弃地复垦12个地块，顺利通过市级复验，节余建设用地指标470亩。新开工建设增减挂钩项目4个村庄167亩，其中高崖库区东前韩村64亩完成旧村搬迁拆除工作。低丘缓坡试点边界范围调整通过省厅批复，完成地形图勘测和治理方案编制，开展1号治理区1743亩土地三通一平工作。完成九龙湖旅游度假区、昌乐二中·美加国际学校等建设项目用地征收425亩。

*履行耕地保护职责。*按期完成城市周边永久基本农田划定工作，全域永久基本农田划定方案通过市局评审。2016年度耕地质量级别调查评价与监测工作，报经县政府批复后组织实施。2016年县级土地开发项目通过市级复验，新增

占补平衡指标1500亩。2016年高标准农田规划设计与预算编制通过市级评审。“十三五”土地整治规划编制完成，并上报市局。

加强地籍管理规范化建设。认真核实，扎实整改，圆满完成2015年度土地变更调查工作，通过上级验收。对国家下发的2016年度遥感监测图斑数据，逐宗进行调查核对，初步形成调查成果。积极组织，主动协调，圆满完成耕地后备资源调查评价工作，上报不稳定耕地6048亩，国家级耕地后备资源10966亩，省级耕地后备资源900亩。认真核对，仔细审查，规范完善农村宅基地证书资料整理入库工作，其中完成第一批资料整理入库。

链接资料

“三项试点”：城乡建设用地增减挂钩、工矿废弃地复垦利用、低丘缓坡荒滩等未利用地开发利用

【矿产资源管理】 全力推进火山国家地质公园建设。2016年1月，公园规划通过省厅评审；10月各项建设全面完成，并通过省厅验收；11月，验收材料报送省厅，由省厅转报国土资源部申请终验，验收合格后，正式命名并揭碑开园。与发改部门联合申报争取2016年国家文化和自然遗产保护设施建设中央财政资金360万元。

科学编制第三轮矿产资源规划。2015年年底，招标确定省第四地勘院为编制单位。2016年6月完成初稿，经省地科院专家审查，与市级矿产资源规划对接，向县政府常务会议作汇报。按县政府常务会议意见进行修改完善。

积极开展矿山复绿项目。乔官镇二姑山地质环境恢复治理项目正在实施，争取省级财政补助资金500万元，可恢复治理面积83亩。7月份，又组织申报鄌郚镇东钟家庄和朱刘街道小东庄两个市级财政专项资金矿山复绿项目。

不断深化矿政管理工作。扎实开展到期矿山企业关闭、矿产勘查开发秩序整顿、地质灾害防治和矿业权年检等工作。

【测绘管理和信息化建设】 编制“十三五”基础测绘规划。《昌乐县“十三五”基础测绘规划》文本，顺利通过省市专家论证评审验收，相关材料报县政府，待县政府发布实施。

更新地理信息平台数据。更新成果通过省级质量验收，地理信息平台拓展开发20多个专题应用系统，在全国“地理信息产业优秀工程”评选中获得银奖。

规范测绘市场管理秩序。通过公开招标确定6家测绘中介机构，并纳入测绘单位备选库，规范测绘“一级市场”中介行为。严格测量标志点日常巡查管护制度，确保完好率。

加快推进信息化建设。“智慧国土”建设方案在全市首家通过评审，被市局列为试点单位。基层所视频会商及网络监控系统投入运行，实现部、省、市、县、乡五级互联互通；完成网站优化和安全设备更新。《昌乐县基础地理信息数据库更新及建库项目》荣获2016年中国地理信息产业优秀工程银奖。

编制完成《昌乐县“十三五”基础测绘规划（2016—2020）》及昌乐县“十三五”（2016—2020）基础测绘规划文本、昌乐县“十二五”（2011—2015）基础测绘规划文本说明、昌乐县“十三五”基础测绘规划项目投资预算。对基础地理信息数据进行适时更新，先后完成城区、镇驻地、原撤销乡镇驻地、社区大村庄、公路两侧村庄的地名地址和法人数据进行采集和核实。上述成果全部通过省测绘产品质量检验站的质检。编制印刷《昌乐县地图》3000份。与山东省地图出版社联合编制并出版普通地图《昌乐县地图》以及与省测绘院组编制完成电子制品《天地图·昌乐》。

【执法监管】 积极开展2016年市级卫片执法监督检查。通过整改，拆除复耕28宗99.2亩（耕地77.7亩），立案查处41宗73.5亩（耕

地16.4亩）。严格落实执法监察各项制度，立案查处土地违法案件125起，收缴罚没款448万余元。

全面治理整顿矿业秩序。县政府抽调八部门执法人员，组成矿产资源集中治理工作队伍，对私采滥挖、超载超限等违法行为全面综合治理。通过巡查治理、群众举报、上级转办等渠道，查处各类矿产违法案件30多起，处理信访案件10多起，查扣采挖机械18台次，收缴罚没款20多万元。

扎实做好信访和安全生产工作。受理国土资源信访案件288起，调查处理完毕率达92%，其余案件正在调查处理当中。着力抓好非煤矿山区域安全监管，保持安全生产良好局面。

【不动产登记】 组建不动产登记机构，成立昌乐县不动产登记中心，副科级规格，在县国土资源局单设不动产登记科，核增行政编制1名，县不动产登记中心核定事业编制20名，全县不动产登记改革顺利完成。截至2016年年底，发放不动产权证书5527本、证明8854本，完成抵押注销3025件，登记信息查询业务14145笔35795余人次，按时办结率达100%。

【国土资源保护】 严格执行昌乐县土地利用总体规划（2006—2020年），全县耕地保有量924870亩，基本农田817755亩，建设用地总规模260505亩不变。截至2016年年底，全县耕地保有量和基本农田保护面积分别为943021.35亩和819309.15亩，超出省政府下达保护任务2050.35亩和32125.2亩。完成土地整治项目2个，新增耕地面积1509.6亩。全县落实建设用地指标1254.8355亩。

全年供应土地70宗，面积1388.961亩（含出让65宗，面积1144.011亩，成交价款4.6亿元；其中招拍挂出让64宗，面积1069.011亩，成交价款4.5亿元）。近五年供地率为76%，盘活存量建设用地773.448亩。

全县有2家矿山企业，4月底均关闭。开展矿产勘查开发秩序整顿集中行动，对持证矿山、地质勘查项目进行全面摸底排查，彻底消除安全隐患。严格落实动态巡查机制，加强与公安、安监、环保、水利等部门执法联动，持续推进科技管矿系统建设，完成县级监管平台和远程监控系统，全面有效实时监督全县矿产开发情况，实现“天上看、地上查、地下控、网上管”的目标。

争取省级财政资金500万元，实施二姑山矿山环境恢复治理项目。3月完成项目设计并通过审查，该项目将于2017年年底全面完成施工任务。组织开展鄌郚镇东钟庄村废弃石灰岩矿矿山复绿项目和朱刘街道小东庄村废弃石灰岩矿矿山复绿项目，获得市级补助资金388.8万元，两个项目的工程设计招标工作完成，2017年复绿工作将全面启动并完成。编制《昌乐县2016年地质灾害防治应急预案》和《昌乐县2016年汛期地质灾害防治方案》。发布实施山东昌乐火山国家地质公园规划，成立火山地质公园管理处，完成公园标识系统、主副碑、电瓶车道、公园博物馆布展、网站和数据库建设工作。10月28日，通过省厅专家组验收。

【建设用地管理】 2016年昌乐县上报各类建设用地报件12个，总面积1772.7亩，全力保障昌乐县新二中、佳诚数码等重点项目发展用地。报批建设用地10个批次，全部为批次用地，面积1716.573亩，其中耕地1132.0905亩，新增占用耕地950.4675亩，增减挂钩占用181.623亩。实施工矿废弃地复垦利用项目12个地块，复垦面积510.4亩，增加耕地面积469.8亩。

【耕地保护】 根据市政府下达的耕地保护责任目标分解到9个镇（街区），层层签订《耕地保护目标责任书》，将耕地保护纳入政府年度工作目标考核，落实责任追究。年初耕地面积62776.53公顷，年末耕地面积62868.09公顷，年度增加耕地面积172.45公顷，减少耕地

80.89公顷。基本农田划定54620.61公顷，占耕地总面积的86.9%。耕地占用补充63.36公顷，连续16年实现耕地占补平衡。

完成城市周边基本农田划定工作。此次城市周边新划入基本农田1.9632万亩，加上原有基本农田0.3961万亩，划定后城市周边基本农田面积达2.3593万亩，达初步任务范围内6.0514万亩总耕地面积的38.99%。此次划定，为昌乐县城区保留用地空间5.4038万亩（其中耕地3.6921万亩、其他农用地1.7117万亩），为昌乐县未来5至10年经济社会发展留足用地空间。在划定工作中，根据上级批准的经济开发区界限，全部保留经济开发区内用地空间；对朱刘工业园区，经与街道及有关企业联系，根据发展规划进行预留；对宝通街两侧交通便利、适宜居住的区域，进行保留；对首阳山南侧部分环境优美、适宜发展旅游休闲产业的区域，预留发展空间；为阳光纸业、英轩控股、潍焦集团、元利化工、比德文等重点企业预留充足的发展空间。

【土地综合整治】 2016年县级土地开发项目通过市级复验，新增占补平衡指标1500亩，高标准农田规划设计与预算编制通过市级评审。“十三五”土地整治规划编制完成，并上报市国土资源局。11月28日，高标准农田建设项目规划设计与预算通过市级批复。2016年度高标准农田建设项目立项1项，建设高标准农田面积10000.05亩。实施完成1个县级占补平衡项目和1个高标准农田建设项目，整理面积71865亩，新增耕地面积1509.6亩。

【矿产资源管理】 *昌乐火山国家地质公园建设*。2016年1月，火山国家地质公园规划通过省国土资源厅组织的专家评审。4月28日，县编委正式批复成立火山国家地质公园管理处。先后完成公园主副碑、电瓶车道路、标识牌、解说牌、交通引导图、导游图、网站、博物馆布展等工作，10月顺利通过省国土资源厅组织的专家验收；11月将验收材料报送至省国土资源厅，向国土资源部申请验收。验收合格后，正式命名并揭碑开园。与县发改局联合申报2016年国家文化和自然遗产保护利用设施建设专项中央预算内投资项目。8月17日，县发改局转发国家、省、市的通知，下达中央财政资金360万元。

昌乐县第三轮矿产资源规划编制工作。2016年6月，由中标单位山东省第四地质矿产勘查院完成《昌乐县第三轮矿产资源规划》初稿，9月送往省地科院聘请专家进行审查，11月8日与市级矿产资源规划进行对接，11月23日向县政府常务会议进行汇报，按会议意见进行修改完善并报送潍坊市国土资源局。

矿山复绿项目。2016年7月，申报两个市级财政专项资金矿山复绿项目。昌乐县鄌郚镇东钟家庄村矿山复绿项目和昌乐县朱刘街道小东庄村矿山复绿项目，治理面积分别为28057.93平方米和34416平方米，项目批准实施后，将大大改善当地生态环境。

到期矿山关闭工作。2016年昌乐县有两家持证矿山企业，已全部到期关闭。分别是青岛天利得机械有限公司昌乐分公司（明河铁矿）采矿许可证于2016年3月3日到期；山东海瑞建材科技有限公司昌乐分公司（昌乐2010—01号矿区）采矿许可证于2016年4月24日到期。

加强地质灾害防治工作。编制《昌乐县2016年汛期地质灾害防治方案》《昌乐县2016年突发地质灾害应急预案》，并及时提请县政府审议、下发。全年未发生地质灾害事故。

压矿查询。对乔官500千伏输变电工程、青州换流站配套1000千伏交流工程、昌乐徐将军110千伏、王俊110千伏变电站等建设项目压覆矿产资源和地质灾害评估等情况进行详细调查，及时出具意见。

2016年昌乐县有2个探矿权项目，即山东省昌乐县伦家埠坡地区铜多金属矿普查项目和山东省昌乐县乔官地区油页岩矿普查项目。探矿权人积极开展勘查工作，保质保量完成探矿任务，按时完成矿业权信息公示工作。

【执法监察】 全县各级各部门协调配合，形成合力，抽调国土、公安、执法、交通、公路、电力、安监、环保8部门执法人员，组成矿产资源集中治理工作队伍，对全县矿区的私采滥挖、超载超限等违法行为，进行全面综合执法治理。通过巡查治理、群众举报、上级转办以及配合镇（街区）联合执法等渠道，查处各类矿产违法案件30余起，处理各类矿产信访案件10余起，查扣采挖机械18余台次，收缴罚没款20余万元。2016年督察卫片和2016年度市级卫片执法监督检查工作均顺利通过上级部门检查验收。

环境保护

【环境监测】 开展对城区大气环境质量、全县地表水环境质量、重点污染源监督监测和执法监测等工作，完成监察执法监测任务60余次，获得监测数据200多个。每月对丹河纪赵桥、桂河前牟、红河东于三个跨界断面的CODcr、氨氮进行取样监测，获取监测数据72个。每双月对高崖水库、马宋水库、唐家老庄断面的地表水水质进行取样监测，获取监测数据156个。每季度开展城市集中式饮用水水源地（高崖水库）水质监测工作，获取监测数据248个。每季度开展全县废水、废气重点污染源监督监测工作，获取监测数据901个。做好城区三个大气自动监测站的运营和数据传输工作。对监测数据进行评价和分析。

【大气污染防治】 2016年初启动实施10吨/小时以上燃煤机组（锅炉）超低排放改造工程，盛世热电、英轩实业、源丰热力、杰富意、松江印染、恒泰食品等企业投资约1.3亿元完成超低排放改造。加强全县石化行业、有机化工、表面涂装、包装印刷等四个重点行业挥发性有机物防治工作，通过专人包靠、定期调度、强化检查等方式，督促金泽利化工、德润化工、华荣工贸、日科化学、振兴日升、杰富意、元利科技等7家企业按序时进度完成挥发性有机物“泄露检测与修复”。振兴焦化、万山集团投资约4800万元建设完成焦炉烟气脱硫脱硝装置，焦炉烟气中主要污染物S02、NOX、颗粒物排放浓度达《山东省区域性大气污染物综合排放标准》第三时段标准要求。县环保、安监、国土、公安等多部门组成联合执法队伍，会同属地镇（街、区）政府，先后对板材、铸造、石料加工开采等高污染行业进行专项治理，累计关停违规石料加工企业41家，停业整顿板厂及配套企业169家，停产整顿铸造企业13家。

【水污染防治】 对全县化工园区、重点涉水企业、饮用水源地、主要流域（丹河、桂河、红河）涉水企业、污水处理厂采取明查、抽查、夜查等方式进行不定期监督监察。推动昌乐蓝宝石水务发展有限公司污水处理厂、山东实康水业有限公司污水处理厂、国电银河水务（昌乐）发展有限公司污水处理厂投资约8000万元，按照地表水五类水标准，启动实施提标改造工程，其中建成完成昌乐蓝宝石水务发展有限公司污水处理厂提标改造工程一期。建成丹河、桂河流域湿地600亩，加强对建成湿地管理和维护，对丹河流域2千米湿地范围内的植被进行补栽、密植。

【污染减排】 积极推行“工程、管理、结构”三大减排举措，完成昌乐盛世热电有限责任公司1号—6号燃煤锅炉脱硫升级改造工程、山东万山集团有限公司新建焦炉脱硫脱硝工程、昌乐城西污水处理厂一期升级改造工程，取缔关停昌乐山水水泥有限公司2000吨/天熟料生产线，建成投运19家规模化养殖场（小区）废弃物综合利用工程，减排化学需氧量735.2吨、氨氮112吨、二氧化硫383.8吨、氮氧化物790.2吨，超额完成年度减排任务。

【十大工程】 产业提升绿色发展工程。制定下发《昌乐县产业提升绿色发展工程实施方案》《加强安全环保节能节水管理加快全县化工产业转型升级工作方案的通知》等文件，建立健全县化工产业转型升级工作联席会议制度。完成调查摸底全县114家化工企业，实现化工企业“一县一册”。引导企业创新研发，17个项目列入山东省技术创新项目，5个项目列入2016年省重点技术改造项目导向计划。

清洁能源替代改造工程。加强对新上燃煤项目的审核把关，严格控制新上燃煤项目。推进燃煤锅炉节能环保提升工程建设。推广新能源集热系统，铭基中慧和松江印染完成太阳能热水系统改造，年可节约标准煤1300余吨。全面拆改城区“禁燃区”内燃煤锅炉。

工业点源深度治理工程。完成华荣工贸、德润化工、金泽利能源等企业泄漏检测与修复工作；完成全县石化、有机化工、表面涂装、包装印刷行业安装挥发性有机物在线监控设施排查工作；燃煤锅炉（机组）超低排放改造工作进展加快，松江印染、英轩实业、盛世热电等企业基本完成；对板材行业、铸造业、土小企业等进行全面整治，停业整顿板厂149家、胶厂12家、膜厂8家，关停铸造企业13家和小塑料回收企业23家，取缔土小企业36家。

车辆污染综合管控工程。严抓机动车环保检验程序和流程，发放环保检验合格标志38971个。严格执行机动车环保准入条件，退回120余辆未达排放标准的机动车在昌乐落户登记。加强在用车排放监管，查处超标排放车、黄标车、无标车、冒黑烟车辆上路行驶等违法行为1200余起。推广使用新能源车，投入试运营新能源电动公交车300台，改用清洁能源执法车辆5台。

城镇环卫精细管理工程。加强道路扬尘治理力度，严格防治建筑施工、商混企业扬尘，在建筑工地现场和商混企业设置扬尘污染防治公示牌60余快，安装自动冲洗设备50多处，覆盖裸土、物料200多处，硬化工地出入口和主要道路3500余米。强化市政施工扬尘防控，宝通街（大沂路以东）硬化出入口4处，硬化面积480平方米。整治城区露天烧烤，印发《关于县城区内禁止露天烧烤的公告》，城区90余家烧烤经营业户更换为无烟烧烤炉具，实施店内经营。

城镇废水综合利用工程。对综合污水处理厂进行提标改造，加快污泥无害化处置场所和雨污分流管网建设，提高废水综合利用能力。城区污水处理厂设2处中水回用泵站、3处中水取水站点，铺设管道11.2千米，日回用总能力8万吨。集中供热优化整合工程。实施供热管网中继站项目，完成土建工程、设备和电器自动控制系统安装等。完成度假村小区老、旧供热管网的改造。河流生态湿地生态保护工程。完成高崖水库库区新栽柳树、杨树等湿地树木栽植任务，栽植湿地树木265亩，15905株；对丹河、桂河、红河、白浪河人工湿地和生态湿地进行补植，清理河流沿岸垃圾、废弃物，其中，丹河宝都街道段补植水生植物20余亩；完成红河镇除梁家官庄、埠南头、清泉、崖下店子500亩生态林建设任务；在高泉村建设杨树生态林建设120亩；红河镇建设生态林620亩。

农业面源污染防治工程。以宝都街道、五图街道为重点，开展5000亩农药残留治理工程，全面禁止52种高毒农药销售使用，严厉打击违法违规销售、使用农药的行为。全面推广测土配方施肥，取土化验土样8000多个，确定小麦、玉米、瓜菜、花生施肥配方11个，设立测土配方施肥宣传栏360余个，发放配方施肥卡10万份。建设畜禽粪污处理设施示范工程2个，改造标准化饲养场2个，完成“三品一标”认证养殖场2家。

环境安全风险防控工程。对全县16家重点环境风险企业、1家涉重金属企业和城东项目区进行环境风险防控专项检查，评估诊断30余家危废产生企业，完成应急预案备案57家，编制完成昌乐县突发环境事件应急预案，开展环境安全应急管理培训和环境应急演练。

【环境监察】 2016年，加快推进在线监测设施建设，督促督促万山集团、齐荣纺织、元利化工等企业安装废水在线监控系统，督促英轩实业、盛世热电、山水水泥升级改造废气在线监控设施，规范松江印染的排污口。累计通过视频监控系统发现各类环境异常情况 40 余次。开展随机抽查，从涉水、涉气、涉危废企业中随机抽查企业，出动 963 人次，检查重点源数量 9 家、一般污染源数量 40 家、特殊监管对象数量 4 家、日常监管污染源 310 家。开展全县环保专项检查行动，对全县涉水、涉气、涉危险废物企业进行专项检查。检查涉水企业 142 家、涉气企业 133 家、涉危废企业 90 家，发现问题企业 46 家。对城区、开发区、朱刘片区的异味企业，不定期组织夜查、暗查行动，防范异味企业的偷排偷放现象。对印染、塑料颗粒企业的拆除情况，确保企业污染治理设施正常运行，有效控制夜间异味。

【审批服务】 环境影响登记表从审批制改为备案制，采用网上备案方式，通过登录昌乐县环境保护局门户网站进行网上备案，取消前置申报材料，减少办理环节，缩短办理时限，开启网上报、不见面的办理模式。取消环保竣工验收行政许可，建立环评、“三同时”和排污许可衔接的管理机制。不再将水土保持方案的审批作为环评的前置条件，取消环境影响报告书、环境影响报告表预审，环评审批弱化事前、强化事中和事后监管。2016 年，审批建设项目 93 个，验收建设项目 92 个。深化环评信息公开，引导公众依法有序参与，全年发布审批公示信息 210 余条。

2016 年昌乐县体育局大气自动监测站数据统计表

表 12　　　　单位：mg/m³

时间	可吸入颗粒物	PM2.5	二氧化	二氧化氮	一氧化氮	氮氧化物	一氧化碳	臭氧
2016—01	0.148	0.105	0.076	0.063	0.032	0.096	1.71	0.036
2016—02	0.119	0.076	0.064	0.048	0.016	0.064	1.38	0.07
2016—03	0.139	0.064	0.045	0.045	0.012	0.057	0.931	0.081
2016—04	0.154	0.064	0.039	0.04	0.01	0.05	0.828	0.107
2016—05	0.095	0.056	0.053	0.034	0.008	0.042	0.791	0.129
2016—06	0.082	0.05	0.042	0.027	0.007	0.034	0.779	0.134
2016—07	0.061	0.038	0.031	0.024	0.008	0.031	0.752	0.1
2016—08	0.056	0.035	0.023	0.028	0.009	0.037	0.916	0.075
2016—09	0.091	0.057	0.028	0.039	0.011	0.05	0.927	0.102
2016—10	0.087	0.053	0.029	0.039	0.013	0.052	0.905	0.061
2016—11	0.122	0.075	0.034	0.061	0.027	0.087	1.18	0.041
2016—12	0.153	0.111	0.044	0.06	0.025	0.085	1.62	0.029
平均值	0.109	0.065	0.042	0.042	0.015	0.057	1.06	0.081
最大值	0.154	0.111	0.076	0.063	0.032	0.096	1.71	0.134
最小值	0.056	0.035	0.023	0.024	0.007	0.031	0.752	0.029

2016年昌乐县五图大气自动监测站数据统计表

表13　　单位：mg/m³

时间	可吸入颗粒物	PM2.5	二氧化	二氧化氮	一氧化氮	氮氧化物	一氧化碳	臭氧
2016—01	0.131	0.097	0.064	0.059	0.016	0.074	3.33	0.039
2016—02	0.112	0.074	0.054	0.038	0.012	0.049	1.83	0.046
2016—03	0.124	0.071	0.037	0.042	0.009	0.051	1.89	0.052
2016—04	0.157	0.069	0.028	0.042	0.004	0.046	1.24	0.055
2016—05	0.09	0.055	0.033	0.034	0.002	0.035	0.861	0.09
2016—06	0.074	0.046	0.02	0.027	0.005	0.031	0.917	0.111
2016—07	0.057	0.04	0.011	0.022	0.006	0.027	1.16	0.083
2016—08	0.067	0.038	0.028	0.026	0.005	0.032	1.2	0.069
2016—09	0.085	0.059	0.033	0.035	0.006	0.041	1.15	0.095
2016—10	0.074	0.059	0.031	0.041	0.007	0.048	1.33	0.048
2016—11	0.121	0.076	0.036	0.052	0.01	0.062	1.34	0.039
2016—12	0.159	0.112	0.036	0.06	0.015	0.074	1.74	0.028
平均值	0.104	0.067	0.034	0.04	0.008	0.048	1.5	0.063
最大值	0.159	0.112	0.064	0.06	0.016	0.074	3.33	0.111
最小值	0.057	0.038	0.011	0.022	0.002	0.027	0.861	0.028

2016年昌乐县朱刘小学大气自动监测站数据统计表

表14　　单位：mg/m³

时间	可吸入颗粒物	PM2.5	二氧化	二氧化氮	一氧化氮	氮氧化物	一氧化碳	臭氧
2016—01	0.149	0.096	0.093	0.062	0.03	0.092	1.68	0.032
2016—02	0.124	0.074	0.075	0.045	0.015	0.06	1.2	0.05
2016—03	0.14	0.065	0.043	0.043	0.014	0.056	0.955	0.072
2016—04	0.161	0.062	0.03	0.036	0.012	0.048	0.88	0.117
2016—05	0.1	0.052	0.034	0.032	0.007	0.039	0.984	0.125
2016—06	0.088	0.046	0.024	0.026	0.006	0.032	0.851	0.126
2016—07	0.064	0.038	0.014	0.021	0.007	0.028	0.834	0.086
2016—08	0.06	0.037	0.019	0.028	0.009	0.037	0.931	0.067
2016—09	0.098	0.057	0.029	0.036	0.011	0.046	0.993	0.094
2016—10	0.085	0.051	0.025	0.036	0.013	0.049	1.02	0.055
2016—11	0.139	0.085	0.03	0.045	0.018	0.063	1.24	0.034
2016—12	0.187	0.137	0.048	0.059	0.022	0.081	1.8	0.03
平均值	0.116	0.067	0.039	0.039	0.014	0.053	1.11	0.074
最大值	0.187	0.137	0.093	0.062	0.03	0.092	1.8	0.126
最小值	0.06	0.037	0.014	0.021	0.006	0.028	0.834	0.03

教育 科技

jiaoyu keji

教　育

【概况】 2016年，昌乐县适应全县经济社会发展新形势，按照县委、县政府提出的“教育优先发展、更加突出公益性”的要求，坚持以党的建设为统领，以践行社会主义核心价值观为主线，以素质教育为主题，以教育质量为核心，以教育安全为保障，以办好人民满意教育为目标，教育工作实现城乡教育优质均衡发展，公办、民办教育一体发展，基础教育与职业教育、学前教育、特殊教育协调发展。至年底，各级各类学校（幼儿园）182所，其中小学41所，初中7所，高中4所，特殊教育学校2所，竞技体育学校1所，高考补习学校1所，创新实践学校1所，中职院校1所，在校学生81024人；幼儿园124所，在园幼儿14065人；教职工9138人。

【课程建设】 通过“六项机制创新”，激发课程建设活力与潜能。创新政策保障机制，为学校搭建推进课改的平台；创新校长选聘机制，建设研究型专家型校长队伍；创新培训研讨机制，提升教师课程改革水平；创新教研工作机制，发挥教研员研究指导职能；创新成果推介机制，共享

2016年昌乐教育基本情况一览表

表15

	学校数（个）	班数（个）	在校生数（人）	毕业生数（人）	专任教师数（人）
合计	182	2364	95089	25881	7372
一、基础教育学校	179	2273	91164	24103	7080
（一）小学	41	935	38445	5315	2359
（二）普通中学	11	760	38326	13260	3380
初中	7	383	19491	6537	1462
高中	4	377	18835	6723	1918
（三）特殊教育	2	13	234	32	68
（四）竞技体育学校	1	5	94	56	28
（五）幼儿园	124	560	14065	5440	1245
二、博闻学校	1	13	670	670	54
三、中等职业教育	1	78	3255	1108	204
四、创新实践向学校	1	—	—	—	34

课改成功资源；创新评价激励机制，引领课程改革走向深入。积极推进课程整合，昌乐一中、西湖小学、新城中学被确定为首批潍坊市传统文化体验教育实验学校，西湖小学确定为山东省传统文化体验教育实验学校，及第中学、实验小学被确定为第二批潍坊市心理健康教育特色学校，昌乐二中被确定为山东省心理健康教育特色学校，新城中学、郰部镇中学被确定为“阅读能力提升工程示范校”，育才双语学校、朱刘街道小学被授予潍坊市硬笔书法写字示范校。育才双语学校的“美术国家课程校本化实施”被市教科院成功推介，特师附小在全省综合实践活动优秀课例展示活动中做《学校德育实践活动组织与实施》典型发言。《理念铸就课改内涵，特色提升教育品质》—昌乐县区域推进基础教育课程改革案例报送省教科院，代表潍坊市参加评选，并收入潍坊市教改案例丛书。

【课堂改革】 积极推进课堂教学改革，认真落实《潍坊市有效课堂要素和评价标准》要求。昌乐二中的“271”教育模式、昌乐一中“翻转课堂”、昌乐外国语学校“三效课堂”、昌乐实验中学的“三自主，五环节”课堂教学模式、昌乐育才双语学校“能本化课堂”进一步得到完善，课堂教学效益进一步得到提高。昌乐一中与北师大合作培训项目“促进学生学科核心素养和关键能力发展的翻转课堂教学研究”有效开展。中央电教馆“全国翻转课堂学术研讨暨成果展示交流活动”在昌乐一中举办。昌乐外国语学校召开以“读懂学生，发展其核心素养”为主题的中国县区教育第二届学术年会，同时举行第三期“成长中教育家”培训班“十三五”科研课题培训和第二届“蓝宝石”杯全国青年教师课堂教学大赛决赛。昌乐实验小学的单元整体教学模式初见成效。昌乐县西湖小学的“趣·乐·情”习作教学团队先后在昌邑、寿光开展课堂展示活动。全县获得第十四届市政府教学成果奖34项，有9人入选山东省基础教育评估专家名单，10人获得市学科育人示范标兵称号，6人获得潍坊市“青年教改先锋”称号，7人获得潍坊市“优秀乡村青年教师”称号。

【教育质量综合评价研究】 修订《昌乐县教育教学工作督导评估方案》中的“教育教学质量”指标分数，提高教育教学质量监测在督导评估中的比重。实行质量监测前置制度，提高教学质量在绩效考核、职称评聘、评优树先等方面的权重。实施县、镇、校、年级四级监测机制，落实综合监测、阶段监测、单元测试和随堂监测制度。建立面向全体学生的全学段、全学科、多维度监测评价指标体系，引导学校规范课程开设，面向全体办学；加大监测设施投入，在全县各镇和高中学校配齐网上阅卷评价分析系统，划分网上阅卷监测区，实现网上阅卷全覆盖。加强全县监测队伍建设，成立全县质量监测数据中心，建立学生学业水平数据库，全程跟踪学生的学业质量发展轨迹，利用大数据分析为教师教学和学生学习提供高效反馈和精准指导。分学段、分学科定期召开学业质量分析反馈会，对质量监测数据进行认真分析和有效反馈，发现问题，提出教学指导意见，研究教学质量提升策略。认真组织参与全市五年级和八年级质量监测和初中学业水平考试，质量监测成绩居全市上游，初中学业水平考试总平均分成绩居全市第一名。

【教育科研】 2016年课题研究重点是在学科课程实施中培养学生学科核心素养，促进课堂教学的高效优质和学科课程的实施水平，促进学生学科核心素养的提高，保证教育教学质量的稳步提升。经层层申报筛选，确定44项学校课题、88项教研组课题、140项教师小课题通过立项。年底召开县级的课题结题鉴定会，进行课件汇报、现场答辩和实证材料现场展示，参加结题鉴定会的课题有284项，经过展示汇报226项通过，结题率为79.58%。申报潍坊市小课题研究12项，在全市中期展示时全部获奖，顺利通过结题鉴定。开展重大教育教学问题行动研究、教学自主创新、优秀教学法三类项目研究，形成教师特色和学校特色。及第中学《按学科选层次走班教学》、昌乐一中《学生个性化学习策略研究》、西湖小学《“趣·乐·情” 高效课堂方式及流程探索》、外国语学校《三效课堂实践研究》被确定为市级研究项目，其中昌乐一中、外国语学校在市里获奖，外国语学校《三效课堂—山东省昌乐外国语学校课堂改革解码》被评为山东省教育科学优秀成果二等奖。在潍坊市教科院组织的教学自主创新和优秀教学法项目展示活动中，全县参评的4个项目均在潍坊市获奖。

【深化校长职级制改革】 实现校长职级认定全覆盖。为2015年任职校长评审确定校长职级，将全县具备法人资格的完小以上学校校长(园长)全部纳入职级制管理范围，落实校长职级待遇。加强学校干部配备，通过竞争上岗为昌乐一中英才实验学校和朱刘街道魏家庄小学选聘校长，按干部选任办法为县实验中学、县第二实验小学等学校选任15名副校级干部。加强校长和校长后备人才培养培训，组织全县62名中小学校长和61名校长后备人才参加市教育局培训，提高学校干部管理水平。推进扁平化管理机制，指导各学校建立从校长到一线教师一贯到底的学科教学教研管理体系，实行学科教学教研分层管理。加强学科教研室建设，配备学科教研室主任317名，其中由原中层及以上干部转任或兼任169人，从骨干教师中选拔聘任148人。

【中小学教师“县管校聘”】 落实市教育局、编办、财政局、人社局《关于深化中小学教师队伍管理体制改革的实施意见》（潍教字〔2015〕10号）精神，县教育局、县编办、财政局和人社局联合制定下发《关于印发〈昌乐县中小学教师县管校聘交流轮岗实施方案〉的通知》（乐教字〔2016〕17号），在暑假期间组织进行全县中小学校内竞聘和跨校竞聘交流工作。全县1处高中、6处初中、59处小学（含教学点）66处普通中小学4468名教职工全部实行竞争聘任，其中校内竞争上岗4338人，跨校竞聘上岗91人，39人落聘待岗培训。跨镇街区和县直学校交流轮岗的91人中，有56人从师资宽裕的高中、初中向师资紧缺的小学流动，14人从县直学校向镇街区学校流动，基本实现师资从富余学校向紧缺学校、城区学校向乡村学校的流动目标，全县教师资源配置进一步优化。

【新教师招聘】 按照“退补相当”原则，从大学毕业生及高层次人才中考选录用优秀教师充实中小学教师队伍，充分考虑农村学校学科教师短缺情况，优先引进英语、音乐、体育、美术等紧缺学科教师。录用事业编制教师137名，其中分配到潍坊美加实验学校、昌乐一中英才实验学校两处学校55名、县实验小学等公办中小学82名。接受安置退役运动员6名，录用大学生村官等定向岗位人员8名，全部安排到镇街区中小学。

【教师职称评聘】 将县人社局批准的高、中级职称岗位竞聘推荐指标核算分配到各镇街区和县直学校，按照“一校一方案”原则，指导各学校自主制定职称岗位竞聘推荐实施方案，由各单位按方案自主组织职称岗位竞争推荐。推荐评审中小学教师职称高级141人、中级88人、初级180人，评审通过高级125人、中级88人、初级180人；通过竞争聘任，有579人竞聘到高等级岗位，其中五级6人、六级33人、八级23人、九级257人、十一级260人。

【优秀人才表彰】 评选表彰50名“昌乐县青年教改先锋”，推荐6人参评并获得“潍坊市青年教改先锋”称号；评选表彰30名“昌乐县优秀乡村青年教师”，推荐7人参评并获得“潍坊市优秀乡村青年教师”称号；推荐2人参加潍坊市第十三批专业技术拔尖人才评选，全部评审通过；推荐9人参加昌乐县专业技术拔尖人才评选，2人评审通过。

【教研活动】 开展以学科研讨为主体的县域教研活动，通过示范课、同课异构等方式，组织研讨会200余次，搭建学习和交流的平台，助推学校改进教学策略。开展“研究考纲考题”活动，引导全体干部教师在自主研究的基础上开展学科组交流共享和备课组集体研讨。借助省市“一师一优课，一课一名师”评选活动，积极引导师生进行数字化互动教学，充分利用现代信息技术的领航和支撑作用，评出县级优课978节。落实教研员“四个一”工程，推行“三二”工作机制，实现教研工作重心下移，教研员到基层工作调研时间平均每人达90余天。组织教学视导评估活动，视导组成员历时10余天，通过听课评课、常规材料展评、经验介绍等，梳理各校亮点，总结经验，指出问题，引领全县教育教学工作。

【教师培训】 6月至8月，在全县中小学深入开展教育干部素质提升工程，组织教育干部参加管理策略、管理艺术、工作策略等方面的培训活动，提高教育干部管理水平。7月，组织幼儿园园长专家引领培训，采用案例分析、问题研讨、经验交流、考察调研等形式，提高园长的理论水平与实际工作能力。5月至11月，组织中小学（幼儿园）教师参加山东省教育厅统一组织的远程研修。9月，通过引进优质教育培训资源，采用“网上研修和线下培训”等形式组织教师素养培训，并组织全县5682名教师进行培训效果检测活动，提升教师履行岗位职责和实施素质教育的能力和水平。10月，采用“集中研修和校本研修”形式，组织213名近三年新招聘教师开展研修活动，加快青年教师专业化发展。年内全面组织开展学生资助业务培训、图书管理员培训等其他各类专项业务知识培训1200余人次。

【经费保障】 2016年全县教育经费总收入115362万元，公共财政预算安排的教育经费拨款82596万元（其中教育事业费77445万元、教育费附加5151万元）；政府性基金安排的地方分成的彩票公益金用于教育124万元；民办学校中举办者投入150万元；社会捐赠60万元；事业收入32093万元；其他收入339万元。

2016年公共财政预算教育经费拨款82596万元，比上年增加874万元。全县义务教育学校生均公共财政预算教育事业费支出达10977.22元，比上年增加43.38元。教师工资和学生平均公用经费逐年增长。2016年义务教育学校生均日常公用经费为965.84元，比上年增加34.81元。2016年教师人均月工资6332.71元，比上年增加812.5元。

义务教育学校生均公用经费按照省定基准定额即小学生均公用经费710元，初中生均公用经费910元拨付。在此基础上对寄宿制学校按照寄宿生年生均200元的标准增加公用经费补助，对农村不足100人的规模较小学校，按100人核算公用经费，拨付义务教育公用经费4171.48万元。特殊教育学校按每生每年6000元标准补助公用经费136.8万元。落实农村义务教育阶段学生免教科书资金691.82万元。

【“全面改薄”和“破解大班额”工程】 2016年昌乐县统筹推进“全面改薄”和“破解大班额”工程，建设完成潍坊美加实验学校、昌乐一中·英才实验学校、昌乐行知双语实验学校、朱刘街道小学、朱刘街道魏家庄小学等5所学校。累计投入资金约7.8亿元，总计建设面积25.3万平方米，新增学位约1.3万个；投入资金3000多万元采购学校教育教学设施、实验教学仪器，学生餐厅、宿舍设备等；由社会资金投资4.5亿元建设的昌乐县北大公学双语学校于2016年8月开工建设，将于2017年秋季开学建成投用。

采取政府和社会资本合作（PPP）模式建设21所农村中小学建设改造工程，项目总投资约2.8亿元，累计建设面积约13万平方米，项目于2016年年底陆续开工建设，计划2017年全部建成投用。

【教育行政】 教育机构沿革。3月，经潍坊市教育局批准，同意“美加实验学校”冠名“潍坊”，学校全称“潍坊美加实验学校”。6月，经县公务用车改革领导小组批准，完成教育局6辆公务用车制度改革，改革后核定保留公务用车1辆，其中，机要通信和应急用车1辆，其他参改车辆全部取消。7月，经县教育局研究决定，成立昌乐县教师资格认定专家审查委员会，负责教师资格认定工作。8月，为进一步加强招生考试工作，经县编办批准，在昌乐县招生委员会办公室加挂昌乐县招生考试研究院牌子。9月，经县委研究决定，设立中国共产党昌乐县委教育工作委员会（以下简称县委教育工委），作为县委的派出机构，挂靠在县教育局，负责全县教育系统党建工作。11月，为促进教师合理流动，实现教育人才资源的优化配置，经县编办批准，成立昌乐县教育人才就业服务中心，为县教育局所属公益一类事业单位，具体负责教师交流轮岗，就业指导及有关配套工作，负责新教师招聘及派出支持民办学校公办教师管理。11月，经潍坊市编办和县编办批复，同意设立昌乐教育党建工作办公室，为行政工作机构，副科级规格，设在县教育局，作为中国共产党昌乐县委教育工委的办事机构，承担中国共产党昌乐县委教育工作委员会的日常工作，负责全县教育系统党建工作。

【行政审批服务】 编制包括15项事项的随机抽查事项清单，确定抽查对象名录库和执法检查人员名录库；编制31项公共服务事项清单，每个事项都制定服务指南；严格办件流程，依法办理行政许可事项，全年办结26件。规范印章启用和废止程序，年内启用新印章4个，作废印章1个。

【责任督学挂牌督导】 2016年3月、12月两次对督学责任区进行调整，设置5个责任区，覆盖全县所有中小学、幼儿园和民办培训机构。同时，对各责任区责任督学进行调整，聘任督学56人，并聘请5名从中小学校长岗位退下来的老同志充实到督学队伍。年内，加强督学培训，从3月开始，昌乐县各责任区要求督学每周到学校进行常规化督查1次，每月将本责任区所有学校督查一遍，每次督查活动都要认真填写督导纪实表，并按要求加盖被督导单位公章，单位负责人与督学要在规定位置签字。督查结束后3个工作日内要形成详细的督导报告。9月，组织10名督学参加市级督学培训；11月中旬，举办县级督学培训班，聘请3位省督学讲课，提高各责任区督学的业务水平。统一制作和发放207块督学公示牌，要求各学校、幼儿园和民办培训机构悬挂于学校门口醒目处。2016年，各督学责任区填写督导纪实表2000余份，编写督学报告150多份，发现教育亮点150多条，提出意见和建议150多条，驻校督导1次。全年调查答复教育投诉710余件，印发情况通报12期，印发舆情预警8期。同时，加强提案、议案办理工作，年内承办人大代表建议9件，政协委员提案19件，办结率100%，满意率100%。

【招生考试】 普通高等学校招生。2016年，全县有7015人报名参加高。昌乐及第中学2人被录取为海军飞行员，被评为省级招飞先进单位。

高考教育自学考试。2016年全县累计报名83人次，报考186科次，办理毕业1人。

全国成人高考。全国成人高考实行网上报名、现场确认的报名方式，2016年全县为964名考生进行现场确认。

中小学信息技术等级证书考试。2016年上、下半年分两次组织8384名初中考生参加中小学信息技术等级证书考试。

普通高中学业水平考试。山东省普通高中学业水平每年组织夏季、冬季两次报名考试。2016年，夏季全县报名6305人次，报考43468科次，冬季全县报名7483人次，报考21344科次。

【教育装备】 2016年新建科学实验室9个、

理化生实验室 12 个，全县理科实验室全部完成改造工作，物理实验室达电源到桌，生化和科学实验室全部达水电到桌。新购置文理科教学仪器及耗材8.6万件套其中数字化教学设施280余件、音体美教学设施 5.1 万件套、卫生室及心理咨询室设施 128 件套，全县 2016 年投入资金 200 多万元。实验中学为创造良好的实验教学环境，在 23 个理化生实验室安装空调。积极尝试新的采购模式，学校采购教学仪器及设施超过 1 万元以上（规模较大的学校超过 3 万元以上）必须经过教育局业务科室审核通过后方可按照程序购置。全县统一采购中小学生作业本及教师用备课本，由实验教学研究中心通过县公共资源交易中心公开招标“2016 年秋季中小学生作业本和教师用备课本等”采购项目，购置学生作业本 73.87 万本 36.09 万元、教师用备课本等 2.29 万册 2.45 万元。2016 年昌乐县先后荣获潍坊市实验教师说课活动优秀组织单位、潍坊市实验教师技能大赛优秀组织单位、潍坊市中小学生创新技能大赛优秀组织单位等荣誉称号。

【“书香校园”】 2016 年共计投入 180 万元，添置图书近 8 万册，生均达 1 册纸质图书，购置教学挂图 6000 余幅，购置图书室及阅览室设施近 860 件套，新建、改扩建图书阅览室近 2000 平方米。在全县深入开展书香校园、书香家庭、书香气质、书香人生“四大工程”，让书香阅读成为师生学习和生活的常态。一是让阅读成为课程。让阅读真正成为学生学习的一部分，在课程安排上，各学校分阅读选修课和必修两种进行，每周开设包括古诗词诵读、国学诵读等的至少 1 节必修课；每学期都向师生推荐阅读书目，自助选修阅读中学不少于 10 本，小学不少于 5 本。二是让图书“进书包”。在全县初中、小学中开展图书漂流活动，每班 200 本课外读物进课堂、进书包，在全年级阅读轮换，每两年学校图书馆书籍轮流一遍，让学生随时随处都能阅读。三是让阅读成为生活常态。每校都创建图书馆、活动室、班级图书角、学生书包“四级”书香网络，每校广泛开展读书节、学生读书报告会、朗诵会、主题演讲等常规性阅读活动。2016 年先后在学生中举办“诗意启航”“金秋诵诗会”“感恩在行动”“经典阅读，快乐成长”“我与学校共成长”等演讲比赛，举办中小学生“诗人进校园”“我爱读书”手抄报展。开展教师读书锻造工程，倡导初中以上学校及镇街小学每月开展“师生读书沙龙活动”，让读书成为教师学习和工作的一种内在需求，让学生阅读生活化、阅读终身化。2016 年昌乐县先后荣获全省教育报刊宣传发行工作先进单位、潍坊市教育装备工作和书香校园建设先进单位等荣誉称号。

【教育信息化】 教育信息化基础建设。通过实施教育城域网改造工程、数字化校园推进工程，昌乐县不断完善以“三通两平台”为主要内容的数字化基础设施建设。教育城域网拥有移动、联通双千兆出口，所有教室均百兆以上接入网络，网内有多媒体教学设施 2478 套，教学用机 13015 台，实现专任教师每人一机。通过“班班通”配备与管理，“班班通”教学应用逐步进入常态化。

教育资源建设与应用。通过整合现有资源、链接上级资源库、开发本土资源等方式建立县域教育资源云服务中心，基本形成覆盖全县中小学各年级各学科的优质课程资源库。在“一师一优课、一课一名师”活动、微课评选活动、教育信息化展示交流活动中，征集课堂教学视频 1900 余节、微课 2290 个、课件和教学设计等 4000 余个，遴选出各类优质教学资源 2500 余个。在“学乐云·人人通”平台上，注册教师 4529 名，注册学生 52647 名，上传各类教学资源 367000 余个。在推进活动月中，全县小学教师日参与率达 80%，学生日参与率达 42%，被市电教馆确定为“网络学习空间人人通”推进试点区。

信息技术创新与实践活动。为打造信息技术创新实践环境，各学校建设动漫实验室 21 个、3D 打印教室 4 个、创客教室 3 个、机器人实验基地1处。在全国中小学电脑制作活动中，9件作品获全国奖；在全国青少年信息学奥赛中，8名同学获全国奖；在山东省青少年七巧科技竞赛活动中，12个项目获省奖。因竞赛成绩突出，昌乐县有6名教师荣获2016年潍坊市政府教学成果奖。

创先争优项目。12月3日至5日，由中央电化教育馆培训中心主办的全国翻转课堂学术研讨暨成果展示交流大会在昌乐一中举行。中央电教馆副馆长韩俊、山东省电教馆馆长王书勤、潍坊市教育局副局长郭治平等领导出席大会并致辞，华东师范大学祝智庭教授、北京师范大学武法提教授、华南师范大学焦建利教授等作专题报告。在山东省教育厅组织的教育信息化试点验收中，昌乐一中顺利成为首批山东省教育信息化试点学校。在市“互联网+教育”示范校创建活动中，昌乐一中和新城中学荣获2016年潍坊市“互联网+教育”示范校。

【学校安全】 安全教育培训。严格落实安全教育课程，积极开展“安全教育第一课”“全国中小学生安全教育日”“5·12全国防灾减灾日”安全教育活动。加强对教职员工的安全业务培训。10月，举办全县学校教育干部及幼儿园园长安全管理培训班，400余人参加培训。

“网格化”责任监管体系建设。制定印发《昌乐县学校安全网格化实名制管理实施方案》，明确校内各个岗位的安全工作职责任务，层层签订安全工作责任书，学校安全工作达全员目标、全体责任、全程管理、全面覆盖，构建起实名制、网格化的学校安全管理工作网络体系。强化应急预警和校园安保，县教育局及各学校修订完善突发事件应急预案，各校每季度至少开展一次应急疏散演练活动。完善预警机制，严格执行值班和报告制度，切实做好突发事件的预防和处置工作。

消防安全管理。各学校明确消防安全管理人员，配足配齐消防器材，按标准要求设立应急疏散标识，安装应急灯，张贴疏散示意图，保持疏散通道、安全出口和消防车通道畅通。开展对教室、食堂、餐厅、宿舍等重点场所和用火、用电、用气等方面的安全专项检查，及时发现、整改和消除消防安全隐患。

隐患排查整改。2016年先后开展学校在建工程和校园安全专项检查、汛前安全隐患排查、特种设备集中检查等一系列隐患排查治理活动。春秋季开学前，开展全县学校安全大检查，确保顺利开学。成立校园安全专职巡查队伍，加强全县校园安全日常巡查，每周对县直学校巡查一篇，对乡镇中小学校巡查不少于三分之一，对巡查发现的问题，当场下达整改通知书。

学生溺水防控。3月，向所有家长印发教育部防溺水一封信，组织全体中小学生观看教育部制作的专题节目，4月，县政府下发防溺水通知，建立起齐抓共管、联防联控的防溺水工作机制，全面排查危险水域，完善安全责任书和包靠责任制，实现对每一处水域、每一名学生的无缝隙、全覆盖管理。

【学前教育】 幼儿园建设。加大财政支持力度，2016年，为城区公办幼儿园和所有镇街（园区）中心幼儿园拨付生均公用经费256.81万元。以标准化幼儿园建设为重点，加快推进学前教育资源优化，着力提升保教质量，全县19处幼儿园被评为省实验、示范幼儿园（其中2016年9处幼儿园通过省示范验收），24处幼儿园被评为市示范园，50处幼儿园被评为县示范幼儿园，9处乡镇中心幼儿园全部通过省级认定，8处镇街被评为潍坊市学前教育先进镇街（其中2016年朱刘街道和乔官镇被评为学前教育先进镇街），3处幼儿园被确定为潍坊市幼儿教师培训实践基地（营丘镇中心幼儿园为2016年新确定）。2016年，投资5170.4万元， 完成新建、改扩建幼儿园27处，其中新建6处（公办4处、民办2处），改扩建21处，新增建筑面积26348万平方米，新增学位2160个。充分发挥镇（街、区）中心幼儿园、集团管理园的示范辐射带动作用，实现区域内“统一规划布局、统一经费管理、统一教师招聘调配、统一教师工资发放、统一业务管理、统一考核评估”。

师资队伍建设。2016年，突出抓好全员培训，健全县、镇、园三级培训网络。暑假期间组织全县骨干幼儿教师进行为期10天的封闭式培训，92名骨干教师参加，参训教师对辖区内未参训的教师进行二次培训，8月开展为期三天的全县幼儿教师专业理论考试，1100人参加。积极参加市教育局组织的实践基地开放日活动，昌乐县教师到外地观摩学习达889人次。借助相关社会机构的专家库资源，开展订单式送课下乡、教研联盟等一系列活动，先后邀请12位知名专家现场免费授课，有针对性地加强园长、教师的领导力和专业素质培训。聘请山东省知名专家刘莹园长对镇（街、区）中心幼儿园园长、县直幼儿园园长、部分民办幼儿园园长开展专家带教活动，使全县幼儿园园长在理论和园所发展方面都有很大的提升。2016年，在营丘镇中心幼儿园召开昌乐县首届幼儿园园长论坛，昌乐县24位园长从办园思想、幼儿园管理、教师队伍建设、保教质量等四个主题进行交流。12月，作为专家带教的延伸培训，组织昌乐县园长30人到上海进行为期4天的跟班学习。鼓励园长积极参加市局组织的园长培训班，先后有30人次外出进行理论和实践学习。

幼儿园管理。建立并完善学前教育幼儿信息电子管理系统。制定出台昌乐县《关于进一步规范幼儿园招生工作的通知》等强化幼儿园规范管理的文件。组织各级幼儿园开展防火防震等方面的安全演练，健全安全隐患排查整改台账，努力改善办园条件。建立县、镇、社区三级联动的无证幼儿园动态监管制度，对无证幼儿园做到早发现、早干预、早取缔。

【义务教育】 学校管理。根据适龄儿童少年数量和分布状况、学校布局、学校学位、交通状况等因素，按照“全覆盖、无盲点、便民生”原则，出台《昌乐县教育局关于规范全县义务教育学校招生工作的通知》，严格入学标准，“公办不择校，择校找民办”。2016年，小学一年级招生新生5771人，初中一年级招收新生6978人。落实国家《义务教育学校管理标准（试行）》，县教育局与各学校签订规范办学行为控辍固生目标责任书。严格课程标准，开齐、开足国家、地方、学校三级课程。严格控制学生在校时间，规范节假日活动，实行减负与提高教育教学质量并重，促进学生全面发展和特长发展。

学区制建设。认真落实省教育厅《关于义务教育学区制建设指导意见》，建立营丘镇中学教育学区、红河镇中学教育学区、鄌郚镇中学教育学区、高崖库区中学教育学区、实验中学教育学区、新城中学教育学区6个学区，以公办初中学校为龙头，其招生服务区域内各公办小学为成员。学区内学校实行管理一体化，每学期至少召开2次联席会议；信息与资源共享，开放学校图书室、功能教室、运动场、实践活动基地等资源，优质课程资源网上共建共享；教师教学教研和学生活动联动，学区内教师教学教研活动每月至少活动1次，联合组织学生体育节、艺术节、科技节等大型活动。

学校大班额破解。2016年，朱刘街道小学、朱刘街道魏家庄小学、昌乐一中英才实验学校、潍坊美加实验学校、昌乐行知双语实验学校建成并投入使用。进一步调整城区大班额学校招生范围，妥善做好进城务工经商人员子女就学工作，减轻原大班额学校招生压力。强化破解大班额量化考核，建立和完善解决中小学大班额问题的指标监测体系。2016年解决“大班额”取得明显效果。在招生总数与2015年基本持平前提下，全县城区公办小学起始年级平均班额由55.0人降为49.8人，实现城区学校班额相对均衡。

素质教育。2016年中小学生暑假优秀成果评选，全县有7篇社会实践调查报告、6篇“我说我的暑假生活”主题征文、2篇“微德育”小课题研究报告、13篇墨香书法、17篇“寻访红色足迹”主题活动征文获市级优秀作品。不断加强校外社会实践基地建设，为41处校外素质教育社会实践基地命名挂牌，其中33处申报为山东省素质教育社会实践基地。参加省委宣传部、省教育厅联合组织的中小学生爱国主义读书教育活动，县教育局获优秀组织奖。

体卫艺工作。扎实开展“阳光体育运动”，开足、开齐体育课，贯彻落实校园一小时体育活动。2016年体育中考，测试项目全部使用仪器，县人大、县政协全程监督，体育中考成绩公开公平公正。大力发展校园足球事业，昌乐及第中学、昌乐一中、昌乐二中、昌乐县新城中学、昌乐外国语学校被评为全国校园足球特色学校。成功举办全县中小学生阳光体育健身赛、中学生篮排球比赛、中小学生乒乓球比赛、中小学生足球赛。完成《国家学生体质健康标准》测试和数据上报工作。录制“中国梦、校园情—山东省中小学生校园艺术节昌乐专场”大型文艺节目，在山东教育电视台循环播放。参加2016年山东省中小学生校园艺术节县（市、区）展演，县教育局获省优秀组织奖，2个项目获省最佳人气奖，4个项目获省一等奖。参加山东省中小学校园艺术节合唱戏剧比赛，县教育局获省优秀组织奖。组织适龄儿童免费牙齿窝沟封闭防龋工作，县教育局获市先进集体称号。

团队建设。6月1日，全县义务教育阶段学校组织“红领巾相约中国梦”新生入队仪式活动。12月，组织开展全县学校共青团、少先队干部述职评议考核，进一步强化学校团队干部队伍建设，为加强校际间团队工作经验交流搭建有益平台。在全县率先推动实施“红领巾示范校”创建工程。通过组织自主申报、实施创建、实地考核、汇报展示、评议审核、授牌表彰等环节，命名“昌乐县红领巾示范学校”10处，评选“昌乐县红领巾示范校创建活动先进单位”10处，10人被授予“昌乐县红领巾示范校创建活动先进个人”称号，充分发挥这些示范学校的带动作用，开展结对共建，形成协同推进的工作格局。相继开展学雷锋“小手拉大手 共筑碧水蓝天”“清明祭英烈”“五爱”主题教育“做合格共青团员”、助残“阳光行动”“红心向党”“开学第一课”“向国旗敬礼”“10·13”建队日、“我们的节日”等主题教育实践活动。

法治教育。3月，组织参加教育部首届青少年学生法治知识网络大赛，昌乐育才双语学校、昌乐县第二实验小学、朱刘街道小学、乔官镇中心小学、鄌郚镇漳河小学、昌乐县新城中学、营丘镇中学获优秀组织奖。4月，组织开展青少年远离“黄、赌、毒”专题调研、青少年法治征文活动、青少年法治宣传教育书画展活动。12月，开展“12·4”国家宪法日暨全国法治宣传日系列宣传活动，发放宣传材料5000余份。

【民办教育】 2016年，先后引进社会资金15亿多元建设学校，其中14亿多元为社会力量投资办学。潍坊胜颐教育投资有限公司投入资金4亿多元，新建昌乐一中英才实验学校；山东美加教育投资公司投入资金资金4.5亿元，新建潍坊美加实验学校；潍坊育华教育投资有限公司投入资金6000万元，新建昌乐行知双语学校，三所学校均于2016年秋季建成投用。潍坊臻德霖教育投资有限公司投资4.5亿元，新建昌乐北大公学双语学校（含幼儿园），2016年5月份开工建设，预计2017年9月建成投用。同时，积极引入社会力量捐资助学。山东万山集团有限公司捐资6000万元新建朱刘街道万山小学（含幼儿园），朱刘街道魏家庄社区居委会投资2000万元，新建朱刘街道魏家庄小学，两所学校于2016年秋季开学投用。潍坊龙海民爆有限公司、山东梦金园珠宝首饰有限公司、山东矿机集团股份有限公司捐资近2000万元用于改善学校办学条件。

民办学校建成7处（不含昌乐一中英才初级中学、昌乐二中初中部），高中2处，初中5处，小学2处，在校生分别为高中12897人、初中7555人、小学7143人。

2016年，全县经教育部门审批的培训机构

55处，其中文化课辅导36处，音乐类8处，美术类4处，舞蹈类5处，成人高考辅导2处。年内新审批成立昌乐县万家学堂教育培训学校等9处民办教育培训学校。

【普通高中教育】 2016年，全县普通高中4所，分别为昌乐及第中学、昌乐第一中、昌乐二中、潍坊美加实验学校，在校生18826人。

学生素养提升。昌乐及第中学组织高一学生参加以“团结协作、挑战极限、磨炼意志、超越自我”为主题的远足拉练；举行以“青春与梦想齐飞、感恩与责任同行”为主题的18岁成人仪式；举行校园文化艺术节、“中国梦，校园情”校园歌手大赛、阳光健身操赛、“及第之星”才艺大赛。昌乐一中举办以“感恩 追梦 成长”为主题的社团汇报演出；举行以“珍惜、毅力、环保和责任”主题的火山口远足拉练活动；举行以“责任、感恩、成才”为主题的18岁成人仪式。2016年度全国新概念作文大赛复赛，昌乐一中学生刘海妮获全国一等奖。昌乐二中组织6000人举行“磨炼意志 成长心灵 强壮精神 承担责任”为主题的65千米远足拉练；组织高三学生举行“理性、担当、成长”为主题的成人礼仪式；举办以“书存鸿儒意，墨舞华夏情”为主题的第六届读书节；参加第七届“全国中学生领导力展示会”，昌乐二中获“优秀学校特等奖”。高考实现重大突破，文理重点本科（一批本科）首次突破2000人，进线率、增长率分别为35.30%和33.89%，均列全市第一名。文理普通本科首次突破4000人，进线率达68.22%。

【特殊教育】 2016年，全县有2所特殊教育学校，昌乐县光明学校和昌乐特师附属聋哑学校，在校生226人（小学段157人、初中段69人）。

随班就读。2016年，全县随班就读学生62人，涉及13个学校，其中鄌郚镇小学、乔官镇小学、营丘镇小学、鄌郚镇北鄌郚小学，红河镇大宅科小学5所学校建设随班就读资源教室，为特殊儿童提供个别化支持服务。按照“一生一档”原则为每一名随班就读儿童建立专门档案。开展为随班就读儿童送温暖、献爱心活动。

送教上门。2016年，全县为39名残疾学生每人提供不少于216学时的送教上门服务。送教上门工作先后被“大众日报”、“潍坊日报”、潍坊电视台、昌乐电视台等多家媒体播出报道。2016年9月，山东省教育厅办公室第21期《教育工作动态》，以《“四位”一体，“五送”合力，

2016年境内全日制学历教育民办学校情况统计表

表16

学校名称	教职工总人数	事业编制教师人数	自聘教职工人数	在校生人数				备注
				高校	高中（中专）	初中	小学	
山东省昌乐第一中学	558	248	310	—	6572	2593	—	—
山东省昌乐二中	736	284	452	—	6325	1936	—	—
昌乐一中英才实验学校	145	41	104	—	—	429	2053	新建
潍坊美加实验学校	162	57	105	—	—	635	1601	新建
昌乐外国语学校	231	67	111	—	—	1962	1693	—
昌乐育才双语学校	128	97	31	—	—	—	1360	—
昌乐行知双语实验学校	352	249	103	—	—	—	436	新建
合计	2360	1046	1252	—	12897	7555	7143	—

构建送教上门有效模式》为题予以推介；11月，在山东省特殊教育工作推进会议上作经验交流。

学生教育。1月，参加昌乐县纪念抗日战争胜利70周年书画比赛，聋哑学校学生王桂云、杨国琴获三等奖。3月，参加潍坊市教育局“文明在我身边”征文大赛，聋哑学校学生刘金鑫获市优秀奖。4月，聋哑学校学生于浩被授予“潍坊最美少先队员”荣誉称号。5月，聋哑学校学生王晓伟被授予潍坊市“美德少年”荣誉称号。6月，参加山东省儿童少年“美德在我家”书画摄影大赛，聋哑学校学生陈安富等三名同学获最佳表现奖。10月，参加山东省“地科杯”征文大赛，聋哑学校学生王那东获省一等奖。

【职业教育】 2016年，在第44届世界技能大赛中，学校代表山东省在国赛舞台上获得第10名的优异成绩。与世纪阳光、梦金园、山东矿机等企业联合开办“现代学徒制冠名班”，与台湾高校、山东大学威海分校、山东交通学院等合作办学，建设品牌专业。昌乐县创业大学一期工程建设完成，二期建设获得县政府批准。

科学技术

【概况】 2016年，围绕建设“三个昌乐”任务目标，深入实施创新驱动战略，不断加大科技创新力度，提升科技服务能力和水平，聚焦资源，创建平台，扩大合作，加快构建区域创新体系，充分发挥科技在产业转型升级中的支撑引领作用，深化产学研结合，加快科技创新与成果转化，大力发展高新技术产业，全面推进科技进步与创新，为全县经济发展提供强有力的科技支撑。昌乐县科学技术局认真贯彻执行《中华人民共和国科学技术进步法》《中华人民共和国促进科技成果转化法》《中华人民共和国科学技术普及法》等法律法规，积极实施科技兴县、科技强县战略，依法加大科技经费投入，不断规范科技项目经费的使用管理，加快科技创新与成果转化，加大科技培训和推广，促进科技创新和高新技术产业的发展，取得较好的经济效益和社会效益，有力地推动全县经济的持续快速发展和科技事业进步。全县推荐申报科技项目30项；获得山东省科学技术进步奖1项，获得潍坊市科学技术进步奖7项。至2016年年底，全县新增高新技术企业13家，全部高新技术企业达33家，全县高新技术产业产值占规模以上工业总产值的比重为27.44%。拥有潍坊市级以上科技创新平台69家，其中省级科技创新平台6家；新增加院士工作站2家；牵头构建5家产业技术创新战略联盟。

【科技队伍】 县科技局围绕市、县人才工作要求，坚持人才引进、培养与使用相结合，壮大优化科技人才队伍，为全县经济发展汇智聚才。坚持“科教兴县”“人才强县”战略，加快集聚高层次人才，有效服务产业转型升级，高度重视科技人才队伍建设，不断深化科技体制改革，全面落实人才强县战略目标。积极牵线搭桥，帮促校企合作、共建研发平台。依托创新平台，做好国家“千人计划”“万人计划”、泰山产业领军人才、鸢都产业领军人才等高层次人才引进，做好高层次人才申报工作。2016年潍坊佳诚数码材料有限公司王冰心被山东省人民政府确定为泰山产业领军人才；盛泰药业刘伟杰、潘多拉生物郑厚峰，潍坊市科技局进行现场确认。2016年备案山东省院士工作站2家。

【科技计划】 筛选全县技术水平高、市场前景广的项目纳入科技计划立项范围，积极发挥企业主体作用，提高报计划项目立项率，拉动研发经费稳步增长。2016年，推荐申报科技项目30项，争取上级财政扶持资金420万元。其中，乐化漆业公司的“涂料水性化用树脂的绿色合成技术及产业化”项目获批省重点产业关键技术遴选项目，获得200万元的资金支持；昌乐省级农业科技园获得建设资金100万元；金丝达新能源、昌乐西瓜科技示范园、英轩实业、中创文化用品、职业农民创业孵化管理服务中心、宝都科技企业孵化中心等6家企业的项目列入潍坊市级科学发展计划，获得120万元的资金支持。组织实施县级科技计划项目17项，其中科技研发计划7项、科技创新平台建设提升计划10项，安排266万元资金进行扶持。

【科技创新与成果转化】 昌乐县科技创新运用政策、平台、资金等措施，科技成果转化数量和质量显著提升，全县综合创新能力不断提高。新修订《昌乐县科学技术奖励办法》，对优秀科技合作成果进行奖励，进一步激发科技创新活力。在掌握全县创新需求和创新能力的基础上，围绕全县经济工作目标，坚持“走出去”与“引进来”相结合，借助国内外高等院校、科研院所和大型企业的创新资源，加强与国内外先进科技成果的转化和对接，通过合作项目及平台建设，不断提高企业人才、技术和产业承载能力，引领带动创新产业升级，加快转化高新技术成果，解决企业关键技术难题。2016年，潍坊赛普电器有限公司与深圳市莫贝尔科技有限公司合作的“SE—M系列高速电动汽车永磁同步电机控制器”等7项科技合作创新成果，被县政府授予县科学技术奖。

【科技培训与推广】 2016年，县科技局举办农业方面的培训班8期，以农民技术需求为导向，引导农户积极参与，改变传统灌输式技术供给，立足于实践，全面深入实施农民培训工作，不断提高农民实际解决农业技术问题的能力。组织全县广大农业科技人员深入农村、深入农户，开展技术咨询、技术培训、发放科技资料等活动，重点宣传《中华人民共和国科学技术普及法》等科技法律法规以及农村实用技术。针对昌乐县农业特色产业发展，从涉农院校、科技企业等聘请优秀的农业专家，还从当地聘请种植能手、乡土人才加入到培训队伍，使培训更符合实际生产需求。围绕农业科技项目的实施，收集种养结合循环经济、自然养猪法等技术资料和农作物种植技术资料，利用科技下乡、科技周等活动举办科技培训班，发放给广大群众，着重宣传自然养殖和农作物栽培技术。通过组织实施下基层专项行动，组织科技难题会诊、聘请资深专家、科技人员对近年来在企业产业结构调整中所遇到的难题以及他们在推广普及新技术的过程中出现的问题进行会诊，为企业快速发展扫平障碍。

【科技创新平台建设】 县科技局坚持科学规划、政策引导，统筹科技资源，全力推动科技创新平台建设，拓宽新的产学研合作领域，加快建立以企业为主体、市场为导向、高校和科研院所为依托的科技创新平台载体。截至2016年年底，全县有潍坊市级以上科技创新平台69家，其中省级科技创新平台6家；新增潍坊市市级工程技术研究中心3家，分别是亚太中慧的潍坊市四元杂交商品猪选育工程技术研究中心、瑞力生药业的潍坊市中药微生态生物工程技术研究中心、佳诚数码的潍坊市彩喷数码打印介质工程技术研究中心；新增市级企业重点实验室2家，分别为精华分体工程设备的潍坊市粉体设备节能技术企业重点实验室、乔新农业的潍坊市养殖粪污处理及利用技术企业重点实验室。昌乐县职业农民创业孵化管理服务中心运营的“昌乐县职业农民星创天地”成为第一批在科技部备案的星创天地。备案省级院士工作站2家，分别是潍坊明星材料院士工作站、山东省晨凯院士工作站。备案省级众创空间1家，为昌乐县高新技术创业园众创空间；备案市级众创空间5家，分别为晨凯电声乐器企业孵化中心众创空间、鑫达众创空间、科技企业孵化器众创空间、金农众创空间、云众众创空间。批准认定市级科技企业孵化器1家，为职业农民创业孵化管理服务中心的金农科技企业孵化器。

【产学研合作】 鼓励企业、协会联合国内外院校组织各种形式的产学研活动，合力解决行业、企业发展中遇到的技术难题，提高企业核心竞争力。到2016年年底，引进中国科学院、中国农业科学院、中国石油大学等高校院所在昌乐设立分支机构50家，2016年新增6家。2016年，先后组织瑞力生药业等多家企业与扬州大学、中科院等高校院所开展科技成果对接洽谈活动。新建山东科技大学—弘祥机床数控装备工程研究中心、青岛农业大学常青生物技术研究所等高校院所分支机构。乐化漆业与青岛科技大学、海洋化工研究院合作研发的涂料水性化用树脂的绿色合成技术及产业化项目获省重点产业关键技术创新工程项目。联信增压器制造有限公司与中科院、中国兵器工业导航与控制技术研究所、山东工业职业学院合作开展ECU电脑控制系统、轻型涡喷发动机等项目的研发。

坚持“引进来”和“走出去”相结合等办法，加强对外科技合作交流，充分利用国际优秀科技资源，引进消化吸收重大关键技术，不断提升自主创新能力和水平。先后与美国中国台湾地区等技术发达的国家和地区在新材料、生物医药、农业等领域开展卓有成效的科技合作和交流。按照昌乐科技和产业发展的需求，充分发挥国际科技合作的先导性和超前性特色。2016年，潍坊佳诚数码有限公司与美国惠普公司合作，签订合作开发协议并建立联合实验室，研发生产无PVC环保阻燃涂层内灯布等高端打印介质。获得专利授权8项，与惠普公司共享专利15项，佳诚数码创始人王冰心成功申报科技创业类泰山产业领军人才。

【高新技术产业发展】 县科技局围绕智能制造等六大战略性新兴产业，培植新的经济增长点，

2016年昌乐县科技成果获奖情况一览表

表17

序号	项目序号	奖项名	完成单位	项目名称
1	JB2016—2—31	山东省科学技术进步奖（二等奖）	山东乐化漆业股份有限公司	系列改性丙烯酸乳液的合成及其在水性环保涂料中的应用
2	JB102	潍坊市科学技术进步奖（一等奖）	潍坊英轩实业有限公司	柠檬酸高效绿色生物制造关键技术及产业化
3	JB20201	潍坊市科学技术进步奖（二等奖）	潍坊创科种苗有限公司	大棚西瓜标准化生产技术集成转化与推广
4	JB22101	潍坊市科学技术进步奖（二等奖）	山东元利科技股份有限公司	粗苯萃取精馏精制技术研究开发
5	JB22201	潍坊市科学技术进步奖（二等奖）	山东乐化漆业股份有限公司、青岛乐化科技有限公司	醇酸—丙烯酸酯杂化乳液的合成及在水性环保型醇酸工业涂料中的应用
6	JB26301	潍坊市科学技术进步奖（二等奖）	昌乐县人民医院	中西医联合治疗妊娠期肝内胆汁淤积症
7	JB27501	潍坊市科学技术进步奖（二等奖）	昌乐县人民医院	替吉奥对胰腺癌125I粒子植入放疗增敏作用的临床观察
8	JB31202	潍坊市科学技术进步奖（三等奖）	潍坊市精华粉体工程设备有限公司	单箱体多级分级机的研制与应用

扎实做好高新技术企业认定管理工作，推动高新技术产业健康发展。根据企业发展需求，研究制定共性促进办法和个性化帮扶措施，引导创业新要素向企业聚集。通过引项目、争资源、搭平台等多种举措，全面提升产业转型步伐，推动高新技术产业产值的持续增长，大力推进高新技术企业、民营科技企业和专利优势企业的培育。筛选科技含量高、产业关联大的企业申报高新技术企业，以高新技术企业为引领，带动全县高新技术产业快速发展。2016 年全县新增高新技术企业 13 家，全县高新技术企业累计达 33 家。全县高新技术产业产值占规模以上工业总产值的比重为 27.44%，比年初目标提高 2.31 个百分点。

【服务平台建设】 充分发挥昌乐“6411”公共技术服务平台作用，为小微企业及创业者提供人才引荐、技术成果推广、信息发布等服务，帮助中小企业发展。2016 年，完成技术合同网上登记 254 条，技术交易额超过 2.3 亿元。

知识产权

【知识产权创造】 在全县规模以上企业开展“专利消零倍增”行动。鼓励企业技术创新，及时申请专利保护。鼓励外贸出口型企业积极申请国外专利，充分利用知识产权保护自身利益。注重培植发展知识产权优势企业，尽量多出典型，多出专利大户。2016 年，昌乐县国内专利申请总量 756 件，其中发明专利申请 234 件；获国内专利授权 395 件，其中发明专利授权 41 件。专利密度由 2015 年的 2.75 件 / 万人增加到 2016 年 3.12 件 / 万人，位居潍坊市 8 县市第 2 名。

【知识产权宣传】 知识产权局在“4·26 世界知识产权宣传周”期间，开展以“尊重知识，崇尚创新，诚信守法”为核心的知识产权文化建设，把知识产权宣传内容制作成动画、漫画、标语。通过电视台、报纸、展板、户外大型宣传牌和 LED 屏等老百姓喜闻乐见的方式，开展全方位世界知识产权宣传周宣传活动。“中国专利周”期间，通过电视台、宣传车、报刊等媒体大力宣传知识产权知识，累计发放知识产权宣传资料 5000 余份，接待专利咨询 500 余人次。

【知识产权运用】 知识产权局组织 10 家企业的优秀专利参评潍坊市专利奖评选活动，山东梦金园珠宝首饰有限公司的“薄壁金管自动缩口机”专利获潍坊市专利奖一等奖；山东世纪阳光纸业集团有限公司的“一种轻涂白面牛卡纸生产设备及生产方法”获潍坊市专利奖二等奖；山东开元电子有限公司的“全方位 LED 球泡灯”和潍坊市精华粉体工程设备有限公司的“叶轮内切双分式分级机”获潍坊市专利奖三等奖；山东梅拉德能源动力科技有限公司的“电动汽车”获外观设计专利奖。5 家企业获得专利奖补助资金 45 万元。

【知识产权试点示范】 组织山东华强特种材料科技有限公司、山东开元电子有限公司、山东日科化学股份有限公司、山东牵手娃服饰股份有限公司、山东梅拉德能源动力科技有限公司 5 家企业申报山东省知识产权优势企业。2016 年，全县有 9 家企业开展知识产权优势企业培育工作，其中山东梦金园珠宝首饰有限公司、潍坊精华粉体工程设备有限公司、山东元利科技股份有限公司和山东巴夫利化学建材有限公司 4 家企业通过知识产权贯标认证成为山东省知识产权示范企业，并分别获得省资助 10 万元、市资助 5 万元。

【专利执法】 2016 年开展打击假冒专利专项执法活动 5 次，开展联合执法行动 3 次，检查带有专利标记的产品 200 多件，并对 50 件假冒专利产品下达整改通知书，商家在整改期限内完成整改。潍坊市知识产权局和昌乐县知识产权局组成联合执法检查组，2 次对昌乐县内的超市、批发市场等商业流通领域开展打击假冒专利联合行动。协助市知识产权局对 2 起专利侵权纠纷案件，送达“答辩通知书”和有关法律文书，并进行调查取证。

【知识产权质押融资】 积极探索建立知识产权投融资金融服务机制，对省市专利质押融资政策进行宣传，让企业了解省市专利质押贷款管理办法，鼓励企业有效运用省市贷款贴息政策，拓宽企业融资渠道。2016年，昌乐县有山东牵手娃服饰股份有限公司、山东巴夫利化学建材有限公司和潍坊市精华粉体工程设备有限公司3家企业以专利权质押成功贷款2200万元。

防震减灾

【概况】 2016年，县地震局以建立健全防震减灾体系和全面提升全县防震减灾能力为目标，扎实推进防震减灾三大工作体系建设，促进全县防震减灾综合能力和整体实力全面提升。在全县范围勘选确定国家地震烈度速报与预警工程基本站址1个，一般站址13个，审批一般建设工程抗震设防要求确定事项13个，100余所中小学举行地震应急演练，结合“5·12”“7·28”等重要防震减灾日开展宣传活动，开展“电影播放周”活动，举行“平安中国”防灾宣导活动（昌乐站）启动仪式。

【监测预报】 加快地震台网建设布局，形成1个地震台网中心、1个测震台、1个强震台和1个集地震宏观观测、强震动观测、地震前兆（含电磁场、地下流体）观测于一体的地震观测综合台站的台网格局。保障台网连续可靠运行，现场维护、检修、巡检各类站点30余次。强化1个专业台点和5处群测群防网点管理，保证数据传输和设备运行率，提升捕捉地震前兆异常能力和震情监测能力。在全县范围勘选确定国家地震烈度速报与预警工程基本站址1个、一般站址13个。加强群测群防队伍建设，对群测群防观测员和部分灾情速报员进行培训。做好震情跟踪工作，坚持震情会商制度和震情值班制度。

【震害防御】 增强农村民居建筑建设抗震设防水平，向各镇（街、区）免费发放《山东省农村住房抗震设防要求管理办法》，向社区、行政村免费配发《山东省农村民居建筑抗震技术导则》1200余册，实现全县覆盖。参加省局《中国地震动参数区划图（GB18306—2015）》培训，提升窗口管理和服务水平，为企业和群众提供全方位及时、高效的抗震设防审批服务，审批一般建设工程抗震设防要求确定事项13个。

【地震应急】 利用“5·12汶川地震纪念日”和秋季学生开学等时机，指导、参与全县100余所中小学地震应急演练，提高学生的应急避险意识和自救互救技能。积极参与潍坊市地震系统应急演练活动，提升专业队伍地震应急处置水平。完善地震应急指挥中心，实现省、市、县三级联动、快速反应指挥。强化地震应急避难场所和设施建设，按照国家Ⅰ类地震应急避难场所要求，搞好市民文化广场应急避难场所的应急厕所、应急通道、净化水系统和排污设施的新建工作。

【防震减灾宣传】 加强防震减灾知识进机关、进社区、进企业、进学校、进农村、进家庭“六进”活动，结合“5·12”“7·28”等防震减灾日开展宣传活动，通过在主要街道路口和人员密集场摆放防震抗震知识展板、悬挂宣传标语、发放地震科普宣传材料、开展地震知识咨询等形式进行集中宣传，发放宣传材料1100余份。开展“电影播放周”活动，在县市民文化体育公园播放地震科普电影和防震减灾知识宣传片。组织举行潍坊市“平安中国”防灾宣导活动（昌乐站）启动仪式。加强现场体验教育，组织中小学生参观县防震减灾科普宣教基地和首阳山地震观测台站，结合现场实物讲解防震减灾科普知识。加强媒体宣传，在昌乐传媒网、《中国蓝宝石之都·昌乐报》、政府门户网站等宣传平台刊登防震减灾宣传信息。

气　象

【概况】 2016年，昌乐县气象局坚持把气象服务放在首位，扎实开展工作。全年发布预警信号61期，农业气象服务周报52期，气象信息专报24期，专项服务24期，重要天气预报30期，发布雨情简报39期。发布电子显示屏、预警大喇叭信息800余条，发布气象预警短信4.9万人次。被潍坊市气象局评为全市气象系统综合目标管理考核优秀达标单位、气象服务先进集体、气象宣传先进单位、人工影响天气工作先进单位。被山东省精神文明建设委员会评为省级文明单位。

【气象观测】 2016年，自动气象观测站观测项目有气压、气温、相对湿度、能见度、视程障碍现象（6种）、降水量、水汽压、露点温度、风向、风速、地温（0厘米、最高、最低、5厘米、10厘米、15厘米、20厘米）。人工观测项目有除视程障碍现象之外的天气现象、雪深、雪压、冻土、日照。

2016年，使用DZZ5新型自动气象站24小时连续自动观测记录分钟和定时数据，通过气象专网每5分钟上传一次加密观测数据至国家气象信息中心，人工观测要素仅在08时、14时、20时3个时次进行人工定时观测并上传。

各镇（街、区）安装有13处区域自动观测站，其中六要素站2处、五要素站1处、四要素站2处、二要素站7处、单要素站1处，每5分钟通过无线通信网络上传一次加密观测数据至省气象信息中心。建有2处土壤水分自动观测站，用于农田土壤水分观测。建有1处设施农业小气候自动气象站，用于蔬菜大棚内小气候的研究。

【气象信息网络】 2016年，主要通过以市（县）10M宽带局域网为主、3G无线网络系统为辅的通信方式上传气象观测数据和共享调阅全国气象信息资料。通过可视化电视会商系统，实现国家、省、市、县4级可视化会商。

【气象服务】 2016年，主要通过昌乐电视台天气预报节目、手机短信、电子显示屏、气象预警大喇叭、微信、微博、电子邮件等方式开展气象服务。除提供短临和短期天气预报服务外，还提供中、长期天气预报、汛期气候趋势预测、雨情简报、农业气象服务周报、月（季、年）气候影响评价、春（秋）播天气预报及农业生产建议等。遇有重大灾害性、突发性天气时，及时发布重要天气预报和预测预警信息，并跟踪服务。完成昌乐“文明之夏”、中国（昌乐）国际宝石博览会等重大活动气象服务工作，完成“三夏”麦收期间气象服务工作以及春运、“两会”、高考、中考等专项气象服务，做好春节、清明节、端午节、中秋节、国庆节、元旦等节假日气象服务工作。

【人工影响天气】 全县设有人工影响天气固定作业点8处和1部移动火箭发射装置，每个作业点配备持有上岗证的炮手2～3名、三七高炮1门。作业时主要通过无线对讲机、电话等方式与潍坊市人工影响天气指挥中心和炮手进行联系，指挥作业。完成炮点视频监控系统建设，实现远程视频监控和作业指挥。改造2门高炮，实现高炮远程自动化控制。更新各炮点手机对讲机，进一步提高通信效率。完成全县8个人影作业点安全等级评定工作，并根据安全等级评定工作进行整改。各有关镇、管委会分别与县政府签订“昌乐县2016年度人影工作安全目标责任书”，进一步理顺人影工作体制机制。加强弹药管理，弹药全部存放到防盗防爆弹药柜。强化炮手安全意识，建立健全炮弹出入库记录台账，确保炮弹使用和存放安全。开展人工影响天气作业8次。

【易燃易爆场所防雷安全监管】 健全安全生产规章制度，加大执法力度。先后开展“安全生产隐患大排查快整治严执法集中行动”“加油站综合整治”“岁末年初安全生产大检查”等活动，积极履行社会监管职能，不断加强对全县危化品企业、易燃易爆场所等高危行业的防雷安全监督和执法检查，建立全县的危化企业台账和档案。对79家企业进行执法检查。

【气候】 2016年平均气温13.7℃，比历年平均气温偏高0.8℃。年降水量612.4毫米，较历年平均值偏多38.0毫米。年日照时数2547.0小时，比历年偏多143.6小时。年气候特点：气温偏高，降水偏多，光照充足。

文化 旅游

wenhua lvyou

文化广电新闻出版局

【概况】 2016年昌乐县文化广电新闻出版局内设职能科室3个、直属单位6个，年末人员67人。紧扣县委、县政府和上级业务主管部门的工作要求和部署，积极实施“文化强县”战略，以满足人民群众精神文化需求为出发点和落脚点，不断构建和完善现代公共文化服务体系，推动全县文化事业的繁荣发展，圆满完成年度各项工作目标。

【公共文化服务体系建设】 全县10个镇（街、区）全部建成综合文化站，其中鄌郚镇被评为国家一级站，红河镇和宝都街道被评为国家二级站，其余7个站正按照国家二级站的标准进行建设。四个镇图书馆建成并开放，其中乔官、营丘两个镇同时建成“尼山书院”。全县建成基层综合性文化服务中心308个，顺利完成年初制定的70%的任务目标，圆满完成11个市级提升点和11个县级提升点的提升任务；15个省定贫困村建成综合性文化活动室11个，顺利完成全年70%的任务目标。文化小广场和文艺表演队伍，行政村覆盖率达100%。完成140个农家书屋出版物补充更新，补充图书39680册。截至2016年年底，建成县以下历史文化展示工程，镇（街、区）级和村（社区）级试点7个。

【文化惠民工程】 分市、县、镇三路组织“唱响中国梦，欢乐乡村行”送戏下乡演出，有30余支专业、业余文艺表演队伍演出接近200场。开展文化精准扶贫工作，完成15个省定贫困村的文化精准扶贫信息网上直报工作。全面实施农村公益电影标准化放映工程，2016年放映数字电影3672场，圆满完成上级下达的放映任务。

【文化服务机构及文化服务活动】 县图书馆2016年赴北京采购图书34028册，通过政府招标采购50万元的图书馆自动化设备。组织职工参加“全省图书馆职工迎新春书画作品展”，1人获三等奖，2人获优秀奖，图书馆获优秀组织奖。组织“孝行天下”公益冬令营和“健行天下”公益夏令营，有780余人次参加传统文化学习。3月起每周日组织《论语》公益学习和书法、田间农作等国学体验，有600余人次参与。营丘镇宅科社区尼山书院，于每月农历初九晚组织村民学习儒学文化，全年开办12期，有500余人次参加。举办昌乐县第一届“品味书香·分享精彩”读书朗诵大赛，有412名选手报名参加，51名成绩优异者参加决赛，13名（组）选手被选送参加由潍坊市文化广电新闻出版局主办的潍坊市第二届读书朗诵大赛，4人获二等奖、8人获三等奖、6人获优秀奖，县图书馆获优秀组织奖。在潍坊市第八届公共图书馆业务竞赛暨山东省第七届公共图书馆业务竞赛选拔赛中，王晓丽同志荣获“图书馆基础知识及服务项目”一等奖。

县文化馆结合“百千万培训工程”，到宝都街道的村（社区）开展广场舞培训课程，培训

300余人。到4个省定贫困村开展贫困村文化辅导，培训100余人次。举办“京剧艺术培训班”2期，培训学员19人。常年到县实验小学和特师附小开展“文化进校园”活动，培训民乐队学员80余人。为县直部门、企事业单位、业余文艺团队等进行艺术辅导，服务近千人次。

文化执法

【概况】 2016年，组织执法业务培训。为提升全体执法人员的业务素质和办案水平，5月，选派4名业务骨干参加潍坊市局组织的执法业务培训；9月，全体执法人员以全国文化市场技术监管与服务平台在线培训考试系统为依托，开展文化市场综合执法技能比武活动，1名同志在全市文化市场综合执法大比武活动中成绩优异。

【开展“扫黄打非”专项行动】 按照潍坊市“扫黄打非”办的统一部署，以农村集贸市场和校园周边、车站、高速公路服务区为重点，开展了“两会”非法出版物清缴行动、中学生“护考”保障行动和庆祝中国共产党建党95周年出版物专项整治行动，对全县网吧、图书、印刷市场和经营性网站进行了拉网式检查，深入打击非法宗教出版物、宣传品及有害信息，综合整治校园周边文化市场，持续打击网上淫秽色情信息，有效净化社会文化环境。清查印刷企业及打字复印部258家次、书报刊经营单位59家次，查处违规经营单位7家，收缴盗版教材教辅等非法图书1万余册。

【开展休闲娱乐市场整治】 为全面整治娱乐场所接纳未成年人、无证无照等违规经营行为以及存在的消防、治安安全隐患等问题，2—3月，我们按照潍坊市《娱乐场所整治方案》要求，在全县开展娱乐场所整治专项行动，依法查处非法演出、违规娱乐、曲库盗版单位5家。中高考期间，开展娱乐场所噪音专项整治，依法查处、整改噪音扰民场所3处。10月，开展农村演出市场专项整治，对160余处农村集贸市场进行检查，建立起演出台账，下达整改通知书14份，进一步规范演出娱乐市场经营秩序。

【加强节日期间文化市场管理】 我们始终把元旦、春节、“五一”和“十一”等节日作为重点监管时段，不间断地开展文化市场大检查，重点加强网吧、娱乐场所违规接纳未成年人、超时营业等问题的治理，落实场内巡查制度，升级改造网吧技术监管措施，查处网吧、娱乐场所违规经营案件30余起，进一步推动休闲文化市场的健康发展。

【开展非法卫星地面接收设施整治】 为加强对传播视听市场的管理，以“赶大集”的形式，安排8名执法队员轮流参加红河镇、营丘镇和鄌郚镇6个农村集贸市场的法治宣传，发放宣传材料1000余份。组建两个执法小组，对全县镇街（园区）的非法卫星地面接收设施情况逐一进行调查摸底，联合公安、市场监督等部门集中时间对镇街、社区的网站、画外大屏幕、楼宇电视、移动车载电视等公共视听载体进行检查，查处非法安装使用卫星地面接收设施案件6起，查扣非法卫星地面接收设施200余件，并在各社区和违规单位张贴、发放《非法卫星地面接收设施整治通告》500余份。

【开展文化市场消防安全隐患大排查】 年初，昌乐县文化执法局、文广新局、安监局、消防大队组织开展安全生产培训，对全县网吧、娱乐场所、印刷企业的主要负责人及其从业人员分批进行安全生产和消防知识培训，培训人员500余人，并与各文化经营单位签订《2016年度文化市场安全生产责任书》。年初、年中，分别在昌乐17.5电影院、昌乐幸福蓝海国际影城举办文化市场消防应急演练，全县网吧、娱乐场所从业人员300余人参加演练。以网吧、娱乐场所为重点，对全县文化市场进行不间断地消防安全隐患排查整治，组织安全生产专项集中检查6次，检查文化经营单位800余家次，排查安全隐患156处，下达限期整改通知书29份，建立安全生产示范点3处。

【执法工作】 健全权力清单。年初，组织执法人员深入网络及互联网、演出娱乐、出版印刷和广电影视以及美术品经营市场进行广泛的调查研究，适用文化市场法律法规的变化，完善文化市场权力清单383项，全部进行网上公示，极大地推进执法规范化建设。

推广网上办案。组织全体执法人员参加全国文化市场管理和技术服务平台培训，依托该平台，全局开展网上执法512次，网上办案46次，并补录2013—2014年执法案卷和2015年执法情况，录入案卷120卷，信息60余条。8月份，顺利迎接潍坊市文化市场综合执法局对昌乐县全国文化市场管理和技术服务平台应用的检查验收，其中，网上办公、网上办案受到潍坊市文化市场综合执法局的通报表扬。

推行“双随机”抽查。为全面推广文化市场随机抽查工作，成立以局长为组长的县文化市场推广随机抽查工作领导小组，制定工作方案，确定文化市场随机抽查事项清单12项，建立文化市场经营主体名录库和文化市场执法人员名录库，合理确定各门类文化市场随机抽查的比例和频次，积极开展“双随机一公开”监管工作。目前，实行双随机抽查事项6项，开展随机抽查16次，检查文化经营单位150余家次，并把每次抽查情况、抽查结果及时通过县政府门户网站向社会公布。

文学艺术

【文化产业】 2016年，昌乐县大力发展黄金珠宝、电声乐器、造纸印刷包装、文玩电商、汽车博览等特色文化产业，构建具有地域特色的文化产业体系，助推县域经济持续健康发展。充分发挥“中国蓝宝石之都”品牌效应，以中国宝石城为依托，建成全国最大的蓝宝石交易中心。全县年黄金珠宝加工交易额突破600亿元，拥有梦金园、蓝天、赛菲尔等5个中国驰名商标，爱蒂娜、戴丽姿等7个山东省著名商标。中国（昌乐）国际宝石博览会，成为国际化珠宝交易、文化交流平台。电声乐器生产主要集中在昌乐县鄌郚镇，生产及配套企业发展到80多家，其中22家拥有自营进出口权，产品包括电吉他、电贝斯、萨克斯、数码钢琴、音箱等8大系列400个花色品种，年产值30亿元，销往美国、韩国等30多个国家和中国台湾地区。拥有规模以上造纸印刷包装企业8家，总产能120万吨。龙头企业山东世纪阳光纸业集团公司是中国造纸行业十强企业，投资20亿元建设山东阳光概念包装产业园，新上概念包装、精品预印、特种纸3个项目，实现由生产和销售原纸到高档印刷品及概念包装的转型发展。朱刘街道都昌村及周边村庄，利用电商平台销售以菩提饰品为主的文玩物件，从业商户近60家，产业年销售额过亿元，菩提销售占据淘宝、阿里巴巴等电商平台一半以上市场。规划建设潍坊世代古典汽车博物馆，收集、维护、保管古典老爷车400多辆。依托汽车博物馆，建设集观赏、试驾、表演、旅游、休闲等为一体的汽车文化园，展示面积3万多平方米。

【地方文艺】 组织开展各类地方文艺活动100余场次，举办昌乐县首届“小戏、小品、曲艺”展演，参演人员3000余人；举办昌乐县民办文艺团体大赛，选拔7支优秀团队赴潍坊市参赛，2个团队获团体铜奖、5个团队获优秀团队称号、4人获优秀表演奖、3个节目获原创作品奖。

【文艺创作】 开展群众文艺创作、群众文化工作理论研究，编辑出版《宝石城文艺》4期，发表120余名作者作品400多篇（首）40余万字，书画作品100多幅。出版文学作品集、书画集6部。

▲ 2016 年 10 月 19 日，“颐和绿洲”杯昌乐县寻找“最美社区”摄影大赛

【文化活动】　举办“送春联下乡”“昌乐县第三十一届元宵节民间文艺表演大赛”“昌乐县第七届社区文化节”“第七届新农村文艺会演”“文明之夏”广场文艺演出、“昌乐百姓大舞台”“潍坊市民办文艺表演团体大赛（昌乐赛区）选拔赛”“昌乐县‘舞动青春’青少年舞蹈大赛”、昌乐县首届“快乐金秋·才艺争霸”活动、“昌乐县第三届庆‘五一’名人书画作品展”“火山口的温度—中国（昌乐）首届油画水彩画名家精品邀请展”等；承办“潍坊市‘群星璀璨’美术书法摄影作品展暨昌乐县庆元旦美术书法摄影作品展”；参与“潍坊市首届‘乡音乡韵’方言土语说唱比赛”“潍坊市第四届京剧票友擂台赛”“潍坊市民办文艺表演团体大赛”“潍坊市第五届少儿书画、摄影大赛”等文化活动百余项。累计获得奖励110 余项、惠及参与群众 20 余万人次。

【文化遗产保护】　开展文物普查，进行普查资料的整理、汇总、数据库建设等工作，登录文物 15145 件（套）。通过三次文物普查，昌乐境内发现大汶口文化、龙山文化、岳石文化、商周时期、秦汉时期及以后的古聚落遗址 138 处。公布第五批县级文物保护单位，古遗址类：大解召遗址、南郝遗址、毕都遗址；古建筑类：玉皇庙、东风村古楼；石刻类：张适烈士纪念碑。

非物质文化遗产保护方面，突出抓好政策法规、保护项目、基础设施和保护队伍等四大体系建设，在“非遗”传承、宣传教育、队伍建设等方面取得突出成绩。《姜太公传说》被新增为第四批省级“非遗”项目；与县政协联合编辑出版《昌乐非物质文化遗产》一书，收录非物质文化遗产项目 102 项；在蓝宝石博物馆三楼，搭建一个“非遗”展示平台，通过实物、图版和文字介绍等形式，全面展示昌乐县非物质文化遗产保护成果；建设一支“非遗”保护队伍，全年举办代表性传承人培训班 3 期，推荐参加文化部、省文化厅等有关部门组织的剪纸、葫芦雕刻等业务培训 10 人次，组织参加潍坊首届传统手工技艺创意设计大赛、市文展会等活动 10 余次。截至 2016 年年底，有县级以上代表性传承人 66 人，县级以上传习基地、传习所 31 个。“非遗进校园走进二中”被潍坊市文广新局评为“2016 年度潍坊市非遗保护十大亮点工作”；杨波被评为“2016 年度潍坊市非遗保护工作先进个人”；市级“非遗”项目阎氏铜器铸刻技艺传承人阎小平被评为“2016 年度潍坊市非遗保护优秀传承人”；齐文化综合传习中心被评为“2016 年度潍坊市非遗保护优秀传习场所”。

【非物质文化遗产申报及名录】　截至 2016 年年底，全县有省级“非遗”项目 2 项、市级 21 项、县级 97 项。

省级

民间文学：姜太公传说。

传统技艺：金首饰制作技艺。

市级

民间文学：方山爷的传说、姜太公与营丘

故城的传说、伯夷叔齐与首阳山的传说、白浪河源头的传说、孝子王裒的传说、阎氏五世七进士的故事、尧与丹朱的传说、药王邓青云的传说。

民间舞蹈：大葛狮子舞。

传统美术：石雕石刻。

传统技艺：马宋饼制作技艺、春堂八宝糕制作技艺、太公神香制作技艺、金首饰制作技艺、朱汉手工地毯制作技艺、阎氏铜器铸刻技艺。

传统医药：郄秋浦医术医方医案、燕青门医术医药、赵家祖传癫痫病医法。

民俗：金山庙会、崇山栓孩子习俗。

县级

民间文学：方山爷的传说、姜太公与营丘故城的传说、伯夷叔齐与首阳山的传说、白浪河源头的传说、孝子王裒的传说、阎氏五世七进士的故事、尧与丹朱的传说、金山真观的传说、徐将军的传说、马驹岭的传说、丹山丹水和丹朱的传说、淳于髡和七个淳于村的传说、罗成与七女藏夫的传说、昌乐方言、孟姜女哭长城的传说、昌乐木鱼石的传说、乔官的传说、隋姑山的传说、乔山与苍山的传说、桃花山的传说、焦姑与焦姑墓的传说、药王邓青云的传说、姜太公墓的传说、朱汉仪宾的传说、打鼓山与车罗顶的传说、郡部国的传说、陈师傅的传说、吴家池子的传说、韩信与韩信村的传说、老子庙的传说、马头山的传说、钟山的传说、菑川国的传说、尧帝治水的传说、玉皇庙的传说、石人坡的传说、孤山爷的传说、都昌国的传说、昌乐知县朱宏仁的故事、昌乐谚语、昌乐谜语、昌乐歌谣、雹泉爷的传说、挂甲沟的传说、刘师傅的传说、卧牛石村的传说、潴河的传说、秤砣湾的传说、没尾巴老鲤的传说、铁拐李碑的传说、方山五棵松的传说、虎头山的传说、双龙桥的传说、刁家井的传说、北郡部奇槐的传说。

传统音乐：昌乐民歌。

传统舞蹈：大葛狮子舞、淮沟龙灯、民间舞“拿大王”。

传统体育、游艺与杂技：拾博狗、叼小母鸡、老鼠拱象鼻。

传统美术：烙画、石雕石刻、肖光平石刻技艺、白塔泥塑、昌乐微雕、红河剪纸。

传统技艺：金首饰制作技艺、马宋饼制作技艺、春堂八宝糕制作技艺、太公神香制作技艺、朱汉手工地毯制作技艺、高崖炸鸡、郡部笤帚制作技艺、阿陀粉皮制作技艺、昌乐草编条编、高崖蒸鸡白菜制作技艺、郡部狮子头咸菜腌制技艺、郡部无籽西瓜栽培技艺、“三八”全鸡制作技艺、舍得粥制作技艺、昌乐行具、阎氏铜器铸刻技艺、清林园全鸭制作技艺、阳纹彩绘嵌银技艺、翻砂铸造技艺、黄酒制作技艺、花生制作技艺、朱汉石磨面粉制作技艺。

传统医药：郄秋浦医术医方医案、燕青门医术医药。

民俗：崇山栓孩子习俗、图腾崇拜和崇山石祖林、七圣祠庙会、台东庙会、金山庙会。

【新闻出版管理】 加强和改进新闻出版统计工作，及时、准确、全面掌握全县新闻出版业的发展情况。把握正确舆论导向，坚持改革创新，弘扬主旋律，传播正能量，努力创新重大主题报道，加强政策解读，积极引导社会舆论及时发布准确信息。紧贴中心工作，紧贴县委、县政府重大决策部署开展宣传报道工作，不断创新宣传形式，使新闻宣传更加贴近实际、贴近生活、贴近群众。深入印刷企业、出版物发行单位了解企业发展情况和存在的困难，增进基层交流互动。组织开展打击侵犯知识产权和制售假冒伪劣商品、打击各类非法出版物和淫秽色情信息等一系列专项行动。开展版权宣传月活动，在显要位置张贴版权宣传画，在昌乐电视台滚动播放版权公益广告，山东梦金园珠宝首饰有限公司获得2016年度“潍坊市版权示范单位”称号。确保文化市场健康稳定发展。积极组织开展企业软件正版化推进工作，制定工作方案，开展检查工作；做好政府软件正版化推进工作，配合做好软件采购工作，积极探索建立软件正版化的长效机制。认真学习新闻出版方面的法规知识，提高工作水平，增强为民服务理念，推进惩治和预防腐败体系建设。强化品牌频道（率）建设，努力开办新的有影响力的品牌栏目。防止违规广告回潮，重点加强对情感类、谈话类节目的监听监看，切实纠正低俗之风，提高节目质量。

昌乐报

【概况】《中国蓝宝石之都·昌乐报》是昌乐县委机关报，4开8版、双面彩印，每周五期，每期印刷1.5万份。2016年共出版261期。《中国蓝宝石之都·昌乐报》坚持“政治家办报”思想，围绕中心，服务大局，创新性地开展工作，在党的新闻舆论、报纸采编、队伍建设、广告创收、新媒体运营等方面都有长足发展，在传播内容、媒介融合、经营管理等方面不断创新、突破，媒体矩阵建设取得较好的成绩。

7月18日，《中国蓝宝石之都·昌乐报》迎来出版1000期，共计编发报纸版面10000余个，55万条新闻、4000万字。在2016年度山东省县市报工作会议上，《中国蓝宝石之都·昌乐报》从全省140 家县市报中脱颖而出，被评为山东省十强县市报，同时被评为2015年度山东省优秀县市报，被推选为常务理事单位。《中国蓝宝石之都·昌乐报》在会上作题为《坚守报媒使命 创新融合发展》的典型发言，6件作品荣获2015年度山东县市报新闻奖县市报纸专项奖。

大型公益阅报栏作为2015年县政府10件民生实事之一，2016年全面投入使用以来，大大方便全县干部群众阅读《中国蓝宝石之都·昌乐报》，使报纸的影响人群实现倍数增加。同时《中国蓝宝石之都·昌乐报》在昌乐传媒网开通数字报的基础上，设置二维码、客户端等，让广大读者可以随时随地阅读《中国蓝宝石之都·昌乐报》。2016年10月，编辑出版《中国蓝宝石之都· 昌乐报优秀作品选》丛书和昌乐报合订本。

【主题活动宣传】《中国蓝宝石之都·昌乐报》从强化新闻策划机制上下功夫，不断完善综合策划和专项策划制度，对阶段重点、热点新闻进行分类梳理，对重大主题、重大活动、重大典型新闻进行策划把关，努力使新闻宣传有深度、有新意、有特色、有影响。

以围绕中心、服务大局为着力点，创新形式、深化主题，精心策划开设《辉煌“十二五”》《“两学一做”学习教育专题》《扶贫攻坚我们同行》《聚焦人大政协两会专题》《纪念建党95周年典型报道》《建设新型社区 打造幸福家园》《青年创业风采》《我们走在大路上—献给中国第十七个记者节》《给你提个醒》《给您点个赞》《对标国家卫生县城 我们差距有多大》《深入学习贯彻党的十八届六中全会精神 扎实推进“三个昌乐”建设》《人文昌乐》等一系列栏目，发稿2100余篇；围绕推进部门工作，先后开设《法律讲堂》《市场监管在行动》《疾控之窗》《机构编制之窗》等栏目。

先后推出《让我们满怀信心走进新的一年》《90后打造600万电商业绩 80后投资千万深耕农业》《近郊乡村生态游火了》《五图，春来早》《方山脚下绘就锦绣画卷—九龙湖片区综合开发项目系列报道之一》《九龙湖畔演绎幸福生活—九龙湖片区综合开发项目系列报道之二》《改变，是为了更好—九龙湖片区综合开发项目系列报道之三》《王丽颖：从〈幸福昌乐大家乐〉走上央视黄金100秒》《昌乐县半数自然村完成农村集体资产股份权能改革》《北庄杠子头火烧：一颗匠心传承百年工艺》等优秀作品。

【改版创新】3月31日，《中国蓝宝石之都·昌乐报》在内容布局、标题处理、版式设计、色彩运用等方面，结合实际进行提升改造。改版后，实行一到八版贯通，不再分为A、B版。头版改为导读新闻索引版式，重点稿件标题、图片通栏，对核心内容进行索引，对精彩版面、亮点新闻进行导读，标题字体由大黑改为标宋。内版注重内容，突出主题，增加深度报道。按照“三贴近”原则，加大民生新闻的报道力度，增强报纸的可读性，提高报纸的影响力。

昌乐人民广播电台

【概况】 昌乐人民广播电台前身为1956年成立的昌乐县广播站。2016年，昌乐人民广播电台FM92.0实现安全播出无事故，广告播出无违规，全年安全播出总时长6570小时。

社区广播“村村响”，作为2014年县政府10件民生实事之一，于当年8月1日开播。社区广播通过昌乐人民广播电台FM92.0频率，每天早、中、晚播出自办综合类节目，内容包括当地新闻、经济信息、农业技术、法治园地、政策问答、健康生活、曲艺精选等。在全县所有896个自然村和234个规模企业，以及县城30多个主要路口及公园广场等处安装高音喇叭和音箱3200只，进行无线接收广播，实现全覆盖。遇到各类自然灾害和安全突发事故时，社区广播随时播出预报预警信息，承担应急广播功能。2016年，社区广播安全播出总时长547小时。

【栏目策划】 昌乐人民广播电台定位是“提供信息服务，娱乐大众生活”。开设的《古今书场》栏目，集古今中外故事荟萃于一体，由著名评书表演艺术家播讲，使听众在获得艺术享受的同时，潜移默化地接受道德教育和情操陶冶。《车舞飞扬》栏目，由汽车、音乐等内容构成节目主体，以汽车使用、故障、购买等问题作为节目开场引题，就当下热点车型作点评，通过实例深入浅出地讲解汽车原理、使用常识等。《美食大搜索》栏目，作为一档美食节目，主持人与听众一起用心感受美食带来的快乐与故事。

社区广播以“突出实用性、听众零距离”为宗旨，精心打造12档节目。2016年5月开始，对社区广播栏目定位、节目内容、播出时间等进行重新编排，准确定位、提升质量，以取得更好的传播效果。早午版《昌乐新闻》，侧重时政及主题经验报道，晚上版《昌乐新闻》侧重民生新闻播报；《民意有声》解答民生政策；《时尚生活》传递生活妙招儿；《社区新鲜事儿》着重讲述新农村新社区的新变化、农民致富经和典型人物故事等；《健康之友》为听众送上疾病防治与日常保健知识；《农广天地》传播种植养殖、病虫灾害防治等农技知识；《今日说法》让法律知识普及到老百姓的心里；《人文昌乐》讲述昌乐人文历史、民俗文化。2016年5月，社区广播新开设《宝都文苑》栏目，美文佳作带听众漫步文学殿堂；6月新开设的《我的公益主张》栏目，让每一位听众成为主角，倡树文明新风，共建和谐社会。此外，还开设《“三农”信息播报》和《供需直通车》栏目，为大家在农资、求职等方面提供服务。

【导向把握】 2016年，社区广播新闻栏目先后开设《辉煌“十二五”系列报道》《昌乐县亮点工作巡礼》《“两学一做”学习教育专题》《扶贫攻坚我们同行》《聚焦人大政协“两会”专题》《纪念建党95周年典型报道》《重温红色记忆》《建设新型社区 打造幸福家园》《创建国家卫生县城》《给您提个醒儿》《贯彻落实党的十八届六中全会精神》《贯彻县委专题工作会议精神》《创建国家食品安全城市》等专题报道，为全县经济社会发展营造浓厚的舆论氛围。

【对外宣传】 2016年，昌乐人民广播电台取得山东人民广播电台县市区发稿第二名的好成绩。其中，中央人民广播电台用稿4篇，山东人民广播电台用稿339篇，潍坊人民广播电台用稿438篇，总分2077分。

昌乐电视台

【概况】 2016年，昌乐电视台共有新闻综合、农村社区、影视远教3个频道，开设《昌乐新闻》

《我们的家园》《新闻晚高峰》《新华大视野》《欢乐秀场》等13档栏目。初步形成以新闻栏目为龙头、自办栏目为支撑、高端栏目为补充的多元化新格局，满足不同受众的需求。昌乐电视台实现安全播出无事故，广告播出无违规，全年安全播出总时长超过1万小时。

【融合发展】 2016年，昌乐电视台立足本土推出一系列新栏目：2月12日，昌乐电视台新开设一档新闻类栏目—《新闻晚高峰》，以新视角、新角度发现新闻，分析新闻，报道新闻，为广大电视观众奉献一档精致的晚间新闻类节目；4月2日，《我们的家园》栏目全新改版，由原来的每周三期增加到每周七期，实现日播，栏目定位为“民生、民情、民意，您的关心就是我们的关注”，以百姓“关心事、身边事”为主要报道题材，唤起大家对昌乐的热爱，共同建设美丽的家园；4月20日，开设《空中视角看昌乐》栏目，从空中视角展示全县工业园区、城市建设、生态建设、美丽乡村、小城镇建设、现代农业、现代教育等美丽画卷；4月22日，开设电视文萃类栏目《精彩天天见》，精选全国各地电视台精彩节目片段，浓缩各地资讯精华，让观众可以在观看节目中知晓国内外热点资讯。

2016年，昌乐电视台共制作播出《昌乐新闻》365期，4380多条，总时长5500多分钟；播出《视点》《我们的家园》等新闻栏目200多期，总时长3600多分钟。电视台新闻综合、影视远教、农村社区三个频道播出自办节目总时长超过1万小时。

2016年，昌乐电视台先后完成《昌乐县创建国家卫生县城工作纪实》《昌乐县文化产业发展、文化体制改革汇报片》《中国蓝宝石之都·昌乐报》等专题片的制作任务，展示昌乐形象，受到广泛好评。

【对外宣传】 2016年，昌乐电视台在省电视台发稿199篇，总分2074.66分，位列全省县市区第二十名；在潍坊电视台发稿位列全市第一，其中，潍坊电视台《潍坊新闻》《直播潍坊》《聚焦》《新闻晚高峰》《都市新干线》五档主打新闻栏目发稿总数，均位列全市各县市区第一位。7月12日晚起，潍坊电视台《潍坊新闻》重磅推出昌乐十集系列报道，全面展现昌乐经济社会发展的成果，每期时长4分钟以上，其中包括4个新闻头条，这在潍坊电视台县市区宣传历史上是绝无仅有的。

档案管理

【概况】 档案馆现址位于昌乐城关商务社区1号楼，总面积1800平方米，其中库房面积1500平方米，业务用房200平方米，办公用房100平方米；基础设施方面配备密集架、铁橱、去湿机、防磁柜、灭火器、温湿度计等设施设备；制定并完善库房管理、档案保密、档案接收、档案征集等各项规章制度；在馆内业务建设方面，在落实九防措施，确保档案保管保护安全的前提下，注重档案的开发利用工作，平均每年接待来馆查档人员1000余人次，调阅档案资料3000余卷/册次，为编史修志、工作查考、落实个人待遇、解决纠纷等发挥档案应有的作用；县数字档案馆正式启用，数据库资源包含档案5.2万卷、620万页，条目91万条，馆藏189个全宗档案全部实现微机检索利用。

【业务建设】 采取日常巡视与定期巡查的方式，每天定时查看库房监控并做好监控查看记录，分管负责人每月带领相关科室人员进行一次现场巡查，及时消除安全隐患，确保档案资料的完整安全；加强服务窗口建设，编制《档案利用服务指南》，全年接待来馆查阅人员1200余人次，调卷3600余卷次；接收全县婚姻档案、卫计局乡村医生档案、党史革命历史档案以及侨办历年档案3000余卷（盒）进馆，特别是涉及全县3万人的婚姻档案的接收进馆，填补馆藏民生档案的空白；外出广泛征集著名作家浩然与昌乐有关的档案资料、昌乐著名中医郄秋浦医方资料等资料200余册。其中历时2个月的浩然与昌乐档案资料征集活动征集到纸质档案295份、5773页，视频档案6份，照片档案70余张，内容涵盖浩然与昌乐文化名人的往来书信、在昌乐活动期间的题词、和昌乐领导及朋友的合影、浩然亲笔签名的赠书以及昌乐文化名人在各种报刊上发表的回忆浩然和评论浩然文章。为更好地保护档案资料，局馆对征集接收的档案资料全部进行数字化。

【档案宣传与编研】 全年在各类新闻媒体发表信息稿件50余篇，其中1月8日，县委办公室第一期昌乐信息刊登《县档案局（馆）荣获"全省档案系统先进集体"称号》；以"档案与民生"为宣传主题，精心制作宣传版面，深入开展"6•9国际档案日"宣传活动。通过精心制作宣传版面，在县商务社区一号楼大厅进行展出宣传，图文并茂地向社会公众宣传档案作用，普及档案知识，弘扬档案文化，提升公民依法利用档案的意识；编辑出版《昌乐大事记（2005—2015）》一书，并荣获全省优秀档案编研成果二等奖。该书主要内容为县委、县政府重要决策、文件的制定和实施，区划变更、机构设置撤并、县级干部任免、领导视察检查活动、重大自然灾害、主要气象资料、经济社会发展和城镇建设成就，获得的省部级以上荣誉等，共80多万字；昌乐县档案局与昌乐县书法家协会联合举办以"宣传档案工作、弘扬兰台精神"为主题的全县档案书法展。此次档案书法展选出符合征稿要求的优秀毛笔书法作品80件、硬笔书法作品50件。

【档案法治建设】 按照县委办公室、县政府办公室《关于在全县开展档案规范管理检查工作的通知》要求，组织对全县各镇（街、区）和县直各部门（单位）档案规范管理工作进行一次全面检查，对经检查没有达合格要求的单位由县委县政府督查局下发整改通知书，限期进行整改；组织开展全县文书立卷工作，采取各立卷单位全部到档案局进行集中立卷的方式进行，组织9名业务指导人员分成3个业务指导小组，对各立卷单位的文书立卷工作从材料收集、分类、整理、装盒到检索工具的编制，手把手进行业务指导和质量把关，从4月1日开始利用一个月的时间，全县108个单位全部按时完成工作任务，立卷质量全部达标准要求；局馆抽调专人全程参与"全国卫生县城"创建工作。制定《昌乐县创建卫生县城资料建档指引》，指导创建"全国卫生县城"各类资料的收集、整理及归档工作；全面指导完成农村土地确权档案整理工作，并移交至馆内保存。

旅　游

【概况】 2016年认真贯彻落实县委、县政府决策部署，充分发挥部门职能，突出重点片区，突出重点项目，突出乡村旅游，创新举措，合力推进，全县旅游业呈现强劲发展势头。全年接待国内外游客、旅游综合收入同比分别增长12.9%和14.3%，争取省市乡村旅游发展专项资金393.4021万元。

【旅游项目建设】 昌乐县推进重点涉旅项目建设，全年完成投入13.05亿元。其中，方山—九龙湖开发项目投入10亿元，九龙湖新型社区30栋安置楼和1座地下车库开工建设，社区服务中心和幼儿园施工完成，南寨水库扩容一期、二期、三期工程按计划施工中，龙泉寺主殿主体结构施工完成，涉及的村庄拆迁和土地征收进展顺利。金宝莲花山农庄小镇项目于2016年4月中旬动工，完成投资3000万元，围挡、浚渠、架桥、路网整理等基础工作基本完成，景区正门、中心花园、植树绿化等工程正紧张施工中。仙月湖乡村旅游综合体项目投资4000万元，完成湖西观光道路硬化，新建动漫水世界儿童乐园及婚纱摄影基地、民俗大舞台、人造沙滩、人工湖等单体项目，30个蒙古包投入使用，旅游配套设施建设完成，窝铺村112户民居外观改造完成，3个牌坊安装完成。郚郚白浪河源旅游度假区完成投资1500万元，清理北郚郚水库和董家沟河道，修整度假区道路，垂钓项目营业。五虎山农业观光博览园项目投资1.5亿元，建设完成高档苗木的种植及维护，修复响水崖子村古楼院落，建设农家乐生态园。营丘镇太公湖文化产业园等颇具潜力项目建设步子加快，渐显雏形。

【市场开发】 参加旅游商品展销活动。县旅游局积极组织本县涉旅企业参加上级旅游部门在大连、新疆、济南等地举办的各类旅游商品展销活动，其中在新疆国际旅游商品交易会上，昌乐县蓝宝石被评为“到山东最想买的特色旅游商品之一”。 广泛搭建平台营销。县旅游局创建昌乐旅游微信公众平台，初步形成下联重点镇街及旅游点，上通旅游行业微信公众平台和大众网、新华网、齐鲁网、凤凰网、腾讯网等新媒体的拼团合作营销方式。到年底，通过昌乐旅游公众平台发布旅游攻略等125篇，各级新媒体发布40余篇，总阅读量突破35万人次，大大提高昌乐特色旅游的知名度，成为全县及全市旅游系统最具影响力的微信公众平台。寻求户外公司组团营销。针对昌乐县景点无门票、难返利、不是旅行社组团游目的地的现实，县旅游局主动寻求与京津冀新兴户外旅游公司合作，共同推出以体验“古火山、蓝宝石、老爷车”为主题的昌乐旅游二日、三日精品线路，先后吸引游客7批200余人次，反馈改进建议20余条，趟出市场营销的新路子。

【旅游品牌培育】 积极开展创先争优工作。县旅游局认真研究省市旅游、财政部门关于旅游品牌项目标准及奖补政策，积极对接争取，争创省市旅游品牌项目15个，其中，省级旅游品牌项目6个（五图街道响水崖子村省级旅游特色村、庵上湖村采摘园省级精品采摘园、高崖水库库区南山农场省级农业旅游示范点、乔官镇响水崖村省级乡村旅游示范村、响水崖村祥水居农家乐三星级好客人家农家乐、郚郚镇沙埠沟樱花缘三星级好客人家农家乐）、市乡村旅游标杆示范村3个（五图街道响水崖子村、乔官镇响水崖村、土埠沟村）、市乡村旅游度假项目1个（乔官镇姬家庄子村）、市乡村旅游标杆示范规划项目5个（五图街道响水崖子村、庵上湖村、乔官镇响水崖村、土埠沟村、姬家庄子村），争取省市扶持到位资金393.4021万元（其中市级乡村旅游扶持资金240万元，占市财政专项资金预算的24%，成为争取这一政策资金最多的县市区之一）。

乡村旅游快速发展。一是注重规划先行。县旅游局委托上海社会科学院旅游研究中心为五图街道庵上湖、响水崖子和乔官镇土埠沟、姬家庄子、响水崖等5村编制乡村旅游发展规划，于8月10日通过专家评审，争取市级乡村旅游奖补资金100万元，成为全市享受这一政策扶持最多的县市区。二是突出亮点打造。集中2个月时间，配合五图街道打造响水崖子省级旅游特色村，成为全市最靓的乡村旅游点。庵上湖村投资新建千米葡萄沟、150米观光长廊和民俗文化馆，成功申报为“山东省美丽休闲乡村”；乔官镇响水崖、姬家庄子，郚郚镇沙埠沟等村与精准扶贫、美丽乡村建设等政策项目融合，配套建设游客服务中心、旅游厕所、生态停车场、道路硬化等设施，发展起主题民宿和特色农家乐。昌乐县乡村旅游点被省旅发委推广的第一条乡村旅游黄金大道（精品线路）覆盖，是潍坊市四个县市区之一。三是加强学习培训。在积极争取参加省市旅游部门对乡村旅游带头人域外培训的同时，通过请专家授课、点对点考察、专题化辅导等形式，组织培训400余人次，为乡村旅游发展提供必要的智力支持。

【乡村旅游协会】 为促进全县乡村旅游进一步发展，由庵上湖村党支部书记、华安瓜菜合作社理事长赵继斌，华之旅旅行社负责人高秀珍，乔官镇土埠沟村投资人、潍坊市良君商贸有限公司董事长秦军伟等7人，发起成立昌乐县乡村旅游协会的建议，得到包括旅游特色村、精品采摘园、酒店、旅行社等全县36家涉旅单位的积极响应与大力支持。在县旅游局的组织与引导下，昌乐县乡村旅游协会首届会员大会召开，大会通过协会章程，选举赵继斌为会长，同时选出副会长、秘书长、监事和理事单位，昌乐县乡村旅游协会正式成立。

【首届乡村旅游节】 在县旅游局协助下，由县乡村旅游协会主办，部分理事单位协办的以“走进美丽乡村，感知甜美昌乐”为主题的“山东昌乐首届乡村旅游节”启动仪式在全国文明村、省级旅游特色村庵上湖村举行。昌乐县朱汉果品专业合作社、潍坊良君商贸有限公司、昌乐县南溪岭葡萄专业合作社等13家乡村旅游合作组织现场布展，昌乐火山小米、石磨面粉、独炉山笨鸡蛋、酸枣叶茶等多种乡村旅游特色商品火爆热销。

五图街道响水崖子村举办 “红歌大赛”和篝火晚会、庵上湖举办精品采摘游和“首届庵上湖葡萄文化节”，高崖库区举办“山水田园美，快乐乡村游”，宝都街道蔡辛村举办“绿色采摘游”，鄌郚镇沙埠沟村举办“农家乐体验”，营丘镇泥香园举办“草莓采摘”等。仅“五一”长假期间，全县乡村旅游接待游客29.4万人次，实现旅游综合收入300余万元，同比增长1倍多。

【名优特产】 昌乐蓝宝石　形成于1800万年前，据探测，昌乐蓝宝石有矿面积达450多平方千米，是世界上罕见的蓝宝石富矿区。 昌乐县将蓝宝石产业，做成“买全球，卖全球”的大生意，昌乐获得“世界古火山奇观，中国蓝宝石之都”的称号。

昌乐西瓜　全县西瓜种植面积每年基本稳定在16万亩左右，其中，冬暖式大棚和大拱棚11万亩，中、小拱棚5万亩，西瓜年产量稳定在60万吨以上，产值达15亿元。1997年，鄌郚镇被命名为“中国无籽西瓜之乡”。2000年，尧沟镇（今属宝都街道）被命名为“中国西瓜第一镇”。1999年、2001年，昌乐西瓜连续两届被评为中国国际农业博览会名牌产品。2013年，在第25届北京大兴西瓜节擂台赛上，昌乐县庵上湖西瓜获得全国中型西瓜综合组冠军。2016年，昌乐西瓜被评为“全国百强名优果品区域公用品牌”“山东省十大知名农产品区域公用品牌”。

梦金园黄金珠宝　山东梦金园黄金珠宝集团坐落在昌乐经济开发区，是国内最大的集研发设计、生产加工、品牌运营及销售服务于一体的大型黄金珠宝集团公司之一，年加工黄金饰品近百吨，产品销往30多个省、直辖市、自治区及港澳特区，致力于打造全产业链的世界级黄金珠宝航母品牌，让世界看到中国的美。2009年被山东省旅游局授予“山东省工业旅游示范点”。

火山小米　在昌乐县乔官镇远古火山群周围的郝家沟、姬家庄子、孙家沟、段家沟、响水、黑山子、南音等十几村庄，一直种植一种传统的驴缰绳谷子，用它碾出的小米，叫驴缰绳小米，因为此谷物是生长在火山灰之中，所以又称火山小米。2015年10月“昌乐火山小米”成功注册国家地理标志证明商标。

白塔芋头　仙月湖位于昌乐县西南端，是山东省一级水源保护地，是国家AAA级风景区、国家水利风景区，这里以其得天独厚的生态环境优势，大力培植和开发芋头种植特色产业。白塔芋头历史悠久，主产地是库区的白塔、窝铺等20多个村，是高崖库区的传统主导产业，有千年栽培历史，是江北地区上市最早、口感最好的有机芋头。与其他地方的芋头产品相比，个大、体圆、皮薄、肉嫩，滑中带面，香味醇厚，营养价值高，享誉海内外。培育和推广“白芋1号”等优良品种，实施标准化生产，芋头种植面积达1万亩，年产鲜芋头2万吨，全年供应，畅销全国，出口美国、日本、韩国及东南亚国家和地区，蜚声海内外。

鄌郚吉他　鄌郚镇作为中国电声乐器的产

业基地和山东省特色产业镇，乐器企业有80多家，产品涵盖电吉他、木吉他、电贝斯、萨克斯、音箱乐器配件等8大系列、400多个花色品种，实现年产值30亿元，产品远销韩国、德国、日本、英国、美国等，昌乐吉他名扬海内外。

【精品旅游线路】 昌乐县作为潍坊市的近郊县，历史悠久，文化灿烂，资源丰富，是齐文化的发祥地，是中国蓝宝石之都。围绕昌乐县特有的火山、宝石、教育资源，昌乐县开发3条经典旅游线路。

休闲探宝游：乔官镇远古火山口群国家级地质公园—姬家庄子村—响水崖村—方山—梦金园省级工业旅游示范点—中国宝石城；

乡村一日游：首阳山国家级森林公园—五图街道响水崖子村—五图街道庵上湖村—乔官镇土埠沟村—仙月湖景区；

教育修学游：乔官镇远古火山口群国家级地质公园—姬家庄子村—五图街道庵上湖村—昌乐二中—中国宝石城景区。

2016年昌乐县旅游景区景点一览表

表18

名称	等级	地址	电话
昌乐中国宝石城	AAAA级	昌乐新城街903号2楼	6285001
西湖公园	AAA级	昌乐县宝昌路222号	6222372
桂河湿地公园	AAA级	昌乐县首阳山度假区内	6753106
白浪沙滩湿地公园	AAA级	昌乐县营丘镇政府驻地北100米	6921106
仙月湖景区	AAA级	昌乐县高崖水库库区	6691106
清水河公园	AAA级	昌乐县红河镇政府驻地北	6661106

2016年昌乐县旅行社一览表

表19

旅行社名称	成立时间	地址	电话
昌乐县宝都旅行社有限公司	2006年2月	昌乐县文化路879号2号楼11商铺	6250006
潍坊华之旅旅行社有限公司	2003年7月	昌乐县恒安街	6279122
昌乐龙腾旅行社有限公司	2012年3月	昌乐县昌盛街32号51号楼14商铺	6256006
昌乐鼎悦旅行社有限公司	2016年3月	昌乐县市场路2278号14号楼05商铺	6237928

2016年昌乐星级饭店一览表

表20

名称	星级	地址	电话
昌城大酒店	四星级	昌乐县新昌路36号	6802888
宝城大酒店	三星级	昌乐县新昌路252号	2180111
清林园大酒店	三星级	昌乐县昌盛街2058号	6256999

卫生 体育

weisheng tiyu

计划生育

【概况】 2016年，昌乐县全面贯彻中共十八大和十八届二中、三中、四中、五中、六中全会精神，深入学习贯彻习近平总书记系列重要讲话精神，准确把握党中央、国务院和省委、省政府、市委、市政府关于调整完善生育政策、改革完善计划生育服务管理的决策部署，坚持计划生育基本国策，坚持和完善计划生育目标管理责任制，强化党委和政府主体责任，完善齐抓共管工作格局，稳妥有序实施全面两孩政策，较好地完成各项目标和任务，促进全县人口长期均衡发展。

【宣传教育】 始终把人口计生宣传教育纳入统一规划和公益性宣传范围，构建公益性、社会化的大宣教格局。活化宣传形式，既注重发挥电台、电视台、报纸杂志等主流媒体作用，又加强自媒体宣传，开通官方微信公众号，搭建新的宣传平台。丰富宣传内容，大力宣传坚持计划生育基本国策的重要性和长期性，宣传调整完善生育政策的及时性、必要性，特别是针对全面二孩政策实施后，群众生育意愿得到释放、可能出现扎堆生育的情况，及时进行相关政策宣传，引导群众合理安排生育计划，指导基层贯彻落实一孩、二孩生育登记服务制度，做好再生育审批服务，进一步精简生育登记和再生育审批办理流程，全年累计办理一孩生育登记4905例，二孩生育登记11336例，再生育审批280例。

【措施保障】 强化组织保障。始终坚持计划生育“三个不变”，9月22日，召开全县计划生育工作会议，县委、县政府与10处镇街区、29个齐抓共管部门签订人口和计划生育目标管理责任书，将人口与计划生育考核工作纳入对镇（街、区）科学发展综合考核和县直部门工作实绩考核，把计划生育工作纳入县委、县政府重大事项督查范围。严格落实“一票否决”制度，在评先树优、“两代表一委员”推选、干部选拔任用等工作中严格把关审核，切实保障责任落实，因计划生育把关审核否决个人126人次，单位14个。

强化部门协作。建立以民政、公安、教育、卫计等部门为主的人口数据信息共享机制，以公安、卫计、市场监管等部门为主的打击“两非”联席会议制度，以宣传、卫计、文化及各类媒体为主的舆论宣传联席会议制度，确保信息共享、综合施策。

强化财政保障。始终坚持计划生育经费优先纳入预算，配套资金优先拨付，奖励资金全额落实，为人口计生工作提供充足的财力保障。2016年，全县计划生育事业经费投入 7340万元，同比增长10.04%。

【基层基础】 强化社区管理。结合镇（街、区）工作力量下沉，将计划生育考核延伸到社区，每季度对全县84个社区的计划生育工作进行一次考核排名，对年内累计两次考核排名后五位的，纳入重点管理，实行“一票否决”，取消当年度所有评先树优资格。

坚持依法管理。坚持依法行政，规范执法行为，依法查处违法生育行为，维护良好的生育秩序。加大对违法生育人员依法处理力度，对有能力但拒不缴纳社会抚养费的违法生育户，依法申请人民法院强制执行。

建立管理平台。完成“卫生计生综合管理服务信息平台”建设，在各计生服务站、各级医疗服务机构安装信息系统终端，实现育龄妇女婚孕育信息互联互通和全程跟踪服务管理，计划生育管理服务水平不断加强。

【优质服务】 全面落实避孕方法自主选择，已婚育龄夫妻享有的免费基本计划生育技术服务落实率达 100%。建立免费优生健康检查制度，积极推广实施出生缺陷干预项目，融健康促进、优生指导、孕前筛查等为一体的出生缺陷预防体系不断完善。扎实开展免费孕前优生健康检查、免费唐氏筛查等“六免”项目，服务目标人群 5.7 万人次，筛出唐氏高危 1394 人，确诊唐氏儿 23 例，全部采取终止妊娠处理。

【政策推动】 完善政策推动体系。县委、县政府制定出台《关于健全完善特殊困难群体关爱救助的意见》，将计划生育特殊家庭纳入重点救助范围，发动相关部门在落实城乡低保、社会救助、养老保障等政策时，给予优先考虑，重点倾斜。

落实法定优先优惠政策。2016 年，全县近 11 万名农村育龄妇女享受到“四术”免费服务，41399 对独生子女父母受到奖励，3560 人得到奖励扶助，147 人受到特别扶助。

积极开展困难计生家庭帮扶救助行动。由县财政出资 77 万元，为全县 111 户失独家庭全部落实一次性抚恤金，为 165 名失独家庭成员办理意外伤害保险。全县 4000 余名机关、企事业单位干部职工与 5000 余户计生家庭结成帮扶对子，针对计生特殊家庭的精准扶贫工作，得到国家计生协原常务副会长杨玉学等领导的充分肯定。计生家庭发展致富示范基地项目成效显著，7 月，昌乐县在中国计生协召开的项目工作部署会议上作交流发言。

【流动人口】 创新流动人口服务管理模式，加强区域协作，对流动人口信息做到实时监控。落实流动人口现居住地计生技术服务基本项目免费制度，把流动人口和常住人口同等对待，同步开展生殖健康服务，逐步实现属地化管理。实行全国范围内流动人口电子婚育证明网上办理，实现办证的信息化、电子化目标，解决流动人口办证不方便的问题。积极做好流动人口基本公共卫生计生服务均等化工作，圆满完成国家流动人口基本公共卫生计生服务满意度调查。做好流动人口信息管理系统的管理和使用工作，全县流动人口信息管理系统的通报率、接受率、反馈率均为 100%。

【依法行政】 贯彻落实法律法规。严厉打击私自鉴定胎儿性别和非法终止妊娠行为，加大 B 超执机人员管理及终止妊娠药品市场的清理和“两非（非法鉴定胎儿性别、非法选择胎儿性别终止妊娠）”案件的查处力度，对全县 B 超设备实行备案管理，B 超执机人员全部与所在单位签订执机合同和承诺书。落实信访工作属地管理责任。切实解决群众办事难问题，群众信访明显减少。乡村计划生育政务公开、村务公开、服务管理制度运行规范，建立并落实计划生育依法行政责任制和计划生育管理与服务的民主监督制，按期在政务公开、村务公开栏进行公示，接受广大群众的实时监督。严格审批事项办理。对婚育状况证明、流引产鉴定证明、病残儿鉴定、再生育证审批等重点事项严格把关，对审批中发现的问题及时移交计生执法监察办公室和法规信访科立案调查处理。

【创建全国计划生育优质服务单位】 根据《国家卫生计生委关于开展新一轮全国计划生育优质服务先进单位创建活动的通知》精神，在落实党政责任、加强部门协作、做好宣传倡导、依法规范管理、提升服务水平、完善扶助保障、强化信息支撑、巩固基层网络等八个方面进行整体完善、提升，经县级申报、市级推荐、省级评审上报，国家卫生计生委于2016年12月29日印发《关于命名2014—2016年全国计划生育优质服务先进单位的通知》（国卫指导发〔2016〕74号）通知，昌乐县顺利通过国家评估验收，成功创建为全国计划生育优质服务先进单位。

【计生协会项目】 持续推进计生特殊家庭帮扶模式探索项目。自2013年以来，“爱心助福计生特殊家庭”项目被省计生协确定为计生特殊家庭帮扶模式探索项目，在全县推行“社会化、个性化、常态化”三化帮扶模式，对计生困难家庭实施帮扶救助，春节期间，先后对230个计划生育困难家庭发放慰问金33.1万元。3月，创新“互联网+”帮扶救助模式，成功为身患白血病急需救助的红河镇计生站工作人员李瑞友募集到15万元救命的手术费；5月，出资1.65 万元为全县165名失独家庭成员每人投保100元的意外伤害保险；县财政拨款52万元，对2013年7月1日以前发生的失独家庭补发一次性抚慰金，全县失独家庭一次性抚慰金全部发放到位；11月，为全县141户、265名计生特殊家庭全部建立基本信息档案，建档率达100%。2016年4月，该项目顺利通过省计生协的评估。

生育关怀携手行—计生家庭发展致富项目。2014年年底，昌乐县承办中国计生协“生育关怀携手行”计生家庭发展致富示范基地项目，成为山东省唯一的全国“生育关怀行动”试点单位。该项目依托宝都街道蔡辛村宝城瓜菜专业合作社，将20万元项目资金发放给20户计生困难家庭，并安排专门技术人员与他们结成帮扶对子，对他们开展技术培训，提高瓜菜种植技术，帮助解决劳动就业，开拓销售市场，大幅度提升他们的发展致富的能力。参与合作社经营的20户计生家庭，每户增加收入约8000元，人均收入达1.2万元以上，16个家庭实现脱贫。2016年7月27日，昌乐县作为项目点参加中国计生协在大庆市召开的项目工作部署会，并在会上作交流发言；8月26日，省卫生计生委党组成员、计生协常务副会长杨心胜对项目点—宝城瓜菜专业合作社进行实地调研指导。

青春健康教育项目。建立并完善昌乐高级技工学院青春健康教育俱乐部，并分别推荐上报“山东省计生协青春健康教育示范基地”“中国计生协青春健康教育示范基地”。计生协会副会长郭树芳被中国计生协会聘为青春健康教育顾问并在全市青春健康教育培训班上进行现场讲课。10月25日，省计生协会副会长李养珍带领评估组对昌乐高级技工学校青春健康教育俱乐部进行评估验收。

【计生协会组织建设】 9月5日，县编委会议专题研究通过《昌乐县计划生育协会机关主要职责内部机构和人员编制规定》（即“三定”方案），9月7日，县委办公室以乐办字〔2016〕21号文件予以印发，规定县计生协的九项工作职责，并确定将县计划生育协会列入群团序列，设办公室、宣传项目部 2个职能科室，使用事业编制8人，配备会长1名，由县政府分管领导兼任，常务副会长1名，按部门正职配备，副会长2名，中层职数2名。昌乐县在全市首家率先完成“入序、三定”任务，《潍坊市计生协会情况》予以刊发推介。

计生协会工作走在全省全国前列。2016年7月27—28日，中国计生协会“生育关怀携手行—计生家庭发展致富示范基地”项目培训班暨项目工作部署会在黑龙江省大庆市召开。昌乐县作为山东省项目点代表，在会上作“实施生育关怀项目，助力计生家庭发展”的典型发言，介绍发挥协会作用，提供“六统一”服务以及采取多种形式进行精准帮扶，使计生困难群众掌握致富本领， 实现脱贫致富，推动计生协会帮扶工作转型发展的经验做法。

县计生协会会长王庆华被评为山东省优秀共产党员。

链接资料

“六统一”：统一供种、统一操作规程、统一安排种植计划、统一商标、统一销售

医疗卫生

【概况】 县卫生和计划生育局是按照县委《关于昌乐县人民政府职能转变和机构改革的实施意见》（乐发〔2014〕14号）要求，由县卫生局、县人口和计划生育局整合而成的县政府组成部门。2016年，立足解决群众看病就医问题，特别是基层群众看病问题，以医疗服务体系改革为重点，全面深化医药卫生体制改革，提升医疗服务质量，推进基本公共卫生服务均等化，提高基层医疗卫生机构中医药服务能力，全县医疗卫生工作成效显著，群众看病就医满意度居潍坊市第一名。

【医药卫生体制改革】 深化公立医院改革。昌乐县在省、市卫生、医改等部门指导下，以破除“以药补医”为关键环节，加强组织领导，强化工作措施，统筹全县公立医院管理体制、补偿机制、价格机制、医保支付制度、人事分配、采购机制、监管机制等方面改革。2010年，县人民医院改革试点工作开始实施。2011年，印发《加快推进昌乐县公立医院综合改革试点实施意见》，2012年12月25日，县政府召开常务会议，专题研究县人民医院综合改革试点工作，通过并印发《昌乐县人民医院综合改革试点工作实施方案》，于2012年12月31日起县人民医院开始实施取消药品加成政策。

组建医疗联合体，推动集团化办医。县人民医院在成立红河分院、托管县妇幼保健院、成立多处社区卫生服务站的基础上，与五图、乔官、崔家庄等多处乡镇卫生院及70多所村卫生室组成昌乐县人民医院医疗联合体。加入医疗联合体的村卫生室，实现远程实时诊断。医联体的成立，建立基层首诊、双向转诊的服务模式，工作效率显著提高，服务领域明显扩大。

调整医疗服务价格，降低大型医技检查费用。根据乐价字〔2016〕10号文件要求，县人民医院自2016年7月15日起，调整CT、磁共振、直线加速器等大型医疗设备检查项目价格，最高降幅接近50%。德国西门子3.0T 磁共振原价912元，调整为每部位495元，降幅达45.7%；德国西门子128层高档螺旋CT扫描每部位由494元调整为360 元，降幅为27.1%。美国GE16层高速螺旋 CT 扫描每部位由342元调整为207元，降幅为39.5%。美国瓦里安高能直线加速器治疗每照射野由143元调整为135元，降幅为5.6%；适型调强放射治疗（IMRT）由950元调整为900元，降幅为5.3%。

完善医院内部服务，提高医疗服务质量。2016年，县人民医院结合创建三级综合医院，重新修订各质量管理委员会职责和《昌乐县人民医院质量与安全管理组织架构》，进一步完善医院质量与安全组织体系，出台《2016年度医院质量与安全管理控制指标》，建立全院质量监测指标和监控重点，认真落实“患者十大安全目标”，加强对医疗质量核心制度执行情况的督查，促进临床科室认真落实首诊负责制度、三级医师查房制度、会诊制度、手术安全核查制度、查对制度、交接班制度等核心制度。全面推行临床路径管理，逐步建立完善临床路径单病种医疗质量指标体系和医疗质量评价指标体系。医院80个病种全部实行管理，完成路径病例数占全部出院患者17.42%。肿瘤科、心血管内科、检验科还顺利通过市重点学科年审。

加强信息化建设，实施“互联网＋医疗”新模式。县人民医院建立“医卡通”等20项数字化系统，以电子病历为核心，推动医疗质控管理和升级应用模块，实现电子签名认证和检查、检验结果实时查询；通过门诊大屏幕、触摸屏向

病人公开药品价格、收费项目和标准，提高收费透明度；完善患者就诊流程，县人民医院开通微信公众服务平台，关注医院微信号，绑定患者身份证、就诊卡号、社保卡号等即可享受便捷医疗服务，为就诊患者提供预约挂号、就医导诊、检验检查结果及微信支付服务。

【基础建设】 2016年先后争取中央投资乡镇卫生院建设项目3个，完成建筑面积9200平方米，完成总投资1590万元。2015年投资新建的乔官中心卫生院防疫楼工程，2016年年底投入使用；县人民医院妇产医院楼体建设进展顺利。截至年底，各基层医疗卫生服务机构累计投资370余万元，用于购买添加诊疗设备。新购彩色B超、X光机等设备20余台（件），提高基层诊疗水平，就医环境和医疗服务质量得到明显改善，全县基本建立起县镇村一体化的医疗卫生服务体系。

大力推进信息化建设，助力分级诊疗上档升级。昌乐县下大力气进行信息化建设，通过整合卫生计生信息化资源，完善卫生计生专网组建，打通原卫生专网和原计生专网，并接入全市卫生计生专网，实现卫生计生机构网络互联互通。将原计生系统的“三网一库七系统”与原卫生系统的“五大业务应用”纳入统一规划，统一建设，实现远程诊疗、双向转诊、绩效考核、处方点评、决策分析、药品监管等功能。在鄌郚、城南两个卫生院先行试点，探索实行“互联网+”诊疗模式，让群众不出镇就能享受上级医院专家的远程诊疗服务，实现优质医疗资源的共建、共用、共享。县人民医院改造和完善患者就诊流程，开通微信公众平台，方便患者就诊、支付、查询结果和消费明细，并开通医保卡一卡通服务。同时，县卫计局牵头，依托县人民医院成立远程会诊中心， 截至2016年年底，有5家乡镇卫生院、70余家村卫生室加入到心电图远程会诊

【医疗管理服务】 2016年，县人民医院成功创建为“三级乙等综合医院”，顺利通过“省级文明单位”复审，荣获“2015—2016年度星耀中华—最具成长力中国县市医院创新之星奖”、“省级巾帼文明岗”荣誉称号，在潍坊市2016年医师岗位技能大赛中获得团体第三名，在潍坊市第一届院前急救大赛中获得团体二等奖，全院各项业务工作指标稳中提升。县中医院购进万元以上设备10余台（件）；新购进的GE64排128层宝石CT，是昌乐县第一台原装进口的高端宝石CT，购进市面上先进的高档妇产彩超GE E8和飞利浦Q5，极大地缓解生育高峰做四维彩超难的问题，进一步满足患者就医需求，提高诊疗服务水平；心血管内一科被评为市级重点专科建设单位。

2016年，县卫计局把加强农村社区卫生室建设作为解决农民看病难、看病贵问题的有效途径，坚持“保基本、强基层、建机制”原则，重点加强农村基层卫生基础设施建设，改善医疗设施，强化队伍管理。与县规划局、住建局、财政局联合发文《关于农村社区卫生室规划建设标准指导意见》（乐卫计字（2016）139号），在功能定位、规划设置及机构准入上对农村社区卫生室规划标准提出指导意见。12月份，市卫计委对昌乐县上报的31处农村社区卫生室进行验收，全部达标。

【公共卫生服务】 昌乐县自2009年在全县逐步开展基本公共卫生服务项目工作，服务经费由最初的15元增加到2016年的45元。2016年，昌乐县在潍坊市基本公共卫生服务项目绩效考核中位列第一名。

2016年，全县承担基本公共卫生服务项目的基层医疗机构有社区卫生服务中心1处，卫生院15处，社区卫生服务站3处，村卫生室343处，民营医院2处，基本公共卫生服务覆盖率100%。县卫计局按照“一年打基础，二年大提升，三年大发展”总体战略目标，制定一系列措施和办法，在全县范围内组织开展基本公卫“比学赶帮超”活动，强力推进全县基本公共卫生服务工

作的开展。2016年7月、12月两次聘请省级公卫专家团队，对全县各卫生院进行基本公卫绩效考核，通过省级专家的考核和指导发现昌乐县存在的问题和薄弱环节，指明工作方向，促进全县基本公卫工作的规范开展。

截至2016年年底，全县共建立居民电子健康档案54.8万份；新建预防接种证7542人；0～6岁儿童系统管理37434人；孕产妇早孕建册5734人，产前健康管理6226人，产后访视6267人；65岁及以上老年人健康管理51366人，其中，规范健康管理41725人，高血压健康管理48934人；糖尿病健康管理16947人；重性精神病患者管理2515人；0～36个月儿童中医调养服务9750人，65岁以上老年人中医体质辨识服务39908人。

【中医药】 昌乐县以提高基层医疗卫生机构中医药服务能力为目标，在成功创建全国基层中医药工作先进单位的基础上，进一步夯实基础设施建设，推进业务水平不断提高。

突出特色创建。积极开展特色项目建设，以特色带动整体提高，在全县中医药建设中发挥示范带动作用。2处卫生院、3处村卫生室顺利通过第三批市中医药特色卫生院、卫生室建设验收，3处卫生院、6处村卫生室纳入第四批建设计划；3人被推荐为省基层名中医，5人被推荐为市基层名中医。

中医馆项目建设。4处卫生院完成建设任务，向省卫计委提交项目相关验收材料，反馈得分居全市前列。申报五图卫生院、白塔卫生院、城关街道社区卫生服务中心为2017年项目建设单位。

加强人员培训。优化师资力量，在县中医院设立的中医适宜技术培训基地，分门别类对基层临床医师、乡村医生进行中医适宜技术、中医药知识与技能培训，在全县逐步形成“信中医、爱中医、用中医”的浓厚氛围。

爱国卫生运动

【卫生县城创建】 加大城市基础设施建设和日常卫生管理，特别是旧城区、背街小巷、城中村、城乡接合部、农副产品市场等部位以及“五小”行业的卫生管理情况。

公厕建设。投资300多万元，在城区新建、改建公厕20处，向社会征集义务开放公厕50处，配套设置指示牌300多个，城区公厕总数达83处，形成以固定式公厕为主、沿街公共场所厕所对外开放的城市公厕格局。

老旧小区治理。补植绿化苗木15万株，配置垃圾桶5000多个，清理垃圾10万立方米，粉刷墙体50万平方米，整修道路43千米，地埋式垃圾站全部改造。采取街（区）托底，引入物业公司或业主自发成立管理站等方式，建立起老旧小区长效管理机制。

环卫设施改造升级。投入1.5亿元，高标准建设“三位一体”垃圾中转站3处，改造地埋式垃圾站98处，新增垃圾桶8000多个；购置垃圾压缩转运车17辆、餐厨垃圾转运车2辆、勾臂车1辆，全县环卫作业车辆达138辆，城区机械化清扫率达85%，全面实现“机扫+机洗+人工拣拾”立体化作业。

农贸市场整治。投资4000万元，改造提升东山李、农贸城、珠宝二街3处农贸市场，新建太合农贸市场。规范早夜市20处、大集5处、临时便民市场3处、活禽活畜集中屠宰点5处，有效解决马路市场、占道经营等问题。

提升城市基础设施。投资6亿多元，高标准建设青年路等20多条道路，建成城市公共自行车系统，维修人行道1万平方米，更换路沿石2.4万米，修补路面、商业通道12.7万平方米，硬化背街小巷5万多平方米。投资7079万元，新装路灯5000多盏，城区路灯达1.8万盏，亮灯率保持在99%以上。

提升城市管理水平。集中整治“十乱”，清

理违章建筑1000余处，拆除违规广告牌、灯箱1500余块，整治店外经营1500余家，规范城区沿街商户2500余户；清理乱贴乱画、乱拉乱挂等1.1万处；与经营业户签订3000余份责任书，全面落实“门前三包”；施划道路标9万平方米，设置机动车位5000余个、非机动车停放点500余处。集中整治建筑工地，硬化工地出入口和主要道路5000余米，增设、修复围挡2万米，扬尘防控措施全面落实。集中整治“五小”，完成“五小”登记备案1700余家，26家食品生产企业、600家食品流通业户、56家餐饮业户完成“亮企”“亮店”“亮厨”，规范整治小浴室、小旅馆等630家，卫生设施及制度落实率达95%以上。

提升城市生态环境。开展“386”环保行动，关停拆除环保不达标项目152个，淘汰黄标车8037辆，禁燃区内10吨以下燃煤锅炉全部停用或拆除，近三年未发生较大及以上级别的环境污染事件。改造提升污水处理厂，出厂水质全部达一级A标准，城市污水处理率达99%。投资1.8亿元，新上金丝达垃圾循环利用项目，日处理生活垃圾600吨，垃圾综合处理率达100%。倡导绿色出行，新上新能源公交车和出租459辆、电动公交车304辆。建成“六纵九横”城市绿色长廊、2处滨水景观带、6处大型公园、30处街头绿地，创建省、市级花园式小区47个，建成区绿化覆盖率达41.4%。

提升市民生活环境。针对城中村、城乡接合部脏乱差等问题，组织机关干部开展义务劳4000余人次，带动社区居民、志愿者等群体开展义务劳动5万余人次，清理垃圾85万立方米，清理小菜园400处，取缔废品收购站10处，并全面落实长效保洁措施，脏乱差问题得到妥善解决，市民生活环境明显改善。

【公共卫生】 农村爱国卫生。集中深入开展城乡环境卫生整洁行动，推进环卫一体化进程，在农村重点清理“三大堆”、大棚垃圾，着力解决农村环境“脏、乱、差”状况。积极开展省级卫生村创建，建成省级卫生镇2个、卫生村39个。积极推进农村无害化卫生厕所建设。

食品和饮用水安全治理。开展“四清四整治”，整治食品生产经营单位5000多家，食品生产经营单位持证率、食品安全制度建有率均达97%以上。狠抓水源地保护，水质达标率达100%，集中供水覆盖率达96.1%。近三年未发生重大食品安全、饮用水污染等事故。

居民健康教育。推动医疗机构、学校开展健康教育，住院病人及陪护家属健康知识知晓率90%；学校健康教育开课率达100%，学生健康知识考核及格率达90%，健康行为形成率达86%。开展无烟单位创建，医院、学校全部创建为无烟单位。持续宣传健康知识，居民相关卫生知识知晓率达93%以上，健康生活方式与行为形成率达87%，基本技能掌握率达75%。

病媒生物防制。投入220多万元，在城区布放毒鼠站2万余个，持续开展春冬灭鼠、夏秋灭蚊蝇、全年灭蟑螂活动，病媒生物防制各项指标均达C级以上水平，顺利通过省级病媒生物防制工作考核。

疾病预防控制

【概况】 县疾控中心积极履行职责，认真搞好服务，完善各项制度，加大宣传力度，狠抓业务工作落实，严格贯彻执行《中华人民共和国传染病防治法》《疫苗流通和预防接种管理条例》《艾滋病防治条例》《中华人民共和国职业病防治法》《突发公共卫生事件应急条例》等相关法律、法规，依法依规范扎实主动地开展工作。全县传染病总发病率保持下降趋势，实现“确保不发生重点传染病暴发流行”的目标。

【免疫预防接种】 免疫预防工作以巩固提高国家免疫规划疫苗接种率为目标，加强疫苗和冷链管理，规范预防接种行为。全年新生儿建证建卡9212名，建证建卡率100%，全县2～3岁儿童的“八苗”全程、及时接种率为90.02%，超额完成2016年度全市科学发展综合考核（国家免疫规划疫苗全程、及时接种率）指标值88.59%的任务。根据春季以来麻疹疫情有所升温、昌乐一中疫情处置需要，抽调全县部分乡镇卫生院和县直医疗单位有预防接种资质的工作人员组成应急接种队，对昌乐一中初中部和高一、高二级部的外地户籍学生开展含麻成分疫苗应急接种工作，共完成3142名在校学生含麻成分疫苗应急接种，接种率92.93%。教师、学生家长及医务人员接种145人，有效控制疫情蔓延。

【传染病防治】 重点传染病控制。巩固霍乱、手足口病防治成果，严格落实预检分诊和转诊制度，严禁乡镇卫生院截留发热、伴或不伴皮疹5岁以下患儿。全年共报告手足口273例，规范处置78例，标本采集上送78份，发生聚集性疫情2起，规范化处置2起；自腹泻病门诊开诊以来，全县登记腹泻病例311人次，快检58人次，未检出霍乱弧菌。继续开展不明原因肺炎病例和流感暴发疫情监测，2月、3月各报告不明原因肺炎病例1起，均进行规范处置，同时进行进程和结案报告。进一步加强出血热、狂犬病、布鲁氏菌病、发热伴血小板减少综合征等自然疫源及虫媒传染病的防控工作，全县发生布鲁氏菌51例，出血热病例18例，均100%进行流行病学个案调查及处置，并采集各类合格标本9份，按要求送市疾控中心检测。疫情审核及时率、疫情报告及疫情分析及时率均100%。

艾滋病防治。全县建立3个艾滋病筛查实验室、15处艾滋病检测点和3个艾滋病自愿咨询检测点。2016年全县共检测各类人群33683人，其中羁押人员406人，自愿咨询检测1050人，其他人群32227人，共检出HIV抗体初筛阳性7例，经潍坊市疾控中心确认，均为艾滋病病毒感染者，按照有关要求及时进行疫情报告和相关的调查处理。按照“五进”活动方案要求，积极开展艾滋病防治知识的宣传活动。对昌乐一中在校教师学生、育龄妇女进行艾滋病防治知识宣传，提升对艾滋病防治知识知晓率。对城区内的KTV、洗浴、按摩中心、足浴店等娱乐场所进行艾滋病防治宣传教育，发放《艾滋病防治条例》、艾滋病防治宣传手册、艾滋病防治知识读本、宣传单、宣传折页、安全套等。全年共计干预公共场所509家次，干预高危行为人员4468人次，检测660人次。对现有38名感染者和病人全部接受随访干预管理，感染者和病人随访率、CD4检测率均达100%。

结核病防治。加强三级防痨网建设，制定下发《2015年中央补助昌乐县结核病防治项目管理实施方案》，全面落实对疑似肺结核病人的免费筛查，对确诊肺结核患者提供免费抗结核药物治疗政策，确保结核病免费诊断治疗政策和各项工作措施的落实。按照卫生部“五率”技术方案要求，继续规范综合性医疗机构的报告、转诊机制。对发现的肺结核病人、可疑肺结核病人及时转到县疾病预防控制中心进行确诊登记和治疗管理，并定期对归口管理工作进行检查，切实把肺结核病人的归口管理工作落到实处。对确诊的肺结核病人，提供免费抗结核药物治疗，并采取以家庭督导为主，乡村医生督导为辅，结合电话随访等便捷方式落实患者治疗管理，提高患者系统管理水平，使传染性肺结核病患者的规则治疗率达95%以上。“3·24世界防治结核病日”，全县各医疗单位都走上街头，通过悬挂宣传横幅，设置结核病防治宣传牌，张贴宣传画，发放宣传材料等形式，开展结核病防治知识和政策的宣传，共发放各类宣传材料22160余份。县疾控中心在昌乐一中开展以“构建无结核病的和谐校园”为主题内容的宣传活动。

【慢性病防治】 在全县范围内开展餐饮单位减盐干预活动78处，大型超市减盐活动4个，张贴581张减盐海报、447张减盐墙贴，播放减盐公益广告3550次，培训基层妇女干部498人次，重点人群减盐健康指导人数3066人次。开展碘盐监测。根据卫生部办公厅《全国碘盐监测方案》的要求，在东、西、南、北、中五个方位随机抽取营丘镇、五图街道、红河镇、宝都街道、乔官镇5个镇街，每个镇街随机抽取4个行政村，每个行政村随机抽取15户居民盐样，共采集居民盐样300份。经检测，其中检出碘盐282份，合格碘盐271份，不合格碘盐11份，非碘盐18份。碘盐合格率为96.1%，碘盐覆盖率为94%，合格碘盐食用率为90.3%。搞好死因监测的报告审核工作，全县网报死亡人数4498人，潍坊市第三殡仪馆4534人。全年共审核报告慢性病人数6206例，其中肿瘤2062例、脑卒中3439例、冠心病916例。在学校开展“五个一”实践活动，为各类小学1—4年级63所、7所中学、3所高中，幼儿园全面开展减盐防控高血压百日行动提供技术支持。对申报健康酒店的鸾飞大酒店、昌城大酒店、宝城大酒店、国庆大酒店4处酒店进行技术指导及提供相关宣传材料，使其顺利经过考核验收，选为健康酒店。

【公共卫生技术服务】 县疾控中心对全县相关单位进行病媒生物防制现场指导1万余次，配合有关部门对其辖区范围内的“四害”滋生地全面调查。按照统一标准、统一时间，在全县各镇（街、区）组织开展鼠类、蚊、蝇、蟑螂“四害” 密度监测，指导基层开展“四害”防制工作，完善防制设施，进行“四害”消杀工作。共计指导安装毒饵站36194个，投鼠药1472公斤，对无人管理的小区、废弃工厂、河流水体等蚊蝇滋生地进500公斤灭蚊蝇药物喷洒，先后通过市级、省级病媒生物的考核验收。对城关社区服务中心和县立医院范围内及部分个体医疗诊所共计98家进行消毒质量监测。配合潍坊市疾控中心及县水利局做好全县生活饮用水丰水期、枯水期以及每季度一次的水质采样工作，全年采集水样 230余份。对全县500余家公共场所环境卫生空气质量监测以及餐具消毒企业的一次性餐具采样检测。开展食品风险监测工作，配合市里采样72份。开展中小学健康查体，体检学校77所，查体人数3.89万人。

【数据检测】 县疾控中心投资7万元购买超级恒温水浴锅、超纯水仪、尿碘石墨消解仪等设备，顺利完成微生物和理化检验样品7232份，得数据9462个。其中，医院消毒检测2045 份，得数据2891个；水质检测83份，得数据1257个；碘盐检测306份，得数据306个；公共场所空气检测755份，得数据755个；公共场所用品检测105份，得数据315个；餐具检测24份，得数据24个。布鲁氏菌检测46份，得数据46个；HIV检验室检测艾滋病抗体检测1265份，得数据1265个；梅毒检测708份，得数据708个；丙肝检测200份，得数据200个；结核病实验室检测痰涂574份，得数据574个；痰培155份，得数据155份；肝功检测325份，得数据 325个；血常规检测520 份，得数据520个；乙肝五项121份，得数据121个。

【健康教育与健康促进】 指导全县健康教育工作的实施，并对全县健康教育效果进行评价。不断加强健康教育机构与队伍建设，建立起县、镇、村三级医疗机构网络组织，广泛开展健康教育和健康促进活动。指导各单位及城区街道设置健康教育宣传栏，增强宣传内容的针对性，利用多形式营造创卫氛围。按照教育部《中小学健康教育指导纲要》要求，培养学生养成良好的卫生行为，学校健康教育开展率达 100%，学生健康知识知晓率90%以上。各医疗卫生单位将健康宣教纳入重要工作内容，其他行业单位健康知识知晓率均达80%。全县公共场所及单位办公场所、公共交通工具设有醒目禁烟标识，医院、窗口单位、大型公共场所等设置室外吸烟区。3月24日世界结核病宣传日，健康教育走进昌乐一中，向学生宣传结核病、艾滋病防治知识；4月25日预防接种日，健康教育走向街头宣传预防接种知识；5 月15 日碘缺乏病宣传日，进行“科学补碘重在出生年后1000天”宣传；5月最后一周为健康教育宣传周，健康教育走进工厂、餐饮单位、医院、家庭居进行低盐低脂膳食，戒烟限酒、合理运动宣传；5月31日世界无烟日，在新佳乐家超市门前举办第29个世界无烟日宣传活动。开展健康中国行活动，全年每月都开展健康教育进机关、进工厂、进学校、进社区、进医疗单位“五进”活动。

妇幼保健

【概况】 县卫生局妇幼保健和计划生育服务科负责制定并组织实施妇幼卫生、计划生育技术服务规划、政策，规范全县妇幼卫生、出生缺陷防治及计划生育技术服务，依法规范计划生育药具管理，承担妇幼健康服务与生殖健康、社区卫生信息，妇幼健康服务的综合管理。结合保障母婴安全促进妇幼健康，完善妇幼健康服务体系，着力满足母婴保健需求，为实施“全面两孩”政策提供有力保障。全县从事妇幼保健服务工作人员有妇保人员74名、儿保人员55名，妇产科技术人员179名、儿科技术人员114名，取得母婴保健技术服务资质人员126名。

【妇幼保健】 以加强高危妊娠管理为切入点，严格执行《昌乐县高危妊娠管理办法》，全县孕产妇死亡率12.5/10万，婴儿死亡率3.25‰，5岁以下儿童死亡率3.75‰。开展基本公共卫生服务项目，孕产妇系统管理率达90.54%，3岁以下儿童系统管理率达92.83%，完成省下达目标任务。新增农村待孕妇女叶酸发放7706人，服用率100%，服用依从率94.13%，叶酸相关知识知晓率98.94%。其他各项重大公卫妇幼项目，农村妇女住院分娩补助5326人，补助率100%；孕产妇艾滋病、梅毒乙肝检测7594人，检测率100%，梅毒感染2例，乙肝表面抗原阳性产妇213例，艾滋病检测阳性0例。梅毒感染孕产妇及所生儿童接受规范诊疗的比例达100%，乙肝感染孕产妇所生新生儿接受乙肝免疫球蛋白注射的比例100%。积极开展全县农村妇女“两癌”筛查，通过手诊乳腺检查、超声检查、妇科检查和TCT检查进行乳腺癌、宫颈癌筛查，完成1.6万人的年度筛查任务。

通过省卫生计生委评审专家对县计划生育服务站艾滋病实验室的验收评估。6月10日、10月27日分别迎接省卫计委组织的孕前优生健康检查实验室室间质评，各项指标100%通过。

县卫计局、县总工会于8月26日联合举办全县急危重症孕产妇救治技能竞赛，并聘请市级专家在县人民医院东院区12楼示教室对全县急危重症孕产妇救治技能知识培训，实地检阅各个助产机构的产科从业人员操作技能和综合服务能力、医务人员对急危重症孕产妇抢救水平，全力保障“全面两孩”政策顺利实施。

【出生缺陷防治】 倡导婚前医学检查，推进免费孕前优生健康检查，为孕前及孕早期妇女增补叶酸，开展产前筛查，提高新生儿疾病筛查率，对苯丙酮尿症患儿早期提供免费食品补助。为6178对新婚男女进行免费婚检，婚检率提高到74.60%。免费孕前优生健康检查11487人，评估为低风险人群10603人，高风险人群884人，检查率100%，优生指导11487人，治疗700多人次，优生指导率为100%，孕期随访17667人，产后随访2735人，随访率均达100%。唐氏综合征筛查11505人，到市确诊检查1392人，筛查率、确诊率分别为96.7%、93.9%，确诊异常染色体24例，有效地降低出生缺陷的发生。新生儿遗传代谢性疾病筛查7587人，筛查率为98.97%；听力筛查7559人，筛查率98.6%。发放新生儿遗传代谢性疾病筛查补助7587人，补助总金额113.8万元。

【《出生医学证明》发放和信息管理】 8月份对相关人员进行统一培训，结合《昌乐县〈出生医学证明〉管理办法》，定期对全县《出生医学证明》签发情况进行督导检查，做好《出生医学证明》发放、管理及管理人员、印章备案。

制定妇幼卫生信息管理培训计划，严格执行和落实例会制度，采取以会代训的形式对相关工作标准和要求进行强化培训，不断提高各级妇幼人员业务水平。全年共召开妇幼卫生信息员例会4次，培训各级妇幼保健人员80余人次。

【计划生育技术服务】 认真执行计划生育技术服务规范，积极做好避孕措施落实，定期开展环情、孕情监测，进村入户随访。全县完成各项计划生育技术服务6940例，开展查环查孕39.8万人次，提供避孕节育咨询3.1万人次，开展随访服务3万人次，发放避孕药具10.2万人次。

加强避孕药具管理工作，昌乐县被授予“山东省计划生育药具管理县级示范站”荣誉称号。

昌乐县红十字会

【规划建设潍坊市遗体捐献纪念园】 2016年，在县委、县政府的支持下，潍坊市遗体捐献纪念园建设项目顺利落户昌乐。纪念碑林占地1200平方米，坐落在昌乐县烈士陵园内，用地由昌乐县人民政府无偿提供，由潍坊市建筑设计研究院设计，投资105万元，2016年3月12日开工建设，6月30日建成。纪念园设主体纪念碑一块、纪念墙一面、风景石一块、绿植一宗，建设费用主要由爱心单位和市民捐助。为铭记捐资方善举，凡单位捐款1万元以上、个人捐款1000元以上者，都在碑记刻名，以昭后人。充分利用“世界红十字日”“世界急救日”“国际献血日”等主题活动日开展宣讲活动，在社会上营造奉献救人的良好风尚，利用报纸、网站等平台，大力宣传器官捐献者、登记者的事迹，切实维护捐献者及其家属的荣誉和尊严，助推全县器官捐献工作扎实开展。2016年，全县有2名群众完成遗体捐献。

【开展肝病防治救助项目】 昌乐县肝病救助项目于2014年 9月1日正式启动，项目办组织人员深入农村基层宣传肝病防治救助，提高广大群众对肝病防治项目的了解，对全县 15～65周岁的适龄人群进行免费肝病普查，筛查疑似肝病患者，敦促患者到医院确诊，对于确诊的患者，免费做乙肝五项、肝胆脾的彩超、肝功等化验，免费发放针对病情的基础药品。项目实施以来，共普查278176人，普查率90.05%。普查出携带乙型肝炎阳性人数4439人，阳性率1.60%，救助符合条件人员3515人，救助药品价值210.69万元，免费化验金额183.85万元，总计救助金额3945387元。

【“世界艾滋病日”宣传】 2016年12月1日是第29个世界艾滋病日，活动主题是“携手抗艾，重在预防”。县政府防艾办下发《关于开2016年“世界艾滋病日”宣传活动的通知》。12月1日，组织卫计、红会、疾控、公安、民政、教育、交通、住建、妇联等相关单位人员在城区老佳乐家路口开展大型艾滋病宣传活动，通过LED宣传车、悬挂横幅标语、摆放宣传展板、设立艾滋病自愿咨询检测点等形式进行广泛宣传，并为过往群众讲解有关知识、现场回答群众咨询、发放宣传材料等。组织县疾控中心、传媒集团等单位，分别走进昌乐高级技工学校和集贸市场，向在校学生和农民工详细讲解艾滋病的基本常识、传播途径以及预防艾滋病的相关知识，发放宣传单、小折页、宣传知识读本和预防艾滋病的器具等，并组织学生开展“防艾”签名活动。宣传活动共发放艾滋病宣传画500张、宣传单4万余份、小折页3000份、宣传手册400本、防治知识读本1000本、安全套2500只、悬挂横幅15条。

【社会救助】 3月，为全县162户贫困家庭群众发放价值23400 元的维D2磷酸氢钙片300盒；7月，为全县42户贫困婴幼儿家庭发放价值8.64万元的婴幼儿奶粉40箱。

2016年昌乐县医疗机构一览表

表21

序号	机构名称	卫生机构类别	床位（张）	医生（人）	护士（人）	地址
1	潍坊市精神卫生中心	精神病医院	470	78	158	昌乐县城新昌路孤山后巷1号
2	昌乐县人民医院	综合医院	1000	388	506	昌乐县利民街278号
3	昌乐县人民医院涵乐苑社区门诊部	综合门诊部	10	5	5	昌乐县城涵乐苑小区
4	昌乐县人民医院永康社区门诊部	综合门诊部	10	2	5	昌乐县城曲家庄村委
5	昌乐县妇幼保健院艳阳天社区门诊部	综合门诊部	12	4	2	昌乐艳阳天社区
6	昌乐县妇幼保健院	妇幼保健院	35	33	43	昌乐县恒安街88号
7	昌乐县人民医院红河分院	综合医院	200	54	50	昌乐县红河镇政府驻地
8	昌乐县皮肤病防治站	皮肤病防治所	10	10	4	昌乐县江海街04号
9	昌乐县中医院	中医医院	700	273	267	昌乐县恒安街25号
10	昌乐县城关街道社区卫生服务中心	社区卫生服务中心	20	10	14	昌乐县城永康路中段西侧
11	昌乐县立医院	综合医院	99	52	52	昌乐县城利民街390号
12	昌乐县宝城街道卫生院	乡卫生院	38	40	28	昌乐县宝城街道尧沟社区
13	昌乐县朱刘街道卫生院	乡卫生院	40	9	8	昌乐县朱刘街道办事处驻地
14	昌乐县城南街道卫生院	乡卫生院	38	17	19	昌乐县五图街道办事处驻地
15	昌乐县五图街道卫生院	乡卫生院	30	21	10	昌乐县五图街道办事处驻地
16	昌乐县乔官中心卫生院	中心卫生院	52	54	31	昌乐县乔官镇政府驻地
17	昌乐县鄌郚中心卫生院	中心卫生院	174	50	60	昌乐县鄌郚镇政府驻地
18	昌乐县营丘中心卫生院	中心卫生院	40	15	14	昌乐县营丘镇马宋村
19	昌乐县红河镇卫生院	乡卫生院	45	25	20	昌乐县红河镇平原村
20	昌乐县白塔卫生院	乡卫生院	30	5	4	昌乐县高崖水库库区管委会驻地
21	昌乐县营丘中心卫生院崔家庄分院	乡卫生院	19	8	11	昌乐县营丘镇崔家庄村
22	昌乐县营丘中心卫生院阿陀分院	乡卫生院	20	9	7	昌乐县营丘镇阿陀村
23	昌乐县红河镇卫生院朱汉分院	乡卫生院	19	5	8	昌乐县红河镇朱汉村
24	昌乐县乔官中心卫生院北岩分院	乡卫生院	50	45	25	昌乐县乔官镇北岩村
25	昌乐县鄌郚中心卫生院高崖分院	乡卫生院	40	6	12	昌乐县鄌郚镇漳河村
26	昌乐宝城医院	综合医院	60	25	17	昌乐县城南街道办事处新昌路3号
27	昌乐三〇九医院	综合医院	40	9	6	昌乐县城宝昌路与309国道交叉路口东南角

续表 21

序号	机构名称	卫生机构类别	床位（张）	医生（人）	护士（人）	地址
28	昌乐石大医院	综合医院	64	13	10	昌乐县城方山路与利民街交叉路口东南角
29	昌乐昌盛医院	综合医院	120	20	25	昌乐县昌盛花园
30	昌乐爱杰口腔医院	口腔医院	18	12	7	昌乐县孤山街 337 号 16 号楼 18—20 商铺
31	昌乐新昌医院	综合医院	40	14	18	昌乐县站前街 386 号
32	昌乐东方医院	综合医院	50	9	12	昌乐县红河镇大宅科社区
33	昌乐济德医院	综合医院	50	9	8	昌乐县朱刘街道办事处驻地
34	昌乐新城医院	综合医院	30	10	9	昌乐县经济开发区方山路 3795 号 5 号楼 05 商铺
35	昌乐西湖医院	综合医院	50	14	22	昌乐县宝昌路 2910 号钱塘府小区 7 号楼 01 号商铺

体　育

【概况】　昌乐县体育局是县政府的职能部门，事业单位，正科级，编制 8 人，参照公务员法管理。实有参公编制 8 人，下设办公室一个科室。下设两个事业单位，竞技体育学校和体质测定与运动健身指导站。定编 17 人，配备校长、副校长、教导处主任、训练处主任、总务处主任各 1 人。体质测定与运动健身指导站，为股级事业单位核定事业编 3 名，配备主任 1 名、副主任 1 名。昌乐县被山东省体育局确定为山东省小城镇新建社区健身设施规划监督和建设扶持工作试点县，我局先后被山东省体育局评为山东省第六届全民健身运动会先进单位和山东省公共室外健身器材管理维护工作示范单位。同时，经县政府同意印发《昌乐县全民健身实施计划（2016—2020 年）》和《昌乐县公共室外健身器材管理维护办法》，草拟《关于加快发展体育产业促进体育消费的实施意见》。

【设施建设管理维护】　完成昌乐县公共体育设施布局规划（2015—2020 年）编制工作，并顺利通过省、市专家评审验收，为“十三五”期间昌乐县体育设施建设提供科学指导。

利用省、市体彩公益金建设 10 处社区体育健身工程和 52 处农民体育健身工程，提高体育健身工程覆盖率，方便群众就近进行体育锻炼。为红河镇 27 个村建设体育健身工程，使红河镇成为昌乐县首个实现行政村体育健身工程全覆盖的镇（街、区）。争取省级体彩公益金资助建设营丘镇马宋社区和乔官镇南音社区两处体育健身工程。

创新体育设施管理维护。借鉴“互联网 +”，组织开发健身设备维修维护类系统管理软件，该系统把管理人、审批人、审核人、巡查维修人员紧密联系起来，层层落实责任，形成巡查—上报—审核—审批—维修链条，实现体育设施管理维护的实时高效、监管有力、精准管理、科学规范。

【群众体育】　开展全民健身活动。举办昌乐县第六届全民健身运动会开幕式，并组织篮球、乒乓球、广场舞、环城长跑、自行车、足球、登山、象棋、健步走、羽毛球、武术太极拳等 14 个项目的比赛。全民健身活动从 4 月一直持续到 12 月，参与群众达 6000 多人次。利用元旦、5 月全民健身月、“6·15”全民健身大联动、8 月 8 日全民健身日、9 月 1 日全民健康生活方式行动日等重要时间节点，策划组织主题健身活动。

举办昌乐县 2016 年体质监测业务骨干培训

班、太极养生掌培训班、太极养生杖培训班、四十二式太极剑培训班、“传统杨式太极拳56式”培训班、“三十二式太极剑”培训班、昌乐县2016年健身气功“六字诀”培训班、昌乐县2016年校园足球培训班等各种培训班。

组织“全民健身日”主题活动、山东省第八届万人象棋（昌乐赛区）比赛暨“乐化铝塑板”杯象棋赛、山东省第八届百县篮球（昌乐赛区）比赛、山东省第八届千乡乒乓球（昌乐赛区）比赛、2016年昌乐县自行车骑行活动启动仪式、羽毛球友谊赛、瑜伽展示、昌乐县太极拳协会迎新春联欢会等大型群众性体育活动20余次。代表潍坊参加山东省第八届百县篮球东部赛区决赛、山东省第八届千乡乒乓球比赛、全省老年太极拳展示等。

组队参加潍坊市第六届全民健身运动会健身气功、羽毛球、围棋、大众广场健身操（舞）、太极拳、毽球比赛，潍坊市老年人中国象棋、太极拳、太极剑、健身秧歌、乒乓球比赛。

组织参加2016年山东省门球教练员、裁判员培训班、山东省老年人健身广场舞培训班、全市老年人健身创新项目展演、潍坊市门球竞赛规则与裁判法培训班、2016年山东省普及老年人太极拳潍坊市培训班、潍坊市健身气功“太极养生杖”培训班、2016年潍坊市一级社会体育指导员培训班等10余次。

完善全民健身组织网络。成立70处晨晚练健身活动站点，开展4次三级社会体育指导员培训，组队参加省、市体育局组织的健身气功、健身广场舞等项目的社会体育指导员培训，培养一级社会体育指导员10人、二级社会体育指导员10人、三级社会体育指导员150人。

开展国民体质监测工作。通过政府采购方式为体质测定与运动健身指导站配备体成分分析仪、骨密度测试仪、动脉硬化测试仪、心肺功能测试仪、亚健康测试仪、健康风险评估分析系统、国民体质监测11项等监测项目，进一步完善体质测定与运动健身指导站硬件设施。为1000名以上群众免费进行国民体质监测，出具体质评估报告，提供健身指导。

培育品牌赛事。继续办好昌乐县第八届职工篮球联赛的基础上，举办2016“东莫汤泉”杯昌乐县足球联赛和县“贺岁杯”冬季足球联赛。深入挖掘乒乓球文化，打造乔官镇响水崖村乒乓球文化艺术节和五图街道韩信村乒乓球俱乐部邀请赛等乡村品牌特色活动。

【竞技体育】 组队参加足球、篮球等14个项目的潍坊市锦标赛，获得金牌72枚，向市级及以上运动队输送运动员44人。

举办全部七个项目的昌乐县中小学生体育联赛预选赛，组队参加潍坊市中小学生足球、篮球、排球、田径、乒乓球、羽毛球联赛，代表潍坊市参加山东省中学生男子足球、女子篮球联赛。组织相关人员参加射箭、篮球、柔道、自行车等项目的教练员和裁判员培训班。

昌乐一中、及第中学等2所学校被评为全国校园足球特色学校；昌乐一中被评为省级优秀体育传统项目学校，昌乐二中等8所学校被评为山东省体育项目传统学校。

【体育赛事】 2016年8月承办潍坊市游泳锦标赛，来自全市10个县（市、区）近300名运动员参加比赛。承办潍坊·古村第二届中国够级竞技邀请赛、2016年潍坊市老年人乒乓球比赛。

【体彩工作】 通过对昌乐县辖区内的体彩站点进行规范化管理，加强体彩销售队伍建设，提高体彩服务和管理水平，2016年体育彩票销售突破6500万元。

社会民生

shehui minsheng

居民生活

【城镇居民生活】 2016年，昌乐县城镇居民人均可支配收入突破3万元大关，达30529.3元，同比增长8.1%，居民收入持续稳步增长。

昌乐县城镇居民人均工资性收入17074.3元，同比增长7.5%。工资性收入占总收入的56.0%，仍是城镇居民最主要的收入来源。工资性收入增长对城镇居民可支配收入增长的贡献率达63.4%，拉动可支配收入增长4.6个百分点，成为拉动居民收入增长的中坚力量。

工资性收入增长的主要因素：一是各级政府积极落实稳定就业、促进就业的各项政策，推进城镇居民就业和再就业；二是机关事业单位每年正常工资晋级、晋档等增资政策的落实到位有效地拉动昌乐县城镇居民工资性收入的平稳增长；三是最低工资标准提高，带动工资性收入增长。

2016年昌乐县城镇居民人均经营净收入与财产净收入都出现较快增长，增幅分别为8.2%与8.7%，成为拉动昌乐县城镇居民可支配收入增长的主要动力来源。经营净收入的增长主要体现在第一、三产业，2016年城镇居民人均第一、三产业经营净收入分别为3210.2元、2635.02元。城镇居民财产性收入的主要来源还是利息、红利和房屋出租性收入。

2016年昌乐县城镇居民人均转移性净收入4245.3元，同比增长7.1%。其中，离退休金仍为转移性收入的主要构成，2016年城镇居民人均养老金1264元，同比增长4.1%；个人缴纳的社会保障支出和个人所得税支出为转移性支出的重要组成部分，2016年城镇居民人均社保支出1205元，同比增长9.5%，个人所得税人均支出104.5元，同比增长11.2%。社保基数的调整与社保利率的提高是影响社会保障支出的主要因素，构成转移性净收入下降的诱因。

▲ 老年人在喜雨泉广场健身

【农村居民生活】 2016年，昌乐县农村居民人均可支配收入15450元，同比增长8.1%。人均可支配收入结构进一步优化。2016年，人均可支配收入四大构成中，工资性收入、经营净收入、财产净收入、转移净收入分别为6162元、6989元、454元、1882元，同比增长7.8%、7.9%、9.3%、9.1%。虽然仍以工资性收入、经营净收入为主，但财产性收入、转移性收入比重略有上升，特别是财产性收入，成为居民收入的重要补充，其增速也是四大收入中最快的一部分，达9.3%。2016年，人均生活性消费支出10586元，增长10%。其中食品烟酒支出3435元，增长10.2%；衣着支出581元，增长7.5%；居住支出1678元，增长8.4%；生活用品及服务支出451元，增长8.6%；交通通信支出2180元，增长11.5%；教育文化娱乐854元，增长10.7%；医疗保健支出945元，增长11.9%；其他用品和服务支出461元，增长6.9%。

人力资源保障

【概况】 2016年，昌乐县紧紧围绕“大众创业、万众创新”，大力实施创业带动就业战略，不断完善就业创业服务体系，就业创业工作有序推进，实现双增长。全县新增城镇就业7598人，城镇下岗失业人员再就业2835人，困难群体就业504人，参加养老保险的新增城镇就业人员6315人，发放小额担保贷款1.02亿元，就业技能培训和创业培训5514人，分别完成全年任务目标的116.9%、105%、152.7%、108.9%、102%、119.1%，城镇登记失业率控制在1.85%，保持全县就业形势的和谐稳定。累计创建创业载体14个，其中省级创业载体2个、市级创业载体4个，被国家发改委、人社部确定为“全国结合新型城镇化开展支持农民工等人员返乡创业试点县”。2016年7月，全市就业创业工作推进会暨人力资源社会保障精准扶贫现场会在昌乐县召开。

【就业政策落实】 昌乐县建立就业保障资金投入机制，并将就业专项资金、创业扶持资金、失业保险扩大支出列入财政预算，强化监督管理，实行专款专用。建立资金使用管理制度，加强就业资金监管，并将各项资金使用情况在县人社局网站公开，确保就业资金使用规范，政策落到实处。2016年财政就业专项资金、扩大失业保险基金支出范围试点资金和创业带动就业扶持资金用于服务平台建设、创业扶持、就业培训和各项补贴等方面的支出3405.4万元。

【公共就业服务体系建设】 坚持公共就业服务一体化。在全县形成县、镇、社区和村四级公共就业服务平台。在县级，建设4000平方米的人力资源和社会保障综合服务中心。在各镇（街、区）设立人力资源和社会保障所，“达到六统一”，做到“六到位”，即统一机构名称，做到组织建设到位；统一场所标准，做到建设规模到位；统一设施配备，做到办公条件到位；统一人员配备，做到队伍建设到位；统一工作职能，做到责任落实到位；统一服务流程，做到服务管理到位。截至2016年，各镇（街、区）人力资源和社会保障所配备专职工作人员136名，服务场所平均达230平方米。在社区一级，重点建设人力资源和社会保障服务站。每个社区固定服务场所达50平方米，配备计算机、打印机、读卡器、档案柜等服务设施，配备1～2名工作人员，负责本社区的人力资源和社会保障工作。在村一级，建立劳动保障协理员制度，全县聘用劳动保障协理员228名，按照《关于进一步加强劳动保障协理员队伍建设的意见》要求，统一组织培训和职业技能鉴定，全员持证上岗。

坚持公共就业服务规范化。各镇（街、区）在人力资源社会保障所统一设置就业服务等六个服务窗口，在社区人力资源社会保障工作站统一设置就业服务等四个服务窗口。同时，在各级基层公共服务平台统一建立业务培训、首问负责、服务承诺、限时办结等制度，完善就业登记、社保登记、举报受理等流程，统一服务标准，规范工作开展，为城乡居民提供规范、便捷、高效的人力资源社会保障公共服务，实现基层公共服务规范化。

坚持公共服务信息化。为各级基层公共就业服务平台统一配备计算机、打印机、电子显示屏、读卡器、档案柜等设施，安装就业信息系统，建立就业信息数据库，并全部与市数据中心连接，市、县、镇（街、区）、社区（村居）四级网络互联、信息共享，实现基层公共就业服务信息化和网络化。在各镇（街、区）建立“就业e站”，实现零距离服务，在全县形成以2千米为半径、半小时为时限的“半小时公共就业服务圈”。

坚持公共服务人性化。各基层公共服务平台服务大厅电脑显示屏24小时不定时更新就业招聘、政策法规等提示信息，指导群众办理相关业务。在服务大厅设置休息区，配备休息座椅、饮水机、读报架，放置书报和宣传资料，在业务办理窗口摆放老花镜、笔、胶水等便民用品，方便群众休息和使用。积极倡导“微笑服务、和谐就业”的服务理念，实施开放式管理，精细化服务，打造便民、高效、优质、快捷的人力资源社会保障服务品牌。

【大中专毕业生就业】 2016年5月14日，组织举办昌乐县首届大学生创新创业大赛。8月，组织昌乐县2016年“三支一扶”招募高校毕业生面试工作，有60名考生参加，最终确定录用29人。2016年9月，组织招募困难高校毕业生参加公益性岗位工作，经笔试、体检，确定录用15人。2016年新增大中专毕业生档案816份，为375人办理就业派遣手续。

2016年昌乐县大学生创新创业孵化基地经过答辩和现场验收后，被评为市级大学生创新创业孵化示范基地。

【困难群体就业】 充分利用政府投资的公益项目在教育、园林、环卫系统及各镇（街、区）大力开发保绿、保洁、保安等公益性岗位376个，公益性岗位开发完成率达104.4%，新增就业困难人员就业504人。为61人落实公益性岗位补贴72.03万元，鼓励企业积极吸纳困难群体就业，为43家企业的504名就业困难人员落实社保补贴589.86万元，补贴政策享受率100%。

【劳务派遣】 依法规范劳务派遣工作，严格审批制度，对申报单位逐一认真审核，坚持材料审核和实地勘察并重，同时加强管理，优化服务，通过信息化等手段对劳务派遣企业进行政策指导。2016年，对全县2家劳务派遣单位提交的年度经营情况报告进行核验，依法进行监督。

▲ 2016年7月28日，全市、县（市、区）人社部门观摩团，到昌乐县现场观摩就业创业暨就业与社会保障精准扶贫工作

【劳动争议调解仲裁】 2016年，县劳动人事争议仲裁院受理案件336起，按期结案率为100%，为劳动者挽回工资、经济补偿、工伤待遇等损失231.17万元。加强基层劳动人事争议调解组织建设，指导全县280家企业建立劳动人事争议调解委员会，84家事业单位、9个镇（街道）建立劳动人事争议调解中心，全县建立区域性调解组织14家、行业性调解组织8家、教科文卫系统调解组

织 42 家。

【劳动保障监察】 2016 年，县劳动保障监察大队通过受理举报投诉、市（县）长热线、民生信息等方式处理各类举报投诉案件 234 起，为职工追回工资 458.8 万元；书面审查用人单位 1650 家，依法督促办理招用工手续 3329 人，补签劳动合同 6084 人；日常巡查用人单位 1271 家；先后开展农民工工资支付、清理整顿人力资源市场秩序、遵守劳动用工和社会保险法律法规三项专项执法活动，检查用人单位 392 家。在全市劳动保障监察工作年度考核中获得第一名的好成绩。

社会保障

【城镇职工基本医疗保险】 2016 年，城镇职工基本医疗保险缴费比例为 9%，其中单位缴费比例为 7%、个人缴费比例 2%。昌乐县认真落实有关政策，城镇职工基本医疗保险最高支付限额逐步提高，参保人员 1 个医疗年度基本医疗保险统筹基金年度最高支付限额为 10 万元，大额医疗保险基金最高支付限额为 40 万元，重特大疾病保障制度最高支付 50 万元，共计 100 万元。同时，参加公务员医疗补助的人员，超过大额医疗保险基金最高支付限额以上的部分，公务员医疗补助基金可最高补助 12 万元。

住院待遇逐步提高，参保人员在潍坊市内所有定点医疗机构皆可联网结算。参保人员在定点医疗机构发生的符合规定的住院医疗费用，纳入医疗保险基金支付范围。职工医保参保人员在社区卫生服务机构、一级、二级、三级医疗机构发生的住院医疗费用，首次起付标准分别为 300 元、400 元、600 元、900 元；一个医疗年度内第二次住院，按照上述标准分别减少 100 元，从第三次住院开始，社区卫生服务机构和一级医疗机构不再设置起付标准，二级医疗机构起付标准为 200 元，三级医疗机构起付标准为 300 元。职工医保参保人员按规定转诊住院的，合并计算住院起付标准。在社区卫生服务机构、一级、二级、三级医疗机构发生的符合规定的住院医疗费用，起付标准以上至 2 万元（含）以内的部分，职工基本医疗保险统筹基金对在职职工支付比例分别为 96%、92%、88%、84%，对退休人员支付比例分别为 98%、96%、94%、92%；2 万元以上至基本医疗保险统筹基金最高支付限额（含）以内的部分，对在职职工支付比例分别为 96%、92%、90%、88%，对退休人员支付比例分别为 98%、96%、95%、94%。其余费用由个人承担。超过基本医疗保险统筹基金最高支付限额以上的符合统筹基金支付范围的医疗费用，大额医疗保险基金支付 90%。

建立重特大疾病保障制度，职工基本医疗保险参保人员在一个医疗年度内发生的符合基本医疗保险支付范围的住院医疗费用（不包含经批准转外就医和异地急诊非定点就医的医疗费用中个人先自付部分），按规定经基本医疗保险、大额医疗保险、公务员医疗补助支付后，累计负担超出上年度全市在岗职工平均工资 50% 的部分，纳入职工重特大疾病保障范围。再报销限额为 50 万元。

2016 年 1 月始，实施公务员医疗补助，享受公务员医疗补助的参保人员可享受以下待遇：（1）住院报销，公务员医疗补助经费补助个人负担部分的 50%。（2）门诊慢性病，公务员医疗补助经费补助个人负担部分的 50%。（3）大额医疗保险，公务员医疗补助经费补助个人负担部分的 50%。超过大额医疗保险统筹基金最高支付限额以上的符合统筹基金支付范围的医疗费用，公务员医疗补助经费支付 80%，一个医疗年度最多补助 12 万元。（4）应缴纳的大额医疗保险费从公务员医疗补助经费中列支，享受大额医疗保险待遇。（5）按个人缴费工资或养老金的 1% 计入个人医疗账户。（6）符合国家计划生育政策的女职工生育医疗费，公务员医疗补助给予定额补助。剖宫产为 4000 元，非剖宫产为 3000 元，多胞胎生育的，每多生一个婴儿增加500元。低于定额标准的，按实际发生额进行结算。（7）符合生育条件的女职工流产实行定额报销。根据怀孕天数进行相应报销，怀孕70天以内流产为400元，71天至120天流产为600元，121天以上流产为800元。低于定额标准的，按实际发生额进行结算。女职工到非生育定点医院生育或流产的，按标准定额的70%报销生育医疗费，低于定额70%的，按实际发生额进行结算。

【职工基本医疗保险】 2016年，职工基本医疗保险统筹基金收入15064万元，职工基本医疗保险统筹基金应支出16160万元，当期收不抵支1096万元，公务员医疗补助收入1901万元，大额医疗保险收入763万元（财务数据）。

2016年，全县参保职工发生17939人次住院报销，职工基本医疗保险住院总费用17429万元，统筹基金支出12877万元（公务员医疗补助145万元、大额医疗保险630万元）；职工基本医疗保险慢性病总费用3318万元，统筹基金支出2608万元；职工医疗保险普通门诊就诊总费用321万元，统筹基金支出134万元；公务员生育住院623人次，住院总费用315万元，公务员医疗补助支出205万元。

【居民医疗保险】 2011年4月1日，昌乐县城乡居民社会养老保险制度开始实施；7月，被国务院确定为全国新型农村社会养老保险试点县，并率先在潍坊市实现城居保和新农保制度同时实施，建立统一的城乡居民社会养老保险制度；至2016年12月底，全县城乡居民养老保险参保人数37.52万人，领取养老金待遇人员10.9万人，征缴基金578652万元；金额13194.57万元。

2016年7月始，全县城乡居民基础养老金标准由每人每月85元提高到100元。

【定点医疗机构管理】 抓好对定点医疗机构的日常监管，确保医保基金不浪费。（1）签订医疗服务协议，严格协议管理。明确超支不予补助、超支扣减定额等措施，督促定点医疗机构规范诊疗行为，完善内部控费机制，增强自我控费意识。（2）壮大审核队伍，加大医疗费审核力度。全年给医疗费审核科增加工作人员2名，壮大审核队伍，对职工医保发生的住院病例全部进行审核，对居民医保发生的住院病例抽查审核，做到下月审核上月，每月必审、压茬进行，对定点医疗机构发生的不合理医疗费用，一旦审核发现，一律予以拒付。扣除定点医疗机构不合理医疗费用659万元，有效地控制不合理医疗费用的发生。（3）充实日常稽核力量，加大日常巡查检查力度，不间断地对定点医疗机构进行日常稽核，一旦发现违反医疗服务协议的行为，绝不姑息，严肃处理，很好地规范诊疗服务行为。

【机关事业单位养老保险】 2016年，机关事业单位养老保险缴费比例为28%，其中单位缴费比例为20%、个人缴费比例8%；编外人员机关事业单位养老保险缴费比例为35%，其中单位缴费比例为32%、个人缴费比例为3%。根据国家和省关于机关事业单位养老保险制度改革的规定和潍坊市政府《关于印发潍坊市机关事业单位工作人员养老保险制度改革实施办法的通知》具体规定，昌乐县机关事业单位养老保险制度改革正式启动，2016年度机关养老保险基金总收入2.72亿元。

2016年，机关事业单位养老保险制度改革稳步推进，相关配套改革文件陆续出台。全年为6161名退休人员和202名离休人员累计发放离退休费32732万元（其中代财政发放住房补贴2471万元、离休费1863万元），社会化发放率连续十六年保持100%。

根据潍人社办〔2015〕88号文件规定，自2016年1月起，全县原由社保部门发放待遇的离休人员和领取遗属补助的遗属人员不再由社保基金支付相关待遇，改由原管理单位原渠道发放，移交225名离休人员，移交待遇金额合计1715694元；移交遗属210名，待遇金额160410元。经与财政部门协商同意，离休人员待遇继续由社保部门代发。

根据潍人社办〔2016〕52号文件规定，自2016年10月起原加发的独生子女费、教育加发的10%～15%等加发待遇不再由社保基金支付，改由原工作单位按加发比例一次性发放。调减571人的加发待遇。

根据潍人社〔2016〕88号文件规定，首次机关事业单位与企业一起发文调整退休人员养老待遇。为全县5826名退休人员增加退休费，月增加额1441317元，月人均增加247.39元。

【居民养老保险】 2016年，全县居民参保缴费人数达476615人，其中未成年居民100785人、一般城镇居民256018人、老年居民119812人，一档缴费每人130元，二档缴费每人240元，征缴居民医保费6850万元，政府补助每人420元，补助19925万元，全年筹资总额26775万元。全年受益66.9万人次，医保基金支出25725万元。

【失业保险】 2016年，参保人数52302人，征缴2450万元，失业保险费征收2450万元，其中企业征收1977万元、事业单位473万元，参保户数达604户，参保人数52302人。新增核定享受领取失业保险金人员1113人，累计领取失业保险金15928人次，发放失业保险金1554万元，缴纳基本医疗费405万元。7月始，失业金月领取标准从950元提高到1000元；稳岗补贴支出452万元。

【企业职工养老保险】 2016年，企业职工基本养老保险缴费比例为26%，其中单位缴费比例为18%、个人缴费比例8%。参保单位967个，参保人数50294人，征税60850.95万元。

为妥善处理《中华人民共和国社会保险法》实施（2011年7月1日）前全县用人单位欠缴养老保险费和职工中断缴费、应保未保等问题，2015年12月，潍坊市人社局、财政局联合下发《关于贯彻鲁人社发〔2015〕29号文件进一步规范企业职工基本养老保险费补缴政策的通知》，对企业职工补缴社会保险的条件及补缴年限，补缴基数、比例及个人账户、缴费工资指数，以个人身份补缴养老保险费人员退休及养老保险待遇相关问题等作出明确规定，昌乐县2015年12月28日以乐人社字〔2015〕84号文件转发并认真落实该文件精神。认真落实退休待遇调整政策，2016年调整提高养老金16776人，月增加养老金291万元。

【工伤保险】 2016年，工伤保险根据不同行业的工伤风险程度确定行业的差别费率，并根据工伤保险费使用、工伤发生率等情况在每个行业内确定若干费率档次，昌乐工伤保险平均缴费费率为0.90%。参保单位1236个；参保人数66583人；征缴2081.36万元。

2016年度根据市人社局、市住建局、市安监局、市总工会《关于印发〈潍坊市建筑业参加工作保险实施办法〉的通知》（潍人社〔2015〕98号），昌乐县于2016年4月对建筑业参加工作保险召开专题动员会。2016年度68个建筑项目参保，征缴工伤保险146.81万元。

全县经潍坊市劳动能力鉴定委员会确定需要康复的工伤职工人员，确定在潍坊市中医院、市直机关医院进行康复治疗。2016年昌乐县人社局、社保中心根据上级要求到企业进行工伤安全预防培训1500人。

【生育保险】 2016年，生育保险缴费比例为1%，职工个人不缴纳生育保险费。参保单位920个；参保人数37294人；征缴133.92万元。

【社保基金征收及监管】 2016年，县社保中心通过加大宣传力度，普及社会保险知识，提高群众的参保意识，引导群众认同社会保险，积极参加社会保险；同时，在缴费基数核定时，成立稽核小组，搞好书面稽核的同时，深入企业，了调查解，进行现场稽核，努力提高企业缴费基数，扩大缴费人数，促进社会保险的扩面征缴。截至2016年12月底，参加企业养老、医疗、工伤、生育、机关事业养老保险人数，分别达64075人、87845人、60838人、36936人、16371人，各险种全部100%完成年度计划。分别征缴企业养老、医疗、工伤、生育、机关事业单位养老保险费60718万元、27107万元、2081万元、1333万元、27193万元。昌乐县居民养老保险参保缴费人数完成37.5万人，居民医疗保险参保缴费人数达46.5万人。建筑业按项目参加工伤保险工作顺利推进，2016年昌乐县有52个项目参保，收缴保费122万元，做到新开工项目全部参保，全市名列前茅。

积极争取民政、公安部门的支持，每月与民政公安部门提供的死亡销户人员信息进行核对，对存在疑点的待遇领取人员，及时停发待遇，在一定程度上减少待遇冒领人员，防止基金流失。2016年，居民养老保险暂停待遇领取人员1013人，追回冒领养老金31.1万元；企业养老保险暂停待遇领取人员95人，追回冒领养老金55.4万元；企业享受遗属补助人员暂停待遇领取273人，追回冒领遗属补助8200元；机关事业单位暂停待遇领取人员12人。

民政工作

【概况】 2016年，昌乐县民政局坚持“以民为本、为民解困、为民服务”的工作宗旨，认真履行保障基本民生、创新社会治理、服务国防建设、提供社会服务四大职能，在做好加快基层政权和社区建设、强化社会救助体系建设、推进双拥优抚安置工作、增强社会组织登记管理、创新发展慈善捐助工作、开展老龄工作、实施区划地名管理、提升婚姻登记和收养登记管理水平的同时，大力推进精准扶贫、救灾救济、残疾人“两项”补贴、农村留守儿童服务、养老机构建设、流浪乞讨人员救助和移风易俗等工作均上新台阶，县民政局被评为服务经济社会发展十佳单位。

【基层政权】 村民委员会换届选举。在第十一届村“两委”换届中，全县选出村“两委”成员2103名，村均干部职数5.7职；村党组织书记与村委会主任“一人兼”比例57.3%，村“两委”成员交叉任职比例52.2%；村“两委”成员中45岁及以下的924名、高中（中专）及以上文化的1136名，分别占总数的43.9%和54.02%；村党组织书记中45岁及以下的152名、高中（中专）及以上文化的260名，分别占总数的41.1%和70.3%。村“两委”成员中有女成员414名，其中村党组织成员73名、村委会委员383名，村委会中全部有女委员；有女村党组织书记10名、女村委会主任5名。有17名大学生村官选进村级班子，其中村党组织成员15名、村委会委员4名（交叉任职2名），有6人当选村党组织书记、1人当选村委会主任，村“两委”班子结构得到进一步优化。

【村民自治】 坚持民主协商，将社区发展规划、实事项目、公共安全等社区公共事务全部纳入民主自治内容。指导各村（居）及时修订完善《村民委员会工作制度》《村务监督委员会工作制度》《村规民约》等规章制度；建立责任追究制度，联合组织部门出台《昌乐县农村“三务”管理工作责任追究办法（试行）》（乐办发〔2015〕15号），对镇（街、区）、社区、村（居）相关人员的责任进行界定。

【民主协商】 推动基层协商工作的开展，确定3个城乡社区协商示范点，抓好试点社区建设成果的示范引领，由点及面，依法有序、积极稳妥推进全县城乡社区协商建设。联合县委组织部出台《关于建立社村集中议事制度推进城乡社区协商的意见》（乐组发〔2015〕4号），在所有社区推行社村集中议事制度、村级民主议事日制度，凡是涉及社区和村级的重要事务，均纳入社村集中议事范畴；其他一般性事务，按照民主管理制度予以办理。

【村务公开】 制定每双月检查考评制度，每月8日确定为全县集中公开日，定期组织县村务公开领导小组成员对全县的村务公开、民主管理活动月等情况进行检查，并将村务公开工作中好的经验做法、存在的问题和综合考核打分情况，以简报的形式通报全县。利用党务政务村务公开监督平台、党务村务公开栏、飞信群、广电平台等方式进行村务公开，实现村务公开全覆盖。

【农村社区】 全县370个行政村划分为40个农村社区，实现农村社区的全覆盖。把农村社区建设纳入城镇化工作，制定农村社区服务中心建设三年行动计划，2016年改造提升6个社区的服务设施，总投资1446.7万元，进一步拓宽服务领域，充实服务内容。以党的建设引领社区治理体系建设，所有社区全部成立社区党委或党总支，推进以规范基本组织、基本队伍、基本制度、基本活动、基本保障为重点的“五基建设”。下沉管理服务力量，从镇（街、区）和县直部门两个层面推动干部力量下沉，全县70%以上的镇街干部吃住、工作、服务在社区；建立县直部门包靠社区制度，先后组织2000多名部门干部利用节假日到原籍村帮扶发展。

【城市社区】 2016年5月，以政府文件下发《关于公布全县城市社区布局规划和命名的通知》，对各城市社区的名称及辖区范围进行最终确定，全县规划城市社区13个。实行网格化管理，配齐楼组长、楼长、单元长等网格管理员，建立“社区—片区—楼组（单位）—楼栋—单元”五级网格管理服务格局，实现社区管理服务全覆盖。加快社区信息化建设，完善社区信息化办公平台，研发居民信息采集手持终端APP。开展居民信息采集工作，印制《致社区居民的一封信》《入户调查介绍信》《入户保密承诺卡》《实有人口入户调查信息采集表》《昌乐县网格员入户采集信息注意事项》等材料，为信息采集员配备手持终端并进行培训。加大社区经费投入力度，县财政每年拨付社区工作经费从2014年的每年57.45万元提升到2016年的270.4万元，实现“有钱办事”。把社区服务中心建设纳入城镇化工作，所有城市社区均建成社区服务中心，实现“有地方办事”。按照社区户数合理配置专职工作人员，通过街道干部下沉、公开考选等方式，确保每个社区专职工作人员达7～11人，实现“有人办事”。推动“四社联动”工作，引导社会组织、社工人才和社区志愿者借助各自优势，参与社区治理和服务，推动社区管理服务由“政府做”向“大家做”、由单一化向多元化转变。加强社区志愿队伍建设，在辖区内各村张贴志愿者招募公告，每个社区的注册志愿者数量均达社区总人口的1.5%以上。培育社会组织，每个社区注册或备案的社区社会组织数量均达3个以上。推进基本公共服务进社区。协调卫计局、人社局、残联、房管办等单位，确定26项基本公共服务进社区项目，拟定办理程序和工作流程示意图。

【婚姻登记】 2016年，婚姻登记处坚持“以人为本，优质高效，内强素质，外树形象”的服务理念，依法办事，文明服务，严格按照法律法规规定办理婚姻登记，认真执行《婚姻登记工作暂行规范》，全县共办理结婚登记3962对，离婚登记1198对，补领婚姻登记证1061对，婚姻登记合格率100%。利用各种方式公开婚姻登记内容、登记依据、登记条件、登记程序、登记时限、服务承诺，印制婚姻登记《服务指南》和告知单，实行服务承诺制，提高工作透明度，设立咨询电话和咨询台，认真解答群众咨询，接受电话咨询和现场咨询5000余人次。设立婚姻家庭咨询室，开展婚姻家庭辅导服务。

【收养登记】 严格按照申请—受理—审查—报批—登记—颁证的程序办理收养登记，并输入《全国收养登记管理信息系统》，确保不出现收养登记字号重复和收养人重复领养孩子问题，收养档案即时归档、归档完整、目录清晰，便于当事人和有关部门进行查询，切实保障他们的合法权益。2016年共办理收养登记40件，登记合格率100%。

【殡葬管理】 昌乐县火化场建于1975年。1985年改称昌乐县殡仪馆。1988年9月，县殡仪馆改称昌乐县殡葬管理所（以下简称殡管所）。2003年6月，县殡管所划归潍坊市民政局直接管理，更名为潍坊市第三殡仪馆，位于昌乐县城南12千米处，属公益三类正科级事业单位。2015年被评为潍坊市“殡葬服务先进单位”。

主要业务为遗体接送、遗体冷藏、穿衣整容、遗体告别、遗体火化、骨灰寄存、丧葬用品销售等全方位、多层次系列化殡葬服务。全馆占地面积2.4万平方米，潍坊市第三殡仪馆现配置有高档豪华环保遗体火化炉5台、遗体接运车4部、遗体冷藏柜14台、大告别厅1处、小告别厅1处、高档单具遗体冷藏棺11台、接待室3处，年火化量6500余具。开设24小时服务热线，提供24小时遗体接运、存放服务，严格按照物价部门核发的收费项目和标准收费，对所有殡仪服务项目都实行“清单式服务”，由丧户自行选择服务项目。

社会救助

【城乡低保工作】 完善低保对象有进有出、低保标准有升有降的科学合理的动态管理模式，严格执行个人申请、镇街审核、县民政局审批的工作程序，审批过程实行“谁调查、谁签字，谁签字、谁负责”，确保将符合条件家庭及时纳入低保范围。实行县、镇、村“三榜公示制”，对审批对象、救助资金等信息进行全程公示，保证群众的知情权和监督权。实行低保长期公示制度，按照上级要求在村（社区）安装使用省厅统一制作的低保公示栏。规定公示内容为低保有关政策、民主评议结果、拟享受低保对象和批准享受低保对象有关情况，重点对低保对象的户主姓名、保障人口、保障金额等基本信息进行公示。针对群众反映的问题，县镇两级分别建立工作台账，及时调查处理。对信访问题，查实一起，处理一起，同时扩大抽查范围，在对新申请低保对象抽查不低于30%的基础上，每镇（街、区）抽查不少于3个村。定期对低保对象家庭经济状况进行核对，提高认定救助对象的精准度。依托市民政局低收入家庭经济状况核对指导中心，通过大数据定期比对，对于新申请低保对象做到“凡申请，必核对”，对于享受对象，定期开展集中核对。核对机构配备专职工作人员和专用电脑，并依托政务外网建立核对工作专网，工作人员定期学习相关保密规定。自市局核对平台开通以来，每月昌乐县均按照要求及时上报相关数据，每季度针对全部在保困难群众开展不少于一次经济状况核对工作，并有针对性开展档案整理工作，组织填写授权委托书并收集相关赡养、抚（扶）养人员信息，要求凡新申请各类救助均需填写授权委托书且提供相关家庭成员信息，确保信息核对工作流程规范。

2016年昌乐县城乡低保标准分别为每人每月500元和每人每年3800元，平均每人每月补助标准分别为300.6元和190.7元，分别达城乡低保标准的60.12%和60.21%。全年年新入低保对象695人，取消低保对象1047人，有低保对象15091人，发放低保资金2927.3万元。

【五保供养】 对县养老中心进行社会化管理改革，在确保国有资产不流失、养老用途不改变、服务水平不降低的前提下，坚持政府购买服务与市场化运作相结合，积极引导社会力量参与。委托县公共资源交易中心，严格按照市场化模式进行公开招标，最终由潍坊市华都颐年园老年服务中心中标，与县中心敬老院签订承包运营10年的协议，运营期间预留部分五保供养床位，政府只按规定标准拨付五保对象集中供养资金，其他费用由运营单位发展社会化养老予以解决。全县有五保对象447人，其中集中供养对象300人，分散供养对象147人。2016年发放五保供养资金223.9万元。

【医疗救助】 2016年，昌乐县城乡低保、农村五保等对象政策范围内住院自负费用的救助比例为70%。为15401名重点服务对象免费缴纳医疗保险231万元。医疗资金支出634万元。8月18日，民政局与县内17家定点医疗机构签订“一站式”服务协议，在全市率先实现低保、五保等服务对象医疗救助“一站式”结算，方便服务对象，提高救助效率。

【救灾救济】 昌乐县全面建立实施临时救助制度，制定出台《昌乐县城乡居民临时困难救助实施细则》，将遭遇突发性、紧迫性、临时性困难和其他特殊困难而导致基本生活难以维持的家庭人员纳入临时救助范围。并将临时救助资金足额列入财政预算，对突发状况开辟“绿色通道”，根据申请家庭的困难紧急程度和救助金额，实行后置审批和分级审批。对因火灾、交通意外、家庭成员突发重大疾病导致困难的家庭，加大临时救助力度，及时保障他们的基本生活。2016年，为796户困难家庭发放临时救助资金232.2万元。2016年，昌乐县遭受3次较大自然灾害，受灾人口119037人，紧急转移安置人数3718人；倒塌房屋户数88户、间数143间，严重受损房屋3737间；农作物受灾面积8822.49公顷，绝收面积2799.66公顷。直接经济损失43797.7万余元，其中农业损失26350.42万元。灾情发生后，县委、县政府及时组织查灾、报灾，引导群众自救，发放风雹灾害生活救助资金396.6万元。为18710户58791人发放冬春救助资金364.4万元。为1860户困难家庭发放救助资金100万元。

2016年，昌乐县全面实施自然灾害民生综合保险制度。由县财政全额出资164万元为昌乐县居民按每人每年2元标准购买自然灾害公众责任保险，家庭户1处自住房按每户每年2元标准购买自然灾害家庭房屋保险。接到居民咨询报案电话609次，赔付188起，累计赔款金额137.33万元。

【优抚工作】 2016年，昌乐县严格落实优抚对象抚恤、定期生活补助政策。严格按照审批程序和审批标准，及时将符合政策的参战、带病回乡、革命伤残军人、年满60周岁的退伍老兵和60岁以上烈士子女纳入优抚保障体系，及时足额社会化发放定期生活补助。自2016年10月1日起提高全县重点优抚对象抚恤补助标准。2016年为5739名重点优抚对象发放定期抚恤补助金2704.2万元。

昌乐县对分散安置的一级至四级残疾军人发放护理费，护理费标准为：因战、因公一级和二级残疾军人26626元；因战、因公三级和四级残疾军人21301元；因病一级至四级残疾军人15976元。2016年昌乐县为28人发放护理费60.7万元。

参加居民基本医疗保险的七级至十级残疾军人、烈士遗属、因公牺牲军人遗属、病故军人遗属、老复员军人，住院费统筹范围内报销75%，门诊补助每人每年200元。参加居民基本医疗保险的带病回乡退伍军人、参战参核退役人员，住院费统筹范围内报销70%，门诊补助每人每年100元。一至六级残疾军人每年享受门诊补助2000元，住院费用统筹范围内实报实销。所有优抚对象纳入参保参合、优惠减免、政府补助“三结合”的优抚对象医疗保障体系。为各类重点优抚对象参加医疗保险、报销门诊、住院费用253.6万元。

2016年昌乐县义务兵家庭优待金标准为14575元／户，对到西藏、新疆和国家公布的其他自然条件恶劣地区服役的义务兵，优待金按不低于普通标准的2倍发放。义务兵在服役期间受到奖励的，荣立一等功、二等功、三等功的，按当年优待标准分别增发30%、20%、10%，被评为优秀士兵的，增发5%。2016年昌乐县为544户家庭发放优待金829.4万元。

对昌乐县70名困难优抚对象进行困难救助，每户发放困难救助金1000元。对其他困难优抚对象，通过社会救助等方式帮助解决困难。春节期间，昌乐县订制慰问信5万份，光荣牌1000个，发放到广大优抚对象、退役士兵和现役军人家属手中。

【安置工作】 昌乐县接收2015年冬季退役士兵和2016年春季转业士官189人，其中在部队选择自主就业退役士兵181人，于6月底前发放一次性自主就业补助金436.7万元。符合政府安置条件的退役士兵9人，其中有2人通过考试考核制度被录用到事业单位。

对符合安置条件申请自谋职业的退役士兵发放一次性经济补助金，退役士兵在待安置期间，享受城市居民最低生活保障待遇。昌乐县大幅度提高自谋职业一次性经济补助金，对选择自谋职业的退役士兵，按照昌乐县上年度城镇单位在岗职工平均工资额的1.5倍和2.5倍数额发放自谋职业金。两年以上、不满十二年的士官自谋职业补助金标准按80595元计发；超过十二年的转业士官自谋职业补助金标准按134325元计发。城市居民最低生活保障标准为每人每月480元。

昌乐县民政局联合中泰宝石学院，积极组织退役士兵进行创业培训，开设微机、机械加工、金属焊接等科目，确保有意愿的退役士兵参加教育培训率达100%，参训退役士兵合格率达100%。通过职业介绍、就业推荐、专场招聘会等形式，搭建沟通平台，促进退役士兵充分就业，就业率达90%以上。

【双拥工作】 县委、县政府始终把做好新时期双拥工作作为维护稳定与促进发展的战略任务来抓，做到“四个纳入”“三个同步”：双拥工作纳入党政军领导的议事日程，纳入经济社会发展和部队建设总体规划，纳入单位目标管理责任制，纳入干部政绩考核内容；发展观念与国防观念同步增强，经济建设与国防建设同步发展，人民生活水平与优抚对象生活水平同步提高。凡涉及双拥工作的重大问题，都召开县委常委会、县政府常务会议进行专题研究，各镇（街、区）和县直各部门成立双拥工作领导小组，在全县形成上下贯通、条块结合的组织领导体系和服务体系。

春节、“八一”前夕，县领导走访慰问潍坊市军分区首长机关，走访慰问炮兵旅、装甲第八旅首长机关、县武警中队、县消防大队、县人武部、装甲第八旅昌乐营区（工兵营、侦察营、教导队、五党山靶场）。对2016年以来在部队荣立三等功的现役军人，每户发放慰问金1000元。主动将“立功喜报”和慰问金送至立功受奖士兵家属手中，为69名立功受奖家庭发放慰问金6.9万元。

2016年7月，全省双拥模范城（县）命名暨双拥先进单位和个人表彰大会在济南举行，昌乐县再次被评为“全省双拥模范县”，创城考评成绩名列前茅。1名同志被评为“全省双拥工作先进个人”，记二等功1次；2名同志被评为“潍坊市双拥工作先进个人”，记三等功1次；2名同志被评为“潍坊市双拥工作先进个人”，记嘉奖1次。

社会福利

【福利企业】 根据山东省民政厅转发《民政部关于做好取消福利企业资格认定事项有关工作的通知》，自2016年10月10日起，废止《民政部关于印发〈福利企业资格认定办法〉的通知》及《民政部办公厅关于换发〈福利企业证书〉的通知》，并取消福利企业资格认定事项。

【养老服务】 面对日益严峻的人口老龄化形势，紧紧抓住省、市出台鼓励支持养老服务体系建设和养老服务业发展优惠政策的有利时机，不断增加资金投入，加快工作进度，养老服务业发展取得一定成效。按照“村级（社区）主办、互助服务、群众参与、政府支持”的原则，整合、利用2016年资源建设农村幸福院39处；设立“12349”养老便民服务热线，让老年人“足不出户”就能享受专业化的居家养老服务。

【福利事业】 2016年，根据山东省民政厅、财政厅《关于提高孤儿基本生活保障标准的通知》，社会散居孤儿基本生活费标准为每人每月720元、集中供养孤儿基本生活费标准为每人每月1200元，全县有符合条件的孤儿66人（全部为社会散居孤儿），发放孤儿基本生活费53.7万元。根据潍坊市民政局、潍坊市财政局《关于建立困境儿童基本生活保障制度的意见》，困境儿童基本生活费标准为每人每月300元。对享受城乡低保救助和重度残疾人生活补贴的困境儿童，采取补差的方法，落实基本生活费。全县有困境儿童16人，发放困境儿童基本生活费3.2万元。根据潍坊市民政局、潍坊市财政局转发《关于加强城镇“三无”人员福利保障工作的通知》，自2016年1月1日起，城镇“三无”人员补助标准提高到每人每月720元，全县有城镇“三无”人员3人，发放供养资金2.59万元。根据潍坊市民政局、潍坊市财政局关于转发山东省民政厅、山东省财政厅《关于建立生活长期不能自理经济困难老年人护理补贴制度的通知》，生活长期不能自理经济困难老年人护理补贴标准为每人每月60元，全县有符合条件的生活长期不能自理经济困难老年人213人，发放护理补贴19.2万元。根据山东省人民政府《关于贯彻国发〔2015〕52号文件全面建立困难残疾人生活补贴和重度残疾人护理补贴制度的实施意见》，山东省民政厅、山东省残疾人联合会《关于贯彻鲁政发〔2015〕27号文件做好困难残疾人生活补贴和重度残疾人护理补贴发放工作的通知》，潍坊市民政局、财政局、残疾人联合会《关于做好困难残疾人生活补贴和重度残疾人护理补贴发放工作的通知》，自2016年1月1日起，残疾人两项补贴由县民政局审批发放资金，困难残疾人生活补贴自2016年10月1日由每人每月80元提高至每人每月85元，重度残疾人护理补贴每人每月80元。2016年全县有3309人符合享受困难残疾人生活补贴，发放生活补贴313.1万元，有4312人符合享受重度残疾人护理补贴，发放护理补贴389.6万元。

【慈善事业】 2008年成立昌乐县慈善总会，建有慈善分会11个、直属工作站2个、村（社区）慈善工作站370个。

2016年，在全县范围内开展“慈心一日捐”慈善捐助活动，制定《昌乐县2016年“慈心一日捐”活动实施方案》，募集善款381万元。积极动员爱心企业续签慈善冠名基金1.5亿元，到位增值额近400万元。鼓励爱心家庭和个人签订小额冠名慈善基金。

开展“情系五保老人”系列活动，联合爱心企业为全县五保老人配备床上五件套；春节前夕向县养老中心老人捐赠羽绒服350件，价值9.8万元；对县养老中心进行定点选项冠名赞助，捐赠价值25万元的健身器材；任庆昌小额冠名基金出资为县养老中心的298名五保老人购置服装，共计1.5万元。

2016年，全县救助贫困大学生136名，发放救助金34.8万元。其中低保家庭大学生38名，救助金额15.2万元；贫困家庭大学生98名，救助金额19.6万元。开展梦金园基金救助活动，为“梦圆班”教学资助50万元；从梦金园忠善助学金拨付18万元，定向资助昌乐及第中学、昌乐中学和昌乐二中等3所高中学校，用于学校重大教育教学活动和奖励优秀贫困生；2016年度发放孝心基金160余万元。

开展“三无”病人救助工程，为县人民医院和中医院“三无”病人实施30万元慈善救助。此外，全年实施日常救助200余万元。

【社会组织管理】《山东省民政厅关于创新社会组织登记和管理工作的通知》（鲁民〔2015〕29号）文件要求，积极创新社会组织登记和管理工作，推进社会组织登记制度改革，认真搞好社会团体注册登记、注销登记、撤销登记等工作，重点培育、优先发展行业协会商会类、科技类、公益慈善类、城乡社区服务类社会组织。2016年注册登记29个，截至2016年年底全县共有社会组织209个，其中民办非企业单位170个、社会团体39个。改革社会组织年检程序，采用网络预报送方式，提高了效率。完善现代社会组织法人治理结构，组织3家社会组织参与了分类评估。县管行业协会商会完成人员、住所与行政机关脱钩。促进政府职能转移和购买服务，发布了具备承接政府职能转移和购买服务资格的社会组织名录，建成社会组织孵化中心2处。社会组织党组织应建已建率94%，工作覆盖率100%。

2016年昌乐县民办非企业单位登记统计表

表22

序号	登记时间	证号	名称	主管单位	组织机构代码
1	2016-5-4	GL0397	昌乐县宝都街道小海燕幼儿园	教育局	52370725MJE433951X
2	2016-4-20	GL0428	昌乐一中英才实验学校	教育局	52370725MJE4338127
3	2016-1-4	GL0492	昌乐县博苑盛唐幼儿园	教育局	52370725MJE4339433
4	2016-1-6	GL0493	昌乐县宝都街道东方之星幼儿园	教育局	52370725MJE434284R
5	2016-4-13	GL0494	昌乐县宝都街道碧水龙庭幼儿园	教育局	52370725MJE434217U
6	2016-1-18	GL0495	昌乐县宝都街道新时代幼儿园	教育局	52370725MJE4341453
7	2016-1-29	GL0496	昌乐县超越跆拳道馆	体育局	52370725MJE434751R
8	2016-1-29	GL0497	昌乐县乔官镇蓝天幼儿园	教育局	52370725MJE433986G
9	2016-1-29	GL0498	昌乐县宝都街道新星幼儿园	教育局	52370705MJE433732k
10	2016-3-3	GL0499	昌乐县宝都街道大风车幼儿园	教育局	52370725MJE433716X
11	2016-3-31	GL0500	昌乐县一中幼儿园	教育局	52370725MJE4337676
12	2016-4-19	GL0501	昌乐县万家学堂教育培训学校	教育局	52370725MJE433817A
13	2016-4-19	GL0502	昌乐县领航教育培训学校	教育局	52370725MJE433804C
14	2016-4-19	GL0503	昌乐县天之骄子幼儿园	教育局	52370725MJE4338982
15	2016-4-19	GL0504	昌乐县宝都街道金摇篮幼儿园	教育局	52370725MJE433759B
16	2016-4-28	GL0505	昌乐县阳光艺术培训学校	教育局	52370725MJE433740E
17	2016-2-22	GL0506	昌乐县营丘镇馨育幼儿园	教育局	52370725MJE434073A
18	2016-5-27	GL0507	昌乐县鄌郚镇五福黑猪养殖服务中心	畜牧局	52370725MJE4340815
19	2016-6-13	GL0508	昌乐县红莲职业培训学校	人社局	52370725MJE434188G
20	2016-7-4	GL0509	昌乐县洛克户外徒步运动俱乐部	体育局	52370725MJE434508Y
21	2016-7-28	GL0510	昌乐行知双语实验学校	教育局	52370725MJE4348660
22	2016-9-21	GL0511	昌乐县赛越跆拳道馆	体育局	52370725MJE4351056

续表 22

序号	登记时间	证号	名称	主管单位	组织机构代码
23	2016-10-12	GL0512	昌乐育星足球学校	教育局	52370725MJE435148K
24	2016-10-20	GL0513	昌乐县宝都街道昌盛社区小博士幼儿园	教育局	52370725MJE4352287
25	2016-10-24	GL0514	昌乐县双创社会织发展中心	民政局	52370725MJE4352362
26	2016-11-15	GL0515	昌乐县新时代艺术团	文广新局	52370705MJE435455c
27	2016-11-21	GL0516	昌乐县宝都街道阳光贝贝幼儿园	教育局	52370725MJE4354712
28	2016-11-28	GL0517	昌乐县宝都街道育苗幼儿园	教育局	52370705MJE435498R
29	2016-12-5	GL0518	昌乐县博凯教育培训学校	教育局	52370705MJE434110G
30	2016-12-28	GL0519	昌乐县齐兴社会组织发展中心	民政局	52370705MJE4355275

【福利彩票】 2016 年，全县共有福彩投注站 59 个，其中城区站点 35 个、镇（村）站点 24 个。全县刮刮乐销量513万元、电脑票销量3629万元、中福在线销量 2634 万元。

【流浪乞讨人员救助】 全面贯彻执行《城市生活无着的流浪乞讨人员救助管理办法》《城市生活无着的流浪乞讨人员救助管理办法实施细则》《关于加强流浪未成年人工作意见》《救助管理机构基本规范》《流浪未成年人救助保护机构基本规范》等政策法规。结合地方实际制定落实办法，加强部门协作配合，建立健全工作机制，积极开展救助管理工作，切实保障流浪乞讨人员基本生活权益。2016 年共妥善救助流浪乞讨人员 82 人次，其中救助精神障碍流浪乞讨人员 40 人次，社会满意率 100%。

【公墓建设】 山东昌乐县青山公墓有限公司是全县唯一一处经营性公墓，2005 年 8 月成立，占地 76.79 亩，面向社会销售墓穴和接纳骨灰寄存业务。全年销售墓穴 124 个，安放骨灰格位 73 个。截至 2016 年年底，销售墓穴 2206 个，接纳骨灰寄存 297 位次。

【留守儿童保护】 坚决贯彻落实《国务院关于加强农村留守儿童关爱保护工作的意见》精神，优化农村留守儿童的成长环境，促进留守儿童健康成长。2016 年，县民政局牵头开展摸底排查工作，共统计留守儿童信息 48 名。

老龄工作

【老年人权益保障】 认真贯彻执行《山东省老年人公益维权服务示范站创建办法》的相关规定，积极做好“山东省老年人公益维权服务示范站”创建工作。县老龄办等七部门联合出台《关于做好“山东省老年人公益维权服务示范站”创建工作的意见》，搭建社会维权服务平台，发挥典型示范带动作用，在全县积极开展争创老年人公益维权服务示范站活动，全面贯彻落实《中华人民共和国老年人权益保障法》和《山东省老年人权益保障条例》。

2016年，全县受理老年人信访案件200余起，受理侵害老年人权益立案数 36 件，调解涉老纠纷 139 起，解决家庭养老问题 86 件，58 人次获得法律援助，司法救助老年人 3 人，减免诉讼费、律师服务费 6 万元。昌乐县人民检察院荣获“山东省老年人公益维权服务示范站”称号。

【落实老年政策】 实施高龄津贴和失能老年人

护理补贴制度。对全县 80 周岁以上享受城乡最低生活保障待遇的老年人和 90 周岁以上老人实施高龄生活津贴制度，共发放高龄津贴 91.5 万元，发放失能老年人护理补贴 6 万余元。充分发挥自身的职能作用，积极为老年人活动提供方便和优待服务。医疗卫生部门为老年人进行义诊和健康咨询活动，免费为全县 65 岁以上老人健康查体；对 60 ～ 64 周岁老年人实行半价、65 岁以上的老年人一律免费乘坐城内公交车。

【“银龄安康”工程】 按照省、市的统一部署，把实施“银龄安康”工程作为弘扬尊老敬老传统美德、加强养老保障工作的具体措施，积极推动“银龄安康工程”在全县快速发展，60 ～ 80 周岁老年人投保率达 100%，为全县 16224 名 80 周岁以上老年人赠送“银龄安康保险”。2016 年共为 11 万名老年人办理意外伤害组合保险，收取保费 198 万元。不断提高服务能力，设立“银龄安康”理赔绿色通道，自 2009 年实施该工程以来，累计为全县 20 余万人次老年人办理意外伤害组合保险，理赔意外伤害案件 1500 余件，赔付保险金近 400 万元，有效提高全县老年人的抗风险能力。

【关爱老年人】 多种途径加强关爱老年人宣传。通过文件、会议、广播、电视、报刊、专栏等形式，进行孝德文化宣传。10 月开展敬老月活动，在公园、车站、医院、办公大厅等窗口单位，统一设置醒目的为老服务标志。结合惠民政策宣传，多次组织宣传车巡回宣传，设立宣传站点 30 多个，开展宣传活动 100 多场次，印发《中华人民老年人权益保障法》单行本和图解 4 万余份，发放明白纸 10 万余份。

在老人节、春节等节日，县委、县政府召开老干部座谈会，各大班子主要领导带队对各类老年朋友进行走访慰问，协调解决老干部、老同志生活困难等问题。在每年的敬老宣传月和老人节庆祝活动中，号召全县人民开展敬老、爱老活动，在全县上下形成领导带头、干部主动、群众热情的关爱老年人浓厚氛围。结合敬老月和庆祝老人节，大力宣传尊老敬老爱老助老方面的典型，在电视台、报社设立专题栏目，广泛报道敬老模范事迹，积极开展敬老爱老助老主题教育评选活动，做好敬老模范评选表彰工作。2016 年，昌乐县王爱芹被评为第四届“潍坊市十大孝星”荣誉称号。城区主要公共场所设置敬老爱老宣传橱窗或标牌、标语，开展丰富多彩的老年人文体活动。

【文化养老】 根据昌乐县实际，以实现老年人终身教育为目标，发动各镇（街、区）积极宣传市委、市政府关于构筑全民终身教育体系，实施“文化养老”工程，广泛动员老年人参与潍坊市银龄家庭传媒大学学习。截至 2016 年年底，报名老年学员达 28620 人，老年学员足不出户就能选学自己喜爱的老年课程，在 2016 年度潍坊市银龄家庭传媒大学周年作品展中，昌乐县有 8 名老年学员及作品分获优秀学员和优秀作品称号。

民族宗教

【概况】 深入推进民族工作进乡镇、进社区、进机关、进学校、进企业、进宗教场所，打造一批具有鲜明特色的民族工作示范点。2016 年，先后完成县实验小学、县双语小学和首阳山旅游度假区贵和社区共 3 个单位的创建工作。县及第中学被市委宣传部、市民宗局评为“潍坊市民族团结进步创建活动示范单位”。

【基督教活动场所安全工作】 3 月 15 日，组织昌乐县基督教“三自”爱国运动委员会开展“消防安全知识培训”活动，全县 80 多位基督教教职人员及宗教场所负责人参加培训。6 月 12—15 日，对全县 22 个开放的宗教活动场所进行拉网式安全消防大检查，下发《关于做好宗教活动场所安全工作的通知》，将全县 22 个宗教活动场所全部纳入县消防部门的管理范畴。

【少数民族服务工作】 积极协调公安和各镇（街、区）建立流动少数民族基本情况登记制度；积极协调卫生、教育、工商等部门帮助少数民族群众解决务工、经商、生活、教育等方面遇到的困难，切实保障少数民族的合法权益。2016 年，共帮助少数民族考生中考加分 1 人、高考加分 2 人，完成传道员审查备案 2 人。

镇（街、区）

zhenjiequ

经济开发区（宝城街道）

【概况】 地理位置 经济开发区（宝城街道）位于昌乐县北部，西部、南部与宝都街道相邻，东部毗邻朱刘街道，北部与寿光市接壤；309国道、济青高速公路、胶济铁路横贯东西，省道大沂路纵穿南北，距潍坊市区20分钟车程，距济南、青岛1.5小时车程。经济开发区管委会、宝城街道办事处驻地位于昌乐县新昌北路3269号。

名称来历 昌乐县素有“中国蓝宝石之都”的美誉，其地标建筑—中国宝石城就位于经济开发区（宝城街道）境内，寓意“宝石之城”，谓之“宝城街道”。

政区沿革 山东省昌乐经济开发区成立于1992年，是由山东省人民政府批准建设，全国首批通过国家发改委考核公示的省级经济开发区。昌乐经济开发区设有中共昌乐经济开发区工作委员会和昌乐经济开发区管理委员会，分别为昌乐县委、县政府的派出机构，行使县级经济管理权限，规格为副县级。2013年区划调整后，与昌乐县宝城街道办事处合署办公，共同对辖区内的经济、社会等各项事务进行管理。2014年增设滨海工业园管理办公室1处，负责潍坊市滨海工业园的管理服务工作。昌乐外向型工业加工区位于昌乐县城以北，济青高等级公路以南，规划面积13平方公里，起步面积1平方公里。昌乐外向型工业加工区更名为昌乐经济开发区。据国家发改委公告2005年74号，昌乐经济开发区为第一批通过审核公告的省级开发区。2005年昌乐县区划调整：2005年3月25日昌乐县委文件，昌乐县设立宝城街道，为正科级单位，与开发区合署办公。将原昌乐镇的西管、东管、耿王、黄埠、石家庄、四图、东尖、西尖、商家庄、东萧、北三里、东风、玉皇庙、大北、孤山庙、邢家河、西徐、东徐、潘家辛、西崔划为宝城街办并与开发区合署办公；将原朱刘镇的赵家庄、于家庄、马家河、西任疃、前于留、后于留、八里庄、龙角、前石埠、后石埠划归宝城街道办事处管辖。据国土资源部公告2006年8号，昌乐经济开发区成为第四批落实四至范围的省级经济开发区。四至范围为：东至东水坡村、王金村、九级村、三庙村，南至山坡村、柴家庄、杨家庄、候家庄村、309国道，西至大沂路，北至前于刘村、赵家庄、东水坡村。2007年，撤销尧沟镇，将原尧沟镇行政区划划归宝城街道办事处管辖。2008年区划调整：按照昌乐县委《关于进一步理顺县经济开发区管理体制的意见》，决定将县经济开发区与宝城街道由合署办公改为机构分设，独立运行。并将朱刘街道办事处罗家庄、孙富庄、郑王、西水坡、东水坡划归宝城街道管辖。根据2013年《关于调整昌乐县部分行政区划的通知》，宝城街道办事处机关驻地由府前街369号迁至兴光街358。2014年1月经济开发区管委会和宝城街道办事处驻地由兴光街358号迁至新城街2429号。目前，昌乐经济开发区（宝城街道）实际管辖面积43.4平方公里，四至范围为：东至山水路，西至丹河，南至胶济铁路，北至青银高速。行政区划现辖西徐社区、艳阳天社区、东管社区、北三里社区、任疃社区、玉皇庙社区、东风社区、北郝村8个行政村，西水坡、东水坡、孙富村、罗家庄、郑王庄、东尖庄、邢家河、商家庄、东肖、黄埠、北三里、西管庄、孤山庙、大北庄、石家庄、西尖庄、耿王、四图、后石埠、龙角、玉皇庙、东管庄、前石埠、前于刘、后于刘、于家庄、马家河子、八里庄、西任疃、赵家庄、东风、潘家辛、西徐、东徐、西崔、前北郝、后北郝37个自然村，人口3.58万人，耕地面积20955亩。

内设机构　昌乐经济开发区设有中共昌乐经济开发区工作委员会和昌乐经济开发区管理委员会，分别为昌乐县委、县政府的派出机构，对开发区内的政治、经济、社会等各项行政事务实行统一领导、统一管理，行使县级经济管理权限，规格为副县级。主要职能可概括为发展经济和社会管理两部分，为单独的全额拨款行政事业单位，并于2008年12月份根据开发区的特殊职能重新对区内机构和人员进行了设置。目前，经济开发区内设政治处（副科级）、市场监督管理局（正科级）、滨海工业园管理办公室（正科级）3个党政行政机构，设置有党政办公室、社会事业处、经济发展处、规划建设管理处、财政处5个副科级事业单位。2005年3月25日，昌乐县设立宝城街道，为正科级单位，内设党政办公室、财政经管站、党建办公室、经济发展办公室、计划生育办公室、统计站、保障所、民政办公室、社会治安综合治理办公室、农业综合服务中心、信访办公室、村镇规划建设办公室12个科室。

发展定位　建区24年来，昌乐经济开发区始终牢固树立“工业强区”理念，把发展工业作为立区之本，着力打造成为全县工业发展的主阵地、高端产业的聚集区、开放发展的引领区。

【主要荣誉称号】　2010年8月，被《大众日报》、八大异地商会授予“山东最佳投资园区”

2010年12月，被山东省环保产业协会授予“山东省低碳经济示范园区”

2012年12月，被山东环境科学学会授予“山东省生态工业和循环经济示范园区”

2013年1月12日，昌乐经济开发区被中国招商引资研究会和山东省经济学会授予“2012山东省投资环境最佳园区”

2013年2月，被潍坊市委、市政府授予“先进省级开发区”

2016年8月，被潍坊市委宣传部、潍坊市人社局、潍坊市司法局、潍坊市普法办评为“2011—2015年全市普法依法治理工作先进单位”

2016年度，昌乐经济开发区进入省商务厅对全省省级经济开发区综合评价考核前30强，列第27位

【经济发展】　主要指标　2016年，全区完成地区生产总值535650万元，比上年增长6.2%；完成地方财政收入28310万元，比上年增长7.8%；规模以上工业主营业务收入3011634万元，实现利税102472万元，实现利润56480万元，分别增长4.4%、27%和33.3%，第三产业增加值达159950万元，同比增长6.9%；农民人均纯收入19610元，同比增长5%。

工业经济　2016年，辖区现有规模以上企业38家，主板上市企业4家，高新技术企业14家，高新技术企业产值占规模以上工业总产值达到40%以上。拥有中国驰名商标7件，省级工程技术研究中心4家、省级企业技术中心2家，市级工程技术研究中心13家，市级企业技术中心11家，市级重点实验室3家，市级工程实验室（工程研究中心）5家。重视招商引资工作。全年有汽车改色膜、海关综合监管区等新建续建项目16个，新能源电动汽车电驱控制系统项目、纸制品深加工项目、变速箱等未开工及在谈项目10个。其中，建成并投用全省智能化水平最高的申易物流海关监管场站，每年可为昌乐县及周边地区节省上亿元通关成本。开展企业服务年活动。召开银企对接会5次，为50余家中小企业解决资金难题；开展上市辅导培训7次，精科智能传动在

新三板挂牌；成立2支拆迁队伍，高档食品项目、高速路扩容、劳教所北路等一批重点项目提前完成拆迁，为企业转型升级腾出发展空间。

农业、工商业　宝城街道前身为尧沟镇，区域内地势平坦，土壤肥沃，农业生产条件优越，是远近闻名的瓜菜之乡，被誉为“中国西瓜第一镇”。区内农业以大棚种植等设施农业为主，少量粮食种植及畜牧、养殖。农户7507户，农业户籍人口26252人。区内耕地面积2.1万亩，基本农田1.2246万亩。其中，种植瓜菜面积1.2万亩，种植小麦面积0.4396万亩，其他0.4395万亩。辖区内现有创客种苗等农业龙头企业10家，大北农农牧科技等兽药、饲料生产企业5家，畜牧养殖户113家，经营化肥、农药、种子等各类门店27家。以中国宝石城为代表的工商业发达，鸢飞酒店、如家酒店、普乐超市、私营小区、七彩大市场为代表的餐饮、住宿、商超、批发零售业活跃。

安全环保　牢牢守住安全、环保两条底线。对辖区内重点企业、人员密集场所、特种设备使用单位进行检查163次，排查隐患185条并全部整改完成。扎实开展彩钢板专项整治行动，整改完成82家。继续深化“三八六”环保行动，推进“十大工程”有关工作。拆除20吨以下锅炉11家，丹河湿地养殖场实现复垦。

【社会事业】　推动全国卫生县城和食品安全城市创建：创卫方面，整修村内道路23条；补植绿化苗木8000余平米；清理各类建筑垃圾、积存垃圾40余万立方；对10个无主小区进行集中整治。创建食品安全城市方面，召开专题会议4次，对存在的问题倒排日期、逐项解决，142家重点业户全部达标。推进社区建设运行：宝石城社区黄埠村13座安置楼入住230余户，高标准建成社区服务中心，打造成“四全一特”社区；艳阳天社区西尖安置楼分配206套；投资9800万元，用于建设集中居住小区、修缮道路60公里、开挖沟渠、绿化美化、村庄内环境整治、社区提升。群众文化生活不断丰富：组织两支文艺队伍60余人参加县“第四届广场舞大赛”，其中西尖代表队进入决赛。提升任疃社区综合性文化服务中心并顺利通过市文化局验收。举办“唱响中国梦、欢乐乡村行”送戏下乡文艺演出11场、文明之夏开发区（宝城街道）专场文艺演出15个节目，潍坊艺术剧院在宝石城社区文艺演出。民生保障更加完善：按照“结对帮扶、分类管理、一户一策”原则，推进精准扶贫，实现脱贫330户；完成四图等23个村的股份权能改革，释放农村改革红利；2016年辖区居民养老保险参保10685人，征缴率达到92%、医疗保险参保23382人，征缴率100%。

【基础设施】　大力投入园区建设与基础设施配套。累计投资10亿元用于基础设施建设，现建成园区路网、地下管网各100千米，绿化园区面积近700万平方米；建有可容纳2万人的体育场1处；建有日处理污水13万立方米能力的污水处理厂3处，区内雨污分流实现全覆盖；建有110KV变电站2座、220KV变电站 1座，园区基础设施基本实现“九通一平”；昌乐二中、宝石学院、新城中学、小学、幼儿园等学校配套齐全，可满足区内群众、客商子女教育需求。规划建设、优化提升蓝色经济产业园、黄金珠宝加工产业园、智能制造产业园、绿色房屋建材产业园等专业园区，推动产业集群发展、产城融合发展。

【党建工作】　狠抓党的建设，夯实各项工作基础。扎实开展“两学一做”专题教育活动，开展各类集中学习30余期，集中讲党课6次，观看专题教育片8期，举办培训班3期，机关、农村、非公企业党员全部轮训一遍。开展议事学习日活动，党工委书记带头担任社区、村党建指导员，明确议事学习日主题，落实好规定动作。活动开展以来，审议解决各类村级事务200余件。开展“两清理两规范”活动，推行党务政务公开制度，全面规范，整改提升党务村务公开、办公场所、机构设置、绩效考核等。非公企业党建实现全面覆盖，推进非公企业党组织建设，全区50家非公有制企业党组织，其中，单独建立26家，联合建立24家，覆盖企业122家。打造阳光纸业、英轩重工、梦金园等非公党建创建典型，党建经验做法得到省市县主要领导的充分肯定。

首阳山旅游度假区

【概况】 地理位置　首阳山旅游度假区位于昌乐县城东南部，四至范围：东起昌乐—潍城界、西到首阳山路，北起劳教所北街（暂定名）、南至宝都街道—五图街道界。

名称来历　首阳山，是渤海南岸的第一座山，主峰海拔266.2米，因每天接受第一缕阳光而称为“首阳山”。首阳山也叫孤山，伯夷、叔齐是孤竹国君的两个儿子，因二人隐居于该山，义不食周粟而饿死，后人为纪念这两位仁人志士而把首阳山改名为孤山。

政区沿革　首阳山旅游度假区于2007年成立，2013年被山东省人民政府批准为省级旅游度假区，2015年2月9日重新组建昌乐首阳山旅游度假区开发建设管理委员会。

政区划分　首阳山旅游度假区辖贵和、首阳山2个新型农村社区，11个行政村，23个自然村。辖区3647户，1.3万人口，面积31.5平方千米，耕地面积8700亩。

自然条件　度假区以山地、丘陵为主。属暖温带季风气候，多年平均气温12.9℃，年平均日照时数2391小时，年总辐射124.2千卡/平方厘米。年平均降水量571.4毫米。主要自然灾害有干旱、暴雨、冰雹、霜冻、干热风、大风、雾、雷暴、沙尘暴等。辖区主要有桂河水系，发源于山秦水库，东至东南庄水库，含有刘双泉、刘宣、曹西楼、郭齐店子、老庄、姜家坊子、山秦7座水库，形成“七子连珠”的景观，全长约6.2千米，治理河道2.4千米，修建2座拦河大坝。

【主要荣誉称号】 省级旅游度假区、全国综合减灾示范社区。

【经济发展】 因地制宜发展精品农业。辖区大部分为丘陵，成片耕地面积较少，鉴于度假区土地现状，发挥区域优势，主要在农产品质量上下功夫，发展精品农业。发展精品西甜瓜、蔬菜750多亩，特色种植红豆杉500多亩。2016年开始建设红豆杉种植培育合作社，总规划面积1000亩，其中利用流转土地500亩，发展红豆杉产业链，打造红豆杉品牌；开发利用荒山500亩，发展观光旅游产业。总计划投资10亿元，投资3000万元，建成阳光智能大棚108个，面积300亩，种植以曼地亚为主的各类红豆杉100万株。度假区内山头多林木资源丰富，现有林地总面积22万亩，宜林地面积23万亩，其中国有林地面积12万亩、集体所有林地面积10万亩，辖区森林覆盖率为46.6%。

立足优势壮大文化旅游。首阳山是昌乐县的

▲2016年4月，省旅发委领导到首阳山度假区检查指导工作

一座历史名山，整座山脉自西向东由官山、孤山、牛山、马山等紧紧相连的四座山峰组成，是潍坊地区最具有文化积淀的历史名山之一，海拔266米，昌乐古八景之“孤峰夕照”“龙洞云开”皆出于此山。鼓山顶有孤山庙和夷齐祠，2016年一期工程修复完毕，孤山爷手持笏塑像端坐其中，西侧修葺一幢古朴青砖古建筑，院中四方水池修整并放置锦鲤，整修石碑4座，安置焚香炉1座，四座石龟也安放在夷齐祠门两侧，为游客乡人缅怀贤哲、祈福求安提供方便。桂河湿地公园，为国家AAA级景区，始建于2009年，全长约5800米，沿河两岸100米左右。充分尊重利用首阳山群、桂河水系原有自然地形地貌，将各种不同的水景科学合理地设置于最佳地段和位置，使公园易于养护，降低投资，保留原生态系统。整个湿地公园除南部的连池湿地景区外，由西至东依次为：山涧连湖景区、叠瀑孤岛景区、市委党校中心景区、海景喷泉景区、群岛河汊景区、河港湾流景区、旱溪石滩景区。尚岛书画院，珍藏各类名家珍作。

2016年修建旅游路、旅游支路工程，旅游路，全长约3841米，路面右侧有红色2米自行车道，旅游支路，沿路铺设有石板路、木栈道、沥青路以及石台阶等，为登山爱好者提供更安全更方便的服务。新建2处国家AA级旅游厕所，分别位于桂河湿地公园景区和首阳山景区内，为广大游客提供方便。桂河湿地公园游客接待中心总投资1500多万元，临近首阳山中路，交通方便，环境优美，设施先进。一楼大厅设有咨询服务台、购物中心、行李寄存处、意见箱、投诉电话、便民设施等。

对接融合开发特色产业。健康养老产业，度假区整合优势资源进行文脉福祉传承，推动养老产业发展。孝润安养健康城、“2030”健康中国潍坊战略综合实验区等项目在建设中突出培育养老医疗服务功能，加快支撑项目建设，打造区域健康服务中心。高端居住产业，按照规划布局，在新旅游路两侧大力发展高端居住产业，以颐和绿洲、文博园、阳光小镇、中船一号公馆等项目为重点，全力打造宜居宜业的高端居住生活区。

【社会事业】 配置教育资源。辖区内潍坊美加实验学校、县实验中学等教育资源雄厚，贵和幼儿园、贵和小学给孩子就学提供优质的教育。2016年9月，潍坊美加实验学校建成开学。项目占地500多亩，总建筑面积近30万平方米。规划功能为1000人小学区、3500人初中区、600人初高国际班、2500人高中区及全寄宿制学生宿舍、食堂、体育馆演艺中心等相应配套的功能，地上总建筑面积约15万平方米。另外，潍坊市委党校、潍坊廉政教育中心、潍坊驾驶人考试中心等为辖区带来大量游客和经济效益。同时深入研究服务保障措施，增强发展活力，打响现代教育的新品牌。

大力整治环境。投资50万元，购置垃圾车2辆，垃圾桶300个，并对重点路段及“三大堆”动用挖掘机等进行高标准清理。未硬化的小巷全部铺设石子，两侧房屋全部进行喷涂。设立固定大型户外宣传牌，张贴图喷标语60条，印制创建知识宣传彩页5000余份。对贵和东路、桂河路等道路进行高标准绿化，栽植樱花、法桐等苗木8万多株。利用河边、村边、山头的闲置地块，因地制宜、见缝插绿，2016年栽植苗木500余亩。投资2000多万元，完成桂河水系综合治理2.7千米，修筑2座拦河坝，硬化道路2.7千米。做好保护森林和防火防患的宣传工作，成立防火专业队，每天进行巡逻，并与各村签订森林防火责任书，把防火责任落实到村、到人、到山头。

社会保障。总投资50多万元，组织运水车辆往返200余人次，打机井12眼，邀请水利专家深入各村、社区对农户进行技术指导。稳妥推进集体资产股份权能改革，邀请相关部门专家对农民股份合作及集体资产股份权能改革进行专题培训，组织开展骨干培训班1期、专题宣讲2期，培训400余人次，2016年6月底全部完成12个村的权能改革工作。成立村级广场舞队5支，配齐文化协管员。为86名残疾人申请、办理残疾人护理补贴，为63名残疾人申请、办理困难残疾人生活补贴。建立基层优抚对象服务站并迎接检查，协助3名困难群众申请、办理低保，整理上报48名关爱救助人员资料，协助16名低保户成功申请大病医疗救助，协助3名贫困户申请临时救助，认真做好大风大雨和冰雹灾害救助工作，协助3名贫困户申请民生保险并得到赔偿。

维护安全稳定。举办安全生产培训6场，受训群众1200多人次；开展防灾减灾专题讲座4场，张贴海报25张、横幅12条，设立宣传栏13个，受教育群众达5000余人次；每月组织对辖区内23家安全生产监管企业进行一次安全生产检查。加强对学校、企业、建筑工地和餐饮单位及农村流动厨师的监管，确保无重特大事故发生。建立全天候环保巡查制度，每天由科级干部带队定期不定期对非法采石点、污染小作坊等节点进行巡查，发现后联合执法部门关停取缔，关停11处粉碎机、30个采石点、13处蓝宝石采挖点。对影响规划和村容村貌的滥搭乱建、违法建设，进行依法查处。积极排查解决各类矛盾纠纷，调处率达100%，处理信访案件办理率达100%。在各村主要街道、路口安装高清探头103个，增强群众安全感和满意度。

【基础设施】 首阳山社区服务中心。总投资400万元，总建筑面积1243平方米，按照“一厅一校十室”标准建设，于2016年7月开始施工建设，10月底投入使用。格局分布：一楼分别是一站式服务大厅、综治警务室、卫生室、便民超市，以及社区综合办公室；二楼分别是党员活动室、文体活动室、阅览室、电子商务室，以及工作人员宿舍；三楼是社区教育学校、厨房、餐厅。社区服务中心前建设1000平方米左右的绿地广场，并配备绿荫停车场和健身广场。

贵和社区服务中心。便民服务大厅面积170平方米，为方便群众开展行政审批、社会保障、民政、农业综合服务等方面的“领办”“代办”业务，配有4名工作人员在大厅坐班服务，悬挂工作指南和服务流程，并设有翔实的登记服务台账。同时配备2名医护人员坐班在160平方米的社区卫生室开展基本公共卫生服务；配备4名社区民警在70平方米的警务室提供户籍业务、流动人口信息采集登记等服务，为社区发展和居民生活创造安全稳定的和谐环境。服务大厅以“群众满意”为工作标准，全心全意为群众服务，倾力打造阳光政府。

朱刘街道

【概况】 地理位置　朱刘街道位于昌乐县城东部，区位优越，交通便捷，胶济铁路、济青高速公路、309国道、宝通街横贯全境。

名称来历　朱刘店地名的来历存在好几种说法。其一：桂河流经此地，因此段河道内多红岩，致水色变红，故称朱流水，后演为朱刘店。其二：因此地近古驿道，有朱、刘二姓在此开店，故称朱刘店。其三：明代朱洪武杀山东一线，特赦驿道边有店的此村，故名朱留店，后演为朱刘店。春秋时期，齐景公封晏子都昌，即朱刘街道都昌社区周边；汉高帝六年（201年），置都昌国，封功臣朱轸为都昌侯，都昌称国，历经五世，国除为县。朱刘街道人杰地灵，文化灿烂，仅两汉时期，就出过丞相公孙弘、隐士逢萌、学者徐干等一大批出类拔萃的人物。历史进入近代，一些有志之士纷纷探索救国救民的真理，“四五”烈士李华亭，奉天特委书记张适就是其中的杰出代表。

政区沿革　1948年山东纵队一部进驻朱刘店，朱刘店宣告解放；1958年设朱刘乡，成立公社；1984年置镇；2005年3月，朱刘镇改为朱刘街道。

政区划分　朱刘街道辖都昌、戴家、九级、魏家庄、怡和苑、朱刘店6个农村新型社区，辖19个行政村、35个自然村。街道总面积40.07平方千米，总人口3.33万人，耕地面积17.25

平方千米。

自然条件　朱刘街道环境优美，气候宜人，风景秀丽的首阳山，山峦起伏，林木繁盛，鸟语花香，尽享大自然无尽的福泽和恩赐。境内石灰岩、玄武岩、黏土、煤炭等矿产资源丰富。潺潺的桂河从境内穿流而过，近年来，街道对全长7.6千米的桂河开展生态修复，其中国家治理段从钱家庄水库大坝至寿光界，全长4.6千米，涉及钱家庄、三庙等8个村，建成前牟大桥1座，堆砌9座生态岛，修建5道拦河坝，栽植菖蒲、芦苇等水生植物30万株，形成水清、岸绿、景美的景观带。

【主要荣誉称号】　街道先后被评为“中国电动车产业第一镇”“中国减水剂生产基地”“中国精细化工产业基地”“山东电动车产业基地”“山东省钢结构产业集群基地”“山东产业集群建设十大突出贡献镇”“山东省文明单位”、首批“乡村文明行动”省级示范街道、“山东省无邪教街道”和“山东省生态乡镇”等荣誉称号。

【经济发展】　2016年街道有各类企业340余家，其中规模以上工业企业36家，形成以新能源电动汽车、化工新材料、智能装备制造、装配式建材等为主的多个优势主导产业。2016年，街道规模以上企业完成总产值374.12亿元，利税19.4亿元，完成固定资产投资44.77亿元，财政收入4.07亿元，主要经济指标全部占据全县1/3以上。区域内5家企业跨入潍坊市工业百强，有27家企业主营业务收入过亿元，其中1家过100亿元，2家过80亿元。拥有中国驰名商标7个，省名牌名标12个，省级以上高新技术企业10家，市级以上企业技术中心、工程（技术）研究中心11家。

两大主导产业并驾齐驱。街道加快传统化工向新材料转型，推动化工产业迈向中高端，打造昌乐化工产业集中区和潍坊西部热源中心。2016年，潍焦集团产值过100亿元，万山过80亿元，潍焦集团进入“中国民营企业500强”；潍焦、万山荣登“山东民营企业100强”，元利化工开始主板上市程序，辖区化工企业达25家，产值近300亿元。街道以比德文控股集团有限公司为核心，大力培植300亿元级新能源电动汽车整车生产及配套产业，打造昌乐县新能源汽车产业园，截至2016年年底，产业园区内有电动车整车生产及配套企业40余家，其中整车生产企业有9家，相关配套企业有30余家，新能源汽车年生产能力达35万辆，实现主营业务收入89亿元，实现利税4.31亿元。辖区内新能源电动车产品主要涉及新能源观光车、电动微卡、移动餐车等10余种，拥有“雷丁”“比德文”“宝路达”“喜威”“众新”等20余个自主品牌。基本形成以比德文新能源汽车产业园为中心，各配套企业聚集发展的完整产业链条，具备快速扩张的产业基础，积聚强大的发展动能。

重点企业项目高歌猛进。2016年，街道在建工业项目16个。其中，雷丁二期投资9亿元，投产后可新增产值50亿元。兰天纺织投资6亿元占地221亩，7万余平方米的染整车间、准织车间等厂房及1.2万平方米的办公及配套用房完成主体建设。项目投产后，每年可产面料3000万米，年可实现销售收入5亿元，创利税6000万元，带动就业500余人。扶持健宝生物、西水机器人、联信增压器等10家成长型企业，力争1—2年内1家企业主营业务收入过10亿元、3家过5亿元、6家过2亿元。开展“零地招商”引进新项目6个，总投资3.1亿元。

电商发展激发创业高潮。北庄球网土地股份专业合作社投资近千万元打造“李和·百姓菜园”，成为昌乐第一个农业O2O项目，形成作物生长历程和采摘、分装、配送等销售过程有监控、可溯源的智慧农业产业链。都昌菩提电商发展到近百户，单户销售额最高达1000万元，年销售总额超1亿元。连续召开电商产业座谈会、妇女创业大会、“大众创业、万众创新”培训会，新上创业项目121个。

【社会事业】 规划6个农村新型社区，全部完成“一校十室”配套，严格落实“三四三”机制和“三张清单”。下派党建指导员48名，村级党组织实现“三年行动计划”知晓率、党务村务财务公开、“阳光议事”等全覆盖。对105户256名贫困户，逐户制定脱贫方案，实现帮扶全覆盖。围绕民生民本细节，重点对367户，462人低保户、54名优抚对象、195名60岁老兵、3名烈士子女做好民生保障，先后出资19.3万元对因病致贫、特困群体等进行救助，对现有90岁以上老人51人，80～99岁低保老年人35人，按时足额发放生活补助金。提报残疾人两项补贴343人，其中困难残疾人生活补贴142人，重度残疾人护理补贴207人。2016年普查残疾学生7人、低保重度残疾人子女16人。魏家庄社区建成多层住宅楼13栋，配套服务设施完善。万山景城以“田园景观”打造“城市生活”，230户入住，二期4栋多层住宅，1处超市、1处广场开工建设。戴家社区采用混钢、轻钢技术，引入“绿色房屋”理念，8栋多层住宅楼基本完工，可安置240户。分别投资8000万元、1500万元建成朱刘街道万山小学和魏家庄小学，1370名师生顺利搬入新校。保障潍昌路、潍日高速、济青高速等路网建设顺利推进，项目占地900余亩，拆迁涉及487户。投资500余万元建设万亩高标准基本农田示范区，对农业基础设施进行综合性改造。开展走访慰问老党员、优秀党员评选，举办庆祝中国共产党建党95周年文艺会演系列活动。

【基础设施】 街道大力完善基础设施建设，先后投资9亿多元，规划建设“四纵六横”10条框架主干道，完善水电路、雨污地下管网和地上美化、绿化和亮化等基础设施；投资2亿元建设的城东污水处理厂项目一期工程投入运营，新一轮提标改造工作正在加速推进，日可处理污水6万吨。

宝都街道

【概况】 地理位置 地处昌乐县中心地带，东邻朱刘街道，西连青州市谭坊镇，南、北分别与五图街道和昌乐经济开发区相接。西北靠寿光市纪台镇。街道办事处机关现驻县城利民街西段。

名称来历 昌乐县有中国蓝宝石之都的美誉，又因宝都街道地处昌乐县中心城区，是昌乐县政府驻地，故得名。

政区沿革 1950年为昌乐县城关区，1951年改称昌乐县第一区，1955年第一区改称城关镇，1956年城关镇并入丹河区，1958年成立城关人民公社，1982年复称城关镇，1984年5月更名昌乐镇。2006年撤销昌乐镇，设立城关街道。2013年11月改称宝都街道，将宝城街道办事处所辖的赵家埠头等25个行政村（社区）、五图街道办事处所辖的郭齐戴家庄等7个行政村和城南街道办事处所辖的宝通社区，划归宝都街道办事处管辖。2015年2月，将原五图街道划过来的7个行政村划归首阳山旅游度假区。行政区划调整后，宝都街道现辖49个行政村（社区）。

政区划分 截至2016年年底，设有9个城市社区、3个农村社区，辖月亮湾、西湖、永康、昌盛、新昌、故城、流泉、三和、恒安、尧沟、小李家庄、埠头12个社区，包括东南村、车站、北关、西村、南关、东田、南王、东山李、东山王、曲家庄、周家庄、前东村、后东村、郭家庄、三和、南三里、五闫庄、南流泉、北流泉、吴家池子、南萧、月亮湾、宝通、尧沟、北寺、小李家庄、东西王、夏家庄、蔡辛、北郭、南张、前营、后营、东埠周、东埠郭、刘家庄、东庄王、马家冢、大杨家庄、刘家辛、常庄、坡子、赵家埠头、付家埠头、梁庄、张家埠头、李家埠头、丹河49个行政村。

截至2016年年底，辖区面积75.97平方公里，共有15.36万人，民族单一，汉族为主。其中男性7.74万人，占50.39%；女性7.62万人，占49.61%；农村户籍4.86万人，占31.64%。

自然条件　境内属平原区，地势平坦，略成南高北低、东高西低状，东部为寿阳山，海拔266米。境内地势东高西低。

境内河道属弥河水系，流经辖区的县级河流有大丹河、小丹河，镇级河流有尧河、猪龙河，西部丹河自南而北流贯全境。

气候属东部温带季风型大陆性气候，四季分明，地面热量资源主要来源于太阳辐射，太阳辐射量122.2千卡／平方厘米，年辐射量的变率为3.5%，年内分配5月份最多，为15.2千卡／平方厘米，12月份最少，为5.7千卡／平方厘米。地处东亚季风区，风情变化明显，春季以南风为主，北风次之，夏秋仍以南风为主，冬季以北风为主，平均风速约2.6米／秒。年平均无霜期189天，初霜为10月下旬。境内矿产资源主要为石灰岩，集中分布在寿阳山一带。

【主要荣誉称号】　宝都街道是中国柠檬酸特色产业基地、中国电子器件散热器产业基地、全国一村一品示范镇、全国规范人民调解委员会单位、中国西瓜第一镇、山东省最具投资潜力十佳街道、山东省安全生产工作先进镇（街）、山东省文明街道、山东省生态街道、山东省最佳休闲街道、山东省旅游强镇、山东省卫生街道、山东省群众性体育工作先进单位、山东省城市社区建设示范街道、山东省妇联基层组织建设示范街道、潍坊市特色产业镇、潍坊市依法行政工作先进单位、潍坊市信访工作先进单位、潍坊市平安建设先进单位、潍坊市安全生产工作先进单位、潍坊市创先争优先进基层党组织、潍坊市人口和计划生育工作先进单位、潍坊市服务业工作先进单位。

【经济发展】　农业。推动现代农业品牌化发展，大力推行“党支部＋合作社”的经营模式、走品牌战略，注册“宝城”“利杰”“玥桦园”等近20个瓜菜品牌，绿色认证产品13个，注册了昌乐西瓜、高家河苦菊2个国家地理标志。加快现代农业园区建设，新建沃泰、群信等现代农业示范园区6处，种苗育苗能力达到8000余万株，创新建立农产品质量安全追溯机制，农产品质量安全保持“零事故”，被评为全市质量安全示范街道。大力发展特色旅游、总部经济等生产性服务业，新建馀庆庄园、栩华园等观光农业项目，推动农业实现“接二连三”。

工业。加快工业经济转型发展，大力培植新兴工业，培植规模以上工业企业38家。新上沼气膜分离提纯等37个项目，总投资48亿元。2016年，实现规模以上工业主营业务收入91.9亿元，利税14.62亿元，分别增长3%、1.5%。2016年，市认定招商引资到位资金15.8亿元，居全县第一。

商贸。加快建设方山路南段东侧组团等为重点的东部新城服务业板块、打造昌乐一中英才学校、北大公学、大德国际医疗中心等为龙头的教育医疗服务业板块，提升以全福元城市综合体、龙腾金都等为重点的商贸服务业板块。2016年，培植起经营主体2257个，限额以上消费品零售额达到5.7亿元，居各镇街区之首；农民人均可支配收入23869元，同比增长12.5%。

财政。2016年完成地区生产总值67.8亿元，同比增长7%；实现地方财政收入2.9亿元，同比增长13%，各项财政指标稳步增长。

权能改革。2016年完成蔡辛等47个村的土地确权颁证和东南村等41个村的股份权能改革，为全面盘活农村资源、发展壮大农村集体经济奠定基础。在改革中总结出的规范、自治、公开、公平、精准“十字方针”，受到中央改革办和省市县主要领导的肯定，苏州、哈尔滨等120多个外地市、县前来学习。

项目建设。坚持把项目拆迁作为经济工作和政治任务来抓，集中优势力量，攻坚克难、依法大力推进。组织街道、社区、村党员干部坚持“吃住在社区、包靠在项目、工作在一线”，组织实施北斗置业、东方华峰等50个拆迁项目，突出抓好方山路组团和永福路组团“两个突破”，完成青年路、旅游路、永福路、东村街、流泉街“三纵两横”5条道路的贯通，共拆迁房屋、大棚、果树等880多户，土地3200余亩，没有引发大的稳定问题，有力保障北大公学、万泰置业、盛唐御园二期等32个重点项目落户，带动投入89亿元，拉动全县GDP增长0.9个百分点。

【社会事业】 文化。建成文体小广场46个，培育南关京剧同乐社等文艺演出队伍50多支，开展“环卫颂”文艺演出、“庆七一”演讲比赛、象棋比赛、广场舞比赛等形式多样的文体活动70余场次，让广大群众尽享丰富多彩的文体生活。

教育。建成投用投资4.5亿元的昌乐一中·英才实验学校、投资4亿元的北大公学和投资5000万元的昌乐行知双语学校，新建幼儿园20处，关停无证幼儿园18处，辖区所有义务教育学校均达到省级标准化办学条件。

科技。2016年签约中国工程院院士夏咸柱、青年千人计划学者许菲等一批高层次人才，新增高层次技能实用人才214名。“柠檬酸高效生物制造技术开发与产业化”项目被评为省级科技进步二等奖，获得市级科技表彰奖励4个。

医疗卫生。县人民医院、县中医院、县立医院等多处县属医院皆在辖区内。农民新型合作医疗参合率达到100%，城镇居民基本医疗保险覆盖率均达到100%。改建村级卫生室、卫生服务中心42个，构建起“10分钟文教卫生服务圈”。

社会保障。参加新型农村养老保险21963人，参加失地农民养老保险3568人。实施“银龄安康”工程，为50至80岁老人建立意外伤害综合保险，参保率达100%。着力抓好精准扶贫，493户困难群众全部落实长效扶贫、脱贫措施。

【基础设施】 社区建设。2016年在12个社区全部建成“一站式”服务大厅、社区教育学校和社区综合办公室、文体活动室、警务室、卫生室、电子商务室等“一厅一校十室”。创新实施“4+X”岗位模式，落实村干部大厅轮流坐班制、社区干部全程代办制、社区“议事学习日”等制度，有效提升了社区运行规范化、制度化水平。注重社区运行机制和治理机制建设，在社区全面推行“大党委制”，在新昌、永康两个社区试点完成居委会选举，并完成小区网格长、楼长、单元长选举，推动了党的活动和社区工作进楼入户。把社区居民需求与社区职能有机融合，创新开展党员、义工等志愿服务，智能养老、农产品检测等社会服务，银行网点、农资网点等市场服务，淘宝代购、包裹代存等特色服务“四个进社区”，构建起满足群众基本需求的社区服务体系，打造出“一社区一亮点、一社区一品牌”工作格局。

▲ 宝都街道新昌社区阅览室

创卫工作。创建国家卫生县城作为2016年的一项重要民生工作，共拆除违章建设62处，对47个老旧、自管小区进行“托底”清理，清理积存垃圾40078方，绿化补植10108平方米，粉刷楼墙100941平方米，硬化道路18.5公里，整修道路116.7公里，新建、改建旱厕30余处，关停旱厕23处，新建东山李、太和、珠宝二街3个市场，城市卫生环境焕然一新。

安全生产。坚持落实干部包靠企业、签订安全生产责任书等措施，重点抓好安全生产隐患大排查和安全生产标准化创建，30家企业通过安全生产标准化验收，街道被评为省级安全社区。

生态环境。坚守“绿水青山”，77个自然村全部完成“六化”工程，48个村被评为市级以上生态村，全面完成淘汰黄标车工作任务，共淘汰黄标车981辆，占全县的三分之一。

和谐稳定。实施“天网”工程，推进群防群治，以违法成本核算法等强化教育，社会和谐有序。探索实施信访“分类管理法”、信访听证制等工作机制，推动矛盾在基层解决、纠纷在基层化解。重点加大积案化解力度，彻底解决了47起信访积案，社会保持和谐稳定。

五图街道

【概况】 地理位置　地处昌乐县南部，东与潍坊市潍城区接壤，南邻乔官镇，北接首阳山旅游度假区、宝都街道。街道办事处驻地位于南郝社区永和街361号。

政区沿革　1958年成立五图公社，1984年建镇。2007年，撤销五图镇，以原五图镇的行政区域设立五图街道办事处，办事处机关驻原五图镇政府驻地。1958年设南郝乡，1958年属城关公社，1962年设置南郝公社，1984年改乡，1995年设镇。2005年3月4日，撤销南郝镇，以原南郝镇的行政区域设立城南街道办事处，办事处机关驻原南郝镇人民政府驻地。2013年11月，撤销城南街道办事处，将其行政区域并入五图街道办事处。五图街道办事处机关驻地迁至原城南街道办事处驻地。

政区划分　五图街道办事处辖曹家庙社区、五图社区、南郝社区、九龙湖社区4个社区，东耿安村、西耿安村、石人坡村、四泉村、亓家庄村、泉二头村、庵上湖村、临河村、大解召村、小解召村、跃进村、店子村、东上疃村、邓家庄村、上疃村、曹家庙村、宝石村、五图村、石乡村、老官李村、南郝社区、马家龙湾社区、河洼村、黄埠社区、七里沟社区、东平社区、崔家庄子社区、北寨社区、边下社区、南寨社区、小埠前社区、姜家洼子社区、方西村、金冯村、埠南村、池子村、韩信村、毕家官庄村、董家坊子村、朱家庄村、明德村等41个行政村、83个自然村。区域总人口1.4万户、5.39万人；总面积98.04平方公里。

自然条件　地处泰沂山脉北麓至渤海山前平原之间，属低山丘陵区，地形地貌较复杂，境内有孤山和方山等，地貌由山坡地、沟谷地、平原地带构成，大部分土地土层较薄。地势略呈西高东低、南高北低的倾向，最高点位于方山顶，海拔338米；最低点位于辛旺村北河，海拔90米。

属暖温带季风气候区中的大陆性气候，其特点是春季干旱多风，夏季雨量集中，秋季温和凉爽，冬季干冷少雪。四季分明，光照充足，无霜期长。年太阳辐射量为每平方厘米124.2千卡，年平均气温12.5℃，年平均日照时数是2619.2小时，年日照百分率为60%，全年平均无霜期为190天。

境内矿产资源十分丰富，已探明的矿产资源有蓝宝石、煤炭、膨润土、油页岩、石灰石、玄武岩等十几种，其中蓝宝石有矿面积54平方公里，总储量3亿克拉，是亚洲最大的蓝宝石矿床，被誉为“中国宝石第一镇”。煤炭和油页岩储量丰富，油页岩储量达10亿吨以上。

五图街道现有小型水库23座，其中小（一）型水库8座（其中南寨水库正在改造为中型水库）、小（二）型水库15座，总库容2473万立方米，兴利库容1100万立方米。流经五图街道的河流共有7条。大丹河起点韩信村、终点马家龙湾村，长5.1公里；小丹河起点小埠前村、终点崔家庄村，长7.1公里；大圩河起点大解召村、终点西耿安村，长6.9公里；小圩河起点响水崖村、终点辛旺村，长7.8公里；尧河起点南高村、终点水长流村，长2.6公里；店子河起点前店子村、终点辛旺村，长4.8公里；潍河起点老官里

▲庵上湖村被评为山东省美丽休闲乡村

村、终点老官里村，长 3 公里。

【主要荣誉称号】 五图街道被誉为“中国宝石第一镇”“蓝宝石之乡”“山东省蓝宝石产业基地”。2016 年，五图街道九龙湖社区获得“省级无邪教创建示范社区”“全国无邪教创建示范社区”，庵上湖村获评省级“党建带社建社村共建示范点”“山东省美丽休闲乡村”，马家龙湾村获评省级“幸福进家活动先进村”五图街道团工委获评“潍坊市五四红旗团委”，五图街道武装部获评市级“先进基层人民武装部”、市级“征兵工作先进单位”等称号。

【经济发展】 实施“工业强街”战略，推进工业发展。针对街道小微企业多、产业层次低、规模实力弱的实际，优化对企服务，倾听企业诉求，帮助化解困难，为企业创造宽松环境，扶持企业稳健发展。培育形成了以电子配件、塑料加工、机械制造、轻纺拉链和农副产品生产加工为主的产业集群。2016 年年底，全街道规模以上企业发展到 36 家。把项目作为发展的牛鼻子，实行领导干部包靠、政策资金倾斜、帮助办理手续、搞好要素保障等方式，推动企业引项目、上项目，或新建，或扩产，加快发展。新引进金垦国际贸易有限公司年加工 30 万吨膨化大豆饲料项目、山东瑞力生药业有限公司年产 4000 吨新型海洋养殖微囊化中药项目等 23 个。

五图街道作为昌乐县主要的瓜菜种植基地之一，瓜菜总面积、总产量、总产值多年来在昌乐县都位居前列。瓜菜种植区主要分布在五图街道东南部的庵上湖、东耿安、西耿安、邓家庄近 20 个自然村与五图街道中西部的毕家庄、韩信、埠南、南郝等近 30 个自然村。全街道瓜菜种植面积 3.1 万亩，设施栽培瓜菜 2.75 万亩，瓜菜总产量 17 万吨，总产值 2.05 亿元。全街道三品一标认证数目 28 个。截至 2016 年 12 月，已注册成立各类农民专业合作社 100 余家。庵上湖“党支部 + 合作社”模式在全省推广，华安瓜菜合作社基地面积达 1200 亩。每村聘请 1 名专职食品监管员定期检测农产品用药，对 50 余家农资店铺落实监管措施，农产品质量安全得到保证，树立了五图“优质安全农产品”品牌形象。完成了庵上湖、东上疃等 45 个自然村的农民股份权能改革试点工作。

2016 年，五图街道紧紧围绕昌乐县委、县政府工作部署，积极落实五大发展理念，大力实施“一湖、两区、三园、四带”的发展战略。全街道实现规模以上企业实现主营业务收入 58.4 亿元，同比增长 9.6%，实现利润 4.8 亿元、利税 5.4 亿元，同比分别增长 9.6%、10.5%，实现地方财政总收入 4893.6 万元。

【社会事业】 教育　2016 年共有完全小学 3 处，分别为五图街道小学、邓家庄小学、石人坡小学。教学点 2 处，分别为边下教学点，龙旺教学点。幼儿园 6 处，分别为五图街道中心幼儿园、邓家庄幼儿园、石人坡幼儿园、龙旺幼儿园、边下幼儿园、官庄幼儿园。共有教学班 96 个，在校学生、幼儿 3036 人，教职工 285 人，其中副高级教师 14 人，一级教师 77 人。五图街道小学、邓家庄小学为市级示范校，五图街道中心幼儿园、邓家庄幼儿园均为省级示范园。2016 年街道计划投资 5000 万元建设邓家庄小学、九龙湖小学，提升街道小学标准。

文化　提高公共文化服务效能，满足人民群众的文化需求。基层综合性文化服务中心建设达标率达80%，文体广场建设达41个行政村全覆盖，为各村群众的文化需求提供了相关设施和服务场所。2016年共举办送戏下乡、响水崖子文化节、庵上湖葡萄节、韩信乒乓球大赛等文体活动35场。认真抓好精神文明建设，广泛开展“昌乐好人”等各类评选活动，张洪升等6人荣获“昌乐好人”称号，善行义举四德榜达41个行政村全覆盖，喷绘“中国梦”宣传画和公益广告标语，倡树文明新风。高度重视历史文化传承及发展工作，新建响水崖子、庵上湖2处历史民俗文化馆，为群众“留存记忆，感知乡愁”提供了场所。申报县级非遗名录3处。

医疗　投资186万元扩建五图卫生院，投资976万元易址新建城南卫生院，全街道设置53处村级卫生室，为辖区54218名群众建立了居民健康档案。全面落实公共卫生服务项目，为全镇65岁以上老人免费查体4319人，为35～64岁妇女免费“两癌”筛查1698人，全年完成孕产妇建档管理739人，完成新生儿建档管理744人。

民政　2016年，五图街道共有低保998户、1364人，五保18人，及时足额发放低保资金252.2548万元、五保资金8.82万元。辖区内共有优抚对象190名，烈士子女9人，60岁退役士兵382人。城乡居民医疗保险、养老保险工作稳步开展，全镇共参加居民医疗保险4.33万余人，居民养老保险1.9万余人。

精准扶贫　2016年2月精准再识别贫困户，共219户449人，对每户设定一名帮扶责任人，创新推行扶贫救助“十个一”做法，实施精准扶贫、精准脱贫，截至2016年年底脱贫161户319人（不包含死亡人员）。响水崖子村2016年债券资金项目落地，于2016年11月初开工，在12月底完成项目的建设。

环保　完成“三八六”环保行动任务，查处环保违法案件70余起，关停十五土小项目20余个，整治养殖场10余处，整改排放废水和散发异味企业30余家，为群众营造了天蓝水清的良好生态。

造林绿化　实施生态造林、产业造林、景观造林、荒山造林四大绿化工程，打造了卧虎山、福山等荒山绿化示范点，围绕荒山、村庄、道路、水系、苗木产业园区等绿化重点，完成造林2000余亩，育苗1000亩。

【基础设施】　投资3600余万元，新修方山路九龙湖段、科兴街、凤凰街等道路9公里。投资180多万元，对五图社区、南郝社区等4个农村新型社区进行了配套完善，分别建成“一厅一校十室”。新建或修缮凤台、张家河洼等32个村级活动场所，改善燃气、供暖、自来水等公共配套，居民生活品质显著提高。

全面提升辖区城镇化管理水平。2016年，通过深入各村，逐步落实，建立一户一档，完成危房改造7户，改造补助资金约7万元。严抓违法建设的管理，城乡规划建设监督管理办公室联合城管执法中队、国土、规划四部门每天对全街道9个社区83个自然村进行违法建设巡查，对各村的大街小巷进行全面排查。重点针对在建以及待建项目进行审查，责令无土地、规划、建筑许可等相关手续的违建项目停建、拆除或督促相关责任人补办审批手续。

【旅游】　选准第三产业突破口，建设美丽乡村旅游景点，发展乡村旅游业。建成响水崖子乡村旅游项目，进一步挖掘庵上湖村乡村旅游潜力，2016年累计接待游客20万人次。依托任家庄村古楼，建设方山书院，弘扬传统文化，发展特色旅游。依托九龙湖片区综合开发，全力打造全县唯一一处省级特色小镇—方山蓝宝石小镇。

乔官镇

【概况】　地理位置　乔官镇位于昌乐县中部，东邻营丘镇，西靠临朐县、青州市，南连鄌郚镇、红河镇，北与五图街道接壤。

名称来历　乔官镇古名为长寿街，明代乔

姓官人赴任途中卒于此，遂改名为乔官；清代为乔官厂；民国19年（1930年），为昌乐第四区；中华人民共和国成立后沿用乔官地名至今。

政区沿革　1948年5月全县解放，设乔官区；1958年分为乔官、北展2乡，9月合并为乔官人民公社；1984年改为乔官镇；2001年3月9日，原北展镇合并至乔官镇；2007年年末，原北岩镇合并至乔官镇。现乔官镇包括原乔官、原北岩、原北展、原青龙4个乡镇。

政区划分　乔官镇辖乔官、北岩、岳泉、南音、下庄、梁家庄、下坡、淳于、青龙、山前10个社区，73个行政村，158个自然村。2016年年末，乔官镇总人口8.9万人，镇域面积194.94平方千米，耕地面积0.99万公顷。

自然条件　乔官镇地处山东半岛内陆，季风影响较为明显。境内山岭岗丘较多，属低山丘陵地貌类型，南部和中部局部为浅山丘陵区，北部大部分地势较为平坦，为丹河水系冲击而成。境内最高山峰为乔山，海拔359米，地处镇域中部。乔官镇境内河流隶属丹河水系，水资源较为丰富，主要河流有丹河、猪河等。有荆山水库、常家庄水库、唐后水库等25座水库，塘坝共122个，水库水源保护较好，水质良好。

【主要荣誉称号】　国家级生态镇、全国普及基本医疗卫生制度试点镇、全国村务公开民主管理先进镇、中国塑料包装制品加工出口基地、山东省塑料加工基地镇、山东省木质板材产业集群、山东省省级中心镇、山东省省级文明镇、潍坊市小城镇建设管理先进乡镇、潍坊市绿化示范镇、省级特色景观旅游名镇、山东省乡村旅游示范镇。

【经济发展】　2016年乔官镇地区生产总值15.88亿元，同比增长8.02%；地方财政收入2326万元，同比增长0.17%；工业实现销售收入301530万元，利税10585万元，分别增长3.1%和3.2%；第三产业增加值4.31亿元，同比增长10.7%；全镇农民人均纯收入15437元。

火山农业。2016年火山农业成为全县知名农业品牌，种植面积由当初的千余亩，发展到现在的1万余亩，“昌乐火山小米”成功注册国家地理标志证明商标，为火山农业的后续发展提供坚强的品牌支撑，群众后发致富优势明显。引领火山杂粮合作社，对火山农产品进行有机认证，为火山农业打入高端市场铺平道路；引领群众将火山农业与火山旅游相结合，将火山杂粮变成旅游商品，进一步增加产品附加值。在火山农业基地的推动下，全镇建成较有影响力的农业示范园区20余处，注册合作社387家、家庭农场38家。

工业。2016年，乔官镇各类民营企业总数发展到470多家，规模以上企业16家。其中，规模以上企业实现主营业务收入32.5亿元，利税1.1亿元。在配套完善镇工业园区基础设施的同时，为新落户企业提供快速发展的基础。投资3.5亿元新上的坤洋机械、模壳建材、冠一塑料、现代环保设备4个新兴企业满负荷运转。德润能源控股集团由单纯的化工企业向涵盖科技研发、物流服务、造纸技术、国际贸易等领域的综合性企业发展。

▲2016年11月，市长刘曙光（右二）到乔官镇调研美丽乡村建设

现代服务业。乔官镇结合美丽乡村建设，确立以远古火山群景区、莲花山农庄小镇项目为龙头的乡村旅游产业发展格局，建设“火山、化石、古村”为特色的乡村旅游带，打造“火山小镇”乡村旅游综合体，创建省级乡村旅游度假区，争创全国特色小镇。其中，总投资2亿元的莲花山农庄小镇项目正在加紧推进；昌乐火山国家地质公园，10月底开园揭碑，并同步启动世界地质公园的申报工作；响水崖村荣获“省级传统村落”等5项省级荣誉称号，完成投资1000余万元；土埠沟村被确定为第二批“省级传统村落”和“省级特色旅游村”。土埠沟和姬家庄两个村进入景点规划建设实施阶段。

【社会事业】 文化建设。新增20个村级农家书屋，进一步丰富广大群众的业余文化生活。建成村级综合性文化服务场地58处，完成数比例占全部行政村数量的80%，利用各村文化场地有针对性地开展文化娱乐活动，演出26场。

绿化美化。打造下庄社区成方连片治理区，成立15人的省道保洁队伍，实施社区化管理员制度，村庄环境卫生得到持续的改善和保持。多维度提升村庄精神风貌，全镇73个行政村全部张贴善行义举四德榜，158个自然村村村绘制文化墙，打造东河下幸福广场、响水崖双龙桥公园等80余处村级活动场所。大力推进造林绿化工作，连续三年进行大规模植树，累计造林面积2.8万亩。

教育事业。2016年，乔官镇有小学11所，在编教职工312人，在校生3750人；公办幼儿园14所，在编教职工7人，在校生1208人。由县政府统筹规划农村小学建设改造项目，对辖区内北展、北岩、青龙3所小学进行新建，对乔官中心小学进行扩建，计划新建教学楼4座、办公楼3座，可容纳56个班、2520名学生就读。全镇办学条件和教育资源优化得到进一步提升。

脱贫攻坚。先后制定贫困村“四化一建”、“两硬三有一必须”脱贫标准，以及5个省定贫困村的《脱贫实施方案》和每户的《三年脱贫计划表》；推行扶贫“五步工作法”，落实主要领导包靠重点村制度，实施扶贫工作日制度；突出产业扶贫，重点推行乡村旅游扶贫，火山农业扶贫，规模化种养殖扶贫；整合金融扶贫、企业扶贫、教育扶贫等社会各界的扶贫力量，形成扶贫合力。全镇实现脱贫1268户，2253人，脱贫比例分别为56.4%、58.2%。

【基础设施】 2016年，继续加快小城镇建设步伐，不断完善全镇基础设施建设，以新型城镇化建设为契机，积极开展配套设施提升工作，方便群众生活。

提升村镇硬件。投资1200余万元，对响水崖、南音等5个村进行美丽乡村建设；完成旱厕改造570户，切实改善人居环境；投资40万元对潍临路、青龙山南路、乔山街等安装路灯200多盏；投资500余万元，按照“一厅一校十室”的要求，对全镇10个社区进行升级改造，全力打造“智慧社区”，构建“镇、社区、村”三级网络平台，群众在家中通过电视就可查看本村“三务公开”情况。

道路交通环境。乔官镇全年新硬化高阳、耿官、西邓河、刘府、常家庄等村通村路；响水崖、姬家庄、黑山、南音、郝家沟等村村内道路进行硬化；新修邵家庄村旅游路、东河村至小河北村道路，群众生产、生活更加便利。完成乔山街升级改造及污水管网铺设工作，全长1200米，路宽15米。胶王路改建工程9月30日正式通车，宽度23米，双向4车道，大大改善沿线居民出行条件，镇区面貌得到极大提升。

治安设施建设。投资20余万元，高标准打造镇级综治维稳中心，推进辖区视联网建设；投资280万元，在各自然村、学校、重点区域安装高清数字摄像头680个、数字硬盘录像机175台，实现村庄、重点区域全覆盖；投资60余万元，在全县率先开展综治网格化试点工作，选配网格员188名，各站办所、社区配备电脑26台，在全镇形成综治一张网，有效维护乔官镇社会的平稳运行。

营丘镇

【概况】 地理位置　营丘镇位于昌乐县东南部，著名的国际风筝之都—潍坊市南郊，总面积218平方公里，人口9.7万人，耕地面积18万亩。东临坊子区，南与安丘市接壤，西接乔官镇、五图街道，北与潍城区毗邻。镇政府驻地距离昌乐县城32公里，潍（坊）日（照）高速、206国道、325省道、潍九路贯穿境内，地理位置优越，交通条件便利。

名称来历　营丘镇因周武王封姜尚于齐，都营丘而得名，是齐文化发源地，姜太公始封地。

政区沿革　1944年9月，成立昌乐县民主政府，属之。1948年，全县相继成立城关、朱刘、五图、马宋等九个区委和区政府。今营丘境属马宋区。1952年6月，阿陀由安丘县划归昌乐县，改称十四区。1955年1月，第一区改为城关镇，全县辖尧沟、城关2镇，13区，112乡。12月并为84乡。1958年1月，撤区并乡，全县辖马宋、营邱、阿陀、王俊等23个乡委和城关、尧沟、鄌郚3个镇委。今营丘境属马宋、营邱、阿陀、王俊等乡。1958年8月，马宋乡、营丘乡合并为马宋人民公社。1981年，崔家庄由平柳公社更名为崔家庄公社。1984年5月，实行政社分开，撤销人民公社管理委员会，全县设22个乡镇人民政府，今营丘境设马宋、河头、阿陀、王俊、崔家庄等乡镇。1994年11月，崔家庄、阿陀撤乡设镇。1995年8月，河头撤乡设镇。2001年3月，河头镇43个村整建制并入马宋镇，王俊乡27个村整建制并入阿陀镇，全县取消乡级建制，马宋、崔家庄、阿陀列为全县15个镇之中。2007年8月，经潍坊市人民政府批准，马宋、崔家庄、阿陀合并为营丘镇。

政区划分　营丘镇辖12个农村新型社区，共64个行政村、184个自然村。

自然条件　营丘镇地处山东半岛内陆，境内地貌呈多样形态，整体地势为南高北低、西高东低。大部分区域在海拔40～150米之间。全境地貌分为低山、丘陵、平原三大类型。气候为暖温带大陆性季风气候，四季分明，干湿季明显，冬季寒冷干燥，夏季炎热潮湿。年平均降水天数29.8天，平均降水量625毫米。年平均气温12.6度，最低气温零下20.1度，最高气温41.7度。多年平均初霜日为10月22日，终霜日为4月6日，无霜约167天。

【主要荣誉称号】 营丘镇先后荣获中国拖拉机基地镇、中国草莓之乡、国家级生态镇、山东机械铸造第一镇、山东省环境优美乡镇、山东省特色产业镇、省级文明镇等诸多称号。

【经济发展】 2016年，全镇30家规模以上企业实现主营业务收入531454万元，同比增幅8.5%；实现利税19522万元，增幅8.6%；实现利润12195万元，增幅8.7%。完成固定资产投

▲ 国家AAA级旅游景区白浪沙滩湿地公园一角

资23亿元，增幅46.9%。

工业经济。按照“一体两翼”经济发展总体布局，深入实施“工业立镇、工业强镇”战略。工业园区已具规模。崖头工业园区占地2060亩，河头工业园区占地1700亩，园区内水、电、路等基础设施配套齐全，先后落户企业185家，集群效应日益显现。重点骨干企业逐步形成。中铁华盛、精华粉体、中创文化等一批骨干企业逐步成为全镇经济支柱。通过以商招商及外出招商，新诺新能源、精欣粉体设备等12个项目先后落户园区。企业转型升级步伐不断加快。精华粉体、三友电力等16家企业先后申报专利80余项，精华粉体通过潍坊市粉体设备工程实验室认定；中创文化成为全县第一家在新三板上市的企业；中铁华盛公司抓住国家基础设施建设和实施“一带一路”战略的机遇，大力拓展业务，公司综合实力和竞争力明显增强。

现代农业。农田水利条件大幅改善。通过实施小型农田水利重点县项目、高标准农田项目及千亿斤粮食项目，全镇18万亩耕地实现旱能浇、涝能排，农业生产条件显著改善。现代农业示范园区硕果累累。建成金钗河、天王瓜菜、孙家庄等现代农业示范园区30处。“党支部+合作社+贫困户”助推扶贫攻坚成效明显，4个省定贫困村蔬菜大棚建成投用，4个村脱贫工作进展顺利。品牌农业成效显著。先后登记注册“宽鼎隆”、“紫芽”等农产品商标20余个，培植带动宽鼎隆食品、广昊食品等农业龙头企业8家，正组织申报“崔家庄草莓”及“崔家庄芦笋”地理标志农产品。四是农产品质量安全成效突出。全镇“四位一体”农技推广与农产品质量安全监督体系不断健全，农产品质量安全监管实现全覆盖。五是农村合作经济组织迅速发展。发展潍尔、三清元等家庭农场41处，成立农民专业合作社总数383家。六是产权制度改革顺利推进。全镇168个自然村完成确权颁证工作，占总数的91.3%，完成确权农户22455户，完成确权耕地面积13.63万亩，占总耕地面积的75.7%。

【社会事业】 积极扩大“两险”覆盖。农村养老保险与医疗保险覆盖率分别达87.5%和91.5%。扎实开展社会救助。累计为辖区52户77名困难群众办理低保救助，累计发放各类救灾款78.6万余元，改造危房20户。扎实开展精准扶贫，精准脱贫，实现脱贫615户、1130人。认真开展社会矛盾纠纷化解，扎实做好信访稳定工作，最大限度保护群众的合法权益，有力地保持了社会和谐稳定。四是全面落实安全生产工作。加大对重点领域的隐患排查整治，不断强化矿产资源的管理保护，对一切盗采矿产资源违法行为实行“零容忍”，坚决维护生态安全，守住生态底线。

▲ 2016年10月7日，县委副书记、县长邱旺到中铁华盛调研

文化旅游。建成26处农家书屋，成功申报5项市级非物质文化遗产，群众精神生活日益丰富。聘请专业机构对全镇旅游文化产业发展进行了规划，以太公湖湿地公园改造提升为突破口，突出太公文化、远古文化及孝文化主题，一批文化旅游景点初步建成，成为推动镇域经济转型升级、产业结构调整的重

▲ 万亩草莓基地

要“引擎”。投资1600万元的古城村太公文化广场已完成初步规划，并建成部分景点，成功申报省级旅游特色村。崇山石祖林及王裒墓等旅游资源的保护开发工作正在进行招商洽谈，古城村历史文化名村申报工作、崇山石祖林景区省级文物保护单位申报工作正在有序开展，姜太公文化节、白浪河桃花会等一批特色节会影响力逐步增强。组织编写《姜太公与营丘》丛书及《营丘镇志》，发掘推广营丘太公文化，全力打造历史文化名镇。山东生活频道《生活喜乐惠》大型文艺栏目走进营丘，打响魅力营丘品牌。

城镇建设。聘请同济大学建筑设计院对全镇城镇建设、农村新型社区建设进行总体规划，城镇、社区建设步入发展快车道。新型农村社区建设扎实推进。崖头社区建成6座多层住宅楼以及15座单体住宅楼，112户群众已搬迁入住，配套建设的社区小学、幼儿园也已建成投用；马宋社区服务中心建成投用，4座多层住宅楼完成主体。持续完善基础设施建设。投资7000余万元对11所幼儿园、7处小学及营丘中学进行改造提升，并顺利通过“教育均衡化”验收，4处中小学改造拆迁工作已全部完成，营丘镇中学、阿陀小学已开工建设。顺利完成潍日高速、胶王路等项目占地拆迁，胶王路改建完成并已通车。群众生产生活环境显著改善。深入实施环卫一体化、成方连片治理和美丽乡村建设等工程，农村卫生状况明显改善。建设投用马宋、初家庄2处生活垃圾转运站及镇区污水处理厂、崖头社区污水处理厂，购置垃圾清运车12辆，高档垃圾桶2600个，并为各村配备保洁员375名，基本实现了户集、村收、镇运、县处理的垃圾处理模式，人居环境得到明显改善。

【党建及社区工作】 坚持以党建工作统领全局，聚精会神抓党建。从严开展党员教育培训。在全镇163个基层党支部中开展“两学一做”学习教育，学党章党规、学系列讲话，争做合格党员，全镇党员干部的政治意识、大局意识、核心意识、看齐意识显著增强。狠抓基层基础，提升基层党组织战斗力。推行“党支部+合作社”模式，在姜家河等后进村建成专业合作社14家，有效带动了群众增收致富。先后在全镇组建“两新”党组织31家，实现了党的组织工作全覆盖。全面强化党群服务体系。投资100余万元建设营丘镇党群服务中心，将规划、民政、保障等服务站所集中办公、一站式服务。运用“互联网+”思维，建立了“营丘民生”微信平台，开通6912346民生服务热线，丰富服务群众载体平台。以“一厅一校十室”标准对6处农村社区高标准配套、实体化运行，70%镇机关干部下沉社区。镇财政累计拨付400多万元社区运行专项资金，配备21辆社区便民服务车，下放53项服务事项到社区；配套资金170余万元打造64处村级党群服务站，安装公开栏，配备基本办公设施，联系服务群众水平显著提升。

红河镇

【概况】 红河镇位于昌乐县南部，与安丘市相邻，唐荆路、潍红路贯穿全境，距县城35千米，驻地红河村，村前有自西向东流淌的河流，因其少砂，红泥河底，水呈红色，而称红河。村沿红河而命名红河村。夏朝为季蒯国辖地。商殷时代，为逢国辖地。周朝初，封姜太公吕尚于齐国，都营丘，红河镇属齐都营丘的邦畿之地。春秋战国时，为禹后东楼公后裔九世成公封地。西汉时，属营陵侯将军刘泽封地。东汉、三国魏初，辖平原地域，属朱虚侯国，隋朝属营丘县。唐武德六年（623年），划入安丘县。宋、金、元、明四朝，均属昌乐县。清和民国时属安丘县管辖。

1948年6月划归昌乐县，始称清泉区，1951年改称为昌乐县第十一区，1958年1月分为红河、平原两个乡，9月合并成立跃进公社，1960年更名为平原公社，1981年更名红河公社，1984年5月体制改革分为红河镇、平原乡，1994年平原撤乡设镇，2001年3月区划调整将平原镇并入红河镇，2007年9月区划调整将朱汉镇并入红河镇，镇政府驻地不变。

红河镇辖红河、宅科、平原、朱汉、成官、店子6个农村新型社区，149个自然村。人口11.6万人，镇域总面积194.5平方千米，耕地面积16万亩。

红河镇地势西高东低，地形半丘陵半平原。境内有汶河、红河、白浪河等11条河流，西邻国家大型水库—高崖水库，地下平均水位15米，是周边地区少有的丰水区，林木、大姜、花生、大棚瓜菜、果品、肉鸭以及铁矿石、磁石、河沙等资源十分丰富。

【主要荣誉称号】 全国重点镇、国家级生态乡镇、国家卫生乡镇、全国创建文明村镇工作先进村镇、全国美丽乡村建设示范镇、山东省先进基层党组织、山东省“百镇建设示范行动”首批示范镇、省级中心镇、省级文明镇、省级生态镇、省级卫生镇、山东食品产业第一镇。

【经济发展】 红河镇高度重视优势产业培育和传统产业升级，坚持创新发展，发力供给侧，不断延伸产业链条，镇域经济实现快速健康发展。2016年，全镇完成固定资产投资26.2亿元，规模以上企业实现主营业务收入63.9亿元。

工业经济。红河镇立足食品加工、油漆、纸制品加工三大产业优势，坚持创新驱动，加快企业转型升级，推动骨干企业提质增效，乐港公司不断开拓境外市场，销售网络延伸至北美；乐化漆业不断创新研发，实现油性漆到水性漆的重大转变；乐福公司实现资本联合，投资3亿元建成高端生活用纸项目，全部建成后年产值达4.25亿元，年实现利税8000万元；鸣泽国际有限公司利用“一带一路”倡议，在印度成立中印集团，占据50%以上的印度棉纺制品市场。同时，把招商引资作为增强镇域发展实力的有效载体，全镇引进世宇生物科技、瀚星叶绿素等项目20余个。

现代农业。以“富农强镇”为根本目标，大力发展规模农业、高效农业、品牌农业。制定并实施现代农业“双百”工程，利用3～5年时间，建设100个以上特色产业园，每个园区至少100亩。建成庄皋、宅科、庵泉等现代农业生产园区52家；加快培育新型经营主体，以“党支部

▲2016年12月14日，县委书记卞汉林（中）到红河镇调研扶贫工作

+合作社+N”为基础，创新推广埠南头“企业+合作社+农户”、小菜园“市场+合作社+农户”、日发大姜“公司+合作社+基地”等有效模式；着力打造特色农产品品牌，申报红河镇大姜，红河花生为国家地理标志证明商标，新认证“三品一标”14个，真正实现农业增效、农民增收。

服务业。加快发展休闲旅游业、商贸物流业等第三产业，东方养老托老中心、时利和物流园等项目基本建成，槐花谷休闲农业示范园、经典生物粮食物流园等项目等加快进行；大力发展农村电商，引进天序农林等电商龙头企业，整合镇域内苹果、大姜、樱桃等特色农产品，搭建起红河农产品互联网销售平台。形成原野、红河等15个电商销售网点。

【社会事业】 教育。先后建成红河镇中心小学和红河镇中学教学楼、宿舍楼、餐厅等一批设施，平原小学、朱汉小学、大宅科小学新校与中学综合楼、中心小学餐厅扩建工程有序推进，规划新建一处省级标准幼儿园—红河镇中心幼儿园新园；中考升学率达65%以上，有264名同学顺利升学，小学毕业年级教育局抽测各学校成绩总评名列四镇第一，在2016年全县教师节表彰大会上获奖总人数居各镇街区第一名；中心小学“阳光课程”被省、市、县电视台分别报道，并在全县关心下一代工作现场会展示，大宅科小学的“经典诵读”在县级教学视导中得到充分肯定，红河中学的“心理健康教育”纳入校本课程，学校心理咨询室建设受到市教育局好评。

卫生。建立健全环卫一体化长效机制，实现环卫第三方全部托管，获得“国家卫生乡镇”称号；强化公共卫生安全体系建设，确保食品药品安全，无一例食品安全事件。2016年，红河镇作为全市唯一一个乡镇，参与争创国家卫生乡镇，集中开展餐饮食品门店和“五小”场所整治，切实管理好农贸市场、镇区秩序，并顺利通过国家卫生乡镇验收；扎实开展环卫大整治活动，全员发动，针对农村“三大堆”、建筑垃圾等，集中清理。深入开展移风易俗工作，修订完善村规民约，设立红白理事会，善行义举四德榜实现全覆盖；积极开展文化娱乐活动，弘扬社会主义核心价值观，开展文化下乡40余场，开展“红河好人”“好媳妇、好婆婆”评选等活动6次，张秋芬被评为“潍坊好人”；深度挖掘红河文化，修编《红河文化志》。

精准扶贫。对全镇411名特殊困难群众、674户贫困户和3个省定贫困村，夯实帮扶责任、落实帮扶措施，改造建档立卡贫困户农村危房64户，以产业脱贫，以发展增收，大芦沟、上皂户村新发展蔬菜大棚26个，刘家岭村引进光伏发电项目，精准扶贫工作稳步推进。同时，完善以低保和五保供养为基础，专项救助和应急救助相配套的新型社会救助体系，全镇发放五保、低保、自然灾害等救助金800余万元，2700余名困难群众基本生活得到保障。

安全生产。探索实施安全生产“三个三”工作机制，在全县率先启动、率先完成彩钢房专项整治，完成率达96%以上，对12处无证幼儿

▲2016年6月24日，市委书记杜昌文（左二）到红河镇埠南头党员家中座谈

园、10处非法加油（气）点全部予以取缔，对9家存有安全隐患的企业进行停产整顿，先后组织安全生产培训、消防演练50余场，全镇安全生产形势持续稳定。抓严生态环保，积极实施河道修复工程，加强对红河、清水河等流域的治理，镇区内河道生活垃圾全部清除，始终保持对环保治理的高压态势，深入开展“386环保”行动，建立台账，对76家规模化养殖场下达整改通知书，“十五土小”“新六小”不达标企业全部取缔。抓细稳定工作。全面排查各类领域不安定因素，化解涉法涉诉信访疑难案件的做法得到市、县充分肯定，全镇未发生一起到省进京上访事件。实施“雪亮”工程，在重要路段、重点部位安装高清探头1000余个，实现监控安装全覆盖。

【基础设施】 惠农项目建设。实施1万亩小农水、2万亩高标准基本农田和2万亩千亿斤粮食等项目，新打机井1000多眼，新上变压器30多台，架设供电线路8万多米，全镇16万亩耕地全部实现旱能浇、涝能排，农田主干道硬化实现全覆盖，生产生活条件得到极大的改善。

完善基础设施。全面提升镇区道路、管网、公厕等基础设施水平，镇区铺设排污管道2.4万米，实现雨污分流，新建2处污水处理设施，对昌盛街、祥和路等镇区主要干道进行修补；完成农村危房改造1100余套，149个村的中低压电网改造完成，新建3处农村幸福院，自来水全部接入，村村用上放心水；62个行政村实现健身器材全覆盖；新增造林绿化7000亩，森林覆盖率达38.7%，62个村被评为市级生态村。

社区服务水平。加快完善社区治理体系，在社区推行一社区一“两委”模式，以社区为单位实施农村各项改革，探索实施社区议事协商机制和矛盾纠纷化解机制，不断提升社区治理水平。积极推进全镇9个农村新型社区建设，抓好宅科社区搬迁入住，按照“一厅一校十室”要求搞好社区服务配套，与县市民服务中心进行联网办公，为群众提供社保、民政等服务，构建起以社区驻地为中心的10分钟社区服务圈。以红河社区、埠南头村为试点，推广建设信息平台，利用传输网络，设置智慧社区、智慧医疗、智慧教育等7大板块31个功能区，开设“三务”公开专栏，开通水电费缴纳、社保资金查询等公共服务，全面提高服务水平。

鄌郚镇

【概况】 地理位置 鄌郚镇位于昌乐县西南部，东接本县红河镇，南与安丘市大盛镇接壤，西邻临朐县柳山镇，北与本县乔官镇毗邻。它北到昌乐县城约33公里，东北距潍坊市区约40公里，224省道大沂路（大家洼—沂水）纵贯南北，冶伦路横贯东西，人民政府驻鄌郚村，电话区号0536，邮政编码262409。

名称来历 “鄌郚”作为专用地名，已经有三千年历史，它来源于周朝初期鲁国的两个下邑：鄌国和郚国。鄌郚国名始于周武王十三年（公元前1121年）。周公旦长子伯禽封阜称鲁国时，已存在有鄌郚国。李兆洛《四部备要·玉篇》载：“鄌郚国，鲁国下邑。在朱虚县东南”。《地理风俗记》载：“朱虚县东南四十里，有古郚亭，鄌郚是其故城欤”。鄌郚地处山东半岛南北交通要道，渤海鱼、盐经此运往鲁南、苏北等地，自古商贸业比较发达，素有“南鄌北都”之盛誉。

政区沿革 鄌郚镇是历史古镇，名源于鄌郚国。鄌郚国名始于周武王十三年（公元前1121年），明嘉靖时（1522—1566年），设鄌郚店，清时，称鄌郚厂。1930年，为昌乐县第五区。1948年5月，为鄌郚区。1950年12月，改称第十区。1958年1月，为鄌郚镇。1958年9月，与毕都乡、时马乡合并成立鄌郚人民公社。1984年5月，鄌郚公社分为鄌郚镇、北鄌郚乡、毕都乡。2001年3月，北鄌郚乡并入鄌郚镇，驻鄌郚村。2007年8月，白塔镇、高崖镇并入鄌郚镇。2008年，自然村合并，下辖26个行政村、114个自然村。鄌郚镇辖鄌郚社区、北鄌郚社区、包庄社区、漳河社区、金山社区等5个农村新型社区。

人口面积　2016年年末，辖区总人口8.3万人，辖区东西最大距离21千米，南北最大距离30千米，总面积223.9平方千米，耕地面积11.2万亩。

自然条件　鄌郚镇基本为山区丘陵地形，地势西高东低。西部多丘陵山地，东南部以平原为主，主要是汶河冲积平原。车罗顶为境内最高点，海拔381米；泊庄村南处为境内最低点，海拔114米。境内有白浪河、孟津河、九曲河、汶河和漳河等多条河流。矿产资源丰富，境内已探明地下矿藏有石灰石、铁、煤炭、铜、石英石、粘土、金等矿产。

【主要荣誉称号】　全国重点镇、中国电声乐器产业基地、全国特色景观旅游名镇、国家级生态镇、全国综合实力千强镇、全国农村基层团建示范镇、山东省特色产业镇、省级中心镇、山东省电声乐器产业基地、山东省文明镇、山东省特色景观旅游名镇、山东省“百镇建设示范行动”示范镇、山东省“互联网+”特色产业强镇、山东省美丽宜居小镇。

【经济发展】　2016年，全镇完成地区生产总值18.63亿元，工业实现销售收入31.46亿元。

工业经济。注重项目拉动和创新驱动，逐步增强发展后劲，实现高质量、高效益的可持续发展。以乐器、服装、炸药、塑料制品、机械制造为主。工业企业185家，打造乐器名牌商标30多个。2016年，招商引资共引进项目6个，引资额达4.5亿元，3个项目已落户投产。龙海民爆等3家企业实施技改，天然气综合利用项目母站、门站建成，铺设管道30余公里，中创亿丰生物肥项目建成投产。乐器产业与文化产业融合发展成效显著，迎接“创新发展看鲁企”媒体团集中采访和中宣部孙志军副部长专题调研。

现代农业。狠抓岭地增效，引入“资金众筹”模式，打造马驹岭生态农业综合开发项目，建成千头椿苗木基地、明强生态农场等特色园区6处。伟圣现代农业、五福生态农场等园区规模不断扩大，示范带动效应逐步体现。大力实施品牌化发展战略，申报绿色和有机农产品认证26个，合作社发展到165家，家庭农场32家。实施1.2万亩小农水、高标准农田等5个上级投资重点项目。扎实推进小型水库管理体制改革，对18座水库进行清障、勘界，落实管理员；对8座小二型水库进行除险加固。先后完成4批次、71个村的权能改革，超额完成县里下达任务。

服务业发展。加快镇区文化旅游和商贸服务业发展，镇区南部以伟圣现代农业示范园为中心，发展泉头、金山等鄌郚无籽西瓜种植基地，初步形成高效农业经济圈。引进白浪源旅游度假区、太阳能光伏发电等一批新项目。沙埠沟旅游扶贫模式成为全县亮点。乐器特色产业与文化产业融合成效显著，产业园被评为省、市创业示范园。2016年末，有邮政网点2个，投递路线单程总长度360千米，投递点550个，乡村通邮率达100%。开展电商业务乐器生产企业20家，其他企业和个人接近200家，年成交额超过5亿元。

【社会事业】　民生事业。高度重视卫生计生工作，卫生院病房楼全面投用，“国医堂”代表潍坊通过国家级验收，接种中心被评为省级数字化接种门诊；积极落实全面二孩政策，计生工作实现精细化管理，各项指标均控制在责任书范围之内。教育强镇品牌逐步树立，教育教学成绩持续名列前茅，开工镇中心中学等4所学校改造工程。全面推进精准扶贫，已完成脱贫1025户，2212人，省定贫困村沙埠沟、西官庄实现“摘帽”。积极抓好低保、优抚等工作，发放各类资金300多万元。主办首届“吉他小镇·魅力鄌郚”音乐节，组织开展群众性娱乐活动20余场，群众满意度大幅提升。

生态文明建设。积极吸引社会资本参与，突出经济林建设，完成造林7000多亩。深入落实“386”环保行动指示精神，处置环境违法举报18起，关停小作坊7家。积极参与食品安全城市创建，对74处重点业态进行规范和资料完善，打造2个食品安全示范社区和2处食品安全宣传一条街。大力推进美丽乡村建设，通过落实包靠，分类创建，村容村貌全面改观。在郑家庄等5村开展农村户厕改造试点，沙埠沟村被确定为潍坊市美丽乡村。四德榜在企事业单位及行政村实现全覆盖，26个行政村全部建立红白理事会，乡风文明程度不断提升。

基层基础建设。以安全生产“大快严”“查保促”专项整治行动为切入点，不断夯实安全稳定基础，分领域定期开展隐患排查，查改隐患125处，下发执法文书80多份，对5家企业进行经济处罚。扎实推进彩钢板房专项整治，已整改完成36家。在重点区域建成室外消防栓10处。投入200余万元安装高清摄像头500余个，并接入镇监控平台。按照“抓早、抓小、抓苗头”总体要求，推行领导干部接访和联合办案机制，化解矛盾纠纷80余起、信访积案5起，全镇安全生产形势良好，社会秩序持续稳定。

【基础设施】 坚持高点定位和规划，2016年度被评为山东省美丽宜居小镇，入选全国综合实力千强镇。在城镇规划建设中，进一步推动“产城文”一体融合发展，凸显产业特色，融入绿色、共享、宜居等理念全力打造全国知名“特色小镇”。

城镇化建设。结合全国重点镇建设，实施镇区大沂路、连村路、燃气管道、供热管网等基础配套建设，开展镇区秩序和农村集市专项整治，城镇管理服务水平进一步提升。以“便民、利民、规范、高效”为宗旨，改造提升镇行政服务中心，完成办公场所改建、内部装修装饰、办公用品配套及窗口人员培训等，优化职权范围内审批审核、证照办理、申报发放等各类行政服务办事流程，做到随时处理，限期办结，对需要到县办理事项，实行全程帮办服务，切实提高行政服务效率。

基础设施。2016年末，有县镇级公路17条，镇区道路总长度15.6千米，共有4处污水处理厂，镇级污水处理厂1处，社区污水处理厂3处。对18座水库进行清障、勘界，确权划界，落实管理员。拥有35千伏及以上变电站（所）4座，变压器569台，高压输电线路10条。天泰能源LNG、CNG 2座加气站已建成投用，阀室、分输站、母站主体已建设完成。26个行政村全部安装健身器材。完成经济林造林7000多亩，镇区园林绿地面积45万平方米，绿化覆盖率为45%。

社区服务。共有鄌郚社区、金山社区、包庄社区、北鄌郚社区、漳河社区5个农村新型社区。狠抓社区运行，下沉社区人员达110多名，80%干部下沉社区，青上社区被评为“全省无邪教创建示范社区”。有序推进村庄土地增减挂钩项目申报和实施，鼓励项目村居民到社区集中居住。创新思路抓社区运行，投入200余万元，实施社区“一厅一校十室”改造提升，通过开展“星级社区”创建等活动，为群众办理实事6000多件，全面提升农村社区服务水平，加快推动教育、医疗、卫生等公共服务资源向社区延伸，进一步改善居民居住环境。

高崖水库库区

【概况】 高崖水库库区位于昌乐县南部，处于昌乐、临朐、安丘三县市交界处，原为白塔镇，于1996年7月8日由临朐县划为昌乐县管辖，2007年7月更名为“高崖水库库区开发建设管理委员会”，面积57.6平方千米，辖17个行政村，6520户，人口2.3万人，耕地面积1826.67公顷。高崖水库库区是山东省一级水源保护地，昌乐县最重要的饮用水源保护地，具有得天独厚的生态优势，近年来，被评为国家级水利风景区、国家AAA级旅游景区、省级湿地公园、山东省旅游强乡镇、潍坊市森林镇等，正积极申报国家AAAA级旅游景区。2016年，高崖水库库区完成地区生产总值56726万元，比上年增长13%；地方财政收入139万元；工业实现销售收入99833.86万元，利税10379.52万元，分别增长 20% 和 22%；第三产业增加值达 22655 万元；农民人均纯收入 11105 元，增长 14.96%。

【生态建设】 切实履行好“看好水、种好树”首要职责，坚持生态林业、景观林业、产业林业“三位一体”绿化思路，系统建设“烟柳水岸”环仙月湖生态湿地防护林工程和滨湖西路防护林带，重点实施桃花源记等 13 项精品绿化工程，进一步加快农田林网建设和水系、荒山绿化，培育环仙月湖格桑花卉带和大沂路宿根组合；出台每新增一亩奖补 150 元的激励政策，提高群众积极性；每个社区和村因地制宜建设成方连片造林工程，完成造林面积 2300 亩。提早谋划部署冬春造林绿化工作，打造生态湿地。持续深入开展“386”环保行动，开展畜禽养殖污染专项整治行动，彻底关停和取缔禁养区内的养殖项目，健全城乡环卫一体化长效机制，控制农业面源污染，努力建设天蓝地绿水清美丽家园。

【社区建设】 东篱湖畔社区试点东前韩村顺利整体搬迁，公共服务和产业等配套完善、群众满意，起到示范带动作用。新开工建设“四全一特”社区白塔社区，2016 年年底完成赵庄、建新等村庄安置楼主体工程和内外墙处理，压茬推进东后河野村安置楼建设，积极探索农村宅基地收储工作，稳妥操作推进。结合山东省大中型水库移民避险解困试点工作，全面加快实施 11 个村庄的社区规划建设和整体搬迁，前期的群众工作、规划设计用地拆迁等基础工作准备到位，实施方案通过专家评审并报市 5 部门审批，招标完成后即可开工建设。争取美丽乡村“先干后补”项目，进一步加快窝铺等 8 个村的美丽乡村建设，全力打造环仙月湖片区发展综合体。

▲ 2016 年 12 月 14 日，县委书记卞汉林（中）到高崖水库库区东篱湖畔社区调研

【文化旅游产业】 坚持“两区共建”，文化旅游和现代农业发展实现从起步、破题到常态化经营服务，为社区建设提供强有力的产业支撑。2015 年年底，仙月湖景区总体规划通过专家组评审，正在努力争创国家 AAAA 级景区和国家级湿地公园。以旅游市场需求为导向，进一步提升和发展湖东南山农场、小白塔民俗文化村、逍遥水岸等产业项目；开发建设湖西，沿滨湖西路规划建设山水田园、汶水庄园（桃花坞）、白塔农场、窝铺民俗文化村等产业项目，整体合力增加景区吸引力和接待能力。不断完善旅游导向标识系统和基础设施建设，“五一”“十一”连续举办大型文化旅游活动，新增滑草、跑马、真人 CS、动漫水世界、天鹅湖、动物乐园等娱乐休闲项目，年接待游客量突破 20 万人次，打响仙月湖乡村旅游品牌。结合农民集体股份权能改革，进行土地流转，让更多群众参与务工、经营和分红，确保社区建设“信得过、建得好、搬得出、稳得住、能致富，安居乐业”。

【民生事业】 争取和实施高标准农田、小农水、山区农业综合开发、土地整理、移民后期扶持、美丽乡村等各类政策扶持性项目，总计投入 1 亿元。其中，高标准农田项目实施完成后，库区所有耕地、水、电、硬化道路将实现网格化配套，全面改善群众生产生活条件。加大教育卫生事业投入，中心幼儿园于2017年秋天可投入使用，中心卫生院动工建设新病房楼，敬老院老人实现城区集中养老。特殊困难群众关爱救助工作纳入常态化管理服务。做好精准扶贫，争取提前完成脱贫任务。健全完善责任风险排查评估化解机制，扎实抓好社会稳定、安全生产、环境保护等基础性工作，维护库区风清气正、和谐稳定的良好局面。

【农业】 与乡村旅游相结合，大力提升南山农场等产业项目，新规划建设山水田园、白塔农场、窝铺民俗文化村等现代农业项目；着力培植和开发白塔芋头、地瓜和小米等特色产业。白塔芋头历史悠久，主产地是白塔、窝铺等20多个村，是高崖库区的传统主导产业，有千年栽培历史，它个大、体圆、皮薄、肉嫩，滑中带面，香味醇厚，营养价值高，享誉海内外，是江北地区上市最早、口感最好的有机芋头。近年来，培育和推广“白芋1号”等优良品种，实施标准化生产，芋头种植面积达1万亩，年产鲜芋头2万吨，全年供应，畅销全国，出口美国、日本、韩国及东南亚国家和地区。“白塔”牌被评为“中国特产知名品牌”；高崖水库库区被评为“中国芋头之乡”。白塔地瓜，亦有千年栽培历史，现有种植面积6000多亩，气候温润、砂质性土壤、饮用水源，个头均匀、色泽好、糖度高、纤维少、口感软甜，营养丰富，主产地是卧牛石、窝铺等10多个村。白塔小米，种植历史悠久，现种植面积5000多亩，主要种植在水库周边的岭地，籽粒饱满、颜色金黄、含糖量高，小米汤，汤汁浓稠、口感香醇，营养价值高，有“代参汤”之美誉，主产地是张家楼、东后韩等10多个村。

【党的建设】 坚持以党建工作统领全局，引领基层党组织和党员在工作中干事创业、创先争优，实现经济社会健康持续发展。厘清一个认识。坚持从党工委班子成员抓起，层层分解任务、传导压力、落实责任，形成“个个肩上有担子、人人身上有任务”的齐抓共管氛围。坚持以检查考核促整改落实，先后组织4次现场检查，对党建工作落实不到位的3个村进行全区通报批评，对支部书记进行谈话提醒，每个村扣减3000元工作经费。抓实一个抓手。抓住“议事学习日”这个牛鼻子，实现抓一项制度带动村级方方面面规范化建设的目标。依托议事学习日制度，统筹推进党建各项工作，真正实现“一项制度带全盘”。促进村级场所建设，对36个自然村活动场所进行修缮升级，所有村办公室都解决取暖问题，村“两委”成员集中办公、党员开会学习都能坐得下、坐得住，群众上门办事也能找得到人。开展“两学一做”学习教育，改变以往学习开会党员难召集、组织生活难落实的问题。化解基层矛盾，把党员碰头凑堆学习议事的过程，变为相互交流思想、增进了解、消除隔阂的过程，不仅化解矛盾纠纷，更提高村级事务管理规范化、民主化水平。筑牢一个体系。筑牢基层党组织服务体系，依托新建的白塔、东篱湖畔两个社区，大力推进干部力量、服务事项下沉，实现实体化运行。36个自然村全部按照“五有”标准建设党群服务站点，落实村干部坐班制度，基本实现群众办事不出村。完成北洋河、建新2个落后村党组织的整顿转化任务。对西后韩、东后河野、南高家庄、黄家坡、北段5个村负责人进行调整。强化一个保障。强化对抓基层党建工作人、财、物方面的资源保障，坚持把工作精、学历高的干部选派到党建工作岗位，设立党建专项基金，投入12万元扶持各村修缮场所、走访慰问老党员等。在村级党组织开展“建设一个规范化的活动场所、健全一套规范化的制度机制、建立一套规范化的档案材料、开展一个规范化的组织活动”的“四个一”工程，有效巩固基层根基。

人物

renwu

先进模范人物

“山东省富民兴鲁劳动奖章”获得者

邵文修 山东世纪阳光纸业集团有限公司

王继成 昌乐县宇通服装有限公司

山东省最贴心基层工会主席

邵文修 山东世纪阳光纸业集团有限公司

山东省2016年度排查出三级以上安全生产事故隐患的职工

秦太奎 山东世纪阳光纸业集团有限公司

潍坊市劳动模范

董连才 英轩重工有限公司

高国财 潍坊市精华粉体工程设备有限公司

王永霞 山东梦金园珠宝首饰有限公司

朱乐仁 山东比德文动力科技有限公司

钟庆国 潍坊龙海民爆有限公司

高成德 昌乐县农民专业合作社联合会

赵允堂 昌乐县华安瓜菜合作社

张国伟 昌乐县乐都瓜菜专业合作社

赵允安 昌乐县宝城街道办事处石家庄村

潍坊市先进工作者

鞠福霞 山东省昌乐特师附属小学

田思安 昌乐育才双语学校

刘凤芹 昌乐县总工会

“潍坊市富民兴潍劳动奖章”获得者

王昱孜 潍坊龙海民爆有限公司

付晓萍 山东昌乐农村商业银行股份有限公司

“昌乐县富民兴昌劳动奖章”获得者

李晓剑 中泰宝石学院

石小沙 中泰宝石学院

李　振 潍坊腾飞职业培训学校

石玉峰 中泰宝石学院

张世明 中泰宝石学院

耿孝君 中泰宝石学院

吴学增 昌城大酒店

陶国花 国庆大酒店

张树朋 山东世纪阳光纸业集团有限公司

刘庆玲 潍坊百货集团股份有限公司昌乐佳乐家超市

刘建荣　山东鸢飞大酒店有限公司昌乐分公司

吴秀英　潍坊康乐职业培训学校

赵新科　潍坊百货集团股份有限公司昌乐佳乐家超市

省政协委员

潘来军　1969 年 2 月生人，籍贯山东昌乐，汉族，无党派，1992 年 7 月参加工作，现任山东省第十一届政协委员、潍坊市第十三届政协委员，山东省昌乐第一中学教育处主任。

著名烈士

刘焕彩　原昌乐县五图公社东耿安村人。1925 年在冯玉祥部任骑兵团副团长，秘密加入中国共产党。1926 年打入军阀高树勋部任职。1927 年秋与昌乐地方党组织取得联系，并发展其三弟刘焕奎入党。1928 年 9 月，在高树勋部因策动官兵起义被捕，脱险后回昌乐继续投身党的工作。与刘焕奎创办“青年工业研究社”，以卷制“旭日”牌纸烟为掩护开展党的活动。刘焕彩在党内外的宣传工作产生广泛影响，耿安村被誉为昌乐的“小莫斯科”。1932 年 8 月 18 日凌晨，国民党昌乐当局出动 30 多名军警，抓捕刘焕彩。他机智脱险后去郑州，担任郑州市委书记。1933 年，在郑州铁路工人大罢工中壮烈牺牲。

刘善本　原昌乐县高崖公社泊庄村人，是国民党空军起义先驱。1935 年在“航空救国”思想影响下考入杭州笕桥航空学校，毕业后分配到国民党空军八大队。1943 年 8 月被送往美国学习，曾获一次革新奖。1945 年春驾驶 B-24 型轰炸机回国，1946 年 6 月 26 日驾机起义飞到延安，27 日受到毛泽东主席、朱德总司令接待。1947 年到东北联军学校任副校长，1949 年 4 月 8 日参加中国共产党，先后担任航校校长、航空师师长、空军训练部第二部长，荣获一级解放勋章，1955 年授大校军衔，1964 年晋升少将，曾任第一届、二届、三届人大代表，第一届政协委员，国防委员等职。1969 年 3 月被林彪反革命集团迫害致死。1975 年 10 月平反昭雪，骨灰安放在八宝山革命公墓。

刘焕奎　原昌乐县五图公社东耿安村人。1927 年 10 月入党，1930 年与刘焕彩组织“青年工业研究社”，以卷制“旭日”牌纸烟为掩护进行地下活动。1931 年任本村党支部书记，组织领导耿安、解召一带农民进行反苛捐杂税斗争。1937 年组织 30 多人参加抗日部队，1938 年任昌乐县委组织部长，1949 年 11 月被国民党张天佐暗杀团暗杀于耿安南河。

李华亭　原昌乐县朱刘公社都南大队人。1927 年在济南师范入党，在济南以炭庄为掩护，负责党的宣传工作，曾任济南市委书记。1929 年 3 月国民党包围炭庄，李华亭不幸被捕。1931 年 4 月 5 日在济南纬八侯家大院被杀害。

刘慈源　原昌乐县五图公社小解召村人。当过教员，入党后以教学为掩护从事革命工作。1938 年担任中共昌乐县委第一任书记。1939 年 9 月 9 日被国民党反动派暗杀团暗杀于小解召村西河口。

张适　原朱刘公社东圈子村人。1926 年，加入中国共产党，先后到上海、南京、武汉做党的地下工作。1927 年参加广州起义。1930 年与中共北满特委取得联系，领导绥化、海伦地区党的工作。1933 年 7 月任中共奉天特委书记，10 月因叛徒于冀贤出卖被日本宪兵队逮捕，直到 1942 年“伪满洲国”成立 10 周年遇赦出狱，先后到绥化、甘南、哈尔滨工作。1946 年 3 月 9 日被国民党特务暗杀于哈尔滨道外区西门脸，时年 41 岁。

附录

fulu

2016年县委重要文件一览表

表23

序号	文　号	文件名称
1	乐发〔2016〕4号	关于精准扶贫精准脱贫坚决打赢脱贫攻坚战的实施意见
2	乐发〔2016〕5号	印发《关于中央巡视组巡视“回头看”反馈意见持续整改落实工作方案》的通知
3	乐发〔2016〕6号	关于印发《2016年度镇（街、区）科学发展综合考核办法》的通知
4	乐发〔2016〕7号	关于印发《2016年度县直部门（单位）工作实绩综合考核办法》的通知
5	乐发〔2016〕8号	关于认真做好镇领导班子换届工作的通知
6	乐发〔2016〕10号	关于加快建设人才强县的若干意见
7	乐发〔2016〕13号	关于深化供销合作社综合改革的实施意见
8	乐发〔2016〕14号	关于转发《县委宣传部县司法局关于在全县公民中开展法治宣传教育的第七个五年规划（2016—2020）的通知
9	乐办发〔2016〕1号	关于转发《中共潍坊市委办公室关于印发〈全市基层服务型党组织建设三年行动计划（2016—2018年）〉的通知》的通知
10	乐办发〔2016〕2号	关于组织开展第三批县直部门包靠社区和选派第一书记工作的实施意见
11	乐办发〔2016〕3号	关于对全县经济工作会议确定事项进行分解立项督查的通知
12	乐办发〔2016〕4号	关于印发《加强安全环保节能节水管理加快全县化工产业转型升级工作方案》的通知
13	乐办发〔2016〕5号	关于对2016年政府工作报告确定事项进行分解立项督查的通知
14	乐办发〔2016〕7号	印发《关于贯彻落实〈中共昌乐县委常委会2016年工作要点〉的分工方案》的通知
15	乐办发〔2016〕8号	关于开展“企业服务年”活动的意见
16	乐办发〔2016〕9号	关于印发《深化“三八六”环保行动实施“十大工程”加快绿色发展实施方案》的通知
17	乐办发〔2016〕11号	关于印发《县委全面深化改革领导小组2016年工作要点》的通知

续表 23

序号	文 号	文件名称
18	乐办发（2016）12 号	印发《关于在全县党员中开展“学党章党规、学系列讲话，做合格党员”学习教育实施方案》的通知
19	乐办发（2016）13 号	印发《关于县委常委参加“学党章党规、学系列讲话，做合格党员”学习教育工作安排方案》的通知
20	乐办发（2016）14 号	关于印发《昌乐县加快构建现代公共文化服务体系实施方案》的通知
21	乐办发（2016）16 号	关于印发《昌乐县创建国家卫生县城结对帮扶实施方案》的通知
22	乐办发（2016）17 号	转发《市委办公室《印发〈关于推进城市区域化党建工作的实施意见（试行）〉的通知》的通知
23	乐办发（2016）18 号	印发《关于加快推进公共法律服务体系建设的实施意见》的通知
24	乐办发（2016）19 号	关于转发《中共昌乐县纪委、中共昌乐县委组织部、昌乐县监察局派驻机构巡察办法》的通知
25	乐办发（2016）20 号	关于印发《昌乐县党政机关公务用车制度改革实施方案》的通知
26	乐办发（2016）21 号	转发县委教育工委《关于实施“校园党旗红”引领行动全面提升中小学校党建工作水平的意见》的通知
27	乐办发（2016）22 号	印发《关于建立社区法律顾问制度的实施意见》的通知

2016 年县政府重要文件一览表

表 24

序号	文 号	文件名称
1	乐政发〔2016〕1 号	关于印发 2016 年政府工作报告的通知
2	乐政字〔2016〕8 号	关于调整县政府部分领导成员工作分工的通知
3	乐政办发〔2016〕1 号	关于印发昌乐县 2016 年度国土绿化实施方案的通知
4	乐政办字〔2016〕2 号	关于印发昌乐县城镇空闲土地核查处置工作方案的通知
5	乐政办字〔2016〕3 号	关于印发昌乐县重污染天气应急预案的通知
6	乐政发〔2016〕3 号	关于印发昌乐县国民经济和社会发展第十三个五年规划纲要的通知
7	乐政办发〔2016〕2 号	关于印发昌乐县创建山东省食品安全先进县工作实施方案的通知
8	乐政办字〔2016〕5 号	关于转发县审计局 2016 年度全县审计项目计划安排的通知
9	乐政办字〔2016〕6 号	关于印发昌乐县 2016 年推进农村改厕工作实施方案的通知
10	乐政办字〔2016〕7 号	关于印发大沂路昌乐孙家庄至南寨段大中修工程建设实施方案的通知
11	乐政发〔2016〕4 号	关于下达昌乐县 2016 年国民经济和社会发展计划的通知
12	乐政字〔2016〕14 号	关于公布城市社区布局规划的通知

续表 24

序号	文 号	文件名称
13	乐政办发〔2016〕3 号	关于印发昌乐县科技计划项目管理办法的通知
14	乐政办发〔2016〕4 号	关于印发昌乐县科学技术奖励办法的通知
15	乐政办字〔2016〕8 号	关于成立昌乐县城市周边永久基本农田划定工作领导小组、调整昌乐县土地开发整理工作领导小组和昌乐县土地整治项目专项资金管理检查协调工作领导小组组成人员的通知
16	乐政办字〔2016〕9 号	关于印发昌乐县 2016 年生猪目标价格保险试点工作实施方案的通知
17	乐政办字〔2016〕10 号	关于印发昌乐县农民专业合作社信用互助业务试点方案的通知
18	乐政办字〔2016〕11 号	关于成立昌乐县大中型水库移民避险解困项目建设局的通知
19	乐政办字〔2016〕12 号	关于转发市政府《关于印发〈潍坊市降低企业成本促进实体经济健康发展的若干政策措施〉〈潍坊市降低企业成本“711”专项行动方案〉的通知》的通知
20	乐政办字〔2016〕13 号	关于成立全县重点项目建设指挥部的通知
21	乐政发〔2016〕5 号	关于化解房地产库存促进房地产业持续健康发展的意见
22	乐政字〔2016〕15 号	关于调整县政府领导成员工作分工的通知
23	乐政办发〔2016〕7 号	关于印发昌乐县小型水库管理办法的通知
24	乐政办字〔2016〕14 号	关于印发昌乐县小型水库管理体制改革实施方案的通知
25	乐政办字〔2016〕15 号	关于印发昌乐县 2016 年省级一事一议财政奖补“乡村连片治理”试点项目实施方案 的通知
26	乐政办字〔2016〕16 号	关于印发昌乐县 2016 年市级一事一议财政奖补“美丽乡村建设”试点项目实施方案的通知
27	乐政办字〔2016〕17 号	关于印发昌乐县传染病防治规划（2016—2020 年）的通知
28	乐政办字〔2016〕18 号	关于印发昌乐县人民政府与县总工会联席会议制度的通知
29	乐政办字〔2016〕19 号	关于印发昌乐县社会信用体系建设 2016 年重点工作计划及责任分工的通知
30	乐政办字〔2016〕20 号	关于印发 2016 年昌乐县新型职业农民培育实施方案的通知
31	乐政字〔2016〕21 号	关于落实省市政府 2016 年削减行政许可事项的通知
32	乐政字〔2016〕22 号	关于清理规范县直部门单位行政审批中介服务收费项目的通知
33	乐政办发〔2016〕8 号	关于进一步加强医疗保险基金使用监督管理的通知
34	乐政办字〔2016〕23 号	关于调整昌乐县金融风险防控工作领导小组组成人员的通知
35	乐政办字〔2016〕24 号	关于印发 2016 年推进简政放权放管结合优化服务转变政府职能工作方案的通知
36	乐政办字〔2016〕27 号	关于转发县卫生和计划生育局等部门昌乐县推进分级诊疗制度建设实施方案的通知
37	乐政办字〔2016〕28 号	关于成立昌乐县棚户区改造工作等领导小组的通知

续表 24

序号	文　号	文件名称
38	乐政字〔2016〕27 号	关于印发昌乐县水污染防治工作方案的通知
39	乐政字〔2016〕32 号	关于做好 2016 年退役士兵接收安置工作的通知
40	乐政办发〔2016〕9 号	关于印发昌乐县乡村教师支持计划（2015—2020 年）实施方案的通知
41	乐政办字〔2016〕29 号	关于印发昌乐县节能目标责任考核体系实施方案的通知
42	乐政办字〔2016〕31 号	关于印发昌乐县房地产领域易发问题专项治理工作方案的通知
43	乐政办字〔2016〕32 号	关于印发昌乐县防范和处置非法集资工作方案的通知
44	乐政办字〔2016〕33 号	关于印发政务服务质量再提升专项活动实施方案的通知
45	乐政办字〔2016〕34 号	关于印发昌乐县审计局主要职责内设机构和人员编制规定的通知
46	乐政字〔2016〕33 号	关于印发昌乐县国有林场改革实施方案的通知
47	乐政字〔2016〕34 号	关于调整昌乐县行政许可事项目录的通知
48	乐政字〔2016〕35 号	关于落实粮食安全县长责任制的实施意见
49	乐政办字〔2016〕35 号	关于印发昌乐县“十三五”基础测绘规划的通知
50	乐政办字〔2016〕36 号	关于调整部分行政权力事项的通知
51	乐政办字〔2016〕39 号	关于印发昌乐县加强“先照后证”改革后事中事后监管工作实施方案的通知
52	乐政办字〔2016〕40 号	关于印发昌乐县网格化环境监管体系建设工作实施方案的通知

昌乐县著名商标一览表

表 25

序号	商标注册人	商标（图样）	注册证号	核定使用　商品 / 服务
1	潍坊乐化酒业有限公司	乐化	1518857	酒
2	山东亿阳电工有限公司	亿阳 YIYANG	4179732	配电盘、配电箱
3	潍坊英轩实业有限公司	英轩 YINGXUAN	1724136	柠檬酸

续表 25

序号	商标注册人	商标（图样）	注册证号	核定使用　商品 / 服务
4	山东开元电子有限公司		9016745	电脑、彩电用散热器
5	潍坊龙海民爆有限公司	龙威 LW	963150	炸药
6	山东日科化学股份有限公司		1532817	丙烯酸树脂
7	昌乐恒昌化工有限公司	昌铸 CHANGZHU	1032148	铸造制模用制剂
8	潍坊三江塑胶制品有限公司	潍塑 三江	1755104	非金属软管
9	潍坊现代塑胶有限公司	双马	3729132	非金属管道接头、塑料管
10	潍坊华翎羽绒制品有限公司	雪尔雅 Xueerya	3243807	服装；羽绒服装；工作服
11	山东爱蒂娜珠宝有限公司	爱蒂娜	3988698	项链（宝石）、戒指（珠宝）
12	中慧农牧股份有限公司	亚太中慧 指定颜色	5809718	猪饲料；饲料
13	山东潍焦集团有限公司	CHANG	239191	食用发泡剂
14	山东蓝天首饰有限公司	Lantian	3415601	银饰品、戒指（珠宝）、宝石
15	山东乐化集团有限公司		664289	油漆

续表 25

序号	商标注册人	商标（图样）	注册证号	核定使用　商品 / 服务
16	山东比德文动力科技有限公司	比德文	1802178	电动自行车、电动三轮车
17	山东含羞草卫生科技股份有限公司	含羞草 HANXIUCAO	4785901	卫生巾、消毒纸巾、浸药液纸巾
18	山东乐化集团昌乐乐化五金制品有限公司	乐 化	3594149	金属焊丝、金属焊条
19	山东矿机集团股份有限公司		626619	单体液压支柱
20	山东蓝天首饰有限公司	赛菲尔	4847942	银饰品、戒指（珠宝）、宝石
21	潍坊现代塑胶有限公司	时 代	1449634	非金属软管、排水软管
22	山东含羞草卫生科技股份有限公司	含羞草	8624969	卫生巾；消毒纸巾；吸收式失禁用尿布裤

昌乐县城市公交和城乡公交线路一览表

表 26

线　路	站　点
1 路	**朱刘—尧沟** 水泥厂—宏达超市—潍焦集团家属院—潍焦集团—运输公司—万山集团—西魏—朱刘街办—朱刘派出所—朱刘计生办—金元集团—朱刘示范园—钱家庄—三庙—山水路口—水坡—比德文路口—东任疃路口—西任疃—东外环路口—邢家河—商家庄—周家庄—曲家庄—镇农信—百大超市—爱伦堡东门—华普　御景园—党校—妇幼保健院—东山王—汽车站北门—现代城—郭家庄—中医院—美联—保险公司—人民医院西门—乐融大厦—刑警队—县府—法院—民安医院—城西派出所—劳务市场—程氏汽车城—第三加油站—科技示范园—东徐—西徐—马家庄—常庄—坡子—张家埠头—尧沟瓜菜市场—董家庄—尧沟中学—尧沟医院—尧东—尧沟劳务市场—北郭—东西王庄
2 路	**五图街办—高速路口** 曹家庙子—邮政局—五图中学—职业三中—拉链厂—吴家—北王—兴楼—五图村—五图社区—永富庄—诚信煤场—姜家坊子—崔家埠—部队—武装部—南萧—鼎恒伴山—碧水龙庭—吴家池子—昌盛花园—汽车站—东山王—妇幼保健院—镇中学—中医院—世纪美联—保险公司—人民医院西门—人民医院—邮政局—爱伦堡—建设银行—艳阳天花园—网通公司—梦金园旗舰店—赛菲尔旗舰店—蓝天首饰—梦金园集团—石埠—金泽利化工—海特塑胶—矿机集团—于留—阳光纸业—盛泰药业北门—石家庄—高速路口（南侧）
3 路	**小埠前—孙富庄** 小埠前—乐港饲料—边下—边下新村—姜家洼—南寨—大北寨—小北寨—宝都塑料—伟皓建材—李家老庄—盛世榴园—南郝街路口—南郝社区—城南街办—黄埠路口—万家超市—崔家庄子—七里沟—欧洲花园—吕家庄—鲁昱绿地—北流泉—流泉小区—昌盛花园—汽车站—汽车站北门—雅居园—交通局—阳光佳苑—温州商城西门—蓝宝石广场—中国银行—实验中学—西湖公园—交警大队—县府—工商银行—农业银行—人民医院—邮政局—爱伦堡—建设银行—艳阳天花园—网通公司—宝石城博物馆—广潍—东管庄—职工之家—盛世热电—盛泰药业—石家庄—高速路口（南侧）—高速路口（北侧）—孙富庄
6 路	**碧水龙庭—潘家辛** 碧水龙庭—吴家池子——中—　昌盛花园—汽车站—东山王—妇幼保健院—恒坤苑—中医院—美联—保险公司—人民医院西门—乐融大厦—刑警队—县府—法院—北关—城西派出所—劳务市场—二中—北三里—阳光纸业（原厂）—潘家辛
7 路	**劳务市场—后坡** 劳务市场—程氏汽车城—东风村—传媒集团—温泉大酒店—昌明花园—玉皇庙—乐港公寓—佳乐家—人民医院西门—保险公司—温州商城—人寿保险—全福元—妇幼保健院—东山王—新汽车站—昌盛花园—吴家池子—碧水龙庭—鼎恒伴山—南萧—武装部—部队—崔家埠—潘家庄—墓田后—市委党校—邵家庄—驾驶人考试中心—五图村—五图社区—宇家—邱家河—后店子—前店子—后坡

续表 26

线路	站点
9 路	**及第中学—含羞草—及第中学** 及第中学—欧洲花园—吕家庄—鲁昱绿城—北流泉—消防队—亚太中慧—盛景嘉苑—雅居园—汽车站—东山王—妇幼保健院—恒坤苑—中医院—美联—保险公司—人民医院西门—火车站—玉皇庙—昌明花园—温泉大酒店—新城中学—西管庄—日科化学（新厂）—铭基中慧—含羞草公司—含羞草公司—铭基中慧—英轩重工—体育局—中泰宝石学院—温泉大酒店—昌明花园—玉皇庙—火车站—人民医院西门—保险公司—温州商城—人寿保险—全福元—妇幼保健院—东山王—汽车站北门—雅居园—交通局家属院—合本食品—消防队—北流泉—鲁昱绿城—吕家庄—欧洲花园—及第中学
10 路	**都昌—韩信** 都昌—芳林园—谢家埠—大石桥社区—大石桥—小石桥—前牟路口—王金—三庙—九级—山坡—山水集团—十里堡—侯家庄—东萧—半岛物流园—周家庄—曲家庄—镇农信—百大超市—翡翠苑小区—邮政局—人民医院—人民医院西门—保险公司—温州商城西门—行政大厅—芙蓉苑—濠景海岸—五阎庄—南三里—五里庄—马家龙湾—毕家庄—东朱—西朱—徐家河洼—董家河洼—张家河洼—韩信
11 路	**汽车站—赵家庄** 汽车站北门—现代城—郭家庄—中医院—世纪美联—保险公司—人民医院西门—人民医院—邮政局—爱伦堡—建设银行—艳阳天小区—网通公司—梦金园旗舰店—赛菲尔旗舰店—邢家河—东外环路口—西任疃—任疃社区—东任疃—马家河—马家河小学—赵家庄
12 路	**南苑小区—矿机集团** 南苑小区—保险公司—福州商城—移动公司—蓝宝石花园—矿机花园—新城宸居—金景宝地—东肖—海特塑胶—矿机集团
K69 路	**昌乐汽车总站—平原** 昌乐汽车总站—全福元—原党校接待中心—爱伦堡—翡翠园小区—小商品城—人民医院—乐融大厦—人保保险公司—锦绣佳园东门—原行政服务中心—农商行大厦—合本食品厂—天和家园—消防大队—盛港府地—鲁昱绿城—欧洲花园—金都世纪城—昌乐汽车总站西站—前卫塑料—黄埠—小北寨—南寨社区—实康水厂—边下新村—小埠前—大埠前—唐家店子—歇头仓—西河下—潍临路口—乔官邮政局—大山路口—交警三中队—龙泉院—陶家庄—王家庄—孟家淳于—北展—李家河南—南展—杨庄—伦家埠坡—鼎峰路口—上东山—鄌郚医院—鄌郚中学—鄌郚党委—龙海大酒店—青上—邱家庄—孙家庄—张家台子—沙沟—枣园—大北良—庵泉路口—红河小学—红河党委—南家庄—四海官庄—梁家官庄—平原
K68 路	**昌乐汽车总站—包庄** 昌乐汽车总站—全福元—原党校接待中心—爱伦堡—翡翠园小区—小商品城—人民医院—乐融大厦—人保保险公司—锦绣佳园东门—原行政服务中心—农商行大厦—合本食品厂—天和家园—消防大队—盛港府地—鲁昱绿城—欧洲花园—金都世纪城—昌乐汽车总站西站—前卫塑料—黄埠—小北寨—南寨社区—实康水厂—边下新村—小埠前—大埠前—唐家店子—歇头仓—西河下—潍临路口—乔官邮政局—大山路口—交警三中队—龙泉院—陶家庄—王家庄—孟家淳于—北展—李家河南—南展—杨庄—伦家埠坡—鼎峰路口—上东山—鄌郚医院—鄌郚中学—鄌郚党委—龙海大酒店—青上—邱家庄—孙家庄—张家台子—沙沟—洛车埠—南良—辛庄—包庄

续表 26

线路	站点
K67 路	**昌乐汽车总站—高崖** 昌乐汽车总站—全福元—原党校接待中心—爱伦堡—翡翠园小区—小商品城—人民医院—乐融大厦—人保保险公司—锦绣佳园东门—原行政服务中心—农商行大厦—合本食品厂—天和家园—消防大队—盛港府地—鲁昱绿城—欧洲花园—金都世纪城—昌乐汽车总站西站—前卫塑料—黄埠—小北寨—南寨社区—实康水厂—边下新村—小埠前—大埠前—唐家店子—歇头仓—西河下—潍临路口—乔官邮政局—大山路口—交警三中队—龙泉院—陶家庄—王家庄—孟家淳于—北展—李家河南—南展—杨庄—伦家埠坡—鼎峰路口—上东山—鄌郚医院—鄌郚中学—鄌郚党委—龙海大酒店—青上—孔家庄—金山—泉头—徐家庙—坊子漳河—胡家漳河—漳河医院—大庄子路口—寨里—冢头—善庄路口—高崖
K61 东路	**昌乐汽车总站—崖头** 昌乐汽车总站—上海花园—昌乐汽车总站东站—碧水龙庭—武装部—实验中学—姜家坊子—昌顺驾校—吴家庄—曹家庙子—石人坡—亓家庄—三角池—营子—徐将军—付河—刘河小学—张家庄—河头—李家河岔—和睦变电站—丛闫—马宋水库—寺后—马宋—前唐家店子—南楼—刘寺官庄—阿陀—大徐—田家老庄—麻家河王俊—崖头
K61 西路	**昌乐汽车总站—崖头** 昌乐汽车总站—全福元—原党校接待中心—爱伦堡—翡翠园小区—小商品城—人民医院—乐融大厦—人保保险公司—锦绣佳园东门—原行政服务中心—农商行大厦—合本食品厂—天和家园—消防大队—盛港府地—鲁昱绿城—欧洲花园—金都世纪城—昌乐汽车总站西站—前卫塑料—黄埠—小北寨—南寨社区—实康水厂—边下新村—小埠前—大埠前—唐家店子—歇头仓—西河下—潍临路口—乔官邮政局—大山路口—交警三中队—贾陶—马宋—前唐家店子—南楼—刘寺官庄—阿陀—大徐—田家老庄—麻家河王俊—崖头
K60 路	**昌乐汽车总站—崔家庄** 昌乐汽车总站—上海花园—昌乐汽车总站东口—碧水龙庭—武装部—实验中学—姜家坊子—昌顺驾校—吴家庄—曹家庙子—石人坡—亓家庄—三角池—营子—徐将军—付河—刘河小学—张家庄—河头—李家河岔—和睦变电站—丛闫—马宋水库—寺后—马宋—前唐家店子—毕皇—王褒院—孙家庄—段家庄—大尹超市—清泉—邢李村—崔家庄汽车站—崔家庄医院—崔家庄石油公司加油站—官庄—枣林
K66 路	**昌乐汽车总站—时马** 昌乐汽车总站—全福元—原党校接待中心—爱伦堡—翡翠园小区—小商品城—人民医院—乐融大厦—人保保险公司—锦绣佳园东门—原行政服务中心—农商行大厦—合本食品厂—天和家园—消防大队—盛港府地—鲁昱绿城—欧洲花园—金都世纪城—昌乐汽车总站西站—前卫塑料—黄埠—秦家河—林家河—左家庄—北岩北村—北岩南村—唐前—董庄—孙家庄子—王埠前—乔山前—解家庄—郭家河—王家河—毕都—李家营子—西刘家沟—北张—卞家庄—北鄌郚—荣山—时马

续表 26

线 路	站 点
K65 路	**昌乐汽车总站—朱汉** 昌乐汽车总站—全福元—原党校接待中心—爱伦堡—翡翠园小区—小商品城—人民医院—乐融大厦—人保保险公司—锦绣佳园东门—原行政服务中心—农商行大厦—合本食品厂—天和家园—消防大队—盛港府地—鲁昱绿城—欧洲花园—金都世纪城—昌乐汽车总站西站—前卫塑料—黄埠—小北寨—南寨社区—实康水厂—边下新村—小埠前—大埠前—唐家店子—歇头仓—西河下—潍临路口—乔官邮政局—大山路口—交警三中队—龙泉院—陶家庄—王家庄—孟家淳于—北展—李家河南—南展—王家河洼—小宅科—大宅科—丁家沟—船底—小高家庄子—小阿陀—前双沟—小岭—朱汉
K66 路	**昌乐汽车总站—营邱** 昌乐汽车总站—恒丰名城—福州商城—中医院—世纪美联—乐融大厦—人民医院—爱伦堡—原党校接待中心—全福元—福荣世家—上海花园—昌乐汽车总站东口—碧水龙庭—武装部—实验中学—姜家坊子—昌顺驾校—吴家庄—曹家庙子—石人坡—亓家庄—三角池—营子—徐将军—付河—刘河小学—张家庄—河头—丛闫—郝家老庄—三图—滕家辛牟—徐河口—古城—营邱
K77 路	**昌乐汽车总站—董孟** 昌乐汽车总站—全福元—原党校接待中心—爱伦堡—翡翠园小区—小商品城—人民医院—乐融大厦—人保保险公司—锦绣佳园东门—原行政服务中心—农商行大厦—合本食品厂—天和家园—消防大队—盛港府地—鲁昱绿城—欧洲花园—金都世纪城—昌乐汽车总站西站—前卫塑料—黄埠—小北寨—南寨社区—实康水厂—边下新村—小埠前—大埠前—唐家店子—歇头仓—西河下—潍临路口—乔官邮政局—大山路口—交警三中队—贾陶—马宋（S325）—南楼—三泉—葛沟崖—小刘官庄—王凤官庄—郝家宅科—潘家老庄—大宅科—土埠—董孟
K72 路	**昌乐汽车总站—湖田** 昌乐汽车总站—恒丰名城—福州商城—中医院—世纪美联—乐融大厦—人民医院—爱伦堡—原党校接待中心—全福元—福荣世家—上海花园—昌乐汽车总站东口—碧水龙庭—武装部—实验中学—姜家坊子—昌顺驾校—吴家庄—曹家庙子—石人坡—亓家庄—三角池—营子—徐将军—姜家庄子—淮沟—丛家阳埠—和睦—马宋—南崔—刘家营—小章—湖田
K78 路	**昌乐汽车总站—吉阿** 昌乐汽车总站—全福元—原党校接待中心—爱伦堡—翡翠园小区—小商品城—人民医院—乐融大厦—人保保险公司—锦绣佳园东门—原行政服务中心—农商行大厦—合本食品厂—天和家园—消防大队—盛港府地—鲁昱绿城—欧洲花园—金都世纪城—昌乐汽车总站西站—前卫塑料—黄埠—小北寨—南寨社区—实康水厂—边下新村—小埠前—大埠前—唐家店子—歇头仓—西河下—潍临路口—乔官邮政局—大山路口—交警三中队—黄家洼—下坡—庙子官庄—西级—大河洼—北河洼—康家庄—马宋—常家官庄—吉阿

续表 26

线　路	站　点
K71 路	**昌乐汽车总站—店子** 昌乐汽车总站—全福元—原党校接待中心—爱伦堡—翡翠园小区—小商品城—人民医院—乐融大厦—人保保险公司—锦绣佳园东门—原行政服务中心—农商行大厦—合本食品厂—天和家园—消防大队—盛港府地—鲁昱绿城—欧洲花园—金都世纪城—昌乐汽车总站西站—前卫塑料—黄埠—小北寨—南寨社区—实康水厂—边下新村—小埠前—大埠前—唐家店子—歇头仓—西河下—潍临路口—乔官邮政局—大山路口—交警三中队—贾陶—大善地—庙子官庄—程家庄—驻马河—大宅科—上皂户—高泉—红河—南家庄—清泉—浴马沟—萧家庄—苏家庄—小菜园—纪家屯—马家庄子—务家楼—店子
K75 路	**昌乐汽车总站—青龙** 昌乐汽车总站—全福元—原党校接待中心—爱伦堡—翡翠园小区—小商品城—人民医院—乐融大厦—人保保险公司—锦绣佳园东门—原行政服务中心—农商行大厦—合本食品厂—天和家园—消防大队—盛港府地—鲁昱绿城—欧洲花园—金都世纪城—昌乐汽车总站西站—前卫塑料—黄埠—秦家河—林家河—左家庄—北岩北村—新村—南岩南村—韩家庄—南音—响水崖—小赵庄—杜家沟—西李家河—潘家槐林—王家槐林—青龙
K79 路	**昌乐汽车总站—白塔** 昌乐汽车总站—全福元—原党校接待中心—爱伦堡—翡翠园小区—小商品城—人民医院—乐融大厦—人保保险公司—锦绣佳园东门—原行政服务中心—农商行大厦—合本食品厂—天和家园—消防大队—盛港府地—鲁昱绿城—欧洲花园—金都世纪城—昌乐汽车总站西站—前卫塑料—黄埠—小北寨—南寨社区—实康水厂—边下新村—小埠前—大埠前—唐家店子—歇头仓—西河下—潍临路口—乔官邮政局—大山路口—交警三中队—龙泉院—陶家庄—王家庄—孟家淳于—北展—李家河南—南展—杨庄—伦家埠坡—鼎峰路口—上东山—郚部医院—郚部中学—郚部党委—龙海大酒店—青上—孔家庄—金山—泉头—徐家庙—坊子漳河—胡家漳河—漳河医院—大庄子路口—寨里—冢头—善庄路口—高崖—黄冢坡—克家洼—北段—寺后—白塔
K76 路	**昌乐汽车总站—苍山** 昌乐汽车总站—全福元—福州商城—世纪美联—中央帝景—乐融大厦—原交警大队—西湖公园—农贸城—砚家河—小李家庄—翟家辛—后营子—前营子—马家冢子—中董家坊子—前董家坊子—下洼—埠南—后池子—岳泉—耿家庄—袁家庄—苍山
K62 路	**昌乐汽车总站—下庄** 昌乐汽车总站—恒丰名城—福州商城—中医院—世纪美联—乐融大厦—人民医院—爱伦堡—原党校接待中心—全福元—福荣世家—上海花园—碧水龙庭—武装部—岳家辛—周家庄子—杨徐—小杨家—石庙庄—方西冯—金家庄—下楼—东刘—西邵—东邵—山唐—方南刘—北夏—南夏—上庄—西河下—东河下—下庄

续表 26

线 路	站 点
K73 路	**昌乐汽车总站—李家庄** 昌乐汽车总站—全福元—原党校接待中心—爱伦堡—翡翠园小区—小商品城—人民医院—乐融大厦—人保保险公司—锦绣佳园东门—原行政服务中心—农商行大厦—合本食品厂—天和家园—消防大队—盛港府地—鲁昱绿城—欧洲花园—金都世纪城—昌乐汽车总站西站—前卫塑料—黄埠—秦家河—林家河—左家庄—北岩北村—新村—大南岩—小南岩—南音—响水崖—苗家庄—杜家沟—孟家峪—龙旺河—李家庄

昌乐汽车站班次时刻表

表 27

线路	发车时间	线路	发车时间	线路	发车时间
昌乐—济南	7:00	昌乐—青岛	7:20	昌乐—临朐	7:30
	7:40	昌乐—临沂	6:40		8:30
	7:40		13:10		9:30
	9:00	昌乐—滨州	8:00		10:30
	10:20	昌乐—东营	7:30		13:30
	11:30	昌乐—日照	8:10		14:30
	13:00	昌乐—上海	17:00		15:30
昌乐—南逯	7:00	昌乐—青州	7:40		16:30
	9:05		13:40	昌乐—店子（朱红路）	8:35
	13:30	昌乐—营邱	9:05		16:15
	15:15		16:05	昌乐—下坡	8:20
昌乐—白塔（蒋峪）	8:10	昌乐—董孟	10:25		16:00
	9:10		17:00		16:30
	10:30	昌乐—湖田	10:00	昌乐—辛山	9:00
	14:10		15:40		9:40
	15:55	昌乐—吉阿	9:30		15:50
	16:25		15:25		16:30

续表 27

线路	发车时间	线路	发车时间	线路	发车时间
昌乐—寿光	7:20	昌乐—毕都	8:30	昌乐—包庄	每 10 分钟一班
	8:10		10:40	昌乐—平原	每 10 分钟一班
	8:50		15:10	昌乐—崔家庄	每 20 分钟一班
	9:30		17:30	昌乐—崖头	每 20 分钟一班
	10:00	昌乐—崖头（西路）	8:00	昌乐—朱汉	每 30 分钟一班
	10:30		9:50	昌乐—柳山	每 20 分钟一班
	11:00		14:00	昌乐—滨海	7:30
	11:30		14:40		13:00
	12:30	昌乐—苍山	7:30	昌乐—潍坊（101、102 路）	5:50 至 18:10 每 8 分钟一班
	13:20		8:30		
	14:00		9:30		
	14:30		11:00		
	15:00		13:00		
	15:30		14:00		
	16:10		15:00		
	17:00		16:00		

索引

suoyin

D

E

F

G

H

J

K

L

M

N

P

Q

R

S

T

W

X

Y

Z

《昌乐年鉴（2017）》供稿单位编审人员名单

（按姓氏笔画排列）

于小海	于保国	马英洁	王　栋	王　敏	王　磊	王文超	王文静
王永信	王成祥	王秀志	王晓丽	王湘平	王福强	尹美美	石广金
石宾南	卢继海	史志军	冯文杰	邢亚秋	邢庆宏	朱　超	刘　刚
刘　旭	刘　洋	刘　勇	刘　涛	刘　鑫	刘元兴	刘今平	刘文斌
刘永友	刘吉庆	刘光明	刘伟红	刘红军	刘学坤	刘衍斌	刘莹有
刘晓玉	刘淑娟	刘彩霞	刘朝霞	刘福祥	闫存全	安媛媛	孙　栋
孙志臣	李　腾	李三国	李玉华	李玉贵	李志刚	李国亮	李洪良
李伟娜	李晓伟	杨　冰	杨仕昌	肖光明	吴付尝	吴　迪	吴南南
张　阳	张　雷	张仁泉	张林明	张国民	张国增	张树华	张继奎
张瑞国	张福生	陈永亮	周志远	周福军	庞明一	庞春洲	郑　凯
郑　涛	孟令山	赵　娜	赵军普	赵明涛	赵彩红	钟　杰	秦　鹏
秦光兴	党永红	徐一臣	高志明	高维国	高新峰	郭　健	郭建春
郭雪梅	郭新光	崔方让	董兆仁	董英杰	韩耀辉	路文峰	潘　华
潘爱青							